제1판

지식재산능력시험

한국발명진흥회 편저

I INTELLECTUAL

P PROPERTY

A ABILITY

T TEST

www.ipat.or.kr

한국발명진흥회

박문각

01 국가공인 민간자격 「지식재산능력시험」이란?

- 4차 산업혁명 시대 도래와 미래 무한 경쟁 시대에 반드시 갖추어야 할 특허 등 지식재산 활용 능력을 검증하는 지식재산 분야 국가공인 민간자격 시험
- 지식재산의 가치 증대로 지식재산 경영이 기업 경영의 핵심 전략으로 부상
- 지식재산능력을 지닌 융합형 지식재산 인력의 수급 절실
- 고등학교 학교생활기록부 자격취득사항 기재 가능
- 학점은행제 자격학점 인정

세계는 자원을 투입하여 제품을 생산하는 하드파워 시대에서 상상과 아이디어로 혁신을 이끌어 내는 소프트파워 시대로 전환되고 있으며, 혁신적 아이디어 등 소프트파워는 4차 산업혁명 시대의 경쟁력의 원천이 되고 있습니다. 빅데이터, 인공지능, 로봇공학, 사물인터넷 등 디지털 기술로 촉발되는 초연결 기반의 제4차 산업혁명 시대에는 '창의적 아이디어로 새로운 제품과 서비스를 개발하고, 이를 지식재산화하여 시장을 선점할 수 있느냐'가 성패를 좌우합니다.

지식재산의 중요성이 높아짐에 따라 기업의 지식재산 전략 역시 기업 경영에서 중요한 요소로 인식되고 있으며, 특허권을 비롯한 무형자산이 기업 이윤 창출의 주요 원천으로 부각되고 있습니다. 지식재산 파급 효과가 커짐에 따라 글로벌 기업들은 지식재산의 관리 차원을 넘어서, IP를 기반으로 하는 R&D 수행, 원천특허 확보, 기술 사업화 및 특허 보호를 통하여 특허를 활용하는 지식재산 경영을 기업 경영의 핵심 전략으로 추진하고 있습니다. 지식재산의 중요성 증대로 인하여 기업은 기술이나 경영, 디자인 등의 분야와 융합할 수 있는 지식재산 지식과 실무능력을 보유한 '융합형 지식재산 인재'를 절실히 필요로 하고 있습니다.

한국발명진흥회는 기업 등 산업계에서 요구하는 지식재산 인재를 발굴하고, 지식재산 직무와 실무 수행에 필요한 역량을 측정하기 위하여 지식재산능력시험(IPAT: Intellectual Property Ability Test)을 시행하고 있습니다. 지식재산능력시험은 대기업, 중소기업 및 공공기관 등 다양한 기관에서 직무교육, 승진시험, 인사자료뿐만 아니라 고등학교, 대학 등 교육기관에서의 평가도구로써 적극 활용되고 있으며, 응시 인원은 매년 꾸준히 증가하고 있습니다.

지식재산능력시험은 2018년 1월부터 국가공인자격을 취득하였으며, 2023년 1월 국가공인자격의 재인증 취득으로 시험의 활용도를 넓히고 있습니다. 2018학년도부터 고등학교 학교생활기록부 자격취득사항에 기재가 가능하고, 2020년에는 학점은행제 자격학점을 인정받아서 급수에 따라(1급(25학점), 2급(20학점), 3급(14학점), 4급(8학점)) 학점 취득이 가능합니다.

02 자격정보

1. 한국을 대표하는 지식재산(Intellectual Property)능력 검정시험입니다. 특허·실용신안·상 표·디자인·저작권 등 지식재산 전 분야에 관한 기본적이고 실무적인 능력을 검정하는 국가 공인 민간자격 시험입니다.

2. 응시자의 계층이 매우 다양합니다. 지식재산능력시험은 고등학생, 대학생, 대학원생 등 학생 뿐만 아니라 과학기술자, 연구자, 대학원생, 디자이너, 기업체 및 IP 기관 종사자 등 누구나 응시할 수 있습니다.

3. 특허청 산하의 공공기관인 한국발명진흥회가 주관합니다. 발명진흥법 제52조에 의거 설립된 특수법인으로서 발명진흥사업을 체계적·효율적으로 추진하고 발명가의 이익증진을 도모하며 국내 지식재산사업을 보호·육성하여 국가 경쟁력 강화에 이바지하고자 설립된 한국발명진흥 회가 주관·시행하고 있습니다.

4. 합격과 불합격을 결정하는 시험이 아닌, 지식재산에 대한 이해도를 측정하는 시험입니다. 지 식재산을 공부하는 학생, 기업의 지식재산 업무 종사자, 기술 분야 종사자 또는 연구자라면 기본적·실무적으로 알아야 하는 지식재산능력을 검정할 수 있습니다.

- **자격명** : 지식재산능력시험
- **자격종류**
  - 1~4급 : 국가공인 민간자격(제2022-1호)
  - 5~7급 : 등록민간자격(2014-0408호)
- **자격발급기관** : 한국발명진흥회
- **주관·시행기관**
  - 기관명 : 한국발명진흥회
  - 대표자 : 황철주, 김시형
- **연락처** : 시험본부 02-3459-2777 / ipat@kipa.org
- **홈페이지** : www.ipat.or.kr
- **소재지** : 서울시 강남구 테헤란로 131 한국지식재산센터 17층
  ※ 자세한 사항은 지식재산능력시험 홈페이지 참조

● 시험 점수 및 등급체계

등급	직무 내용
(공인) 1급 (900점 이상)	전문가 수준의 뛰어난 지식재산능력을 보유하고 있습니다. 지식재산에 대한 이해력 및 활용능력이 최고급 단계에 있으며, 지식재산 관련 지식과 역량을 뛰어나게 갖추고 있습니다. 지식재산 관련 지식과 이해력, 실무역량을 활용하여 다양한 영역과 전문분야의 지식재산 업무를 수행할 수 있는 능력을 갖추고 있습니다.
(공인) 2급 (800~899점)	준전문가 수준의 지식재산능력을 보유하고 있습니다. 지식재산에 대한 이해력 및 활용능력이 고급 단계에 있으며, 지식재산 역량이 전문가에 준하는 수준입니다. 지식재산 관련 지식과 능력을 활용하여 다양한 범위의 지식재산 업무를 원활하게 수행할 수 있는 능력을 갖추고 있습니다.
(공인) 3급 (700~799점)	우수한 수준의 지식재산능력을 보유하고 있습니다. 지식재산에 대한 이해력 및 활용능력을 우수하게 갖추고 있어, 보유한 지식재산 관련 지식과 실무역량을 지식재산 업무에 적용할 수 있습니다.
(공인) 4급 (600~699점)	보통 수준의 지식재산능력을 보유하고 있습니다. 지식재산에 대한 이해력 및 활용능력을 갖추고 있으며, 지식재산 전문가의 협력을 바탕으로 한정된 범위 내에서 지식재산 업무를 수행할 수 있습니다.
5급 (500~599점)	기본 수준의 지식재산능력을 보유하고 있습니다. 지식재산 관련 업무 수행에 있어서 지식재산 전문가의 협력과 의사소통을 바탕으로 기본적인 지식재산 업무를 수행할 능력을 갖추고 있습니다.
6급 (400~499점)	지식재산 분야에 입문하는 단계에 해당하는 수준의 지식재산능력을 보유하고 있습니다. 지식재산에 대한 관심을 가지고 있는 수준으로, 한정된 범위 내에서 지식재산 전문가와의 의사소통 및 단순한 지식재산 업무 수행이 가능합니다.
7급 (300~399점)	일반 상식 수준의 지식재산능력을 보유하고 있습니다. 지식재산과 관련한 용어와 개념을 알고 있습니다.
무급 (299점 이하)	지식재산 관련 지식의 이해 및 활용을 위한 노력이 필요합니다. 지식재산에 대한 이해와 지식 축적이 요구되며, 다양한 학습을 통하여 지식재산능력의 향상을 도모하여야 합니다.

● 주요 응시 대상
  - 지식재산 관련 업종 취업 희망자
  - 기업체 및 공기업, 공공기관, 정부기관 등 취업 희망자
  - 기업 소속 지식재산 전담 인력 또는 관련 업무 종사자
  - 기업 부설 연구소, 연구기관의 연구원
  - 지식재산에 관심 있는 대학생 및 대학원생
  - 지식재산에 관심 있는 중·고등학생 등

● 출제 분야

지식재산 제도 / 지식재산 창출 / 지식재산 보호 / 지식재산 활용의 4가지 시험 분야

분야	내용
지식재산 제도	• 지식재산에 대한 기본 개념과 경영 전략
지식재산 창출	• 지식재산을 창출하는 과정에서 필요한 지식재산에 대한 내용 • 특허, 디자인, 상표, 저작권, 특허정보 조사 및 분석
지식재산 보호	• 출원된 지식재산의 권리화와 분쟁 대응 • 직무발명과 특허출원, 지식재산 분쟁 방어, 지식재산 소송 및 심판
지식재산 활용	• 지식재산을 경영에 활용하기 위한 특허 전략 수립방법, 기술가치의 산정방법 등 • 지식재산 사업화, 지식재산 가치평가, 지식재산 금융

03 실시 요강

● 시험 일정 : 매년 5월, 11월 넷째 주 토요일
● 시험 시간 : 11:00 ~ 12:20(80분)
● 문항 수 : 총 60문제
● 출제 형태 : 객관식 5지선다형
● 접수 방법 : 접수기간 내에 홈페이지(www.ipat.or.kr)에서 온라인 접수
● 문의 : 한국발명진흥회 지식재산능력시험본부
● 시험 대비 교육 안내

　• 온라인 교육

　　 – 홈페이지(www.ipat.or.kr)에 접속 후 교육프로그램 게시판 참조

　• 찾아가는 교육

　　 – 시험 대비 교육을 원하는 기관에 직접 찾아가서 지식재산능력시험 교육 진행
　　 – 홈페이지(www.ipat.or.kr)에 접속 후 교육프로그램 게시판 참조
　　 (문의) 한국발명진흥회 지식재산능력시험본부 ☎ 02-3459-2777
　　 ※ 자세한 사항은 지식재산능력시험 홈페이지 참조

Contents 이 책의 차례

Contents **이 책의 차례**

제 1 편

지식재산 제도 이해

제1장 지식재산권 입문
제2장 현대사회와 지식재산 경영

지식재산능력시험

제 **1** 장

지식재산권 입문

지식재산과 지식재산권

학습 개관

지식재산과 지식재산권의 개념을 이해하여 각 지식재산권별 보호대상이 무엇인지 구별할 수 있으며, 그 대상별 지식재산권 필요성을 설명할 수 있다.

학습 포인트

지식재산과 지식재산권의 개념을 설명할 수 있다.
지식재산권의 종류와 각 종류별 보호대상을 구별할 수 있다.
지식재산권의 필요성을 설명할 수 있다.

NCS 및 NCS 학습모듈

하위 목차명		지식재산의 가치와 의의, 지식재산권의 종류, 지식재산권의 필요성
NCS 및 NCS 학습모듈	대분류	05. 법률·경찰·소방·교도·국방
	중분류	01. 법률
	소분류	02. 지식재산관리
	세분류	01. 지식재산관리
	능력단위 (능력단위요소)	12. 지식재산 권리화
	주요 지식·기술· 태도	• 지식재산(권) 개념, 지식재산권 종류, 지식재산권의 필요성 • 발명 및 지식재산 이해 능력, 지식재산권 이해 능력, 자원 관리능력 등 직업기초능력 • 지식재산 관련 법률 준수성, 지식재산 보호 마인드

01 지식재산의 가치와 의의

발명, 상표, 도서·음반, 게임물, 반도체 설계, 식물의 품종 등 여러 개별 법률에 근거를 두고 있는 지식재산에 관한 정책이 통일되고 일관된 원칙에 따라 추진되고, 우리 사회에서 지식재산의 가치가 최대한 발휘될 수 있는 사회적 여건과 제도적 기반을 조성하기 위해「지식재산기본법」이 2011년 5월 19일 제정되었다. 이 법은 제3조 정의의 1항과 3항에서 지식재산과 지식재산권을 설명하고 있다.

관련 조문

지식재산 기본법
제3조(정의) 1. "지식재산"이란 인간의 창조적 활동 또는 경험 등에 의하여 창출되거나 발견된 지식·정보·기술, 사상이나 감정의 표현, 영업이나 물건의 표시, 생물의 품종이나 유전자원(遺傳資源), 그 밖에 무형적인 것으로서 재산적 가치가 실현될 수 있는 것을 말한다.
3. "지식재산권"이란 법령 또는 조약 등에 따라 인정되거나 보호되는 지식재산에 관한 권리를 말한다.

지식재산은 인간의 창조적 활동 또는 경험에 기반을 두고 있으며, 창작자에게 법령 또는 조약 등을 통해 부여되는 법적 권리를 지식재산권이라고 한다. 지식재산은 무형자산(intangible property)을 의미하며, 지식재산권은 사람의 창의적 활동을 통해 생성된 창작물, 상표 및 영업비밀과 같은 무형적 이익을 독점적으로 이용할 수 있는 권리라고 말할 수 있다. 하나의 제품은 다양한 지식재산권으로 보호받을 수 있다.

🔲 **자동차와 지식재산[1]**

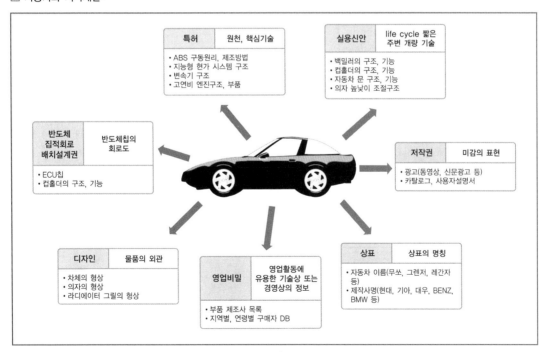

---

1) 금오공과대학교(https://www.kumoh.ac.kr/iacf/sub04_010102.do)

지식재산은 하나의 권리로도 보호될 수 있지만, 대부분의 제품에서는 다양한 지식재산이 적용되어 보호받는다. 「지식재산 기본법」에 따르면, 지식재산은 창출, 활용, 보호의 세 단계로 구분된다. 지식재산이 창출되고 법적 제도를 통해 권리로 인정받게 되면, 이어 활용과 보호의 단계로 넘어가게 된다. 만약 지식재산이 창출되지 않는다면, 활용과 보호는 의미를 가지기 어렵다.

우리나라는 세계 5대 특허 강국을 일컫는 IP5에 속해 있다. IP5는 전 세계 특허출원의 90% 이상을 차지하는 대한민국, 미국, 중국, 일본, 유럽연합(EU) 등 5개국이며 각국 특허청 간 협의체를 2007년 출범하였다. IP5는 특허출원자에게 사용자 친화적인 서비스를 제공하기 위해 노력하고 있다. 보다 쉬운 특허출원 절차, 추적 및 관리를 위한 온라인 도구 및 플랫폼을 개발하고, 특허 프로세스 전반에 걸쳐 출원인에게 지침 및 지원을 제공하기 위한 논의를 통해 발전 방향을 제시하고 있다.

참고

IP5(세계 5대 특허청)

미국	유럽	일본	중국	한국
미국 특허청	유럽 특허청	일본 특허청	중국 특허청	한국 특허청

WIPO(World Intellectual Property Organization, 세계지식재산권기구)

WIPO는 지식재산과 관련된 정책과 제도를 논의하는 국제연합(UN) 전문기구이다. WIPO는 1886년 저작권에 관한 베른협약과 1883년 산업재산권에 관한 파리협약의 공동사무국 역할을 했던 국제사무국연맹(BIRPI)의 계승자로, 1967년 7월 스톡홀름에서 WIPO 설립 협약이 채택되며 1970년 4월에 공식 설립되었다. WIPO의 본부는 스위스 제네바에 위치해 있고 2023년 5월 기준 193개 국가가 회원국으로 가입되어 있다.

WIPO는 지적인 창조와 혁신활동을 통해 도출된 결과물을 권리로 보호함으로써 기술 및 문화 발전을 장려하는 것이 주요 목적이다. WIPO의 주요 기능은 산업재산권 관련 파리협약·특허협력조약·상표법 조약·저작권 관련 베른협약 등 조약 관리, 국제 지식재산 출원 서비스 제공, 신규 국제규범 제정, 개발도상국 지원, 매년 글로벌 혁신지수(GII)를 통한 글로벌 혁신 평가 등이 있다.

[02] 지식재산권의 종류

1. 지식재산권 분류 기준

⊡ 지식재산권의 종류

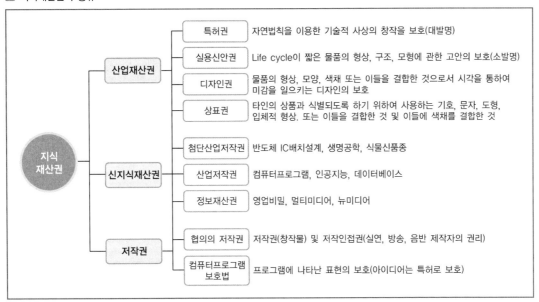

(1) 산업재산권과 저작권

지식재산권은 보호하는 권리의 특성에 따라 산업상 이용 가치를 갖는 산업재산권 (industrial property right)과 문화 영역에 대한 보호를 본질로 하는 저작권(copyright)으로 구분된다. 산업재산권은 산업상 이용 가치를 갖는 발명 등에 관한 권리로, 산업 영역에서의 기여를 보호한다. 산업재산권은 「발명진흥법」에 따르면 「특허법」, 「실용신안법」, 「디자인보호법」, 「상표법」에 따라 설정·등록된 특허권, 실용신안권, 디자인권, 상표권으로 분류된다.

(2) 신지식재산권

지식재산권의 보호 객체인 지식재산은 그 개념이 고정되어 있는 것은 아니다. 경제, 사회, 문화의 변화 또는 과학기술의 급속한 발전에 따라, 새로운 분야에서 출현한 산업재산권으로 보호받지 못하는 지식재산에 대한 권리를 신지식재산권이라고 한다. 예를 들면, 영업비밀, 데이터베이스, 컴퓨터프로그램, 반도체 배치설계, 식물 신품종, 유전자원 등이 있다. 또한 신지식재산권에는 전통 무예와 같은 전통 지식을 보호하고 문화유산을 보존하는 권리가 포함된다. 이는 전통 지식에서 파생된 혜택이 공정하게 분배되도록 보장하는 역할을 한다. 예를 들면, 전통 무예, 전통 사찰 보존과 지원, 전통 소싸움, 전통주, 전통시장 등이 포함된다. 이를 통해 전통 지식의 보호와 혁신 촉진 및 지식 접근 사이의 균형을 맞추는 데 기여하게 된다.

2. 산업재산권

(1) 특허권

특허권은 발명에 부여하는 법적 권리이다. 이러한 권리는 특정 기간(보통 출원일로부터 20년) 동안 발명품을 사용, 판매 및 배포할 수 있는 독점권을 의미한다. 이는 「특허법」을 근거로 하며, 관련 조항과 내용은 다음과 같다.

「특허법」 제2조 제1호에 따르면, 발명이란 자연법칙을 이용한 기술적 사상의 창작으로서 고도한 것을 말한다. 「특허법」 제88조에 따라 특허권은 특허출원이 실체심사를 거쳐 설정·등록된 날부터 발생하여, 특허출원일 후 20년까지 존속한다. 한편, 「특허법」 제89조는 허가 등으로 인해 특허발명을 실시할 수 없었던 경우나 심사 등이 지연되어 특허권의 설정·등록이 이루어진 경우, 그 특허권의 존속기간 연장이 가능함을 규정하고 있다.

(2) 실용신안권

실용신안권이란 산업상 이용 가능한 물품의 형상, 구조 또는 조합에 관한 고안에 부여하는 법적 권리이며, 여기서 고안이란 자연법칙을 이용하여 기술적 사상을 창작한 것을 말한다. 실용신안권은 기술적 사상의 창작을 보호하는 권리라는 점에서 특허권과 동일하다. 그러나 물품의 형상, 구조 및 조합에 관한 고안만을 보호하고, 혁신 수준이 점진적인 개선에 해당된다는 점이 특허권과의 차이점이다. 즉, 물질발명이나 방법발명 등은 실용신안권으로 보호받을 수 없다. 이는 「실용신안법」을 근거로 하며, 관련 조항과 내용은 다음과 같다.

「실용신안법」 제2조 제1호에 따르면, 실용신안권은 물품의 형상, 구조 또는 조합에 관한 고안을 보호하는 권리이며, 고안은 자연법칙을 이용한 기술적 사상의 창작을 말한다. 「실용신안법」 제22조에 따라 실용신안권은 실용신안등록출원이 실체심사를 거쳐 설정·등록된 날부터 발생하여, 실용신안등록출원일 후 10년이 되는 날까지 존속한다. 한편, 제22조의2에서는 심사 등이 지연되어 실용신안권의 설정·등록이 이루어진 경우, 그 실용신안권의 존속기간 연장이 가능함을 규정하고 있다.

(3) 디자인권

디자인권은 물품의 시각적, 미적 측면인 디자인에 부여된 법적 권리이다. 여기에는 산업 제품에 사용되는 모양, 패턴, 색상 또는 이들의 조합이 포함된다. 디자인권의 존속기간은 출원일로부터 20년이다. 이는 「디자인보호법」을 근거로 하며, 관련 조항과 내용을 다음과 같다.

「디자인보호법」 제2조 제1호에 따르면 디자인은 물품(물품의 부분, 글자체 및 화상을 포함)의 형상, 모양, 색채 또는 이들을 결합한 것으로서 시각을 통해 미감을 일으키게 하는 것을 말한다. 「디자인보호법」 제91조에 따라 디자인권은 디자인등록출원이 설정·등록된 날로부터 발생하며, 디자인등록출원일 후 20년이 되는 날까지 존속한다.

우리나라의 디자인권 제도는 특허와 유사한 보호 방안으로 심사제도를 원칙으로 하되, 일부 심사제도도 함께 운영되고 있다. 즉, 심사를 통과한 경우에만 보호가 부여된다. 한편, 창작과 동시에 보호가 부여되는 저작권 방식의 보호 방안을 운영하는 국가도 있다.

⑷ 상표권

상표권은 상품이나 서비스를 다른 상품이나 서비스와 식별하고 구별하는 고유한 기호, 로고, 단어 또는 이들의 조합에 부여되는 법적 권리이다. 상표권의 존속기간은 설정·등록이 있는 날부터 10년이며, 상표권의 존속기간은 존속기간갱신등록신청에 의하여 10년씩 갱신할 수 있다. 이는「상표법」을 근거로 하며, 관련 조항과 내용은 다음과 같다.

「상표법」제2조 제1항 제1호에 따르면, 상표권은 자기의 상품(지리적 표시가 사용되는 상품의 경우를 제외하고는 서비스 또는 서비스의 제공에 관련된 물건을 포함)과 타인의 상품을 식별하기 위하여 사용하는 표장을 보호하는 권리이며, 이 경우 표장은 기호, 문자, 도형, 소리, 냄새, 입체적 형상, 홀로그램·동작 또는 색채 등으로서 그 구성이나 표현방식에 상관없이 상품의 출처를 나타내기 위하여 사용하는 모든 표시를 말한다.「상표법」제83조에 따라 상표권은 상표등록출원이 설정·등록된 날로부터 10년까지 존속되지만,「상표법」제83조 또는 제85조에 따라 다른 산업재산권과 달리 10년마다 갱신하여 존속기간을 계속적으로 연장할 수 있다.

🔔 **산업재산권의 발생과 보호기간**

대상	예시	적용 법률	소관 관청	권리의 발생	보호기간
발명	스마트폰 터치기술, 인슐린 펌프기술, 2차 전지 배터리기술	「특허법」	특허청	심사 후 등록	설정·등록한 날로부터 출원 후 20년
고안	그립력이 향상된 조절식 렌치, 자동급수 화분	「실용신안법」	특허청	심사 후 등록	설정·등록한 날로부터 출원 후 10년
디자인	스포츠카 디자인, 의자 디자인, 음료병 디자인	「디자인보호법」	특허청	심사 후 등록(무심사 예외 있음)	설정·등록한 날로부터 출원 후 20년
상표	나이키, 아디다스, 갤럭시, 아이폰	「상표법」	특허청	심사 후 등록	등록 후 10년 (갱신가능)

3. 저작권

저작권은 문학, 예술, 음악 및 기타 지적 저작물을 포함하여 원본 저작물의 창작자에게 부여되는 법적 권리이다. 저작권은 저작자가 저작물을 창작한 때부터 자동으로 발생하며, 저작자는 저작인격권과 저작재산권을 가지게 된다.

저작인격권은 공표권, 성명표시권, 동일성유지권과 같이 저작자와 저작물 간의 개인적, 평판적 연결을 보호하는 개인적 권리로서, 이 권리는 양도할 수 없다. 저작재산권은 저작자가 자신의 저작물을 활용하여 복제권, 공연권, 방송권, 전송권, 전시권, 배포권, 2차적저작물 작성권 등과 같이 경제적 이익을 창출할 수 있는 권리로서, 다른 사람에게 양도, 판매 또는 라이선스를 부여할 수 있다. 저작권은 저작자의 생애 동안과 사망 후 70년 동안 지속된다. 이는 「저작권법」을 근거로 하며, 관련 조항과 내용을 다음과 같다.

「저작권법」 제2조 제1호에 따르면 저작권은 인간의 사상 또는 감정을 표현한 창작물인 저작물을 보호하는 권리이고, 「저작권법」 제10조 제2항에 따라 저작권은 산업재산권과 달리 별도의 출원이나 등록 등의 절차나 형식을 요구하지 않으며 창작한 때부터 발생한다.

「저작권법」 제10조에 따른 저작인격권과 저작재산권 이외에도 창작 과정에서 다른 이해관계자의 이익을 보호하는 저작인접권도 있다. 저작인접권은 배우, 음악가 및 기타 공연자(저작권법 제66조), 음반의 복제 및 배포를 통제할 수 있는 음반제작자(저작권법 제78조), 방송사의 재방송 및 방송 녹화를 통제할 수 있는 방송사업자(저작권법 제84조)에게 부여되는 권리로서 창작물 보급에 기여하는 개인과 단체를 보호하는 법적 권리이다.

저작인격권 및 저작재산권은 일반적으로 저작자의 생존 기간과 사망 후 70년 동안 지속되므로 저작물에 대한 장기적인 보호와 통제가 보장된다(저작권법 제39조). 저작인접권의 지속 기간은 다양하지만 일반적으로 공연, 녹음 또는 방송일로부터 50년 동안 연장된다(저작권법 제86조).

4. 신지식재산권

(1) 영업비밀에 대한 권리

영업비밀은 대중에게 알려지지 않고, 독립적인 경제적 가치를 가지며, 비밀을 유지하기 위해 합당한 노력을 기울인 모든 기술 또는 사업 정보이다. 「부정경쟁방지 및 영업비밀보호에 관한 법률」 제2조 2호에 따르면 영업비밀이란 "생산방법, 판매방법, 영업활동에 유용한 기술 또는 영업정보 등 공개되지 아니하고 독립적인 경제적 가치를 가지고 있는 정보"를 말한다.

영업비밀의 핵심은 비밀 유지, 경제적 가치, 비밀 유지를 위한 합리적인 노력이다. 비밀 유지란 해당 정보가 관련 업계 종사자에게 일반적으로 알려져 있지 않거나 쉽게 접근할 수 없는 것을 의미한다. 정보는 공개되지 않음으로 인해 보유자에게 경쟁 우위 또는 경제적 이익을 제공해야 한다. 보유자는 보안 프로토콜 구현, 기밀 유지 계약, 접근 제한 등으로 정보의 기밀성을 보호하기 위한 합리적인 조치를 취해야 한다.

영업비밀과 특허의 차이점은 영업비밀은 공개를 요구하지 않는 반면, 특허는 공개를 요구한다는 점이다. 특허는 부여된 독점적 권리에 대한 대가로 대중에게 발명을 자세히 설명하여 공개되어야 한다. 영업비밀은 정보가 비밀로 유지되고 경제적 가치를 가지는 한 잠재적으로 무기한 지속될 수 있다. 반면, 산업재산권은 존속기간이 있다. 예를 들어, 특허는 출원일로부터 20년 동안 지속되며, 그 이후에는 해당 정보가 공개 도메인이 된다.

보호 방법에 있어 영업비밀의 보호는 기밀을 유지하고 남용에 대해 법적 조치를 취하는 것에 달려 있으며, 공식적인 등록 절차는 없다. 반면, 산업재산권은 관련 기관(예 특허청)에 대한 공식 등록 절차를 통해 보호를 받는다. 보호 범위에 있어 영업비밀은 공식, 절차, 고객 목록, 마케팅 전략을 포함한 광범위한 비즈니스 기밀 정보 및 기술 정보를 보호한다. 반면, 산업재산권은 발명품(특허), 브랜드 식별자(상표), 미적 디자인(디자인권) 등 특정 유형의 지식재산권을 보호한다.

(2) 데이터베이스에 대한 저작권

데이터베이스는 특정 형태의 편집저작물로서 보호될 수 있다. 저작권법 제2조 제19호에 따르면, 데이터베이스는 체계적이거나 체계적으로 배열된 데이터 또는 기타 자료의 모음으로 정의되며, 이때 개별 요소는 전자적 또는 기타 수단을 통해 별도로 액세스할 수 있어야 한다. 데이터베이스가 저작권으로 보호를 받기 위해서는 콘텐츠의 선택, 배열 등에 창작성이 있어야 한다.

「저작권법」은 데이터베이스 생성과 유지에 투입된 노력과 투자를 보호하기 위해 특정한 권리를 부여한다. 이러한 권리를 통해 데이터베이스 제작자는 데이터베이스의 복제, 배포, 공개 사용을 통제하고, 무단 사용을 방지할 수 있다. 데이터베이스 제작자는 데이터 또는 자료를 편집, 구성 및 정리하기 위해 실질적인 노력을 기울인 개인 또는 단체를 말한다. 데이터베이스 제작자의 권리는 데이터베이스의 제작을 완료한 때부터 발생하며, 그 다음 해부터 시작하여 5년간 존속한다. 「저작권법」 제95조에 따라, 데이터베이스의 갱신 등을 위하여 인적 또는 물적으로 상당한 투자가 이루어진 경우에 해당 부분에 대한 데이터베이스 제작자의 권리는 그 갱신 등을 한 때부터 발생하며, 그 다음 해부터 시작하여 5년간 존속한다.

본질적으로, 데이터베이스에 대한 저작권은 데이터베이스 내 데이터의 구조, 레이아웃, 구성 등 그 배열의 독창성에 중점을 두고, 그 데이터베이스 제작자에게 특정한 배타적 권리를 부여함으로써 편집저작물로 보호되는 것이다. 「저작권법」은 주로 창작물을 보호하지만, 데이터베이스에 대해서는 인접권과 유사한 권리를 부여한다. 이는 창의성 수준과 관계없이 데이터베이스를 구축한 제작자들의 노력에 대한 보상을 규정하고 있다.

데이터베이스에 대한 법적 보호는 기술 발전을 반영하고 국제 표준에 부합하며, 데이터베이스의 경제적 가치를 인식하고, 데이터베이스 작성자에 대한 명확한 법적 보호를 제공할 필요성에 따라 2003년에 「저작권법」으로 입법화되었다. 이는 디지털 시대의 요구에 맞게 조정되고, 데이터 중심 산업에 대한 혁신과 투자를 지원하기 위한 법적 근거를 제공한다.

(3) 컴퓨터프로그램에 대한 저작권 및 특허권

컴퓨터프로그램은 문학저작물로 간주되어 저작권으로 보호를 받을 수 있다. 「저작권법」 제2조 제16호에 따르면, 컴퓨터프로그램은 컴퓨터가 특정 작업을 수행하거나 특정 결과를 달성하도록 할 수 있는 단어, 코드, 체계 또는 기타 형식으로 표현된 일련의 명령을 의미한다. 컴퓨터프로그램의 저작권은 프로그램의 복제, 배포, 수정, 공개적인 수행 또는 전시에 대한 독점권을 부여한다.

「특허법」에서는 '발명'이란 자연법칙을 이용한 기술적 사상의 창작으로서 고도한 것이라고 정의한다. 이러한 정의를 고려할 때 컴퓨터프로그램 자체는 자연법칙을 이용한 기술적 사상의 창작이 아니라 인간의 추상적 아이디어로 보는 것이 일반적이다. 그래서 컴퓨터프로그램은 발명에 해당하지 않아 특허등록이 어렵다. 그러나 컴퓨터프로그램이 저장된 매체, 컴퓨터프로그램을 구동하는 장치 및 방법으로 청구항이 작성되면 특허권으로 보호될 수도 있다.

(4) 반도체 배치설계에 대한 배치설계권

반도체 배치설계는 반도체 장치의 전기적 성능과 기능을 결정하는 것이다. 「반도체집적회로의 배치설계에 관한 법률」 제2조에 따르면 '배치설계'란 반도체집적회로 내부의 트랜지스터, 배선 등의 소자를 2차원 또는 3차원적으로 배치한 것을 말한다. 배치설계권은 배치설계 창작자가 자신의 혁신적인 배치설계를 통제하고 경제적 이익을 얻을 수 있도록 보장하며, 다른 사람이 승인 없이 이를 사용하는 것을 방지하는 법적 권리이다. 동법 제2조 제4호에 따르면, "배치 설계를 사용하는 것"은 반도체집적회로의 설계 및 생산과 관련된 몇 가지 구체적인 행위를 포함한다. 배치 디자인 복제는 배치설계 자체를 복사하거나 복제하는 행위이며, 배치설계에 따른 반도체집적회로 제조는 지정된 배치설계를 기반으로 반도체 집적 회로를 만드는 행위이다. 반도체 집적회로 사용은 반도체 집적회로의 소유권을 판매하거나 양도, 반도체집적회로 임대, 상업 목적으로 반도체집적회로 전시 또는 소개, 그리고 반도체집적회로를 수입하는 활동 등을 말한다.

동법 제7조에 따라, 반도체 배치설계권의 존속기간은 설정·등록일부터 10년이다. 배치설계권의 존속기간은 영리를 목적으로 그 배치설계를 최초로 이용한 날부터 10년 또는 그 배치설계의 창작일부터 15년을 초과할 수 없다. 반도체 배치설계는 등록을 요건으로 하고 있으나 심사를 하지는 아니한다. 동법 제19조에 따르면, 배치설계를 창작한 자 또는 그 승계인은 영리를 목적으로 그 배치설계를 최초로 이용한 날부터 2년 이내에 특허청장에게 그 배치설계권의 설정·등록을 신청할 수 있다.

(5) 식물신품종에 대한 품종보호권

'품종'이란 식물학에서 통용되는 최저분류 단위의 식물군으로서 유전적으로 나타나는 특성 중 한 가지 이상의 특성이 다른 식물군과 구별되고 변함없이 증식될 수 있는 것을 말한다. '품종보호권'이란 품종보호법에 따라 품종보호를 받을 수 있는 권리를 가진 자에게 주는 권리를 말한다. 품종보호권을 받기 위해서는 「식물신품종보호법」 제16조(품종보호 요건)에 따라 품종이 신규성, 구별성, 균일성, 안정성을 갖추어야 한다. 품종보호권자는 업으로서 그 보호품종을 실시할 권리를 독점한다(동법 제56조). '실시'란 보호품종의 종자를 증식·생산·조제·양도·대여·수출 또는 수입하거나 양도 또는 대여의 청약을 하는 행위를 말한다(동법 제2조 제7호). 품종보호권의 존속기간은 품종보호권이 설정·등록된 날부터 20년이며, 과수와 임목의 경우에는 25년이다(동법 제55조).

(6) 유전자원 및 전통지식에 대한 보호권

「유전자원의 접근·이용 및 이익 공유에 관한 법률」(약칭 : 유전자원법)에서는 유전자원 및 이와 관련된 전통지식에 대한 접근·이용으로부터 발생하는 이익의 공정하고 공평한 공유를 위하여 필요한 사항을 정하고 있다. '유전자원'이란 유전(遺傳)의 기능적 단위를 포함하는 식물·동물·미생물 또는 그 밖에 유전적 기원이 되는 유전물질 중 실질적 또는 잠재적 가치를 지닌 물질을 말한다(동법 제2조 제1호). '전통지식'이란 유전자원의 보전과 지속가능한 이용에 적합한 전통적인 생활양식을 유지하여 온 개인 또는 지역사회의 지식, 기술 및 관행(慣行) 등을 말한다(동법 제2조 제2호).

🔔 **신지식재산권의 발생과 보호기간**

대상	예시	적용 법률	소관 관청	권리의 발생	보호기간
데이터 베이스	경매 매각대금 관련 데이터베이스	「저작권법」	문화체육 관광부	창작과 동시에 발생	저작자 사후 70년
컴퓨터 프로그램	전화기 내의 ROM에 기록된 프로그램				공표 후 70년
	기술 발명을 위한 컴퓨터프로그램	「특허법」	특허청	심사 후 등록	설정·등록한 날로부터 출원 후 20년
영업비밀	음료 비밀제조법, 고객 리스트 등	「부정경쟁방지법」, 「산업기술보호법」 등	특허청	비공지성+경제적 유용성+비밀관리성	비밀관리기간
반도체 배치설계	DRAM 칩 회로, 스마트 냉장고의 제어 칩 회로	「반도체집적회로의 배치설계에 관한 법률」	특허청	방식 심사·등록	등록 후 10년
식물 신품종	새로 개량한 품종	「식물신품종보호법」, 「종자산업법」, 「수산종자산업육성법」	농림축산 식품부	심사 후 등록	등록 후 20년(과수 및 임목은 25년)
유전자원	약용식물, 온천 박테리아종, 토종해조류, 토종한우, 전통 벼품종	「유전자원의 접근·이용 및 이익 공유에 관한 법률」 등	환경부	보유국가의 주권적 권리	
전통지식	전통무예, 전통사찰, 전통 소싸움 경기, 전통시장, 전통주			보유국가(보유자)의 주권적 권리	

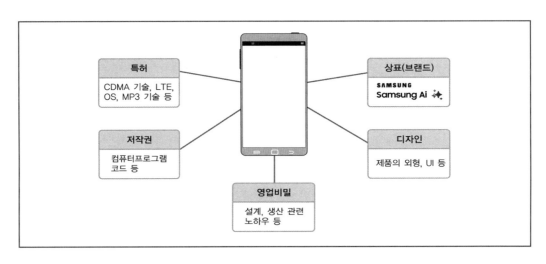

03 지식재산권의 필요성

지식재산권은 혁신과 창의성을 촉진하거나 육성하고, 발명가와 창작자를 보호하고, 투자를 장려하고, 공정한 경쟁을 촉진하고, 지식을 전파하고, 경제 성장을 강화하는 데 필수적이다. 지식재산권은 법적 보호와 인센티브를 제공함으로써 발명가, 창작자, 기업이 번창하고 궁극적으로 사회 전체에 이익이 될 수 있는 환경을 조성한다. 이를 통해 지식재산권의 필요성을 이해할 수 있다.

1. 지식재산권은 혁신과 창의성을 장려 및 촉진한다.

(1) 발명가와 창작자를 위한 인센티브

지식재산권은 발명가와 창작자에게 독점권을 부여함으로써 혁신과 창조에 대한 재정적 인센티브를 제공한다. 자신의 발명품과 창작물이 보호된다는 사실을 알면 개인과 기업은 새로운 아이디어를 개발하는 데 시간과 자원을 투자할 수 있다. 예를 들어, 특허제도를 통하여 새로운 발명을 보호할 수 있고, 발명가가 자신의 아이디어를 사회에 공개하도록 하여 산업발전에 기여할 수 있다.

(2) 독창성에 대한 보상

지식재산권은 창작자가 자신의 작업에 대한 인정과 보상을 받도록 보장함으로써 독창성을 인정하고 보상한다. 이는 현재 창작자들에게 동기를 부여할 뿐만 아니라 미래 세대가 창의적인 노력에 참여하도록 영감을 준다. 예를 들어, 저작권은 작가, 음악가, 예술가가 창작 작품에 대해 보상을 받도록 보장하여 문화 및 예술 발전을 촉진한다.

2. 지식재산권은 투자를 보호 및 장려한다.

(1) 투자 수익 확보

기업은 연구개발(R&D)에 상당한 자원을 투자한다. 지식재산권은 이러한 투자를 보호하여 기업이 투자 수익을 확보할 수 있도록 해준다. 예를 들어, 제약 회사는 신약을 보호하기 위해 특허에 의존하므로 신약 개발과 관련된 상당한 비용을 회수할 수 있다.

(2) 자금 유치

강력한 지식재산권 보호는 새롭고 혁신적인 프로젝트에 대한 투자와 관련된 위험을 줄여주기 때문에 투자자와 자금을 유치한다. 예를 들어, 신생 기업과 중소기업은 혁신에 대한 특허를 확보하여 투자자에게 수익성 가능성에 대한 확신을 제공함으로써 벤처캐피탈을 유치할 수 있다.

3. 지식재산권은 공정한 경쟁을 촉진한다.

(1) 불공정행위 예방

지식재산권은 기업이 다른 사람의 혁신과 창조물을 불법적으로 이용할 수 없도록 보장함으로써 불공정 경쟁을 방지하는 데 기여한다. 이는 모든 시장 참가자에게 공평한 경쟁의 장을 조성한다.

예를 들어, 상표는 위조 제품을 방지하여 소비자가 구매하는 제품의 품질과 원산지를 신뢰할 수 있도록 보장한다.

(2) 시장 진입 장려

지식재산권은 혁신과 창작물을 보호함으로써 새로운 기업의 시장 진입 장벽을 낮춘다. 이로 인해 경쟁이 심화되고 더 나은 제품과 서비스를 통해 소비자에게 이익이 된다. 예를 들어, 디자인권은 제품의 고유한 외관을 보호하여 새로운 디자이너와 제조업체가 혁신적인 디자인으로 시장에 진입하도록 장려한다.

4. 지식재산권은 지식과 기술의 보급에 기여한다.

(1) 정보 공개

「특허법」에서는 출원된 발명이 대중에게 공개되도록 규정하고 있다. 이러한 지식의 확산은 추가적인 혁신과 기술 발전을 촉진한다. 예를 들어, 특허출원 공개를 통해 다른 발명가는 기존 기술로부터 학습하고 이를 기반으로 새로운 혁신을 창출할 수 있다.

(2) 기술 이전

지식재산권은 라이선스 계약을 통해 기술 이전을 촉진하여 산업과 국경을 넘어 새로운 기술과 관행을 확산시킬 수 있다. 예를 들어, 대학과 연구 기관은 특허 기술을 기업에 라이선스하여 연구 결과의 사업화를 촉진한다.

5. 지식재산권은 경제 성장을 촉진한다.

(1) 국내총생산(GDP)에 대한 기여

제약, 기술, 엔터테인먼트 등 지식재산권에 크게 의존하는 산업은 국가의 국내총생산 (GDP)에 크게 기여한다. 효과적인 지식재산권 보호는 이러한 산업의 성장을 촉진한다. 예를 들어, 저작권과 특허권의 창출이 활발한 소프트웨어 산업은 상당한 경제 활동과 일자리 창출을 촉진한다.

(2) 글로벌 경쟁력 강화

강력한 지식재산권 체제를 갖춘 국가는 글로벌 시장에서 더 경쟁력이 있다. 그들은 혁신을 촉진하고 지적 자산을 보호함으로써 외국인 투자를 유치하고 경제적 지위를 향상시킨다. 예를 들어, 강력한 특허 시스템을 갖춘 국가에서는 다국적 기업을 유치하여 R&D 센터를 설립하여 지역 경제를 활성화한다.

지식재산의 보호 방안

학습 개관

지식재산권에 대한 관련 법률의 종류와 목적을 알아보고 지식재산권 보호 전략을 설명할 수 있다.

학습 포인트

지식재산권 보호를 위한 관련 법률의 종류와 목적을 설명할 수 있다.
지식재산권 보호 전략의 종류와 방법을 설명할 수 있다.

NCS 및 NCS 학습모듈

하위 목차명	지식재산권에 대한 관련 법률, 지식재산의 보호 전략	
NCS 및 NCS 학습모듈	대분류	05. 법률·경찰·소방·교도·국방
	중분류	01. 법률
	소분류	02. 지식재산관리
	세분류	01. 지식재산관리
	능력단위 (능력단위요소)	12. 지식재산 권리화
	주요 지식·기술·태도	• 지식재산권에 대한 관련 법률, 지식재산의 보호 전략 • 지식재산 관련 법률 이해 능력, 지식재산 보호 전략 이해 능력, 자원관리능력 등 직업기초능력 • 지식재산 관련 법률 준수성, 지식재산 보호 마인드

01 지식재산권에 대한 관련 법률

지식재산권에 대한 관련 법률은 다양한 형태의 지식재산을 보호하고, 혁신을 촉진하고, 공정한 경쟁을 보장하고, 자원의 지속 가능한 사용 및 보존에 기여하는 것을 총체적인 목표로 가지고 있다. 각 법률은 첫 번째 조항에 그 목적을 명시하여 지식재산권 보호 및 증진을 위한 명확한 법적 기반을 제공하고 있다.

1. 특허법

「특허법」의 목적은 발명품을 보호하고 혁신을 장려하여 기술 개발을 촉진하는 것이다.

관련 조문

특허법
제1조(목적) 이 법은 발명을 보호·장려하고 그 이용을 도모함으로써 기술의 발전을 촉진하여 산업발전에 이바지함을 목적으로 한다.

2. 실용신안법

「실용신안법」의 목적은 사소한 발명을 보호하고 새로운 아이디어의 실제 적용을 촉진하는 것이다.

관련 조문

실용신안법
제1조(목적) 이 법은 실용적인 고안을 보호·장려하고 그 이용을 도모함으로써 기술의 발전을 촉진하여 산업발전에 이바지함을 목적으로 한다.

3. 디자인보호법

「디자인보호법」의 목적은 공산품의 미적, 장식적 측면을 보호하고 제품 디자인의 창의성을 함양하는 것이다.

관련 조문

디자인보호법
제1조(목적) 이 법은 디자인의 보호와 이용을 도모함으로써 디자인의 창작을 장려하여 산업발전에 이바지함을 목적으로 한다.

4. 상표법

「상표법」의 목적은 상표를 보호하고 소비자 혼란을 방지하며 공정한 경쟁을 보장하는 것이다.

관련 조문

상표법
제1조(목적) 이 법은 상표를 보호함으로써 상표 사용자의 업무상 신용 유지를 도모하여 산업발전에 이바지하고 수요자의 이익을 보호함을 목적으로 한다.

5. 저작권법

「저작권법」의 목적은 저작자의 원작을 보호하여 저작자의 권리를 보호하고 문화예술 발전을 촉진하는 것이다.

관련 조문

저작권법
제1조(목적) 이 법은 저작자의 권리와 이에 인접하는 권리를 보호하고 저작물의 공정한 이용을 도모함으로써 문화 및 관련 산업의 향상발전에 이바지함을 목적으로 한다.

6. 반도체집적회로 배치설계에 관한 법률(약칭 : 반도체설계법)

「반도체설계법」의 목적은 반도체 집적회로의 레이아웃 설계를 보호하고 반도체 산업의 기술 발전을 촉진하는 것이다.

관련 조문

반도체설계법
제1조(목적) 이 법은 반도체집적회로(半導體集積回路)의 배치설계(配置設計)에 관한 창작자의 권리를 보호하고 배치설계를 공정하게 이용하도록 하여 반도체 관련 산업과 기술을 진흥함으로써 국민경제의 건전한 발전에 이바지함을 목적으로 한다.

7. 부정경쟁방지 및 영업비밀보호에 관한 법률(약칭 : 부정경쟁방지법)

「부정경쟁방지법」의 목적은 불공정 경쟁을 방지하고 영업비밀을 보호하여 공정한 거래관행과 시장 건전성을 보장하는 것이다.

관련 조문

부정경쟁방지법
제1조(목적) 이 법은 국내에 널리 알려진 타인의 상표·상호(商號) 등을 부정하게 사용하는 등의 부정경쟁행위와 타인의 영업비밀을 침해하는 행위를 방지하여 건전한 거래질서를 유지함을 목적으로 한다.

8. 식물신품종 보호법(약칭 : 식물신품종법)

「식물신품종법」의 목적은 식물신품종을 보호하고, 개량된 식물품종의 개발 및 재배를 장려하는 것이다.

관련 조문

식물신품종법
제1조(목적) 이 법은 식물의 신품종에 대한 육성자의 권리 보호에 관한 사항을 규정함으로써 농림수산업의 발전에 이바지함을 목적으로 한다.

9. 유전자원의 접근, 이용 및 이익 공유에 관한 법률(약칭 : 유전자원법)

「유전자원법」의 목적은 유전자원에 대한 접근을 규제하고, 유전자원 이용으로 발생하는 이익의 공정하고 공평한 공유를 보장하고, 지속가능한 이용과 보존을 촉진하는 것이다.

관련 조문

유전자원법
제1조(목적) 이 법은 「유전자원에 대한 접근 및 그 이용으로부터 발생하는 이익의 공정하고 공평한 공유에 관한 생물다양성에 관한 협약 나고야 의정서」의 시행에 필요한 사항과 유전자원 및 이와 관련된 전통지식에 대한 접근·이용으로부터 발생하는 이익의 공정하고 공평한 공유를 위하여 필요한 사항을 정함으로써 생물다양성의 보전 및 지속가능한 이용에 기여하고 국민생활의 향상과 국제협력을 증진함을 목적으로 한다.

Intellectual Property Ability Test

02 지식재산의 보호 전략

지식재산 보호 전략은 아이디어와 지식재산을 창출한 경우로 나누어 선택할 수 있다. 우선 아이디어를 창작한 자는 아이디어의 보호 전략으로 공개, 노하우 및 특허 세 가지 중 하나를 선택할 수 있다.

◪ 아이디어 보호 전략의 선택

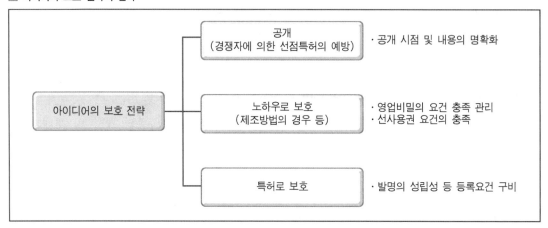

지식재산을 창출한 경우에 보호 전략은 서로 독립적이지 않으면서 중복될 수도 있다. 예를 들어, 스마트폰과 같은 단일 제품은 특허, 디자인권, 상표권, 저작권을 결합하여 제품의 모든 측면을 완벽하게 보호하는 중복된 지식재산권 보호를 가질 수 있다. 혁신적인 기술은 특허로, 시각적 디자인은 디자인권으로, 브랜드는 상표로, 소프트웨어는 저작권으로 보호된다. 이러한 중복 전략은 스마트폰의 다양한 요소에 대해 무단으로 복사되거나 사용되는 것을 방지하여 포괄적인 보호를 보장할 수 있다.

⊠ **지식재산 보호 전략 선택**

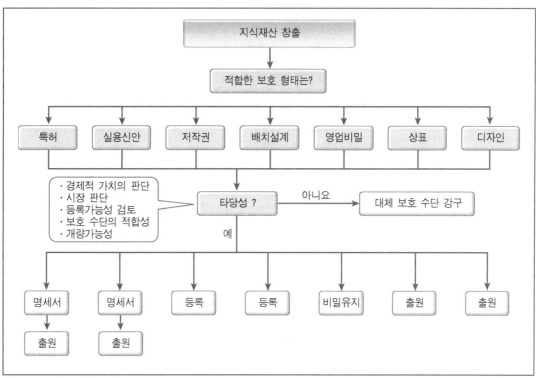

1. 공개로 보호

공개는 아이디어를 선행 기술로 확립하고 아이디어의 자유로운 사용을 유지하며 개방적인 혁신을 촉진하고 다른 사람들이 특허출원하는 것을 방지할 수 있는 중요한 전략이다. 특허를 통해 타인의 아이디어 독점을 방지하고, 공동 혁신을 장려하며, 창작자의 독창성을 확립하고, 지식에 대한 자유로운 접근을 촉진하며, 특허에 대한 비용 효과적인 대안을 제공하고, 윤리적·사회적 책임을 이행할 수 있다. 다만, 창작자는 타인의 특허출원 이전에 자신의 아이디어가 공개되었음을 입증해야 한다. 이를 달성하기 위해 자신의 아이디어를 대중에게 공개할 수 있는 플랫폼인 특허청의 인터넷 기술 공지 시스템을 활용할 수 있다. 인터넷 기술 공지 시스템은 창작자의 아이디어에 대한 기술적인 내용과 신뢰할 수 있는 날짜 정보가 포함된 공개 기록을 게시함으로써 특허청이 이를 공증하고 공개된 것으로 인정하는 것이다.

🔲 인터넷 기술공지제도 화면(https://www.kipo.go.kr/)

🔔 인터넷 기술공지시스템의 이용

항목	내용
이용 효과	• 방어 목적으로 출원을 하는 경우 • 법적 대응을 위해 공증기관의 공증을 받고자 하는 경우 • 연구개발을 위해 기술 동향이 필요한 경우
이용하지 말아야 할 경우	• 출원 절차를 통해 특허권 행사를 하고자 하는 경우 • 영업비밀로 보호해야 될 기술에 해당되는 경우
이용 절차	특허청 사이트에 접속한 후 사이버 공지를 신청하고 공지 자료실에 공개를 원하는 기술 내용을 등록하면 됨

2. 노하우로 보호

노하우는 기밀로 유지되는 특정 작업이나 프로세스를 수행하는 데 필요한 실질적인 지식, 기술 및 전문 지식을 의미한다. 공개를 요구하는 특허와 달리 노하우는 비밀로 보호된다. 이 전략에는 경쟁 우위를 확보하기 위해 귀중한 정보의 기밀성을 유지하는 것이 포함된다. 노하우 보호 전략의 핵심 요소는 기밀 유지 법적 계약, 접근 제한, 직원 교육, 엄격한 문서 관리 등을 통해 귀중한 정보의 기밀성을 유지하는 것이다.

(1) 특허와 노하우 비교

특허는 공개가 허용되거나 유익한 경우, 강력한 법적 보호와 독점성이 필요한 경우, 라이선스 및 파트너십 기회가 있는 경우에, 발명품은 광범위한 적용성과 높은 가시성을 가지고 있는 경우에 적합하다고 할 수 있다. 반면, 노하우는 비밀이 효과적으로 유지될 수 있는 경우, 경쟁 우위가 장기적인 경우, 비용 고려, 지식이나 프로세스의 적용 범위가 좁고 특정 운영 가치가 있는 경우에 적합하다고 할 수 있다.

🔔 특허와 노하우 비교

구분	특허	노하우
공개	특허출원을 통해 공개	기밀로 유지
법적 보호	최대 20년 동안 법적 보호와 독점권 제공	영업비밀로 보호
보호 기간	일반적으로 출원일로부터 20년	비밀이 유지되는 한 무기한
비용	높음(적용, 유지 관리 및 시행 비용 포함)	저렴, 비밀 유지에 중점을 둠
집행 가능성	명확한 법적 틀과 특허청 지원을 통해 시행이 더 쉬워졌음	집행은 기밀 유지 위반을 입증하는 능력에 따라 달라짐
경쟁 우위	대중의 인정을 받아 한시적 경쟁 우위를 제공	비밀이 유지되면 장기적인 경쟁 우위를 제공할 수 있음
라이선스 기회	명확한 법적 권리를 바탕으로 라이선스 및 파트너십 촉진	비밀을 공개하지 않고 라이선스를 취득하는 것이 더 어려움
예	• 제약회사가 새로운 약품 제조방법에 대해 특허 출원 • 기술회사가 새로운 배터리 기술에 대한 특허 취득 • 대학이 라이선싱을 위해 생체의학 장치에 대한 특허 등록 • 전자회사가 새로운 마이크로칩 디자인에 대한 특허 등록	• 식품 회사가 인기 있는 소스의 레시피를 비밀 유지 • 제조사가 독특한 생산과정을 노하우로 유지 • 중소기업이 독점 소프트웨어 알고리즘을 비밀 유지 • 섬유회사가 전문적인 염색기술 비밀 유지

⊠ 노하우의 보호 전략

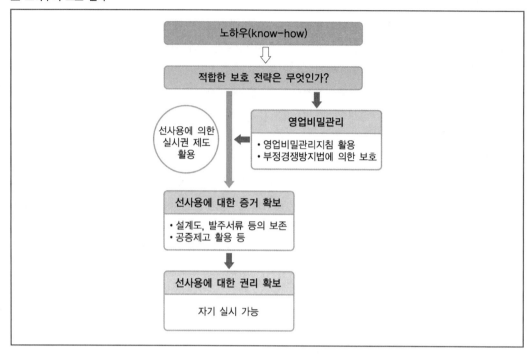

⑵ 선사용에 의한 통상실시권

노하우로 보호받고 있는 아이디어를 제3자가 특허를 출원하여 특허권을 획득하게 되면 필연적으로 특허침해가 발생할 수 있다. 이때에 제3자가 특허출원 전에 실시 사업 또는 사업 준비를 하여 선사용이 인정되는 경우 무상의 통상실시권인 선사용권을 부여한다. 이는 선사용에 의한 통상실시권(특허법 제103조)에 근거한 것이다.

⊠ 노하우와 선사용

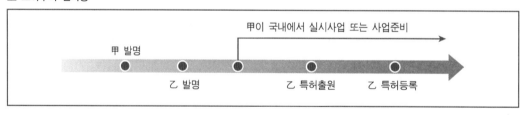

선사용에 의한 통상실시권은 특허출원 이전에 발명을 사용하고 있던 자가 특허권을 침해하지 않고 해당 발명을 계속 사용할 수 있도록 하는 제도이다. 여기에서 통상실시권은 실시권자에게 특허발명을 실시할 수 있는 권리를 부여하지만, 특허권자는 다른 실시권자에게도 동일한 권리를 부여할 수 있는 권리를 가진다. 여러 법인이 동일한 특허를 사용하도록 라이선스를 받을 수도 있다.

전용실시권(특허법 제100조)은 실시권자에게 특허발명을 특정 지역 내에서 또는 특정 목적으로 사용할 수 있는 유일한 권리를 부여하는 것이다. 특허권자는 합의된 범위 내에서 동일한 발명에 대해 다른 라이선스를 부여하지 않는다는 데 동의한 것이다.

🔔 **통상실시권과 전용실시권 비교**

구분	통상실시권(사용권)	전용실시권(사용권)
의미	비독점 라이선스	독점 라이선스
사용권자 수	여러 라이선스 사용자	단 한 명의 라이선스 사용자
특허권자의 권리	특허를 사용하고 추가 라이선스를 부여할 권리 보유	합의된 범위 내에서 추가 라이선스를 부여하거나 발명품 사용 불가
사용 범위	라이선스 사용자는 지정된 대로 발명품을 사용할 수 있지만 배타적이지는 않음	라이선스 사용자는 합의된 범위 내에서 발명을 사용할 독점권 부여
시장 영향	발명품의 시장 진출 및 배포 증가	독점 라이선스 사용자에게 경쟁 우위 제공
수익 가능성	다양한 라이선스 사용자로부터 다양한 수익 흐름을 얻을 수 있음	독점으로 인해 수수료나 로열티가 높아질 가능성이 있음
예	제약회사는 여러 제조업체에 약품 라이선스 부여	기술회사는 한 자동차 제조업체에 배터리 기술 라이선스 제공

3. 특허권으로 보호

발명한 아이디어라고 해서 모두 특허로 보호되는 것은 아니다. 「특허법」 제2조에 따르면 발명이란 자연법칙을 이용한 기술적 사상의 창작으로서 고도(高度)한 것이어야 한다. 따라서 아이디어를 발명이라고 인정하기 위해서 다음 세 가지를 충족해야 한다. 세 가지 조건은 혁신적·기술적이며, 실질적으로 적용 가능하고, 기술과 산업 발전에 기여하는 아이디어에 특허가 부여되도록 한다.

① 과학적 원리나 자연현상에 기초한 자연법칙을 활용한 것이어야 한다.

② 실용적인 결과를 달성하기 위해 특정 방법, 프로세스 또는 장치를 포함하는 기술적 아이디어이어야 한다.

③ 기존 기술을 크게 향상시키거나 발전시키는 참신함과 창의적인 단계를 보여주는 고차원적인 창작성이 있어야 한다.

제 **2** 장

현대사회와 지식재산 경영

제 1 절 지식재산 경영의 이해

학습 개관

지식재산 경영의 필요성, 중요성을 인지하고 기업 내 지식재산권 조사분석으로 기업 경영의 잠 재적 위험 요소를 파악한다.

학습 포인트

지식재산 경영을 위해 지식재산 기반 경영체계를 구축하고 관련된 사무를 이해한다.
지식재산권 조사분석을 진행하고 지식재산 경영 관련 보고서 등을 작성할 수 있다.

NCS 및 NCS 학습모듈

NCS 및 NCS 학습모듈	하위 목차명	지식재산 경영이란, 지식재산 경영 단계, 특허 경영, 브랜드 경영, 디자인 경영, 지식재산 경영의 과제	
	대분류	05. 법률·경찰·소방·교도·국방	
	중분류	01. 법률	
	소분류	02. 지식재산관리	
	세분류	01. 지식재산관리	
	능력단위 (능력단위요소)	08. 지식재산 서비스수행 17. 지식재산 경영수행 18. 지식재산 경영전략 수립	
	주요 지식·기술· 태도	• 지식재산(권) 개념, 지식재산 R&D 전략 수립 방법 • 지식재산 선행기술 검색 능력, 지식재산권 가치평가 능력 • 보안 규정 준수성, 정확성, 세심함	

01 지식재산 경영이란

특허, 디자인, 상표 등 지식재산권 포트폴리오가 구축된 기업은 글로벌 시장에서 유리한 위치를 선점하고 있다. 표준특허, 원천특허 등 강한 특허를 보유한 기업, 독보적인 영업비밀을 확보한 기업만이 그 분야의 시장을 차지하고 주도권을 이끌어 갈 수 있다. 지식기반 경제로의 패러다임 전환이 기업 R&D 가속화, 기업 성장, 시장 점유율 확보 등 기업의 부가가치를 창출하는 데 유리하다. 특히, 기술발전 속도가 빠르고 혁신적인 비즈니스 모델이 많은 정보통신 분야에서는 지식재산권이 신규 수익 창출을 위한 수단으로 자리를 잡고 있다.

지식재산 경영에 대한 정의는 '지식재산경영인증 운영 요령(특허청 고시 제2022-19호)'에 다음과 같이 기술되어 있다.

> "지식재산 경영"이란 특허·실용신안·디자인·상표·영업비밀 등 지식재산을 기업의 자산으로 활용하는 경영전략을 통해 수익을 창출함으로써 기업 가치를 높이는 경영 활동을 말한다.

이 정의를 기반으로 해석하면 지식재산 경영은 기업이 R&D 활동을 통해 얻는 성과, 산출물에 대하여 배타적 권리화를 확보하거나 자산화하고, 이를 활용 및 활성화함으로써 경제적 부가가치를 창출하기 위한 전략적 활동을 의미한다. 다시 말해, 가치 있는 지식재산을 만들고 이를 활용해 수익화하는 절차를 핵심 비즈니스로 하는 기업 경영이 지식재산 경영이다.

지식재산 경영의 목적은 기업 경영의 주요 의사결정에 기업의 지식재산을 활용하고 기업의 본질적 가치를 향상시키거나 신규 부가가치를 창출하는 것이다. 기업의 IP R&D 전략은 '글로벌 경쟁력을 확보한 강한 지식재산 창출'과 '확보된 지식재산의 활용·확산을 통해 부가가치 창출 극대화'로 연계되도록 추진되어야 한다.

☒ 경영전략 - IP경영전략 - R&D 전략(IP경영전략의 위상)[2]

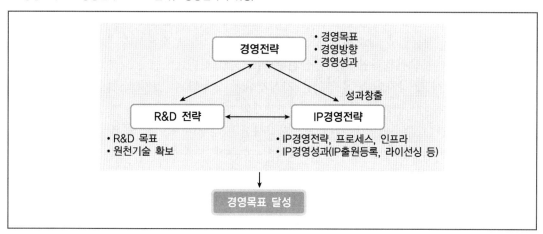

---

2) 특허청, 지식재산경영전략매뉴얼, 2011.

02 지식재산 경영 단계

지식재산 경영은 크게 창출 단계와 활용 단계로 구분한다. 지식재산 전담 조직 및 담당자는 기업의 이익, 시장 선점 등을 극대화하기 위해 지식재산이라는 무형자산을 활용할 수 있도록 창출 단계와 활용 단계가 유기적으로 연계되고 유지, 관리되도록 운영해야 한다.

1. 창출 단계

창출 단계는 기업의 R&D 기획 단계부터 시작하며 기업에서 신규로 만들어지는 모든 발명의 권리화 업무까지 포함한다. 특히, 고용 계약을 통해 기업에 종사하는 종업원이 직무 수행과정에서 창출되는 발명을 직무발명이라고 한다. 지식재산 담당자는 사내 직무발명제도를 수립하고 직무발명심의위원회를 운영해 종업원의 발명(기술)을 고도화시키고 활성화해야 한다. 창출 단계에서는 기업에서 진행한 모든 R&D 성과가 무형의 지식재산권으로 확보될 수 있도록 운영하며 선행기술 검색 및 분석으로 신기술의 동향도 파악해야 한다.

2. 활용 단계

기업은 지식재산권을 활용하여 다른 기업과 M&A, 라이선스 계약 체결, 경쟁사와 소송 또는 소송 전략 수립, 소송과 관련된 시나리오 작성 등을 진행한다. 지식재산권 분석으로 경쟁사의 R&D 전략 및 보유 기술의 잠재적 경쟁력을 평가할 수 있고 경쟁사의 R&D 전략이 자사의 R&D 전략과 어떤 차이점이 있는지도 분석할 수 있다. 또한 혁신적인 신기술이 자사의 R&D 전략, 비즈니스 모델에 끼치는 영향도 평가할 수 있다. 지식재산권은 기업의 경쟁환경 분석 및 전략적인 변화를 추진하는 데 활용이 가능하다.

상표, 브랜드, 디자인, 제품 등 독자 개발이 이루어지고 제작되고 판매된다면 비즈니스 보호를 위해 지식재산권을 확보해야 보호받을 수 있다. 그리고 경쟁사와 지식재산권 분쟁을 대비해 전략적이고 전문적인 지식재산권 관리도 필요하다.

기업의 R&D, 상표, 디자인 등에서 많은 지식재산이 창출될 수 있지만, 기업의 비즈니스 보호를 위해서는 강한 권리화가 필요하다. 경쟁사와 지식재산권 분쟁이 자주 발생하면 사업의 위험도 커진다. 수출기업이 경쟁사와 지식재산권 분쟁이 많아질 경우, 지식재산권을 전담하는 조직을 신설할 필요성이 있다. 효과적, 효율적 대응을 위해서는 역량 있는 전문가도 필요하다. 전담 조직은 지식재산권 업무와 관련된 전문적인 활동 및 기업 경영자가 합리적인 의사결정을 내릴 수 있도록 지원해야 한다. 예를 들어, R&D 효율화와 지식재산권 신규 창출을 위한 특허 조사 분석, 경쟁사 지식재산권 분석 및 특허 맵 등을 항상 준비해 두어야 한다. 특허 분쟁을 예측해 대응 전략을 사전에 수립하고, 강한 특허를 위한 전문적인 활동도 지속해야 한다. 내부 역량이 부족하다고 판단되면 외부 전문가도 적절하게 활용한다.

03 특허 경영

특허 경영이란 지식재산권 중에서도 특허를 중요한 경영자원의 하나로 간주하고 이를 다른 경영자원이나 개발, 생산, 판매 프로세스와 효과적으로 결합시켜 기업의 경쟁력을 확보하는 것을 기본으로 하는 경영방식을 말한다.[3] 기업은 특허 경영으로 경쟁사의 진입을 견제하거나 지연시키고 고객 만족도를 향상할 수 있으며 판매 제품에 대한 시장 점유율을 높여 이익 극대화를 추구할 수 있다. 다음 삼위일체 전략은 기업이 사업전략, 연구개발 전략, 특허 전략을 연동해 추진할 때 가장 효과적인 성과를 창출할 수 있음을 보여준다.

🖾 삼위일체 전략[4]

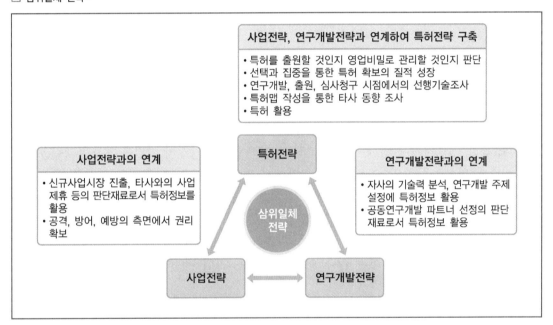

기업 컨설턴트인 Julie L. Davis와 Suzanne S. Harrison은 본인들의 기업 컨설팅 경험을 바탕으로 특허를 경영에 잘 활용하는 기업 사례를 분석해 5단계의 발전 모형을 만들었다. 발전 모형은 방어적 단계, 비용 절감 단계, 수익 창출 단계, 통합 단계, 고도화 단계로 구분한다.[5]

---

3) 한국산업기술진흥협회, 혁신의 열쇠-기업활동과 특허경영(권두언, 기술과 혁신)

4) 윕스 네이버 블로그, https://blog.naver.com/wipsmaster/50156791045

5) Julie L. Davis 외 1명, "EDISON IN THE BOARDROOM : How leading Companies realize value from their intellectual assets", John wiley & sons, INC. 2001

🔔 **특허 경영 5단계**

구분	명칭	요약
Level 1	방어적 단계	지식재산권 창출 및 보호 전략을 수립해 경쟁사의 침해로부터 방어하는 단계
Level 2	비용 절감 단계	지식재산권 확보 및 관리에 필요한 비용을 절감하고 지식재산 포트폴리오를 구축하는 단계
Level 3	수익 창출 단계	지식재산권을 활용해 라이선스 계약 등으로 수익을 실현하는 단계
Level 4	통합 단계	지식재산을 기업 자산으로 인식하고 기업 인수합병, 시장 선점 등에 활용하는 단계
Level 5	고도화 단계	미래 기술과 시장을 예측하고 가치를 창조하기 위해 지식재산을 이용하는 단계

1. 방어적 단계

특허 경영전략의 가장 기초 단계이다. 기업이 지식재산권을 확보했다면 이 지식재산권을 이용해 경쟁사의 시장 진입을 사전에 차단하거나 지연시켜 기업의 비즈니스 모델을 보호한다. 특히, 경쟁사가 진행하는 특허 분쟁(소송)으로부터 자신의 기업을 보호할 수 있어 비즈니스의 위험성을 줄일 수 있다. 이 단계에서 기업은 비즈니스 모델의 안정성, 독점성을 확보하기 위해 더 많은 지식재산권 확보를 목표로 한다. 기업은 지식재산권 포트폴리오 구축을 위해 많은 수의 특허를 출원 및 획득하고, 이를 통해 기업의 비즈니스 모델을 보호한다. 우수한 연구원들의 자유로운 R&D를 지원하고 기업의 지식재산 포트폴리오를 강화할 수 있는 사내 제도도 만들어야 한다. 이 단계에서는, 기업 내에 지식재산권 선순환 구조 및 체계를 만들어야 한다.

2. 비용 절감 단계

지식재산권 포트폴리오를 구축하고 지식재산권 확보를 위한 비용을 절감하거나 효율적인 확보 방법을 고민하는 단계이다. 초기 단계이므로 방어적 단계(Level 1)처럼 기업의 지식재산권 창출, 보유에 초점을 둔다. 하지만 기업은 지식재산권의 획득, 보유 및 유지 비용이 많다는 것을 알고 있어, 이 비용 절감을 항상 고민해야 한다. 가장 기본적인 방법으로 비용 절감 목표를 설정하는 것이다. 왜냐하면, 지식재산권 보유 및 유지 관리에 필요한 비용은 해마다 늘어나고 지식재산권을 보유한 효과는 갈수록 줄어들 수 있기 때문이다. 기업은 지식재산권 보유 효과를 평가하기 위해 가치평가를 진행할 수도 있다. 요약하면, 기업은 지식재산권을 창출, 보유하는 노력을 지속함과 동시에 출원, 유지, 관리 비용을 줄이기 위한 절차와 운영 방법을 수립하는 것이다.

3. 수익 창출 단계

지식재산권을 창출, 보유하는 것에서 지식재산권을 활용해 수익을 창출하는 것을 고려하는 단계이다. 지식재산권을 경영의 중요한 자산으로 인지하고 지식재산권을 이용해 경쟁사보다 우월한 지위를 선점하거나 타 기업과 라이선스 계약 등으로 이익을 실현할 수 있다. 수익 창출 단계(Level 3)에 도달한 기업은 방어적 단계, 비용 절감 단계에서 중요하게 고려했던 지식재산권 관리 시스템보다 지식재산권을 활용해 독점적 지위를 확보하거나, 신규 비즈니스 모델을 만드는 등 기업 경영, 홍보 전략, 수익 창출과 관련된 도구로 지식재산권을 사용한다. 이때, 수익을 창출할 수 있는 전담 조직, 전문가 등의 자문이 필요하다.

4. 통합 단계

기업이 지식재산권을 기업의 경영에 필요한 자산으로 인지하고 기업을 운영하는 경영전략과 지식재산권을 활용하는 전략을 통합하는 단계이다. 지식재산권이 경쟁사를 막거나 시장 진입을 지연시키기 위한 가장 효과적인 방법임을 인지한다. 또한, 기업은 무형의 지식재산권을 활용해 절세 수단, 기업 간 M&A 등에 사용한다. 통합 단계에 있는 기업은 지식재산권으로부터 파생되는 기업의 전략적 가치를 높이기 위해 지속적으로 노력한다. 또한, 기업의 모든 역할, 기능, 운영에 있어 지식재산권과의 통합도 추진한다. 예를 들어, 기업의 지식재산 전담 조직과 홍보부서는 경쟁사의 지식재산권을 주기적으로 분석해 마케팅 전략을 수정하며 인사 부서는 지식재산권 전문인력을 채용한다.

5. 고도화 단계

고도화 단계에 도달한 기업은 지식재산권 전략이 조직 내에 깊이 자리 잡고 있으며 산업의 동향, 소비자 선호에 따른 미래 흐름을 조사, 분석하는 데 지식재산권을 활용한다. 기업의 구성원들은 지식재산권 창출, 획득, 유지가 미래의 기업 비즈니스 모델, 수익, 부가가치 및 시장 점유율을 유지하는 데 필수적인 구성요소로 인지한다. 이 단계에 있는 기업은 지식재산권을 기획, 제품 생산 등 회사의 운영 및 R&D 전략 수립과 같은 미래를 준비하는 데 사용한다.

요약하면, Level 1은 신기술 확보 및 권리화로 기업 내 지식재산권을 창출, 확보하는 방어 단계이며, Level 2는 지식재산권의 관리, 보유에 필요한 비용을 줄여 원가절감을 추진하는 비용 절감 단계이다. Level 3은 수익 창출 단계로 지식재산권을 활용한 적극적인 사업 운영 및 마케팅을 진행하며, Level 4는 기업의 비즈니스 전략과 지식재산권 전략을 통합하는 단계이다. 마지막으로 Level 5는 지식재산권이 경영의 핵심으로 발전할 수 있는 고도화 단계이다.

04 브랜드 경영

브랜드의 유래는 로마 시대, 그리스 시대에 상점 주인들이 판매하는 제품을 유추할 수 있는 표시나 그림을 가게 앞에 비치하는 것에서 출발하였다. 중세에는 예술가나 기술자들이 본인의 작품에 다른 사람과 구별되는 표시를 했고, 유럽에서는 말, 소, 돼지 등의 가축에 인두로 낙인을 찍어 다른 목장 또는 생산자와 구별되는 출처 표시를 하였다. 최근에는 브랜드를 '판매자 또는 제조업자가 본인의 서비스 및 상품을 경쟁자의 것과 구별할 수 있도록 표시하는데 사용하는 이름, 용어 등의 문자, 기호, 슬로건, 캐릭터, 디자인 혹은 이들의 결합체'로 정의한다. 기업 내 마케팅 부서 또는 영업 부서에서는 브랜드를 동일한 기업의 동일한 제품임을 소비자들에게 인식시키는 수단으로 활용한다. 브랜드는 제품의 광고, 사용 등 소비자가 제품과 연관된 모든 활동을 기억할 수 있게 도와준다.

🔲 브랜드와 상호의 개념[6]

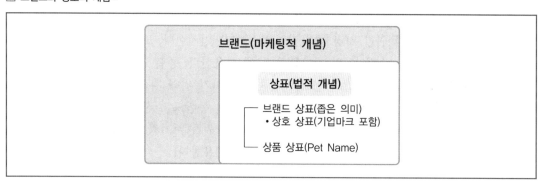

브랜드 경영이란 자사 제품을 경쟁사의 제품과 구별하는 수단에서 벗어나, 브랜드가 기업 자산을 구성하는 중요한 항목으로 인식하며 자사의 브랜드를 전략적으로 개발·관리·보호해 시장에서 경쟁력을 유지하고, 소비자와의 신뢰 관계를 구축하며, 장기적으로 기업의 가치를 창출하는 과정이다. 기업은 제품이나 서비스 출시부터 브랜드 라이프 사이클을 고려하고 가치 창조를 위해 적합한 마케팅 전략을 수립해 지속적으로 관리해야 한다.

성공적인 브랜드 경영은 기업의 실적을 개선하고 고객 충성도를 높인다. 최근에는 소비자의 욕구가 다양하고 제품 품질도 상향 표준화되어 더 이상 기능을 활용한 차별화가 어려워지고 있다. 따라서 브랜드는 소비자가 상품 및 서비스를 선택하는 데 큰 영향을 준다. 고객 충성도가 높은 브랜드와 기업은 경쟁사의 시장 진입에 대한 장벽을 높일 수 있고 이에 따라 기업 가치도 상승하게 된다. 기업이 시장에서 살아남기 위해 브랜드 경쟁력을 유지하는 것은 필수이며 이에 따른 브랜드 경영에 관한 관심과 중요도도 상승하고 있다.

---

6) 특허청, 사례 중심의 지식재산 경영 매뉴얼, 2008.

1. 브랜드 경영의 필요성

(1) 기업의 가치 창출

브랜드의 중요성이 강조되는 가장 큰 이유는, 브랜드가 소비자와의 신뢰 관계를 구축하고 높은 충성도와 안정적인 시장 점유율을 구축해 기업의 가치를 창출하는 무형자산으로 인식되고 있기 때문이다. 브랜드는 1980년대 미국과 유럽에서 기업의 M&A가 빈번할 때 외부의 공격으로부터 자사를 보호하기 위한 수단으로 브랜드의 가치를 화폐 금액으로 환산해 대차대조표에 계상하게 되면서 자산으로서 가치를 가지기 시작하였다.

최근에는 브랜드 가치가 기업 가치를 평가하는 중요한 요소 중 하나로 인식되면서 브랜드 경영이 기업 경영의 핵심 전략으로 등장하게 되었다. 소비자들이 제품보다 브랜드를 소비하고 브랜드를 통해 경험을 창출하면서 브랜드는 기업의 얼굴이 되었다. 마이크로소프트 창업자 빌게이츠가 "브랜드는 기업이 소비자에게 하는 약속이다."라고 말한 것처럼 브랜드는 기업에 있어 큰 가치이자 자산이다.

🔔 2024년 브랜드 가치가 높은 기업 순위[7]

순위	기업명	국가	브랜드 가치(십억 불)
1	Apple	미국	$516.6B
2	Microsoft	미국	$340.4B
3	Google	미국	$333.4B
4	Amazon	미국	$308.9B
5	Samsung Group	한국	$99.4B
6	Walmart	미국	$96.8B
7	TikTok	중국	$84.2B
8	Facebook	미국	$75.7B
9	Deutsche Telekom	독일	$73.3B
10	ICBC	중국	$71.8B

(2) 대외적 경쟁력 강화

제품 및 서비스의 글로벌 경쟁이 치열해지고, 소비자는 품질, 가격 등과 브랜드라는 무형의 가치도 비교하면서 제품 및 서비스를 선택한다. 이에 기업들은 브랜드를 중요한 자산으로 인식하고 관리하려는 노력이 확산되고 있다. 과거에는 브랜드가 단순히 제품, 서비스 또는 기업을 식별하는 수단으로만 여겨졌지만, 이제는 단순한 마케팅 도구를 넘어 기업의 핵심 자산으로 자리 잡았음을 의미한다. 브랜드는 소비자와 기업의 신뢰를 구축하고 차별화된 가치를 전달하는 중요한 역할을 한다.

대부분의 중소기업은 아직 브랜드 경영을 도입하지 못하고 있다. 왜냐하면 많은 중소기업이 선진국 또는 대기업의 주문을 받아 생산하고 납품하는 OEM(Original Equipment Manufacturer)

---

[7] 브랜드파이낸스

방식에 의존하고 있기 때문이다. OEM 방식은 초기에는 안정적인 시장 진입을 돕고, 비교적 낮은 리스크로 운영이 가능하지만, 중장기적으로 볼 때 낮은 단가로 인한 수익률 제한, 구매자의 잦은 이탈, 고객 인지도 실패 등의 한계를 가지고 있다. 중소기업이 대외적 경쟁력을 갖추고 지속 가능한 성장을 이루기 위해서는 브랜드 경영으로의 전환이 필수적이며 자신만의 독창적이고 차별화된 브랜드를 개발하고 이를 통해 고객과의 관계 구축을 시작해야 한다.

⑶ 상표 분쟁의 예방

기업가 또는 경영자가 브랜드 경영을 중요하게 생각하면, 브랜드 탄생, 등록 및 등록 후의 상황까지 예측해 세심한 관리를 한다. 잘 관리된 브랜드는 신규 경쟁사 또는 경쟁자들이 시장에 쉽게 진입하지 못하도록 진입 장벽을 형성할 수 있기 때문이다. 강력한 브랜드는 소비자들에게 좋게 인지되어 선점 효과를 가지며, 신규 진입자는 소비자에게 어필하기 어려운 환경을 만든다. 따라서 브랜드 기획에서부터 「상표법」을 확인하고, 등록 가능성을 높여 보호받을 수 있는 브랜드를 만들어야 한다. 선 등록 상표를 반드시 검색해야 상표 출원 후 발생할 수 있는 법적 분쟁을 예방할 수 있다. 기존의 상표 보유자가 출원된 상표가 자신의 상표권을 침해한다고 주장할 경우, 법적 소송으로 이어질 수 있기 때문이다. 만약, 선 등록 상표로 인해 본인의 상표를 등록받을 수 없다면, 무효심판 또는 취소심판의 청구 등을 통해 상표를 보호받을 수 있는 전략도 준비해야 한다.

2. 브랜드 경영의 중요성

동원참치와 사조참치, 카스와 테라, 이 제품들은 서로 경쟁 관계이다. 이 제품들은 맛 측면에서는 큰 차이점이 없다. 하지만 시장 점유율에서는 엄청난 차이가 있다. 브랜드는 기업이 자사의 상품을 소비자에게 홍보하고 소비자의 기억에 인식시키기 위한 매개체의 역할을 한다. 기술의 상향평준화, 다수의 전문가 참여 등으로 경쟁 관계에 있는 제품과 비교해 독보적인 기술이 없다면 품질은 대동소이할 것이다. 하지만 소비자들은 하나의 제품을 지속해서 선택하는데, 그 이유는 브랜드 때문이다. 소비자는 브랜드를 통해 형성된 신뢰와 기대치를 가지고 기업의 제품을 선택하는 것이다. 이처럼 브랜드는 자사의 상품을 타사의 상품과 구별시키고, 자사 상품의 이미지를 통합하는 역할을 하여 기업의 수익과 직결된다.

05 디자인 경영

디자인(design)의 어원은 라틴어 'designare'에서 비롯되었다. 'designare'는 '지시하다' 또는 '계획하다'라는 의미가 있으며, 이는 다시 'de-(떨어져)'와 'signare(표시하다, 서명하다)'라는 두 개의 라틴어 단어로 나눌 수 있다. 이후 이 단어는 이탈리아어 'disegno'로 발전하였고, 이는 '그림을 그리다' 또는 '계획을 세우다'라는 의미를 갖게 된다. 이탈리아 르네상스 시기에는 'disegno'가 예술과 공예에서 중요한 개념으로 사용되었으며, 예술 작품을 구상하고 계획하는 과정을 의미하였다. 현재는, 건축, 패션, 산업 디자인 등 다양한 분야에서 사용되고 있으며 '디자인'은 오늘날 단순히 계획이나 설계를 넘어서, 창의적이고 미적 가치를 창출하는 활동으로 인식되고 있다.

다시 말해, 디자인의 기본적인 의미는 '계획' 또는 '설계'이며 어떤 일정의 목적을 마음속에 품고, 그 실천을 위해 세우는 일련의 행위 개념을 의미한다. 디자인은 넓은 의미로 계획을 현실로 실현시키는 과정을 말하며 좁은 의미로는 사용하기 쉽고 안전하며, 아름답고 쾌적한 생활 환경을 창조하는 조형 행위를 포함한다.

디자인 경영이란 기업이 디자인과 관련된 의사결정을 진행할 때 시장 상황과 고객 중심으로 접근하는 방법을 의미한다. 기본적으로 디자이너들은 디자인을 위한 디자인, 즉 미학적 순수성을 추구하려는 성향이 크다. 디자인 경영은 이러한 디자이너들에게 고객의 필요와 가치를 고려하는 실질적이고 가치 지향적인 활동의 중요성을 일깨워 주는 역할을 한다. 즉, 디자인 경영은 기업의 전략적 목표 달성을 위한 중요한 수단임을 강조하는 개념이다. 디자인 경영에 관한 최초의 정의는 1996년 영국의 마이클 파르(Michael Farr)라는 디자인 컨설턴트에 의해 내려졌다. 그는 "디자인 경영이란 디자인 문제를 정의하고, 가장 적합한 디자이너를 찾아내어 주어진 시간과 예산의 범위 내에서 그것을 해결할 수 있도록 해주는 것이다."라고 정의하였다.

하버드 경영대학원의 존 맥아더(John MacArthur, 1989) 학장은 "세계적으로 경쟁이 심화하면서, 경영전략의 새로운 차원에 대한 관심이 점점 더 커지고 있다. 특히, 디자인과 경영이 가장 중요시되고 있다."라고 말하였다. 이는 디자인 경영이 기업에서 실제적으로 활용하고 발전시켜야 하는 단계에 진입하고 있음을 의미한다.

1. 디자인 경영의 중요성: 기업 활동과 디자인 경영

최근 소비자들은 가격, 품질, 기능 등으로 상품을 구매하는 것이 아니라 팔리는 디자인, 고객이 찾는 디자인, 갖고 싶은 디자인, 즉 경쟁력 있는 디자인을 갖춘 제품 및 서비스를 선택한다. 이는, 경영 활동 처음과 끝, 전 과정에 걸쳐 디자인에 관한 관심, 기업 내 디자인에 대한 의사소통, 교류 및 상호 협조가 체계적으로 필요함을 의미한다.

디자인의 중요성이 주목받고 디자인 경영이 필수가 되면서 중소기업들도 디자인 경영을 펼치고 있다. 디자인 경영은 경영이란 관점에서 디자인의 가치와 효율성을 높이는 데 그 목적이 있다. 디자인 경영을 진행 중인 기업들은 디자인의 질적 향상을 위해 노력했고, 그 결과 국내외 기업들은 히트 상품이 되는 디자인을 창조해 기업의 실적 및 시장 점유율이 바뀌기도 하였다. 애플의 mp3 플레이어 아이팟이 대표적인 사례이다. 아이팟은 음악 재생 기능만 충실하고 기존의 다른 제품이 갖고 있었던 많은 부가 기능을 삭제하였다. 조작의 단순성을 업계의 표준으로 만들어 아이팟을 조작하는 것이 얼마나 이해하기 쉽고 단순한 지 소비자에게 보여준 것이다. 이러한 디자인 경영으로 제품의 디자인이 향상되면서, 기업 매출액 증가, 기업 인지도가 향상 등 기업 가치가 올라갔다.

🖾 애플 IPOD vs. 레인콤 아이리버[8]

2. 디자인 경영의 필요성 : 디자인 보호와 분쟁의 예방

법적인 측면에서 디자인 경영은 디자인의 창출, 등록 및 보호, 그리고 디자인 분쟁의 예방 까지 예측하여 관리하는 것을 의미한다. 디자인 창출 과정에서 선 등록 유사 디자인 등을 검색하고 「디자인보호법」의 내용을 자세히 확인한 후 출원한다. 기업은 보호받을 수 있는 디자인을 만드는 것이 필요하다. 디자이너의 관점에서 독창적으로 창출된 디자인이라고 주장해도, 타사의 등록 디자인과 「디자인보호법」상 유사하여 디자인 분쟁이 야기되는 경 우가 있다. 또한 선 등록 디자인으로 인하여 자사의 디자인을 등록받을 수 없거나 권리 획 득이 어려운 경우, 그 디자인에 대한 독점적인 권리가 약해지므로 디자인 선정 및 경영에 서 먼저 인지하고 수정·보완해야 한다.

---

8) [브랜드서바이버] ⑦ MP3시장, 소비자경제, 2005. 05. 17. https://www.dailycnc.com/news/articleView.html?idxno=1609

06 지식재산 경영의 과제

지식재산 경영은 지식재산권의 경영자원화와 지식재산권 리스크 매니지먼트가 핵심과제이다. 지식재산 핵심과제와 각 핵심과제에서 고려하는 항목들은 다음과 같다.

📊 **지식재산 경영의 핵심과제[9]**

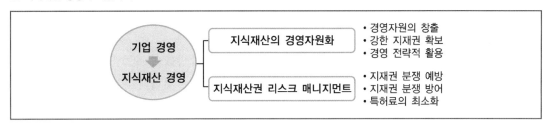

1. 지식재산권의 경영자원화

지식재산권을 창출하는 것이 중요한 이유는 제품의 경쟁력을 높이고, 효율적인 마케팅을 추진할 수 있으며 이에 따라 기업의 이익도 늘어날 수 있기 때문이다. 따라서 지식재산권은 기업의 경영자원으로 활용되어야 하며 기업은 가치가 높은 지식재산권을 창출하거나 보유하기 위해 노력해야 한다. 기술의 관점에서 원천 기술, 핵심 기술을 개발하고 이를 기반으로 강한 특허, 표준특허를 만들어야 한다.

강한 특허는 경쟁사가 쉽게 침해할 수 없고, 특허권자 또는 기업이 권리를 효과적으로 행사할 수 있다. 강한 특허를 창출 및 확보하려면 선행기술을 조사, 분석하고 지속적인 R&D 진행 및 이에 따른 지식재산권 창출, 확보가 필요하다. 기업은 R&D 성과를 바로 상용화시킬 수는 없지만 미래의 가치를 위해 독점적인 권리로서 기술을 확보할 수 있다.

디자인 경영을 위해서는 지식재산권으로 확보하려는 디자인 및 주변 디자인까지도 미리 권리로 확보하는 것이 좋다. 브랜드 경영은 자사의 브랜드가 꾸준히 신용을 구축해 나갈 때 브랜드 가치가 증가하며 기업의 핵심 경영자원으로 만들어진다. 특허, 디자인, 브랜드 등 일정한 규모의 지식재산권을 확보하면 기업은 지식재산권 포트폴리오를 구축할 수 있다. 구축된 포트폴리오는 기업의 경영자원으로서 전략적 활용이 가능하며 라이선스 또는 지식재산권 판매를 통해 수익과 부가가치를 창출할 수도 있다.

---

9) 특허청, 사례 중심의 지식재산 경영 매뉴얼, 2008.

2. 사업의 지식재산권 리스크 매니지먼트

지식재산 경영의 핵심은 기업이 구축한 지식재산권 포트폴리오를 가지고 경쟁사와의 지식재산권 분쟁에서 효과적으로 대응할 수 있는가이다. 급변하는 기술 발전, 다양한 소비자의 요구는 기업 간의 비즈니스를 경쟁시키면서 산업을 고도화하였다. 따라서 기업가 또는 경영자는 항상 지식재산권 분쟁을 염두에 두어야 하지만 잘 구축된 지식재산권 포트폴리오가 있다면 리스크를 최소화할 수 있다. 지식재산 분쟁에 효과적으로 대응하지 못하면, 기업의 성장은 더 이상 어렵다.

지식재산권 리스크 매니지먼트의 핵심은, 기업 활동에서 발생할 수 있는 위험 요소를 사전에 예측하고 대책을 수립해 예측 가능한 리스크를 제거하는 것이다. 만약, 지식재산 분쟁등이 발생했다면 기업에 미치는 영향을 최소화해야 한다. 지식재산권 침해 경고장을 받거나, 소송·가처분 등이 있을 때 발생할 수 있는 기업의 리스크는 다음 표와 같다. 마지막으로 지식재산권 유지 및 관리 비용 등이 기업의 손익에 미치는 영향을 최소화하는 것이다.

🔔 **기업의 지식재산권 분쟁 리스크[10]**

지식재산권 분쟁 리스크	사업적 영향
시장 진입 장벽	수출 제한, 경쟁 구도의 약화
사업 중단 사태	판매 중지(가처분), 투자의 무용
판매(수출) 영향	판매 위축, 가처분, 리콜 사태, 프로모션 장애
바이어 특허 보증 요구	분쟁이 해결될 때까지 거래 보류
특허료 부담	원가 상승으로 수익 구조 악화 및 가격 경쟁력 저하
비용 증대	소송 비용 및 손해 배상의 손실 발생

---

10) 특허청, 사례 중심의 지식재산 경영 매뉴얼, 2008.

제 2 절 미래창출과 지식재산 경영

학습 개관

지식재산과 기업경영의 연계성을 이해하고 지식재산권 관리 전략을 수립한다. 또한 지식재산권 활용을 위한 지식재산 경영인증제도를 파악한다.

학습 포인트

지식재산 경영을 위해 지식재산 기반 경영체계를 구축하고 관련된 사무를 이해한다.
지식재산권의 효율적인 유지 및 활용을 위해 권리 존속 여부, 영업비밀 등을 판단한다.

NCS 및 NCS 학습모듈	하위 목차명	지식재산과 기업, 경영 단계별 지식재산권 관리 전략, 지식재산 경영 진단
NCS 및 NCS 학습모듈	대분류	05. 법률·경찰·소방·교도·국방
	중분류	01. 법률
	소분류	02. 지식재산관리
	세분류	01. 지식재산관리
	능력단위 (능력단위요소)	15. 지식재산 유지 17. 지식재산 경영 수행 18. 지식재산 경영전략 수립
	주요 지식·기술· 태도	• R&D 전략 수립, 지식재산권 가치평가 이해 • 지식재산 선행기술 검색 능력, 산업 동향 분석 능력 • 보안 규정 준수성, 정확성, 세심함

01 지식재산과 기업

기업 경영의 궁극적인 목표는 '좋은 상품을 개발하여 판매를 활성화하고, 수익을 극대화하는 것'이라고 할 수 있다. 이러한 기업 경영의 활동과 지식재산이 어떤 연관이 있는지 살펴보면서, 지식재산 경영의 필요성을 이해해 보자.

1. 기업의 지식재산과 경쟁력

보통 기술, 디자인, 브랜드는 좋은 제품 및 서비스를 결정하는 요소이다. 이 세 가지 요소를 권리 측면에서 보면 특허권, 디자인권, 상표권, 즉 지식재산권과 일치한다. 다음은 지식재산권이 도입되었을 때 기업의 선순환 구조를 보여준다.

📊 기업의 경쟁력 요소와 지식재산권

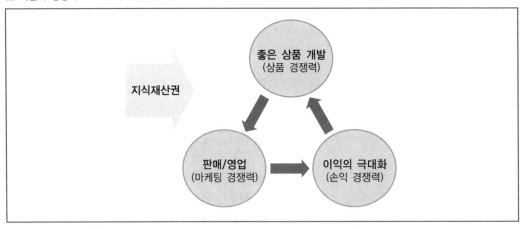

(1) 기술과 특허

좋은 제품이란, 품질이 좋으며 가격이 저렴한 제품 또는 가격 경쟁력이 있는 제품을 의미한다. 소비자는 항상 고품질이면서 낮은 가격의 제품을 원해 기업은 고품질을 유지하면서 원가를 절감할 수 있는 기술을 개발해야 한다. 그리고 이런 기술들은 지식재산권(특허)으로 보호된다는 점에서 제품의 경쟁력과 특허는 항상 연관되어 있다. 우수한 품질의 제품에 적용되는 기술이 특허로 보호받을 때 그 제품의 경쟁력은 강화된다. 하지만 기업이 기술 개발에 소홀하거나 경쟁 기업의 기술 수준에 못 미칠 때는 제품의 경쟁력을 잃게 되어 경쟁 기업의 기술을 도입해야 한다. 이 경우, 라이선스 비용이 지급되어 제품의 원가가 상승한다. 또한 경쟁 기업이 특허 기술의 사용을 허락하지 않을 때는 사용을 포기해야 하므로, 신제품 개발을 할 수 없거나 다른 방법으로 제품 개발을 할 수밖에 없어 시간과 비용을 낭비하게 된다.

(2) 디자인과 권리

디자인이 제품의 경쟁력을 좌우하며 기업 경쟁력의 핵심으로 인정되고 있다는 것은 이미 잘 알려진 사실이다. 하지만 시장에서 현실적인 문제는 유사한 디자인들이 나오면서 자사의 디자인 경쟁력 또는 판매 점유율이 낮아진다는 것이다. 따라서 자사의 디자인을 법적으로 보호하고 경쟁사의 모방 또는 복제된 제품이 생산되고 판매되는 것을 막기 위해서 디자인의 등록 및 관리가 필요하다.

(3) 브랜드와 상표권

소비자의 입장에서 제품은 눈에 보이지만 브랜드는 눈에 보이지 않는다. 하지만 브랜드는 인지도와 강력한 이미지로 머릿속에 각인된다. 제품과 브랜드가 매칭되면 광고 효과는 배가된다. 잘 선점된 브랜드를 모방하고 편승하려는 유사상표들이 출현될 수도 있고 신규 제품의 브랜드를 출시했는데 타인 또는 타 기업의 등록 상표를 침해하는 경우도 발생할 수 있다. 어느 경우라도, 기업에는 큰 타격이 된다. 따라서 자사의 브랜드를 관리, 유지하는 것은 제품의 경쟁력 확보를 위해 중요하다.

지식재산권(특허, 디자인, 상표권 등)은 기업 경영 활동의 목표 '좋은 상품의 개발과 제품 판매 활성화'와 연관되어 있어 제품의 경쟁력을 좌우한다. 특히, 무형 자산을 기반으로 형성된 고객과의 신뢰와 충성도는 기업의 부가가치를 창출하는 데 결정적인 역할을 한다.

⊡ 지식재산과 상품 경쟁력 요소

2. 기업의 지식재산과 마케팅

기업이 제품이나 서비스를 마케팅(홍보)하는 방법에는 여러 가지가 있지만 지식재산권이 마케팅에 미치는 긍정적인 영향은 다음과 같다.

🔔 지식재산권의 마케팅 효과

지식재산권의 마케팅 영향력	효과
사업의 보호	경쟁사의 시장 진입 및 유사 제품 저지
제품 시장의 독점	자사 제품 위주의 시장 형성 및 독점 가능
브랜드 마케팅 지원	소비자에게 브랜드 각인
신규 시장 진출 가능	소비자에게 기술력 홍보 및 새로운 시장 진입

(1) 사업 보호

기업은 R&D를 통해 획득한 기술, 디자인, 브랜드를 활용해 우수한 상품을 만들고 가격 경쟁력을 확보하고 마케팅을 전개해 이윤을 창출한다. 그러나 경쟁사는 항상 존재하고 시장에 진입하여 지배력을 확보한 기업의 이윤을 나누려고 한다. 이때, 경쟁사의 시장 진입을 합법적으로 차단하거나 지연시키는 유일한 수단이 지식재산권이다. 자사의 독보적인 기술을 지식재산권으로 확보해야 사업이나 기술을 보호할 수 있고 경쟁사가 모방해도 보상받는 것이 가능하다.

(2) 마케팅을 활용한 시장의 독점

자사의 기술, 디자인이 경쟁력을 갖고 있다면 지식재산권으로 확보해 독점배타적인 권리를 활용하는 것이 좋다. 또한 이러한 권리를 이용해 특허, 기술 또는 디자인 마케팅을 전개하는 것이 유리하다. 예를 들어, 마이크로소프트는 자사의 제품 및 서비스와 관련된 타사의 유용한 특허를 매입해 특허 포트폴리오를 강화했고, 이를 무기로 하여 경쟁사의 진입을 막고 시장을 독점하는 전략을 구사하고 있다. 마이크로소프트의 빌게이츠 회장은 "될 수 있는 한 많은 특허를 획득하여야 한다."라는 기조를 유지해 왔으며, 이로 인해 마이크로소프트는 지식재산권을 가장 호전적으로 활용하는 기업으로 변신하였다.

(3) 브랜드 마케팅

소비자들은 브랜드로 기업의 제품 및 서비스를 인지하고 구별한다. 브랜드는 소비자에게 각인되는 이름으로 마케팅 측면에서 매우 중요한 역할을 한다. 부르기 쉬운 발음, 좋은 의미, 시각적으로 친근하면 그 자체로 좋은 브랜드가 된다. 여기에 제품 및 서비스 품질이 뒷받침된다면 그 브랜드 자체만으로도 시장을 구축하고 지배력을 강화할 수 있다. 많은 기업이 시장에 진출하려고 유명 회사의 브랜드를 이용하기 위해 OEM(주문자 상표 부착)으로 이들 회사에 제품을 공급하거나 이들의 마케팅 채널을 활용해 판매하는 경우가 많다. 하지만 자사의 브랜드를 독자적으로 홍보하기 어렵고 주문자의 마케팅에 종속되므로, 장기적으로는 여기에서 벗어날 수 있는 브랜드 전략과 마케팅을 전개해 나가야 한다. 또한 기존의 주문자가 특허, 디자인, 상표 등의 지식재산권을 가지고 시장 진출을 방해하는 리스크가 있다는 것도 인지하고 있어야 한다.

(4) 신규 시장 진출

기업이 신규 시장에 진입할 때 경험하는 애로사항은 각종 법률적 규제, 허가 및 승인 절차, 보이지 않는 담합, 경쟁사의 로비 등이 있으며, 무역 거래의 경우에는 관세도 있다. 하지만 일반적으로 시장이나 국가는 1개의 기업이 독점하는 것을 좋아하지 않으며 상호 경쟁 구도를 존중한다. 지식재산권은 합법적으로 경쟁사를 배제시키는 수단으로 활용될 수도 있지만 자사의 독보적인 기술을 확보한다면 큰 어려움 없이 시장에 진출할 수 있는 매력적인 도구이다. 지식재산권으로 보호받는 기술은 마케팅으로 활용할 수도 있으며 대중들에게 좋은 회사 이미지를 각인시킬 수도 있다. 또한 지식재산권은 경쟁사에 지식재산권 사용 대가를 요구할 수도 있어 경쟁사의 경쟁력을 떨어뜨리는 요소로도 작용한다.

3. 기업의 지식재산과 부가가치

(1) 시장 독점 및 이윤 확보

지식재산권의 독점 기능을 활용해 제품 및 서비스의 시장을 선점하거나 수익을 조정할 수 있다. 제품 및 서비스의 가격은 수요와 공급으로 결정되지만, 공급자가 독점이라면 공급자는 가격 결정에 큰 영향력을 행사할 수 있다. 또한 독점하지 않고 라이선스를 허용하였을 때는 이윤이 줄어들 수 있겠지만, 대신 라이선스 수입이 증가한다. 어느 경우에라도 일정한 이윤의 확보가 가능하다.

(2) 특허료 수익

기업이 보유한 특허를 활용해 라이선스 비용과 지식재산권 분쟁, 피해 보상 등으로 수익을 창출할 수 있다. 만약 확보한 특허가 국제 표준 기술이라면, 표준특허 풀(pool)에 가입해 안정적인 특허료 수익을 창출할 수 있다. 표준특허가 아니라면 경쟁사 또는 상대방이 자사의 특허를 침해했다는 근거를 확보하고 지식재산권 소송 전략을 수립해야 한다. 특허 소송은 진행 과정에서 큰 노력이 필요하며 완벽하게 준비된 경우에만 특허료 수익 창출에 성공할 수 있다.

(3) 원가 관리 및 특허 비용 절감

기업은 자사가 판매하는 제품 및 운영 중인 서비스에 경쟁사의 지식재산권(특허, 기술 등)이 사용되고 있는지를 검토해 라이선스 비용을 원가에 반영해야 한다. 독보적이면서 독점적인 기술일수록 비싼 라이선스 비용을 지급해야 한다. 일반적으로 지식재산권 출원·등록에 소요되는 비용은 자산 취득 항목으로 관리되고 지식재산권 분쟁에 필요한 비용은 경비로 지출한다. 비용 대비 효과를 극대화할 수 있는 지식재산권을 보유, 관리하는 것이 비용을 절감하는 방법이다. 수출의 경우, 특허 침해로 소송이 제기된다면 손해 배상, 투자 비용 회수 불가라는 엄청난 리스크가 존재한다. 이런 경우를 대비해 큰 비용을 지급하더라도 로펌(law firm)이나 유능한 변호사를 고용해 리스크를 최소화하는 것이 전체 비용 절감에 도움이 된다.

☒ 지식재산권의 경영 수지 개선 관계도

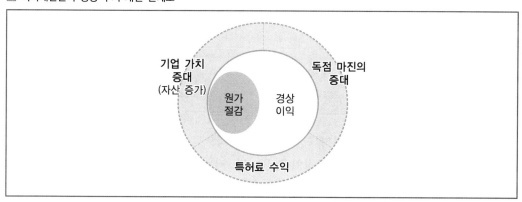

⑷ **기타**

기업이 확보한 지식재산권이 모두 라이선스 수익으로 연계되지는 못한다. 하지만 지식재산권은 기업의 M&A, 매각 또는 담보로 제공되는 경우에도 그 가치를 평가받을 수 있다. 예를 들어, 영국의 브랜드 전문회사 인터브랜드(Interbrand Group)는 2023년 애플의 브랜드 가치를 5,027억 달러로, 코카콜라의 브랜드 가치는 580억 달러로 발표하였다. 코카콜라의 브랜드 가치는 회사가 가진 순 유형 자산(105억 달러)의 5배 이상이다. 미국에 있는 많은 벤처 기업들은 특허권의 가치를 담보로 사업 자금을 융통하고 있다. 벤처 기업이 부도가 나더라도 이를 인수하려는 기업은 이 회사의 특허권을 평가하여 인수 여부를 결정하기도 한다.

02 경영 단계별 지식재산권 관리 전략

기업은 경영자의 의지, 기업 여건, 제품 및 서비스의 지식재산권 연계성 및 활성화 정도에 따라 지식재산권을 관리하는 방법을 다음 4단계로 구분한다.

🔔 **지식재산(권) 관리 4단계**

1st stage 행정 관리 단계	2nd stage 특허 관리 단계	3rd stage 전문화 단계	4th stage 특허 경영 단계
기술 도입기	특허 도입기	기술 개발기	기술 독립기
• 대관/법무 업무 　(초기시작 단계) • 특허출원 행정 관리 • 특허 전담자 없음 • 분쟁은 전문가에게 위탁관리	• 기술 관리 업무 　(특허출원 중심) • 특허출원 관리 • 특허 전담자 • 특허분쟁 관리 　(방어 중심)	• 특허전문화 업무 　(출원/분쟁 전문화) • 전략적 특허출원 • 특허 전담 조직 • 특허 분쟁 전문 대응 　(방어 > 공격)	• 특허의 경영자원화 　(사업/경영 가치화) • 특허 개발/매입 등 특허 포트폴리오 운영 • R&D leading • 특허료 수지 관리 • 특허 사업부 조직 • 분쟁의 전략적 경영 　(방어 < 공격)

1. 제1단계(행정 관리 단계)에서의 발전 전략

기업 내 지식재산권 관련 업무량이 많지 않고, 별도의 담당자를 두어 전문화시키기도 어렵다. 효과적인 지식재산권 관리를 위해 외부 전문 기업(관)에 위탁하고, 기업은 이에 대한 행정 관리를 하는 것이 바람직하다. 하지만 장기적으로 기업은 지식재산권 경쟁력 확보를 위해 전담자를 발굴 및 육성하는 것이 필요하다. 기업이 기술을 도입하는 경우에도 도입되는 기술에 대한 지식재산권을 분석할 필요가 있다. 해당 특허 기술을 회피할 수 있다면 특허 라이선스 비용을 절감할 수 있으므로 제품 및 서비스의 원가를 낮출 수 있다.

이 단계에서는 브랜드 관리가 업무의 중심이 될 것이다. 기업의 미래를 고려해 미리 상표권을 확보하는 것이 필요하며, 장기적인 브랜드 확보 전략에 따라 국내 및 수출 국가에 선등록된 상표가 있는지 지속적으로 모니터링해야 한다. 만약, 상표를 매입할 수 있다면 미리 확보해 두는 것이 좋다.

2. 제2단계(지재권 관리 단계)에서의 발전 전략

특허 라이선스의 필요성을 검토하고 특허 라이선스 계약의 종료에 대비해 회피 기술 개발과 특허출원을 준비해야 한다. 또한 자사의 기술을 활용해 제품을 생산하거나 서비스를 운영함에 따라 발생할 수 있는 지식재산권 분쟁을 검토 및 분석하고 대응 방안을 준비한다. 특히, OEM 공급을 진행했던 기업은 자사의 브랜드 수출, 도입 부품 국산화 등에서 특허 분쟁 요소가 많으므로 반드시 사전에 특허 침해 가능성을 검토해야 한다. 자사 제품 및 기술에 대한 특허 맵을 작성하고 경쟁사의 지식재산권 현황을 파악하여 기술 개발의 방향을 설정한다.

기업 내 지식재산권 창출 활동 장려를 위하여 직무발명보상제도를 운영하고, 사소한 발명이라도 지식재산권으로 출원하여 지식재산권 포트폴리오를 구축해 가는 것이 좋다. 디자인 개발 시에는 반드시 선행 디자인을 조사해 분쟁이 발생하지 않도록 하고 개발된 디자인은 출원을 진행한다. 자사 브랜드의 시장 확대를 위하여 국내외 상표권 확보 활동도 진행한다.

3. 제3단계(지재권 전문화 단계)에서의 발전 전략

이 단계에서는 지식재산(권) 경영 기반을 구축한다. 전담 조직은 선행 기술, 선행 디자인 등을 지속적으로 검색하고 조사, 분석하여 연구원들에게 제공함으로써 R&D 활동의 효율화를 추구한다. 또한 창출된 아이디어, 지식재산을 강한 권리로 만드는 역할도 담당하며 확보된 지식재산권 활용으로 가치 창출, 수익 창출 활동도 전개한다. 지식재산권 분쟁에서는 주도적으로 대응 방안을 수립한다. 지식재산권 분쟁을 어떻게 잘 방어하여 비용을 최소화할 수 있느냐가 관리의 중요한 요소이다.

기업 내에서 지식재산 창출 활동이 활성화될 수 있도록 시스템을 구축하고, 지식재산권 교육도 진행한다. 또한 지식재산권 전문 인력의 역량 향상을 위해 자체 프로그램을 설계하고 체계적으로 육성한다. 지식재산권은 출원 양도 중요하지만 결국에는 질 중심의 관리가 이루어져야 강력한 포트폴리오를 구축할 수 있다. 지식재산권 전문 인력 육성 및 확보에는 한계가 있으므로 외부 전문 기업(관)에 아웃소싱도 적절하게 활용해야 한다.

4. 제4단계(지재권 전략 경영 단계)에서의 발전 전략

지식재산권이 경영자원으로 활용될 수 있도록 기업의 사업 전략과 연계되어야 한다. 기업이 강력한 지식재산권 포트폴리오를 구축할 수 있도록 지식재산권 창출은 전담 조직이 주도하면서 진행한다. 이를 위해서는 지식재산권 전담 조직과 R&D 연구원들과의 긴밀한 협력이 필요하며 이를 통해 R&D 전략 수립, 디자인, 상품 기획 등을 진행한다.

기업의 지식재산권은 철저하게 질 중심으로 구성하고 외부 기업(관)의 특허 매입도 진행하는 등 해외 지식재산권 확보도 게을리 하지 않는다. 지식재산권을 통한 수익 창출과 수지 관리가 경영 지표의 하나로 관리될 수 있도록 한다. 지속적인 R&D 투자로 핵심특허 또는 국제 표준특허를 확보해 지식재산권 수익을 극대화할 수 있도록 한다.

지식재산권 분쟁에서 전담 조직과 외부 법률사무소(law firm)는 긴밀하게 협력하지만 전담 조직은 분쟁 전체를 관리하고 의사결정을 주도적으로 할 수 있어야 한다. 특히, 경쟁사와 분쟁에서는 분쟁에 대한 사전 예측과 대응할 수 있는 체제 구축 및 대응 전략을 사전에 준비해야 한다.

03 지식재산 경영 진단

앞서 지식재산권이 기업 경영에 미치는 효과와 역할을 확인하였다. 지식재산권이 기업의 경쟁력 강화, 수익 창출, 시장 점유율 확대 등에 활용되기 위해서는 체계적인 관리가 필요하다. 이를 위해 자사의 지식재산권 경영 및 관리 수준이 어디에 있는지 내부 및 외부의 진단이 필요하다.

지식재산경영인증은 지식재산 경영을 모범적으로 수행하고 있는 기업의 자긍심을 높이고 대외 인지도를 제고하여, 중소기업의 자발적인 지식재산 경영 도입을 유도하는 제도이다. 기업 내 지식재산 담당 조직 및 인력의 보유 여부, 직무발명활성화 제도 등 총 10가지를 심사하며 진단 항목은 다음 표와 같다. 기업은 연도별 발전 및 개선을 추진하고 활성화 전략을 수립하는 데 이를 활용한다.

🔔 **지식재산경영인증 심사항목 및 배점**

항목	배점	항목	배점
지식재산 담당 조직 및 인력	10	연구개발 인력 및 금액	12
직무발명 활성화	5	지식재산권 동향 파악 및 활용	21
국내외 산업재산권 출원 실적	8	지식재산권 적용 제품 매출 비중	8
국내외 산업재산권 보유 건수	16	지식재산권의 실시권 등 활용	8
지식재산권 교육	5	지식재산권 분쟁 사전 점검	7

* 100점 만점에 70점 이상인 경우 인증

🔔 지식재산경영인증 세부 심사기준

심사항목		배점 (점)
항목명	세부내용	
지식재산 담당 조직 및 인력	지식재산권 관련 전담부서 보유한 경우 10점, 전담인력 보유한 경우 인당 6점, 겸임인력 보유한 경우 인당 3점(최대 6점), 전담인력 1명과 겸임인력 보유한 경우 9점	10
직무발명 활성화	• 직무발명보상 우수기업 선정 시 : 5점 • 그 외의 기업은 직무발명제도 보상규정 보유(2점) 및 최근 3년간 아래와 같은 직무발명 활동에 따라 건당 점수 부여 　－ 직무발명보상 : (출원) 0.5점, (등록) 1점, (실시 또는 처분) 1.5점	5
국내외 산업재산권 출원 실적	• 2년 이내 출원 실적을 다음 기준에 따라 점수로 환산 　－ 국내 특허 : 첫 번째 건은 0.8점, 두 번째부터 네 번째 건은 건당 0.6점, 다섯 번째 건부터는 건당 0.4점으로 환산하여 합산 　－ 국내 실용신안 · 디자인 · 상표 : 첫 번째 건은 0.6점, 두 번째부터 세 번째 건은 건당 0.5점, 네 번째부터 여섯 번째 건은 건당 0.4점, 일곱 번째 건부터는 건당 0.3점으로 환산하여 합산 　－ 해외 특허 : 첫 번째 건은 1.2점, 두 번째부터 네 번째 건은 건당 0.9점, 다섯 번째 건부터는 건당 0.6점으로 환산하여 합산 　－ 해외 실용신안 · 디자인 · 상표 : 첫 번째 건은 0.9점, 두 번째부터 세 번째 건은 건당 0.8점, 네 번째부터 여섯 번째 건은 건당 0.5점, 일곱 번째 건부터는 건당 0.4점으로 환산하여 합산 * 단, 특허권(실용신안권 포함)만의 합계가 6점을 초과할 수 없고, 상표권만의 합계가 6점을 초과할 수 없으며, 디자인권만의 합계가 6점을 초과할 수 없음	8
국내외 산업재산권 보유 건수	• 보유한 산업재산권에 대해 다음 기준에 따라 점수로 환산 　－ 국내 특허 : 첫 번째 건은 1.1점, 두 번째부터 네 번째 건은 건당 0.9점, 다섯 번째 건부터는 건당 0.6점으로 환산하여 합산 　－ 국내 실용신안 · 디자인 · 상표 : 첫 번째 건은 0.7점, 두 번째부터 세 번째 건은 건당 0.6점, 네 번째부터 여섯 번째 건은 건당 0.5점, 일곱 번째 건부터는 건당 0.4점으로 환산하여 합산 　－ 해외 특허 : 첫 번째 건은 1.4점, 두 번째부터 네 번째 건은 건당 1.2점, 다섯 번째 건부터는 건당 0.9점으로 환산하여 합산 　－ 해외 실용신안 · 디자인 · 상표 : 첫 번째 건은 1점, 두 번째부터 세 번째 건은 건당 0.8점, 네 번째부터 여섯 번째 건은 건당 0.7점, 일곱 번째 건부터는 건당 0.5점으로 환산하여 합산 * 단, 특허권(실용신안권 포함) 환산 점수 합이 8점을 초과할 수 없고, 상표권 환산 점수 합이 8점을 초과할 수 없으며, 디자인권 환산 점수 합이 8점을 초과할 수 없음	11
	• 보유 국내 특허권 중 특허분석평가시스템(http://smart.kipa.org) 평가결과 "AAA" 등급은 건당 1점, "AA" 등급은 건당 0.9점, "A" 등급은 건당 0.7점, "BBB" 등급은 건당 0.5점, "BB" 등급은 건당 0.3점, "B" 등급은 건당 0.1점 부여(최대 5점) * 특허분석평가시스템 평가결과는 현장실사 심사위원에게 제공되어 반영되므로 기업에서 신청 시 미입력해도 무방함	

지식재산권 교육	• 최근 2년간 지식재산권 관련 교육 개최 및 참석 실적 평가 　- 자체 개최 1건당 1.5점, 외부 교육 참석 1건당 1점으로 환산하여 합산	5
연구개발 인력 및 금액	• 15인 이상 기업의 경우 "(연구개발 인원 수)/(임직원 수)" 계산하여 점수 부여(15% 이상인 경우 5점) • 15인 미만 기업의 경우 연구개발 인력 점수 산정 : 1인(1점), 2인(3점), 3인 이상(5점)	5
	"(최근 2년간 연구개발비)/(최근 2년간 매출총액)" 계산하여 점수 부여 (10% 이상인 경우 7점)	7
지식재산권 동향 파악 및 활용	• 최근 2년간 선행기술조사, 특허맵 등을 통해 시장의 지식재산권 동향을 파악하고 있는지 평가 • 최근 2년간 연구개발 방향설정 시 특허정보를 활용하여 회피설계를 실시하는지 평가	21
지식재산권 적용 제품 매출 비중	"(최근 2년간 보유 특허권·실용신안권 적용 제품 매출액)/(최근 2년간매출총액)" 계산하여 점수 부여(30% 이상인 경우 8점)	8
지식재산권의 실시권 등 활용	최근 2년간 보유 지식재산권의 전용실시권(사용권)/통상실시권(사용권) 허여·유지 건수 및 외부 지식재산권 도입·유지 건수, IP 금융 이용 (IP 담보 대출, 벤처캐피탈 투자, 기술 신탁 등), 지식재산 관련 인증 취득 (NEP, 이노비즈 등) 건수 측정(건당 1.6점)	8
지식재산권 분쟁 사전 점검	최근 2년간 자사 제품이 타사 지식재산권을 침해하고 있는지 여부와 타사 제품이 자사 지식재산권을 침해하고 있는지 여부를 주기적으로 적절하게 점검하고 있는지 평가 *특허공제 가입 시 가점 2점	7

지식재산 경영 전략

학습 개관	지식재산 경영 전략에 대해 이해하고, 지식재산 권리획득 전략 및 지식재산경영인증제도에 대해 설명할 수 있다.

학습 포인트	지식재산의 경영 전략에 대해 설명할 수 있다. 지식재산 권리획득 전략에 대해 설명할 수 있다. 지식재산경영인증제도에 대해 설명할 수 있다.

NCS 및 NCS 학습모듈	하위 목차명	지식재산 경영 전략의 의의, 지식재산 전략 수립 방법론, 통합적 권리획득 전략, 지식재산경영인증제도, 소결	
NCS 및 NCS 학습모듈	대분류	05. 법률·경찰·소방·교도·국방	
	중분류	01. 법률	
	소분류	02. 지식재산관리	
	세분류	01. 지식재산관리	
	능력단위 (능력단위요소)	08. 지식재산 경영 컨설팅하기	
	주요 지식·기술· 태도	• 지식재산 경영, 지식재산 전략 수립, 지식재산 권리획득 전략, 지식재산경영인증제도 • 지식재산 경영 전략 등에 대한 이해 능력, 지식재산 권리획득 전략에 대한 이해 능력, 지식재산경영인증제도에 대한 이해 능력 • 지식재산 경영 전략 및 권리획득 전략 기획, 지식재산 경영 컨설팅 마인드	

01 지식재산 경영 전략의 의의

지식재산권(intellectual property)은 특허권, 실용신안권, 디자인권 및 상표권, 영업비밀 및 신지식재산권, 저작권 등을 총칭하는 독점적 권리인 무체재산권을 말한다. 따라서 지식재산 경영 전략은 기업의 경영에서 이러한 다양한 방식으로 보호되는 지식재산권을 통합하고, 이를 적절히 획득, 관리, 배치, 활용하는 통합적인 전략이라 할 수 있다.

각각의 지식재산권은 권리화하기 위한 법률도 다르고, 그 보호의 방법이나 내용도 다르다. 따라서 새로운 아이디어나 기술혁신이 일어나는 경우, 이를 어떠한 지식재산권으로 권리를 확보하고 보호받을 것이냐는 아이디어나 기술혁신의 특성과 지식재산권 제도에 맞게 설계하여야 한다. 예를 들어, 새로운 기술을 개발한 경우 이를 특허로 권리화할 것인지, 영업비밀로 할 것인지, 아니면 그 외관을 디자인으로 보호받을 것인지, 저작권으로 보호받을 것인지, 한편으로 관련 브랜드를 상표로서 보호할 필요가 있는지 등을 종합적으로 고려하여야 한다.

◨ 지식재산권의 종류

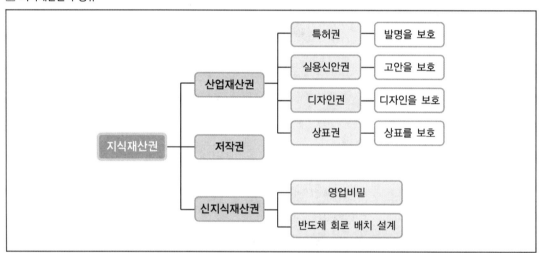

따라서 통합적 지식재산 경영 전략은 기술혁신의 결과를 어느 지식재산권으로 권리화할 것인지를 결정하고, 적절한 권리를 획득하고, 이를 포트폴리오화하고, 관리하며, 나아가 적절히 활용하는 일련의 전략이라고 정의할 수 있다.

이러한 통합적인 전략에 의하여 해당 기술혁신과 관련되는 지식재산권의 가치가 상승하게 되고, 자산으로서의 활용성이 높아져, 기업경영의 핵심 자산이 될 것이며 핵심적인 역량으로 자리 잡을 것이다.

[02] 지식재산 전략 수립 방법론

어떻게 지식재산 전략을 수립할 것인가? 이러한 전략 수립의 방법은 일반적인 기업의 전략 수립과 대동소이하다. 기업의 전략은 한순간에 수립되는 것이 아니고, 지속적인 과정과 결정을 통해 이루어진다. 이러한 전략 수립의 방법은 정립된 것은 아니나, 여기에서는 유명한 군사전략가였던 존 보이드(John Boyd)가 개발한 OODA 루프(Loop)를 소개한다. OODA는 관찰(Observe), 방향설정(Orient), 결정(Decide), 그리고 실행(Act)의 첫 글자를 딴 약자이다. 전략개발은 지속적인 프로세스이며, 환경에서 어떠한 일들이 일어나는지 관찰하고, 가장 결정적인 사안 및 환경으로 방향을 설정하여, 행동의 절차를 결정함으로써, 결정을 행동으로 옮기는 것을 말한다.

이 결과는 다시 관찰 단계로 돌아가 각 단계를 다시 거치기를 반복하는 것이다. 이러한 OODA의 개념은 지식재산 전략 수립의 지속적인 프로세스에 바로 적용할 수 있다.

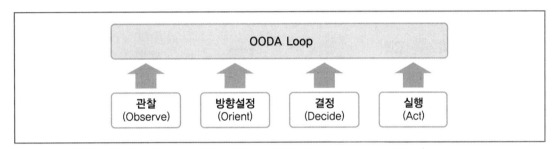

1. 관찰(Observe)

지식재산 전략은 내부 및 외부 환경을 관찰하는 데서 시작한다. 외부 환경에 대한 관찰은 기술적 환경이나 소비자의 니즈(needs), 경쟁사의 활동, 협력관계, 법적 환경 등에 대한 분석을 말하며, 내부 환경에 대한 관찰은 지식재산 조직의 다양한 활동에 대한 분석이다.

2. 방향설정(Orient)

중요한 과정임에도 종종 간과하는 단계로, 이는 환경 분석에 대한 정보에 대해 조직을 정렬하는 것이다. 조준 단계는 조직이 파악하고 있어야 하는 관련 정보에 대한 필터링, 분석, 분류 등을 하는 단계이며, 어떠한 정보가 중요한 것인지를 선별하는 것을 말한다.

3. 결정(Decide)

환경 및 조직의 방향 설정에 대한 명확한 이해와 함께, 결정은 조직이 IP와 관련한 행동의 과정에서 이루어진다. 결정은 IP 전략의 핵심이며, 관찰과 방향 설정을 통해 올바른 결정이 이루어질 수 있다. 지식재산 전략은 전체 회사의 전략과 일치되어야 하며, 결정의 결과는 전략계획의 일부가 되고, 지식재산 조직의 가이드라인이 된다.

4. 실행(Act)

실행은 지식재산 전략의 실행을 의미하며, 지식재산 조직이 지식재산으로 보호할 이노베이션의 창출로부터 시장에서의 자산으로서 활용되는 것까지를 아우른다.

03 통합적 권리획득 전략

1. 특허와 영업비밀

특허는 새로운 기술이 개발되면 발명자가 이를 공중에 공개하는 대가로 발명자에게 일정기간 독점 배타권을 부여하는 권리를 말한다. 이를 통하여 산업발전에 이바지하도록 하는 것을 「특허법」상의 목적으로 규정하고 있다.[11] 이에 따라 「특허법」은 출원일 후 1년 6개월이 경과하면 그 내용이 공개되고, 특허권을 확보한 경우 그 존속기간은 등록된 후 출원일로부터 20년이 되는 때로, 존속기간이 만료되게 되면 이후 공공의 영역(public domain)으로 들어가게 되어 누구나 사용할 수 있는 기술이 된다.

반면, 영업비밀은 그 비밀성이 유지되는 한 반영구적으로 이익을 향유할 수 있다는 장점이 있다. 따라서 특허로 출원하여 이를 권리로 확보하는 것이 유리한지, 아니면 영업비밀로 유지하는 것이 유리한지에 대한 판단이 필요하다. 영업비밀로 관리하는 경우에는 해당 기술이 이해관계인이 아닌 누구에게라도 어떠한 방법으로라도 알려지면 영업비밀로서의 효용성은 사라지게 되므로, 그 관리에 특별히 노력을 기울여야 한다. 또한 해당 기술을 역공학(reverse engineering) 등의 방법으로 파악할 수 있다면 되도록 특허로서 보호를 받는 것이 유리하다. 최근에는 기술의 발전에 따라 역공학이나 분석기술도 크게 발전하여 대부분의 기술이 분석을 통해 알려질 수 있음에 유의하여야 한다.

---

11) 「특허법」 제1조(목적) 이 법은 발명을 보호·장려하고 그 이용을 도모함으로써 기술의 발전을 촉진하여 산업발전에 이바지함을 목적으로 한다.

🔔 특허제도와 영업비밀 보호제도 비교

구분	특허	영업비밀
목적	발명을 보호·장려하고 그 이용을 도모함으로써 기술의 발전을 촉진하여 산업발전에 이바지	타인의 영업비밀을 침해하는 행위를 방지하여 건전한 거래질서를 유지
보호조건	신규성, 진보성, 산업상 이용가능성	비공지성, 경제적 유용성, 비밀유지
보호대상	기술적 발명 : 자연법칙을 이용한 기술적 사상의 창작으로서 고도한 것	• 기술정보 : 특허요건을 갖추지 아니한 기술, 설계방법, 설계도면, 실험데이터, 제조기술, 제조방법, 제조공정, 연구리포트 등 • 경영정보 : 고객명부, 거래선명부, 판매계획, 입찰계획 등

등록유무 및 권리성	• 특허요건에 관한 심사 후, 설정등록에 의하여 독점배타적 권리가 발생
	  – 특허권자는 설정등록된 발명에 대하여 일정기간 동안 독점배타적 권리로서 사용
	  – 따라서 제3자가 특허된 기술과 동일한 기술을 독자적으로 개발하였다 하더라도 특허권자의 실시허락을 얻지 않고 사용하게 되면, 특허권 침해에 해당
		• 등록절차가 없으며 일정한 요건이 충족되면 영업비밀로서 인정받고, 영업비밀이 침해를 받았을 경우 이에 대한 구제를 청구
		  – 배타적 권리를 부여하는 것이 아니며, 비밀로 유지·관리되고 있는 사실상태 그 자체를 보호
		  – 따라서 제3자가 동일한 내용의 영업비밀을 독자적으로 개발하여 사용한다 하더라도 그것만을 이유로 침해 주장을 할 수 없음

보호기간	설정등록일로부터 출원일 후 20년	비밀로서 관리되는 한 무한
공개	공개를 전제로 함	비공개
이전성	실시권 설정 가능	비밀유지를 전제로 실시계약이 가능
장점	• 배타적 권리로, 침해자에게 강력한 민·형사상 조치 가능 • 라이선싱을 통한 수익 창출 가능 • 구성요소에 대한 침해사실 입증이 용이한 경우에는 특허가 유리	• 비밀로 유지되는 동안 계속해서 법적 보호가 가능하고, 특허권으로 보호받기 어려운 기술적 정보나 경영정보, 영업상의 아이디어 등도 보호 가능 • 공개되었을 때 제3자에게 모방이 쉽고 침해사실 입증이 어려운 경우에는 영업비밀이 유리

2. 지식재산의 종류에 따른 보호방법의 결정

(1) 대상 · 기간별 보호방법 결정

어떠한 혁신의 결과가 있을 때 이를 특허, 실용신안, 디자인, 상표, 저작권 등으로 여러 방식의 보호가 가능한 경우가 많이 있다. 이 경우 해당 혁신의 결과를 어떻게 언제까지 어떤 분야에 이용할 것인지에 대한 면밀한 검토를 통해 가장 적절한 방식의 보호 수단을 택하여야 한다. 예를 들어, 보호기간의 면에서는 상표권이 갱신에 의해 반영구적으로 보호받을 수 있으므로 가장 유리하고, 저작자의 사망 후 70년간 보호되는 저작권이 그 다음이며, 특허와 디자인 그리고 실용신안이 그 뒤를 따른다. 또한 보호를 받고자 하는 대상의 특성에 맞게 보호 수단을 결정하여야 하는데, 예를 들어 방법과 관련된 기술이라면 특허나 영업비밀로서 보호를 받아야 한다.

(2) 중첩적 보호를 위한 포트폴리오 구축

이와 관련하여 같은 내용의 혁신을 여러 가지 권리로 중첩해서 보호받을 가능성을 고려하여야 한다. 이를테면 어떤 장치를 개발한 경우에 그 장치에 적용된 기술은 특허 또는 실용신안으로 보호를 받고, 장치의 외관은 디자인으로 보호를 받으며, 또한 장치의 사용방법이나 운전방법 등은 별도의 특허로 보호를 받고, 장치의 설계도면이나 사양서 등은 저작권으로 보호를 받으며, 장치의 운영에 있어서 밖으로 잘 드러나지 않는 노하우는 영업비밀로 보호를 받도록 하는 것이다. 애플의 스마트폰인 아이폰은 그 외관, 앱, 디스플레이, 버튼 등 외관적인 구성요소들을 대부분 특허, 디자인, 상표, 트레이드 드레스(trade dress) 등으로 보호받고 있다. 이처럼 복합적이고 통합적인 지식재산권의 포트폴리오를 구축하는 것이 반드시 필요하다.

3. 지식재산의 변환 전략

(1) 지식재산의 시계열적 변환

지식재산은 역동적인 권리로, 하나의 특정한 권리 형태에서 다른 권리 형태로 변화하기도 한다. 그러한 예를 시계열적으로 보면, 발명가가 아이디어를 착상하여 발명을 완성하면 이는 영업비밀로서 보호가 된다. 그런데 이 발명이 특허출원이 되어 권리를 취득하게 되면 특허권으로서의 보호로 전환된다. 출원 및 심사 과정에서 특허출원은 출원일 후 18개월이 경과하는 때에 강제적으로 공개가 되므로, 이미 이때 영업비밀로서의 생명은 다하게 된다. 만일 특허출원된 발명의 형태도 보호받을 수 있다면 이는 디자인권으로서도 보호가 될 수 있으며, 발명이 구체적인 물건의 형태를 띠게 되면 이는 창작한 때를 기준으로 저작권으로 보호될 수도 있다. 또한 발명은 복잡한 기술들이 다양하게 포함될 수 있으므로, 일부는 특허권으로서 보호하고, 다른 일부는 공개하지 않고 영업비밀로서 관리하여 보호받을 수도 있게 된다. 이때 영업비밀로 보호받기 위해서는 비밀로 유지하여야 하므로, 특허출원 시에 일부를 영업비밀로 보호받기 위해서는 이를 특허출원 시에 기재하지 않아야 한다.

다만, 특허등록을 위해서는 특허발명이 당해 기술 분야의 평균적 지식을 가진 자, 즉 통상의 기술자가 명세서에 기재된 사항을 보고 용이하게 실시 가능하도록 기재하여야 함에 주의하여야 한다. 또 다른 지식재산권의 변환 예는, 특허권의 만료 후 상표권으로 연장된 보호를 추진하는 것이다.

(2) 지식재산의 변환 사례

인공감미료인 아스파탐(Aspartame)은 1960년에 우연히 발견되었고, 1980년에 G. D. 시얼(Searle)사가 이의 제조공정에 대한 특허를 취득하여 '뉴트라스위트(Nutrasweet)'라는 상표로 시장에 출시하였다. 몬산토(Monsanto)사는 시얼사를 인수하였고, 아스파탐 사업부를 뉴트라스위트사로 분사하였다. 1992년 특허는 만료되었고, 경쟁사들이 '이퀄(Equal)' 등의 상표로 시장에 진입하였으나, 뉴트라스위트는 핵심적인 브랜드로 유지되고 있으며, 시장에서 절대적인 강자로 군림하고 있다. 따라서 아이디어는 그 완성 시에 영업비밀로 보호될 수 있으나, 이것이 어떠한 경로로든 공개되면 영업비밀로서 보호되지 않으므로, 이를 특허권, 저작권, 상표권 등으로 보호받는 것이 바람직하다. 그러한 아이디어에 기반하여 상업화된 제품으로 발전하는 경우에는 해당 제품 및 제조기술, 사용방법, 판매방법 등을 특허권으로 보호하는 외에도 이의 포장, 형상 등은 상표권으로 보호하고, 제조기술의 노하우, 조성, 공정 등이 역공학(reverse engineering)에 의해 분석되기 어렵다면 이를 영업비밀로 유지하는 것도 좋은 전략이라고 볼 수 있다.

4. 개방형 이노베이션 전략(open innovation)

개방형 이노베이션 전략은 개방형 접근(open type access) 또는 개방형 소스(open type source)라고도 하는데, 기업 외부의 정보, 지식과 기술을 제품 및 서비스 혁신에 활용하는 전략을 말한다.

🔔 **개방형 이노베이션 사례**

리눅스	소스 프로그램을 공개하여 이를 자유롭게 사용하고, 보다 개선된 프로그램으로 개발하는 것을 허용
위키피디아	웹사이트는 비영리 서비스 기관이 운영하며, 웹사이트의 콘텐츠(contents)는 사용자가 제작하고 편집
영리(營利) 기업	마이스페이스(MySpace), 유튜브(YouTube)

(1) 리눅스(Linux) 사례

최초의 개방형 이노베이션 전략의 시도라 볼 수 있는 것은 리눅스(Linux)가 1998년에 일반 사용자들이 자유롭게 무료로 사용할 수 있도록 소프트웨어 소스 프로그램을 공개한 것을 들 수 있다. 리눅스는 소스 프로그램을 공개하여 이를 자유롭게 사용하고, 보다 개선된 프로그램으로 개발하는 것을 허용하였다. 리눅스 프로그램 사용자들은 자유롭게 본인이 원하는 방식으로 프로그램을 수정·개선하였고, 버그를 수정하거나 새로운 기능을 부가할 수도 있었다.

다만, 이러한 변화 및 개선이 있는 경우에는 개량된 소스 프로그램은 최초에 제공된 프로그램의 조건과 동일하게 무상으로 다른 일반 사용자들이 활용할 수 있도록 하였다. 이러한 연속적인 이노베이션을 통해 해당 산업 및 기술의 발전이 가속화되는 것이다.

(2) 위키피디아(Wikipedia) 사례

또 다른 예로서, 위키피디아(Wikipedia)를 들 수 있다. 해당 웹사이트는 비영리 서비스 기관이 운영하며, 웹사이트의 콘텐츠(contents)는 사용자가 제작하고 편집하게 된다. 누구든지 그 내용을 수정, 편집, 부가할 수 있으며, 삭제도 할 수 있다. 이러한 연속적인 행위로 인해 위키피디아는 기존의 백과사전을 구시대의 유물로 만들어버렸고, 이제는 대부분의 사람들이 무엇에 대해 궁금할 때 브리태니커 등의 백과사전에 의존하기보다는 위키피디아를 이용하게 되는 결과를 낳았다. 이러한 방식의 개방형 이노베이션 전략은 실로 빠르고 역동적인 이노베이션을 창출하고 있다.

(3) 영리(營利) 기업 사례

이러한 개방형 이노베이션 전략은 리눅스나 위키피디아 같은 비영리 기업 외에도 이익을 추구하는 영리 기업에도 유용한데, 그 대표적인 예가 마이스페이스(MySpace)와 유튜브(YouTube)이다. 이러한 개방형 혁신 전략을 처음으로 주장한 UC 버클리 하스 경영대학원의 헨리 체스브로 교수는 개방형 혁신을 "똑똑한 사람들이 당신을 위해 일하게 하는 것"이라고 정의한다. P&G의 한 간부는 "우리 회사 내부에는 8,600여 명의 과학자가 있지만, 외부에는 150만 명의 과학자가 있습니다. 왜 그들을 이용하지 않나요?"라고 반문했다고 한다.

5. 선행특허 전략(forward-patenting process)

(1) 의미

기존의 특허권 확보 및 포트폴리오 전략은 R&D의 성과물이 나오면 이를 지식재산권으로 권리화하고, 주변기술 및 개량기술을 확보하여 특허 장벽을 구축하는 방식이었다. 그러나 이제는 R&D가 선행하고 지식재산이 그 뒤를 따르는 방식이 아니라, 오히려 지식재산을 선행시키는 전략이 대두되고 있다. 특허를 선행한다는 것은 특허에 대한 조사와 분석을 통해 미래 기술에 대한 분석과 예측을 하고, 이와 관련된 강한 특허권(원천특허, 핵심특허, 길목특허, 표준특허)을 확보함으로써, 이를 포트폴리오화하는 것이다. R&D의 방향과 전략도 특허에 대한 조사와 분석이 선행되어야 하며, 특허권의 확보도 R&D의 결과물을 그대로 권리화하는 것이 아니라 전략적으로 경쟁사가 확보하지 않은 공백기술이나 경쟁사가 사용할 수밖에 없는 핵심기술을 중심으로 향후 분쟁이나 라이선스에 활용될 것을 미리 예측하여 권리를 확보하는 것이다.

⑵ 강한 특허 확보의 중요성

1996년 삼성전자는 플래시 메모리를 개발하여 미국 시장에 진출하게 되었는데, 이때 샌디스크(Sandisk)는 삼성전자를 ITC에 제소하였고, ITC는 특허침해라는 이유로 삼성전자에 미국 수입금지 조치를 내리게 된다. 이에 삼성전자는 샌디스크에 로열티를 지급하고 5년간의 크로스 라이선스를 체결하여 미국 수출을 재개하게 되었다. 플래시 메모리 관련 원천특허(pioneer patent)는 일본의 도시바(Toshiba)가 가지고 있었고, 샌디스크는 대용량 플래시 메모리 제품의 컨트롤러 관련 특허를 보유하고 있었다. 이에 삼성전자는 플래시 메모리의 에너지 소비를 획기적으로 감소시킬 수 있는 핵심특허를 확보하게 되었는데, 이 기술은 도시바나 샌디스크 같은 플래시 메모리 제조사들이 가격 경쟁력 측면에서 사용할 수밖에 없었다. 2002년 삼성전자는 이 기술과 특허를 사용하여 2002년 샌디스크와의 라이선스 재계약을 앞두고 침해소송을 제기하여, 전보다는 훨씬 유리한 조건으로 계약을 연장하게 되었다. 이러한 것이 소위 길목특허 내지 병목특허(bottleneck patent)라는 것이다. 만일 삼성전자가 경쟁사가 반드시 사용할 수밖에 없는 특허권을 이미 보유하고 있었다면 샌디스크와의 라이선스에서 더 유리한 위치에 설 수 있었을 것이다. 특히 원천특허를 확보하지 못한 기업의 경우에, 길목특허는 기술이 뛰어나지 않고 비교적 단순한 기술이어도 가능한 것이어서 적은 비용으로 매우 강력한 효과를 얻을 수 있다는 장점이 있다.

6. 영업비밀 보호 전략

그럼에도 불구하고 영업비밀 보호가 선호되는 조건은 일반적으로 다음과 같다.

- 특허 출원을 통한 기술 정보의 공개가 경쟁 기업에 부당이득(undue leverage)을 제공하는 상황(Horstmann et al., 1985)
- 경쟁 기업이 유사한 발명을 하거나 모방할 가능성이 낮은 상황(Kultti et al., 2007)
- 혁신이나 기술 진보의 폭이 큰 경우(Anton & Yao, 2004)
- 전유 체계(appropriability regime)가 약한 상황(Pisano & Teece, 2007; Ann, 2010)
- 특허권 확보를 위한 필수 자원에 접근하는 것이 불가능한 상황(Kitching & Blackburn, 1999)
- 사업화 준비 전 상당한 노력이 필요한 발명을 개발했을 경우(Hussinger, 2006)

그 외, 기업의 영업비밀과 특허 간 선택을 해야 하는 상황에서 고려해야 하는 점은 다음과 같다(Fisher & Oberholzer Gee, 2013).

🔔 **영업비밀 전략의 고려 사항**

항목	특징
보호기간	무한대
유지비용	비밀유지의무 비용
라이선싱	어려움
투자유치 가능성	어려움
재산권	비밀로 유지되는 한 강함
타 기업의 연구개발 전략	경쟁 기업의 연구개발 전략 고려

(1) 보호기간

영업비밀 보호는 그 기간이 무한대인 반면 (실제로, 코카콜라는 조성 기밀을 100년 넘게 유지), 특허권의 존속기한은 특허권을 설정등록한 날부터 특허출원일 후 20년이 되는 날까지이기 때문에 유한하다(특허법 제88조).

(2) 영업비밀 유지 비용

영업비밀에 의한 보호를 위해서는 종업원 개개인에게 비밀유지 의무를 부여해야 하고, 이를 위한 비용이 특허확보를 위한 비용을 종종 초과하는 상황이 발생한다. 비밀로 유지하기 위해서는 보안 등의 철저가 필요하며 이에 따른 비용증가도 예상된다.

(3) 라이선싱 가능성

특허기술에 대한 라이선싱과 영업비밀에 대한 라이선싱을 비교하면, 영업비밀에 대한 라이선싱이 더 어렵다. 영업비밀은 그 자체로 공개되지 않아야 가치가 있는데, 라이선싱 과정에서 라이선시(licensee)에게 영업비밀을 공개해야 하지만, 이 과정에서 영업비밀이 유출될 위험이 존재하기 때문이다. 따라서 라이선서는 영업비밀의 보안을 철저히 유지해야 하며, 이를 보장하는 계약 조건을 마련하고, 이로 인해 계약 협상이 복잡해진다. 한 연구에서는 기술이전(technology transfer)에 있어, know-how(영업비밀)가 기술이전 성공에 중요한 요소이며, 기술이전 시 patent와 know-how(영업비밀)가 함께 묶여 이전되는 현상이 나타난다고 하였다(Arora, 1995).

(4) 투자유치 가능성

외부로부터 자금조달을 받으려는 기업에 있어서 투자유치 가능성은 매우 중요하다. 해당 기술이 영업비밀로만 존재하는 경우에는 투자유치에 어려움이 예상되므로, 다른 기술과 결합되어 일부 기술이 특허요건을 만족시킴으로써 등록되었다면, 이는 외부 투자자에게 벤처기업의 질적인 측면에 대한 신뢰성 높은 신호가 될 수 있다.

(5) 재산권의 보호 강도

영업비밀에 의한 보호와 특허에 의한 보호 사이의 선택 시에는 재산권의 보호 강도를 고려할 필요가 있다. 특허는 출원공개가 되므로 경쟁 기업이 이를 활용하여 특허 제품을 모방할 가능성이 높아 재산권 보호 강도가 상대적으로 약화되는 경우가 있다. 최종 제품을 확인하더라도 적용된 기술 구성을 파악하기 어려운 분야(⑩ 특수한 제조공정에 의해 제조되는 화학물질 등)인 경우에는 개발기술을 영업비밀로 보호하는 것이 효과적일 수 있다.

(6) 타 기업의 IP 및 연구개발 전략

마지막으로, 경쟁 기업, 공급 기업, 고객의 특허와 연구개발 및 IP 전략도 함께 고려되어야 한다. 예를 들어, 공정 발명(process invention)은 경쟁이 심한 기술 분야에서는 특허로 보호할 필요가 있으나, 기술의 진보가 거의 일어나지 않는 성숙 기술의 경우는 영업비밀로 유지하는 것이 효과적이다.

보호 수단의 선택에 있어서, 컴퓨터프로그램에 대한 보호 수단으로써 특허권을 선택할 것인가, 저작권을 선택할 것인가가 문제된다. 이때는 어떠한 종류의 모방을 방지할 것인가에 따라 보호 수단이 달라질 수 있다. 만약 동일한 소스코드(source code)를 사용하지 않더라도 동일한 기능을 수행하는 컴퓨터프로그램을 경쟁 기업이 개발하는 것을 방지하고자 한다면 보호 수단으로써 특허권을 선택하는 것이 효과적이다. 기능이 유사해도 소스코드가 다르다면 별개의 프로그램저작물이 되기 때문에 저작권 침해를 주장하기 어려울 수 있기 때문이다. 반면, 컴퓨터프로그램의 목적코드의 복제를 방지하고자 한다면 저작권에 의한 보호가 더 유리할 수 있다. 왜냐하면 특허는 저작권에 비해 상대적으로 획득하기 어렵고 (신규성, 진보성 요건의 충족이 필요함), 유지비용이 비싸기 때문이다.

---

04 지식재산경영인증제도

지식재산 경영을 중소기업의 보편적 경영방식으로 확산시키고, 지식재산 경영기업의 신뢰성을 제고하기 위해 특허청에서 지식재산경영인증제도를 시행하고 있다. 지원 자격은 「중소기업기본법」 제2조에 따른 중소기업이며, 상시 신청이 가능하다. 진행 절차는 신청기업이 자가진단 및 신청을 하면 운영기관에서 서류심사 및 심사위원을 배정하고 운영기관에서 방문심사를 한 후 특허청에서 선정 여부를 결정한다.[12]

인증기업의 주요 혜택은 다음과 같다. 특허청을 중심으로, 특허·실용신안·디자인 우선심사 대상으로 지정하며, 특허권·실용신안권·디자인권에 대한 연차등록료(4~9년차)를 70% 감면한다. 현재 중소기업에게 연차등록료 50% 감면을 실시하고 있으나, 인증기업에는 4~9년차 연차등록료를 추가 감면하여 총 70%의 감면 혜택이 제공되는 것이다.

---

12) 특허청 웹사이트(https://www.kipo.go.kr/ko/kpoContentView.do?menuCd=SCD0200267) 참조

또한 특허청 실시 각종 지원사업 참여 시 가점을 부여하고 있다. 가점 부여 지원사업은 글로벌IP스타기업, 중소기업IP바로지원 서비스, 스타트업 지식재산바우처, 우수발명품 우선구매 추천제도, IP 활용전략 지원사업, IP R&D(지재권 연계 연구개발 전략지원 사업) 등이다. 중소벤처기업부에서는 혁신창업사업화자금(개발기술사업화자금) 지원대상이며, 한국방송광고진흥공사는 TV·라디오 방송광고 제작비 지원(TV 50%, 라디오 70%) 및 광고비 할인(TV 및 라디오 방송광고비 70% 할인) 혜택을 부여한다. SGI 서울보증은 지점장 전결 보증한도를 10~30억 원으로 확대(신용등급별 차등) 및 이행보증 보험료 등 10% 할인, 중소기업 신용관리 서비스 무상 제공 등의 혜택을 주고 있다.

05 소결

이상과 같이 지식재산의 통합적 경영 전략에 대한 예를 들어 보았는데, 이는 절대적인 것이 아니며, 각 기업과 조직의 실정과 경제적·법률적 환경에 따라 조금씩 상이한 부분이 있으므로, 이러한 전략들을 참고하여 더 다양하고 치밀한 전략을 세우는 것이 필요하다. 영화 산업에서는 저작권, 상표권 등이 중요하며, 전자 산업에서는 특허권이 중요하고, 또 다른 산업 분야에서는 디자인, 영업비밀이 더 중요할 수도 있다. 따라서 실정에 맞는 창조적 적용이 필요하다.

참고

영업비밀 보호의 필요성

1. 영업비밀이란?
공공연히 알려져 있지 아니하고 독립된 경제적 가치를 가지는 것으로서, 비밀로 관리된 생산방법, 판매방법, 그 밖에 영업활동에 유용한 기술상 또는 경영상의 정보를 말한다.
① 기술정보 : 특허출원 전의 기술정보, 특허에 적합하지 않거나 특허로 출원하고 싶지 않은 기술정보 등
② 경영상의 정보 : 제품의 가격, 투자계획, 인력의 수급방법, 원가조사 자료, 시장조사 자료 등

2. 영업비밀의 성립요건
① 비공지성(비밀성) : 공연히 알려져 있지 않을 것
② 기술상 또는 경영상의 정보로서 경제적 유용성 : 경제적 가치
③ 비밀관리성 : 비밀로 보호되어 관리될 것

3. 영업비밀의 침해행위
① 부정취득 : 절취, 기망, 협박, 그 밖의 부정한 수단으로 영업비밀을 취득하고 사용하는 행위
② 비밀유지의무 위반
  • 계약관계 등에 따라 영업비밀을 비밀로서 유지하여야 할 의무가 있는 자가,
  • 부정한 이익을 얻거나 그 영업비밀의 보유자에게 손해를 입힐 목적으로,
  • 그 영업비밀을 사용하거나 공개하는 행위

③ 영업비밀 삭제반환 거부
  - 영업비밀보유자로부터 영업비밀을 삭제하거나 반환할 것을 요구받고도,
  - 부정한 이익을 얻다가 영업비밀 보유자에게 손해를 입힐 목적으로,
  - 삭제나 반환을 거부하는 행위
④ 영업비밀 침해행위가 고의적으로 인정될 경우 손해로 인정된 금액의 3배를 넘지 않는 범위에서 배상(징벌적 손해배상)

※ 징벌적 손해배상 규정 강화 : 2024년 8월 21일부터 영업비밀 침해행위, 아이디어 탈취 행위 및 특허권 침해행위(이하 '기술탈취 행위')를 고의적으로 한 것으로 인정되는 경우 손해액의 최대 5배까지 배상해야 한다(부정경쟁방지법 법률 제20321호, 특허법 법률 제20322호). 종전 법은 손해액의 3배를 넘지 않는 범위에서 그 배상액을 정할 수 있도록 정하고 있는데, 이번에 징벌적 손해배상액의 한도를 더 강화하였다. 이는 경각심을 높이고 기술탈취 행위에 대한 선제적 억지 및 피해 구제의 실효성을 확보하겠다는 취지이다.

4. 영업비밀 관련 분쟁 사례

① 특허청에 따르면(2022년 지식재산 보호실태조사), 국내 기업 중 영업비밀을 보유하고 있다고 응답한 비율은 76.8%에 달한다.
② 공개되기 전의 특허출원 자료는 영업비밀에 해당된다고 본 사례 : 특허출원 공개 전이고, 특허발명으로 인정될 정도로 신규성과 진보성이 있는 자료이며, 이를 기반으로 제품을 생산하여 실제 수익을 얻은 경우 경제적 유용성이 인정되어 영업비밀이 인정된다고 하였다.
③ 사내 보안시스템을 우회하여 외부 클라우드에 업로드하는 방식으로 영업상 주요한 자산을 무단 반출한 것은 영업비밀 보호에 위배된다고 본 사례 : 퇴사 후 유사한 업종으로 전직하게 될 경우 사용할 목적으로, 자신이 이용하는 외부 클라우드 시스템에 거래처의 명단, 거래처별 매출 총액 등 영업정보가 기재되어 있는 파일 3,342개를 사내보안시스템을 우회하여 외부 클라우드에 저장하여 무단 반출한 것은 영업상 주요자산의 무단 반출에 해당한다고 인정하였다.
④ 양배추 품종 부계원종의 정보성을 인정하고, 이를 취득한 것은 영업비밀의 '취득'으로 인정한 사례 : 양배추 품종의 부계원종 자체가 기술의 집약체라고 볼 수 있고, 유전정보가 사람의 눈에 보이거나 분석하여 인지할 수 없더라도 설계도의 역할을 하므로, 정보성이 있다고 인정된다. 따라서 이를 취득한 자는 이러한 정보를 구체적으로 인지하지 못하더라도 양배추 종자를 생산할 수 있기 때문에 영업비밀의 취득으로 인정하였다.
⑤ LG에너지솔루션과 SK이노베이션의 배터리 영업비밀 분쟁 : LG화학은 2017년부터 2년간 연구와 생산 등 각 분야에서 핵심인력 100여 명이 SK이노베이션으로 이직하면서 배터리 핵심 기술이 유출되었다고 주장하며 전직금지가처분소송을 냈는데, 이 소송은 LG화학이 한국 대법원에서 최종 승소하게 되었다. 이어 LG에너지솔루션은 2019년 미국 국제무역위원회(ITC)에 SK이노베이션을 영업비밀침해 등으로 제소하였고, 2021년 국제무역위원회는 SK이노베이션에 최종 패소 판결을 내렸다.

연구개발 관리 전략

학습 개관	연구개발 관리 전략에 대해 이해하고, 공격적 지식재산 전략과 방어적 지식재산 전략에 따른 연구개발 전략에 대해 설명할 수 있다.

학습 포인트	연구개발 전략에 대해 설명할 수 있다. 공격적 지식재산 전략에 따른 연구개발 전략을 설명할 수 있다. 방어적 지식재산 전략에 따른 연구개발 전략을 설명할 수 있다.

NCS 및 NCS 학습모듈	하위 목차명	연구개발 전략의 의의, 라이선스 관점의 기술기획 및 개발 전략, 라이선스 관점의 기술마케팅, 공격적 지식재산 전략, 방어적 지식재산 전략	
NCS 및 NCS 학습모듈	대분류	05. 법률 · 경찰 · 소방 · 교도 · 국방	
	중분류	01. 법률	
	소분류	02. 지식재산관리	
	세분류	01. 지식재산관리	
	능력단위 (능력단위요소)	08. 지식재산 경영 컨설팅하기	
	주요 지식 · 기술 · 태도	• 연구개발 전략, 라이선스 관점의 기술기획과 개발 전략, 공격적 지식재산 전략, 방어적 지식재산 전략 • 연구개발 전략에 대한 이해 능력, 라이선스 관점의 기술획득 및 개발 전략에 대한 이해 능력, 공격적 지식재산 전략에 대한 이해 능력, 방어적 지식재산 전략에 대한 이해 능력 • 연구개발 및 지식재산 전략 기획, 연구개발 컨설팅 마인드	

01 연구개발 전략의 의의

글로벌 경제에서 공공 연구개발 투자를 통한 혁신적인 기술의 획득과 기술이전·사업화는 국가와 기업의 미래 성장과 경쟁력 확보에 중요한 역할을 한다. 공공연구기관의 연구개발 성과를 개선하기 위해서는 연구개발의 기획 및 개발단계부터 기술이전·사업화 목표를 분명히 하고 수요기업의 발굴과 니즈를 분석하여, 상용화 가능한 원천형 혹은 핵심기술을 창출하여야 한다. 그리고 기술이전에 유의한 영향을 미친 영향변수를 주기적으로 모니터링하고 연구개발 추진에 반영하여야 한다. 즉, 연구개발 조직은 라이선스 관점을 연구개발 목표 및 추진에 반영할 필요가 있다.

02 라이선스 관점의 기술기획 및 개발 전략

라이선스 과정에서 라이선시(licensee, 수요기업)의 주요 관심은 대상 기술의 우수성과 특허의 강한 권리성이다. 라이선시 관점에서 기술의 우수성은 라이선시의 미래 전략적 사업을 추진할 수 있는 기술의 혁신성과 경쟁성 등을 포함한다. 왜냐하면 혁신적 기술을 통해서 기존 기술을 대체할 수 있는 원천(핵심)기술을 확보할 수 있고, 기술 및 제품의 상대 경쟁력을 강화할 수 있기 때문이다.

그리고 특허의 강한 권리성은 라이선서(연구개발자)에게 기술이전 전략가치를 제공할 수 있고, 라이선시에게 미래 성장 동력과 경제적 가치를 제공할 수 있다. 특허와 라이선스에 관한 기존 연구에서는 강한 특허를 보유한 라이선서가 독점적 지위를 확보할 수 있고 파급효과가 큰 원천형 기반기술을 제공할 수 있고, 특허권리가 강할수록 라이선스 협상과정에서 라이선서에게 재무적 보상과 비재무적 보상이 증가하는 것으로 나타났다(Arora 외, 2004; Wakeman, 2004; 백승희 외, 2013). 이 연구에 의하면 라이선서가 보유한 특허의 권리가 강할수록 기술이전 가능성이 높아지고, 라이선스 협상과정에서 합리적인 기술료를 결정하는 데 중요한 요인이 되는 것으로 나타났다.

1. 라이선스 관점의 기술기획 강화

공공 연구개발 단계부터 시장 니즈를 탐색하고 글로벌 기술개발 동향에 부합되는 혁신적인 기술개발이 체계적으로 추진될 수 있도록 기획되어야 한다. 라이선스 관점을 통하여 수요기업의 기술적 니즈를 조사 분석하여 기술개발 목표를 설정하고, 적시에 혁신적 성과를 특허로 획득될 수 있는 체계적인 기술기획이 다음과 같이 설계되어야 한다.

첫째, 연구개발은 글로벌 기술개발 추세와 상대 경쟁력 분석에 근거하여 최적의 기술개발 전략이 요구된다.

둘째, 기술개발 성과와 더불어 원천형(핵심) 특허를 적시에 획득할 수 있는 실행 전략이 필요하다. 따라서 기술이전 활성화를 위하여 라이선스 관점의 기술기획이 연구개발 단계에서 체계적으로 반영되어야 한다.

또한 체계적인 기술기획을 추진하기 위해서는 기획예산의 확보가 전제되어야 한다.

2. 라이선스 관점의 단계별 성과관리

연구개발 단계에 따라 창출된 기술성과는 다음과 같은 라이선스 관점에서 평가되고 관리되어야 한다.

첫째, 생명공학 분야와 같이 기초·원천형 기술개발의 경우 장기간에 걸친 기술개발 활용전략이 요구된다. 단계별 성과에서 연구기관의 기술적 목표 달성과 더불어 다음 단계로 진입하기 위한 충분한 검증결과와 경쟁수준이 확보되었는지를 반드시 확인하여야 한다. 이를 위하여 연구개발 중간평가에서 혁신적 연구성과를 확인할 수 있는 라이선스 관점의 평가항목을 추가하여야 한다.

둘째, 응용연구 기술개발인 경우 수요기업의 기존 기술과 보완적 관계 혹은 대체기술의 역할을 할 수 있어야 한다. 이러한 속성은 라이선스 관점에서 기술이전 성공가능성을 높일 수 있을 것이다.

따라서 연구개발 성과는 평가과정에서 시장의 기술적 니즈, 기술경쟁력 수준, 원천(핵심) 특허의 확보 등을 확인하고 체계적으로 관리되어야 한다.

03 라이선스 관점의 기술마케팅

공공연구기관의 기술사업화가 강조됨에 따라 기술마케팅 개념의 활용과 실행 전략이 필요하다. 기술마케팅 영역은 목표시장의 잠재적 수요기업의 탐색, 기술적 니즈, 시장매력도 조사 등에 근거하여 기술이전인 라이선스 전략까지도 포함할 수 있다.

기술마케팅과 기술사업화 사이에는 연관성이 있기 때문에, 기술마케팅 전략은 신기술사업화의 효과적인 도구가 될 수 있다(성태경, 2012, 강만영 외, 2013). 라이선스 관점의 기술마케팅이란 수요기업(라이선시)군의 기술적 니즈와 시장 경쟁상황에 근거하여, 기술흡수 및 사업화 역량이 상대적으로 높은 수요기업군을 선정한 다음 맞춤형 기술개발을 통하여 기술이전 전략을 수행하는 것이다.

🔔 기술마케팅 전략

대상기술의 탐색과 선정	수요기업 탐색과 라이선스
기술이전 성공가능성에 영향을 미치는 핵심변수를 기준으로 활용	산업, 제품, 기술, 특허 등의 분류에서 수요기업의 기술흡수역량, 제품군, 시장 지배력, 경쟁구조 및 경쟁력 등에 관한 분석에 근거

1. 기술마케팅 대상 기술의 탐색과 선정

효율적인 기술마케팅을 위해서 우선 대상이 되는 기술(특허)을 연구개발기관의 기술모집단에서 탐색하고 선정하여야 한다. 기술모집단에서 기술마케팅 대상 기술을 선정하기 위해서는 기술이전 성공가능성에 영향을 미치는 핵심변수를 기준으로 활용하여야 한다.

성웅현(2010)은 기술이전에 영향을 미치는 주요변수로 기술의 차별성과 특허권리 강도, 사업환경, 사업매력도 등을 제시하였다. 기술마케팅 대상기술을 선정하기 위한 기준으로 기술의 완성도와 혁신성, 특허의 안정성, 시장의 성장성, 상용화 시점 등을 종합적으로 고려한 종합평점에 의하여 선정할 수 있을 것이다.

2. 수요기업 탐색과 라이선시 대상 선정

기술마케팅 대상 특허를 제품과 연계하고, 수요기업의 속성과 니즈를 파악하여 기술마케팅을 수행하는 것이 효율적이다. 수요기업에 대한 탐색 절차는 산업, 제품, 기술, 특허 등의 분류에서 수요기업의 기술흡수역량, 제품군, 시장 지배력, 경쟁구조 및 경쟁력 등에 관한 분석에 근거하여 수행되어야 한다. 기술마케팅 분석결과에 근거하여 라이선시 대상기업의 우선순위를 선정하고, 라이선시의 니즈에 따라 차별화된 다양한 협상 전략을 수행할 수 있을 것이다.

04 공격적 IP 전략[13]

1. 시장 지배력 행사(exercising market power)

자원기반 관점에서 볼 때, 기술적으로 격리(isolating) 기능을 부여하는 특허는 기업에 특화된 자산이고, 이는 기업의 경쟁적 우위의 원천으로 간주된다(Wernerfelt, 1984; Dierickx and Cool, 1989; Barney, 1991; Barney, 1996). 외부에서 일어나는 모방으로부터 기업의 특화자산을 보호하는 메커니즘(isolating mechanism)을 통해 독점 시장에서의 우위를 지키는 능력은 IP의 가장 큰 기능이라고 할 수 있다(Rivette & Kline, 2000). 기업은 이러한 IP를 외부로 라이선스하려고 하지 않고, 공격적인 집행(enforcement)을 한다.

이러한 독점 IP 전략(proprietary patent strategy)은 기존 연구에서 기업의 행태, 전략 및 IP의 활용에 반영되어 있다. 독점 IP 전략으로 해석될 수 있는 기업의 행동에는 특허 장벽(fence) 구축, 공격적 차단(blocking), 공격적 덤불(thicket) 구축 등이 포함된다. 기존 연구에서는 선점 특허를 활용하여 특허 덤불(thicket)을 구축하는 것은 실제로 기업의 가치를 증가시킨다고 논의하고 있다(Ceccagnoli, 2009).

---

13) 특허청·한국지식재산연구원, 지식재산과 경영전략─기업의 IP 전략에 따른 생존 및 성과 분석, 2015.12., 9면 이하를 참고히였다.

독점적 시장 지배력을 위해 기술적인 격리(isolation) 전략을 추구하는 기업들은 기업의 핵심 기술 주변의 특허가 타 기업에 의해 출원(invent around)되는 것을 최소화하기 위해 서로 중첩되고 보완적인 특허권을 출원하려는 경향이 있다. 즉, 해당 특허가 전략적인 격리 기능을 제공할 수 있을 때, 기업은 그러한 핵심특허에 강한 포지션을 구축한다.

이와 같이 유사한 기능을 가진 약간씩 다른 기술적 솔루션의 범위를 커버하는 특허들로 구성된 특허 군을 특허 장벽(patent fence)이라고 한다(Granstrand, 1999). 기존 연구에서는 기업이 구축하는 독점적 장벽(fence)의 중심에 위치하는 특허는 더 가치 있는 것으로 분석되고 있다(Hall, Jaffe, & Trajtenberg, 2005).

특허 장벽이 한번 구축되면 지속적으로 시장 지배력을 부여하는 것이 아니라 갱신, 재심사, 대체 특허 확보 등과 같은 기업의 세심한 관리 노력이 필요하다. 제약 산업에서는 일시적으로 중첩되는 권리를 연속적으로 구축하기 위해 기존 제약의 시장 독점권 만료시기에 맞춰 drug reformulation(약물 재제형, 개량의약품)에 대한 특허출원을 하기도 한다(Graham & Higgins, 2008).

시장 지배력을 유지하게 해주는 기술을 출원을 통해 공개하는 것은 또 다른 의미가 있다. 특허로 등록되기 위해서는 특허요건으로서 기존 특허들보다 더 높은 진보성을 갖춰야 한다. 따라서 기업은 가치가 높은 특허일수록 특허를 공개하여 특허 심사관의 진보성 판단의 기준을 높임으로써 경쟁 기업이 출원한 특허가 등록되지 못하게 할 수 있다(Baker, Scott, & Claudio, 2005). 이러한 전략은 특허 경주(patent race)와 맥락을 같이 한다. 경쟁 기업은 전략적으로 개발결과를 공개하고 이로 인해 선행연구가 바뀌게 되어 다른 기술의 특허 등록에 영향을 미치는 특허 경주(patent race)가 발생하게 된다.

모든 IP가 이러한 독점적 특허 전략에 활용될 수 있는 것은 아니다. 기업이 보유한 IP를 외부에 라이선싱하지 않고 이를 활용하여 독점 전략을 추구한다는 것은 이로 인한 상당한 이득이 예상되어야 한다. 기업의 핵심 기술 분야에서 해당 특허가 현재와 미래의 경쟁적 우위를 보장할 수 있다고 판단될 때, 이러한 경쟁적 우위를 유지할 수 있는 기술에 대한 라이선싱 계약은 매우 어렵다. 따라서 IP를 독점 전략에 활용한다는 것은 이를 외부로 라이선싱함으로써 얻을 수 있는 잠재적 수익을 포기하는 것이고, 독점적 IP를 유지하는 데 필요한 비용(지속적으로 권리를 강화하고, IP 침해에 대한 소송을 제기하는 데 필요한)을 감수한다는 의미이다. 특허 시장 지배력을 행사할 수 있는 신약과 같이 상당한 시장 기회를 창출하는 발명은 독점 전략의 대상이 될 가능성이 크다.

(1) 보호 수단의 선택

기업에 경쟁 우위를 부여하는 제품 및 서비스를 개발할 때, 기업의 첫 번째 전략적 의사 결정은 어떠한 형태의 IP(특허, 실용신안, 저작권, 상표권, 영업비밀)를 통해 해당 기술을 보호할지 선택하는 것이다. 예를 들면, 신약의 경우는 특허로, 영화의 경우는 저작권으로 보호한다. 또한 공정혁신(process innovation)은 영업비밀로, 제품혁신(product innovation)은 특허로 보호하는 것이 합리적이다. 각각의 방법은 분명한 장점과 비용이 존재한다. 예를 들어, 특허는 배타적 권리를 제공하지만, 이로 인한 발명의 공개는 타 기업에 이를 개량할 수 있는 기회를 주고, 후속 특허를 출원할 수 있게 한다. 또한 경쟁 기업에 유망한 분야 또는 기존 기술의 문제점에 대한 정보를 제공한다.

많은 선행연구들이 특허와 영업비밀 간 선택과 관련된 이슈를 다루고 있다. 전통적인 관점에서 기존의 많은 연구들은 특허와 영업비밀을 상호 배타적인 대체 관계에 있다고 논의해왔다(Ann, 2010; Encaoua & Lefouili, 2005; Erkal, 2004; Garvey & Baluch, 2007; Horstman, MacDonald, & Slivinsky, 1985; Kultti, Takalo, & Toikka, 2007; Machlup, 1958). 이는 특허의 경우 공개를 해야 하지만, 영업비밀은 비공개가 원칙이기 때문에 본질적으로 양립할 수 없기 때문이다. 따라서 이러한 관점에서는 영업비밀을 특허보호가 가능하지 않은 상황에서 선택할 수 있는 마지막 대안적인 보호 방안이라고 보고 있다.

(2) 독점적 IP 전략의 단점

IP를 활용하여 시장에서 지배력을 키우는 전략에 따른 결과는 다음과 같은 이유로 장기적인 관점에서 기업에 이득이 되지 못할 수도 있다.

시장 가치의 감소	기업이 독점 특허를 통해 시장 지배력을 확대하게 되면, 경쟁 기업의 공동 마케팅이 감소하여 시장 전체의 크기와 가치는 감소
경쟁 기업의 혁신 인센티브 증가	독점적 기술에 대한 IP를 보유한 기업의 이윤이 증가하면서, 타 기업이 해당 IP 주변 기술을 개발할 인센티브도 증가
네트워크 효과의 감소	시장 지배력을 부여하는 강한 IP는 시장 전체의 가치를 감소시키거나, 경쟁 기업의 혁신 인센티브와 보완재를 통한 네트워크 효과를 감소

① 시장 가치의 감소

IP권리는 보유 기업에 배타적인 시장 기회를 부여하지만, 이러한 시장 지배력의 유지는 경쟁 기업이 어떻게 전략적으로 대응하느냐에 따라 달라질 수 있다. 경쟁 기업의 대응은 시장 전체의 가치에 영향을 줄 수 있기 때문에 중요하다. 예를 들어, 기업이 독점 특허를 통해 시장 지배력을 확대하게 되면, 경쟁 기업의 공동 마케팅이 감소할 수 있다. 그 결과 해당 기업의 시장 점유율은 증가할 수 있지만, 시장 전체의 크기와 가치는 감소할 수 있다. 이는 독점기업과 경쟁 기업 모두에 해가 될 수 있다.

이는 특정 시장으로의 투자는 공공재 성격을 갖기 때문이다. 투자를 하는 기업은 모든 비용을 부담하지만 그로 인한 혜택은 다른 기업으로 확산된다. 더 높은 시장 점유율을 가진 기업이 공공재에 기여하려는 인센티브가 더 강하기 때문에, 나머지 기업들의 시장 점유율이 감소한다면 그들의 시장 가치의 증가를 위해 투자할 인센티브가 감소하게 된다.

② 경쟁 기업의 혁신 인센티브 증가

시장 지배력이 혁신 기업의 장기적 이윤을 감소시킬 수 있는 두 번째 메커니즘은 이로 인해 경쟁 기업의 혁신 인센티브가 증가할 수 있다는 것이다. 즉, 독점적 기술에 대한 IP를 보유한 기업의 이윤이 증가하면서, 타 기업이 해당 IP 주변 기술을 개발(invent around)할 인센티브도 증가하게 된다. Polidoro 등(2011)은 기업은 경쟁우위를 유지하기 위해 모방으로부터 그들의 지식재산을 보호해야 하지만, 모방을 저지함으로 인해서 경쟁자로 하여금 대체재를 개발하도록 유도할 수 있다고 하였다. 따라서 특허 장벽(patent fence) 등을 활용하여 경쟁 기업의 주변기술 개발을 막을 수 없다면, 그리고 이러한 경쟁 기업의 주변 기술이 독점 기업의 시장 지배력을 감소시킬 수 있다면, 해당 특허를 외부로 라이선싱하는 것이 더 바람직할 수 있다. 이로 인해 시장의 경쟁이 증가할 수 있지만, 진입기업이 연구개발을 통해 더 나은 제품을 개발할 인센티브는 감소시킬 수 있다(Gallini, 1984).

③ 네트워크 효과의 감소

많은 경우, 제품과 서비스의 가치는 네트워크 효과에 의해 크게 좌우된다. 이러한 네트워크 효과는 직접적 효과와 간접적 효과, 크게 두 가지로 구분할 수 있다. 만약 제품의 가치가 사용자 수에 따라 증가한다면(예 Facebook) 직접적 네트워크 효과가 존재한다고 할 수 있다. 간접적 네트워크 효과는 보완재 시장을 통한 네트워크 효과를 의미하며, 해당 제품의 사용자 수가 증가하면서 보완재의 종류도 다양해진다. 예를 들어, 소비자가 플레이스테이션과 같은 게임용 콘솔 제품을 소유하는 가치는 게임 가격이 내려가서 더 많은 게임을 구입할 수 있을 때 높아진다. 즉 게임용 콘솔의 보완재 시장인 게임 시장을 통한 네트워크 효과가 중요한 것이다. 강한 IP권리를 보유하는 기업이 할 수 있는 흔한 실수는 이러한 네트워크 효과에 대한 기회를 많은 경우 무시하고, IP로 인한 시장 지배력으로 영향력을 발휘하려고 한다는 점이다.

이와 같이, 시장 지배력을 부여하는 강한 IP는 시장 전체의 가치를 감소시키거나, 경쟁 기업의 혁신 인센티브와 보완재를 통한 네트워크 효과를 감소시킴으로써 장기적으로 기업의 이윤을 감소시킬 수 있다. 따라서 IP를 통한 시장 지배력은 신중하게 행사되어야 한다.

2. 판매(selling)

만약 특정 자산이 다른 기업에 이전되어 그 가치가 증가할 수 있다면, 매매는 기업과 사회에 이득이 된다. IP 관점에서 본다면, 혁신자가 IP를 사업화하기 위한 제조 및 마케팅 역량이 부족할 경우 사업화 역량을 보유하고 있는 타 기업에 이전하는 것을 고려할 필요가 있다. 그러나 IP 거래 과정은 많은 어려움이 존재한다. 잠재적 구매자는 혁신의 가치에 대한 제한된 정보밖에 얻을 수가 없고, 판매자는 기술의 유출 가능성으로 인해 IP 정보를 완전히 공개하지 않으려고 한다. 이와 관련하여 Gans 등(2008)은 발명된 부분 중 아직 보호되지 않은 지식의 공개가 필요하거나, 라이선서와 라이선시 간의 정보 비대칭 및 이로 인한 탐색 비용(search costs)의 증가는 기술이전의 효율성을 지연시킬 수 있다고 하였다. 그러나 만약 기업이 거래하려고 하는 특허 주변에 많은 특허를 확보하여 특허 장벽을 구축하고 있다면, 모방의 비용이 증가하여 기술을 판매하려는 기업은 기술정보를 비교적 부담 없이 공개할 수 있게 되고, 구매자의 불확실성은 감소하게 된다.

그러나 판매하려고 하는 기술은 대부분 기업의 핵심 사업분야가 아닌 경우가 많기 때문에 모방의 비용이 낮다. 또한 기술의 적절한 구매자를 탐색하는 데 따르는 노력과 비용도 무시하지 못한다. 이러한 높은 거래비용으로 인해 Faulkner 등(1995)은 기술도입자와 제공자가 서로의 존재를 인식할 수 있는 기회와 시장 및 기술정보를 제공하는 중개기관이 필요하다고 하였다. 기술 거래를 위한 라이브 옥션, 온라인 플랫폼, NPEs(Non Practicing Entities)와 IP 브로커 등이 기술거래 시장에서 중개 역할을 수행하고 있다.

3. 라이선싱(licensing)

IP를 판매하는 대신 혁신 기업은 IP에 대한 소유권을 유지하면서 하나 이상의 라이선스 계약을 맺을 수 있다. 기업이 해당 기술을 현재나 미래에 자체적으로 사업화하지 않는다면 해당 특허의 사업화를 위해 필요한 전문화된 보완 자산을 가진 제3자에게 배타적으로 라이선싱하는 것이 합리적인 선택이 될 수 있다(Arora & Ceccagnoli, 2006).

기존 연구에서는 라이선싱 계약의 인센티브(Katz & Shapiro, 1986; Gallini & Wright, 1990), 특허 및 노하우에 대한 라이선싱(Arora, 1995), 기술 거래의 적절한 구조(Teece, 1989; Anand & Khanna, 1997; Oxley, 1999)에 대한 연구는 많이 진행이 됐지만, 특허 라이선싱의 결정, 특허를 활용한 이윤 극대화에 대한 연구는 아직까지 많은 관심을 받지 못하였다.

기업은 라이선싱에 대한 결정에 앞서, 라이선싱으로 얻을 수 있는 로열티 수익과 라이선싱으로 인해 시장에서 증가하게 되는 경쟁으로 인한 비용을 비교할 필요가 있다. 예를 들면, 해당 IP를 활용한 시장 지배력이 기업에 많은 이윤을 부여하는 상황에서 기업은 일반적으로 라이선스를 하지 않는다. 실제로 기업이 강한 기술적 우위를 갖고 있어서 이로 인한 독점 전략의 혜택이 큰 경우 IP를 외부로 라이선싱하려는 경향이 감소하는 것으로 나타났다. Blind & Thumm(2004)은 149개 유럽 기업이 표준화 과정에 참여하는 경향을 분석한 결과, 기업의 특허 집중도(patent intensity)가 높을수록, 특허 활동도가 클수록 기업이 표준화 과정에 참여하려는 경향이 낮아지는 것으로 나타났다. 이는 해당 기술이 표준에 포함되면 특허 표준 제정의 요구사항을 만족시키기 위해 해당 특허를 광범위하게 라이선스해야 하기 때문이다.

반면, IP를 보유하고 있는 혁신 기업에 비해 더 효율적이고, 사업화에 필요한 자원과 역량을 갖고 있는 경쟁 기업이 있는 상황에서 혁신 기업에는 라이선싱이 좋은 대안이 될 수 있다. 이러한 상황에서 IP 라이선싱은 혁신 기업의 사업화 역량을 증가시키거나, 제품의 수요를 증가시킬 수 있게 해준다. 이러한 이유로 발명을 사업화하기 위해 필요한 마케팅, 자금 및 기타 자원이 부족한 바이오 창업 기업은 많은 경우 그들의 특허를 거대 제약회사에 라이선싱하는 경우가 많다. 하나의 사례로 재조합 인슐린 특허를 보유하고 있는 Genentech사는 인슐린 시장에서 시장 지배력을 갖고 있는 제약회사인 Eli Lilly사에 그들의 특허권을 라이선싱함으로써 라이선싱 수익을 확보하였다.

이러한 IP 라이선싱은 표준 제정, 기업 간 제휴, 개방형 혁신, 특허 pooling, 크로스 라이선스 등을 포함한 특허 기술을 사용하기 위한 권리의 공유와 관련된 활동과 관련되어 있다. 기업의 사례를 보면, 질레트(Gillette)사는 칼날(blade)과 면도기 손잡이 간의 접촉면에 대한 많은 특허들을 보유하고 있었다. Gillette의 접촉면 특허는 면도기 시장에서 표준으로 채택되어, 다른 칼날 제조업자(경쟁자)들은 Gillette의 특허를 침해하지 않으면서, 면도기 손잡이와 호환이 되는 칼날을 개발하기 어려운 상황이었다. 이러한 상황은 Gillette사가 자사의 칼날과 호환되는 면도기 손잡이를 싸게 파는 일명 "cheap razor-expensive blades" 전략을 쓸 수 있게 하였고, 이로 인해 많은 수익을 얻고 있다. 또한 델 컴퓨터는 자사의 특허를 이용하여 IBM과의 크로스 라이선싱 협상을 성공적으로 이끌어, 수천만달러의 로열티를 지불하지 않음으로서 가격 경쟁력을 확보할 수 있었다. 즉 라이선싱은 기업으로 하여금 새로운 가치창출의 수단으로 활용될 수 있다.

4. 협력(collaboration)

기업의 IP 자산 가치를 기업 간 협력을 통해 증가시키는 방법은 매우 다양하다. 이러한 협력 전략으로 기업은 개발비용을 감축하고, 경쟁사와의 협력을 통해 분쟁을 미연에 방지할 수 있어 잠재적인 이득이 매우 크다. 그러나 일부는 반독점 법이나 다른 법적 규제와 관련되어 있는 경우가 많다. 또 협력은 복잡한 전략 게임(complex strategic games)상황을 유도하여, 협력을 통한 기술의 공동개발은 상호 이익을 가져올 수 있으나, 해당 기술 개발 과정에서 다른 기업을 배척함으로서 소비자에게는 열등한 기술이 제공될 수 있고, 이로 인해 사회 복지(social welfare)가 감소하여 사회 전체적으로는 부정적인 영향을 줄 수 있다 (Josh Lerner 2012).

IP 분야에서 이루어지는 대표적인 협력의 형태는 공동으로 표준 제정 기구(standard-setting organization)에 참여하는 것이다. 표준 제정을 통해 경쟁 기업들이 공동의 표준에 동의함으로써 고객들이 느끼는 해당 제품에 대한 가치를 증가시킬 수 있다. 이러한 활동은 네트워크 효과를 촉진하고, 정보 비용을 감소시킴으로써 모든 경쟁 기업에 이득이 될 수 있다. 그러나 이러한 공동 표준 제정활동은 두 가지 측면에서 부정적인 영향을 가져올 수 있다. 첫 번째는 몇몇의 기업이 표준에 참여함으로써 해당 시장으로의 진입 장벽을 높이는 결과를 가져온다. 두 번째는 표준 참여기업 중 일부는 표준 제정 과정에서 그들이 보유한 IP에 유리한 방향으로 개입할 여지가 있다. 이러한 위험은 표준 제정 시점에서 해당 기업의 특허출원이 아직 공개되지 않는 상황이라면 문제가 될 수 있다.

기업에 잠재적인 이득을 가져올 수 있는 두 번째 협력 유형은 제품 및 서비스와 보완성이 있는 제품 개발자와의 협력이다.

IP를 활용한 전략적 협력의 세 번째 형태는 개방형 혁신(open innovation) 및 혁신 플랫폼 (innovation platform) 모델을 통해 개발자와 고객에 의한 혁신을 지원하고 이를 활용하는 형태이다. 예를 들어, 많은 경우 특허권자는 라이선스 계약을 할 때 라이선시가 해당 기술에 대한 개량기술을 개발했을 때, 특허권자에게 그 개량기술에 대한 실시권리를 특허권자에게 제공할 것(grant back)을 요구한다. 이러한 공동 혁신은 라이선서와 라이선시 모두에 이득이 되는 결과를 가져온다.

5. 집행(enforcement)

독점적 IP를 보유하고 있는 기업은 특허 침해자가 더 이상 특허를 침해하지 않도록, 또는 해당 IP 사용에 대한 로열티를 지불하도록 경고장을 보내고, 소송을 제기한다. 이러한 집행은 침해 기업을 해당 제품시장에서 퇴출시킴으로써 독점적 시장 지배력을 유지하거나 라이선싱 계약을 통한 로열티 확보가 목적이다.

독점적 시장 지배력이 목적인 경우, 소송을 제기한 기업은 협상을 하려 하지 않는 경우가 많다(Somaya, 2003). 침해에 대한 분쟁은 경고장을 보내는 것으로 시작하고, 실제로 소송으로 이어지는 경우는 많지 않다. 미국의 경우 100건의 특허당 1.6건의 법적 소송이 발생한다고 알려져 있다(Lanjouw & Schankerman, 2001; Somaya, 2003).

6. 포기

Dow Chemical이 사업적으로 필요하지 않은 25%의 특허를 제거하여 특허 유지비용 $40 million을 절약한 사례와 같이 많은 경우 IP 포기는 전략적인 의도가 없다.

전략적인 목적이 있는 포기 형태는 해당 기술에 대해 제3자가 특허를 받을 수 없게 만들고, 이를 공공이 이용 가능하게 만드는 것은 미래 hold-up 위험을 감소시키는 데 도움이 된다. hold-up은 특정 기술에 대해 특허를 소유한 자가, 그 기술이 산업 표준이나 필수 기술이 된 이후에 다른 기업들이 이를 사용할 수밖에 없도록 만든 후, 그 상황을 이용하여 비합리적으로 높은 비용을 요구하거나 사용을 제한함으로써 상대 기업의 사업을 방해하는 것을 뜻한다. 한 가지 사례로, Merck사가 워싱턴 대학교와 공동 개발한 인간 유전자 시퀀스에 대한 데이터베이스(Merck Gene Index)를 공공에 개방한 것은 이러한 전략적 목적이 내재되어 있다고 할 수 있다.

05 방어적 지식재산 전략

기술이 빠른 속도로 변화하는 첨단산업에서 기업은 많은 경우 필요한 기술에 대한 IP를 누가 보유하는지 불확실한 상태에서 기술 개발을 위한 투자를 한다. 만약 제품 하나에 포함된 IP가 많고 그 IP들의 소유권이 분산되어 있다면(multi-invention context) 이러한 특허 덤불(patent thicket)로 인해 타 IP를 침해할 가능성이 높아진다. 만약 사업화에 필요한 일부 특허를 경쟁사가 보유하고 있다면 사업화에 제약이 있을 수 있다.

공격적 IP 전략이 기업의 경쟁적 이점을 창출하기 위한 것인 데 반해, 방어적 전략은 그들의 경쟁적 약점이나 타 기업이 보유한 특허로 인해 로열티를 지불하는 상황을 방지하기 위한 전략이다. 다시 말해, 방어적 IP 전략은 다른 기업이 많은 IP를 보유한 상황에서 자유롭게 혁신하고 사업화하기 위한 전략이다(Grindley et al 1997; Guellec et al, 2012; Galasso et al, 2012).

법적 조치	IP 무효소송 제기 전략은 법적인 불확실성이 제거된 상태에서 효과적인 방법
대체 기술 개발	기존 기업의 기술 요소를 회피할 수 있는 대체 기술 개발
라이선싱 및 구매	신규 기업이 회피 기술(대체 기술)을 개발할 역량이 있다면 기존 기업은 해당 기술을 신규 기업에 라이선싱하는 것이 합리적
방어적 특허풀 구축	기업의 IP는 소송에 대한 방패이므로 거대한 특허 포트폴리오를 구축
정보 공개	특허침해소송이 제기될 때까지 빠르게 잠재적 침해 기술 정보를 공개하여 제3자가 특허를 받지 못하도록 하는 것

1. 법적 조치

기업은 IP에 대한 이의신청 및 재심사 청구를 통해 타 기업이 이미 보유한 IP에 영향을 미칠 수 있다. 하지만 이러한 전략은 사업화에 필요한 IP를 누가 갖고 있는지가 확실할 때 가능하다. 일반적으로는 사업화에 어떤 IP가 필요하게 될지, 또는 어떤 기업이 해당 IP를 갖게 될지 예측하는 것이 불가능하다. IP 무효소송을 제기하는 전략은 이러한 불확실성이 제거된 상태에서 효과적인 방법이다.

특정 시장에 진입한 기업은 두 가지 방법으로 해당 기술 사용에 대한 법적 정당성을 확보할 수 있다. 첫 번째 방법은 기존 기업이 갖고 있는 IP의 유효성에 대해 이의를 제기하는 것이고, 두 번째는 기존 기업이 보유하고 있는 IP의 유효성은 인정하지만, 진입 기업이 출시하고자 하는 제품이 기존 IP를 침해하지 않는다고 주장하는 방법이다.

실제로, Graham 등(2002)은 미국과 유럽 특허청에 출원된 특허를 대상으로 이의신청과 재심사를 분석한 결과, 가치가 있는 특허(인용도 및 청구항 수로 측정)가 법적 견제를 더 많이 받는 경향이 있는 것으로 분석되었다.

또한 특허침해소송은 많은 비용을 필요로 한다. 하지만 이러한 비용은 다른 진입 기업과 분담하지 않기 때문에 기존 기업 IP가 무효화되면 다른 진입 기업은 비용 없이 해당 시장에 진입할 수 있다. 즉, 성공은 공공재가 되어 버린다. 이것은 기존 IP를 무효화함으로써 사업 기회를 창출하는 전략의 대표적인 단점이다.

2. 대체 기술 개발

기존 기업이 사업화에 필요한 IP를 이미 보유하고 있는 상황에서 신규 기업이 선택할 수 있는 대안은 기존 기업의 기술 요소를 회피할 수 있는 대체 기술을 개발하는 것이다.

이러한 전략이 실제로 효과적인지를 결정하기 위해서는 기업의 경영자는 여러 변수를 고려해야 한다.

우선 대체 기술개발로 인해 경쟁의 성격이 변화하게 된다는 것을 염두에 두어야 한다. 만약 두 기업이 밀접한 대체재를 시장에 내놓는다면 경쟁은 매우 치열해질 수 있다. 또한 기존 기업의 IP를 회피하는 기술을 개발하기 위한 비용과 성공확률을 계산해야 한다.

3. 라이선싱 및 구매

만약 기존 기업이 존재하는 시장에서 신규기업이 개발한 대체 기술이 기존 기술에 비해 기능적으로 장점이 없다면 기존 기업의 IP를 회피하는 기술의 개발은 사회적으로 낭비가 될 수 있다. 이러한 사실은 라이선싱에 대한 기회비용을 유발한다.

만약, 신규 기업이 회피 기술(대체 기술)을 개발할 역량을 갖고 있다는 것을 기존 기업이 알고 있다면, 기존 기업은 해당 기술을 신규 기업에 라이선싱하는 것이 합리적이다. 이러한 선택은 두 기업 모두에 이득이 될 수 있다. 우선, 라이선시인 신규 기업은 라이선싱을 함으로써 의도하지 않은 침해에 대한 위험을 줄일 수 있을 뿐만 아니라 제품을 시장에 출시하는 데 필요한 시간을 절감시킬 수 있다. 또한 표준화된 제품을 생산하게 됨으로써 네트워크 효과를 얻는다. 반면 라이선서인 기존 기업은 권리성이 취약한 IP에 대한 도전(유효성에 대한 이의제기)을 피하고, 낭비적인 IP경쟁을 막음으로써 이득을 볼 수 있다.

Arora & Andrea(2003)는 사업화 역량이 부족한 기업들이 더 적극적으로 라이선서가 되고, 이때 사업화 역량이 큰 라이벌 기업과 라이선싱을 시도하는 경향이 보인다고 하였다. 규모가 큰 특허 포트폴리오에 대한 크로스 라이선싱 및 특허풀을 통한 'bundled' 라이선싱의 경우에는 미래에 발행될 특허에 대한 라이선싱 조항(사전적 크로스 라이선싱)도 포함될 수 있다. 기존 연구(Siebert & von Graevenitz, 2010)에서는 방어적 특허 전략으로서 이러한 사전적 크로스 라이선싱은 제품의 시장경쟁이 치열한 상황에서 선호된다는 결과를 보여준다.

신규 기업이 라이선싱을 하려고 할 때 고려해야 하는 점이 있다. 첫째, 기존 기업이 독점적 시장 지배력이 목적이라면 라이선싱을 거부할 수 있다. 둘째, 만약 두 기업 간 라이선싱 거래가 적합하지 않은 구조라면(특히 이들이 경쟁 기업이라면) 라이선서와 라이선시는 반독점법을 위반할 위험이 있다. 셋째, 라이선싱이 가능하고 이것이 합법적이라고 할지라도 신규 기업은 대체 기술을 부분적으로 개발함으로써 라이선스 협상 시 유리한 입장을 취할 수 있다.

추가적으로, 기존 기업이 소유하는 특허가 존재하는 시장에 진입하기 위해 선택할 수 있는 대안으로는 해당 특허를 매입하거나, 해당 특허를 보유한 기업을 인수합병하는 것이다. Cisco System사는 이러한 전략(인수합병을 통해 기술 및 특허를 얻는 것)을 사용하는 것으로 유명한데, 원하는 기술을 가진 작은 혁신적인 기업을 인수하여 기술 및 특허를 획득하였다.

4. 방어적 특허풀 구축

대표적인 방어적 전략으로써 기업의 IP는 소송에 대한 방패로 사용될 수 있다. 이러한 전략은 제품 하나에 많은 특허가 포함되어 있고, 특허의 소유권이 분산된 경우 효과적인 전략이다. 즉, 침해 소송을 피하고 상대 기업의 일방적인 홀드업(hold-up)[14]을 피하기 위해 기업은 그들의 거대한 특허 포트폴리오를 구축할 수 있다. 만약, 타 기업이 특허 침해로 위협하거나 소송을 제기한다면 기업은 그들의 특허 포트폴리오를 활용해 맞소송할 수 있다. 이러한 방어 전략을 상호 홀드업(mutual hold-up)이라고도 한다. 이러한 상호 홀드업은 많은 경우 기업 간 화해를 통한 빠른 해결을 가능하게 한다. 그 결과, 방어적 특허 포트폴리오를 갖는 기업들은 미래 소송의 불확실성을 낮추기 위해 서로 대규모 크로스 라이선스로 이어지는 경우가 많다(Grindley & Teece, 1997).

그러나 이러한 상호 홀드업 전략을 활용하는 데 따르는 단점은 잠재적 특허 보유자를 위협할 수 있는 대규모 특허 포트폴리오를 얻기 위해 낭비적인 경쟁[15]을 하게 된다는 점이다(Hall and Ziedonis, 2001). 특히 반도체 산업과 같이 기업이 상당한 자본 투자를 하고 특허가 분산되어 있어서 선점적 라이선싱이 어려울 때 이러한 유형의 방어 전략을 추구하게 되고, 이는 서로 중첩되고 보완적인 범위를 갖는 거대한 특허 무기고가 구축된다.

하지만, 이러한 방어 전략은 특허를 상업적으로 활용하지 않는 개인 발명가나 대학을 포함하여 최근 문제되고 있는 NPE(Non-Practicing Entity)에 대해 무력하다. 이들은 스스로 기술을 사업화하지 않기 때문에 차단(blocking) 특허 포트폴리오와 상호 홀드업에 기반한 방어적 전략에 안전하다. 특히 NPE들은 특허 시스템과 특허 소송을 활용하여 잠재적 특허 침해자들로부터 로열티를 얻어낸다.

5. 정보 공개

기존 기업이 보유하고 있는 IP와 관련 있는 시장에 진입하려는 기업이 선택할 수 있는 마지막 대안은 특허 침해 소송이 제기될 때까지 빠르게 잠재적 침해 기술 정보를 공개하여 제3자가 특허를 받지 못하도록 하는 것이다. 이러한 전략의 목적은 해당 기술을 빠르고 광범위하게 퍼뜨림으로써 기업은 IP보유 기업으로 하여금 라이선스를 받아낼 수 있도록 설득할 수 있거나, 향후 특허 소송 시 심판관이 해당 기술의 사용이 합법이라고 판결하도록 설득하는 것이다. 일례로 IBM은 1958년부터 1998년까지 'the IBM Journal of Technical Disclosures'이라는 저널을 통해 자사의 발명들을 공개하였다.

14) 특허권자가 독점배타적인 특허권의 효력을 이용해 이를 이용한 기업에 과도한 비용을 부과하는 행위
15) 기존 논의에서는 이를 arms race(군비확장경쟁)에 비유한다.

제 **2** 편

지식재산 창출

제 **1** 장

특허권

제 1 절   특허제도의 개요

<table>
<tr><td>학습
개관</td><td>특허제도가 산업발전에 미친 영향을 이해하여 특허제도의 필요성과 한국 특허제도가 채택하고
있는 원칙들이 무엇인지 설명할 수 있다.</td></tr>
</table>

<table>
<tr><td>학습
포인트</td><td>특허제도의 역사와 산업발전의 관계를 설명할 수 있다.
특허제도의 역사를 탐구하고 특허의 필요성과 중요성을 설명할 수 있다.
한국 특허제도의 기본 원칙을 설명할 수 있다.</td></tr>
</table>

NCS 및 NCS 학습모듈	하위 목차명	특허제도의 필요성, 특허제도의 역사, 한국 특허제도의 역사, 한국 특허제도의 기본 원칙	
	NCS 및 NCS 학습모듈	대분류	05. 법률·경찰·소방·교도·국방
		중분류	01. 법률
		소분류	02. 지식재산관리
		세분류	01. 지식재산관리
		능력단위 (능력단위요소)	12. 지식재산 권리화
		주요 지식·기술· 태도	• 지식재산권 개념, 특허제도, 특허법 • 특허제도 분석 능력, 발명을 보호하려는 의지 • 특허제도의 원칙을 명확히 파악하려는 태도

지식재산능력시험

지식재산 창출

제1장

제2장

제3장

제4장

제5장

제6장

01 특허제도의 필요성

인류의 역사는 인간이 만든 연장과 도구, 여기에 기반을 둔 인간의 위대한 발명 아이디어로 향상·완성시키는 과정을 지속적으로 반복하며 변화하고 있다. 우리는 생활하는 모든 곳에서 사람의 발명 아이디어가 실현되는 과정을 쉽게 목격할 수 있다. 발명 아이디어가 보호받지 못해 발명이 공개되어 누구나 이용할 수 있는 상황이라면 기술의 개발을 위해 많은 노력을 쏟는 것이 어려워지고, 공개하지 않으려 하게 되어, 중복 연구로 인한 손실과 기술 개발을 위한 투자가 어려워져 산업 발전에 저해가 된다.

특허제도는 발명을 보호·장려함으로써 국가산업의 발전을 도모하기 위한 제도이며[16] 이를 달성하기 위하여 기술공개의 대가로 특허권을 부여하는 것을 구체적인 수단으로 사용하고 있다.

02 특허제도의 역사

르네상스 이후 이탈리아 북부지역의 해상 도시 국가들 사이에서 모직물 공업을 중심으로 기술 경쟁이 벌어졌으며 기술과 기술 인력을 보호하고 확보하고자 1474년 베니스 공화국에서 특허법을 제정하였다. 이 베니스 특허법은 보호받을 발명은 새로워야 하고, 주어진 독점권의 지역과 기간이 제한되어야 하며, 침해에 대한 구제 방법이 제공된다는 3가지 핵심 개념을 제시하였는데 근대적인 의미의 최초 특허 제도로 특허권을 허여받은 사람에게 10년간의 독점권이 주어졌으며, 1550년까지 존속하였다.

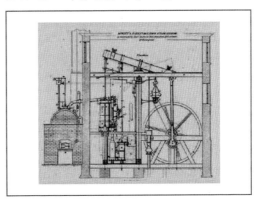

⊠ James watt, 증기엔진 특허(1769년)[17]

베니스(베네치아) 특허법은 네덜란드를 경유하여 영국으로 전해졌다. 이후 1624년 최초의 성문화된 특허법인 전매조례(The Statute of Monopolies)가 1624년 영국에서 제정되었고 이는 현재 특허제도의 기초가 되었다. 이 전매조례에서는 최초의 진실한 발명자에게 주어지는 14년간의 특허 이외에는 독점을 금지하는 내용이 포함되어 있다. 여기서 특허로 번역된 'patent'의 어원은 '공개된 것(be opened)'을 뜻하는 라틴어 'patere'에서 유래되었고, 전매조례에서는 공개장이라는 의미로 'letter of patent'가 사용되었다. 이러한 특허제도를 기반으로 산업혁명의 근원이 되는 방적기, 증기기관 등이 탄생하였다. 한편, 미국에서는 18세기 이후 특허제도에서 처음으로 특허를 재산권의 개념으로 인식하기 시작했고 현대적인 의미의 특허제도가 오늘날까지 발전해 왔다.

---

16) 「특허법」 제1조
17) https://www.scotclans.com/pages/1769-james-watt-patents-the-steam-engine

03 한국 특허제도의 역사

우리나라는 1882년 지석영 선생이 상소문에서 특허제도의 필요성을 제기했지만 제도화되지 못하였고, 열강의 압력하에서 특허제도가 시작되었다. 일본의 영향력하에서 1908년 한국특허령이 공포되었고, 1946년에 최초로 「특허법」이 제정되었다.

⊠ 한국인 제1호 특허 말총모자 관련 광고(1909년)

♩ 한국 특허제도 연혁

연도	연혁
1908년	한국 특허령 공포
1946년	특허원 창립 및 특허법 제정
1961년	특허법을 산업재산권 4법으로 분리
1977년	특허청 개청
1979년	세계지식재산권기구(WIPO) 가입
1980년	파리협약(Paris Convention) 가입
1984년	특허협력조약(Patent Cooperation Treaty) 가입

04 한국 특허제도의 기본 원칙

1. 권리주의

특허제도의 역사에서는 처음 국왕 등 통치권자의 판단에 따라 특허권을 허여해 주는 은혜주의가 있었으나 현대 특허제도에서는 특허법에 의해 특허권이 부여된다. 권리주의에서 발명자는 특허를 받을 수 있는 권리를 갖게 되며, 특허 등록에 필요한 절차적·실체적 요건을 갖춘 경우 국가는 제도상 이를 확인하여 등록하게 된다.

지식재산능력시험

지식재산 창출 ―

제1장

제2장

제3장

제4장

제5장

제6장

2. 도달주의

특허출원에 관련된 서류는 특허청에 도착한 날짜를 서류 제출의 날짜로 보는 도달주의를 원칙으로 한다. 다만 등기우편으로 서류를 제출하는 경우와 같이 우편물의 통신일부인에 표시된 날이 분명한 경우에는 그 표시된 날, 그 표시된 날이 불분명한 경우에는 우체국에 제출한 날을 우편물의 수령증에 의하여 증명한 날에 특허청에 도달한 것으로 본다.[18]

3. 심사주의

우리나라는 발명의 성립성, 신규성, 진보성, 산업상 이용가능성 등 특허요건의 전부를 심사하여 특허권의 부여 여부를 결정하는 심사주의를 채택하고 있다. 다만, 심사 청구제도를 두고 있기 때문에 모든 출원발명을 심사하는 것은 아니며 심사가 청구된 출원에 대해서 실체 심사를 진행하여 심사주의의 단점을 보완하고 있다.

4. 선출원주의

동일발명이나 고안에 대하여 둘 이상의 출원이 경합하는 경우 먼저 출원한 자에게만 특허를 부여하는 것으로서 발명의 선후 관계를 중시하여 먼저 발명한 사람에게 권리를 부여하는 선발명주의와 구별되는 개념이다. 선발명주의에서는 출원이 늦어져 발명이 늦어지고 출원 후 선발명자를 결정하는 과정에서 심사가 지연되는 문제가 발생하여 대부분의 국가들은 권리의 안정성을 위해 선출원주의를 채택하고 있다.

5. 등록주의

특허권의 보호 및 효력발생의 요건으로서 행정청의 설정등록이 필요한지 여부에 따라 등록주의와 무등록주의로 구분된다. 대부분 국가들은 법률상의 안정과 권리의 명확화를 위해 등록주의를 채택하고 있으며, 한국도 특허권은 설정등록에 의하여 발생한다고 규정하고 있어 설정주의를 채택하고 있다.[19]

---

18) 그러나 특허권 및 특허에 관한 권리의 등록신청서류나 국제출원서류는 등기우편으로 보내더라도 예외 없이 도달주의를 적용한다.
19) 「특허법」 제87조 제1항

특허제도의 보호대상

특허제도의 보호대상인 발명의 의미와 발명으로 성립되기 위한 요건과 발명의 종류를 설명할 수 있다.

「특허법」상 발명의 성립 요건을 구분할 수 있다.
「특허법」의 보호 발명이 되는 발명의 종류를 구분할 수 있다.

NCS 및 NCS 학습모듈

NCS 및 NCS 학습모듈	하위 목차명	발명의 성립성, 발명의 종류
	대분류	05. 법률·경찰·소방·교도·국방
	중분류	01. 법률
	소분류	02. 지식재산관리
	세분류	01. 지식재산관리
	능력단위 (능력단위요소)	12. 지식재산 권리화
	주요 지식·기술·태도	• 발명의 종류, 특허제도, 특허법 • 특허 요건 판단 능력, 발명을 보호하려는 의지 • 특허법상 발명의 의미를 이해하려는 태도

지식재산능력시험

지식재산 창출

제1장

제2장

제3장

제4장

제5장

제6장

01 발명의 성립성

1. 발명의 의미

일반적으로 사용하는 발명은 '전에 없던 새로운 기계, 물건, 작업 과정 따위를 창조하는 일'이라는 의미로 사용되지만 「특허법」은 "발명이라 함은 자연법칙을 이용한 기술적 사상의 창작으로서 고도한 것을 말한다."[20]라고 정의하여 「특허법」상 보호대상이 되는 발명의 성립성 요건을 명시하여 두고 있다. 출원하여 등록받고자 하는 발명이 「특허법」상 발명의 대상이 되어야 하므로 발명의 성립성을 만족해야 한다.

2. 성립성의 요건

(1) 자연법칙의 이용

자연법칙이란 자연계에서 경험적으로 발견되는 원리 · 원칙을 말한다. 여기에는 열역학의 법칙, 에너지 보존의 법칙 등과 같이 자연과학상 명명된 법칙뿐 아니라 자연계에서 경험상 터득한 일정 원인에 의해 일정 결과가 생기는 경험칙을 포함한다. 자연법칙 그 자체로는 발명이라 할 수 없고, 자연법칙을 이용하는 것이어야 한다.

(2) 기술적 사상

기술이란 일정의 목적 달성을 위해 실제로 이용할 수 있는 구체적이고 합리적인 실시수단을 말한다. 지식으로서의 전달이 가능하여야 하고 제3자가 같은 방법으로 그 기술을 이용하면 같은 결과를 얻을 수 있어야 한다. 따라서 연주기술, 무용기술, 체육기술 등은 개인의 능력을 요구하는 기능(기예)기량일 뿐 「특허법」상의 발명은 될 수 없다.

사상이란 추상적이고 개념적인 착상을 말하는 것으로서 「특허법」상 발명은 반드시 기술일 필요는 없으며 기술적 사상이면 족하다. 즉, 발명은 기술과 같이 현실적으로 구체성을 띤 것이 아니라 장차 기술로서 실현가능성이 있으면 된다.

(3) 창작성

발명은 새롭게 만들어 낸 것이어야 하며, 따라서 이미 세상에 존재하던 것을 새로이 찾아내서 소개하는 것인 '발견'과는 구별된다. 다만, 물질의 신규한 용도를 발견한 경우에는 '용도발명'으로서 특허발명의 성립성을 인정받을 수 있다.

(4) 고도성

발명은 자연법칙을 이용한 기술적 사상의 창작 중에서 그 창작수준이 고도한 것이어야 한다. 물건에 대한 기술적 사상의 창작으로서 고도하지 않은 것은 실용신안의 대상인 고안이 될 수 있다.

---

20) 「특허법」 제2조 제1호

3. 발명의 성립성이 인정되지 않는 경우

① 자연법칙 그 자체

발명은 자연계에 존재하는 법칙, 즉 자연법칙을 이용하여 주어진 과제를 해결하기 위한 기술적 사상의 창작이므로 자연법칙 자체는 발명에 해당되지 않는다. 따라서 열역학 제2법칙, 에너지 보존의 법칙과 같은 자연법칙 자체는 발명이 아니다.

② 자연법칙에 위배된 것

청구항에 기재된 발명의 일부라도 자연법칙에 위배되는 부분이 있으면 발명에 해당되지 않게 된다. ⓔ 영구운동의 기계장치

③ 자연법칙을 이용하지 아니한 것

자연법칙 이외의 법칙(경제법칙, 수학공식, 논리학적 법칙, 작도법 등), 인위적인 약속(게임의 규칙 등) 또는 인간의 정신 활동(영업계획, 금융방법 그 자체 등)을 이용하는 경우 발명에 해당되지 않는다.

④ 기능

악기 연주방법, 공을 손가락으로 잡는 방법과 공을 던지는 방법에 특징이 있는 투구방법 등과 같이 기능은 개인의 숙련에 의해서 달성될 수 있는 것으로서 지식으로 제3자에게 전달될 수 있는 객관성이 결여되어 있기 때문에 발명에 해당되지 않는다.

⑤ 단순한 정보의 제시

단순히 제시되는 정보의 내용에만 특징이 있는 것으로 정보의 제시를 주된 목적으로 하는 경우에는 발명에 해당하지 않는다.

　　ⓔ 녹음된 음악에만 특징이 있는 CD, 컴퓨터프로그램 리스트 자체 등

⑥ 미적 창작물

미적 창조물은 기술적인 면 이외의 시각적인 면을 가지며 그 평가도 주관적으로 이루어지기 때문에 미적 효과 그 자체(ⓔ 회화, 조각 그 자체 등)는 발명에 해당하지 않는다.

⑦ 컴퓨터프로그램 언어 자체, 컴퓨터프로그램 자체

컴퓨터프로그램은 컴퓨터를 실행하는 명령에 불과한 것으로 컴퓨터프로그램 자체는 발명이 될 수 없다. 다만 컴퓨터프로그램에 의한 정보처리가 하드웨어를 이용해 구체적으로 실현되는 경우에는 해당 프로그램과 연동해 동작하는 정보처리장치(기계), 그 동작방법, 해당 프로그램을 기록한 컴퓨터로 읽을 수 있는 매체 및 매체에 저장된 컴퓨터프로그램은 자연법칙을 이용한 기술적 사상의 창작으로서 발명에 해당한다.

⑧ 반복하여 동일한 효과를 얻을 수 없는 것

발명의 목적을 달성하기 위한 수단이 형식적으로 제시되어 있으나 그 제시한 수단에 의하여 발명자가 얻은 성과와 객관적으로 동일한 결과를 얻을 수 없는 경우, 즉 반복하여 실시할 수 없는 것은 발명에 해당될 수 없다. 다만 반복재현성은 반드시 100%의 확률로 효과를 얻을 수 있는 것만을 의미하는 것이 아니고, 100%보다 적은 확률이라도 효

지식재산능력시험

지식재산 창출 —

제1장

제2장

제3장

제4장

제5장

제6장

과를 얻을 수 있는 것이 확실하다면 반복재현성이 있다고 본다.

⑨ 미완성 발명

완성된 발명이란 그 발명이 속하는 분야에서 통상의 지식을 가진 자가 반복 실시하여 목적하는 기술적 효과의 달성 가능성을 예상할 수 있을 정도까지 구체적, 객관적으로 구성되어 있는 발명으로 특허출원의 명세서에 기재된 발명의 목적, 구성 및 작용효과 등을 전체적으로 고려하여 출원 당시의 기술수준에 입각하여 판단하여야 한다.[21] 만약 발명의 과제를 해결하기 위한 구체적 수단이 결여되어 있거나 제시된 과제 해결수단만으로는 과제의 해결이 명백하게 불가능하다고 인정되는 경우에는 발명에 해당하지 않는 것으로 취급한다.

4. 발명의 성립성 위반 시 거절 이유

발명의 성립성에 해당되는 특허법 제2조는 특허법 제62조의 거절이유에 포함되지 않는다. 그러나 발명에 해당되지 않는 출원은 산업상 이용이 가능한 발명에 해당되지 않으므로 산업상 이용가능성이 없다는 이유로 거절이유를 통지한다.

02 발명의 종류

1. 물건발명과 방법발명

(1) 물건발명과 방법발명의 구분

물건발명이란 발명의 내용이 물건(또는 물질)으로 구체화되는 경우를 말하며, 방법발명이란 발명의 내용이 일정한 목적을 달성하기 위해 시계열적으로 관련되는 행위로 구체화되는 경우를 말한다. 즉, 시간적 요소를 발명의 필수적 구성요건으로 하는 것이 방법발명이고, 그렇지 않은 것이 물건발명이다.

(2) 물건발명과 방법발명의 종류

물건발명에는 기계, 기구, 장치 등과 같이 유형적인 것으로서 그 구성요소가 상호 간에 일정한 관계를 갖고 배열 결합하여 공간적인 구성을 이루고, 이 배열 결합으로 기술적 효과를 얻을 수 있는, 즉 물품성이 있는 협의의 물건발명과 화학물질, 조성물, 음식물, 의약품 등과 같이 물품성이 없는 물질발명이 있다. 한편, 방법발명에는 물건을 생산하는 방법발명(제법발명)과 통신방법, 측정방법, 제어방법 등과 같이 물건의 생산을 수반하지 아니한 단순한 방법발명이 있다. 이 중 협의의 물건발명만이 실용신안보호대상에 해당한다.

---

21) 대법원 2019. 1. 17. 선고 2017후523 판결

2. 용도발명

용도발명이란 물질(물건)의 특정성질을 발견하여 그 성질을 특정용도로 이용하는 발명을 말한다. 이미 존재하는 물질의 속성 자체는 발명이 아닌 발견의 대상이 되지만, 그 발견의 결과를 새로운 특정용도로 연결하는 과정은 보호할 가치가 있는 기술적 사상의 창작으로 인정되어 특허로서 보호한다. 물건의 이용이 작용효과에 머무는 기계·기구·장치보다는, 물질의 속성이 다면적으로 이용될 수 있는 화학물질 또는 생물과 관련된 용도발명이 많다. 예를 들어, 이미 알려진 물질 DDT(Dichlorodiphenyltrichloroethane)에 살충효과가 있다는 속성을 발견하고 이 속성을 이용하여 'DDT를 유효성분으로 하는 살충제' 또는 'DDT를 벌레에 뿌려 살충하는 방법'으로 특허출원할 수 있다.

3. 의약발명

특허에 관한 산업부문별 심사기준에 따르면, 의약발명이란 의약으로서의 용도가 기재된 발명을 말하는 것이다. 즉, 의약은 주로 물질로 구성되어 있는데 그 물질이 가진 속성이 약리효과를 가진다는 것을 밝혀낸다면 이는 의약의 용도발명으로서 특허의 대상이 된다. 의약발명은 용도발명의 일종으로서 물질의 특성을 새로운 특정 용도로 연결하는 과정 자체에 특허성이 있게 된다. 따라서 의약발명의 특허 명세서에는 약리효과, 유효량 및 투여방법 등이 기재되어야 하고, 그 특정 물질에 약리효과가 있다는 점을 증명할 수 있도록 약리데이터 등이 나타난 실험예가 기재되거나 또는 이에 대신할 수 있을 정도로 구체적으로 기재되어 있어야 한다. 새로운 의약물질을 발명한 자는 제법(방법)발명과 함께 물건발명으로 특허를 받을 수 있고, 이미 존재하는 물질을 의약품으로서 제조하는 방법에 기술적 특징이 있는 경우에는 제법발명으로만 특허를 받을 수 있다.

4. 미생물발명

미생물이란 곰팡이·세균 등 미세 크기의 생명을 가진 물체로서, 미생물발명이란 미생물 자체의 발명, 미생물을 생산하는 방법에 관한 발명, 미생물을 이용하는 발명 등을 총칭한다. 종래에는 미생물발명이 창작물이 아닌 단순한 발견이고 반복생산가능성이 없기 때문에 발명으로 인정하지 않았으나, 유전공학의 발달로 DNA구조가 밝혀짐으로서 단순한 발견이 아니라는 점이 알려지고, 반복생산가능성에 대한 문제가 해결됨으로써 특허로 보호하고 있다.

미생물이 쉽게 입수할 수 있는 것일 때에는 그 입수방법을 명세서에 기재하면 되지만, 그렇지 않은 경우에는 기탁기관에 미생물을 기탁하고 출원서에 그 취지를 적고 증명서류를 첨부하여야 하며, 그 수탁번호를 명세서에 기재해야 한다. 또한, 새로운 미생물을 기재할 경우에는 미생물의 명명법에 따른 종명 또는 그 종명을 붙인 균주명으로 표시하고 균학적 성질을 함께 기재해야 한다.

지식재산능력시험

지식재산 창출 —

제1장

제2장

제3장

제4장

제5장

제6장

5. 동물발명

동물특허란 동물 자체의 발명, 동물의 일부분에 관한 발명, 동물을 만드는 방법의 발명, 동물 이용에 관한 발명에 관한 특허를 말한다. 영국 로슬린연구소의 복제양 돌리 탄생을 계기로 국내외 관심사로 부각되었는데, 1988년 미국에서 최초로 '하버드 마우스'에 대해 특허가 부여된 이래 다른 특허요건을 충족하는 이상 특별히 동물이라는 이유만으로 특허대상에서 배제하지는 않는 것이 각국의 일반적인 추세이다.

동물에 관한 발명에서는 동물 자체의 구조 및 작용 기전이 극히 복잡하여 서면만으로 충분한 기재가 곤란하고 기재된 사항에 따라 발명을 반복실시하기 위해서는 과도한 시행착오가 뒤따를 뿐 아니라 어느 정도의 실험에 의하여 목적하는 동물을 얻게 되는지도 추정하기 어려운 경우가 있다. 따라서 쉽게 입수 가능한 동물을 이용하는 방법의 발명 이외의 동물에 관한 발명에 있어서는 목적하는 동물의 특성, 이의 제조 방법의 기재와 더불어 공인된 기탁 기관에 제조된 동물을 생산할 수 있는 수정란 등을 기탁함으로써 제3자에 의해 발명을 용이하게 실시할 수 있음을 객관적으로 증명하여야 한다. 그리고 동물명명법에 의한 표준 한국명으로써 동물의 종류를 기재하고, 특정의 사육환경 및 조건을 기재할 필요가 있다.

6. 식물발명

기존 「특허법」 제31조에서는 "무성적으로 반복생식할 수 있는 변종식물을 발명한 자는 그 발명에 대하여 특허를 받을 수 있다."라고 하여, 무성번식할 수 있는 식물만을 「특허법」상 보호하였다. 그러나 과학기술의 발달에 따라 유성번식식물이라도 유전공학적 방법으로 반복생식할 수 있다면 「특허법」상 보호하는 것이 타당하여 현재는 「특허법」 제31조를 삭제하였다. 즉, 식물발명은 유무성 상관없이 「특허법」에서 보호하고 있다.

7. 컴퓨터 관련 발명

발명의 실시에 컴퓨터·소프트웨어를 필요로 하는 발명으로서 컴퓨터프로그램 관련 발명, 영업방법 발명을 포함하며, 클라우드컴퓨팅, 빅데이터, 데이터베이스, 인터넷 보안, 모바일 앱 관련 발명이 대표적이고, 그 범주를 다음과 같이 나눌 수 있다.

🔔 **컴퓨터 관련 발명의 유형**

구분		발명 분야
방법 발명		컴퓨터를 사용한 발명이 시계열적으로 연결된 일련의 처리 또는 조작, 즉 단계로 표현할 수 있을 때, 그 단계로 특정된 방법
물건 발명	물건	컴퓨터를 사용한 발명이 복수의 기능 요소로 표현할 수 있을 때 그 기능 요소로 특정된 물건
	매체	• 프로그램을 설치하고 실행하거나 유통하기 위해 사용되는 '프로그램을 기록한 컴퓨터로 읽을 수 있는 매체' − 기록된 데이터 구조로부터 컴퓨터가 수행하는 처리 내용이 특정되는 '구조를 가진 데이터를 기록한 기록 매체' • 하드웨어와 결합되어 특정과제를 해결하기 위하여 '매체에 저장된 컴퓨터프로그램'

발명의 설명에는 컴퓨터 · 소프트웨어 기술 분야에서 통상의 기술자가 출원 시의 기술 상식과 명세서 및 도면에 기재한 사항에 근거하여 그 발명을 쉽게 실시할 수 있을 정도로 명확하고 상세하게 기재해야 한다.

8. BM발명

영업방법(BM) 발명은 영업방법 등 사업 아이디어를 컴퓨터, 인터넷 등의 정보통신기술을 이용하여 구현한 새로운 비즈니스 시스템 또는 방법을 말한다. 기존에 없던 새로운 영업방법 그 자체만으로는 특허로 등록받을 수는 없으며, 일반적으로 영업방법은 정보기술(IT)을 이용하여 실현한 새로운 비즈니스 시스템이나 방법에 관한 발명을 말하고, 이러한 BM발명을 특허받기 위해서는 컴퓨터상에서 소프트웨어에 의한 정보처리가 하드웨어를 이용하여 구체적으로 실현되고 있어야 하며, 출원명세서에는 통상의 지식을 가진 자가 용이하게 기술자가 쉽게 실시할 수 있는 수준으로 상세하게 기재하여야 한다.

> **참고**
>
> **BM발명 중 특허의 대상이 되지 않는 경우**
> • 순수한 영업방법 자체
> • 추상적 아이디어, 인위적인 결정, 인간의 정신 활동, 오프라인상의 인간의 행위를 포함하는 경우, 소프트웨어에 의한 정보처리가 하드웨어를 이용해 구체적으로 실현되고 있지 않은 경우
> • 온라인상의 행위와 오프라인상의 행위가 결합된 경우
> • 컴퓨터프로그램 리스트, 데이터구조 등 정보의 단순한 제시
> • 컴퓨터프로그램 그 자체
> • 수학 알고리즘 또는 수학 공식, 경제법칙, 금융법칙, 게임규칙 그 자체
> • 발명의 과제를 해결하기 위한 구체적 수단이 결여된 미완성 발명

특허요건

학습 개관	특허법은 발명의 보호와 이용을 도모함으로써 산업발전에 이바지하는 것을 목적으로 하고 있으므로, 일정한 요건을 갖춘 발명에 대해서만 독점배타권인 특허권을 허여하고 있다. 특허출원한 발명이 특허등록을 받기 위해 만족해야 하는 특허요건을 구분하여 설명하고 특허요건별 구체적인 내용이 무엇인지 파악할 수 있다.

학습 포인트	특허요건의 종류를 설명할 수 있다. 주체적 요건, 특허요건에 대해서 설명하고 특허를 받을 수 있는 권리에 대해 설명할 수 있다. 산업상 이용가능성, 신규성, 진보성, 확대된 선출원의 지위, 선출원주의에 대해 설명할 수 있다.

NCS 및 NCS 학습모듈	하위 목차명	특허요건의 개요, 주체적 요건, 객체적 요건	
	NCS 및 NCS 학습모듈	대분류	05. 법률·경찰·소방·교도·국방
		중분류	01. 법률
		소분류	02. 지식재산관리
		세분류	01. 지식재산관리
		능력단위 (능력단위요소)	12. 지식재산 권리화
		주요 지식·기술· 태도	• 특허요건, 주체적 특허요건, 객관적 특허요건 • 특허요건 판단 능력, 선행기술을 활용하여 특허요건을 분석하는 능력 • 특허등록을 받기 위한 특허요건 분석 능력

01 특허요건의 개요

특허요건은 특허출원한 발명이 특허를 받기 위해 만족해야 하는 요건으로, 출원된 모든 발명이 특허등록을 받을 수 있는 것이 아니라 「특허법」에서 규정하고 있는 주체적·객체적·절차적 요건을 만족해야 한다. 심사관은 실체 심사에서 출원발명이 특허요건을 만족하는지 심사하게 된다. 주체적 요건과 객체적 요건 외에 절차적 요건에 대해서는 제4절 특허출원에서 등록까지 권리화 절차에서 다루게 된다.

02 주체적 요건

1. 권리능력자

(1) 권리능력

권리능력은 권리·의무의 주체가 될 수 있는 법률상 지위나 자격을 말한다. 내국인인 자연인과 국가·회사·학교·재단법인과 같은 법인은 권리능력이 있으며, 권리능력을 인격·법인격이라고도 한다.[22] 특허법의 권리능력에 대해서는 민법의 규정에 따르며 특허법은 외국인의 권리능력에 대해서 별도 규정을 두고 있다.

(2) 외국인의 권리능력

특허법의 목적은 '기술 발전의 촉진을 통하여 산업발전에 이바지 함'에 있으므로, 외국인 중 우리나라 산업발전에 이바지할 개연성이 높은 재내자[23]의 경우에는 권리능력을 인정하지만, 상대적으로 국내 산업발전에 기여하기 어려운 재외자[24]의 경우에는 원칙적으로 권리능력을 인정하지 않는다.

다만, 재외자라 하더라도 ① 그 외국인이 속하는 국가에서 대한민국 국민에 대하여 그 국민과 같은 조건으로 특허권 또는 특허에 관한 권리를 인정하는 경우, ② 대한민국이 그 외국인에 대하여 특허권 또는 특허에 관한 권리를 인정하는 경우에는 그 외국인이 속하는 국가에서 대한민국 국민에 대하여 그 국가의 국민과 같은 조건으로 특허권 또는 특허에 관한 권리를 인정하는 경우, ③ 조약 또는 이에 준하는 것(이하 '조약')에 따라 특허권 또는 특허에 관한 권리가 인정되는 경우에 한해서는 예외적으로 권리능력이 인정된다.[25]

여기서, '조약에 따라 특허권 또는 특허에 관한 권리가 인정되는 경우'란 ① 조약 당사국 국민, ② 당사국 국민이 아닌 자로서 당사국에 주소 또는 영업소가 있는 준당사국 국민(무국적자는 준당사국 국민에 준해서 취급함) 등을 의미한다. 이는 파리조약의 내외국인 평등의 원칙을 반영한 것이다.

---

22) 국가의 행정청과 같은 국가 행정기관은 권리능력이 없기 때문에 국가기관이 출원하는 경우 출원인은 대한민국이 된다.
23) 재내자(在內者)란 국내에 주소 또는 영업소를 가지고 있는 자를 말한다.
24) 재외자(在外者)란 국내에 주소 또는 영업소를 가지고 있지 않은 자를 말한다.
25) 「특허법」 제25조(외국인의 권리능력)

지식재산능력시험

지식재산 창출 ―

제1장

제2장

제3장

제4장

제5장

제6장

2. 특허를 받을 수 있는 권리를 가진 자

(1) 특허를 받을 수 있는 권리

특허를 받을 수 있는 권리는 발명의 완성에 의해 발생하고 발명자에게 원시적으로 귀속되며, 발명에 대한 특허출원이 설정 등록되어 특허권이 발생하거나 거절결정이 확정될 때까지 보호된다. 특허를 받을 수 있는 권리는 재산권의 일종으로 이전이 가능하며, 권리의 지분에 대한 일부 이전도 가능하다. 권리 이전은 특허출원 전에도 가능하지만 특허출원 전에 특허를 받을 수 있는 권리를 승계한 경우에는 그 승계인이 특허출원하지 않으면 제3자에게 대항할 수 없다.[26]

특허출원 후에는 특허를 받을 수 있는 권리의 승계는 상속, 그 밖의 일반승계[27]의 경우를 제외하고는 특허출원인변경신고를 하여야만 그 효력이 발생하며, 특허를 받을 수 있는 권리의 상속, 그 밖의 일반승계가 있는 경우에는 승계인은 지체 없이 그 취지를 특허청장에게 신고하여야 한다.[28] 다만 특허를 받을 수 있는 권리는 특허등록 전까지는 불확실한 권리이므로 질권의 설정은 제한된다.[29]

(2) 발명자

발명자는 발명을 완성한 때 특허를 받을 수 있는 권리를 갖게 되며 발명은 법률행위가 아닌 사실행위이므로 자연인만이 발명자가 될 수 있다. 법인은 권리능력이 인정된다 하더라도 발명능력이 없기 때문에 발명자가 될 수는 없고 승계에 의해서만 특허를 받을 수 있는 권리 또는 특허권의 권리자가 될 수 있다. 또한 인공지능이 생성한 결과물에 대한 발명의 성립성이 인정되더라도 인공지능은 자연인이 아니므로 발명자가 될 수 없다.

`관련 판례` ⚖️

♥ 인공지능 발명자에 대한 판단

인공지능이 발명했다고 주장하는 특허출원에 대해 특허청은 '자연인이 아닌 AI를 발명자로 적은 것은 특허법에 위배되므로 자연인으로 발명자를 수정하라'는 보정요구서를 통지했으며 보정되지 않은 출원은 출원무효 처분되었다(2022. 9. 28.). 해당 AI 출원은 처음부터 없는 것으로 간주하고 AI를 발명자로 기재한 특허출원은 인정할 수 없다고 최종 결정한 것이다. 서울행정법원은 인공지능(AI)을 발명자로 기재한 특허출원에 대한 특허청의 무효처분 결정에 불복해 제기된 행정소송 사건과 관련해, 현행법상 사람만이 발명자로 인정된다는 이유로 무효처분을 내린 특허청을 지지하는 판결(2023. 6. 30.)을 내렸으며, 항소심인 서울고등법원도 현행법상 사람만이 발명자로 인정된다는 이유로 인공지능을 발명자로 불인정하는 판결(2024. 5. 16. 선고 2023누52088 판결)을 하였다.

---

26) 「특허법」 제38조 제1항
27) 단일한 원인에 의하여 전 권리자의 모든 권리·의무의 전체를 일괄적으로 승계하는 것. 포괄승계라고도 하며 상속·포괄유증·회사합병 등이 이에 해당된다.
28) 「특허법」 제38조 제4항, 제5항
29) 「특허법」 제37조 제2항

(3) 공동발명자

2인 이상이 공동으로 발명한 때에는 특허를 받을 수 있는 권리는 공유이며, 특허를 받을 수 있는 권리가 공유인 경우에는 공유자 전원이 특허출원을 하여야 한다.[30] 공동발명이란 2인 이상이 실질적으로 협력하여 완성한 발명을 말한다. 실질적 협력이란 발명의 착상 단계에서 구체화하는 단계에 실질적으로 관여하는 것을 의미한다. 공동발명자인지 여부는 규범적 판단의 대상이므로 이해관계인의 합의에 의하여 변경될 수 없다. 그러므로 공동발명자인지 여부는 발명행위라는 사실관계에 의하여 실질적으로 판단되어야 한다.

관련 판례

> **◆ 대법원 2012. 12. 27. 선고 2011다67705, 67712 판결**
> 발명자(공동발명자를 포함한다)에 해당한다고 하기 위해서는 단순히 발명에 대한 기본적인 과제와 아이디어만을 제공하였거나 연구자를 일반적으로 관리하고 연구자의 지시로 데이터의 정리와 실험만을 한 경우 또는 자금·설비 등을 제공하여 발명의 완성을 후원·위탁하였을 뿐인 정도 등에 그치지 않고, 발명의 기술적 과제를 해결하기 위한 구체적인 착상을 새롭게 제시·부가·보완하거나, 실험 등을 통하여 새로운 착상을 구체화하거나, 발명의 목적 및 효과를 달성하기 위한 구체적인 수단과 방법의 제공 또는 구체적인 조언·지도를 통하여 발명을 가능하게 한 경우 등과 같이 기술적 사상의 창작행위에 실질적으로 기여하기에 이르러야 한다. 한편 이른바 실험의 과학이라고 하는 화학발명의 경우에는 당해 발명 내용과 기술수준에 따라 차이가 있을 수는 있지만 예측가능성 내지 실현가능성이 현저히 부족하여 실험데이터가 제시된 실험예가 없으면 완성된 발명으로 보기 어려운 경우가 많이 있는데, 그와 같은 경우에는 실제 실험을 통하여 발명을 구체화하고 완성하는 데 실질적으로 기여하였는지의 관점에서 발명자인지 여부를 결정해야 한다.

특허출원 시 실제로 발명자가 아님에도 같은 연구팀의 팀원들을 공동발명자로 기재하는 경우가 많고, 발명자 기재에 대해서는 근거자료를 제출하지 아니하고 심사관 또한 이를 심사하지 아니하여 특허출원 시 발명자로 기재되어 있다고 하더라도 실제 발명자로 추정되는 것은 아니다. 발명자는 특허출원서 발명자란의 기재 여부와 관계없이 실체적·객관적으로 정하여져야 하고, 발명자에 해당한다는 점에 대한 증명책임은 이를 주장하는 사람에게 있다.[31]

---

30) 「특허법」 제33조 제2항, 제44조
31) 특허법원 2017. 8. 11. 선고 2016나1615

지식재산능력시험

지식재산 창출 ─

제1장

제2장

제3장

제4장

제5장

제6장

🔔 발명자 해당 여부 관련 예시

구분	내용
발명자에 해당하는 자	• 어떤 문제를 해결하기 위한 기술적 수단을 착상한 자 • 타인의 착상에 의거 연구를 하여 발명을 완성하게 한 자 • 타인의 착상에 대하여 구체화하는 기술적 수단을 부가하여 발명을 완성한 자 • 구체화하기 위해서 약간 불완전한 착상을 하고 타인에게 일반적인 지식의 조언 또는 지도를 얻어 발명을 완성한 자 • 타인의 발명에 힌트를 얻고 다시 그 발명의 범위를 확대하는 발명을 한 자
발명자에 해당하지 않는 자	• 발명자에게 자금을 제공하거나 설비이용의 편의를 주는 등 발명의 완성을 원조하거나 위탁한 자(단순후원자, 위탁자) • 희망 조건만 제시하고 그것을 해결할 착상을 제공하지 않은 자 • 타인이 제시한 착상 속에서 실용성이 있을 것을 선택한 것에 지나지 않은 자 • 당해 발명에 관하여 착상만 하고 구체화하는 과정에서 실질적으로 관여하지 않은 자 • 발명의 과정에서 연구자의 지시로 단순히 데이터를 정리하거나 제시된 제도, 실험 등을 한 것에 지나지 않는 자(단순보조자) • 단지, 일반 지식의 조언 또는 제시를 주기만 한 자

(4) 승계인

승계인이란 당사자 간의 약정이나 상속, 그 밖의 일반승계에 의하여 발명자로부터 적법하게 특허를 받을 수 있는 권리를 이전받은 자로서 자연인뿐만 아니라 법인도 승계인이 될 수 있다. 승계인은 특허출원 전·후를 불문하고 특허를 받을 수 있는 권리를 승계할 수 있으며 권리의 전부뿐만 아니라 일부도 승계할 수 있다.[32]

관련 판례 ⚖️

♡ **특허법원 2019. 12. 20. 선고 2019허2141 판결**
특허법 제38조 제1항은 "특허출원 전에 이루어진 특허를 받을 수 있는 권리의 승계는 그 승계인이 특허출원을 하여야 제3자에게 대항할 수 있다."라고 규정하고 있다. 이 규정의 취지는 특허권의 출원 이전에 특허를 받을 수 있는 권리의 이전은 당사자의 의사표시만으로 되는 것인데, 다만 특허를 받을 수 있는 권리가 이중으로 양도된 경우와 같이 권리의 승계인이라고 주장하는 자가 여럿 있을 경우 그들 사이의 우위를 정함에 있어서는 출원행위를 실제로 한 자에게 우선권을 인정한다는 취지여서 여기에서 말하는 제3자란 권리의 승계자 또는 이를 기초로 새로운 이해관계를 맺은 자를 말하지 특허를 받을 수 있는 권리를 양도한 자는 제3자에 포함되지 아니한다. 따라서 특허출원 전 특허를 받을 수 있는 권리를 양도한 자가 자기 명의로 특허를 출원하여 등록을 받은 경우, 이는 무권리자에 의한 출원으로서 특허무효사유에 해당한다.

---
32) 「특허법」 제33조 제1항 본문

3. 특허청 직원 및 특허심판원 직원이 아닐 것

특허청 직원 및 특허심판원 직원은 상속 또는 유증의 경우를 제외하고는 재직 중 특허를 받을 수 없다.[33] 특허청 직원 및 특허심판원 직원도 자연인이기 때문에 발명을 한 경우 특허를 받을 수 있는 권리를 가질 수 있으나, 특허관계 업무를 다루고 있으므로 타인의 출원내용을 모인할 가능성이 있을 뿐더러, 심사관 또는 심판관으로서의 직책을 수행하고 있는 직원은 자기가 출원을 하여 자기에게 특허를 허여할 가능성도 있으므로 이러한 폐해를 방지하기 위해 특허를 받을 수 없도록 하고 있다.

03 객체적 요건

1. 산업상 이용가능성

(1) 의의

「특허법」은 산업발전을 목적으로 하고 있으므로 산업상 이용가능성이 없는 발명은 특허를 받을 수 없다. 실무상 '산업'의 범위는 유용하고 실용적인 기술사상이 속하는 모든 활동 영역을 포함하고 있으며, '이용가능성'이란 동일결과를 반복실시할 수 있는 가능성을 의미하는 것으로서 특허출원 시에는 해당 분야에서 이용되지 않더라도 장래에 실시할 수 있으면 이용가능성이 있는 것으로 본다.

(2) 의료행위와 산업상 이용가능성

① 산업상 이용가능성이 없는 의료행위

인간을 수술, 치료 또는 진단하는 방법의 발명(백내장을 제거하는 수술방법, 수술을 위한 마취방법 등), 즉 의료행위[34]에 대해서는 산업상 이용할 수 있는 발명에 해당되지 않는 것으로 한다. 의료인에 의한 의료행위가 아니더라도 발명의 목적, 구성 및 효과 등에 비추어 보면 인간의 질병을 치료, 예방 또는 건강상태의 증진 내지 유지 등을 위한 처치방법의 발명(투약, 주사 또는 침술방법, 혈액 투석방법 등)인 경우에는 산업상 이용가능성이 없는 것으로 취급한다. 청구항에 의료행위를 적어도 하나의 단계 또는 불가분의 구성요소로 포함하고 있는 방법의 발명은 산업상 이용가능한 것으로 인정하지 않는다.

② 산업상 이용가능성이 인정되는 의료행위

㉠ 인간의 수술, 치료 또는 진단에 사용하기 위한 의료기기 그 자체, 의약품 그 자체 등은 산업상 이용할 수 있는 발명에 해당하며, 의료기기의 작동방법 또는 의료기기를 이용한 측정방법 발명은 그 구성에 인체와 의료기기 간의 상호작용이 인체에 직접적이면서 일시적이 아닌 영향을 주는 경우 또는 실질적인 의료행위를 포함하는 경우를

---

33) 「특허법」 제33조 제1항 단서
34) 의료행위란 의료인 또는 의료인의 지시를 받은 자가 의학적 지식을 기초로 하여 인간을 수술, 치료 또는 진단하는 행위를 말한다.

지식재산능력시험

지식재산 창출 ──

제1장

제2장

제3장

제4장

제5장

제6장

제외하고는 산업상 이용가능한 것으로 취급한다. 인간으로부터 자연적으로 배출된 것(예 소변, 변, 태반, 모발, 손톱) 또는 채취된 것(예 혈액, 피부, 세포, 종양, 조직)을 처리하는 방법이 의료행위와는 분리 가능한 별개의 단계로 이루어진 것 또는 단순히 데이터를 수집하는 방법인 경우 산업상 이용 가능한 것으로 취급한다. 인간을 대상으로 하는 진단 관련 방법(이화학적 측정, 분석 또는 검사방법 등 각종 데이터를 수집하는 방법)이 임상적 판단을 포함하지 않는 경우 산업상 이용가능한 것으로 취급한다. 수술, 치료 또는 진단하는 방법의 발명이 인간 이외의 동물에만 한정한다는 사실이 청구범위에 명시되어 있으면 산업상 이용할 수 있는 발명으로 취급한다.[35]

ⓛ 인체를 처치하는 방법이 치료 효과와 비치료 효과를 동시에 가지는 경우로서, 그 청구항이 비치료적 용도(예 미용 용도)로만 한정되어 있고, 명세서에 기재되어 있는 발명의 목적, 구성 및 효과를 종합적으로 고려할 때 비치료적 용도로 그 방법의 사용을 분리할 수 있으며, 어느 정도의 건강증진 효과가 수반된다고 하더라도 그것이 비치료적인 목적과 효과를 달성하기 위한 과정에서 나타나는 부수적 효과인 경우에는 산업상 이용할 수 있는 발명으로 취급한다.[36]

(3) 산업상 이용가능성이 없는 발명

① 업으로 이용할 수 없는 발명

개인적 또는 실험적, 학술적으로만 이용할 수 있고 업으로서 이용될 가능성이 없는 발명은 산업상 이용할 수 있는 발명에 해당되지 않는 것으로 취급한다. 그러나 개인적 또는 실험적, 학술적으로 이용될 수 있는 것이라도 시판 또는 영업의 가능성이 있는 것은 산업상 이용할 수 있는 발명에 해당한다.

② 현실적으로 명백하게 실시할 수 없는 발명

이론적으로는 그 발명을 실시할 수 있더라도 그 실시가 현실적으로 전혀 불가능하다는 사실이 명백한 발명(예 오존층의 감소에 따른 자외선의 증가를 방지하기 위하여 지구표면 전체를 자외선 흡수 플라스틱으로 둘러싸는 방법 발명)은 산업상 이용할 수 있는 발명에 해당하지 않는 것으로 취급한다.

2. 신규성

(1) 의의

신규성이란 특허출원 전에 국내외 공지기술과 동일하지 않은 것을 말한다. 특허법은 신규한 발명을 공개한 자에 대하여만 공개의 대가로서 특허권을 부여하고 공개된 기술을 이용하여 산업발전에 이바지하기 위해 신규성을 특허요건으로 규정하고 있다.

---

35) 특허법원 2012. 1. 13. 선고 2011허6772 판결, 대법원 1991. 3. 12. 선고 90후250 판결
36) 특허법원 2017. 11. 17. 선고 2017허4501 판결

(2) 신규성 상실사유

출원발명 출원 시 다음과 같은 사유에 해당하면 신규성이 상실되어 특허를 받을 수 없다.

① 공지되었거나 공연히 실시된 발명

공지란 불특정 다수인이 알 수 있는 상태에 놓여 있는 것을 말한다. 불특정 다수인은 비밀유지 의무가 없는 자를 말하므로, 회사 동료와 같이 비밀유지 의무가 있는 자가 알고 있는 것은 발명이 공지된 상태가 아니다. 공연실시는 '공용'이라고도 하는데, 비밀이 해제된 상태에서 발명을 실시한 것을 말한다.

② 반포된 간행물에 게재된 발명

반포란 불특정 다수인이 열람할 수 있는 상태에 놓여 있는 것을 말하며, 간행물이란 공개성과 정보성을 갖는 문서·도면 등의 정보 전달 매체를 말한다. 게재는 통상의 기술자가 쉽게 실시할 수 있을 정도이어야 하며, 언어의 종류는 불문한다.

③ 전기통신회선을 통하여 공중이 이용가능한 발명

전기통신회선이란 인터넷은 물론 전기통신회선을 통한 공중게시판, 이메일 그룹 등이 포함되며, 앞으로 기술의 발달에 따라 새로이 나타날 수 있는 전기·자기적인 통신방법도 포함한다.

(3) 신규성의 판단

신규성 판단시점은 특허출원 시이다. 여기서 말하는 출원 시의 개념은 출원의 시각까지 포함한다. 그리고 지역적 기준으로서 국제주의를 취하고 있으므로, 외국에서 신규성을 상실한 경우에도 국내에서 신규성을 상실한 경우와 동일하게 판단된다.

다만, 예외적으로 우선권주장이 인정된 출원, 분할출원 등과 같이 특수한 출원에 대하여는 신규성 판단시점이 실제의 출원시점이 아닌 원출원 시점까지 소급된다. 신규성 판단은 특허출원 전에 공지 등이 된 발명(이하 '공지기술')과 특허출원된 발명과의 동일성 여부를 통해 판단한다. 따라서 특허출원 전에 공지기술과 특허출원된 발명이 동일하지 않은 경우에는 신규성이 인정된다.

(4) 공지 예외 적용 주장 출원

신규성을 상실한 모든 발명에 대하여 특허를 받을 수 없다고 한다면, 출원인에게 너무 가혹한 경우가 있고 국가산업발전에도 유익하지 않은 경우도 있게 된다. 비록 발명이 출원 전에 공지기술이 되었다고 할지라도 일정요건을 갖춘 경우 그 발명은 공지기술이 되지 아니한 것으로 취급하여 특허요건 중 신규성이나 진보성에 관한 규정 적용 시 선행기술로 사용하지 않도록 하고 있다.[37] 그러나 신규성 상실의 예외 규정은 출원일이 소급되는 것이 아니고 해외 출원 시 국가마다 인정기간과 사유가 다르므로 유의해야 한다.

---

37) 「특허법」 제30조

지식재산능력시험

지식재산 창출 ─

제1장

제2장

제3장

제4장

제5장

제6장

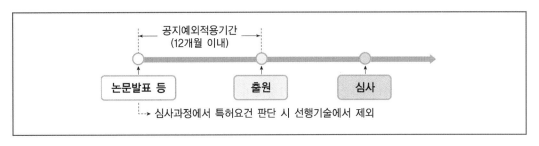

① 본인의 의사에 의한 공지

특허를 받을 수 있는 권리를 가진 자에 의하여 그 발명이 공지된 경우에는 공지기술이 된 날로부터 12개월 이내에 출원하여야 하며, 특허출원서에 그 취지를 기재해야 하고, 출원일로부터 30일 이내에 증명할 수 있는 서류를 제출해야 한다. 다만 취지를 적은 서류 또는 이를 증명할 수 있는 서류는 추후 일정한 기간에 보완수수료를 납부하고 제출할 수 있다.

② 본인의 의사에 반한 공지

특허를 받을 수 있는 권리를 가진 자의 의사에 반하여 그 발명이 공지기술이 된 경우에는 공지 등이 된 날로 12개월 이내에 출원해야 한다. 자기의 의사에 반하여 누설 또는 도용된 사실을 증명하여야 하며, 해당 발명에 대한 공지사실의 주장·증명 요건은 개별 사안에 따라 판단한다.

3. 진보성

(1) 의의

발명이 특허를 받을 수 있기 위해서는 신규성 이외에 더 나아가 진보성을 만족해야 한다. 진보성이란 발명의 창작수준이 그 기술분야에서 통상의 지식을 가진 자가 공지기술로부터 쉽게(용이하게) 발명할 수 없을 정도로 난도가 있을 것을 말한다. 「특허법」은 출원발명이 공지기술과 동일하지는 않아서 신규성은 갖추고 있다고 하더라도 그에 비해 창작수준이 낮은 발명은 배제하고 자연적 진보 이상의 의미 있는 발명만을 보호하고 있다. 신규성은 출원발명이 공지기술과 동일하면 특허를 받을 수 없다는 취지이지만, 진보성은 출원발명이 공지기술과 동일하지 않아서 신규성은 갖추고 있다 하더라도 그 발명의 창작수준이 낮을 경우 특허를 허여할 수 없다는 취지이다.[38]

(2) 진보성의 판단

심사관은 출원 당시에 통상의 기술자가 직면하고 있던 기술수준 전체를 생각하도록 노력하는 동시에 발명의 설명 및 도면을 감안하고 출원인이 제출한 의견을 참작하여 출원발명의 목적, 기술적 구성, 작용효과를 종합적으로 검토하되, 기술적 구성의 곤란성을 중심으로 목적의 특이성 및 효과의 현저성을 참작하여 종합적으로 진보성이 부정되는지 여부를 판단한다.

---

38) 「특허법」 제29조 제2항

(3) 용이성의 구체적 판단방법

용이성은 공지기술과 청구항에 기재된 발명의 구성의 곤란성을 중심으로 효과의 현저성을 참작하되, 구성의 곤란성은 공지기술과 차이점이 있는 구성을 도출한 후 ① 공지기술로부터 동기 유발이 되는지, 아니면 ② 통상의 기술자가 통상의 창작능력 발휘를 통하여 공지기술로부터 구성의 차이가 있음에도 불구하고 청구항에 기재된 발명에 이를 수 있는지를 판단한다. 또한, ③ 효과의 현저성은 공지기술의 효과와는 그 성질을 달리하는 이질적(異質的)인 효과나 그 성질은 동질(同質)이나 공지기술이 갖는 효과와 비교하여 현저하게 우수한 효과로서, 그 발명의 출원 시의 기술수준에서 통상의 기술자가 예측할 수 없었던 효과인지를 판단한다.[39]

(4) 용이성의 참고적 판단방법

① 상업적 성공에 의한 모방품의 발생, ② 기술적 효과가 큼에도 불구하고 오랫동안 해결되지 못하였던 과제의 해결, ③ 발명이 그 기술 분야에서 특정 기술과제에 대한 연구 및 개발을 방해하는 기술적 편견으로 인해 통상의 기술자가 포기하였던 기술적 수단을 채용하여 그 기술과제를 해결한 경우 등은 진보성을 판단할 때 진보성 긍정 자료로서 참고하여야 한다. 다만, 이러한 참고적 판단방법 자체만으로 진보성이 있는지 여부를 판단해서는 아니 된다. 예를 들어, 상업적 성공은 발명품이 가지는 우수성과는 아무런 상관없이 시장의 판매 여건이나 적극적인 광고의 전략, 판매자의 독점적 지위, 제조설비나 관련 작업자의 우수성 등에 의하여 달성될 수도 있기 때문이다.

4. 선출원주의

(1) 의의

「특허법」은 중복 특허를 배제하기 위해 동일한 기술사상에 대하여는 먼저 출원한 자에게만 특허권을 부여하는 선출원주의를 채택하고 있다. 따라서 출원일을 기준으로 하여 먼저 출원한 자에게 특허를 부여한다.

(2) 선출원주의의 판단

선출원의 청구범위와 후출원의 청구범위에 기재된 발명을 청구항별로 비교하여 판단한다. 동일한 발명에 대하여 다른 날에 2 이상의 특허출원이 있는 때에는 먼저 특허출원한 자만이 그 발명에 대하여 특허를 받을 수 있다. 만일, 2 이상의 출원이 같은 날에 출원된 경우에는 당사자 간에 협의를 할 수 있게 하고, 협의가 되지 않으면 모두 거절한다. 다만 선출원이 무효, 포기, 거절결정, 취하된 경우 또는 선출원인이 무권리자인 경우에는 후출원이 특허를 받는다. 이는 실용신안등록출원과 경합하는 경우에도 적용된다.

---

39) 대법원 2021. 4. 8. 선고 2019후10609 판결

지식재산능력시험

지식재산 창출

제1장

제2장

제3장

제4장

제5장

제6장

5. 확대된 선출원의 지위

(1) 의의

확대된 선출원의 지위란 특허출원한 발명이 그 특허출원일 전에 특허출원 또는 실용신안
등록출원을 하여 그 특허출원 후에 출원공개되거나 등록공고된 다른 특허출원 또는 실용
신안등록출원의 출원서에 최초로 첨부한 명세서 또는 도면에 기재된 발명 또는 고안과 동
일한 경우에는 그 발명에 대해서는 특허를 받을 수 없도록 선출원의 지위를 부여하는 것을
말한다. 그 특허출원(후출원)의 청구범위에 기재된 발명이 다른 출원(선출원)의 최초 명세
서 또는 도면에 기재된 발명과 동일한 경우에는 사실상 새로운 기술을 공개하는 것이 아니
기 때문에 신규의 발명을 공개한 자에게 특허권을 부여한다는 특허법의 목적에 부합하지
아니하므로 이를 특허요건으로 규정하고 있다.

(2) 확대된 선출원의 지위 판단

확대된 선출원의 지위는 그 특허출원(후출원)의 청구범위에 기재된 발명이 다른 출원의 출
원서에 최초로 첨부된 명세서 및 도면에 기재되어 있는 발명과 동일한지 여부로써 판단한
다. 이때, 그 특허출원의 발명자와 다른 출원의 발명자가 동일한 경우와 그 특허출원-한 때
의 출원인이 다른 출원의 출원인과 동일한 경우에는 본 규정의 적용이 배제된다.

🔔 **선출원주의와 확대된 선출원의 지위의 비교**

구분	선출원주의	확대된 선출원의 지위
주체	발명자·출원인 동일 여부에 관계없이 적용	발명자나 그 출원할 때의 출원인이 동일한 경우에는 부적용
판단대상	선·후출원의 청구범위	선출원의 최초 명세서·도면과 후출원의 청구범위
무효·취하·포기·특허거절결정 확정	선출원의 지위 불인정 (단, 협의 불성립 등으로 특허거절결정이 확정된 경우에는 선출원의 지위 인정)	무효·취하·포기·특허거절결정 확정 전 출원공개·등록공고되었으면 확대된 선출원의 지위 인정
무권리자		무권리자의 출원이 출원공개·등록공고되었으면 제3자에 대해서는 확대된 선출원의 지위를 인정하나, 정당한 권리자에 대해서는 발명자가 동일하기 때문에 확대된 선출원의 지위를 불인정
동일출원	협의제, 협의명령에 의하여 정하여진 하나의 출원인만이 특허 가능	적용하지 아니함
출원공개·등록공고 여부	출원공개·등록공고 여부와 관계없이 적용	다른 출원이 출원공개·등록공고된 경우에만 확대된 선출원의 지위를 인정

6. 불특허사유

(1) 의의

「특허법」은 특허를 허여하는 것이 사회·공익적, 국가의 산업 정책적인 면에서 적합하지 아니한 경우가 있으므로 특허를 받을 수 없는 발명을 규정하여 특허제도를 둘러싼 사익과 공익의 조화를 꾀하고 있다. 구체적으로 「특허법」 제32조는 "공공의 질서 또는 선량한 풍속에 어긋나거나(공서양속에 위반) 공중의 위생을 해칠 우려가 있는 발명에 대해서는 특허를 받을 수 없다."라고 규정하고 있다. 불특허사유 여부는 공서양속의 개념이 시대에 따라 변화되기 때문에 특허여부결정 시를 기준으로 판단함이 타당하다.

(2) 불특허발명의 구체적인 유형

① 일면 발명이 어떤 유용한 효과가 인정되더라도 보통의 경우 이를 사용할 때 공서양속을 해할 우려가 있는 경우

② 발명의 본래 목적이 사회질서 등을 해할 우려가 있는 발명으로서 실제 해하지는 않더라도 해할 개연성이 있는 경우

③ 방법발명의 경우에 그 방법 자체는 공서양속에 반할 우려가 없다 하더라도 그 방법에 의하여 제조된 물건이 사회질서 등을 해할 우려가 있는 경우

④ 물건의 발명 그 자체가 공중의 위생을 해할 우려가 있는 것뿐만 아니라 공중의 위생을 해할 우려가 있는 발명을 생산하는 방법인 제법발명의 경우

⑤ 인체를 구성요소로 하는 경우 그 발명을 실행할 때 필연적으로 신체를 손상하거나, 신체의 자유를 비인도적으로 구속하는 발명 및 인간의 존엄성을 손상시키는 결과를 초래하는 발명의 경우

⑥ 특허발명의 대상인 물건이 ㉠ 노골적으로 사람의 특정 성적 부위 등을 적나라하게 표현 또는 묘사하는 음란한 물건에 해당하거나, ㉡ 발명의 실시가 공연한 음란행위를 필연적으로 수반할 것이 예상되거나(따라서 공연성이 인정되지 않는 사적인 공간에서 음란행위가 수반되는 것이 예상되는 경우는 제외된다고 할 것이다), ㉢ 이에 준할 정도로 성적 도의 관념에 반하는 발명의 경우

제 4 절 — 특허출원에서 등록까지 권리화 절차

학습 개관

발명자가 자신의 발명에 대해서 특허권을 받기 위해서는 「특허법」에서 정한 절차와 방식에 따라서 출원해야 한다. 발명이 출원 과정을 거쳐 등록되기 위해서 준비해야 할 서류 및 절차를 이해하고 특허요건에 대한 실체적 심사와 관련된 제도에 대해서 설명할 수 있다.

학습 포인트

특허출원의 개념 및 특허출원에 필요한 서류들을 구분하여 설명할 수 있다.
특허출원 후 등록까지의 과정을 설명할 수 있다.
명세서의 기능과 역할 작성방법을 설명할 수 있다.
특허 실체 심사에서 특허 거절이유통지에 대한 대응 방법을 검토할 수 있다.

NCS 및 NCS 학습모듈

하위 목차명	특허출원에 필요한 서류, 특허출원 절차, 출원의 공개, 심사청구제도, 실체심사, 특허심사와 관련된 제도	
NCS 및 NCS 학습모듈	대분류	05. 법률·경찰·소방·교도·국방
	중분류	01. 법률
	소분류	02. 지식재산관리
	세분류	01. 지식재산관리 04. 특허엔지니어링
	능력단위 (능력단위요소)	05. 출원 서류 검토 12. 지식재산 권리화
	주요 지식·기술· 태도	• 특허법, 특허법 시행령, 명세서에 대한 지식 • 출원 절차 관리 능력, 출원 서류 파악 능력, 명세서 분석 능력, 분야별 제출 서류 검토 능력 • 출원에 필요한 서류와 절차를 꼼꼼히 읽고 체크하는 적극적인 태도

01 특허출원에 필요한 서류

특허출원은 특허를 받을 수 있는 권리를 가진 자가 그 발명의 공개를 전제로 특허청에 자신의 발명을 제출하여 특허등록받고자 하는 의사를 표시하는 것이다. 특허출원서류는 법률에서 정한 방식에 따라 서면으로 작성되어야 한다. 이와 같이 특허에 관한 제반 절차에서 서면주의를 요구하고 있는 것은 발명의 내용을 서면으로 특정함으로서 심사의 편의나 적정화는 물론 특허권의 권리 내용을 명확히 할 필요가 있을 뿐만 아니라 발명을 사회 일반에 널리 공개하여 이를 타인이 이용하게 하기 위해서이다. 특허등록을 받으려는 사람은 '특허출원서'에 '발명의 설명·청구범위를 적은 명세서'와 '필요한 도면' 및 '요약서'를 첨부하여 특허청에 제출하여야 한다.[40]

1. 특허출원서

특허출원서는 발명자 및 출원인에 대한 인적 사항이나 특허출원을 하는 데 필요한 기초적 사항, 그리고 「특허법」상 제도의 적용을 받기 위한 각종 취지를 기재한 서면을 말한다.

2. 명세서

(I) 의의 및 구성

명세서란 특허를 받으려는 발명의 기술적인 내용을 문장을 통해 명확하고 상세하게 적은 서면으로, 발명의 설명 및 청구범위를 기재하도록 법정되어 있다. 명세서는 체계적이고 효과적으로 발명의 내용을 상세하게 작성하도록 구성체계를 이루고 있다. 명세서를 기능적으로 구분했을 때 크게 발명의 기술적인 내용을 상세히 설명하는 '발명의 설명'과, 그 발명의 내용 중 특허권으로 보호받고자 하는 사항을 기재한 '청구범위'로 구분할 수 있다.

출원인의 입장에서 보면 '청구범위'는 특허등록 전에는 특허권을 요청하는 권리요구서로서 역할을 하고 특허등록 후에는 특허권이 기재된 권리서로서 역할을 하며, '발명의 설명'은 청구범위의 내용을 뒷받침하는 권리해설서로서의 역할을 한다. 또한 발명의 설명은 출원공개가 이루어지면 일반 공중에게 발명의 내용을 공개하는 기술문헌으로서의 역할을 하기 때문에 기재방법을 명확히 하기 위해 법에서 정하고 있다.

---

40) 「특허법」 제42조 제1항 및 제2항

🔔 **발명의 설명과 청구범위의 역할**

구분	발명의 설명	청구범위
출원인	권리해설서 (제42조 제4항 제1호)	1. 등록 전 　권리요구서(제42조 제4항 제2호) 2. 등록 후 　권리서(제97조)
일반 공중	기술문헌 (제42조 제3항)	자유기술영역과 독점배타영역의 경계 특정
특허청/특허심판원	심사/심판대상의 특정	

📑 **명세서의 구성**

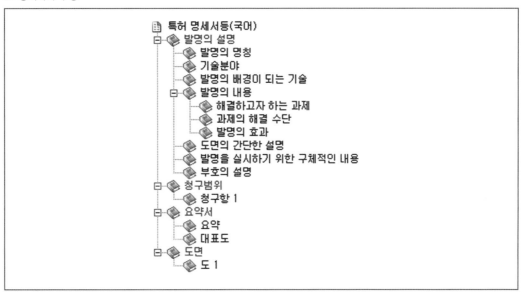

(2) 발명의 설명

발명의 설명(description)은 기술문헌으로서의 역할과 아울러 청구범위를 해설하는 권리해설서로서의 역할을 담당한다. 따라서 발명의 설명 기재는 ① 그 발명이 속하는 기술 분야에서 통상의 지식을 가진 사람이 그 발명을 쉽게 실시할 수 있도록 명확하고 상세하게 적을 것, ② 그 발명의 배경이 되는 기술을 적을 것의 요건을 충족하여야 한다. 즉, 발명의 설명은 발명의 공개성, 재현성, 특정성을 달성하기 위한 수준으로 기재되어야 한다.

(3) 청구범위

청구범위에는 보호를 받으려는 사항을 적은 항(청구항)이 하나 이상 있어야 하며, 그 청구항은 발명의 설명에 의하여 뒷받침될 것 및 발명이 명확하고 간결하게 적혀 있을 것을 모두 만족하여야 한다.[41]

---

41) 「특허법」 제42조 제4항

① 발명의 설명에 의해 뒷받침되지 않은 유형

   ㉠ 청구항의 구성과 대응되는 사항이 발명의 설명에 직접적으로 기재되어 있지 않고, 암시도 되어 있지 않은 경우

      예 청구항에는 구체적인 수치한정을 하고 있으나 발명의 설명에는 그 수치에 대하여 전혀 기재되어 있지 않은 경우

      예 청구항에는 초음파 모터를 이용한 발명에 대해서만 기재하고 있으나 발명의 설명에는 초음파 모터를 이용한 발명에 대해서는 전혀 기재되어 있지 않고 직류모터를 이용한 발명만이 기재되어 있는 경우. 다만, 발명의 설명에는 그 실시예로 직류모터에 대해서 기재하고 있으나 직류모터만이 아니라 다른 모터도 이용할 수 있다는 기재가 있고 출원 당시의 기술 상식에서 판단했을 때 초음파 모터를 이용한 실시도 가능한 경우에는 발명의 설명에 의하여 뒷받침되는 것으로 인정할 수 있다.

   ㉡ 발명의 설명과 청구항에 기재된 발명 상호 간에 용어가 통일되어 있지 않아서 양자의 대응관계가 불명료한 경우

   ㉢ 청구항의 구성이 특정 기능을 수행하기 위한 '수단(means)' 또는 '공정(step)'으로 기재되어 있으나 이들 수단 또는 공정에 대응하는 구체적인 내용이 발명의 설명에 기재되어 있지 않은 경우

   ㉣ 출원 시 해당 기술 분야의 통상의 지식에 비추어 보아 청구된 발명의 범위까지 발명의 설명에 기재된 내용을 확장하거나 일반화할 수 없는 경우

      예 청구항에는 달성하고자 하는 결과, 예를 들어 달성하고자 하는 에너지 효율의 범위에 의하여 발명을 특정하려고 하고 있으나, 발명의 설명에는 특정 수단에 의한 실시예밖에 기재되어 있지 않고 출원 당시 기술 분야의 통상의 지식으로도 그 제시된 실시예를 청구된 발명 전 범위로 확장하거나 일반화할 수 없다고 인정되는 경우

      예 청구항에는 원하는 성질에 의하여 정의된 화합물을 유효 성분으로 하는 특정 용도의 치료제로서 청구되어 있지만, 발명의 설명에는 청구항에 포함된 일부의 구체적인 화합물에 대해서만 해당 치료제로서 유용성이 확인되어 있고, 이를 벗어나는 청구항에 포함된 화합물에 대해서는 그 유용성이 출원 당시 기술 분야의 통상의 지식으로도 인정될 수 없는 경우

   ㉤ 발명의 설명에 기재된 발명의 과제를 해결하기 위한 수단이 청구항에 기재되어 있지 않아 통상의 기술자가 인식할 수 있는 범위를 벗어난 발명을 청구하는 경우

      예 발명의 설명에는 '수분함량이 떡(생지)보다 낮아서 떡(생지)으로 수분 이행을 초래하지 아니하는 크림'만을 떡소로 할 수 있는 것으로 떡의 구성 및 효과를 설명하고 있으나, 청구항에는 수분 함량과 관계없이 우유에서 분리한 지방분의 의미를 갖는 '크림'으로 기재하고 있는 경우

② 명확하고 간결하게 기재되지 않은 유형

   ㉠ 청구항의 기재 내용이 불명확한 경우(다만, 불명확한 부분이 경미한 기재의 하자이며, 그 하자에 의해서는 통상의 기술자에게 발명이 불명확하지 않거나 또는 발명의 설명이나 도면, 출원 시의 기술 상식 등에 의하여 발명이 명확하게 파악될 수 있는 경우에는 발명이 불명확한 것으로 취급하지 않는다.)

   ㉡ 발명을 이루는 각 구성요소가 단순히 나열되어 있을 뿐으로 그 결합관계가 기재되어 있지 않아서 발명이 불명확한 경우

   ㉢ 청구항에 기재된 발명의 카테고리가 불명확한 경우

지식재산능력시험

지식재산 창출 —

제1장

제2장

제3장

제4장

제5장

제6장

㉣ 청구항에 발명의 구성을 불명확하게 하는 표현이 기재되어 있는 경우(다만, 이러한 표현을 사용하지 않고서는 당해 발명을 간단명료하게 나타낼 수 있는 적절한 표현이 없고 그 의미가 발명의 설명에 의해 명확히 뒷받침되며 발명의 특정(特定)에 문제가 없다고 인정되는 경우에는 허용할 수 있다.)

　　예 '소망에 따라', '필요에 따라', '특히', '예를 들어', '및/또는' 등의 자구(字句)와 함께 임의 부가적 사항 또는 선택적 사항이 기재된 경우('A 및/또는 B'는 'A 및 B'인 경우와 'A 또는 B'인 경우를 함께 기재한 것이므로, 발명이 'A 및 B'인 경우와 'A 또는 B'인 경우 모두에 대해 각각 특허법 제42조 제4항 제1호 및 제2호 위반 여부를 판단한다. 이때, '및/또는'의 기재로 하나의 청구항에서 이질적인 복수의 발명을 청구하는 것은 아닌지 여부ー청구항이 발명의 성질에 따라 적절한 수로 기재되었는지 여부ー에 대해서도 판단한다.)

　　예 '주로', '주성분으로', '주공정으로', '적합한', '적량의', '많은', '높은', '대부분의', '거의', '대략', '약' 등 비교의 기준이나 정도가 불명확한 표현이 사용된 경우

　　예 '～을 제외하고', '～이 아닌'과 같은 부정적 표현이 사용된 경우

　　예 수치한정발명에서 '～ 이상', '～ 이하', '0～10'과 같이 상한이나 하한이 불명확한 수치한정이나 0을 포함하는 수치한정(0을 포함하는 성분이 필수 성분이 아니라 임의 성분인 경우에는 제외한다.)을 한 경우 또는 '120～200℃, 바람직하게는 150～180℃'와 같이 하나의 청구항 내에서 이중으로 수치한정을 한 경우(여기서 '임의 성분'이란 출원인이 필요에 따라 선택적으로 첨가하거나 첨가하지 않아도 좋다고 인식하는 성분으로, 명세서에 그 취지가 명확히 기재된 성분을 말한다.)

㉤ 지시의 대상이 불명확하여 발명의 구성이 불명확한 경우(다만, 지시의 대상이 문언상으로 일치하지 않더라도 그것이 명백한 오기에 불과하여 통상의 기술자가 발명의 구성을 정확하게 이해하여 재현할 수 있는 정도이면 적법한 기재로 본다.)

　　예 청구항에 여러 가지 종류의 기어가 기재되어 있고 그중 어느 특정 기어를 지시할 때 '상기 평기어', '전기 베벨기어' 등과 같이 지시의 대상을 명확히 기재하지 않고 '상기 기어', '전기 기어' 등과 같이 기재한 결과 어느 기어를 지시하는지가 불명확한 경우

㉥ 청구항에 서로 다른 기능을 수행하는 복수의 동일한 표현의 기술용어가 있을 경우에 각각의 기능을 한정하여 기재하거나, 또는 도면에 사용된 부호에 의하여 명확하게 구별되도록 기재되어 있지 않아서 보호를 받고자 하는 발명의 구성이 불명확한 경우

㉦ 청구항에 상업상의 이점이나 판매 지역, 판매처 등 발명의 기술적 구성과 관계가 없는 사항을 기재하여 발명이 명확하고 간결하지 않은 경우

㉧ 발명의 구성을 기재하지 않고 발명의 설명 또는 도면의 기재를 대용하고 있는 경우(다만, 발명의 설명 또는 도면의 기재를 대용하지 않으면 적절하게 기재할 수 없는 경우에는 이들의 대용에 의한 기재를 인정한다.)

　　예 합금에 관한 발명에서 합금 성분 조성 상호 간에 특정한 관계가 있어서 수치 또는 문장만으로는 명확하게 표현할 수 없는 경우에는 '첨부도면 제1도의 점 A(…), B(…), C(…), D(…)로 둘러싼 범위 내의 Fe·Cr·Al 및 2% 이하의 불순물로 구성되는 내열전열합금'과 같이 도면을 대용하여 기재할 수 있다.

(4) 청구범위의 기재방법

청구범위에는 보호받으려는 사항을 명확히 할 수 있도록 발명을 특정하는 데 필요하다고 인정되는 구조·방법·기능·물질 또는 이들의 결합관계 등을 적어야 한다. 즉, 청구항에는 보호받으려는 발명의 필수 구성요소를 적되, 청구항의 구성요소(elements of claim)는 구조·방법·기능·물질 또는 이들의 결합관계 등의 다양한 형태의 기재가 허용된다. 청구범위에는 보호를 받으려는 사항을 적은 청구항이 하나 이상 있어야 한다. 청구범위에 하나 이상의 항을 적을 때 발명의 다면적 보호가 가능하다.

> **관련 조문** 🔖
>
> **특허법 시행령**
> **제5조(청구범위의 기재방법)** ① 법 제42조 제8항에 따른 청구범위의 청구항(이하 "청구항"이라 한다.)을 기재할 때에는 독립청구항(이하 "독립항"이라 한다.)을 기재하여야 하며, 그 독립항을 한정하거나 부가하여 구체화하는 종속청구항(이하 "종속항"이라 한다.)을 기재할 수 있다. 이 경우 필요한 때에는 그 종속항을 한정하거나 부가하여 구체화하는 다른 종속항을 기재할 수 있다.
> ② 청구항은 발명의 성질에 따라 적정한 수로 기재하여야 한다.
> ③ 삭제 〈1999. 6. 30.〉
> ④ 다른 청구항을 인용하는 청구항은 인용되는 항의 번호를 적어야 한다.
> ⑤ 2 이상의 항을 인용하는 청구항은 인용되는 항의 번호를 택일적으로 기재하여야 한다.
> ⑥ 2 이상의 항을 인용한 청구항에서 그 청구항의 인용된 항은 다시 2 이상의 항을 인용하는 방식을 사용하여서는 아니 된다. 2 이상의 항을 인용한 청구항에서 그 청구항의 인용된 항이 다시 하나의 항을 인용한 후에 그 하나의 항이 결과적으로 2 이상의 항을 인용하는 방식에 대하여도 또한 같다.
> ⑦ 인용되는 청구항은 인용하는 청구항보다 먼저 기재하여야 한다.
> ⑧ 각 청구항은 항마다 행을 바꾸어 기재하고, 그 기재하는 순서에 따라 아라비아숫자로 일련번호를 붙여야 한다.

(5) 청구범위의 제출 유예

특허출원인은 특허출원 당시에 청구범위를 기재하지 아니한 명세서를 특허출원서에 첨부할 수 있다.[42] 이 경우 출원인은 출원일(우선권주장의 경우 최선일)로부터 1년 6월이 되는 날까지 청구범위가 기재되도록 명세서를 보정하여야 한다. 이는 ① 특허출원할 때 청구범위의 기재를 유예하여 출원인에게 신속한 출원을 할 수 있도록 하고, ② 특허권 취득 후의 이용전략을 충분히 검토하여 효과적인 청구범위를 작성할 수 있는 기회를 주는 한편, ③ 청구범위가 포함된 완벽한 상태로 공개되도록 함으로써 국제적인 공개제도와 조화를 꾀하고 있다. 그러나 출원일(우선권주장의 경우 최우선일)로부터 1년 6월 이전에 제3자의 심사청구가 있는 경우 출원인은 제3자의 출원심사청구에 따른 출원심사청구의 취지를 통지받은 날부터 3월이 되는 날까지 출원일(우선권주장의 경우 최우선일)로부터 1년 3월이 되는 날 후에 통지받은 경우에는, 출원일(우선권주장의 경우 최선일)로부터 1년 6월이 되는 날까지 청구

---

42) 「특허법」 제42조 제5항 본문

지식재산능력시험

지식재산 창출 ─

제1장

제2장

제3장

제4장

제5장

제6장

범위가 기재되도록 명세서를 보정하여야 한다. 그 기한까지 청구범위를 적는 보정을 하지 아니하면 그 기한이 되는 날의 다음 날에 해당 특허출원을 취하한 것으로 본다. 이는 출원 공개 전이라도 심사청구하는 경우 심사청구순서에 따라 실체심사를 진행하기 때문이다.

⑹ 하나의 특허출원의 범위

① 의의

청구범위에 여러 개의 발명을 기재할 때 여러 개의 발명은 하나의 총괄적 발명의 개념을 형성하는 1군의 발명에 해당하여 발명의 단일성을 만족하여야 한다.[43]

② 판단 대상과 방법

발명의 단일성에 대해 판단하기 위해서는 먼저 독립항을 우선적으로 고려해야 한다. 독립항이 발명의 단일성을 만족하는 경우에는 이들 독립항에 종속된 종속항도 단일성을 만족한다. 구체적으로 다음의 요건을 갖추었는지 여부로 단일성을 판단한다.

㉠ 청구된 발명 간에 기술적 상호 관련성이 있을 것

㉡ 청구된 발명들이 동일하거나 상응하는 기술적 특징을 가지고 있을 것. 이 경우 기술적 특징은 발명 전체로 보아 선행기술에 비하여 개선된 것이어야 한다.[44]

🔔 단일성 판단의 구체적인 예

구체적 예	설명
【청구항 1】 직류모터용 제어회로 A 【청구항 2】 직류모터용 제어회로 B 【청구항 3】 제어회로 A가 있는 직류모터를 이용하는 장치 【청구항 4】 제어회로 B가 있는 직류모터를 이용하는 장치	제어회로 A는 하나의 '특별한 기술적 특징'이고, 제어회로 B는 제어회로 A와는 관련이 없는 또 다른 '특별한 기술적 특징'이다. 따라서 청구항 1과 청구항 3 사이 또는 청구항 2와 청구항 4 사이에는 단일성이 있으나, 청구항 1과 청구항 2 사이 또는 청구항 3과 청구항 4 사이에는 단일성이 없다. → 따라서 최소한 2개 이상의 특허출원을 해야 한다.
【청구항 1】 램프용 필라멘트 A 【청구항 2】 필라멘트 A가 있는 램프 B 【청구항 3】 필라멘트 A가 있는 램프 B와 회전테 C로 구성되는 서치라이트(searchlight)	상기 모든 청구항에 공통되는 '특별한 기술적 특징'은 필라멘트 A이다. 청구항 1, 2 및 3 사이에는 단일성이 존재한다. → 따라서 하나의 특허출원으로 할 수 있다.

---

43) 「특허법」 제45조
44) 「특허법 시행령」 제6조

3. 필요한 도면

도면(drawing)은 발명의 실시예를 구체적으로 표시하여 발명의 실체를 파악하는 데 도움을 주는 서면을 말한다. 명세서의 보조 수단으로 이용되며, 어떤 경우에 도면이 필요한지에 대해서는 「특허법」에 규정이 없다. 실무상 협의의 물건발명은 물질발명이나 방법발명과 달리 발명의 특정을 위해 반드시 도면을 첨부하여야 한다. 도면은 처음부터 발명의 요점을 충분히 이해할 수 있도록 작성하여야 한다. 한편, 실용신안제도의 경우 협의의 물건발명, 즉 물품성이 있는 고안만을 그 보호대상으로 하기 때문에 실용신안등록출원할 때에는 반드시 도면을 첨부해야 한다.

4. 요약서

요약서(abstract)는 기술정보의 용도로 사용하기 위해 제출을 의무화한 것으로서, 요약서 제도는 출원 건수의 증가 및 기술내용의 복잡화 추세에 대응하여 특허정보의 효율적 이용을 위한 대책으로 도입되었다. 한편, 이러한 요약서는 그 기재가 매우 간략히 표현되고 있기 때문에 기술정보의 용도로 사용하여야 하며, 특허발명의 보호범위를 정하는 데에는 사용할 수 없다.

02 특허출원 절차

1. 특허출원 방법

특허출원이 이루어지면 특허청에서는 발명을 공개함과 아울러 특허출원된 발명에 대하여 특허요건에 맞는지에 대한 '특허심사'를 진행한다. 특허심사에 따라 특허 결정되면 특허출원인은 '특허등록'을 거쳐 특허권을 획득하게 된다.

지식재산능력시험

지식재산 창출 ──

제1장

제2장

제3장

제4장

제5장

제6장

⊠ 특허출원에서 등록까지의 절차

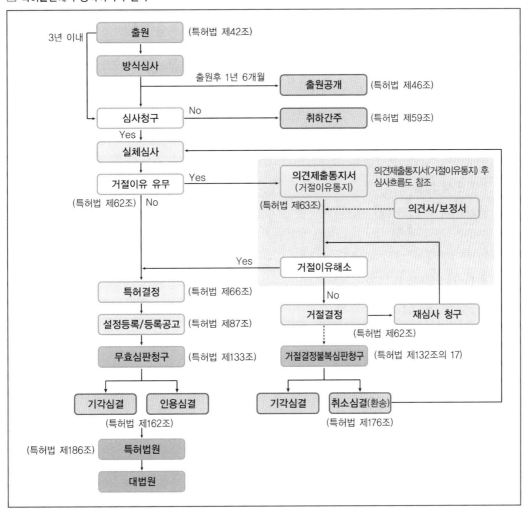

(1) 특허고객번호의 신청

특허 등의 절차를 밟고자 하는 개인 및 법인(이하 '출원인')은 특허고객번호를 사전에 부여받아야 한다. 출원인은 출원서류를 제출할 때 출원서에 특허고객번호를 기재해야 하며, 이와 같이 특허고객번호를 기재한 경우에는 절차를 밟고자 하는 자의 특정을 위한 주소를 기재하지 않아도 된다.

(2) 출원서류의 제출

출원인은 출원서류가 작성되면, 출원서류를 서면 또는 전자문서에 의해 제출하게 된다. 출원에 관한 사무는 확실 및 신속이 요청되므로 일정한 방식에 따라 서면 또는 전자문서에 의한다.

① 서면 제출

서면 제출이란 서면으로 작성하여 특허청에 방문하여 제출하거나 등기우편으로 제출하는 것을 말한다. 특허청에 제출하는 출원서·청구서 기타 서류(물건을 포함)는 특허청에 도달한 날로부터 그 효력이 발생하는 도달주의의 원칙을 취하고 있다. 그러나 우편으로 출원서·청구서 등을 제출할 경우에는 우편물의 통신일부인에 표시된 날을 특허청에 도달한 날로 보며, 그것이 불분명한 경우에는 우편물의 수령증에 의하여 증명된 우체국 제출일을 도달일로 본다. 다만, 우편물의 통신일부인이 불분명하거나 우편물의 수령증이 없는 경우에는 특허청에 도달한 날에 효력이 발생한다.

② 전자문서 제출

전자문서에 의한 제출이란 작성한 서류를 특허청 또는 특허심판원에 정보통신망을 이용하여 제출(이하 '온라인 제출')하거나 이동식 저장장치 등 전자적 기록 매체에 수록(이하 '전자적 기록 매체를 이용한 제출')하여 제출하는 것을 말한다. 전자문서 출원을 위해서는 특허로(https://www.patent.go.kr)에서 온라인출원 및 전자문서교환을 위해 인증서를 등록한 후 전자문서 작성에 필요한 소프트웨어를 이용하여 문서를 작성한 후 제출한다.

🔔 **전자 출원 방법[45]**

1. 출원신청 사전절차	① 특허고객번호신청 : 출원신청을 위해서는 특허로를 이용할 수 있는 사용자 고유번호를 우선 발급받아야 합니다. ② 인증서 등록/발급/재발급 : 온라인 출원 및 전자문서 교환을 위하여 인증서 등록 또는 발급을 받으셔야 합니다.
2. 전자출원SW 설치	출원서 작성 전에 출원관련문서(명세서, 보정서, 의견서 등)와 첨부문서(위임장, 증명 등) 작성과 변환을 위하여 필요한 전자출원SW를 다운로드받아 내 PC에 설치합니다.
3. 명세서/서식 작성	① 전자출원SW를 이용하여 출원관련문서(명세서, 보정서, 의견서 등)와 첨부문서(위임장, 증명서 등)를 작성합니다. ② 출원관련문서와 첨부문서를 모두 작성한 후에 출원서 및 의견서를 작성합니다.
4. 온라인 제출	출원서를 비롯하여 제출서류가 모두 준비되었다면 관련서류를 모두 첨부하여 제출합니다.

온라인이나 전자적 기록 매체로 제출된 전자문서는 「특허법」에 의하여 제출된 서류와 같은 효력을 가진다. 한편, 온라인 제출된 전자문서는 그 문서의 제출인이 정보통신망을 통하여 접수번호를 확인할 수 있는 때에 특허청 또는 특허심판원에서 사용하는 접수용 전산 정보 처리 조직의 파일에 기록된 내용을 접수된 것으로 본다.

---

45) 특허로(https://www.patent.go.kr)

지식재산능력시험

지식재산 창출

제1장

제2장

제3장

제4장

제5장

제6장

(3) 수수료의 납부

수수료라 함은 특허출원, 심사청구 등 특허에 관한 절차를 밟는 특정의 이용자로부터 국가가 제공한 역무에 대한 반대급부 또는 보수의 성격으로 징수하는 요금을 말한다. 수수료는 제출서류에 대한 접수번호를 부여받아 이를 납부자번호로 하여 국고수납은행이나 우체국 또는 온라인(www.giro.go.kr)으로 그다음 날까지 납부하여야 한다.

2. 방식심사

「특허법」은 중복특허를 배제하기 위한 방법으로 선발명주의가 아니라 판단이 용이한 선출원주의를 채택하고 있다. 선출원주의하에서는 누가 먼저 출원하였는지가 중요한 문제인데 선·후출원의 판단은 특허청장의 방식심사를 통해 부여된 출원일자에 의해 이루어진다. 방식심사라 함은 특허청장이 출원인·대리인의 절차능력, 제출된 서류의 기재 방식 및 첨부 서류, 수수료 납부 사항 등 절차에 대한 흠결 유무를 심사하는 것을 말한다. 특허청장은 방식심사를 통해 출원인이 제출한 출원서류의 수리 여부를 결정하게 된다.

🔲 방식 심사 절차 및 판단 사항

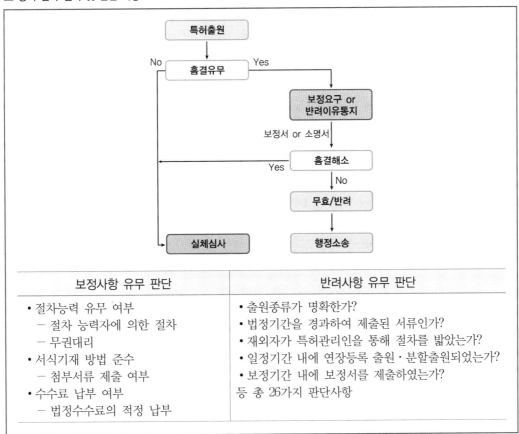

보정사항 유무 판단	반려사항 유무 판단
• 절차능력 유무 여부 　- 절차 능력자에 의한 절차 　- 무권대리 • 서식기재 방법 준수 　- 첨부서류 제출 여부 • 수수료 납부 여부 　- 법정수수료의 적정 납부	• 출원종류가 명확한가? • 법정기간을 경과하여 제출된 서류인가? • 재외자가 특허관리인을 통해 절차를 밟았는가? • 일정기간 내에 연장등록 출원·분할출원되었는가? • 보정기간 내에 보정서를 제출하였는가? 등 총 26가지 판단사항

03 출원의 공개

1. 의의 및 취지

출원공개제도란 특허출원된 내용에 대하여 심사청구의 유무에 관계없이 출원일로부터 1년 6개월이 지난 후 또는 특허출원일부터 1년 6개월이 지나기 전이라도 출원인의 신청이 있으면 그 특허출원에 관하여 특허공보에 게재하여 사회 일반에 공표하는 제도를 말한다.[46] 심사가 지연될 경우 출원발명의 공개가 늦어지면 특허공보의 기술문헌으로서의 가치가 현저히 떨어질 뿐만 아니라 출원된 발명과 동일한 발명에 대해 중복 투자 또는 중복 연구를 하게 되는 폐해가 발생하게 된다. 따라서 이러한 폐해를 줄이고 출원발명을 조기에 공개하여 기술문헌으로서 제3자가 이용하게 함으로써 산업발전에 이바지하기 위해 출원공개제도를 도입하게 되었다.

2. 출원공개의 효과

(1) 보상금청구권의 발생

① 의의 및 취지

보상금청구권이란 특허출원인이 출원공개가 있은 후 경고를 받거나 출원공개된 발명임을 알고, 그 특허출원된 발명을 업으로 실시한 자에게 그 경고를 받거나 출원공개된 발명임을 알았을 때부터 특허권의 설정등록을 할 때까지의 기간 동안 그 특허발명의 실시에 대하여 합리적으로 받을 수 있는 금액에 상당하는 보상금의 지급을 청구할 수 있는 권리를 말한다. 특허출원된 발명의 내용을 공개해 일반 공중으로 하여금 중복 투자·중복 연구를 방지하도록 하는 대신 공개된 발명에 대해 제3자의 모방이나 도용에 의해 출원인의 이익이 훼손되므로 그 상실된 이익을 보전하기 위해 보상금청구권을 인정하고 있다.

② 보상 금액

제3자가 그 경고를 받거나 출원공개된 발명임을 알았을 때부터 특허권의 설정등록을 할 때까지의 기간 동안 그 특허발명의 실시에 대하여 합리적으로 받을 수 있는 금액에 상당하는 보상금의 지급을 청구할 수 있다.

③ 행사 시기

보상금청구권은 당해 특허출원에 대한 특허권의 설정등록이 있은 후 3년 이내에 행사하여야 한다.

---

46) 조기공개신청으로 출원일부터 1년 6개월 이전에 공개가 가능하며, 등록이 출원일부터 1년 6개월 이전에 되는 경우 출원공개 없이 설정등록 후 바로 등록공고된다.

지식재산능력시험

지식재산 창출 —

제1장

제2장

제3장

제4장

제5장

제6장

④ 특허권과의 독립성

보상금청구권의 행사는 특허권의 행사에 영향을 미치지 아니한다. 즉, 시기를 기준으로 출원공개 후 경고를 받거나 안 때부터 특허권 설정등록 전까지의 기간 동안의 실시에 대해서는 보상금청구권의 행사가 가능하고, 특허권 설정등록 후의 실시에 대해서는 특허권에 기한 민형사상 제재 조치가 가능하다.

⑤ 소멸

특허권의 설정등록이 되지 않거나 설정등록이 된 경우라도 특허권이 소급하여 소멸한 경우에 보상금청구권은 소멸한다. 구체적으로 출원공개 후 ㉠ 특허출원이 포기·무효 또는 취하된 때, ㉡ 특허출원의 특허거절결정이 확정된 때, ㉢ 특허무효심판에 의한 특허를 무효로 한다는 심결(후발적 무효사유 제외)이 확정된 때에는 보상금청구권은 처음부터 발생하지 아니한 것으로 본다.

⑵ **공지기술로서의 활용**

제3자는 출원공개된 발명을 기술정보로서 이용하여 중복 투자 및 중복 연구를 방지할 수 있으며, 심사관은 출원공개 전 출원에 대해서는 확대된 선출원의 지위에 의해, 출원공개 후 출원에 대해서는 공지기술의 지위에 의해 후출원의 등록을 금지시킬 수 있다.

04 심사청구제도

1. 의의 및 취지

심사청구제도란 출원된 모든 특허를 일률적으로 심사하는 것이 아니라 출원과 심사를 분리하여 출원일로부터 3년 이내에 심사청구가 있는 특허출원에 대하여만 심사청구의 순서에 따라 심사하는 제도를 말한다.[47]

특허출원마다 목적과 발명의 경제적·기술적 가치가 동일하지 않다는 경험적 사실에 기초하여 특허권을 취득하고자 하는 특허출원만을 선택적으로 심사함으로써 심사대상을 감소시켜 심사를 촉진시키기 위해 심사청구제도를 두고 있다.

---

47) 특허출원의 심사기간이 길어 특허발명에 대한 권리확정이 지연되는 문제가 발생함에 따라 2016년 개정에서 심사청구기간을 5년에서 3년으로 단축하였다.

2. 심사청구의 요건

(1) 심사청구인

누구든지 심사청구를 할 수 있다. 그 이유는 ① 특허출원에 관련된 기술을 실시하려는 자는 그 특허출원의 특허 여부에 대해 지대한 관심이 있으므로 출원인이 심사청구할 때까지 기다리게 하는 것은 불합리하고, ② 심사청구는 단순한 실체심사의 개시요건에 지나지 않으므로 제3자에게 심사청구권을 인정하였다고 하여 당사자로서의 지위를 인정하는 것은 아니기 때문이다. 다만, 특허출원인은 ① 청구범위 제출 유예 제도를 이용하였는데 명세서에 청구범위를 적지 아니한 경우 또는 ② 외국어특허출원을 하였는데 국어번역문을 제출하지 아니한 경우에 해당하는 경우에는 출원심사의 청구를 할 수 없다.

(2) 심사청구의 대상

특허출원의 심사청구 시 출원발명이 특허청에 적법하게 출원계속 중이어야 한다. 즉, 출원이 취하·포기 또는 무효된 경우에는 심사청구의 대상이 될 수 없다.

(3) 심사청구 시기

특허출원일로부터 3년 이내에 할 수 있다. 청구 기간 내에 심사청구를 하지 않는 경우 그 출원은 취하한 것으로 본다.[48] 출원서 제출 시 동시에 하는 것도 가능하지만 심사청구에 의한 실체심사 결과 특허결정이 된 경우에는 청구범위가 확정되어 보정기회를 상실하게 되고, 특허료 등의 특허비용이 증가하게 되기 때문에 제품 개발과 사업 계획에 따라 심사청구 시기를 결정한다.

3. 심사청구의 절차

(1) 심사청구서의 제출

출원심사의 청구를 하려는 자는 출원심사청구서를 특허청장에게 제출하여야 한다. 다만, 특허출원과 동시에 출원심사청구를 하는 경우에는 출원서에 그 취지를 기재함으로써 그 심사청구서에 갈음할 수 있다.

(2) 심사청구료의 납부

심사청구를 하는 자는 독립항과 종속항을 불문하고 청구항 수별로 심사청구료를 납부하여야 한다. 이는 심사관이 출원발명의 청구항별로 특허요건을 갖추었는지 심사하기 때문이다. 다만, 일정한 경우 감면 또는 면제될 수 있다. 한편, 출원인이 아닌 자가 출원심사의 청구를 한 후 그 특허출원서에 첨부한 명세서를 보정하여 청구범위에 기재한 청구항의 수가 증가한 때에는 그 증가한 청구항에 관하여 납부하여야 할 심사청구료는 출원인이 납부하여야 한다.

---

48) 「특허법」 제59조 제5항

지식재산능력시험

지식재산 창출 —

제1장

제2장

제3장

제4장

제5장

제6장

⑶ 심사청구사실의 게재

특허청장은 ① 출원공개 전에 출원심사의 청구가 있으면 출원공개 시에, ② 출원공개 후에 출원심사의 청구가 있으면 지체 없이 그 취지를 특허공보에 게재하여야 한다. 이는 무용한 중복심사청구를 막기 위함이다.

⑷ 심사청구사실의 통지

특허청장은 특허출원인이 아닌 자로부터 출원심사의 청구가 있으면 그 취지를 특허출원인에게 통지하여야 한다. 이는 출원인에게 그 심사절차에 관한 준비기간을 주기 위함이다.

4. 심사청구의 효과

⑴ 심사청구를 한 경우

심사청구가 있으면 심사청구의 순서에 따라 실체심사가 이루어진다. 다만, ① 심사청구된 특허출원을 분할출원, 분리출원하여 심사청구한 경우 또는 심사청구된 실용신안등록출원을 특허출원으로 변경출원하여 심사청구한 경우에는 원출원의 심사청구 순서에 의하며, ② 우선심사의 대상인 경우 그 예외를 인정하여 당해 심사청구 순서보다 먼저 심사한다. 한편, 출원심사의 청구는 취하할 수 없다.

⑵ 심사청구를 하지 아니한 경우

출원심사의 청구를 할 수 있는 기간 내에 출원심사의 청구가 없는 때에는 그 특허출원은 취하한 것으로 본다. 이는 출원일로부터 3년 이내에 심사청구가 없는 출원에 대해서는 출원인이 더 이상 특허를 받으려고 하는 의사가 없는 것으로 인식하고 이를 정리하고자 함이다. 특허출원이 취하 간주되는 경우 선출원의 지위가 없어지지만, 일반적으로 특허청장에 의해 특허출원이 공개되므로 동일한 발명을 후출원하는 경우에는 신규성이나 확대된 선출원의 지위 위반으로 특허를 받지 못한다.

5. 우선심사신청

⑴ 취지

심사청구 순서에 따라 실체심사를 진행하는 심사청구제도를 기계적으로 적용할 경우 심사의 진행이 늦어짐으로써 공공의 이익 및 출원인의 이익 보호가 미흡하게 되는 결과가 발생할 수 있기 때문에 우선심사 대상에 해당되는 출원에 대하여 본래의 심사청구 순위에 관계없이 우선하여 심사하여 조기에 권리를 확보할수 있도록 하는 제도이다.

⊠ 우선심사신청 절차

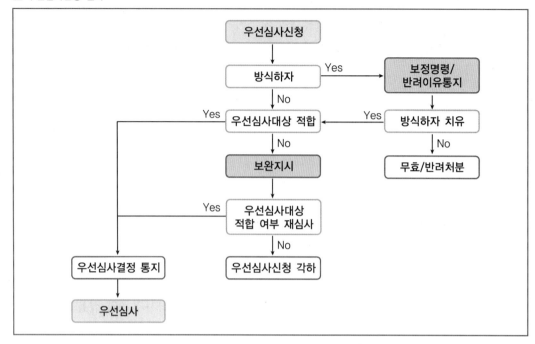

우선심사의 결정이 있으면, 그 출원에 대해서는 심사청구의 순위에 관계없이 우선적으로 심사(우선심사결정이 있은 후 2~8개월)에 착수한다. 이는 심사청구 순서에 따라 실체심사를 진행하는 심사청구제도에 대한 예외이다.

(2) 우선심사사유

① 출원공개 후 특허출원인이 아닌 자가 업으로서 특허출원된 발명을 실시하고 있다고 인정되는 경우

② 대통령령으로 정하는 특허출원으로서 긴급하게 처리할 필요가 있다고 인정되는 경우

ㄱ 방위산업 분야의 특허출원

ㄴ 녹색기술[49]과 직접 관련된 특허출원

ㄷ 인공지능 또는 사물인터넷 등 4차 산업혁명과 관련된 기술을 활용한 특허출원

ㄹ 반도체 등 국민경제 및 국가경쟁력 강화에 중요한 첨단기술과 관련된 특허출원(특허청장이 우선심사의 구체적인 대상과 신청 기간을 정하여 공고하는 특허출원으로 한정한다.)

ㅁ 수출 촉진에 직접 관련된 특허출원

---

49) 온실가스 감축기술, 에너지 이용 효율화기술, 청정생산기술, 청정에너지기술, 자원순환 및 친환경기술(관련 융합기술 포함) 등 사회·경제 활동의 전 과정에 걸쳐 에너지와 자원을 절약하고 효율적으로 사용하여 온실가스 및 오염 물질의 배출을 최소화하는 기술을 말한다.

지식재산능력시험

지식재산 창출 —

제1장

제2장

제3장

제4장

제5장

제6장

ⓑ 국가 또는 지방자치단체의 직무에 관한 특허출원(「고등교육법」에 따른 국·공립학교의 직무에 관한 특허출원으로서 「기술의 이전 및 사업화 촉진에 관한 법률」 제11조 제1항에 따라 국·공립학교 안에 설치된 기술이전·사업화 전담조직에 의한 특허출원을 포함한다.)

ⓢ 「벤처기업육성에 관한 특별조치법」 제25조에 따른 벤처기업의 확인을 받은 기업의 특허출원

ⓞ 「중소기업기술혁신 촉진법」 제15조에 따라 기술혁신형 중소기업으로 선정된 기업의 특허출원

ⓩ 「발명진흥법」 제11조의2에 따라 직무발명보상 우수기업으로 선정된 기업의 특허출원

ⓒ 「발명진흥법」 제24조의2에 따라 지식재산 경영인증을 받은 기업의 특허출원

ⓚ 「과학기술기본법」 제11조에 따른 국가연구개발사업의 결과물에 관한 특허출원

ⓣ 조약에 의한 우선권주장의 기초가 되는 출원(당해 특허출원을 기초로 하는 우선권주장에 의하여 외국특허청에서 특허에 관한 절차가 진행 중인 것에 한정한다.)

ⓟ 「특허법」 제198조의2에 따라 특허청이 '특허협력조약'에 따른 국제조사기관으로서 국제조사를 수행한 국제특허출원

ⓗ 특허출원인이 업으로서 실시 중이거나 실시준비 중인 특허출원된 발명

㉮ 특허청장이 외국 특허청장과 우선심사하기로 합의한 특허출원

③ 대통령령으로 정하는 특허출원으로서 재난의 예방·대응·복구 등에 필요하다고 인정되는 경우

㉠ 「감염병의 예방 및 관리에 관한 법률」 제2조 제21호에 따른 의료·방역 물품과 직접 관련된 특허출원, 「재난 및 안전관리 기본법」 제73조의4에 따라 인증을 받은 재난안전제품과 직접 관련된 특허출원의 어느 하나에 해당하는 것으로서 특허청장이 정하여 고시하는 특허출원

㉡ 재난으로 인한 긴급한 상황에 대응하기 위해 특허청장이 우선심사신청 기간을 정해 공고한 대상에 해당하는 특허출원

05 실체심사

1. 실체심사의 절차

실체심사는 특허요건, 즉 산업상 이용가능성, 신규성 및 진보성을 판단하는 심사로 심사관은 실체적 특허요건을 심사하며 이와 함께 공개의 대가로 특허를 부여하게 되므로 일반인이 쉽게 실시할 수 있도록 기재하고 있는가(기재요건)를 동시에 심사한다. 심사관은 특허출원을 심사한 결과 특허요건을 만족하지 못하는 거절이유를 발견하면 거절이유를 통지한다. 출원인은 심사관의 거절이유통지에 대하여 특허출원의 내용을 보정하거나 의견서를 제출하는 방식으로 대응할 수 있으며, 심사관은 해당 출원이 특허요건을 만족하는 경우에 특허결정을 내려야 한다.

🖾 실체심사의 개략적인 흐름도

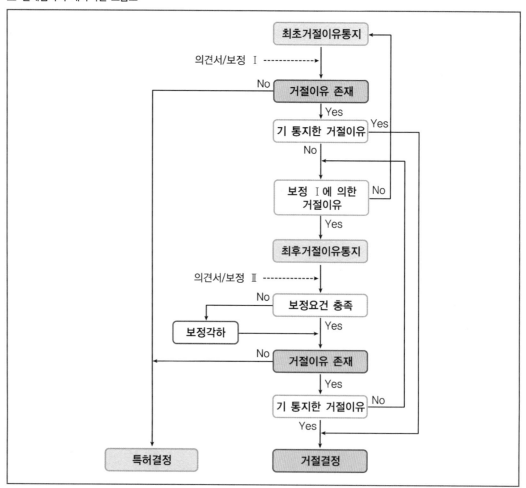

지식재산능력시험

지식재산 창출 —

제1장

제2장

제3장

제4장

제5장

제6장

2. 거절이유 및 거절이유통지

(1) 거절이유

① 주체적 특허요건

ⓐ 외국인으로서 특허에 관한 권리를 향유할 수 없는 자가 특허출원한 경우

ⓑ 무권리자가 특허출원한 경우

ⓒ 특허청 직원 및 특허심판원 직원이 상속이나 유증의 경우를 제외하고 재직 중 특허출원한 경우

ⓓ 특허를 받을 수 있는 권리가 공유인 경우에 공유자 전원이 공동으로 출원하지 아니한 경우

② 실체적 특허요건

ⓐ 산업상 이용가능성(발명의 성립성), 신규성, 진보성, 소위 확대된 선출원의 지위에 위반된 경우

ⓑ 선출원주의를 위반한 경우

ⓒ 공서양속에 어긋나거나 공중의 위생을 해할 우려가 있는 경우

③ 절차적 특허요건

ⓐ 명세서(발명의 설명, 청구범위) 기재요건을 위반한 경우

ⓑ 하나의 특허출원의 범위를 위반한 경우

④ 기타

ⓐ 조약에 위반된 경우

ⓑ 보정이 신규사항 추가인 경우

ⓒ 분할출원, 분리출원, 변경출원의 범위를 벗어난 경우

(2) 거절이유통지

거절이유는 제한 열거적으로 규정된 것으로서 특허출원한 발명이 특허를 받을 수 없는 이유이다. 심사관은 특허출원한 발명의 청구범위의 청구항별로 거절이유를 검토하지만, 일부 항의 거절이유가 극복되지 아니하면 특허출원한 발명 전체에 대해 특허거절결정을 한다. 다만, 심사관은 특허출원한 발명이 거절이유에 해당하는 경우 특허거절결정을 하기 전에 출원인에게 거절이유를 통지하고 기간을 정하여 의견서를 제출할 수 있는 기회를 주어야 한다. 의견서 제출기간은 2개월이고, 최대 4개월까지 자동 연장할 수 있으며(최장 6개월), 4개월이 초과된 경우에는 소명서를 바탕으로 심사관이 초과기간 인정사유에 해당하는지 여부를 판단하여 인정 여부를 결정하게 된다. 거절이유의 종류에는 최초거절이유통지, 최후거절이유통지가 있다.

① 최초거절이유통지

거절이유통지를 최초로 받거나 최후거절이유통지가 아닌 거절이유통지를 말한다. 최후거절이유통지가 아닌 거절이유통지란 특허출원한 발명이 원시적으로 거절이유가 존재하

는데 심사관이 이를 간과한 후 나중에 발견한 경우 그 거절이유에 대해 심사관이 통지하는 것을 말한다.

② 최후거절이유통지

최초거절이유통지에 대한 보정에 따라 발생한 새로운 거절이유에 대한 거절이유통지를 말한다.

(3) 심사 단계와 거절이유통지

① 최초거절이유통지 전

출원인은 특허결정의 등본을 송달하기 전과 최초거절이유를 송달받기 전에 자진 보정할 수 있다. 자진 보정에 의해 보정된 명세서 또는 도면을 심사하여 거절이유가 없는 경우 특허결정하고, 거절이유를 발견한 경우 최초거절이유를 통지한다.

② 최초거절이유통지 이후

보정(보정Ⅰ)이 없는 경우 의견서 등을 참조하여 최초거절이유통지서 발송 시 심사한 명세서로 재심사하며, 보정(보정Ⅰ)이 있는 경우에는 의견서 등을 참조하여 보정 내용을 반영한 보정명세서로 재심사하여 거절이유가 없는 경우 특허결정을 하고 최초거절이유통지서의 거절이유가 해소되지 않은 경우 거절결정을 한다. 최초거절이유통지 시 지적하지 않은 거절이유에 대해서는 최초거절이유를 통지하고 보정에 의해 발생한 거절이유에 대해서는 최후거절이유를 통지한다.

③ 최후거절이유통지 이후

최후거절이유에 대응한 보정(보정Ⅱ)이 없는 경우에는 의견서 등을 참조하여 최후거절이유통지서 발송 시 심사한 명세서로 재심사한다. 최후거절이유통지에 대응한 보정(보정Ⅱ)이 있는 경우에는 보정요건을 판단하여 보정요건을 충족한 경우 보정(보정Ⅱ)을 반영한 보정서로 재심사한다. 그 결과 거절이유가 없는 경우에는 특허결정하며, 거절이유가 있는 경우 그중 하나라도 최초 또는 최후거절이유통지 시 지적한 거절이유인 경우에는 거절이유를 해소하지 못하였으므로 거절결정한다. 다만 그 거절이유가 최초거절이유통지 시 있었으나 지적하지 않는 거절이유인 경우 최초거절이유를 통지한다. 그러나 그 거절이유가 보정Ⅰ에 의하여 발생한 거절이유나 최후거절이유통지 시 지적하지 않는 거절이유인 경우에는 최후거절이유를 통지한다.

3. 거절이유통지를 받은 출원인의 대응 방안

(1) 거절이유가 타당하지 아니한 경우

① 의견서 제출

출원인은 거절이유가 타당하지 아니하면 타당하지 아니한 이유를 구체적으로 적은 의견서를 제출할 수 있다. 이때 필요한 경우 보정서를 첨부할 수도 있다.

지식재산능력시험

지식재산 창출 -

제1장

제2장

제3장

제4장

제5장

제6장

② 특허거절결정에 대한 불복

특허거절결정을 받은 자가 이에 대해 불복할 때에는, 특허거절결정등본을 송달받은 날로부터 3개월 이내에 재심사청구와 거절결정불복심판의 청구 중 어느 하나를 할 수 있으며, 필요한 경우 분할출원, 변경출원을 할 수 있다. 한편, 재심사 단계에서 특허거절결정등본을 송달받은 경우에는 그날로부터 3개월 이내에 분할출원이나 거절결정불복심판을 청구할 수 있다.

③ 불복의 소 제기

출원인은 거절결정불복심판에서 기각심결을 받은 경우 심결등본송달일로부터 30일 이내에 분리출원을 하거나 심결취소의 소를 특허법원에 제기할 수 있으며, 심결취소의 소에서 기각판결을 받은 경우에는 기각판결등본송달일로부터 2주일 이내에 대법원에 상고할 수 있다.

⑵ 거절이유가 타당한 경우

① 공지 등이 되지 아니한 발명으로 보는 경우의 주장

출원 전 공지로 인해 신규성 또는 진보성 위반으로 거절이유통지를 받은 경우 그 취지 및 증명서류를 제출하면서 공지 등이 되지 아니한 발명으로 보는 경우의 주장을 할 수 있다. 다만, 공지 등이 된 날로부터 12개월 이내에 출원한 경우에 한하고, 공지 등이 되지 아니한 발명으로 보는 경우의 주장이 타당한 경우 심사관은 그 공지기술과 관련하여 신규성 또는 진보성을 판단해서는 아니 된다.

② 보정

보정은 명세서 또는 도면의 내용이 불명확하거나 미비한 점이 있는 경우에 그 흠결을 치유하기 위하여 출원인이 행하는 보충・정정을 말한다. 일정 범위에서 그 흠결을 치유할 수 있는 기회를 부여하여 출원인의 권리를 보호하는 한편, 불필요한 출원 건수를 감소시켜 심사를 촉진하기 위해 보정을 인정하고 있다.

㉠ 보정의 시기 : 특허출원인은 특허결정의 등본을 송달하기 전까지 자진하여 특허출원서에 첨부한 명세서 또는 도면을 보정할 수 있다. 다만, 거절이유통지를 받은 후에는 다음의 구분에 따른 기간에만 보정할 수 있다.

• 최초거절이유통지를 받은 경우 : 해당 거절이유통지에 따른 의견서 제출기간
• 최후거절이유통지를 받은 경우 : 해당 거절이유통지에 따른 의견서 제출기간
• 재심사를 청구하는 경우 : 청구할 때

㉡ 보정의 범위 : 출원인은 심사관이 지적한 거절이유를 극복하기 위해 보정할 수 있다. 예를 들어, 신규성 또는 진보성 위반으로 거절이유통지를 받은 경우 청구범위를 삭제하거나 감축하는 보정 등을 통해 거절이유를 극복할 수 있을 것이다. 다만, 최초거절이유통지를 받은 경우에는 의견서 제출기간에 신규사항 추가금지에 위반되지 아니한 범위에서 보정할 수 있으나, 최후거절이유통지를 받은 경우에는 의견서 제출기간에

신규사항 추가금지에 위반되지 아니함은 물론이거니와 청구범위 보정범위 제한도 만족하여야 하고, 보정에 의하여 새로운 거절이유가 발생하지 아니하여야 한다.

> **최후거절이유에 대한 청구범위 보정범위의 제한**
> ⅰ) 청구항을 한정 또는 삭제하거나 청구항에 부가하여 청구범위를 감축하는 경우
> ⅱ) 잘못 기재된 사항을 정정하는 경우
> ⅲ) 분명하지 아니하게 기재된 사항을 명확하게 하는 경우
> ⅳ) 출원서에 최초로 첨부한 명세서 또는 도면에 기재된 사항의 범위를 벗어난 보정(신규사항 추가한 보정)에 대하여 그 보정 전 청구범위로 되돌아가거나, 되돌아가면서 청구범위를 ⅰ) 내지 ⅲ)에 따라 보정하는 경우 중 어느 하나에 해당하는 경우

   ⓒ **보정의 효과**: 특허출원의 보정이 적법한 경우에 그 출원은 보정된 내용에 따라 소급하여 출원된 것으로 취급한다. 자진 및 최초거절이유통지에 대응한 보정에서 보정범위(신규사항 추가금지)를 위반한 경우 심사관은 거절이유를 통지하며 최후거절이유통지에 따른 의견서 제출기간 및 재심사 청구 시 보정에서 보정범위(신규사항 추가금지 또는 청구범위 보정범위 제한)를 위반한 경우 보정각하결정을 하고 보정 전의 명세서로 심사한다. 출원인은 보정각하결정에 대해서는 별도로 불복할 수 없으며, 이후 특허거절결정에 대한 불복심판의 심리 중에 보정각하결정이 부당함을 함께 다툴 수 있다. 다만, 직권 재심사를 하는 경우, 취소된 특허결정 전에 한 각하결정과 재심사의 청구가 있는 경우 그 청구 전에 한 각하결정은 거절결정불복심판에서 다툴 수 없다.

③ **분할출원**

원출원에 둘 이상의 발명이 포함된 경우 원출원의 출원서에 최초로 첨부한 명세서 또는 도면에 기재된 사항의 범위에서 보정할 수 있는 기간 내에 그 일부를 별개의 특허출원으로 분할하는 것을 말하며, 분할출원을 한 경우 그 분할출원은 원특허출원한 때에 출원한 것으로 본다.

   ㉠ **기간**: 자진 보정 기간 내 가능하며, 특허거절결정등본을 송달받은 날부터 3개월(거절결정불복심판청구를 할 수 있는 기간이 연장된 경우에는 그 기간을 말한다.) 또는 특허결정의 등본을 송달받은 날부터 3개월 이내의 기간(다만, 「특허법」 제79조에 따른 설정등록을 받으려는 날이 3개월보다 짧은 경우에는 그날까지의 기간) 이내의 기간에 분할이 가능하다. 적법하게 분할출원된 경우 그 분할출원은 원특허출원을 한 때에 출원한 것으로 본다. 분할출원은 원출원과는 별개의 특허출원이다.

   ㉡ **분할 대상**
     • 심사관은 청구범위의 청구항별로 특허요건을 검토하지만 하나의 청구항이라도 거절이유가 있는 경우에는 특허출원 전체를 특허거절결정한다. 따라서 출원인은 청구범위에 기재된 청구항 중 일부 청구항에 대해서만 거절이유통지를 받은 경우에는 의견서 제출기간에 거절이유가 없는 청구항은 분할출원하여 먼저 등록받고, 거

지식재산능력시험

지식재산 창출 -

제1장

제2장

제3장

제4장

제5장

제6장

절이유가 있는 청구항은 별도로 거절이유를 다툴 수 있다.

- 원출원의 출원 당시에 청구범위에는 기재되어 있지 않으나 명세서 또는 도면에만 기재된 발명을 보호받고자 할 경우에도 분할출원의 의미가 있다.

④ 분리출원

특허거절결정을 받은 자는 거절결정불복심판청구가 기각된 경우 그 심결의 등본을 송달받은 날부터 30일(제186조 제5항에 따라 심판장이 부가기간을 정한 경우에는 그 기간을 말한다.) 이내에 그 특허출원의 출원서에 최초로 첨부된 명세서 또는 도면에 기재된 사항의 범위에서 그 특허출원의 일부를 새로운 특허출원으로 분리하는 것을 말하며, 분리출원을 한 경우 그 분리출원은 원특허출원한 때에 출원한 것으로 본다.

㉠ 취지 : 특허거절결정불복심판에서 기각심결이 있은 후에는 분할출원을 할 수 없기 때문에 거절결정 대상이 되지 않은 청구항(즉, 청구범위 중 특허 가능한 청구항)을 포함하는 특허출원이 구제받지 못하는 경우가 발생하는 문제점이 있었다. 이에 2022년 4월 20일 시행된 개정법(法律 제18505호, 2021. 10. 19. 일부개정)에서는 심결취소의 소 제기 전까지 그 청구항을 새로운 특허출원으로 분리하여 신속하게 추가적인 권리를 획득할 수 있는 기회를 제공하고 있다.

㉡ 요건 : 분리출원의 명세서 또는 도면에 기재된 발명은 원출원의 출원서에 최초로 첨부한 명세서 또는 도면에 기재된 사항의 범위에 있어야 한다.

ⅰ) 그 심판청구의 대상이 되는 특허거절결정에서 거절되지 아니한 청구항
ⅱ) 거절된 청구항에서 그 특허거절결정의 기초가 된 선택적 기재사항을 삭제한 청구항
ⅲ) ⅰ) 또는 ⅱ)에 따른 청구항을 ① 청구항을 한정 또는 삭제하거나 청구항에 부가하여 청구범위를 감축하는 경우, ② 잘못 기재된 사항을 정정하는 경우, ③ 분명하지 아니하게 기재된 사항을 명확하게 하는 경우의 어느 하나에 해당하도록 적은 청구항
ⅳ) ⅰ)부터 ⅲ)까지 중 어느 하나의 청구항에서 그 특허출원(원출원)의 출원서에 최초로 첨부된 명세서 또는 도면에 기재된 사항의 범위를 벗어난 부분을 삭제한 청구항

⑤ 변경출원

출원인은 심사관으로부터 진보성에 위반되었다는 이유로 거절이유통지 또는 특허거절결정을 받은 경우에 최초특허거절결정등본의 송달일로부터 3개월 이내에 실용신안등록출원으로 변경출원을 고려해 볼 수 있다. 실용신안은 특허보다 창작 수준이 낮은 정도의 진보성인 극히 용이성을 요구하기 때문에 특허출원이 진보성에 위반되었다고 할지라도 실용신안출원은 진보성에 위반되지 않을 수 있기 때문이다. 다만, 실용신안등록출원의 보호대상이 물품의 형상·구조 또는 조합에 관한 고안이어야 하기 때문에 물질발명이나 방법발명은 진보성에 위반되었다고 할지라도 변경출원을 할 수 없다. 적법하게 변경출원된 경우 그 변경출원은 원출원을 한 때에 출원한 것으로 본다. 변경출원은 원출원과는 별개의 특허출원이며, 변경출원이 있는 경우에는 그 실용신안등록출원은 취하된 것으로 본다.

⑥ 국내우선권주장출원

출원인은 심사관이 명세서 기재불비 등으로 거절이유를 통지한 경우 출원일로부터 1년 이 지나지 않았다면 국내우선권주장출원 등을 고려해 볼 수 있다. 물론, 통상적으로 기재불비의 경우 보정으로 하자가 치유될 수 있으나 신규사항 추가금지 범위를 벗어난 경우에는 국내우선권주장출원이 거절이유를 극복하기 위한 적절한 수단이 될 수 있다.

㉠ 취지 : 특허출원 등에 의한 우선권주장(이하 '국내우선권')제도는 특허출원 등을 기초로 하여 선출원을 보다 구체화하거나 개량·추가하는 발명을 한 경우에 이들 발명를 보호하기 위한 제도이다.[50]

㉡ 요건
- 국내우선권을 주장할 수 있는 자는 특허를 받으려고 하는 자로서 선출원의 출원인 (승계인을 포함)이다.
- 선출원을 기초로 국내우선권주장을 할 수 있는 기간은 선출원일부터 1년 이내이다.
- 선출원이 분할출원, 분리출원, 또는 변경출원이 아니어야 하고, 우선권주장출원의 출원 시에 선출원은 포기·무효·취하·설정등록·거절결정·거절취지심결 확정 상태가 아니어야 한다.

㉢ 효과 : 국내우선권을 주장한 후출원이 등록요건을 충족하는지를 판단함에 있어서, 국내우선권주장제도를 통하여 선출원에 기재된 발명과 동일한 발명은 선출원일에, 새롭게 추가된 발명은 국내우선권주장출원(후출원)의 출원일에 출원한 것으로 인정된다. 중복 특허 방지를 위해 우선권주장의 기초가 된 선출원은 그 출원일부터 1년 3개월이 지난 때에 취하된 것으로 본다.

4. 특허 여부의 결정

(1) 거절결정

심사관은 거절이유통지에 따라 제출된 의견서·보정서에 의해서도 통지한 거절이유가 해소되지 아니한 것으로 인정되는 경우에는 특허거절결정을 한다. 보정이 인정되지 않아 거절이유가 동일한 경우에는 2번의 거절이유통지를 하지 아니하고 특허거절결정을 한다.

(2) 특허결정

심사관이 특허출원을 심사한 결과 거절이유를 발견할 수 없는 경우, 거절이유통지를 하고 그에 의하여 제출된 의견서 및 보정서에 의하여 재심사한 결과 거절이유통지서에 지적한 거절이유가 해소되고 그 이외의 새로운 거절이유를 발견할 수 없는 경우, 특허거절결정불복심판청구에 의한 환송심결에 따라 심사국으로 이송된 출원을 심사한 결과 거절이유를 발견할 수 없는 경우 심사관은 특허결정을 한다.

---

50) 「특허법」 제55조 제1항

지식재산능력시험

지식재산 창출 ──

제1장

제2장

제3장

제4장

제5장

제6장

5. 설정등록

(1) 설정등록료 납부

특허권의 설정등록을 받으려는 자는 설정등록을 받으려는 날(이하 '설정등록일')부터 3년 분의 특허료를 납부하고 설정등록을 한다. 특허청장은 출원인이 특허결정등본송달일로부 터 3개월 내에 최초 3년분의 특허료를 납부한 경우에 직권으로 특허등록을 하게 된다. 특 허권은 설정등록에 의하여 발생한다. 그러므로 특허권의 설정등록이 있으면 특허출원인은 특허권자가 되고 출원발명은 특허발명이 된다.

(2) 등록공고

특허청장은 특허권 설정등록이 있는 때에는 그 특허에 관하여 특허공보에 게재하여 등록 공고를 하여야 한다. 등록공고란 심사를 거쳐 특허가 확정된 발명의 내용을 일반에게 공표 하여 침해하지 않도록 유도함으로써 특허 분쟁을 미연에 방지하기 위한 절차를 말한다. 이 런 점에서 등록공고는 출원발명의 조기공표를 목적으로 행하는 출원공개와는 그 제도적 취지를 달리한다.

06 특허심사와 관련된 제도

1. 정보제공

정보제공제도란 특허출원이 있는 때에는 누구든지 그 특허출원이 거절이유[51]에 해당되어 특허될 수 없다는 취지의 정보를 증거와 함께 특허청장에게 제공할 수 있는 제도이다.[52] 정보제공제도는 특허출원에 대하여 누구든지 그 출원이 특허되어서는 안 된다는 정보를 증거와 함께 제공하게 함으로써 심사관에 의한 심사의 신속성 및 정확성을 높여 심사의 질 적 향상에 기여하도록 하기 위한 제도이다.

정보제공은 특허청에 계속 중인 출원에 대해서 가능하며 제출할 수 있는 정보의 내용은 절 차적 요건인 배경기술 기재(제42조 제3항 제2호), 다항제 기재방법(제42조 제8항), 하나의 특허출원의 범위(제45조)를 제외한 거절이유에 관한 정보이다.

심사관은 제3자의 정보제공을 통해 심사에 있어 필요한 자료 및 증거 등을 용이하게 수집할 수 있으므로 심사관이 당해 출원에 대한 특허 여부를 판단하는 데 필요한 노력 및 시간이 경감되고 하자 있는 권리 발생이 감소되어 불필요한 분쟁의 발생을 예방할 수 있다.

---

51) 「특허법」 제62조 거절이유 중 배경기술 기재(제42조 제3항 제2호), 다항제 기재방법(제42조 제8항), 하나의 특허출원의 범위(제45조)는 해당되지 않는다.
52) 「특허법」 제63조의2

2. 직권재심사제도

특허결정 이후에도 설정등록 전까지 심사관은 특허출원에 관하여 명백한 거절이유를 발견한 경우에는 직권으로 특허결정을 취소하고 특허출원을 직권으로 재심사할 수 있다.[53]

3. 재심사청구제도

재심사청구제도란 특허출원인이 그 특허출원에 관하여 특허결정의 등본을 송달받은 날부터 설정등록을 받기 전까지의 기간 또는 특허거절결정등본을 송달받은 날부터 3개월 이내에 그 특허출원의 명세서 또는 도면을 보정하여 해당 특허출원에 관한 재심사를 청구하는 경우 심사관에게 보정된 출원을 다시 심사하게 하는 것을 말한다.

다만, ① 재심사를 청구할 때에 이미 재심사에 따른 특허 여부의 결정이 있는 경우, ② 거절결정불복심판청구가 있는 경우(거절결정불복심판청구에서 특허거절결정이 취소된 경우는 제외), ③ 그 특허출원이 분리출원인 경우 중 어느 하나에 해당하는 경우에는 재심사를 청구할 수 없다.

거절결정에 대하여 재심사청구를 하면서 등록 가능한 청구항만으로 보정하는 경우 심판청구를 하지 않더라도 즉시 특허결정이 가능하게 되어 특허절차가 간소화되고, 불필요한 심판청구 수수료를 납부할 필요가 없어졌다. 또한, 특허결정의 등본을 송달받은 날로부터 제79조에 따른 설정등록을 받기 전까지의 기간까지 재심사청구를 할 수 있도록 하여,[54] 특허결정등본을 송달받았을지라도 제한된 보정범위 내에서 권리범위를 재설계할 수 있는 기회를 주고 있다.

재심사의 청구가 있는 경우 해당 특허출원에 대하여 종전에 이루어진 특허결정 또는 특허거절결정은 취소된 것으로 보고, 심사관은 출원에 대한 재심사를 진행한다. 재심사의 청구는 취하할 수 없다. 이는 재심사청구가 있는 경우 거절결정은 취소된 것으로 간주되므로 재심사청구의 취하에 따라 절차상 혼란이 발생할 수 있기 때문이다.

4. 특허취소신청제도

누구든지 특허권의 설정등록일부터 등록공고일 후 6개월이 되는 날까지 그 특허가 신규성, 진보성, 선출원 위반의 하자가 있는 특허에 대하여 특허심판원에 특허취소를 신청할 수 있다. 심사 시 누락된 선행기술 정보를 제출하면서 특허취소를 신청하면 심판관 합의체는 특허등록에 대한 재검토를 실시한다.[55] 청구항별로 신청이 가능하며 취소결정의 이유는 반드시 의견제출기회를 부여하여야 한다. 취소결정 확정 시, 특허권은 소급하여 소멸하며, 특허취소결정, 취소신청서 각하에 대해서는 송달일부터 30일 이내에 특허청장을 상대로 특허법원에 불복이 가능하다.

53) 「특허법」 제66조의3
54) 2022년 4월 20일 시행 개정법(法律 제18505호, 2021. 10. 19. 일부개정)
55) 「특허법」 제132조의2

지식재산능력시험

지식재산 창출 ──

제1장

제2장

제3장

제4장

제5장

제6장

🔔 **취소신청과 무효심판의 비교**

구분	특허취소신청	무효심판
제도 취지	특허권의 조기 안정화	당사자 간의 분쟁해결
절차	결정계 절차(특허청과 특허권자)	당사자계 절차(심판청구인과 특허권자)
청구인 적격	누구나	이해관계인 또는 심사관
신청/청구 기간	설정등록일부터 등록공고 후 6개월까지 (권리 소멸 후에는 불가)	설정등록 후 언제나 (권리 소멸 후에도 가능)
취하	청구항별로 가능, 결정등본이 송달되기 전 * 취소이유 통지 후에는 불가능	청구항별로 가능, 심결이 확정되기 전 * 답변서 제출 후에는 상대방의 동의 필요
취소/무효 이유	법 제29조(신규성, 진보성, 확대된 선원), 법 제36조(선출원)	법 제133조 제1항(신규성, 진보성, 기재 불비, 모인출원, 공동출원 위반, 권리향 유 위반, 조약 위반 등)
심리방식	서면심리	서면심리 및 구술심리
복수 사건의 심리	(원칙) 병합 심리	(원칙) 사건별 심리
결정·심결	취소결정, 기각 또는 각하 * 취소결정 전에 취소이유통지	무효, 기각 또는 각하
불복 소제기	• 취소결정, 신청서 각하에 대해서는 특허청장을 피고로 특허법원에 불복 • 기각, 합의체의 각하 결정에 대해서는 불복 불가	청구인 및 피청구인 모두 상대방을 피고로 하여 특허법원에 제소 가능

특허권의 효력

특허권은 발명의 공개를 대가로 발명자에게 부여되는 독점배타권이므로 특허권자는 특허발명을 업으로 실시할 권리를 갖게 된다. 무체재산권인 특허권의 특징을 이해하고 특허권 효력과 내용, 산업 발전을 위해 제한되는 경우를 설명할 수 있다.

특허권의 효력 범위 및 그 내용에 대해 설명할 수 있다.
특허권의 효력이 제한이 되는 이유를 이해하고 종류별로 설명할 수 있다.
특허권이 소멸하는 사유를 구분하여 설명할 수 있다.

하위 목차명		특허권의 효력 범위, 특허권 효력의 내용, 특허권 효력의 제한, 특허권의 소멸
NCS 및 NCS 학습모듈	대분류	05. 법률·경찰·소방·교도·국방
	중분류	01. 법률
	소분류	02. 지식재산관리
	세분류	01. 지식재산관리
	능력단위 (능력단위요소)	12. 지식재산 권리화
	주요 지식·기술· 태도	• 특허법, 특허권 권리 범위 관련 판례 • 특허권의 권리 범위 분석 기술, 필요한 자료를 수집하고 분석하는 능력 • 법률적 사고

지식재산능력시험

지식재산 창출 ─

제1장

제2장

제3장

제4장

제5장

제6장

01 특허권의 효력 범위

1. 시간적 효력 범위

특허권의 존속기간은 특허권을 설정등록한 날부터 특허출원일 후 20년이 되는 날까지로 한다. 특허발명을 실시하기 위하여 다른 법령에 따라 허가를 받거나 등록 등을 하여야 하고, 그 허가 또는 등록 등(이하 '허가 등')을 위하여 필요한 유효성·안전성 등의 시험으로 인하여 장기간이 소요되는 대통령령으로 정하는 발명인 경우에는 그 실시할 수 없었던 기간에 대하여 5년의 기간까지 그 특허권의 존속기간을 한 차례만 연장할 수 있다.[56] 또한, 특허출원에 대하여 특허출원일부터 4년과 출원심사청구일부터 3년 중 늦은 날보다 지연되어 특허권의 설정등록이 이루어지는 경우에는 그 지연된 기간만큼 해당 특허권의 존속기간을 연장할 수 있다.[57]

2. 내용적 효력 범위

(1) 적극적 효력

적극적 효력이란 독점성에 기인한 효력으로서 「특허법」 제94조 제1항에서는 "특허권자는 업으로서 특허발명을 실시할 권리를 독점한다."라고 하여 특허권자만이 특허발명을 업으로서 실시할 수 있는 권리(전용권, 독점권)를 갖는 것으로 규정하고 있다.

(2) 소극적 효력

소극적 효력이란 배타성에 기인한 효력으로서 정당한 권원 없는 제3자가 특허발명의 보호 범위에 속하는 발명을 업으로서 실시하면 이를 침해라고 하여 배제할 수 있는 권리(금지권, 배타권)를 말한다. 타인의 실시가 침해가 되는 경우 특허권자는 침해자에 대하여 그 실시를 중지할 것을 청구할 수 있으며, 침해행위로 인하여 손해를 입은 경우에는 손해배상청구 등의 각종 민형사상의 제재 조치를 취할 수 있다.

3. 지역적 효력 범위

속지주의 원칙에 따라 우리나라의 영토 내에만 미친다. 즉, 우리나라 내에 있는 자에 대해서는 내·외국인을 불문하고 특허권의 효력이 미친다.

---

56) 「특허법」 제89조 제1항
57) 「특허법」 제92조의2

02 특허권의 효력 내용

1. 의의

특허권자는 업으로서 그 특허발명을 실시할 권리를 독점한다. 따라서 특허권의 효력이 미치는 범위를 이해하기 위해서는 '업'의 의미, '실시'의 의미를 명확히 할 필요가 있다.

2. 업의 의미

산업발전에의 이바지라는 「특허법」의 목적에 비추어 단순히 개인적 또는 가정적인 실시를 제외하는 의미로만 해석하는 것이 다수설이다. 업으로서의 실시에는 그 실시의 빈도와 규모, 영리·비영리 등은 문제가 되지 않는다. 예컨대 특허발명품인 전기세탁기를 세탁업자가 1회 사용하는 것은 업으로서의 실시이지만 가정주부가 가정에서 장기간 사용하더라도 업으로서의 실시가 아니다.

3. 실시의 의미

(1) 의의 및 취지

「특허법」상의 실시란 발명 또는 특허발명을 그 발명의 내용에 따라 사용하는 것을 말하며, 「특허법」은 제2조 제3호에서 실시행위 개념에 대한 법적 정의를 내리고 있다. 이는 「특허법」, 「특허법 시행령」 등의 각 법령에서 규정하고 있는 실시에 대한 개념을 명확히 함으로써 특허법상 실시에 대한 법률해석의 혼동을 피하고 무체재산권인 특허권에 의해 독점되는 권리를 명확히 하기 위함이다.

(2) 실시의 종류

① 물건발명

물건발명의 경우에는 그 물건을 생산·사용·양도·대여 또는 수입하거나 그 물건의 양도 또는 대여의 청약(양도 또는 대여를 위한 전시를 포함)을 하는 행위를 말한다.

② 방법발명

방법발명인 경우에는 그 방법을 사용하는 행위를 말한다. 또한 2020년 개정법에서는 방법의 사용을 청약하는 행위를 발명의 실시에 포함하도록 규정하였다. 이는 컴퓨터프로그램 전송행위를 막는 명문의 규정을 신설하여 컴퓨터 개발자들의 창작의욕을 고취시키기 위함이다.

지식재산능력시험

지식재산 창출 ─

제1장

제2장

제3장

제4장

제5장

제6장

③ 물건을 생산하는 방법발명

물건을 생산하는 방법발명인 경우에는 그 방법을 사용하는 행위 또는 그 방법의 사용을 청약하는 행위 외에 그 방법에 의하여 생산한 물건을 사용·양도·대여 또는 수입하거나 그 물건의 양도 또는 대여의 청약을 하는 행위를 말한다.

(3) 실시행위의 독립성

실시행위의 독립성이란 각각의 실시행위는 서로 독립적이므로 침해 여부 역시 각각 독립적으로 판단해야 한다는 것을 말한다. 즉, 각각의 실시행위는 특허권의 효력상 독립적이며 어느 하나의 실시행위는 다른 실시행위에 영향을 미치지 아니하기 때문에 한 단계의 실시행위가 적법하다고 하여 다른 단계의 행위까지도 적법하게 되는 것은 아니다.

사례

甲이 위법하게 특허발명을 생산한 경우에는 그것을 판매하지 않더라도 특허권의 침해가 되며, 乙이 침해자인 甲으로부터 특허발명을 선의로 적법하게 구입하였다고 하더라도 乙이 특허발명을 사용 또는 판매하는 경우에는 독립적인 별개의 실시행위에 해당되므로 특허권의 효력은 여전히 거기에까지 미치게 되어 별개의 특허권 침해가 된다. 다만, 乙이 침해자인 甲으로부터 구입한 특허발명품을 업이 아닌 개인적 또는 가정적으로 실시할 경우는 침해가 성립되지 않는다.

(4) 특허품 구입 후 행위의 적법성

① 의의

특허권자 또는 적법한 제조·판매권을 갖는 자가 판매한 특허발명을 실질적으로 구현한 제품을 적법하게 구입한 경우에, 구입한 자가 그것을 스스로 사용하거나 타인에게 전매하더라도 특허권의 침해가 되지 아니하는데, 이를 권리소진이라고 한다. 권리소진이 필요한 이유는 ㉠ 양수인이나 전득자로서는 그 특허제품의 소유권을 적법하게 취득하였으므로 아무런 제한없이 그 특허제품을 사용할 수 있을 것으로 기대하는 것이 당연하고(양수인 또는 전득자의 보호), ㉡ 특허제품을 유통할 때에 양도 시마다 특허권자의 동의를 얻어야 한다면 특허제품의 유통이 현저히 방해될 수 있고(유통 과정의 보호), ㉢ 특허권자가 특허제품을 판매할 때에 이미 특허권자에게 특허발명의 대가를 배타적으로 취득할 기회가 주어지는 것이어서 이중 이득의 기회를 줄 필요가 없기 때문이다(권리자의 이중 이득 금지).

② 복수국 사이(진정상품의 병행수입)의 경우

진정상품(genuine goods)이란 외국에서 적법하게 발명을 실시할 수 있는 자(⑩ 외국의 특허권자, 전용실시권자 또는 통상실시권자)에 의하여 생산·유통된 상품을 말한다. 병행수입(parallel import)이란 상품을 국내로 수입할 수 있는 정당한 권원을 가진 자(⑩ 국내의 특허권자, 전용실시권자 또는 통상실시권자) 이외의 제3자가 다른 유통경로를 통하여 진정상품을 국내 독점수입권자의 허락 없이 수입하는 것을 말한다.

동일한 상품에 관하여 수 개국에 특허권이 부여되어 있는 경우, 그중 1국(수출국)에서 특허권자가 생산·판매한 상품을 적법하게 구입하여 그중 타국(수입국)으로 수입하여 들여왔다면 그것이 수입국의 특허권을 침해한 것이 되는지 여부가 문제가 된다(소위 국제적 권리소진). 수출국과 수입국의 특허권자가 동일인이 아닌 경우에는 속지주의의 원칙상 특허권의 침해가 된다. 그러나 수출국과 수입국의 특허권자가 동일인인 경우에 수출국에서 특허권자가 생산한 상품을 적법하게 구입하여 수입한 때에는 속지주의의 예외를 인정하여 특허권의 침해가 되지 아니한다고 보는 것이 세계적 경향이다. 다만, 이는 획일적으로 판단할 것이 아니라 구체적인 사실관계를 바탕으로 판단하여야 할 것이다. 예를 들어, 수출국과 수입국의 특허권자가 동일인이라고 할지라도 수입국에서 전용실시권자가 독자적으로 생산 설비를 갖추고 실시하고 있는 경우라면 수입국의 국내 산업발전에 실질적으로 기여하고 있는 전용실시권자를 보호해 줄 필요가 있기 때문이다.

(5) 문제가 되는 행위

① 소지·구입·보관

특허품의 단순한 소지행위·구입행위·보관행위는 「특허법」의 법문상 실시에 해당하지 않으므로 침해품의 소지 그 자체가 특허권의 침해라고 볼 수 없다. 그러나 소지자 또는 보관자가 물건을 양도 또는 대여할 목적으로 소지하는 것은 특허권을 침해할 개연성이 있으므로 특허권자는 침해 예방에 필요한 조치를 취할 수 있다.

② 수출

속지주의 원칙상 우리나라 영토 밖에 있는 물건에 대해서는 특허권의 효력이 미치지 않기 때문에 수출은 실시행위로 보지 않는다. 그러나 수출을 위한 전제행위로서의 국내에서의 생산·사용·양도행위 등은 특허권의 실시행위에 해당하므로 특허권의 침해 여부는 수출을 위한 전 단계의 행위에 의하여 판단하여야 할 것이다.

③ 수리·개조

특허품의 수리·개조는 특허법상 실시가 아니다. 문제가 되는 것은 특허품의 부품을 교체하는 것을 특허품의 수리·개조로 볼 것인지 아니면 재생산으로 볼 것인지이다. 이에 대한 판단은 기존의 판결에서는 발명의 본질적인 부분을 교체하였는지 여부에 따라 발명의 본질적인 부분을 교체하였다면 재생산으로, 그렇지 않다면 단순한 수리·개조로 보아야 한다는 입장이었으나, 최근 판결은 부품을 교체하는 것이 원래 특허제품과의 동일성을 해할 정도에 이르게 된 경우에는 재생산으로 특허권을 침해하는 것으로, 동일성이 유지되는 경우에는 수리로서 특허권을 침해하지 않은 것으로 판단하고 있다. 이는 본질적 부분의 교체라면 생산이 된다는 기존의 판례보다 수리의 범위를 조금 더 넓게 인정해 주려는 경향으로 파악된다.

지식재산능력시험

지식재산 창출

제1장
제2장
제3장
제4장
제5장
제6장

❖ 대법원 2003. 4. 11. 선고 2002도3445

특별한 사정이 없는 한 상표권자 등이 국내에서 등록상표가 표시된 상품을 양도한 경우에는 당해 상품에 대한 상표권은 그 목적을 달성한 것으로서 소진되고, 그로써 상표권의 효력은 당해 상품을 사용, 양도 또는 대여한 행위 등에 미치지 않는다고 할 것이나, 원래의 상품과의 통일성을 해할 정도의 가공이나 수선을 하는 경우에는 실질적으로 생산행위를 하는 것과 마찬가지이므로 이러한 경우에는 상표권자의 권리를 침해하는 것으로 보아야 할 것이고, 통일성을 해할 정도의 가공이나 수선으로서 생산행위에 해당하는가의 여부는 당해 상품의 객관적인 성질, 이용 형태 및 상표법의 규정 취지와 상표의 기능 등을 종합하여 판단하여야 한다.

03 특허권 효력의 제한

1. 특허권의 효력이 미치지 아니하는 범위

(1) 연구 또는 시험(「약사법」에 따른 의약품의 품목허가·품목신고 및 「농약관리법」에 따른 농약의 등록을 위한 연구 또는 시험을 포함)을 위한 특허발명의 실시

연구 또는 시험을 위한 특허발명의 실시는 영리를 목적으로 하지 않으며 학술의 진보 발전에 공헌하려는 목적으로서 행해지는 것이 일반적이기 때문에 특허권자에게 불이익을 초래하지 않는다. 오히려 연구 또는 시험의 결과, 기술적 효과가 만족스러워 이를 실시하고자 하는 경우 특허권자로부터 실시권을 받아야 하기 때문에 특허권자의 입장에서는 경제적인 이익이 될 수도 있다. 따라서 시험 또는 연구가 업으로서 행해지는 경우라도 특허권의 효력이 미치지 아니한다.

(2) 국내를 통과하는 데 불과한 선박·항공기·차량 또는 이에 사용되는 기계·기구·장치 그 밖의 물건

단순히 국내를 통과하는 데 불과한 선박·항공기 또는 그 장치 등은 그 용도가 국내 통과라는 목적에 한정되므로 특허권자에게 주는 손해가 없을 뿐만 아니라, 이에 대해 특허권의 효력이 미친다고 하면 교통을 방해하는 결과가 되어 국제 교통상 장애가 발생할 수 있으므로 이들에 대해서는 특허권의 효력이 미치지 않도록 하고 있다.

(3) 특허출원을 한 때부터 국내에 있는 물건

특허출원을 한 때 이미 국내에 존재하고 있는 물건에까지 특허권의 효력이 미친다는 것은 법적 안정성을 현저하게 해칠 뿐만 아니라 그로 인하여 특허권자의 이익을 특별히 해친다고 보기 어려우므로 기존 상태를 보호하려는 데 이 규정의 의의가 있다. 이 규정은 출원 시에 현존하는 물품을 보호하는 것이고 출원 시에 이미 존재하고 있던 물건이 없어지면 그것으로 끝난다. 실제로 이 규정이 적용될 수 있는 경우는 매우 드물다.

(4) 「약사법」에 의한 조제행위와 그 조제에 의한 의약

2 이상의 의약(사람의 병의 진단·치료·처치 또는 예방을 위해 사용되는 물건)을 혼합함으로써 제조되는 의약의 발명 또는 2 이상의 의약을 혼합하여 의약을 제조하는 방법의 발명에 관한 특허권의 효력은 「약사법」에 의한 조제하는 행위 및 그 조제에 의한 의약에는 미치지 아니하도록 하고 있다. 이는 사람의 보건 위생은 모든 것에 우선하여 보호되어야 한다는 사고에 근거를 둔 규정이다.

2. 실시권의 존재에 의한 제한

(1) 의의 및 취지

실시권이란 특허권자 이외의 자가 업으로서 특허발명을 실시할 수 있는 권리를 말한다. 실시권은 특허권의 침해가 되지 않는 정당한 권원 중 하나로서 특허권의 부수적인 권리이기 때문에 특허권이 존재하여야만 발생할 수 있고, 특허권이 소멸하면 실시권도 소멸한다. 특허권자에게 특허발명을 실시할 의사가 없거나 또는 특허발명을 실시할 자금이 부족한 경우 제3자에게 특허발명의 실시 기회를 부여하는 것이 실시 장려라는 「특허법」의 목적에 부합하며, 특허권의 재산적 가치를 존중하는 것이기 때문에 실시권제도를 마련하고 있다.

(2) 종류

① 전용실시권과 통상실시권[58]

전용실시권과 통상실시권은 효력범위, 구체적으로 독점·배타성 여부에 따라 구분된다. 전용실시권은 특허발명을 업으로서 독점·배타적으로 실시할 수 있는 물권적 권리이며, 통상실시권은 독점·배타성 없이 단순히 특허발명을 업으로서 실시할 수 있는 채권적 권리이다.

② 허락실시권, 법정실시권 및 강제실시권

허락실시권, 법정실시권 및 강제실시권은 발생 원인에 따라 구분된다. ㉠ 허락실시권은 당사자의 의사에 의하여 발생하며, ㉡ 법정실시권은 의사에 무관하게 법률 규정에 의하여 발생하고, ㉢ 강제실시권은 의사에 불구하고 법률 규정의 만족과 특허심판원의 심판 또는 특허청장의 결정에 의하여 발생한다. 한편, 허락실시권은 효력범위에 따라 전용실시권과 통상실시권이 존재하나, 법정실시권과 강제실시권은 통상실시권만이 존재한다. 법률 규정 또는 행정처분에 의해서도 전용실시권이 발생된다면 특허권의 권리가 지나치게 제한되기 때문이다.

---

58) 전용실시권과 통상실시권의 구별은 중복성에 있다. 여기서 중복이란 기간, 지역, 내용이 완전히 일치되는 경우를 말한다. 따라서 실시기간과 실시내용이 같다 하더라도 그 실시지역이 다르면 중복 문제는 생기지 않는다.

지식재산능력시험

지식재산 창출 ㅡ

제1장
제2장
제3장
제4장
제5장
제6장

🔔 전용실시권과 통상실시권의 비교

구분		전용실시권	통상실시권		
			허락실시권	법정실시권	강제실시권
의의		특허권자 이외의 자가 설정행위로 정한 범위에서 독점·배타적으로 특허발명을 업으로서 실시할 수 있는 권리	특허권자 이외의 자가 「특허법」에 따라 또는 설정행위로 정한 범위에서 특허발명을 업으로서 실시할 수 있는 권리		
성질		부수적, 물권적	부수적, 채권적(중복설정 가능)		
발생		계약+등록	계약	법률 규정 만족	법률 규정 만족+행정처분
효력	효력 범위	설정행위로 정한 범위		법률 규정에 의하여 정한 범위	행정처분에 의하여 정한 범위
	효력 내용	• 특허발명 실시 가능 • 타인(특허권자 포함) 실시 금지 가능	• 특허발명 실시 가능 • 타인 실시 금지 불가능		
변동	이전	사업과 함께, 상속이나 그 밖의 일반승계, 특허권자(전용실시권에 관한 통상실시권의 경우에는 특허권자 및 전용실시권자)의 동의			• 재정실시권 → 실시사업과 함께만 • 통상실시권허락심판에 의한 실시권 → 실시권의 허락 원인이 된 원권리와 함께
	실시권 허락	특허권자의 동의	불가		
	질권 설정	특허권자의 동의	특허권자(전용실시권에 관한 통상실시권의 경우에는 특허권자 및 전용실시권자)의 동의		재정실시권, 통상실시권허락심판에 의한 실시권은 불가
	특허권 포기	동의권 ○	동의권 ○	직무발명에 대한 통상실시권만 동의권 ○	동의권 ×
	실시권 포기	통상실시권자, 질권자의 동의	질권자의 동의		
소멸		특허권의 소멸(전용실시권에 대한 통상실시권의 경우에는 전용실시권 또는 특허권의 소멸), 특허권의 수용, 실시권의 포기, 혼동, 설정기간의 만료, 설정계약의 해지 등			
대가		약정 시 정한 대가		대가 지급 유무가 나뉨	행정처분 시 정한 대가

등록 효과	전용실시권의 설정·이전(상속이나 그 밖의 일반승계에 의한 경우는 제외)·변경·소멸(혼동에 의한 경우는 제외) 또는 처분의 제한은 등록이 효력발생요건	• 통상실시권의 설정·이전·변경·소멸 또는 처분의 제한은 등록이 대항요건 • 법정실시권은 설정등록 없이도 대항 가능

3. 특허권 공유에 의한 제한

특허권이 공유인 경우 각 공유자는 계약으로 특별히 약정한 경우를 제외하고는 다른 공유자의 동의를 받지 아니하고 그 특허발명을 자신이 실시할 수 있다. 그러나 각 공유자는 다른 공유자 모두의 동의를 받아야만 그 지분을 양도하거나 그 지분을 목적으로 하는 질권을 설정할 수 있고, 그 특허권에 대하여 전용실시권을 설정하거나 통상실시권을 허락할 수 있다.

4. 특허권 포기 등의 제한

실시권이나 질권 등은 특허권이 소멸하면 같이 소멸되는 부수성을 가지고 있기 때문에 실시권자 또는 질권자는 특허권의 소멸이나 변경에 이해관계가 있다고 할 수 있다. 따라서 특허권자가 특허권을 포기하거나, 그 특허발명의 명세서·도면에 대한 특허의 정정 또는 정정심판을 청구할 때 전용실시권자, 허락에 의한 통상실시권자, 질권자 및 직무발명에 대한 통상실시권자(사용자)의 동의를 얻도록 하고 있다.

지식재산능력시험

지식재산 창출 ─

제1장

제2장

제3장

제4장

제5장

제6장

[04] 특허권의 소멸

특허권의 소멸이란 유효하게 발생한 특허권이 일정한 법정사유에 의해 장래를 향하여 효력이 상실되거나, 소급하여 처음부터 없었던 것으로 보는 것을 말한다. 특허권이 특허발명을 독점적으로 지배할 수 있는 권리로서 개인에게 주어지는 재산권이기는 하지만 이와 같은 특허권은 발명 공개의 대가로서 주어지는 것임에 비추어 그 권리를 어느 특정인에게 무한정으로 독점시킬 수는 없다 할 것이므로 일정한 사유가 있을 경우 특허권을 소멸시킬 필요가 있다.

1. 장래를 향해 소멸

특허권이 장래를 향해 소멸한 경우 소멸되기 전까지는 특허권이 유효하기 때문에 제3자의 실시가 특허권의 침해가 될 수 있다. 장래를 향해 소멸하는 사유는 다음과 같다.

① 존속기간 만료

② 특허료 불납

③ 상속인이 없는 경우

④ 특허권의 포기

⑤ 특허된 후 그 특허권자가 외국인의 권리능력에 따라 특허권을 누릴 수 없는 자로 되거나 그 특허가 조약을 위반하여 무효심판의 인용심결이 확정된 경우

2. 소급하여 소멸

특허권이 소급하여 소멸한 경우 특허권이 처음부터 발생하지 않은 것으로 보기 때문에 제3자의 실시가 특허권의 침해가 될 수 없다. 소급하여 소멸하는 사유로는 특허무효심판에 의한 인용심결의 확정, 특허취소신청에 의한 취소결정의 확정이 있다.

제 6 절 　해외출원

**학습
개관**

특허권은 속지주의 원칙상 특허권을 부여한 국가의 영역 내에서만 독립적으로 효력이 발생된다. 따라서 해외수출과 같이 해외에서 특허권을 인정받고자 하는 경우 해당 국가에서 특허권을 획득해야 한다. 해외출원에 필요한 절차와 방법을 살펴보고 해외출원을 위해 준비할 사항은 무엇인지 설명해 본다.

**학습
포인트**

해외출원할 국가의 선택 기준을 설명할 수 있다.
해외출원 방법을 비교하여 설명할 수 있다.
해외출원 시 유의 사항을 설명할 수 있다.

**NCS 및
NCS 학습모듈**

하위 목차명	해외출원의 결정, 해외출원 방법, 해외출원 시 유의 사항	
NCS 및 NCS 학습모듈	대분류	05. 법률·경찰·소방·교도·국방
	중분류	01. 법률
	소분류	02. 지식재산관리
	세분류	01. 지식재산관리 04. 특허엔지니어링
	능력단위 (능력단위요소)	04. 출원 전략 수립 22. 해외출원 서류 준비
	주요 지식·기술·태도	• 해외특허출원제도에 관한 지식 • 해외출원 서류 작성 능력, 출원 관리 시스템 운영 능력 • 보안 준수 의지, 자료에 대한 세밀한 검토 의지

지식재산능력시험

지식재산 창출 —

제1장

제2장

제3장

제4장

제5장

제6장

01 해외출원의 결정

1. 시장이 있는 국가

큰 시장에서 일정 이상의 점유율을 확보하고 싶을 때 특허는 아주 유용한 수단이 될 수 있다. 그러나 시장을 기준으로 출원국가를 정할 때는 해당 국가가 특허가 적용될 제품의 현재 및 미래의 시장인지 여부를 확인하여야 하며, 제품의 적용계획이 없거나 또는 판매계획이 없는 국가를 단순히 절대적인 크기가 크다는 이유만으로 선택하여서는 안 된다.

2. 생산이 있는 국가

특허침해로 인한 손실을 줄이는 방법은 특허침해품이 시장에 유입되지 않도록 하는 것이다. 최근 들어, 유럽연합(EU)은 국경 조치(border seizure)를 강화하여 침해품의 유럽 시장 진입을 원천 봉쇄하고 있으며, 미국과 일본 그리고 우리나라 무역위원회(ITC)와 같은 준사법기관도 세관을 통해 침해품의 시장 유입을 막고 있다. 그러나 이와 같은 조치들은 침해품의 생산 자체는 예방할 수 없고 단지 유입만을 막을 뿐이다. 따라서 침해품 생산 자체를 금지하기 위해서는 침해품의 생산이 이루어지는 국가에 출원하여 특허권을 확보하여야 한다.

3. 경쟁사가 있는 국가

경쟁사를 견제할 목적 또는 경쟁사의 견제를 피할 목적으로 해외출원을 한다면, 시장과 생산을 함께 고려하여야 한다. 견제할 목적이라면 시장이나 생산 중 어디를 선택하더라도 비슷한 결과를 얻을 수 있다. 다만, 견제를 피할 목적이라면 시장에 비중을 두어야 한다.

4. 수익성이 있는 국가

해당 국가에서 특허권을 획득함으로써 예측되는 수익이 해외출원 비용을 상회하는지 여부를 고려해야 한다. 여기서 예측되는 수익이란 특허권의 획득으로 인한 제품의 가격 인상이나 틈새시장을 공략하여 발생할 수 있는 수익을 말한다. 한편, 해외출원 비용은 단순히 출원뿐 아니라 중간 사건 대응, 특허권 설정등록, 특허권 행사에 대한 부분도 고려하여야 한다.

5. 제품의 라이프 사이클이 충분한 국가

국가마다 그리고 분야마다 매우 큰 차이를 보이는 것이 바로 출원에서 등록까지 걸리는 시간이다. 예를 들어, 특허협력조약(PCT : Patent Cooperation Treaty)을 이용하는 미국에 출원하여 등록받는 경우, 약 5년의 시간이 소요된다. 처음에 미국을 해외출원 국가로 선택하였을 때는 미국에서 특허를 이용한 제품에 대한 시장이 있었을지라도, 등록된 후에는 이미 시장이 존재하지 않을 수도 있기 때문에 제품의 라이프 사이클(life-cycle)이 특허권의 획득에 소요되는 기간보다 충분한지 여부를 고려하여야 한다.

6. 권리행사가 가능한 국가

해당 국가에서 등록된 특허권을 행사하기가 용이한지 여부도 해외출원 국가를 선택하는 데 있어 중요한 요소이다. 법원이 특허권자 및 외국인에게 우호적인지 혹은 적어도 편파적이지는 않은지, 가처분과 같은 신속한 구제제도는 있는지, 소송 진행 시 외국인에게 불리한 절차는 없는지, 민사상 손해배상 이외에 형사상 처벌 규정은 있는지, 손해액 증명이 곤란할 때 손해액을 추정받는 규정은 있는지, 소송 이외에 다른 구제 절차는 있는지 등 고려해야 할 사항은 매우 많다. 대부분의 국가는 삼권분립에 의해 사법기관이 독립성을 가지고 법을 집행할 수 있지만, 일부 국가에서는 행정기관에 종속되어 독립성이 떨어지는 경우도 있다.

02 해외출원 방법

1. 외국 특허청에 직접 출원[59]

외국 특허청에 직접 출원은 외국 특허청에서 원하는 서류를, 원하는 언어로 작성한 후 제출하여 출원하는 것을 말한다. 특허권을 획득하고자 하는 국가가 1~2개국이거나 신속한 심사 결과를 원하는 경우 출원인이 선택 가능한 방법이다.

2. 유럽 특허청에 출원

유럽 특허청(지역 특허청)에 출원은 유럽 특허청(EPO : Europe Patent Office)과 같은 지역 특허청에 특허출원하는 것을 말한다. 특허출원이 유럽 특허청에서 등록결정을 받은 후, 출원인은 개별국에 등록료만 납부하면 개별국에서 유효한 특허권을 확보할 수 있게 된다. 유럽에서 특허권을 확보하고자 하는 국가가 3~4개국 이상일 경우 유럽 특허청에 출원하는 것이 외국 특허청에 직접 출원하는 것보다 비용이 저렴하지만 외국 특허청에 직접 출원할 때보다 상대적으로 심사기간이 오래 걸리는 단점이 있다. 한편, 2008년 발효된 London Agreement에 의하면, 출원인이 개별국에서 등록할 때 번역문을 제출할 의무가 없어졌다. 다만, 법적 분쟁이 발생하여 특허권을 행사하고자 할 경우에는 번역문의 제출이 필요하다.

---

59) 파리조약에 의한 조약우선권주장출원이다.

지식재산능력시험

지식재산 창출 ─
제1장
제2장
제3장
제4장
제5장
제6장

2023년 6월부터 시행하고 있는 유럽 단일 특허제도에 따라 유럽 특허청에서 특허등록이 결정된 후 단일특허 발효를 신청하면 모든 비준 국가에서 동일한 효력을 갖는 특허를 취득할 수 있다.

3. PCT 출원

PCT 출원은 특허협력조약(PCT : Patent Cooperation Treaty)에 의해 하나의 방식 및 언어로 PCT 동맹국에서 동시에 특허출원하는 것을 말한다. PCT 출원을 하면, 국제 단계를 거쳐 국내 단계로 진입하게 되며, 국제 단계는 국제조사, 국제공개 및 국제예비심사의 3개 절차로 세분된다.

해외출원을 하고자 하는 출원인의 입장에서 보면 국제출원절차의 통일성으로 말미암아 한 번 PCT 출원을 한 것만으로 각 지정국에서 직접 출원한 것과 동일한 효과를 누릴 수 있어 시간적 노력 및 비용 면에서 절약할 수 있다. 또한, PCT 출원을 한 이후에 국제 단계에서 국제조사기관의 국제조사보고서와 견해서, 국제예비심사기관의 국제예비심사보고서에 따라 등록가능성이 낮다고 판단되거나, 각 지정국의 시장이 성숙되지 않았다고 판단되는 경우 PCT 출원을 취하하거나 각 지정국의 국내 단계에 진입하지 않을 수 있으므로 더 이상의 불필요한 절차나 비용을 절약할 수 있다.

다만, PCT 출원 비용이 별도로 소요되고 지정국의 국내 단계에 진입하는 경우 개별 국가의 특허청에 직접 출원한 것과 동일한 비용이 추가로 필요하므로 비용 부담이 가중되고, 국내 단계의 절차가 지연되어 조기에 특허권을 확보하는 데 어려움이 있다.

☒ 일반해외출원 절차와 PCT 출원 절차

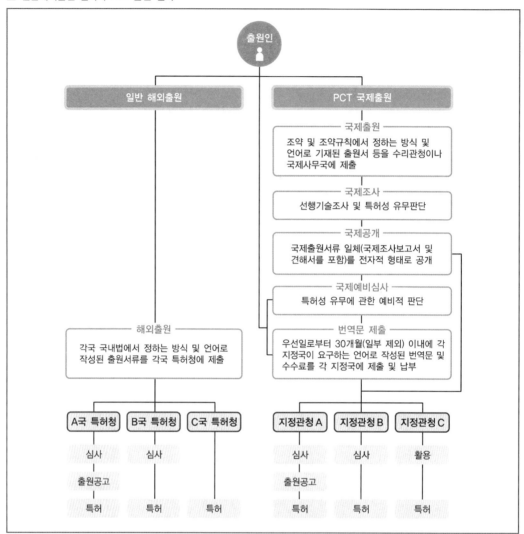

☒ PCT에 의한 출원 방법

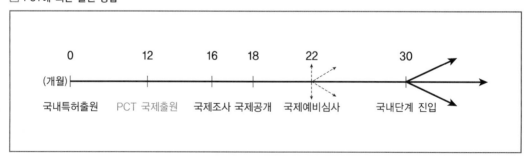

지식재산능력시험

지식재산 창출 ──

제1장

제2장

제3장

제4장

제5장

제6장

4. 우선권주장 수반 여부의 선택

해외출원의 방법 선택 시 또 다른 고려 사항은 우선권주장 수반 여부이다. 우선권주장을 하는 경우, 우리나라에서의 최초 출원일로부터 1년 이내에 외국에 출원하면 해당 국가에서의 실체심사 시 외국 특허청에의 실제 출원일이 아니라 우리나라에서의 최초 출원일을 기준으로 심사하기 때문에, 최초 출원일과 실제 출원일 사이에 출원된 타인의 발명에 의한 거절 등을 예방할 수 있어서 해외출원을 급하게 서두르지 않아도 된다.

⊡ 우선권주장 수반 여부를 고려한 해외출원 방법의 선택

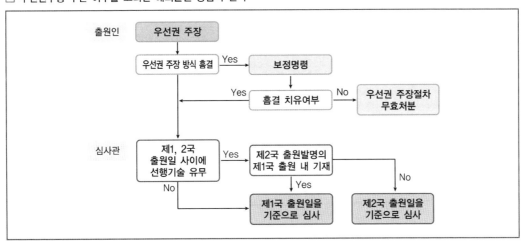

따라서 대부분의 출원인들이 국내출원을 먼저 한 후 이를 근거로 해외출원을 하고 있으며, 우선권주장을 수반하면서 PCT 출원을 하는 해외출원의 방법이 가장 많이 이용되고 있다. 우선권주장을 수반하면서 PCT 출원을 하는 경우, 국내출원을 한 후 국내출원일로부터 1년 이내에 PCT 출원을 하게 되고, 국제 단계를 거쳐서 국내출원일로부터 30/31월이 되었을 때 지정국의 국내 단계에 진입하게 된다. 이때, 지정국은 각 국가뿐만 아니라 유럽 특허청 (EPO)과 같은 지역 특허청도 포함될 수 있다.

🔔 PCT 해외출원과 일반해외출원의 비교

항목	PCT 해외출원	일반해외출원
출원	하나의 방식으로 PCT 출원을 하면 세계 여러 국가에 출원되는 효과 발생	각 국가의 국내법에서 정하는 방식 및 언어로 각 국가에 개별 출원
우선기간 이용	우선일로부터 1년 이내 PCT 출원	우선일로부터 1년 이내 각 국가에 모두 출원
국내 단계 진입 기간 확보	국내 단계 진입기간(30/31개월)의 확보로 무분별한 해외출원 방지: 사업화 및 시장 국가 예측이 곤란한 경우 최종적인 결정의 연기 가능	—
비용	• 국내 단계 진입 시기를 달리 하여 소요되는 비용의 분산 • 국제출원료, 국제조사료 등이 추가로 소요	소요 비용의 분산이 되지 아니함
보고서 활용	• 국제 단계에서 국제조사보고서, 국제예비심사보고서를 활용하여 국내 단계 진입 여부 결정 가능 • 등록 가능성이 없는 경우 국내 단계 진입을 포기하여 불필요한 비용의 절감 가능	국내 단계 진입 전에 특허성과 관련하여 참고할 수 있는 공적 보고서 없음
보정	국제 단계에서 PCT 제19조 보정, PCT 제34조 보정을 통해 등록 가능성 향상 가능	—
조기 권리화	국내 단계 절차 진행이 지연되어 등록까지 오랜 시간 소요	—
PCT 가입	—	대만 등과 같이 PCT 가입국이 아닌 경우 일반해외출원만 가능

지식재산능력시험

지식재산 창출 ─

제1장
제2장
제3장
제4장
제5장
제6장

03 해외출원 시 유의 사항

1. 공지예외 적용 주장과 해외출원

특허출원 전에 공지기술이 있는 특허출원된 발명은 신규성 또는 진보성 상실로 특허를 받을 수 없는 것이 원칙이나 예외적으로 공지예외 적용 주장을 하는 경우 공지기술이 안 된 것으로 보아 특허를 받을 수 있다. 다만, 최선의 공지일로부터 공지예외 적용 주장을 할 수 있는 기간 내에 특허출원을 하여야 하는데, 각 국가별로 공지예외 적용 주장을 할 수 있는 기간이 다르기 때문에 유의하여야 한다.

◻ 국가별 공지예외 적용 가능기간

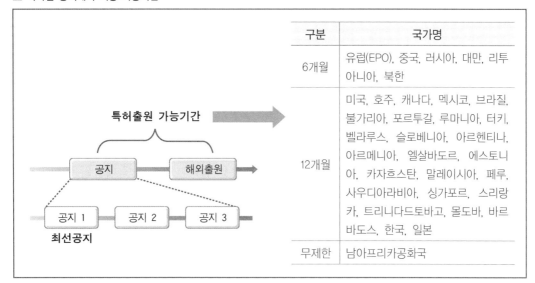

구분	국가명
6개월	유럽(EPO), 중국, 러시아, 대만, 리투아니아, 북한
12개월	미국, 호주, 캐나다, 멕시코, 브라질, 불가리아, 포르투갈, 루마니아, 터키, 벨라루스, 슬로베니아, 아르헨티나, 아르메니아, 엘살바도르, 에스토니아, 카자흐스탄, 말레이시아, 페루, 사우디아라비아, 싱가포르, 스리랑카, 트리니다드토바고, 몰도바, 바르바도스, 한국, 일본
무제한	남아프리카공화국

또한, 공지예외 적용 주장을 할 수 있는 공지예외 인정사유도 국가별로 차이가 있다. 한국, 일본, 미국은 넓은 범위에 대해 공지예외 인정이 되나, 유럽(EPO)과 중국은 공지예외 인정 사유가 제한되어 있다. 예를 들어, 특허출원 전에 논문 발표를 한 경우 한국, 일본, 미국은 공지예외 적용 주장을 할 수 있으나, 중국과 유럽(EPO)은 공지예외 적용 주장을 할 수 없다. 그 결과, 특허출원 전에 논문 발표에 의해 중국과 유럽(EPO)에서는 신규성 또는 진보성 상실로 특허를 받을 수 없게 된다.

🔔 **국가별 공지예외 적용 주장 사유 및 시기**

국가	의사에 의한 공지				의사에 반한 공지	박람회 출품	출원 시기
	시험	간행물 기재	전기통신 회선을 통해 공지	학술단체가 개최하는 연구집회 서면 발표			
일본	○	○	○	○	○	○(박람회 종류 제한)	공지일로부터 12월 이내
중국	×	×	×	○	○	○(박람회 종류 제한)	공지일로부터 6월 이내
EPO	×	×	×	×	○ (요건 엄격)	○(박람회 종류 제한)	공지일로부터 6월 이내
미국	○(적용 대상을 열거하지 않고 넓게 허용)						공지일로부터 1년 이내

2. 병합출원

국내출원을 기초로 우선권주장을 하면서 해외출원을 할 때, 다수의 국내출원을 병합하거나 한꺼번에 새로운 내용을 추가하여 해외출원하는 것도 고려해 볼 수 있다. 다만, 기술적 특징이 공유되어 발명의 단일성을 만족하는 경우에만 해외출원이 가능하며, 청구항 수를 많이 늘리게 되면(예를 들어, 미국은 청구항 수가 20개 초과, 유럽(EPO)은 15개 초과이면) 가산료가 붙기 때문에 이를 고려해야 한다.

🔲 **병합하여 해외출원 시 고려 사항**

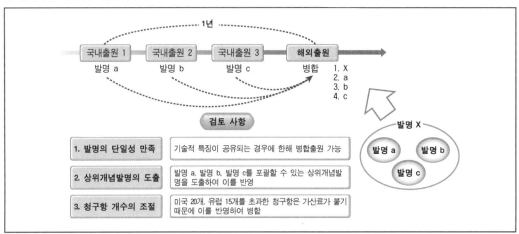

지식재산능력시험

지식재산 창출 ─

제1장

제2장

제3장

제4장

제5장

제6장

3. 특허심사 하이웨이제도의 이용

특허심사 하이웨이제도란 시행국에 공통으로 특허를 출원한 출원인이 상대국에서 우선심
사 또는 조기심사를 받아 신속하고 효율적으로 특허권을 취득하도록 특허청이 주요국 특
허청과의 심사협력을 강화하여, 상대국 특허청이 이미 심사한 결과를 참고하여 심사부담
을 경감하고 심사품질을 향상하도록 하는 제도이다.

🗺 특허심사 하이웨이제도의 개념

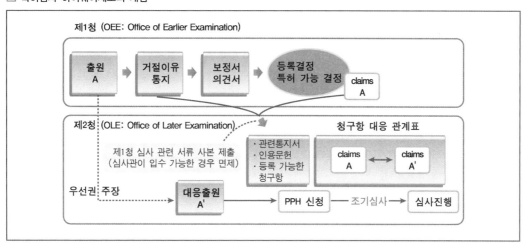

특허심사 하이웨이제도를 이용하는 경우 외국의 심사기간을 단축할 수 있으나, 번역료, 관
납료 등의 비용이 증가한다. 따라서 증가되는 비용과 외국에서의 조기권리화의 이익을 비
교하여 특허심사 하이웨이제도의 이용 여부를 합리적으로 결정하여야 한다.

🔔 특허심사 하이웨이제도 이용 시 기간 단축의 이익

한 · 일 심사 하이웨이 기간 단축 이익				한 · 미 심사 하이웨이 기간 단축 이익			
구분	평균 1차 심사 처리기간	하이웨이심사 처리기간	기간 단축 이익	구분	평균 1차 심사 처리기간	하이웨이심사 처리기간	기간 단축 이익
한 → 일	26개월 (2005. 일본 특허청)	3개월 (일본 특허청)	23개월	한 → 미	25개월 (2006. 미국 특허청)	12개월 (미국 특허청)	13개월
일 → 한	9.8개월 (2006. 한국 특허청	3개월 (한국 특허청)	26개월	미 → 한	9.8개월 (2006. 한국 특허청	3개월 (한국 특허청)	6.8개월

실용신안등록제도

<table>
<tr><td>학습
개관</td><td>실용신안제도는 인간생활에 유용한 새로운 물품을 창작하였지만 특허권 등록에 필요한 기술적 고도성 또는 진보성 기준에 미치지는 않지만 실용성 있는 개량 발명인 고안을 보호하기 위한 제도임을 이해하고 실용신안등록 요건과 특허등록과의 차이점을 설명할 수 있다.</td></tr>
</table>

<table>
<tr><td>학습
포인트</td><td>실용신안제도의 보호 대상에 대해 설명할 수 있다.
실용신안제도와 특허제도의 차이점을 설명할 수 있다.</td></tr>
</table>

NCS 및 NCS 학습모듈	하위 목차명	실용신안제도의 이해, 특허제도와의 관계	
	NCS 및 NCS 학습모듈	대분류	05. 법률·경찰·소방·교도·국방
		중분류	01. 법률
		소분류	02. 지식재산관리
		세분류	01. 지식재산관리
		능력단위 (능력단위요소)	12. 지식재산 권리화
		주요 지식·기술· 태도	• 지식재산권 개념, 실용신안등록제도 • 실용신안등록제도 분석 능력 • 고안을 보호하려는 의지

지식재산능력시험

지식재산 창출 ─

제1장
제2장
제3장
제4장
제5장
제6장

01 실용신안제도의 이해

1. 제도의 취지

실용신안제도는 「특허법」상 보호대상인 '발명'이라는 고도의 기술에 가려서 사장되기 쉬운 실용적 기술사상인 '고안'을 보호하기 위해 마련된 제도이다. 현재 우리나라를 비롯하여 일본, 독일 등 일부 국가에서 운영되고 있으며 자국의 국내산업 보호라는 산업정책적 목적에서 탄생한 제도라고 볼 수 있다.

2. 보호대상

실용신안의 보호대상은 물품의 형상·구조·조합에 관한, 즉 물품성이 있는 '고안'이다.[60] 여기서 '고안'이라 함은 자연법칙을 이용한 기술적 사상의 창작을 의미한다. 실용신안은 고안이나 유용성 있는 기술을 대상으로 하고 있다는 점에서 특허와 유사하지만, 특허는 물건의 발명과 방법의 발명이 모두 가능한 반면, 실용신안은 반드시 물품성이 있는 물건의 발명(협의의 물건발명)에 한정된다는 점이 다르다.

> **참고**

실용신안등록 보호대상이 아닌 것

1. 방법, 제조방법

「실용신안법」상 물품이라고 말할 수 있기 위해서는 적어도 일정한 형태를 갖는 '물건'이어야 한다.

2. 기능적 표현만으로 기재된 것

~하는 것, ~하는 방식 등 기능적 표현만으로 기재되어 형상·구조를 특정할 수 없는 것은 실용신안등록을 받을 수 없다.

3. 조성물, 합금, 화합물 등 물질에 관한 것

조성물, 합금, 화합물 등은 일정한 형상 또는 구조를 갖는 것으로 인정되지 아니하므로 실용신안등록을 받을 수 없다.

4. 삼차원의 것이 아닌 것

모양, 마크, 선, 기호 등은 물품의 형상·구조·조합에 관한 것이 아니다.

5. 시퀀스(sequence)

시퀀스(sequence)[61]는 형상·구조를 갖는 것이 아니기 때문에 「실용신안법」의 보호대상이 될 수 없다.

6. 기능, 게임 등

기능, 게임 등은 그 자체로는 「실용신안법」의 보호대상이 되지 아니한다. 이와 같은 경우에는 '~을 갖는 장치', '게임기'와 같이 고안의 대상이 물품이라는 것을 명확히 하여야만 실용신안등록을 받을 수 있다.

7. 일정한 형상 또는 구조를 갖는 것으로 인정되지 아니한 것

일반적으로 토양, 점토, 모래, 액체(물, 우유 등), 분체 등은 일정한 형상 또는 구조를 갖는 것으로 인정되지 아니하므로 실용신안등록을 받을 수 없다.

---

60) 「실용신안법」 제2조 제1호

3. 출원 절차 및 존속기간

실용신안등록출원은 특허출원 절차와 같으며 고안에 대한 출원이므로 도면 제출은 필수적이다. 등록요건은 신규성, 진보성, 산업상 이용가능성, 선출원 등 특허요건과 같으나 진보성 판단 시 '실용신안등록출원 전에 그 고안이 속하는 기술분야에서 통상의 지식을 가진 사람이 선행기술로부터 극히 쉽게 고안할 수 없을 것'으로 '극히 쉽게 고안됨'이 특허와의 차이점이다. 실용신안권의 존속기간은 설정등록 후 출원일로부터 10년으로 되어 있어 특허의 존속기간보다 짧다.

02 특허제도와의 관계

구분		특허제도	실용신안제도
보호대상		• 자연법칙을 이용한 기술적 사상의 창작으로서 고도한 것 • 발명(방법발명, 물질발명, 용도발명도 특허 가능)	물품의 형상·구조 또는 조합에 관한 자연법칙을 이용한 기술적 사상의 창작물의 형상·구조·조합에 관한 고안(∴ 물품성 要, 방법 또는 물질에 관한 고안은 등록 불가)
등록요건	진보성	쉽게 발명	극히 쉽게 고안(즉, 낮은 수준의 진보성)
	부등록사유	공서양속에 어긋나거나 공중의 위생을 해칠 우려가 있는 발명	• 공서양속에 어긋나거나 공중의 위생을 해칠 우려가 있는 발명 • 국기 또는 훈장과 동일하거나 유사한 고안
출원 및 심사	도면 첨부	필요한 경우에만 첨부	• 필수적으로 첨부 • 미첨부 시 불수리
	심사청구기간	출원일로부터 3년	출원일로부터 3년
효력	존속기간	특허권 설정등록을 한 날부터 특허출원일 후 20년이 되는 날까지	실용신안권 설정등록을 한 날부터 실용신안등록출원일 후 10년이 되는 날까지
	허가 등에 따른 존속기간 연장	가능	불가
	효력범위 제한	의약, 의약제법 방법 적용 가능	의약, 의약제법 방법 적용 불가
	간접 침해	물건발명, 방법발명 모두 적용 가능	방법발명, 물질발명은 적용 불가

---

61) 시퀀스(sequence)란 컴퓨터 용어로, 데이터 배열을 의미한다.

특허권의 취득 전략

학습 개관

연구개발이 완성되면, 연구 과정에서 비밀로 보호되던 각 기술들과 연구개발 결과로 얻어진 기술들에 대한 독점적 권리를 획득하기 위한 특허 권리 취득 전략의 수립이 필요하다. 기술개발의 결과물을 효과적으로 보호하기 위해서 어느 기술 요소들을 어느 시점에 어떤 국가에 출원할 것인지 결정하는 것이 향후 지식재산권의 가치를 결정하는 중요한 요소가 됨을 이해하고 특허권의 권리화에 대한 전략을 수립해 본다.

학습 포인트

연구개발의 단계에서 핵심 특허권을 확보하기 위한 전략을 설명할 수 있다.
특허권의 취득을 위해 활용할 수 있는 「특허법」 제도에 대해 설명할 수 있다.

NCS 및 NCS 학습모듈

하위 목차명		연구개발 기획 단계, 연구개발 단계에서 특허권 취득 전략
NCS 및 NCS 학습모듈	대분류	05. 법률·경찰·소방·교도·국방
	중분류	01. 법률
	소분류	02. 지식재산관리
	세분류	04. 특허엔지니어링
	능력단위 (능력단위요소)	04. 출원 전략 수립
	주요 지식·기술· 태도	• 출원 관련 특허법 지식 • 기술동향 보고서 분석 능력, 선행기술 조사 보고서 분석 능력, 아이디어 평가 기술, 권리화 평가 기술 • 보안 준수 의지, 공정성 유지 의지, 준법 의지

01 연구개발 기획 단계

1. 지식재산 창출 계획 수립

연구개발 기획 단계에서는 고품질의 지식재산 확보 가능성을 높이고 특허분석을 통해 기술의 발전방향을 예측하며 연구개발의 방향을 설정할 수 있도록 지식재산 창출 계획을 작성한다. 연구자는 이러한 지식재산 창출 계획을 참고하여 연구개발 수행 중에 변화하는 특허·시장 동향을 점검하고 연구방향 및 목표에 대한 지속적인 모니터링을 통해 원활하게 연구개발의 성과를 도출할 수 있다.

2. 아이디어 개발 및 실행 가능성 파악

연구개발에 대한 아이디어는 자료조사를 통해 가설을 설정하고 연구개발 결과가 발생하면 논문으로 발표하거나 특허로 출원한다. 연구를 수행하기 전에 가설을 검증하기 위한 실험 도구 및 기자재를 파악하고 연구과정에서 아이디어의 실행가능성을 수시로 점검하는 절차는 향후 지식재산권을 창출하는 데 도움이 된다.

3. 기술수요 및 사전정보 조사

아이디어의 실행가능성이 있고 지식재산권 출원의 목표를 설정하였다면 지식재산 등록 이후 기술의 활용을 고려하여 시장에서의 기술에 대한 수요를 파악하고 성과활용 및 후속연구를 포함한 중장기 목표를 설정할 필요가 있다. 이때 관련 논문, 시장조사뿐 아니라 특허정보 분석은 미래 유망 기술을 발굴하고 중복 투자를 방지하는 효율적인 도구가 된다.

4. 지식재산 업무 절차의 확립

지식재산 업무 절차의 확립은 연구기관의 지식재산 현황 파악과 지식재산 창출·보호·활용에 관한 전략 수립을 용이하게 하여 기술을 안정적으로 확보하고 보호·활용할 수 있도록 해준다. 발명상담에서 산업재산권 출원까지의 업무 절차를 정립하여 업무 추진의 효율성과 지식재산 창출·보호·활용 활성화에 기여할 수 있다.

5. 선행기술 조사

선행기술 조사는 특허성 여부 판단을 위해 출원하고자 하는 발명과 동일·유사한 종래 기술이 존재하는지 여부를 조사·분석하는 것이다. 출원하고자 하는 기술과 동일한 기술이 이미 등록되어 있거나 공지되어 있다면 특허출원을 하더라도 등록받기 어려우므로 특허출

지식재산능력시험

지식재산 창출 ―

제1장

제2장

제3장

제4장

제5장

제6장

원 전 선행기술 조사는 중요하다. 특허맵은 특허정보를 특정한 이용목적에 맞게 수집하고 이를 분석 가공하고, 정보를 알기 쉽게 읽을 수 있도록 그림, 그래프, 표 등 시각적인 방법으로 표현한 것이다. 특허맵을 통해 과거기술의 문제점, 개발하지 않은 공백기술 영역, 현재 기술로부터 발전될 기술을 예측하고 경쟁사의 기술보유 현황 등을 파악할 수 있다. 이와 같은 특허맵 등의 특허정보 조사분석은 연구개발 수행에 있어 중복 연구를 방지하고 연구방향 설정을 올바로 제시하며 궁극적으로 연구개발의 활용도 제고의 결정적인 요소가 된다.

6. 지식재산 창출역량 강화

연구현황 분석을 통해 연구기관의 연구비 현황, 연구인력 현황, 국가 연구개발사업 현황 등을 파악하고, 지식재산 창출 역량을 진단하고, 연구기관의 출원(율)・등록(율)・기술이전 현황 분석 및 보유기술 현황 분석 등 지식재산 분석을 통하여 우수 및 취약 연구분야를 파악하여 지식재산 창출 전략을 수립할 수 있다. 또한 지식재산 창출 계획 수립 시 연구기관의 지식재산권 규정, 발명승계 및 특허출원 절차, 과제계약 내용, 연구자 비밀유지 계약 내용 등을 분석하여 지식재산 창출 저해요소를 파악하고 개선안을 도출할 필요가 있다.

02 연구개발 단계에서 특허권 취득 전략

1. 연구개발의 시작 단계

연구개발 과제가 선정되면, 선정된 연구개발 과제를 수행하기 위한 구체적인 단계별 계획이 요구된다. 이때 과제의 내용을 구체화하고 단계적 목표수준을 설정하기 위하여 연구 분야의 선행기술을 면밀히 검토함으로써 합리적이고 객관적인 의사결정의 근거를 마련할 수 있다. 특허문헌은 특정 기술에 대해 상세히 설명한 기술문헌이자, 특허권자의 준물권적 권리의 범위를 정한 권리서로서 기능한다.

따라서 우선 선정된 연구개발 과제를 수행하기 위한 기술 개발의 방향과 구체적인 전략을 수립하기 위한 기술문헌으로서 특허문헌을 참고할 수 있다. 기술문헌으로서 특허문헌을 참고하면 연구개발 과제의 내용을 구체화하고 연구 전략을 수립하거나 변경하며, 연구개발 과정에서 발생되는 기술적 과제의 해결방안을 찾는 데 도움을 받을 수 있다. 또한 연구개발의 결과와 타인 권리 사이의 관계와 그에 따른 로열티 산정이나 특허 매입 여부 등을 결정하는 등 타인의 특허에 대한 대책을 수립하는 데 필요한 권리서로서 특허문헌을 참고할 수도 있다.

특허 마이크로 맵(micro map)은 연구개발 과제의 계획 및 특허획득 전략, 원천특허에 대한 대응 방안 등 연구개발 전략 수립의 기초 자료로 활용될 수 있다. 주요 경쟁자들의 연구개발전략을 파악하고, 원천특허의 도출 및 그에 대한 대응 전략의 수립 등을 위한 참고자료로 사용된다.

2. 연구개발의 진행 단계

(1) 특허관리 매뉴얼의 사용

연구실 단위의 특허관리 매뉴얼을 작성하고, 연구실의 특허담당자를 지정하여, 각 참여 연구원에게 주기적으로 특허관리 매뉴얼을 교육시킬 필요가 있다.

(2) 비밀유지

연구개발 과정에서 발생하는 지식은 그 관리를 어떻게 하느냐에 따라서 경제적 가치가 크게 달라진다. 연구 성과가 경제적 가치를 창출하기 위해서는 특허 또는 영업비밀로 보호될 필요가 있다. 그러나 연구 성과를 특허출원 전에 공개할 경우 새로운 지식이 아니어서 특허를 받지 못하고, 연구 성과를 공개할 경우 영업비밀로 보호받지 못하여 연구 성과가 경제적 가치를 가질 수 없다.

비밀정보관리를 위해 기본적으로는 연구기관 차원에서 '비밀정보관리규정'이 마련되어야 하며, 연구개발 과정에서 누적된 지식을 영업비밀로서 보호받기 위한 '영업비밀 요건충족을 위한 문서관리'가 필요하다. 비밀정보관리규정에는 연구기관과 연구원 사이의 '비밀유지계약(NDA : Non-Disclosure Agreement)'이 포함되어야 하며, 비밀유지계약에는 기밀정보가 명확하게 규정되어 있어야 한다. 계약이 체결되었더라도 연구개발자 스스로가 정보를 기밀로 유지하기 위한 합리적인 노력을 기울여야 한다. 비밀유지계약이 체결되면 법원으로부터 상대방의 기밀정보 누설에 대하여 추가적인 비밀정보누설 금지명령을 받을 수 있고, 계약 위반에 대한 손해를 배상받을 수 있게 된다. 따라서 비밀유지계약을 함으로써 당사자들에게 기밀정보를 다루고 있음을 인식시키는 효과가 있고, 계약서에는 어떤 정보가 기밀정보인지를 특정하게 되므로 오해나 분쟁의 소지를 미리 예방할 수 있다.

(3) 연구노트

연구결과와 관련된 특허권을 매도하거나 실시권계약을 체결할 경우, 통상 연구결과에 대한 실사를 하게 되고 이 과정에서 충실한 연구노트의 기재는 필수적인 사항이다. 또한, 연구노트는 진정한 발명자를 증명할 수 있는 도구, 개인 및 기관의 노하우 관리 도구, 연구실 내 구성원 간의 지식의 전수 도구, 연구결과의 영업비밀로서의 보호 도구, 특허권에 대한 선사용권 주장을 위한 도구로서 역할을 하므로 작성과 관리가 반드시 필요하다.

문서의 비밀유지를 계속 유지하기를 원하는 경우 연구노트를 전자파일 형태로 특허청에 등록하여 추후 발생 가능한 분쟁이나 라이선스 계약 시 활용할 수 있다.

지식재산능력시험

지식재산 창출 —

제1장
제2장
제3장
제4장
제5장
제6장

(4) 특허출원 검토

연구개발이 완료되지 않더라도, 연구개발 과제의 해결을 위한 과정에서 얻어지는 각 단계별 지식들도 연구개발 결과와 별개의 특허로 보호받을 수 있다. 따라서 연구개발의 각 단계에서 얻어진 지식들 각각에 대하여 특허출원 여부를 검토할 필요성이 있다.

이때 특허출원 여부를 결정하기 위하여 고려해야 할 사항은 우선, 대상 발명에 대한 기술적 평가이다. 즉, 발명이 종래기술과 비교하여 새롭고 진보된 것인지 여부를 개략적으로 평가해야 한다. 또한 대상 발명에 대한 사업적 평가가 이루어져야 한다. 발명의 내용이 시장의 요구에 부응하는지 여부를 검토해야 한다. 나아가 타인의 발명 실시 가능성과 라이선싱 가능성 등을 종합적으로 평가하여 특허출원 여부를 결정해야 한다.

3. 연구개발의 완성 단계

(1) 연구개발 결과 발표 시 유의 사항

연구개발이 완성되면, 완성된 결과물에 대한 권리확보가 필요하다. 우선 특허출원을 하려면 소위 신규성의 요건을 만족시켜야 하므로, 연구 결과의 발표, 예를 들어 학술논문의 발간일자가 특허출원 시점보다 앞서지 않도록 유의해야 한다. 인터넷 매체, 예를 들면 학술잡지의 출간 이전에 발표되는 인터넷판 논문, 데이터베이스 또는 학위논문에 등재하여 제3자에게 자신의 연구결과를 발표하는 경우도 신규성 상실로 볼 수 있으므로, 특허출원 이후로 발표될 수 있도록 유의한다.

출원 전에 기술이 공지된 경우 공지예외 주장 제도의 적용이 가능한 기간 내에 출원될 수 있도록 해야 하며 특히 해외출원을 염두에 둔 경우 국가마다 공지예외 주장 제도의 적용기간과 적용대상이 상이하므로 출원 전 확인이 필요하다.

(2) 특허 권리 취득 전략 수립

연구개발이 완성되면, 연구 과정에서 비밀로 보호되던 각 기술들과 연구개발 결과로 얻어진 기술들에 대한 독점적 권리를 획득하기 위한 특허 권리 취득 전략의 수립이 필요하다. 특허는 출원 후 명세서가 공개되므로 보호대상의 특성에 따라 영업비밀로 유지할지 특허등록을 통해 독점권을 확보할지 검토한다. 보호대상 기술별 특징, 공개 시 발생할 문제점, 기업 상황 등을 종합적으로 고려하여 최적의 보호방법에 대한 전략적 선택이 필요하다. 특허권에 의한 보호가 필요하다고 결정된 경우 특허 출원대상을 특정하고 어떤 전략으로 특허등록을 받는 것이 유리한지 결정하여야 한다.

⊠ 기술정보 보호수단 선택 프로세스62)

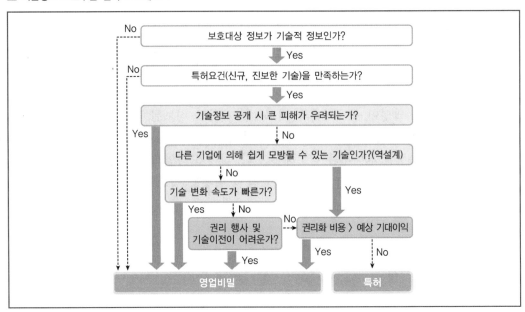

🔔 특허와 영업비밀의 비교

구분	특허	영업비밀
공개 여부	출원일로부터 1년 1개월 후 공개	공개하지 않음
성립요건	• 산업상 이용가능성 • 신규성 • 진보성 • 선출원 등	• 비공지성 • 경제적 유용성 • 비밀관리성
보호기간	• 특허권 설정등록일로부터 발생 • 특허출원일 후 20년이 되는 날까지 존속	비밀로 관리되는 한 제한 없음
보호범위	청구범위에 기재된 발명	영업비밀로 관리되는 범위
장점	• 배타적 독점권 • 라이선싱을 활용한 수입창출 가능 • 역설계 등을 통한 발명의 내용 파악이 용이하거나 제품화되어 구성요소에 대한 침해사실 입증이 용이한 경우에는 특허가 유리	• 비밀로 관리되는 한 보호기간 제한 없음 • 보호대상이 특허권보다 다양하고 포괄적임 • 공정, 소프트웨어 등과 같이 공개되었을 때 제3자에 의한 모방이 쉽고 침해사실 입증이 어려운 경우 영업비밀이 유리
단점	• 원칙적으로 모든 특허가 공개되므로 제3자에 의한 모방 또는 개량발명 권리화 등이 가능 • 특허권 존속기간 후 자유 기술이 되어 누구나 사용 가능해짐	• 비밀관리에 실패한 경우 영업비밀의 부정취득이 아닌 제3자의 사용을 금지하기 어려움 • 분쟁이 발생한 경우 권리 행사가 어려움
침해에 대한 구제	「특허법」상 민형사상 조치	「부정경쟁방지 및 영업비밀보호에 관한 법률」에 의한 민형사상 조치

---

62) 특허청, 특허·영업비밀전략 가이드라인 p.7

지식재산능력시험

지식재산 창출 —

제1장

제2장

제3장

제4장

제5장

제6장

4. 특허 권리 취득 전략

연구개발의 진행 과정 중 또는 연구개발이 완료됨으로서 획득하게 된 지식들은 각각 특허의 대상이 될 수 있다. 특허권으로 기술을 보호하기로 결정되었다면 「특허법」상 여러 가지 제도를 활용하여 특허권 취득 전략을 수립한다.

⑴ 선출원주의

세계 모든 국가들이 선출원주의에 따라 동일한 발명에 대하여 2 이상의 특허출원이 있는 때에 가장 먼저 특허출원한 자에게 특허를 허여하기 때문에 발명이 완성되면 가능한 한 빨리 출원한다. 빠르게 출원하기 위해 청구범위의 유예제도, 국내우선주장권 제도 등을 활용하여 출원일을 확보할 수 있다.

⑵ 청구범위 유예제도의 활용

청구범위 유예제도는 출원명세서의 청구범위를 기재하지 않아도 되는 것으로 출원일 후 1년 6개월 내에 이를 보완하여 제출하면 되는 제도이다. 따라서 논문이나 연구결과를 정리한 연구노트 등의 완성된 아이디어 설명자료를 적어 특허출원을 할 수 있다. 명세서의 기재에 있어서 국어가 아닌 영어로 기재해도 출원이 가능하다. 이때 최우선일로부터 1년 2개월 내에 명세서와 도면의 국문번역문을 제출하여 출원 절차를 완결한다.

⑶ 국내우선권주장 제도

국내우선권주장을 적극 활용하여 일부 미비한 기술이 있다면 먼저 권리 취득을 위한 출원일을 확보하고, 1년 내에 이를 보완하여 완전한 권리를 취득하는 전략을 세울 수 있다. 특히 출원 이후 개량발명을 완성하는 경우, 이를 당해 출원에 보정으로 추가하면 최초 출원 명세서에 기재된 사항을 넘어서는 부적법한 보정으로 취급되고, 별개의 다른 출원을 하게 하면 선출원주의 규정에 따라 처음 출원서에 기재된 내용이 중복 출원이 되어 거절되는 문제가 있다. 이러한 문제를 해결하기 위해서 국내우선권주장 제도를 활용하여 출원 내용을 개량하거나 구체화하여 보완하는 것이 가능하다.

⑷ 심사청구제도의 활용

심사청구는 특허출원으로부터 3년 이내로 할 수 있기 때문에, 특허권이 필요한 출원에 대하여 3년 이내의 적절한 시기에 심사청구를 하는 것이 특허권의 취득·유지와 관련되는 비용을 절감시킴으로써 사업을 원활히 실시하는 데 있어서 중요하다. 기간이 경과됨에 따라서 자사·타사의 연구개발 상황, 그 기술분야 전체의 시장성 및 기술 적용가능성 등의 정보가 달라지기 때문에 심사청구 여부의 판단을 심사청구 기한이 완료되는 시기까지 지켜보는 경우가 많다.
반면 사업화 또는 분쟁 방지 등 특허권을 조기에 획득하여야 할 필요가 있을 때는 우선심사제도를 활용하여 발명의 조기권리화도 가능하다.

일괄심사제도는 또한 하나의 제품군(서비스 포함) 또는 동일한 사업에 관련된 2 이상의 특허·실용신안·상표·디자인 출원에 대하여 출원인이 원하는 시기에 맞추어 일괄적으로 심사를 진행하는 일괄심사를 활용할 수 있다.

예를 들어, 하나의 스마트폰 제품에 관련된 안테나, 카메라 등에 관한 특허, 스마트폰 브랜드명 등에 관한 상표, 외관 등에 관한 디자인 출원이 있는 경우 출원인이 원하는 시기에 맞추어 한꺼번에 심사하여 기업의 경영 전략에 따라 특정 사업에 포함된 제품들(서비스)의 출시시기 등에 맞추어 일괄적인 지재권 확보가 용이해진다.

참고

일괄심사 대상 출원

심사착수 전인 출원으로서 다음의 어느 하나에 해당하는 출원

1. 하나의 제품군(서비스 포함) 또는 동일한 사업에 관련된 다음 어느 하나에 해당하는 복수의 출원
   ① 출원인이 실시하고 있거나 실시 준비 중인 출원
   ② 수출 촉진에 직접 관련된 출원(국제표준 채택 관련 출원)
   ③ 벤처기업의 확인을 받은 기업 또는 기술혁신형 중소기업으로 선정된 기업의 출원
   ④ 1인 창조기업 기술개발사업의 결과물에 관한 출원
   ⑤ 창업 후 3년 이내인 중소기업의 출원
   ⑥ 규제특례 대상 관련으로서 규제 샌드박스 신청을 한 출원
2. 동일한 국가연구개발사업의 결과물에 관련된 복수의 출원
※ 상기 요건에 부합하는 경우 복수의 출원의 출원인이 각각 다르더라도 일괄심사를 신청할 수 있음

일괄심사의 효과

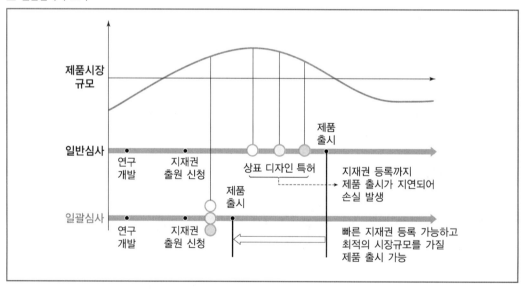

지식재산능력시험

지식재산 창출 ─

제1장

제2장

제3장

제4장

제5장

제6장

(5) 특허 포트폴리오 구축

개별 기술에 대한 특허권을 확보하는 것도 중요하지만 기술에 대한 핵심특허를 중심으로 하는 포트폴리오의 구성이 필요하다. 지식재산 포트폴리오는 개인 또는 회사 등의 주체가 소유한 지식재산권의 집합을 의미한다. 특허 포트폴리오를 확보하는 것은 개발된 기술에 다양한 특허를 분산시켜 장벽을 구축하는 것으로, 어떠한 기술 요소들을 어느 시점에, 어느 나라에 출원할 것인지 결정하는 것을 뜻한다. 강력한 지식재산권 포트폴리오를 확보하는 것은 연구개발의 결과물에 대한 특허권만을 확보하는 것이 아니라 제품 생산과 사업 활동에 필요한 특허들을 다양하게 획득하여 전략적으로 필요한 권리영역을 설정하고 이를 통해 제3자의 회피 기술 개발을 방지하며 침해를 예방하는 것을 의미한다.

🔔 **R&D 단계별 포트폴리오 구축 방향**

기획 단계	수행 단계	완료 단계
• 기업 현황 분석 • 사업 환경 분석 • 특허 및 논문 분석을 통한 시장에 부합한 기술 과제 발굴 • 기술 과제에 대한 개념적인 해결 수단 도출 • 해결 수단에 지식재산 확보	• 개념적인 해결 수단의 구체화 • 구현된 가능한 해결 수단에 대한 지식재산 권리화	• 기업 현황 분석 • 사업 환경 분석 • 특허 및 논문 분석을 통한 시장에 부합한 기술 과제 발굴 • 기술 과제에 대한 개념적인 해결 수단 도출 • 해결 수단에 지식재산 확보

지식재산능력시험

INTELLECTUAL **I**

PROPERTY **P**

ABILITY **A**

TEST **T**

www.**ipat**.or.kr

제 **2** 장

디자인권

제 1 절 디자인제도의 개요

학습 개관

제품에 구현된 디자인은 소비자의 구매 결정을 크게 좌우하는 요인이며, 기업의 경제적 활동에 직접적인 영향을 주게 된다. 「디자인보호법」의 보호대상인 디자인의 개념을 이해하고 디자인 보호의 필요성을 설명할 수 있다.

학습 포인트

디자인의 종류를 구분하고 「디자인보호법」의 보호대상인 디자인에 대해 설명할 수 있다.
디자인의 보호가 필요한 이유와 「디자인보호법」의 목적을 설명할 수 있다.

NCS 및 NCS 학습모듈

하위 목차명	디자인의 개념, 제품 디자인의 특징과 보호의 필요성	
NCS 및 NCS 학습모듈	대분류	05. 법률·경찰·소방·교도·국방
	중분류	01. 법률
	소분류	02. 지식재산관리
	세분류	01. 지식재산관리
	능력단위 (능력단위요소)	12. 지식재산 권리화
	주요 지식·기술· 태도	• 디자인의 종류, 디자인보호법 • 선행디자인 조사 방법 • 디자인을 보호하려는 의지

01 디자인의 개념

1. '디자인'의 종류

'디자인'이라는 용어는 컴퓨터 및 디지털 기기, 가구 및 인테리어 제품, 실외 구조물, 생활용품, 문구 제품, 패션잡화, 화장품, 건강용품, 스포츠 및 레저용품, 자동차, 오토바이 등 공업적으로 생산되는 물품에 구현되는 제품디자인, 광고 포스터·그래픽디자인·디지털디자인 등과 같은 시각디자인, 생활공간이나 환경에 적용되는 환경 또는 조형디자인, 건축물에 적용되는 건축디자인 등에 자주 사용되고 있다. 최근에는 사용자의 경험을 디자인하는 UX 디자인, UI 디자인까지 사용되어 디자인의 개념이 더욱 다양해지고 있다. 그러나 「디자인보호법」의 보호대상인 디자인은 일상생활에서 사용하고 있는 다양한 의미의 '디자인'을 모두 보호하는 것은 아니다.

Image: Flaticon.com

2. 디자인보호법의 디자인

'디자인'이란 물품(물품의 부분, 글자체 및 화상을 포함)의 형상·모양·색채 또는 이들을 결합한 것으로서 시각을 통하여 미감을 일으키게 하는 것을 말한다.[63] 즉, 「디자인보호법」에서 말하는 '디자인'은 독립적으로 거래대상이 될 수 있는 유체동산인 물품에 구현되어 시각을 통해 파악되어 미감을 일으키는 "물품의 미적 외관"으로 정의된다. 따라서 「디자인보호법」에서 정의되는 '디자인'은 일상생활에서 사용되는 넓은 의미의 '디자인' 영역 중 가전제품, 패션제품, 완구, 가구, 생활용품, 직물 등 물품의 미적 외관만을 말하는 것이다.

---

63) 「디자인보호법」 제2조 제1호

△ 물품에 구현된 디자인

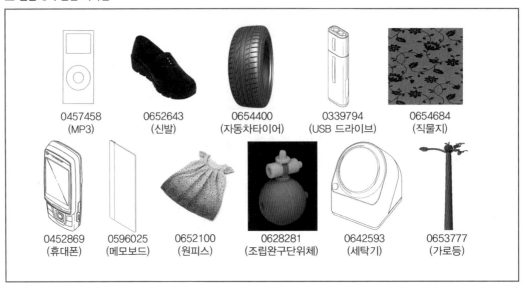

3. 디자인보호법의 목적

「디자인보호법」은 디자인의 보호 및 이용을 도모함으로써 디자인의 창작을 장려하여 산업 발전에 이바지함을 목적으로 한다.[64] 따라서 「디자인보호법」은 디자인 창작자에게 창작물 에 관한 디자인등록출원을 통해 디자인권이라는 독점배타권을 부여하여 사적 이익을 추구 하도록 하고, 아울러 제3자에게는 그 디자인을 적절한 범위 내에서 실시할 수 있도록 한다. 그 결과, 물품의 수요 증대에 이바지하고 디자인 창작자의 디자인 창작을 장려하여 궁극적 으로 산업발전에 기여한다. 따라서 「디자인보호법」의 목적은 디자인을 창작한 디자인 창 작자의 입장뿐만 아니라 이를 합법적으로 실시하고자 하는 제3자의 입장을 모두 고려하여 상호 조화를 이루도록 하여 산업발전에 기여하는 것이다.

---

64) 「디자인보호법」 제1조

지식재산능력시험

지식재산 창출 —

제1장

제2장

제3장

제4장

제5장

제6장

02 제품 디자인의 특징과 보호의 필요성

1. 모방이 용이함

디자인은 시각적으로 표현된 물품의 외형이기 때문에 특허나 실용신안의 보호대상인 발명 아이디어보다 공개되는 순간 쉽게 파악되고 모방 가능성이 높다. 따라서 모방을 방지하기 위해 「특허법」에는 없는 별도의 제도를 둘 필요가 있다. 「디자인보호법」은 모방을 막기 위해 등록된 디자인을 등록 후 3년 이내의 기간 동안 비밀로 유지할 수 있는 비밀디자인제도(디자인보호법 제43조), 제3자에게 잠재적인 침해 경고를 통해 사전에 모방 의지를 꺾는 출원공개의 신청제도(디자인보호법 제52조), 기본디자인과 유사한 디자인을 미리 등록받는 관련디자인제도(디자인보호법 제35조), 제품 또는 제품의 포장에 등록번호를 기재하는 디자인등록 표시제도(디자인보호법 제214조) 등을 두고 있다.

2. 유행성이 강하고 수명이 짧음

물품에 구현된 디자인은 제품의 특성에 따라 빠른 유행성을 갖으며, 라이프 사이클이 짧다. 특히 의류제품, 계절용품 등은 시기별로 새로운 제품이 출시되기 때문에 해당 제품이 판매되는 기간 중 모방제품들을 방지하기 위해 빠른 권리화가 필요하다.

이러한 제품들의 보호를 위해 「디자인보호법」은 심사등록제도와 함께 등록요건의 일부만을 신속히 심사하는 일부심사등록제도를 병행 운영하고 있고(디자인보호법 제2조 제5호), 디자인등록출원일부터 대략 2개월 이내에 등록 여부를 확인할 수 있는 우선심사신청제도를 운영하고 있다(디자인보호법 제61조). 예를 들어, 디자인등록을 받고자 하는 물품이 로카르노 협정에 따른 물품류 중 제1류(식품), 제2류(의류 및 패션잡화용품), 제3류(가방 등 신변품), 제5류(섬유제품, 인조 및 천연 시트직물류), 제9류(포장용기), 제11류(보석·장신구) 및 제19류(문방구, 사무용품, 미술재료, 교재)에 속할 경우 일부심사등록출원을 통해 신속하게 등록될 수 있다.

3. 제품 선택에서 디자인의 비중 증가

현대 소비자들의 감성적 소비 성향으로 인해 디자인은 제품 평가나 선택에서 중요한 기준이 되고 있다. 미국 컬러 리서치 연구소(ICR)의 연구결과에 따르면, 소비자의 상품 선택은 초기 90초 안에 잠재적으로 결정된다. 특히 오감(五感) 중 '시각'이 상품의 인식과 구매 결정에 87%의 영향을 끼친다고 한다. 또한 최근 소비자들은 가전제품을 구매할 때 가격과 혜택보다 디자인과 인테리어를 중요시하는 것으로 조사되었다.[65]

---

65) https://www.kprinsighttree.co.kr/Newsroom/?q=YToxOntzOjEyOiJrZXl3b3JkX3R5cGUiO3M6MzoiYWxsIjt9&bmode=view&idx=16727
506&t=board

마케팅 분야에서 디자인은 소비자의 제품구매 의사결정 과정과 소비행동을 설명하는 중요한 요인으로 고려되고 있으며, 기업은 좋은 디자인을 통해 제품에 대한 소비자의 호의적 반응을 유도하여 시장점유율 및 수익성 등 기업 성과를 제고시킬 수 있다.

4. 디자인 보호 범위 확장 필요성

발명과 비교했을 때, 디자인은 상대적으로 모방이 매우 용이하고, 모방과 창작의 경계가 애매하여 침해가 빈번하게 발생한다. 이 경우 제3자가 실시하는 디자인이 등록디자인과 똑같은 경우에만 침해를 인정한다면 사소한 외관 변형만으로도 쉽게 회피설계가 가능하여 디자인에 대한 권리화가 유명무실하게 된다. 따라서 보호범위가 상대적으로 협소한 특징을 고려하여, 「디자인보호법」은 등록디자인의 보호범위를 유사 영역까지 미칠 수 있도록 규정하고 있다(디자인보호법 제92조). 이 경우 유사 영역이란 등록디자인과 전체적인 외관이 동일하진 않더라도 일반 수요자가 동일한 심미감을 느낄 수 있을 정도의 디자인 영역을 의미하므로 상당한 창작적 요소가 가미되지 않는 한 등록디자인의 권리범위에 속하게 되어 디자인 침해에 해당할 수 있다. 한편, 관련디자인제도(디자인보호법 제35조)를 활용하게 되면 기본디자인과만 유사한 디자인을 별도로 등록받을 수 있어서 관련디자인과만 유사한 디자인, 즉 기본디자인과 비유사한 영역까지도 권리범위를 인정받을 수 있게 되어 기본디자인을 중심으로 상당히 큰 권리범위를 인정받을 수 있다.

디자인등록요건

산업재산권 중 하나인 디자인권은 출원과 등록요건에 대한 심사를 거쳐 부여된다. 차별화된 디자인은 제품의 경쟁력을 증가시킬 수 있지만 디자인은 쉽게 모방이 발생하므로 디자인권의 보호는 기업의 활동에 직접적 관련이 있다. 디자인권 등록을 위해 디자인등록요건을 이해하고 각 요건에 대해 설명할 수 있다.

디자인이 성립요건인 물품성, 형태성, 시각성, 심미감에 대해 구분해서 설명할 수 있다.
디자인등록요건의 취지 및 적용 유형을 예를 들어 설명할 수 있다.

하위 목차명		디자인등록을 받을 수 있는 자, 실체적 디자인등록요건, 등록받을 수 없는 디자인, 디자인의 유사 판단
NCS 및 NCS 학습모듈	대분류	05. 법률·경찰·소방·교도·국방
	중분류	01. 법률
	소분류	02. 지식재산관리
	세분류	01. 지식재산관리
	능력단위 (능력단위요소)	12. 지식재산 권리화
	주요 지식·기술·태도	• 디자인등록요건, 디자인등록에 대한 판례 • 디자인 요건 판단 능력, 디자인을 보호하려는 의지 • 디자인등록요건을 이해하려는 태도

01 디자인등록을 받을 수 있는 자

1. 창작자

디자인을 창작한 사람 또는 그 승계인은 이 법에서 정하는 바에 따라 디자인등록을 받을 수 있는 권리를 가진다.[66] '디자인을 창작한 자'란 「디자인보호법」상 디자인의 창작행위를 한 사람으로, 디자인의 전체적인 심미감에 영향을 미치는 요부 내지 지배적인 특징 부분을 착상하거나 그 착상을 구체화한 경우와 같이 실질적으로 해당 디자인을 창작하는 데 기여한 자를 말한다. 디자인 창작행위는 사실행위에 해당하므로 법률행위 능력을 필요로 하지 않으며, 따라서 미성년자도 디자인의 창작자가 될 수 있다.[67]

관련 판례

♦ 특허에서의 "공동발명자"에 관한 대법원 2009다75178(2011. 7. 28.선고) 판결 참조
구 디자인보호법 제3조 제2항에서 말하는 "2인 이상이 공동으로 디자인을 창작한 때"에 해당하려면 디자인 창작을 위하여 실질적으로 상호 협력하는 관계에 있어야 하며, 단순히 디자인에 대한 기본적인 과제와 아이디어만을 제공하거나, 디자인 개발자를 일반적으로 관리하고 디자인 개발자의 지시로 디자인에 관한 자료를 정리하거나 도면 작성만을 하였거나, 자금·설비 등을 제공하여 디자인의 창작을 후원·위탁하였을 뿐인 정도로는 부족하고, 디자인의 전체적인 심미감에 관한 구체적인 착상을 새롭게 제시·부가·보완하거나, 새로운 착상을 단순한 도면화를 넘어서 디자인적으로 구체화하거나, 디자인의 전체적인 심미감에 영향을 주는 구체적인 디자인적 요소의 제공 또는 구체적인 조언·지도를 통하여 디자인을 완성할 수 있게 한 경우 등과 같이 디자인의 창작행위에 실질적으로 기여하여야 한다.

2. 승계인

디자인등록을 받을 수 있는 권리는 재산권이므로 자유롭게 이전할 수 있다. 따라서 창작자 이외의 법률상 권리능력이 있는 사람은 모두 승계인으로서 디자인등록을 받을 수 있는 권리의 주체가 될 수 있다. 디자인등록출원 전에 디자인등록을 받을 수 있는 권리의 승계에 대하여는 그 승계인이 디자인등록출원을 하지 아니하면 제3자에게 대항할 수 없다. 같은 자로부터 디자인등록을 받을 수 있는 권리를 승계한 자가 2 이상인 경우로서 같은 날에 2 이상의 디자인등록출원이 있을 때에는 디자인등록출원인이 협의하여 정한 자에게만 승계의 효력이 발생한다. 디자인등록출원 후에는 디자인등록을 받을 수 있는 권리의 승계는 상속이나 그 밖의 일반승계의 경우를 제외하고는 디자인등록출원인 변경신고를 하지 아니하면 그 효력이 발생하지 아니한다.

---

66) 「디자인보호법」 제3조 제1항
67) 다만, 미성년자는 행위능력이 인정되지 않으므로 출원 시 법정 대리인에 의해 출원해야 한다.

지식재산능력시험

지식재산 창출 ─

제1장

제2장

제3장

제4장

제5장

제6장

3. 공동창작자

공동창작이란 복수인이 디자인의 완성을 위하여 실질적으로 기여·협력하여 완성한 디자인을 말한다. 2인 이상이 공동으로 디자인을 창작한 때에는 디자인등록을 받을 수 있는 권리를 공유하고 그 경우 공유자 전원이 공동으로 디자인등록출원을 하여야 한다.[68]

4. 무권리자 출원과 정당권리자의 보호

정당한 권리자가 아닌 제3자가 무단으로 출원하는 경우, 제3자가 서류를 위조하는 등 무단으로 출원인 명의변경을 하는 경우, 공동창작자가 출원인 명의에서 제외된 경우 등 무권리자에 의한 출원은 선출원의 지위를 갖지 못하며 그 등록 전에는 거절이유에 해당하고, 그 등록 후에는 무효사유에 해당한다. 무권리자의 출원에 대한 디자인등록거절결정 또는 거절한다는 취지의 심결이 확정된 경우에는 그 무권리자의 디자인등록출원 후에 한 정당한 권리자의 디자인등록출원은 무권리자가 디자인등록출원한 때에 디자인등록출원한 것으로 본다. 다만, 디자인등록거절결정 또는 거절한다는 취지의 심결이 확정된 날부터 30일이 지난 후에 정당한 권리자가 디자인등록출원을 한 경우에는 그러하지 아니하다.

무권리자의 출원이 디자인등록된 때에는 그 디자인등록에 대한 취소결정 또는 무효로 한다는 심결이 확정된 경우, 그 출원 후에 한 정당한 권리자의 출원은 취소 또는 무효로 된 그 등록디자인의 출원일로 소급된다. 다만, 취소결정 또는 무효심결이 확정된 날부터 30일이 지난 후에 디자인등록출원을 한 경우에는 그러하지 아니하다.

02 실체적 디자인등록요건

1. 디자인의 성립성

「디자인보호법」의 보호대상 디자인인 '물품(물품의 부분, 글자체 및 화상을 포함)의 형상·모양·색채 또는 이들을 결합한 것으로서 시각을 통하여 미감을 일으키게 하는 것'이므로 「디자인보호법」은 이미지 자체를 보호하는 것이 아니라 그러한 형태가 물품에 구현된 상태를 보호하는 것이다. 따라서 디자인과 물품은 불가분의 관계이므로 디자인은 물품과 분리될 수 없다. 따라서 「디자인보호법」의 보호대상이 되는 디자인이 되기 위해서는 물품성, 형태성, 시각성, 심미성을 모두 구비해야 하며 이를 디자인의 성립성이라 한다.

---

68) 「디자인보호법」 제39조

(1) 물품성

「디자인보호법」은 물품에 관한 별도 정의 규정을 두고 있진 않지만, 현재 디자인 실무의 확고한 입장은 물품을 '독립성이 있는 구체적인 유체동산'으로 해석하고 있다. 따라서 독립성이 없는 물품의 부분이나 합성물의 구성각편, 기체·액체·전기·빛·열·음향·전파 등 일정한 형체가 없는 것, 물품의 재질·구조 및 형상 등에 비추어 볼 때 현장 시공을 통해 건축되는 부동산(한증막, 대법원 2007후4311) 등은 물품이 아니므로 디자인권으로 보호되지 않는다.

☑ 한증막

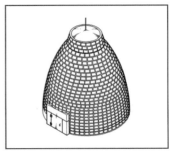

물품으로 인정된 사례	찹쌀로 만든 떡, 얼음으로 만든 장식물, 상품권, 판화를 인쇄한 달력, 토지에 설치되는 송전탑, 형상이 연속하는 철사, 아이스캔, 형상이 연속하는 털실, 시간의 경과에 따라 변질되어 일정의 형상을 유지할 수 없는 아이스캔디, 입상물을 고형화한 고형사탕, 이동화장실, 냉장고 도어용 손잡이, 초콜릿 바
물품으로 인정되지 않은 사례	포장한 상태의 내의, 입체상 홀로그램, 향수, 독특한 방식에 의한 포장 형태, 도로의 입체교차로, 품종을 개량한 장미꽃, 토지에 설치되는 송전탑, 형상이 연속하는 철사, 아이스캔디, 투명한 용기에 담아 그 전체적인 형상·모양·색채 또는 이들의 결합을 파악할 수 있게 한 칵테일 음료, 사각 형태로 접은 형상 및 모양의 와이셔츠, 동물박제, 유리공예 작품, 투명한 용기에 담은 음료

(2) 형태성

형태는 물품에 표현된 형상, 모양, 색채 또는 이들의 결합을 뜻한다. ① 형상이란 물품이 공간을 점하고 있는 윤곽을 말하고, ② 모양이란 물품의 외관에 나타나는 선도, 색 구분, 색 흐림 등을 말하며, ③ 색채란 물체에 반사되는 빛에 의하여 인간의 망막을 자극하는 물체의 성질을 말한다.[69]

(3) 시각성

디자인은 시각을 통해 보이는 것을 말하는데, 시각 이외의 감각, 예를 들어 촉각이나 청각 등으로 파악되는 것이나 확대경 등에 의해 확대해야 물품의 형상이 파악되는 것은 디자인등록 대상이 아니며, 외부에서 볼 수 없고 분해하거나 파괴하여야 볼 수 있는 것은 디자인이 아니다.

(4) 심미성

'미감을 일으키게 하는 것'이란 미적 처리가 되어 있는 것, 즉 해당 물품으로부터 아름다움을 느낄 수 있을 정도의 형태적 처리가 되어 있는 것을 말한다. ① 기능·작용·효과를 주 목적으로 한 것으로서 미감을 거의 일으키게 하지 않는 것, ② 디자인으로서 짜임새가 없고 조잡감만 주는 것으로서 미감을 거의 일으키게 하지 않는 것은 심미성이 없다고 본다.

---

69) 정적인 디자인뿐만 아니라 형태가 변하는 디자인, 즉 동적디자인도 보호되고 있다. 아울러, 디스플레이부에 표시되는 화면디자인(UI, Icon 등)도 보호되고 있다.

지식재산능력시험

지식재산 창출 ─

제1장

제2장

제3장

제4장

제5장

제6장

2. 공업상 이용가능성

(1) 취지

「디자인보호법」은 공업상 이용할 수 있는 디자인에 한해 등록을 허여하고 있다.[70] '공업상 이용할 수 있는 디자인'이란 공업적 생산방법에 의하여 동일한 물품을 양산할 수 있는 디자인을 말한다. 디자인등록요건으로 공업상 이용가능성을 요구하는 이유는 동일한 물품의 양산가능성이 없는 디자인은 양산을 통하여 산업발전에 이바지한다는 「디자인보호법」의 목적에 부합하지 않기 때문이다.

(2) 적용요건

공업이란 소재를 가공하여 새로운 재화를 생산하는 산업의 일종으로 상업적, 농업적 생산방법에 의한 것은 제외된다. '공업적 생산방법'이란 원자재에 물리적 또는 화학적 변화를 가하여 유용한 물품을 제조하는 것을 말하며 수공업적인 생산도 포함한다. '양산'이란 동일한 형태의 물품을 반복적으로 계속해서 생산하는 것을 뜻한다. 이때 '동일 물품'이란 물리적으로 완전히 같은 물품을 의미하는 것은 아니고, 당업자를 기준으로 합리적으로 해석할 때, 같은 물품으로 보일 수 있는 수준의 동일성을 갖는 물품을 의미한다.

동물박제, 꽃꽂이, 수석 장식품과 같이 자연물을 디자인 형태의 구성 주체로 사용하면서 다량 생산할 수 없는 것은 공업상 이용가능성이 없는 것으로 취급된다. 그러나 그 가공의 정도가 높고 대략 동일성의 형태로 다량 생산이 될 수 있는 것, 예를 들어 악어가죽지갑 등은 공업상 이용가능성을 인정한다. 또한, 도자기 작품, 공예 작품, 설치미술 작품 등과 같은 순수미술 분야에 속하는 저작물로서, 하나의 제품에 가치가 있는 것은 공업상 이용가능성이 없지만, 저작물이 거래 통념상 회화 또는 조각으로 관념화되지 않고, 물품에 화체되어 다량 생산성을 갖추게 될 경우에는 더 이상 일품 저작물이 아니므로, 공업상 이용가능성을 구비한 것으로 판단된다. 더 나아가, 도면에 의해 등록받고자 하는 디자인을 전체적으로 명확하게 표현하지 않아 일부분이 추측 상태에 남을 정도면 그 출원디자인은 공업상 이용가능성이 없는 것으로 본다. 따라서 출원인은 등록받고자 하는 디자인의 전체적인 형태를 명확하게 파악할 수 있도록 도면 작성 시 각별히 유의해야 할 것이다.

3. 신규성

(1) 취지

디자인보호제도는 창작한 디자인을 비밀로 유지하지 않고 등록받아 공개한 자에게 그 공개의 대가로 일정기간 동안 디자인 실시의 독점권을 부여하고 있다. 그러나 출원 전에 이미 공개되어 공중이 자유롭게 이용할 수 있는 디자인에 대하여 특정인에게 독점권을 부여한다면 디자인의 보호와 이용을 도모함으로써 디자인의 창작을 장려하여 산업발전에 이바

---

70) 「디자인보호법」 제33조 제1항 본문

지하고자 하는 「디자인보호법」의 목적에 맞지 않기 때문에 「디자인보호법」은 신규성이 있다고 인정되는 디자인에 대해 디자인권을 허여한다.

(2) 적용요건

출원디자인은 출원 전 국내외에 공지되지 않아야 한다. 디자인등록출원 전에 국내 또는 국외에서 ① 공지(公知)되었거나 공연(公然)히 실시된 디자인, ② 반포된 간행물에 게재되었거나 전기통신회선을 통하여 공중(公衆)이 이용할 수 있게 된 디자인, ③ 공지, 공연 실시, 공중에 이용할 수 있게 된 디자인과 유사한 디자인은 공지디자인이 되어 신규성이 없다. 이때 '공지디자인'이라 함은 비밀유지의 의무가 없는 일반 공중에 공개되어 온라인 또는 오프라인을 통하여 열람이 가능한 상태에 놓여진 디자인을 말한다.

> **관련 판례** ⚖️
>
> ✅ **대법원 2002후2969(2004. 12. 23. 선고) 판결 참조**
> 디자인보호법 제33조 제1항 제1호가 규정하는 "국내에서 공지된 디자인"이라 함은 반드시 불특정 다수인에게 인식되었을 필요까지는 없으며 불특정 다수인이 인식할 수 있는 상태에 놓여져 있는 디자인을 말하고 "공연히 실시된 디자인"이라 함은 디자인의 내용이 공연히 알려진 또는 불특정 다수인이 알 수 있는 상태에서 실시된 디자인을 말한다.

🔔 **신규성이 상실되는 구체적인 유형**

공지디자인 (A, a를 포함하는 A)	출원디자인 (A, A', a, a')
완성품(A)	완성품(A, A')
부품(A)	부품(A, A')
한 벌의 물품(A)	한 벌의 물품(A, A')
부분디자인(A)	부분디자인(A, A')
완성품(a를 포함하는 A)	부품(a, a')
완성품(a를 포함하는 A)	부분디자인(a, a')
부품(a를 포함하는 A)	부분디자인(a, a')
한 벌의 물품(a를 포함하는 A)	구성물품(a, a')
부분디자인(a를 포함하는 A)	부분디자인(a, a')
동적디자인(a → b → c로 변화하는 A)	동적디자인(A, A')
동적디자인(a → b → c로 변화하는 A)	정적디자인(A, A')
합성물(a를 포함하는 A)	합성물(A, A''), 구성각편(a, a'')

❘ A디자인 또는 a를 포함하는 A디자인이 출원공개, 설정등록 또는 공지된 이후 출원된 출원디자인 A, A', a, a'디자인은 신규성을 상실한다. A와 A', a와 a'는 유사관계이며, A에 a가 포함되는 관계이다.

지식재산능력시험

지식재산 창출 —

제1장

제2장

제3장

제4장

제5장

제6장

4. 신규성 상실의 예외

(1) 취지

출원 전에 공지·공용된 디자인과 동일·유사한 디자인, 공지·공용된 디자인으로부터 쉽게 창작할 수 있는 디자인은 원칙적으로 「디자인보호법」에 따라 디자인등록을 받을 수 없다. 그러나 이러한 규정을 엄격히 적용할 경우 디자인 개발 후 사업준비 등으로 미처 출원하지 못해 권리를 등록받지 못하는 등 창작자와 출원인 보호에 어려움이 발생할 수 있다. 따라서 제3자의 권익을 해치지 않는 범위 내에서 예외적으로 디자인등록을 받을 수 있는 권리를 가진 자가 일정한 요건과 절차를 갖춘 경우에는 디자인이 출원 전에 공지되었다고 하더라도 그 디자인은 신규성을 상실하지 않는 것으로 취급하기 위하여 신규성 상실의 예외 규정을 두어 출원인을 보호하고 있다.

(2) 적용요건

디자인이 공지된 경우에 그 공지디자인이 최초에 공지된 날로부터 12개월 이내에 그 공지디자인에 대하여 디자인등록을 받을 수 있는 자가 디자인등록출원을 하면 그 출원디자인의 심사에 있어 그 공지디자인을 공지되지 않은 것으로 본다.[71)]

(3) 신규성 상실 예외 규정 인정 효과 및 적용 시 유의 사항

신규성 상실의 예외가 인정되면 그 공지디자인은 자기가 출원한 디자인에 대하여 신규성과 창작 비용이성에 대한 요건을 심사할 때 공지디자인으로 보지 않는다.

🖾 신규성 상실 예외 규정의 효과

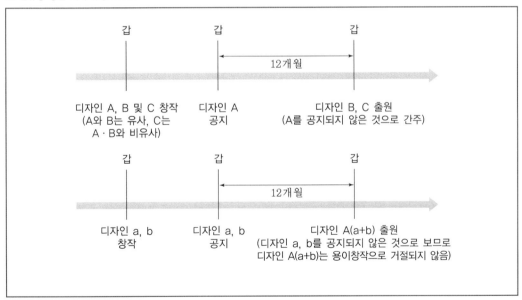

---

71) 「디자인보호법」 제36조 제1항

그러나 신규성 상실의 예외를 인정받기 위해 디자인이 공개된 후 12개월이 경과되기 전에 출원하더라도, 공개와 출원 사이에 제3자가 스스로 창작한 디자인이 공지되어 있는 경우 디자인등록이 불가능하고, 디자인의 공개에 의해 해외출원이 가능한 시기가 짧아지거나 아예 해외출원이 불가능할 수도 있다. 따라서 피치 못할 사정이 없는 한, 디자인을 공개하기 전에 먼저 출원을 하는 것이 바람직하다.

5. 창작 비용이성

(1) 취지

디자인등록출원을 한 디자인의 신규성이 인정되는 경우에도 그 디자인이 속하는 분야에서 통상의 지식을 가진 사람이 국내 또는 국외에서 공지 또는 공용된 디자인을 기초로 쉽게 창작할 수 있는 디자인은 등록받을 수 없다. 이러한 창작성이 없는 디자인에 대해 권리를 부여하는 것은 디자인의 창작을 장려하여 산업발전에 이바지하고자 하는 디자인보호제도의 취지에 어긋난다. 「디자인보호법」은 창작 비용이성에 관한 규정을 두어 일정 수준 이상의 창작성이 있는 디자인 개발을 유도하고 있다.

(2) 적용요건

출원디자인이 그 출원 전 공개된 디자인과 동일하거나 유사하진 않더라도 그 공개된 디자인으로부터 쉽게 창작할 수 있거나 출원 전에 널리 알려진 형태로부터 쉽게 창작할 수 있으면 그 출원디자인은 등록받을 수 없다.[72] 용이창작 여부는 일반 수요자를 기준으로 판단하는 디자인의 동일 또는 유사 여부와는 달리, 당업자, 즉 그 디자인이 속하는 분야에서 통상의 지식을 가진 자로서, 그 디자인이 표현된 물품을 생산, 사용 등 실시하는 업계에서 그 디자인에 관한 평균적 지식을 가진 자를 기준으로 판단한다.

'쉽게 창작할 수 있는 디자인'이란 공지디자인 또는 이들의 결합, 주지의 형상·모양 등 또는 이들의 결합을 거의 그대로 모방하거나 그 가하여진 변화가 단순한 상업적·기능적 변형에 불과하거나 또는 그 디자인 분야에서 흔한 창작수법이나 표현방법에 의해 이를 변경·조합하거나 전용하였음에 불과한 디자인 등과 같이 창작수준이 낮은 디자인을 말한다. 이때 '흔한 창작수법이나 표현방법'이란 해당 물품분야에서 다수의 디자인이 채택하고 있는 흔한 모티브를 거의 그대로 채택하고 단지 구성요소의 수, 배치, 비율, 곡률 등을 일부 단순히 변형하거나 해당 물품분야의 다수의 디자인이 채택하고 있는 흔한 표현방법을 거의 그대로 모방하거나 일부 단순히 변형하는 것과 같이 창작의 난이도가 낮은 것을 말한다. 다음 디자인의 유형은 쉽게 창작할 수 있다고 판단된다.

① 공지디자인 등의 형상·모양·색채 또는 이들의 결합에 의하여 쉽게 창작할 수 있는 디자인

72) 「디자인보호법」 제33조 제2항

지식재산능력시험

지식재산 창출 —

제1장

제2장

제3장

제4장

제5장

제6장

② 국내 또는 국외에서 널리 알려진 형상 등(이하 '주지의 형상 등')에 의하여 쉽게 창작할 수 있는 디자인

③ 공지디자인 등을 주지의 형상·모양 등과 결합하여 쉽게 창작할 수 있는 디자인

6. 선출원주의와 확대된 선출원주의

(1) 취지

출원디자인이 등록되기 위해서는 그 출원디자인과 동일 또는 유사한 타인의 디자인보다 먼저 출원되어야 한다. 구체적으로, 출원디자인이 이미 출원된 제3자의 출원디자인의 전부와 동일 또는 유사하면 선출원주의 위반으로 등록받을 수 없고, 출원디자인이 이미 출원된 제3자의 출원디자인의 일부와 동일 또는 유사하면 확대된 선출원주의 위반으로 등록받을 수 없다. 즉, 후출원디자인이 선출원디자인의 전부 또는 일부와 동일하거나 유사한 경우 먼저 출원한 자에게 디자인권을 부여하고, 먼저 창작한 자에게 디자인권이 부여되는 것이 아니다.

(2) 적용요건

후출원디자인이 선출원디자인과 전체적으로 동일 또는 유사하면, 후출원디자인은 선출원주의 위반으로 등록받을 수 없다. 또한 후출원디자인(자동차 바퀴)이 선출원디자인(자동차)의 일부(자동차 바퀴 부분)와 동일 또는 유사한 경우 선출원디자인이 후출원 이후 디자인공보에 게재되어 발행되면 후출원디자인은 확대된 선출원주의 위반으로 등록받을 수 없다. 이 경우 후출원디자인이 선출원디자인 중 후출원디자인에 상당하는 부분과 기능 및 용도에 공통성이 있고, 형태가 동일 또는 유사한 경우, 선출원디자인 중에 후출원디자인에 상당하는 부분이 대비할 수 있을 정도로 충분히 표현되어 있는 경우를 의미한다. 다만, 확대된 선출원주의는 선출원과 후출원의 출원인이 동일인인 경우에는 적용되지 않기 때문에 (디자인보호법 제33조 제3항 단서), 이미 출원된 디자인의 일부와 동일하거나 유사한 디자인을 동일한 출원인이 출원하는 경우에는 등록될 수 있다.

(3) 적용유형

① 선출원주의의 적용유형

유형	선출원디자인(A)	후출원디자인(A, A')
1	완성품	완성품
2	부품	부품
3	한 벌 물품	한 벌 물품
4	부분디자인	부분디자인

▍ A디자인과 동일하거나 유사한 타인의 후출원 A, A'디자인은 A디자인이 등록되거나 협의불성립에 의한 거절결정이 확정되는 경우 선출원주의를 적용한다.

② 확대된 선출원주의의 적용유형

유형	선출원디자인(a를 포함하는 A)	후출원디자인(a, a′)
1	완성품	부품
2	완성품	부분디자인
3	부품	부분디자인
4	한 벌 물품	구성 물품
5	부분디자인	부분디자인
6	합성물	구성각편

▎선출원디자인(a를 포함하는 A)이 출원공개 또는 등록공고되거나 협의불성립에 의한 공개 이전에 출원된 후출원디자인(a, a′)은 확대된 선출원으로 거절결정한다.

7. 1디자인 1출원주의

(1) 취지

「디자인보호법」은 심사의 간편성, 디자인권의 파악 및 권리이전의 명확화, 분류의 용이성 등을 위해 1디자인마다 1디자인등록출원으로 하는 것을 원칙으로 한다.[73] 따라서 디자인등록출원에 해석상 2 이상의 디자인이 포함된 경우 등록될 수 없다.

(2) 판단방법

'1디자인'이란 1물품에 대한 1형태를 의미하며, 1물품이란 물리적으로 분리되지 않은 하나라는 개념이 아니라 거래 관행상 독립하여 하나로 거래될 수 있는 물품을 의미한다. 따라서 디자인 출원서 및 도면의 기재사항에 2 이상의 물품명을 디자인의 대상이 되는 물품란에 병렬하여 표시하는 경우 1디자인 1디자인등록출원에 위배된다. 예를 들어 '시계가 부착된 라디오'와 같이 하나의 물품에 다른 물품이 부설, 부가 또는 부착된 경우는 1물품으로 인정되지만 시계 및 라디오라고 기재하는 경우 2 물품이 되므로 1디자인 1출원 위반이다. 또한 2 이상의 물품을 도면에 표시한 것, 예를 들어 디자인등록출원서상 디자인의 대상이 되는 물품란에 '카메라'라고 기재하고, 첨부도면에는 카메라와 카메라 케이스가 기재되거나 물품란에 '스티커' 또는 '전사지'로 기재하였으나 분리된 2 이상을 외곽선으로 한정하지 않고 하나의 도면에 각각 기재한 경우 1디자인 1디자인등록출원 위반이다.

73) 「디자인보호법」 제40조

지식재산능력시험

지식재산 창출 ─

제1장

제2장

제3장

제4장

제5장

제6장

⊠ 1디자인 1등록출원의 위반 예시

2개의 스티커가 되어 위반   외각선이 스티커를 구분하므로 인정

다만 ① 신사복(상, 하), 투피스(상, 하), 찻잔과 받침 접시와 같이 물리적으로 분리되어 있으나 하나의 물품으로 거래되는 것이 당연한 경우, ② 모자이크 타일, 완성형태가 단일한 조립완구처럼 물리적으로 분리된 각 부분이 모여서 하나의 형상·모양을 이루는 경우, ③ 의류 및 패션잡화용품의 형상·모양을 완전히 보여주기 위해 보조적인 물품(마네킹 등)을 이용하는 것이 명백한 경우, ④ 디자인의 대상이 되는 물품의 형상·모양·색채를 나타내기 위하여 부가적인 물품이 결합되어 생산되고 일체화된 상태로 사용되는 경우(띠지가 결합된 케이크), ⑤ 형태가 변화하는 물품으로서 변화 전후 상태 또는 일련의 변화과정을 도시하여 출원하는 경우는 1디자인 1디자인등록출원으로 인정되며 이때 보조적인 물품이 적용된 취지나 물품의 변화 전후 상태를 '디자인의 설명'란에 기재하여야 한다.

출원인의 편의를 위해 1디자인 1디자인등록출원의 예외가 되는 복수디자인 등록출원, 한 벌 물품 디자인출원제도를 두고 있다.

03 등록받을 수 없는 디자인

1. 취지

「디자인보호법」은 앞서 설명한 공업상 이용가능성, 신규성 및 창작성 등의 등록요건을 만족하는 디자인이라도 공공의 이익에 반하거나 경업질서를 해치는 등 「디자인보호법」의 목적에 반하는 디자인은 등록을 받을 수 없도록 규정하고 있다.

2. 적용요건

(1) 국기, 국제기관 등의 표장과 동일 또는 유사한 디자인

국기, 국장, 군기, 훈장, 포장, 기장, 기타 공공기관 등의 표장과 외국의 국기, 국장 또는 국제기관 등의 문자나 표지와 동일 또는 유사한 디자인은 등록을 받을 수 없다.[74] 이러한 디자인은 국내외를 막론하고, 그 국가의 존엄성을 유지하고 공공기관 등이 지향하는 이념과 목적을 존중한다는 공익적인 견지에서 등록을 인정하지 않고 있다. 다만, 해당 국기에 상당한 변형을 가하여 해당 국가의 존엄을 해할 정도가 아니라면 등록받을 수 있다.

(2) 선량한 풍속에 어긋나거나 공공질서를 해칠 우려가 있는 디자인

디자인이 주는 의미나 내용 등이 일반적인 도덕관념인 선량한 풍속에 어긋나거나 공공질서를 해칠 우려가 있는 다음과 같은 디자인은 등록을 받을 수 없는 디자인에 해당된다.[75]
① 인류, 사회정의 또는 국민감정에 반하는 것
② 특정국가 또는 그 국민을 모욕하는 것
③ 저속·혐오 또는 외설스러운 것
④ 국가원수의 초상 및 이에 준하는 것
⑤ 저명한 타인의 초상. 다만 그 타인의 승낙을 얻은 경우에는 이 규정을 적용하지 않는다. 이때 '저명'이라 함은 사회통념상 국내 일반수요자 또는 관련 거래업계에서 일반적으로 널리 인지될 수 있는 정도를 말하며, 널리 알려진 연예인, 스포츠선수 또는 국내외 유명인사 등으로 직감할 수 있으면 충분한 것으로 본다.

(3) 타인의 업무와 관계되는 물품과 혼동의 염려가 있는 디자인

타인의 업무에 관계되는 물품과 혼동을 가져올 염려가 있는 디자인은 등록을 받을 수 없다.[76] 디자인은 그 자체로는 상품의 식별표지는 아니지만 물품의 외관을 구성하기 때문에 일반수요자가 그 디자인을 사용한 물품을 타인의 업무에 관계되는 상품으로 그 출처를 오인하거나 혼동할 염려가 있으며, 특히 그 타인의 업무와 관계되는 상품 및 이에 사용된 디자인

---

74) 「디자인보호법」 제34조 제1호
75) 「디자인보호법」 제34조 제2호
76) 「디자인보호법」 제34조 제3호

지식재산능력시험

지식재산 창출 —

제1장

제2장

제3장

제4장

제5장

제6장

이나 상표가 주지·저명한 것인 경우에는 타인의 업무상의 신용에 무임승차하는 결과가 될 것이기 때문에 이와 같은 경우에 등록된 디자인을 사용함으로써 발생하는 영업상의 부정경쟁행위를 방지하여 건전한 유통 질서를 확립하고, 수요자의 이익을 보호하기 위해 인정하지 않는다.

① 타인의 주지·저명한 상표·단체표장 또는 증명표장을 디자인으로 표현한 경우(디자인의 일부 구성요소로 포함한 경우에도 적용)

② 비영리법인의 표장을 디자인으로 표현한 경우(디자인의 일부 구성요소로 포함한 경우에도 적용)

③ 상표적인 성격을 갖춘 타인의 저명한 디자인(널리 알려진 캐릭터를 포함)을 일부 구성요소로 하는 것

④ 디자인의 대상이 되는 물품 또는 그와 관련된 물품의 규격이나 품질 등에 대한 인증을 나타내는 표지를 디자인의 일부 구성요소로 포함하고 있는 경우에는 그 부분은 출처를 나타내는 표시가 아니라 인증에 관한 정보전달만을 위해 사용하는 것으로 보아 이 규정을 적용하지 않는다.

⑤ 군복 및 군용장구와 동일 또는 유사한 디자인을 그와 관련된 물품의 디자인으로 표현한 경우[77]

⑷ 물품의 기능을 확보하는 데 불가결한 형상만으로 된 디자인

물품의 기능을 확보하는 데 불가결한 형상만으로 된 디자인(기능성 디자인)은 등록을 받을 수 없다.[78] 이러한 디자인은 물품의 미적 창작만을 보호하는 법 목적과 상이하고, 「특허법」 또는 「실용신안법」에 의해 보호받는 것이 타당하기 때문이다.

이 경우 물품의 기능이란 그 물품이 발휘하는 기술적인 작용 및 효과를 말하는 것으로 물품에 화체된 형태가 나타내는 미감과는 무관하므로 물품의 형태에서 발휘되는 심리적, 시각적 기능은 포함하지 않는다.

물품의 기술적 기능을 확보하기 위하여 필연적으로 정해진 형상으로 된 디자인은 모양·색채 또는 이들의 결합 유무에 불구하고 적용하며, ① 그 기능을 확보할 수 있는 대체적인 형상이 존재하는지 여부, ② 필연적인 형상 이외에 고려해야 할 형상을 포함하는지 여부를 고려하여 판단한다. 만일 대체할 수 있는 형상이 다수 존재한다면 기능성이 없는 것으로 볼 수 있다.

물품의 호환성 등을 확보하기 위하여 규격봉투, USB 규격포트 등과 같이 표준화된 규격으로 정해진 형상으로 된 디자인은 해당 규정에 따라 등록받을 수 없다. 다만 규격을 정한 주목적이 기능의 발휘에 있지 않은 물품에 대해서는 적용하지 않는다. '표준화된 규격'이라 함은 「산업표준화법」에 의거한 한국산업표준(KS), 국제 표준화기구의 ISO규격 등 법률과

---

77) 「군복 및 군용장구의 단속에 관한 법률」에 규정된 군복 및 군용장구(배낭, 모포, 수통, 침낭 등)와 동일 또는 유사한 디자인을 관련물품의 디자인으로 표현하여 군의 업무와 관련된 물품과 혼동을 가져올 우려가 있는 경우에 적용한다.
78) 「디자인보호법」제34조 제4호

공적인 표준화 기관에 의해 확정된 '공적인 표준 규격'과 공적인 규격은 아니나 그 규격이 당해 물품분야에 있어서 업계 표준으로서 인지되고 있고, 당해 표준규격에 기초한 제품이 그 물품의 시장을 사실상 지배하고 있는 것으로 규격으로서의 명칭, 번호 등에 따라 표준이 되어 있는 형상, 척도 등의 상세를 특정할 수 있는 '사실상의 표준 규격'을 말한다.

04 디자인의 유사 판단

디자인의 동일·유사 여부는 신규성, 선출원, 확대된 선출원, 디자인권의 효력 등을 판단하는데 중요한 요소이며, 디자인이 동일·유사하려면 물품이 동일 또는 유사하고 디자인의 형태도 동일 또는 유사하여야 한다. 디자인권 침해 분쟁에서도 디자인의 유사 여부가 쟁점이 되는 경우가 가장 많다.

1. 디자인 유사 여부 판단 대상

디자인의 유사 여부를 판단할 때는 동일하거나 유사한 물품 간에만 디자인의 유사 여부를 판단한다. 따라서 그 디자인이 구현되는 양 물품이 용도, 기능, 거래 통념 등에 비추어 전혀 다른 물품이면 물품의 형상, 모양, 색채가 동일해도 비유사한 디자인으로 판단한다.

🔔 **물품의 유사 여부에 따른 디자인의 유사 여부**

구분	동일물품	유사물품	비유사물품
형상·모양·색채 동일	동일디자인	유사디자인	비유사디자인
형상·모양·색채 유사			
형상·모양·색채 비유사			

물품의 동일·유사성 여부는 물품의 용도, 기능 등에 비추어 거래통념상 동일·유사한 물품으로 인정할 수 있는지 여부에 따라 결정하여야 한다. 동일물품이란 용도와 기능이 동일한 것을 말하며, 유사물품은 용도가 동일하고 기능이 다른 것을 말한다(예 '볼펜'과 '만년필', '탁상시계'와 '손목시계', '스탠드등'과 '조명등'). 비유사물품인 경우에도 용도상으로 혼용될 수 있는 것은 유사한 물품으로 볼 수 있다. 혼용은 핸드폰 케이스와 지갑처럼 용도가 다르고 기능이 동일한 물품을 용도를 바꿔서 사용하는 것을 말한다.

2. 디자인 유사 여부 판단방법

① 디자인의 유사 여부는 일반수요자를 기준으로 관찰하여 디자인의 대상이 되는 물품이 유통과정에서 다른 물품과 혼동할 우려가 있는지를 기준으로 판단한다.

② 디자인을 구성하는 각 요소를 분리하여 개별적으로 대비할 것이 아니라 그 외관을 전체적으로 대비 관찰하여 보는 사람으로 하여금 상이한 심미감을 느끼게 하는지 여부에 따라 판단하여야 한다는 것이므로 그 지배적인 특징이 유사하다면 세부적인 점에 다소 차이가 있을지라도 유사한 것으로 본다. 상식적인 범위에서 물품의 대소의 차이는 유사 여부 판단의 요소로 고려하지 않으며, 재질은 그 자체가 모양이나 색채로 표현되는 경우에만 유사 여부 판단의 요소로 참작한다. 또한 기능, 구조, 정밀도, 내구력, 제조방법 등은 그 자체가 외관으로 표현되지 않는 한 유사 여부 판단의 요소가 될 수 없다.

③ 디자인의 유사범위는 참신한 디자인일수록 유사의 폭을 넓게 보고, 같은 종류의 것이 많이 나올수록 유사의 폭을 좁게 본다. 따라서 새로운 물품, 같은 종류의 물품 중에서 특히 새로운 부분을 포함하는 것, 특이한 형상 또는 모양은 유사의 폭을 넓게 본다. 그러나 옛날부터 흔히 사용되었거나 여러 가지 디자인이 많이 창작되었던 것(칼, 식기, 포장용 용기 등), 단순한 형태의 것으로서 옛날부터 사용되어 오던 것(젓가락, 편지지 등), 구조적으로 그 디자인을 크게 변화시킬 수 없는 경우(자전거, 자동차 부품 등), 유행의 변화에 한계가 있는 것(신사복, 한복 등)은 유사의 폭을 비교적 좁게 보므로 변화의 차이가 작아도 유사하지 않다고 판단될 수 있다.

④ 형상이나 모양 중 어느 하나가 유사하지 아니하면 원칙적으로 유사하지 아니한 디자인으로 보되, 형상이나 모양이 디자인의 미감에 미치는 영향의 정도 등을 종합적으로 고려하여 디자인 전체로서 판단하며, 색채는 그 자체가 모양을 구성하지 아니하는 한 유사 여부 판단의 요소로 고려하지 아니한다. 물품의 잘 보이는 면에 유사 여부 판단의 비중을 두며, 물품 중 당연히 있어야 할 부분은 그 중요도를 낮게 평가하고 다양한 변화가 가능한 부분을 주로 평가한다.

관련 판례 ⚖️

◆ 대법원 2003후1666(2005. 10. 14. 선고) 판결 참조
양 디자인의 공통되는 부분이 그 물품으로서 당연히 있어야 할 부분 내지 디자인의 기본적 또는 기능적 형태인 경우에는 그 중요도를 낮게 평가하여야 하므로, 이러한 부분들이 동일·유사하다는 사정만으로는 곧바로 양 디자인이 서로 동일·유사하다고 할 수 없다.

제 3 절 디자인출원

<table>
<tr>
<td>학습
개관</td>
<td>창작자의 지식재산인 디자인이 디자인권으로 보호받기 위해서는 출원, 심사 과정을 거쳐 등록하여야 한다. 디자인등록출원 절차를 이해하고 디자인출원에 필요한 서류를 준비하고 필요한 절차를 설명할 수 있다.</td>
</tr>
</table>

<table>
<tr>
<td>학습
포인트</td>
<td>디자인출원에 필요한 서류를 설명할 수 있다.
제품의 특징에 따라 디자인을 보호할 수 있는 「디자인보호법」상 제도들을 이해하고 적용하여 설명할 수 있다.</td>
</tr>
</table>

NCS 및 NCS 학습모듈	하위 목차명	디자인출원에 필요한 서류, 디자인출원 절차, 디자인 보호를 위한 제도	
	NCS 및 NCS 학습모듈	대분류	05. 법률·경찰·소방·교도·국방
		중분류	01. 법률
		소분류	02. 지식재산관리
		세분류	01. 지식재산관리
		능력단위 (능력단위요소)	12. 지식재산 권리화
		주요 지식·기술· 태도	• 디자인출원에 필요한 서류, 디자인보호법, 디자인보호법 시행규칙 • 디자인 도면 검토 기술, 출원 프로그램 사용 기술 • 창작물인 디자인을 보호하려는 의지

지식재산능력시험

지식재산 창출 ―

제1장

제2장

제3장

제4장

제5장

제6장

01 디자인출원에 필요한 서류

1. 출원서

(1) 취지

디자인등록을 받고자 하는 자는 일정 사항을 기재한 심사등록출원서 또는 일부심사등록출원서를 특허청장에게 제출하여야 한다.[79] 출원서류는 출원에 관한 서지사항을 포함하는 것으로서, 출원디자인에 관한 권리자 및 창작자의 인적 사항, 출원디자인의 성격 등을 특정하는 역할을 수행한다. 출원서류가 불명확한 경우, 출원절차를 밟은 자에 관한 사항이 기재되지 않은 경우, 국어로 기재되지 않은 경우, 디자인의 대상이 되는 물품이 기재되지 않은 경우 등에는 기간을 정해 보완 명령을 하고 기간 내에 보완을 하지 아니한 경우에는 그 디자인등록출원을 부적법한 출원으로 보아 반려할 수 있다.[80]

(2) 구체적인 기재 사항

① 출원인의 성명 및 주소(법인인 경우에는 그 명칭 및 영업소의 소재지)

② 출원인의 대리인이 있는 경우에는 그 대리인의 성명 및 주소나 영업소의 소재지(대리인이 특허법인·특허법인(유한)인 경우에는 그 명칭, 사무소의 소재지 및 지정된 변리사의 성명)

③ 디자인의 대상이 되는 물품 및 물품류

④ 단독디자인등록출원 또는 관련디자인등록출원 여부

⑤ 기본디자인의 등록번호 또는 출원번호(관련디자인으로 등록받으려는 경우만 해당)

⑥ 디자인을 창작한 사람의 성명 및 주소

⑦ 복수디자인등록출원 여부

⑧ 디자인의 수 및 각 디자인의 일련번호(복수디자인등록출원을 하는 경우에만 해당)

⑨ 우선권주장에 관한 사항(우선권주장을 하는 경우만 해당)

⑩ 부분디자인 여부, 출원공개신청 여부, 비밀디자인청구 여부, 신규성 상실의 예외의 취지 등

---

79) 「디자인보호법」 제37조 제1항
80) 「디자인보호법」 제38조

2. 디자인 도면

디자인등록출원을 하고자 하는 자는 디자인 창작물의 형태 전체가 올바르게 이해되도록 정해진 방법에 따라 디자인 도면을 작성하여 제출한다. 디자인 도면에는 등록받고자 하는 디자인을 전체적으로 명확하게 파악할 수 있는 도면 이미지 또는 사진 이미지를 삽입해야 하고, 【물품류】, 【디자인의 대상이 되는 물품】, 【디자인의 설명】, 【디자인의 창작 내용의 요점】을 기재하여야 한다.[81]

⊠ **디자인보호법 시행규칙 [별지 제4호 서식]**

```
                        【디자인 도면】

   【물품류】

   【디자인의 대상이 되는 물품】

   【디자인의 설명】

   【디자인의 창작 내용의 요점】

   【도면 1】
   【도면 2】
```

디자인 도면은 출원인의 창작의도를 이해하고 안정적인 권리보호를 하는 데 가장 중요한 부분으로, 특허권의 권리범위가 청구범위에 의해 특정되는 것과 같이 디자인권은 도면(그림)에 의해 권리가 특정되므로, 도면은 출원 시 필수적으로 제출되어야 한다. 즉 디자인 출원에서 도면은 디자인에 관한 권리서, 등록디자인의 보호범위를 판단하는 기준·출원·심사·심판 및 소송에서의 판단대상, 제3자의 디자인 창작 시 참고자료가 될 수 있다. 한편, 도면 이미지 또는 사진 이미지, 디자인의 대상이 되는 물품, 디자인의 설명에 의해 표현된 디자인은 디자인의 권리범위를 정함에 있어서 중요한 판단요소가 되는 반면, 디자인의 창작 내용의 요점에 기재된 사항은 권리범위에 포함되지 않는 것이 원칙이다.

---

81) 「디자인보호법」 제37조 제2항

3. 디자인 도면 작성방법

(1) 물품류

| 국어(KOREAN) | | 영어(ENGLISH) | | 국제분류 | |

검색　검색취소

총: 17건, 1/2(Page)

물품류	물품군	물품명칭(국문)	로카르노 물품명칭
03	01	우산 커버	Umbrella covers
03	03	우산	Umbrellas

우리나라는 2014년 7월 1일부터 국제 디자인등록출원제도가 시행됨에 따라 산업디자인의 국제분류[82](로카르노 분류)를 사용하고 있다. 따라서 출원 시 디자인의 대상이 되는 물품이 로카르노 협정에 따른 물품류 중 어디에 속하는지 확인하고, 이를 출원서에 기재해야 한다. 예를 들어, '우산'에 관한 디자인을 출원하고자 할 경우 위 물품류 구분에서 '제3류'를 기재하면 된다. 현행 물품류는 디자인등록출원서 작성의 일관성 및 물품 명칭 사용의 통일성을 위한 것으로 디자인 물품 상호 간의 유사 범위를 정하는 것은 아니다.[83]

디자인의 대상이 되는 물품이 적절하게 기재되지 않은 경우에는 등록받을 수 없다. 예를 들어, 디자인의 대상이 되는 물품을 외국 문자, 즉 영어로만 기재한 경우(예 휴대폰을 'cellular phone'이라고 기재한 경우), 독립 거래의 대상이 될 수 없는 물품의 부분에 관한 명칭을 기재한 경우(예 '컵의 손잡이'라고 기재한 경우) 등 그 물품에 관한 명칭이 적절하지 않은 경우에는 등록되지 않는다. 이와 같이 디자인의 대상이 되는 물품은 디자인이 구현되는 대상을 명확하게 하는 것이므로, 물품 명칭은 명확하게 기재되어야 한다.

(2) 디자인의 대상이 되는 물품

로카르노 협정에 따른 물품류 중 특허청장이 고시한 물품의 명칭에서 하나의 물품을 지정하여 적어야 하고, 특허청장이 고시한 물품의 명칭에 명시되지 않은 물품에 대해서는 그 물품의 디자인을 인식하는 데에 적합한 명칭을 적되, 그 물품의 용도가 명확하게 이해되고 보통 사용하는 물품의 명칭이어야 한다. 다만, 물품의 일반화된 명칭이 없고 그 명칭이 물품의 용도를 최소 단위로 표현한 것이라면 '○○○용 부재' 등의 명칭을 사용할 수 있다.

---

82) 2023년 1월 로카르노 분류 14판 발행
83) 「디자인보호법 시행규칙」 제38조 제1항 및 제2항

(3) 디자인의 설명

① 물품에 대한 설명

물품의 사용목적·사용방법·재질 또는 크기 등의 설명이 필요하다고 인정될 경우에는
그에 관한 설명

> 예 이 디자인은 전기스탠드로 뒷면에 음이온 발생장치를 갖추고 있음. 재질은 갓 부분은 표면이 매끈한 유리
> 재질이고, 몸체 부분은 구형(球形) 돌기가 형성된 철재이며, 전체 크기는 50cm임

② 도면에 대한 설명

도면(사진 또는 견본을 포함)에 대한 설명이 필요한 경우에는 각 도면별 설명

> 예 도면 1은 이 디자인의 전체적인 형태를 표현하는 도면이고, 도면 2는 이 디자인의 정면 부분을 표현하는
> 도면이며, 배면 부분은 정면 부분과 동일하고, 도면 3은 이 디자인의 윗면 부분을 표현하는 도면이며, 도면
> 4는 이 디자인의 저면부에서 바라본 전체적인 형태를 표현하는 도면이고, 도면 9는 도면상의 A부터 A'까
> 지 부분의 절단면을 표현하는 도면임

③ 도면에서 길이 표시 생략에 대한 설명

도면에서 길이 표시를 생략하여 그 디자인의 전체적인 형상이 명확하지 않아 생략한 길
이의 표시가 필요하다고 인정될 경우에는 도면상 몇 mm, 몇 cm 또는 몇 m가 생략되었
음을 표시 예 도면 1에서 표현된 디자인의 도면상 생략된 길이는 5cm임

④ 도면의 색채에 대한 설명

도면 또는 사진에 색채를 입히는 경우에 흰색·회색 또는 검은색 중 하나를 생략한 경우
에는 그에 관한 설명

> 예 도면 1에서 윗부분은 회색이고, 아랫부분은 검은색이며, 기둥 부분의 흰색은 생략하였음

⑤ 투명한 물품의 전부 또는 일부에 대한 설명

물품의 전부 또는 일부가 투명하여 설명이 필요하다고 인정될 경우에는 그에 관한 설명

> 예 이 디자인은 용기 내부의 상태를 파악할 수 있도록 윗면의 덮개 부분이 투명 재질로 되어 있음

⑥ 부분디자인에 대한 설명

물품의 부분에 관한 디자인으로서 물품의 부분을 도면이나 견본에서 특정하고 있는 방
법에 대한 설명이 필요하다고 인정될 경우에는 그에 관한 설명

> 예 실선으로 표시된 부분이 주전자의 손잡이를 나타내는 부분디자인으로서 등록받으려는 부분임

⑦ 화상디자인에 대한 설명

화상디자인이 기기의 조작에 이용되거나 기능이 발휘되는 것에 관한 설명을 명확하게
기재

> 예 이 화상디자인은 스마트 팔찌에서 투영되어 손목에 표시된 아이콘을 조작하기 위한 것이며 스마트폰에 연
> 동되어 전화, 날씨, 카메라, 전자계산기의 기능을 수행할 수 있음
> 예 이 화상디자인은 벽면에 빛을 투사하여 시간, 날짜, 날씨, 온도 등의 정보를 표시하는 것임

⑧ 물품의 부분에 표현된 화면디자인에 대한 설명

액정화면 등 표시부에 일시적으로 도형 등이 표시되는 물품의 부분에 표현된 화면디자

지식재산능력시험

지식재산 창출 —

제1장

제2장

제3장

제4장

제5장

제6장

인으로서 화면이 도시되는 부분만을 제출하는 경우 그에 관한 설명

⒞ 실선으로 표시된 부분이 디스플레이 패널에 나타나는 물품의 부분에 표현된 화면디자인으로서 부분디자인으로 등록받으려는 부분이며 화면이 도시되는 부분 이외의 도면은 생략하였음

⑨ 열리고 닫히는 디자인 또는 펼쳐지고 접히는 등 형태가 변화하는 디자인에 대한 설명

물품이 가지는 기능에 의하여 변화하는 디자인으로서 그 변화 전후의 상태에 대한 설명이 필요하다고 인정될 경우에는 그에 관한 설명

⒞ 이 디자인은 자동차 뒤쪽의 스포일러 부분이 변화하는 디자인으로서 도면A 1부터 도면A 7까지는 펼쳐진 상태를 보여주는 도면이며, 도면B 1부터 도면B 7까지는 접힌 상태를 보여주는 도면임

⑩ 연속적인 일련의 과정으로 형태가 변화하는 디자인에 대한 설명

연속적인 일련의 과정으로 형태가 변화하는 디자인으로서 그 움직이는 상태를 설명할 필요가 있는 경우에는 정지 상태, 동작 상태(동작 중의 기본적 자세, 동작 내용을 나타내는 궤적 등)에 관한 설명

⒞ 이 디자인은 움직이는 '로봇완구'의 디자인으로서 도면A 1부터 도면A 7까지는 정지 상태를 나타내는 도면이며, 도면B 1부터 도면B 7까지는 움직이는 연속 동작을 나타내는 일련의 도면임

⑪ 토목건축용품의 디자인에 대한 설명

토목건축용품에 관한 디자인으로서 반복 생산성, 운반 가능성에 대한 설명이 필요하다고 인정될 경우에는 그에 관한 설명

⒞ 이 디자인은 가옥에 관한 디자인으로서 건축설계도에 따라 부품을 미리 생산·조립하여 시공하는 공법으로 이루어짐

⒞ 이 디자인은 교량에 관한 디자인으로서 철근콘크리트 또는 철제로 제작·조립하여 시공하는 공법으로 이루어짐

⑫ 한 쌍으로 이루어진 물품의 디자인에 대한 설명

한 쌍으로 이루어진 물품에 관한 디자인으로서 한 짝의 형태만을 도면으로 제출하고 나머지 한 짝을 생략하여 그에 관한 설명이 필요하다고 인정되는 경우

⒞ 이 디자인은 좌·우측 이어폰이 한 세트로 구성된 블루투스 이어폰의 한 쪽 이어폰을 나타낸 것으로, 다른 한 쪽 이어폰의 디자인은 이 디자인과 대칭임

⑬ 의류 및 패션잡화용품의 디자인에 대한 설명

의류 및 패션잡화용품에 관한 디자인으로서 형태를 완전하게 보여주기 위하여 마네킹 등의 보조적인 물품을 사용하는 경우 그에 관한 설명

⒞ 이 디자인은 덧신에 관한 디자인으로서 발에 씌운 형태를 완전하게 나타내기 위해 마네킹을 사용한 것으로 마네킹은 디자인을 구성하지 않는 것임

(4) '디자인의 창작 내용의 요점' 작성방법

디자인의 창작 내용의 요점은 쉽고 간결하며 명확하게 적고, 가능한 공지된 디자인과 비교하여 독창적으로 창작한 내용을 중심으로 적는다. 또한, 국내 또는 국외에서 널리 알려진 형상, 모양, 자연물, 유명한 저작물 및 건조물 등을 모티브로 하여 창작한 경우에는 가능한 한 이들 형태로부터 독창적으로 창작한 내용을 중심으로 적고, 300자 이내로 작성한다.

예시 **디자인의 창작 내용의 요점**

1. **입체디자인**

   이 냉장고 디자인은 전체적으로 실내 주방가구와 조화롭게 어울릴 수 있도록 간결한 직선과 부드러운 곡선을 활용하여 표현하였으며, 정면 왼쪽에 표현된 홈 바(home bar)의 형상과 단순한 손잡이의 형상으로 도시적이고 세련된 이미지를 표현한 것이 창작 내용의 요점임

2. **평면디자인**

   이 벽지 디자인은 하늘색 바탕에 연녹색의 추상적인 나무와 나뭇잎 모양을 배치하여 자연미를 느낄 수 있도록 한 것이 창작 내용의 요점임

3. **부분디자인**

   이 필기구 디자인은 손잡이 부분의 부분디자인으로서 기존의 일자형에서 벗어나 손잡이 부분을 알파벳 'Z'자 형상으로 하여 잡기 편하고, 오랜 시간 필기하더라도 피로감을 줄일 수 있으며, 필기구를 잡은 손 아래쪽의 글씨도 쉽게 볼 수 있도록 한 것이 창작 내용의 요점임

4. **한 벌의 물품의 디자인**

   이 한 벌의 오디오 세트 디자인은 기존의 오디오 세트가 가로 방향의 조합만으로 이루어져 있던 것에서 벗어나 각각의 구성물품(unit)이 정사각형 형상으로 가로 방향은 물론, 세로 방향으로도 조합할 수 있도록 한 것이 창작 내용의 요점임

5. **연속적인 일련의 과정으로 형태가 변화하는 디자인**

   이 물품의 부분에 표현된 화면디자인은 휴대전화의 액정화면에 연속적으로 구현되는 아이콘으로서 기존의 아이콘은 단순히 커지거나 음영이 변화하는 것에 그쳤으나 이 디자인은 알파벳 'K'자가 사이버 공간상에서 연속하여 일정한 간격으로 도는 변화과정을 나타낸 것이 창작 내용의 요점임

6. **글자체디자인**

   이 한글 글자체디자인은 짜임새 있는 자음·모음의 공간 구성과 간결한 획의 표현으로 가독성을 높여 작은 사이즈의 본문으로 사용해 도 가독성이 높으며, 제목으로 사용해도 뛰어난 주목성을 가질 수 있도록 한 것이 창작 내용의 요점임

⑸ **도면**

디자인출원 시 도면을 대신하여 사진 또는 견본을 제출할 수 있다.[84] 사진 또는 견본 제출 시 도면 작성에 들이는 시간과 노력이 절약되어 신속한 출원에 도움이 되고 완성품에 대해 사진 또는 견본이 제출되므로 디자인을 명확하게 표현할 수 있지만 도면에 비해 권리범위가 더욱 협소해지고, 실제 물품이 제작되기 전인 아이디어 착상 단계에서는 출원이 불가능하다는 단점이 있다.

---

84) 「디자인보호법」 제37조 제3항

지식재산능력시험

지식재산 창출 —

제1장
제2장
제3장
제4장
제5장
제6장

⊡ 도면 작성 예시

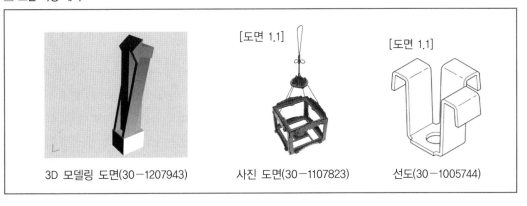

3D 모델링 도면(30-1207943) 사진 도면(30-1107823) 선도(30-1005744)

디자인등록출원의 도면은 등록받으려는 디자인의 창작 내용과 전체적인 형태를 명확하고 충분하게 표현할 수 있도록 1개 이상의 도면을 작성한다. 디자인출원을 위한 도면은 디자인의 권리범위에 포함되는 기본 도면과, 권리범위에 포함되지는 않으나 디자인의 이해를 위한 참고 도면으로 구분된다. 기본 도면에는 디자인의 전체적 형태를 표현한 사시도, 정·배면도, 좌·우측면도, 평·저면도뿐만 아니라 디자인의 구체적인 형태를 표현하기 위한 절단면도, 확대도, 전개도 등도 포함되며, 도면의 기재 순서는 디자인의 전체적인 형태와 창작 내용을 가장 잘 표현한 도면을 우선순위로 작성해야 한다. 참고 도면은 디자인의 용도 등에 대한 이해 및 사용 상태를 표시한 도면으로【참고 도면 1】,【참고 도면 2】와 같이 식별 항목을 만들어 기재한다.

디자인 도면은 선도면, 사진도면, 3D(모델링) 이미지 캡처 도면, 3D(모델링) 파일 도면 방식 중 한 가지 파일 형식을 선택하여 작성하며 3차원 모델링(modeling) 파일 형식으로 제출할 경우에는 디자인의 창작 내용을 가장 잘 표현하는 화면을 정지화면으로 하여 제출한다.

또한 부분디자인, 글씨체디자인, 화상디자인, 동적디자인 등과 같은 특유디자인은 그 특성을 고려하고 등록받고자 하는 대상을 명확하게 하고자 특유의 도면 작성 방안을 별도로 고려해야 한다. 예를 들어, 부분디자인은 등록받고자 하는 부분과 그 이외의 부분이 명확하게 표현돼야 하고, 동적디자인의 경우 그 동작의 변화 전후가 명확하게 표현돼야 한다.

[도면 A 1.1] [도면 B 1.1] [도면 C 1.1]

동적 디자인(30-1042416) 글씨체 디자인(30-0797012)

02 디자인출원 절차

1. 디자인출원

디자인등록출원은 서면으로 출원서를 작성하여 제출하거나 특허청 전자출원 시스템인 특허로(www.patent.go.kr)에서 온라인으로 출원서 작성이 가능하다. 특허로에서 온라인으로 출원하는 경우 먼저 특허고객번호를 부여받아야 한다. 디자인출원 후 방식심사와 등록 요건에 대한 심사가 진행되며 출원서류의 방식에 하자가 있는 경우 당해 출원절차는 무효될 수 있다.[85] 다만, 방식 위반의 하자를 보정에 의해 치유할 경우에는 그러하지 아니하다.[86] 디자인출원은 특허출원과 달리 심사청구제도는 없으며 모든 출원에 대하여 출원 순서에 따라 심사가 진행되고, 우선심사의 대상이 되는 경우 우선심사 신청도 가능하다. 디자인 등록요건 일부심사 대상 디자인은 일부 요건만 심사하여 등록되므로 신속한 등록이 가능하다. 디자인은 출원 이후 심사, 등록까지 1년 이하로 소요된다. 일부심사의 경우는 1~3개월 정도면 등록할 수 있다.

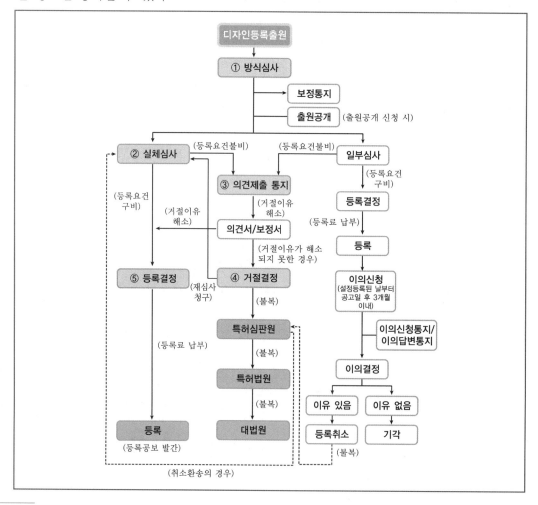

---

85) 「디자인보호법」 제18조
86) 「디자인보호법」 제47조

지식재산능력시험

지식재산 창출 ──

제1장

제2장

제3장

제4장

제5장

제6장

2. 출원공개신청제도

디자인은 공개되는 경우 모방이 쉽게 일어날 수 있어 이러한 불이익을 최소화하기 위해 모든 출원이 공개되는 특허출원과 달리 「디자인보호법」은 원칙적으로 등록 전까지 출원디자인을 공개하지 않는다. 따라서 출원인이 아무런 조치를 취하지 않으면, 등록 전에는 출원디자인이 공개되지 않다가 등록 후에 비로소 공개되는데, 출원인의 신청이 있으면 등록 전이라도 출원디자인을 공개한다.[87]

공개된 디자인에 대해서 등록 전에 제3자가 실제 출원디자인과 동일 또는 유사한 디자인을 무단으로 실시하고 있다면, 서면으로 경고 후 등록 후 보상금을 청구할 수 있다. 이때 보상금청구권을 행사하기 위한 서면 경고 시 출원공개가 반드시 전제되어야 한다.[88]

3. 비밀디자인제도

(1) 취지

출원공개신청제도와 반대로 출원한 디자인이 등록되더라도 디자인 내용이 공개되지 않기를 원하는 경우에 비밀디자인을 신청할 수 있다. 일반적으로 출원된 디자인은 설정등록에 의해 디자인권이 발생한 후 등록공고에 의해 일반인에게 공개된다. 이 경우 제3자는 인터넷 등을 통해 등록디자인 유무를 쉽게 검색 및 확인할 수 있다. 그러나 이러한 등록디자인의 공개가 디자인 창작물의 사업화에 악영향을 미칠 수 있다.

(2) 적용절차

이러한 문제점을 해결하고자 「디자인보호법」은 설정등록 후 일정 기간(최장 3년) 동안 등록디자인을 비밀로 유지할 수 있는 제도를 두고 있다.[89] 비밀디자인은 출원 이후부터 최초의 디자인등록료 납부 전까지 신청할 수 있다. 비밀디자인청구와 동시에 최장 3년 이내의 비밀기간을 지정하면 등록 후 그 비밀기간 동안 등록디자인의 공개가 유보되며 추후 연장·단축도 가능하다.

비밀디자인청구는 제3자의 모방을 사전에 차단한다는 장점이 있지만, 분쟁 발생 시 침해자에 대한 과실 추정이 배제되고,[90] 침해금지 및 예방청구권 행사 시 사전 경고를 반드시 해야 하는 등 침해자에 대한 민사상의 권리를 행사함에 있어서 일정한 제한이 있는 것[91]과 같은 단점도 있다. 따라서 비밀디자인을 청구하기 전에 디자인 창작물의 성격, 사업화 방향 등을 면밀히 검토하여 진행할 것인지 여부를 결정해야 할 것이다.

---

87) 「디자인보호법」 제52조
88) 「디자인보호법」 제53조 제1항
89) 「디자인보호법」 제43조
90) 「디자인보호법」 제116조 제1항 단서
91) 「디자인보호법」 제113조 제2항

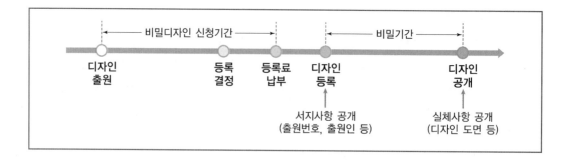

03 디자인 보호를 위한 제도

1. 화상디자인

(1) 취지

'화상'이란 디지털 기술 또는 전자적 방식으로 표현되는 도형·기호(기기의 조작에 이용되거나 기능이 발휘되는 것에 한정하고, 화상의 부분을 포함)를 말한다. '화상디자인'이란 화상(畵像)의 형상·모양·색채 또는 이들의 결합이며 시각을 통해 미감을 불러일으키는 것이다. 화상은 글자체와 마찬가지로 본래 물품성을 갖추지 못했지만 물품으로 의제한 것이므로 디스플레이 패널, 디스플레이 스크린 등과 같이 물품의 부분으로 표현될 필요 없이 독립적으로 물품성을 갖춘 것으로 본다.

(2) 적용요건

「디자인보호법」 제2조 2의2에서는 보호대상을 '기기의 조작에 이용되거나(조작용 화상)' 또는 '기능이 발휘되는 것(기능발휘용 화상)'으로 한정하고 있다. 따라서 화상디자인은 적어도 이 중 하나에 해당하여야 하며, 이 중 어느 하나에도 해당하지 않는 단순히 시각저작물에 불과한 것은 화상디자인으로 성립할 수 없다.

① '기기의 조작에 이용되는 화상'은 기기를 제어하기 위해 지시, 명령 등을 입력하는 데 사용하는 도형, 기호 등을 의미하며, 조작의 대상인 기기가 반드시 물품일 필요는 없다. 흔히 조작용 입력 버튼, 바(bar), 다이얼 등을 예로 들 수 있다. 예를 들어 '정보통신기기용 아이콘' 화상으로서 정보통신기기에서 구동되는 아이콘이므로 디지털 기술 또는 전자적 방식으로 표현되는 것이며 외견상 홈(home)버튼 기능을 수행하는 것으로 파악되어 '기기의 조작에 이용되는 화상'으로 인정할 수 있다.

지식재산능력시험

지식재산 창출 ┐

제1장

제2장

제3장

제4장

제5장

제6장

⊡ 화상디자인 예시

정보통신 기기용 아이콘   정보 표시용 화상

② '기기의 기능이 발휘되는 화상'은 기기가 발휘하는 기능을 표현하는 도형·기호 등을 의미하며 각종 그래프, 상태표시등, 경고등, 인디케이터(indicator) 등이 대표적이다.

③ 기기의 조작과 기능 발휘를 겸하는 '화상디자인'의 경우도 있을 수 있으므로 출원서 및 출원서에 첨부된 도면의 기재사항 등에 이러한 특징이 충분히 기재 또는 표현된 경우 화상디자인으로 인정할 수 있다.

④ 화상의 부분디자인이란 화상의 전체 중에 일정한 범위를 점유하는 부분으로서 해당 화상에 있어서 다른 디자인과 대비대상이 될 수 있는 부분을 말한다.

2. 한 벌 물품 디자인

(1) 취지

「디자인보호법」 제40조에 따르면 디자인등록출원은 1디자인마다 1디자인등록출원으로 한다. 하나의 물품은 하나의 디자인으로 출원하도록 함으로써 디자인출원 대상을 명확히 하여 신속한 심사가 가능해지고, 또한 등록 후 디자인 권리범위가 명확해질 수 있다. 그러나 '한 벌의 사무용 가구 세트' 등과 같이 2개 이상으로 이루어지는 물품의 조합이 상관습상 한 벌로 판매·사용되는 물품으로서 전체적으로 통일성이 있는 경우에는 하나의 출원으로 심사·등록할 수 있도록 '한 벌 물품 디자인제도'를 두고 있다.[92]

(2) 적용요건

① 2개 이상의 물품이 한 벌의 물품으로 동시에 사용되어야 한다.

'한 벌의 여성용 한복 세트'와 같이 실제로 동시에 사용되는 것뿐 아니라 '한 벌의 주방용 붙박이 물품 세트'와 같이 관념적으로 동시에 사용되는 것도 포함한다.

② 한 벌의 물품의 디자인은 한 벌 전체로서 통일성이 있어야 한다.

㉠ 각 구성 물품의 디자인이 동일한 표현 방법으로 표현되어 한 벌 전체로서 통일성이 있다고 인정되어야 한다.

---

92) 「디자인보호법」 제42조

ⓛ 각 구성 물품이 상호 집합되어 하나의 통일된 디자인을 표현하여야 한다. 예를 들어, 한 벌의 끽연용구 세트에 있어서 재떨이, 담뱃갑, 라이터 및 받침대가 상호 집합되어 하나의 거북이 형상을 표현한 것 등으로 통일된 이미지가 있어야 한다.

ⓒ 각 구성 물품의 디자인이 전설이나 관념적으로 관련이 있는 인상을 줌으로써 한 벌 전체로서 통일성이 있어야 한다. '토끼와 거북이'의 동화를 그림으로 각 구성 물품에 관련 있게 표현한 것 등과 같이 사용자가 한 벌의 물품인 것을 인식할 수 있어야 한다.

③ 한 벌의 물품의 구분은 「디자인보호법 시행규칙」 [별표 5]에 규정되어 있는 물품이어야 한다.

🖼 한 벌 물품 디자인 예시

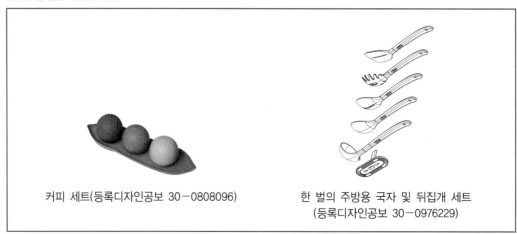

커피 세트(등록디자인공보 30-0808096)

한 벌의 주방용 국자 및 뒤집개 세트
(등록디자인공보 30-0976229)

⑶ 한 벌 물품 디자인의 권리범위

한 벌 물품 디자인으로 등록받을 경우, 구성하고 있는 각각의 물품에 대해 디자인권이 발생하지 않고 한 벌 물품 전체에 하나의 디자인권이 발생한다. 따라서 구성 물품의 디자인 등록을 원하는 경우 각각의 물품에 대해 디자인등록출원을 해야 한다.

3. 부분디자인

⑴ 취지

부분디자인이란 물품의 일부에 창작적 가치가 있는 디자인을 말한다. 원칙적으로 물품의 부분은 독립 거래의 대상이 될 수 없어 물품으로 인정되지 않지만 물품의 부분도 창작의 요점이 될 수 있고, 제3자가 물품의 일부를 모방하는 것을 방지하기 위하여 물품의 부분을 물품으로 간주하여 보호하고 있다. '물품의 부분'이란 물품의 전체 중에 일정한 범위를 점하는 부분의 형태로서 해당 물품에 있어서 다른 디자인과 대비대상이 될 수 있는 부분을 말한다. 예를 들어, 가위의 손잡이 부분이나 이어폰의 연결부는 그 자체로 독립 거래의 대상이 아니므로 물품으로 인정되지는 않는다. 그러나 독립 거래의 대상이 되는 양말을 전제

지식재산능력시험

지식재산 창출 ―

제1장

제2장

제3장

제4장

제5장

제6장

로 하는 부분이므로, 부분디자인을 통해 등록이 가능한 것이다. 부분디자인을 통해 물품의 전체 외관뿐만 아니라 세세한 부분도 보호할 수 있기 때문에 등록디자인의 보호범위를 강화하기 위한 수단으로 활용할 수 있다.

⑵ 부분디자인의 출원서와 도면

부분디자인은 일반적인 전체디자인과 다르기 때문에 출원서의 '부분디자인 여부'란에 그 취지를 기재해야 한다. 또한, '디자인의 대상이 되는 물품'란에 물품명을 기재할 때 물품의 부분에 관한 명칭(가위의 손잡이)이 아닌 그 해당 물품명(가위)을 기재해야 한다. 부분디자인은 디자인등록을 받고자 하는 부분과 그 외의 부분을 명확히 구분해서 표현하며 도면에서 표현하고 있는 방법에 대해 [디자인의 설명]란에 기재한다. '부분디자인으로 등록받으려는 부분'의 위치, 크기, 범위를 구체적으로 도출할 수 있도록 작성한다.

① 등록받으려는 부분을 실선으로 표시하는 경우

해당 디자인의 대상이 되는 물품의 전체디자인 중 부분디자인으로 디자인등록을 받으려는 부분은 실선으로 표현하거나 이와 상응하는 방법으로 표현하고, 그 외의 부분은 파선으로 표현하거나 이와 상응하는 방법으로 표현하여 부분디자인으로 등록받으려는 부분을 명확히 특정한다. 즉, 가장 특징적인 외관을 실선으로 특정하여 권리범위를 설정하고, 나머지 부분에 대해서는 점선으로 표현하여 권리범위에서 제외한다.

⊠ **부분 디자인 도면 예시**

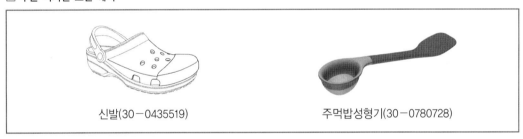

신발(30-0435519)　　　　주먹밥성형기(30-0780728)

② 색상으로 구분

디자인을 등록받고자 하는 부분 이외의 부분은 '무채색'으로 구분하여 표현하거나, 디자인이 무채색만으로 구성되어 있어 무채색으로 특정하기 어려운 경우 등록받고자 하는 부분을 '유채색'으로 표현한다. 이때 디자인의 설명에서 어떤 색상 부분을 부분디자인으로 등록받고자 하는지 기재한다.

[예시] **부분디자인 디자인의 설명**

- 실선으로 표시된 부분이 디자인등록을 받고자 하는 부분이며, 점선으로 표현된 부분은 디자인등록을 받으려는 부분이 아님
- 실선으로 표시된 부분이 컵의 손잡이를 나타내는 부분디자인으로서 등록받으려는 부분임
- 실선으로 표시된 부분이 디스플레이 패널에 나타나는 화상디자인으로서 부분디자인으로 등록받으려는 부분이며 화상이 도시되는 부분 이외의 도면은 생략하였음

4. 관련디자인

(1) 취지

'관련디자인'이란 자기의 등록디자인이나 출원디자인(기본디자인)에만 유사한 디자인을 말한다. 디자인은 모방이나 변형을 통해 비교적 쉽게 타인의 권리를 침해할 수 있으므로 디자인권의 효력은 등록디자인 또는 이와 유사한 디자인에까지 미치도록 규정하고 있다. 그러나 유사한 디자인의 범위가 추상적이고 명확하지 않으므로 유사한 디자인을 별도의 관련디자인으로 등록하여 모방과 침해를 미연에 방지하고 침해에 신속히 조치를 할 수 있도록 관련디자인제도를 두고 있다. 한편 관련디자인제도는 디자인등록출원 이후에 개량·변형한 유사디자인을 별도 권리로 등록받을 수 있도록 함으로써 출원인의 권리보호를 강화하는 역할도 하고 있다.

(2) 적용요건

① 관련디자인은 자기의 기본디자인을 전제로 하므로 그 기본디자인은 관련디자인 등록출원 전 또는 동일자에 존재해야 하고, 자기의 기본디자인과만 유사하며 그 출원일보다 선행하는 타인의 디자인(출원디자인, 등록디자인, 공지디자인)과 유사하지 않아야 한다. 다만, 해당 관련디자인의 디자인권을 설정등록할 때에 기본디자인의 디자인권이 설정등록되어 있지 아니하거나 기본디자인의 디자인권이 취소, 포기 또는 무효심결 등으로 소멸한 경우에는 관련디자인등록을 받을 수 없다.

② 관련디자인은 기본디자인 출원일로터 3년 이내에 출원해야 한다.[93]

③ 자기의 관련디자인과만 유사한 디자인은 관련디자인으로 등록받을 수 없다.[94] 이 경우 관련디자인과 유사한 디자인을 허용하는 경우 유사디자인이 계속 확장될 수 있기 때문에 관련디자인은 기본디자인에만 유사한 디자인으로 한정하고 있다.

④ 관련디자인등록출원으로서 기본디자인의 디자인권에 전용실시권이 설정되어 있는 경우에는 등록받을 수 없다.[95]

⑤ 기본디자인과만 유사한 둘 이상의 관련디자인등록출원이 있는 경우에 이들 디자인 사이에는 신규성 상실과 선출원주의를 적용하지 아니한다.

(3) 관련디자인의 권리범위

디자인권의 권리범위는 동일 영역뿐만 아니라 유사 영역까지 그 효력이 미치는데, 종래 유사디자인은 기본디자인의 권리범위에 종속될 뿐 독자적인 권리범위를 갖는 것은 아니었다. 즉, 기본디자인권과 비유사하지만 유사디자인권과만 유사한 디자인에 대해서는 효력이 미치지 않았다. 하지만 관련디자인권은 기본디자인의 권리범위와는 별도로 관련디자인만의 권리범위를 가지기 때문에 하나의 콘셉트에서 출발한 디자인의 권리범위를 광범위하게

---

93) 「디자인보호법」 제35조 제1항
94) 「디자인보호법」 제35조 제2항
95) 「디자인보호법」 제35조 제3항

지식재산능력시험

지식재산 창출 ~
제1장
제2장
제3장
제4장
제5장
제6장

확보할 수 있다. 만약 최초 디자인에서 변형된 다양한 디자인을 다수의 관련디자인권으로 등록받으면, 비록 최초 디자인과 다르더라도 그 콘셉트를 함께 하는 디자인까지도 보호할 수 있다는 점에서 제3자의 모방 의도를 강력하게 억제할 수 있다.

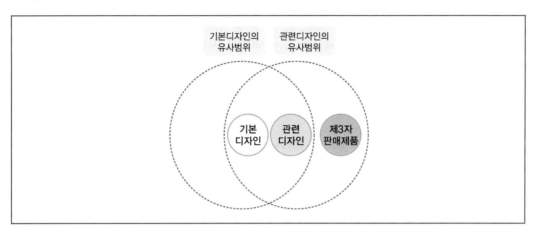

5. 복수디자인출원

⑴ 취지

「디자인보호법」은 하나의 디자인등록절차를 통해 하나의 디자인권이 발생하는 것을 원칙으로 한다.[96] 그러나 동일한 물품류에 속하는 물품은 100개 이내에서 복수디자인등록출원이 가능하다.[97] 이는 다수의 디자인을 동시에 창작하여 동시 출원과 함께 관리가 필요한 경우에 유용하게 활용할 수 있다.

⑵ 복수디자인등록출원 요건

예를 들어, 직물에 관한 여러 디자인은 하나의 절차로 등록받을 수 있다. 직물에 관한 여러 디자인을 창작한 경우 이들은 같은 물품류(제2류)에 속하고, 그 건수가 100개 이내라는 전제로 복수디자인등록출원 절차를 통해 다수의 디자인권을 획득할 수 있다. 복수디자인등록제도는 다수의 디자인을 개별적으로 출원하는 것이 번거로운 경우 하나의 절차로 통합 관리할 수 있다는 장점이 있지만, 등록 후 각 디자인권의 효력에는 차이가 없다는 점에서 실질적인 이익보다는 절차 및 관리에 있어서 편의를 제공하고 있는 것으로 이해해야 한다.

---

96) 「디자인보호법」 제40조 제1항
97) 「디자인보호법」 제41조

제 4 절   # 심사 절차

학습 개관

디자인출원이 등록 결정되어 디자인권을 허여받기 위해서는 「디자인보호법」에서 정한 절차와 방식에 따라야 한다. 출원된 디자인이 등록되기까지 필요한 서류와 절차를 이해하고 라이프 사이클이 짧은 제품들을 보호하기 위한 디자인일부심사제도에 대해서 설명할 수 있다.

학습 포인트

디자인 심사 절차와 방법을 설명할 수 있다.
디자인 심사에서 디자인 거절이유통지에 대한 대응 방법을 검토할 수 있다.
디자인일부심사제도의 취지와 출원방법을 이해할 수 있다.

NCS 및 NCS 학습모듈

NCS 및 NCS 학습모듈	하위 목차명	출원에서 등록까지 절차, 디자인일부심사등록
	대분류	05. 법률·경찰·소방·교도·국방
	중분류	01. 법률
	소분류	02. 지식재산관리
	세분류	01. 지식재산관리
	능력단위 (능력단위요소)	12. 지식재산 권리화
	주요 지식·기술·태도	• 디자인출원에 필요한 서류, 디자인보호법, 디자인보호법 시행규칙 • 디자인출원 프로그램 사용 기술 • 창작물인 디자인을 보호하려는 의지

지식재산능력시험

지식재산 창출 ──

제1장

제2장

제3장

제4장

제5장

제6장

01 출원에서 등록까지 절차

1. 디자인등록요건 심사

디자인출원은 특허와 달리 심사청구제도를 두고 있지 않기 때문에 출원 순서대로 심사가 진행된다. 일부심사등록출원의 경우 일부 요건에 대해서 심사하므로 약 1~3개월의 심사 기간이 소요되며 대상 물품에 따라 기간 차이가 있다. 심사 후 거절이유가 있는 경우 의견 제출통지를 하고 이에 대해서 보정서가 제출되면 보정이 적법한지 심사한 후 등록 여부를 결정한다.

2. 의견제출통지

심사관은 거절이유 발견 시 그 이유를 출원인에게 통지하고 기간을 정하여 의견서 또는 보정서 제출 기회를 부여한다. 디자인과 관련된 의견서 제출 지정 기간은 2월 이내가 원칙이며 필요한 경우 4회(매회 1월)에 한하여 지정 기간 연장이 가능하다.

3. 출원의 요지변경 및 보정각하

'디자인등록출원의 요지'란 그 디자인이 속하는 분야에서 통상의 지식에 기초하여 출원서의 기재, 도면 및 도면의 기재 등으로부터 직접적으로 도출되는 디자인의 구체적인 내용을 말한다. 출원의 보정은 요지를 변경하지 않는 범위 내에서 할 수 있도록 제한하고 있다. 이는 최초의 디자인등록출원을 자유롭게 보정하게 할 경우 선출원주의 취지에 반하여 제3자에게 불이익을 줄 수 있고 심사진행에 어려움을 줄 수 있기 때문이다.

디자인은 물품의 외관에 관한 것으로 작은 변화도 심미감에 영향을 주기 때문에 출원 후 보정할 수 있는 폭이 넓지 않으므로 출원 시 유의해야 한다.

(1) 판단 기준 및 방법

출원서에 적힌 디자인의 대상이 되는 물품, 출원서에 첨부된 도면(3D 모델링 도면 및 견본 포함) 및 도면의 기재사항 등을 종합적으로 판단하여 최초에 출원된 디자인과 보정된 디자인 간에 동일성이 유지되지 않는 경우에는 요지변경으로 판단한다. 도면(사진, 견본 포함) 및 도면의 기재사항에 관한 보정이 다음의 어느 하나에 해당하는 경우에는 요지변경에 해당한다.

① 최초의 도면 등에 표현된 형상·모양이나 색채상의 부가, 삭감, 변경 등으로 인하여 물품의 외관에 영향을 미치는 경우. 다만, 그 부가, 삭감, 변경 등이 외관에 거의 영향을 미치지 않는 경미한 정도의 것은 예외로 한다.

② 도면 중 불일치한 일면을 중심으로 하여 다른 도면을 정정함으로써 최초에 제출한 도면으로부터 상기되는 것과 다른 디자인이 되는 경우

③ 도면에는 형상만이 그려지고 '디자인의 설명'란에 색구분 또는 색흐림이 있다고 설명되어 있는 것을, 그 설명과 같이 도면을 보정한 것이 통상 그 물품으로서 실시되는 정도의 상식적인 표현이 아닌 경우

④ 복수디자인등록출원의 출원서에 적힌 디자인의 수에 맞춰 도면을 추가로 제출하는 경우
　　예 디자인등록출원서의 '디자인의 수'는 10개로 기재되어 있으나, 9개의 도면만 첨부되어 있어 1개 디자인에 대한 도면을 추가로 제출하는 경우

⑤ 도면을 보정하거나 추가로 제출하는 경우 최초 출원 시 제출된 도면으로부터 당연히 도출될 수 있는 일반적인 형상을 나타내는 것이라고 판단되지 아니할 경우

⑥ 첨부도면으로 추측하여 상식적으로 판단되는 범위를 벗어날 정도로 디자인의 설명을 보정하는 경우

⑦ 와이어 프레임 도면을 렌더링 또는 선도로 보정하여 디자인의 구성요소가 변경됨으로써 디자인 간의 동일성이 유지되지 않는 경우

⑧ 디자인을 구성하는 문자를 삭제하는 경우, 단순한 문자 배열이 아닌 독특한 서체와 비율로 도안화된 문자 또는 디자인적 요소가 강한 문자를 삭제하는 경우

디자인의 대상이 되는 물품 명칭이 동일물품 외의 물품으로 보정되는 경우에는 요지변경에 해당한다. 다만, 최초 제출한 도면 등을 기준으로 판단하여 단순한 착오나 오기를 정정하는 것으로 인정되는 경우에는 예외로 한다.

(2) 보정각하

보정이 최초 출원서의 기재사항, 첨부된 도면 및 도면의 기재사항의 요지를 변경하는 것일 경우에는 「디자인보호법」 제49조(보정각하)에 따라 보정각하결정을 한다. 보정각하결정을 한 경우에는 그 결정등본을 출원인에게 송달한 날부터 30일이 지나기 전까지는 그 출원(복수디자인등록출원 중 일부 디자인에 대하여 보정각하결정을 한 경우에는 그 일부 디자인)에 대하여 등록 여부 결정을 해서는 안 된다.

출원인이 보정각하결정에 대한 심판을 청구한 경우에는 그 심결이 확정될 때까지 그 출원(복수디자인등록출원 중 일부 디자인에 대하여 심판을 청구한 경우에는 그 일부 디자인)의 심사를 중지하여야 한다.

보정각하결정은 서면으로 하여야 하며 이유를 기재하여야 하며, 보정각하가 확정되면 보정이 없었던 상태의 디자인등록출원서로 심사절차가 진행된다.

지식재산능력시험

지식재산 창출 ─

제1장

제2장

제3장

제4장

제5장

제6장

4. 우선심사신청

(1) 취지

일반적인 심사기간에도 불구하고, 신속한 디자인등록을 원한다면 우선심사를 신청해야 한다(디자인보호법 제61조). 심사등록출원에 대해 우선심사신청을 진행하면 심사기간이 약 1~2개월 정도로 단축될 수 있다. 따라서 디자인권의 조속한 확보가 필요한 경우 우선심사신청을 고려해야 한다.

(2) 우선심사신청 요건

누구든지 우선심사의 신청을 할 수 있다. 다만, 국가 또는 지방자치단체의 직무에 관한 출원은 국가 또는 해당 지방자치단체만이 우선심사의 신청을 할 수 있다. 우선심사는 「디자인보호법」 제61조에 따라 일정한 사유가 존재하는 경우에 한해 신청할 수 있다. 우선심사신청은 출원공개 후 디자인등록출원인이 아닌 자가 업으로서 디자인등록출원된 디자인을 실시하고 있다고 인정되는 경우, 대통령령으로 정하는 디자인등록출원으로서 긴급 처리가 필요하다고 인정되는 경우에 한해 가능하다. 이 경우 대통령령으로 정하는 디자인등록출원은 「디자인보호법 시행령」 제6조(우선심사의 대상)에 규정된 디자인등록출원을 말한다.

5. 재심사청구

(1) 취지

재심사청구제도는 출원인이 디자인거절결정등본을 송달받은 날로부터 3개월 이내에 도면 등을 보정하고 재심사를 청구하여 심사관으로부터 다시 심사를 받을 수 있도록 하는 제도이다. 따라서 출원인은 디자인등록거절결정에 대하여 심판을 청구하지 않고서도 거절결정에 대한 불복수단으로 재심사청구제도를 이용할 수 있게 되었다.

(2) 대상

디자인등록거절결정 등본을 송달받은 출원인은 일정기간 이내에 출원서 기재사항, 도면의 기재사항 및 도면, 사진이나 견본을 보정하여 재심사를 청구할 수 있다. 단, 기존의 재심사에 따른 거절결정이 있거나 디자인등록거절결정 또는 디자인등록취소결정에 대한 심판에 따른 거절결정불복심판의 청구가 있는 경우에는 재심사를 청구할 수 없다. 재심사청구된 출원에 대해서 심사관은 재심사청구의 사유(당초 거절결정의 이유)가 아닌 다른 사유에 대하여도 직권으로 심사할 수 있다.

02 디자인일부심사등록

1. 심사등록출원과 일부심사등록출원의 구별

디자인등록요건에 대한 심사절차는 등록요건의 심사범위에 따라 전부심사 또는 일부심사로 구별되는데, 전부심사절차를 디자인심사등록출원절차라고 하고, 일부심사절차는 디자인일부심사등록출원절차라고 한다. 이는 출원인의 선택에 의해 결정되는 것이 아니라 디자인의 대상이 되는 물품이 무엇인지에 따라 결정된다. 디자인일부심사등록출원을 할 수 있는 디자인은 로카르노 협정에 따른 물품류 구분 중 산업통상자원부령으로 정하는 물품으로 한정하고, 해당 물품에 대하여는 디자인일부심사등록출원으로만 출원할 수 있는데 (디자인보호법 제37조 제4항), 일부심사등록출원을 할 수 있는 디자인은 물품류 구분 중 시행규칙으로 정하는 물품, 즉 로카르노 협정에 따른 물품류 중 제1류(식품), 제2류(의류 및 패션잡화용품), 제3류(가방 등 신변품), 제5류(섬유제품, 인조 및 천연 시트직물류), 제9류(포장용기), 제11류(보석·장신구) 및 제19류(문방구, 사무용품, 미술재료, 교재)에 해당하는 물품으로 한정한다. 이 경우 전부심사는 출원디자인에 대한 모든 등록요건을 심사하는 것이므로 등록에 의해 디자인권이 발생하면 일단 유효한 디자인권으로 간주된다. 그러나 일부심사는 신속한 심사를 위해 일부 등록요건의 심사를 배제하는 것이므로 디자인권이 발생하더라도 형식적으로는 유효한 디자인권이지만, 무효가 될 가능성이 상대적으로 높다.

2. 심사등록출원과 일부심사등록출원에 적용되는 등록요건의 차이

심사등록요건은 「디자인보호법」 제62조 제1항에 규정된 모든 등록요건이지만, 일부심사등록요건은 심사등록요건 중 신속한 심사를 위해 선행디자인 조사가 필요하여 그 판단이 장기간 소요될 수 있는 등록요건을 제외한 나머지 등록요건이다(디자인보호법 제62조 제2항). 이 경우 심사 지연이 염려되는 등록요건은 선공지디자인을 기초로 판단하는 신규성 (디자인보호법 제33조 제1항 각 호) 및 창작 비용이성(디자인보호법 제33조 제2항), 선출원디자인을 기초로 판단하는 선출원주의(디자인보호법 제46조) 및 확대된 선출원주의(디자인보호법 제33조 제3항), 타인의 선행디자인을 기초로 판단하는 관련디자인심사등록요건 (디자인보호법 제35조)이다(디자인보호법 제62조 제3항). 다만, 예외가 있는데, 등록 전이라도 제3자의 정보제공이 있는 경우 그 정보 및 증거를 기초로 위와 같이 제외된 등록요건도 심사될 수 있고(디자인보호법 제62조 제4항), 등록 후에는 위와 같이 제외된 등록 요건도 무효사유(디자인보호법 제121조 제1항) 또는 이의신청이유(디자인보호법 제68조 제1항)가 되어 등록디자인의 유효성이 다투어질 수 있다.

디자인권의 내용

학습 개관	디자인출원이 등록되면 디자인권자는 등록디자인 또는 이와 유사한 디자인을 업으로서 실시할 권리를 독점한다. 디자인권의 보호범위를 이해하고 디자인권의 분쟁이 갖는 특징을 파악하여 디자인권의 침해에 대응할 수 있는 방법을 설명할 수 있다.

학습 포인트	디자인권의 효력범위 및 그 내용에 대해 설명할 수 있다. 디자인권에 대한 분쟁의 특징과 대응방법을 설명할 수 있다.

NCS 및 NCS 학습모듈	하위 목차명	디자인권의 효력, 존속기간, 디자인권의 분쟁 특징, 디자인권의 분쟁 대응	
	NCS 및 NCS 학습모듈	대분류	05. 법률·경찰·소방·교도·국방
		중분류	01. 법률
		소분류	02. 지식재산관리
		세분류	01. 지식재산관리
		능력단위 (능력단위요소)	12. 지식재산 권리화
		주요 지식·기술· 태도	• 디자인출원에 필요한 서류, 디자인보호법, 디자인보호법 시행 규칙 • 디자인출원 프로그램 사용 기술 • 창작물인 디자인을 보호하려는 의지

01 디자인권의 효력

디자인권은 등록결정 이후 등록료 납부(또는 면제)와 동시에 발생한다. 디자인권의 효력은 등록디자인 또는 이와 유사한 디자인까지 미친다. 디자인권은 디자인등록출원서의 기재사항 및 출원서에 첨부된 도면·사진 또는 견본과 도면에 기재된 디자인의 설명에 표현된 등록디자인 또는 이와 유사한 디자인에 효력이 미친다(디자인보호법 제92조 및 제93조). 디자인권의 효력을 동일한 디자인뿐만 아니라 유사한 디자인 영역까지 미치게 하는 이유는 「특허법」 또는 「실용신안법」에서 보호되는 기술적 사상과는 달리 디자인은 모방이 쉽고 권리범위가 협소하기 때문이다.

02 존속기간

디자인권의 존속기간은 설정등록일부터 발생하여 디자인등록출원 후 20년이 되는 날까지이다. 한편, 존속기간이 연장되는 특허권, 갱신에 의해 반영구적으로 사용할 수 있는 상표권과는 달리, 디자인권의 존속기간은 연장 또는 갱신되지 않는다. 다만, 관련디자인의 디자인권의 존속기간 만료일은 그 기본디자인의 디자인권의 존속기간 만료일로 한다.[98]

03 디자인권의 분쟁 특징

1. 속지주의

디자인권은 속지주의 원칙에 따라 우리나라 영토 내에만 영향을 미치며, 우리나라에 있는 자에 대하여는 내외국인을 불문하고 그 효력이 미친다. 따라서 해외에도 디자인권의 효력을 미치게 하기 위해서는 해외 각 국가에서 별도로 디자인등록절차를 밟아야 한다.

2. 디자인권자의 권리

디자인권자는 등록디자인 또는 이와 유사한 디자인을 적극적으로 실시할 수 있다. 디자인권이 발생하면, 디자인권자는 등록디자인 또는 이와 유사한 디자인을 업으로서 실시할 권리를 독점하며, 이 경우 독점범위는 그 등록디자인 또는 이와 유사한 디자인의 실시 및 사용행위 외에 실시권 허여, 질권 설정, 권리의 양도 또는 권리의 포기 등의 수익, 처분 행위

---

98) 「디자인보호법」 제91조 제1항 단서

지식재산능력시험

지식재산 창출 ──

제1장

제2장

제3장

제4장

제5장

제6장

를 포함한다. 다만, 전용실시권이 설정된 경우 그 전용실시권에 따른 실시범위, 이용 또는 저촉관계가 성립하는 경우 선 권리를 침해하는 범위, 디자인권이 공유인 경우 권리양도 또는 실시권을 허여할 때, 디자인권을 포기하는 경우 그 디자인권에 대한 등록 권리자(실시권자, 질권자 등)가 존재하는 경우 그들의 동의를 받아야 하는 경우 등에는 디자인권의 독점적 행사에 제한이 있다.

3. 디자인권의 침해

디자인권이 발생하면, 제3자가 정당한 권원 없이 등록디자인 또는 이와 유사한 디자인을 업으로서 실시할 경우 디자인권에 대한 침해가 성립되어 그 무단 실시자에게 민형사상 제재를 가할 수 있다. 이 경우 침해는 크게 직접침해와 간접침해로 나뉜다. 직접침해는 제3자가 정당한 권원 없이 업으로서 등록디자인 또는 이와 유사한 디자인을 실시하는 경우 성립할 수 있다. 간접침해는 등록디자인이나 이와 유사한 디자인에 관한 물품의 생산에만 사용하는 물품을 업으로서 생산·양도·대여·수출 또는 수입하거나 업으로서 그 물품의 양도 또는 대여의 청약을 하는 경우 성립될 수 있다.[99]

4. 디자인권의 제한

「디자인보호법」상 디자인권의 효력이 미치지 아니하는 경우, 전용 또는 통상실시권이 존재하는 경우 그 실시권자에 대해, 등록료 추가납부에 의해 회복된 디자인권에 대한 효력제한기간 내에 제3자의 실시, 재심에 의하여 회복한 디자인권의 효력제한기간 내에 제3자의 실시에 대해서는 침해를 주장할 수 없고,[100] 그 이외에 제3자의 실시가 적법한 비침해 사유에 해당하는 경우 침해 주장은 제한될 수 있다.

---

99) 「디자인보호법」 제114조
100) 「디자인보호법」 제94조 제1항

04 디자인권의 분쟁 대응

1. 디자인 침해의 판단

디자인권이 발생한 이후, 제3자가 무단으로 등록디자인 또는 이와 유사한 디자인을 실시하는 경우(실시자) 디자인권자는 그 실시자에게 적절한 조치를 취해 침해행위를 중지시키고, 아울러 그 침해에 의해 생긴 손해를 배상받을 수 있다. 디자인권의 침해란 정당한 이유 없이 등록디자인 또는 이와 유사한 디자인을 업으로서 실시하거나 실시 예정 행위를 함으로써 디자인권의 재산적 가치를 훼손시키는 것을 말한다. 디자인권은 점유가 불가능한 무체재산권이므로 유형재산에 관한 소유권과는 달리 동시에 여러 곳에서 실시될 수 있어 침해가 용이한 반면, 침해의 발견이나 입증이 어렵고, 손해액의 증명이 곤란하다는 특징이 있으므로 「디자인보호법」은 별도의 규정을 둠으로써 디자인 보호의 실효성을 높이고 있다. 침해가 되기 위해서는 ① 유효한 디자인권이 존재해야 하고, ② 제3자가 그 실시에 있어서 정당한 실시 권원이 없어야 하고, ③ 제3자가 업으로서 실시행위를 해야 하고, ④ 제3자의 실시디자인이 등록디자인 또는 이와 유사한 디자인이어야 한다.

한편, 침해는 아니지만, 침해로 간주되는 행위가 있다. 이를 간접침해라고 하는데, 제3자의 실시 물품이 등록디자인 또는 이와 유사한 디자인에 관한 물품의 생산에만 사용되는 경우 침해로 간주된다.[101] 따라서 디자인권자는 위 침해 또는 간접 침해 요건을 면밀히 검토하여 타인의 실시행위가 침해로 성립되는지 여부를 확인하여야 할 것이다.

2. 경고장 발송

디자인권자는 자신의 등록디자인 또는 이와 유사한 디자인을 무단으로 실시하는 자에게 경고장을 발송할 수 있다. 경고장 발송을 통해, 디자인권자는 그 실시자에게 자신의 등록디자인의 존재를 알리고, 침해 중지를 요청할 수 있다. 나아가, 경고장 발송은 그 실시자의 실시행위를 고의적 실시로 전환하게 하여, 향후 분쟁 단계에서 유리한 법적 지위를 갖게 하는 역할을 한다. 따라서 경고장 발송은 침해자에 대한 법적 조치 중 가장 선행해야 하는 조치이다.

3. 권리범위확인심판의 청구

디자인권자는 등록디자인의 보호범위를 확인하기 위하여 권리범위확인심판을 청구할 수 있다.[102] 따라서 디자인권자는 자신의 등록디자인의 권리범위 내에 제3자의 실시 디자인이 속하는지 여부를 확인할 수 있다. 권리범위확인심판은 실질적인 민형사상 절차에 이르기 전에 침해 여부를 사전에 파악할 수 있다는 점에서 분쟁 비용을 줄일 수 있고, 쌍방 합의에

---

101) 「디자인보호법」 제114조
102) 「디자인보호법」 제122조

지식재산능력시험

지식재산 창출 —

제1장

제2장

제3장

제4장

제5장

제6장

도달할 수 있는 수단이 될 수 있다는 점에서 의미가 있다. 권리범위확인심판의 심결은 민사 또는 형사 소송에서 법적 구속력을 갖진 않지만, 침해를 입증할 수 있는 중요한 증거자료가 되므로 디자인권 침해를 사전에 종결할 수 있는 아주 효율적인 법적 절차이다.

4. 침해금지 및 예방청구권

디자인권자는 자기의 권리를 침해한 자 또는 침해할 우려가 있는 자에 대하여 그 침해의 금지 또는 예방을 청구할 수 있다.[103] 이 경우 침해행위를 조성한 물품의 폐기, 침해행위에 제공된 설비의 제거, 기타 침해의 예방에 필요한 행위를 청구할 수 있다. 다만, 비밀디자인 청구를 한 디자인에 관한 디자인권자는 일정사항에 대하여 특허청장으로부터 받은 증명서를 서면으로 제시하여 경고한 후가 아니면 침해금지 및 예방청구를 할 수 없다.[104]

5. 손해배상청구권

디자인권자는 고의 또는 과실에 의하여 자기의 디자인권을 침해한 자에 대하여 손해배상을 청구할 수 있다(민법 제750조). 이에 「디자인보호법」은 손해액의 입증이 곤란함을 고려하여 손해액의 추정규정(디자인보호법 제115조)을 두고 있고, 과실 입증을 용이하게 하기 위해 과실의 추정 규정(디자인보호법 제116조)을 두어 입증책임을 전환하고 있다. 다만, 비밀디자인으로 설정등록된 디자인권 또는 전용실시권의 침해에 대하여는 그렇지 않다.

6. 신용회복청구권

법원은 고의 또는 과실에 의하여 디자인권을 침해함으로써 디자인권자의 업무상의 신용을 실추하게 한 자에 대하여는 디자인권자의 청구에 의하여 손해배상에 갈음하거나 손해배상과 함께 디자인권자의 업무상의 신용회복을 위하여 필요한 조치를 명할 수 있다(디자인보호법 제117조). 한편, 과실 입증을 용이하게 하기 위해 과실의 추정 규정을 두어 입증책임을 전환하고 있다. 다만, 비밀디자인으로 설정등록된 디자인권 또는 전용실시권의 침해에 대하여는 그렇지 않다.

7. 부당이득반환청구권

디자인권자는 정당한 권원 없이 자기의 권리를 실시하여 이득을 얻고 자기에게 손해를 끼친 자에 대하여 그 손해를 한도로 이득의 반환을 청구할 수 있다.

---

103) 「디자인보호법」 제113조 제1항
104) 「디자인보호법」 제113조 제2항

8. 침해죄 고소

디자인권자는 고의로 디자인권을 침해한 자에 대하여 7년 이하의 징역이나 1억 원 이하의 벌금형에 처하는 침해죄로 고소할 수 있다. 디자인 침해죄는 '반의사불벌죄'로 이는 권리자의 고소가 없어도 수사기관이 수사를 진행하되, 피해자가 처벌을 원하지 않는 경우 피해자의 의사를 존중하도록 하고 있다.[105] 이는 권리자가 법적 지식 부족 등으로 인하여 적시에 대응하지 못하는 경우에도 수사기관이 직권으로 수사할 수 있게 되어 피해의 예방 및 회복을 도모하기 위한 것이다.

이 경우 법인의 대표자, 법인 또는 개인의 대리인·사용인, 기타 종업원이 그 법인 또는 개인의 업무에 관하여 침해죄의 위반행위를 한 때에는 그 행위자를 벌하는 외에 그 법인에 대하여도 벌금형을 과한다.[106] 한편, 침해행위를 조성한 물건 또는 그 침해행위로부터 생긴 물건은 이를 몰수하거나 피해자의 청구에 의하여 그 물건을 피해자에게 교부할 것을 선고하여야 한다. 피해자는 물건의 교부를 받은 경우에는 그 물건의 가액을 초과하는 손해의 액에 한하여 배상을 청구할 수 있다.

---

105) 「디자인보호법」 제220조 제2항
106) 「디자인보호법」 제227조

제 6 절   디자인의 국제적 보호

학습 개관

디자인 분쟁은 국내뿐 아니라 해외에서 더욱 증가하고 있다. 산업재산권인 디자인권은 속지주의 원칙에 따라 디자인권이 필요한 국가에 출원하여 디자인권을 확보해야 한다. 디자인권은 국가마다 보호대상과 존속기간 보호방법 등이 다르므로 출원 전에 조사를 통해 출원을 준비할 필요가 있다.

학습 포인트

해외에서 디자인을 보호할 수 있는 방법을 이해하고 설명할 수 있다.
우선권주장을 활용한 해외출원방법을 설명할 수 있다.
헤이그 디자인 국제출원 시스템에 대해서 설명할 수 있다.

NCS 및 NCS 학습모듈

하위 목차명	우선권 출원, 헤이그 국제출원	
NCS 및 NCS 학습모듈	대분류	05. 법률·경찰·소방·교도·국방
	중분류	01. 법률
	소분류	02. 지식재산관리
	세분류	01. 지식재산관리
	능력단위 (능력단위요소)	12. 지식재산 권리화
	주요 지식·기술· 태도	• 해외출원에 필요한 서류, 헤이그 시스템, 파리조약에 의한 우선권 출원 방법 • 국가별 필요 디자인 도면 분석 기술 • 국가별 시스템을 파악하고 분석하려는 노력

01 우선권 출원

1. 우선권제도의 필요성

디자인 사업화 영역이 국내 또는 해외 국가를 포함하는 경우에 활용하는 방안으로서, 대한민국에 디자인등록출원을 완료하고, 이를 기초로 해 해외 각 국가별로 디자인등록출원을 진행하는 방안, 즉 우선권(right of priority)을 활용하는 방안이다. 예를 들어, 디자인 창작물의 사업화 범위에 대한민국뿐만 아니라 해외 국가도 포함되어 있는 경우 우리나라에 디자인등록출원을 완료하고, 이로부터 발생하는 우선권을 기초로 우리나라의 디자인등록출원일부터 6월 이내에 해외 각 국가에 디자인등록출원을 진행하는 것이다. 이 경우 산업재산권 보호를 위한 파리협약 제4조에 의거, 해외 각 국가에 우선권주장을 수반한 디자인등록출원의 출원일은 우리나라의 디자인등록출원일로 간주된다. 이에 따라, 제1국과 제2국 출원일 사이에 행하여진 다른 출원 또는 제3자의 실시 등으로 인하여 무효되지 아니하며, 이러한 행위는 제3자에게 어떠한 권리를 발생시키지 아니한다. 즉, 중간사실에 의한 불리한 취급의 금지, 제3자의 권리발생의 저지, 제3자의 기득권의 유보 등의 효과가 발생하지만, 출원일이 소급되는 것은 아니기 때문에 존속기간이 단축되는 것도 아니다. 이와 같이, 제1국과 제2국 사이에 우선기간을 인정하고 있는 이유는 속지주의의 원칙상 디자인권 확보를 위해 해당 국가에 디자인등록출원을 해야 할 경우 시간, 절차, 비용 등에서 상당한 제약이 따르기 때문에 우선권은 이러한 제약을 극복하고 출원인의 지위를 국제적으로 보호하기 위함이다.

2. 우선권주장이 가능한 시기

파리조약에 의해 인정되는 우선권은 제1국 출원일부터 6월 이내에 주장해야 한다. 예를 들어, 대한민국에서 완료된 디자인등록출원을 기초로 미국에 디자인등록출원을 진행하는 경우 반드시 대한민국의 출원일부터 6월 이내에 미국에 디자인등록출원을 진행해야 하고, 그 6월이 경과하면 우선권을 주장하는 것이 불가능하다. 한편, 제1국에서 발생한 우선권은 그 제1국을 제외한 다른 2 이상의 국가에 대해 주장할 수 있는데, 예를 들어, 대한민국에서 완료된 디자인등록출원을 기초로 미국, 일본, 중국, 유럽연합, 영국 등에 대해 우선권주장을 수반하여 디자인등록출원이 가능하다.

3. 1국 출원과 2국 출원의 동일성

우선권주장이 인정되어 제2국 출원일이 제1국 출원일로 인정되기 위해서는 제1국 출원디자인과 제2국 출원디자인이 실질적으로 동일해야 한다. 이 경우 형식까지 동일할 필요는 없고, 내용상 제1국에 출원된 디자인과 제2국에 출원된 디자인이 실질적으로 동일하면 된다. 만약 제1국 출원디자인과 제2국 출원디자인의 동일성이 인정되지 않으면, 우선권의 효력은 발생하지 않으며, 더 나아가 제2국 출원일은 제1국 출원일로 간주되지 않는다.

지식재산능력시험

지식재산 창출

제1장

제2장

제3장

제4장

제5장

제6장

4. 해외 디자인출원을 기초로 우리나라에 디자인등록출원을 하는 경우

해외 국가에서 발생한 우선권을 대한민국에서 주장하고자 하는 경우 제1국에서 출원된 디자인과 실질적으로 동일한 디자인에 관한 국내 출원서에 그 취지, 최초로 출원한 국가명, 출원의 연월일을 기재하여야 하고,[107] 우선권주장의 기초가 되는 출원을 한 제1국의 정부가 인정하는 출원연월일이 기재된 서류 및 도면의 등본을 디자인등록출원일로부터 3월 이내에 특허청장에게 제출하여야 한다.[108] 이 경우 해외 국가의 디자인등록출원일부터 6월 이내에 우리나라에 우선권주장을 수반하여 디자인등록출원을 해야 한다. 다만 우선권을 주장한 자가 정당한 사유로 3월 이내에 우선권 서류를 제출할 수 없었던 경우에는 그 기간의 만료일부터 2개월 이내에 제출할 수 있다.

02 헤이그 국제출원

'헤이그 국제출원 시스템'이란 디자인 국제출원절차의 단순화, 비용 절감 등을 위해 하나의 출원서류를 세계지식재산권기구(WIPO) 국제사무국에 직접 제출하거나 대한민국 특허청을 통해 제출하면 다수의 국가에 출원한 것과 동일한 효과가 생기고, 지정국 영역에서 디자인 권리의 보호를 요청할 수 있는 시스템을 말한다. 쉽게 말하면, 헤이그 국제출원 시스템은 하나의 언어(영어, 프랑스어, 스페인어 중 하나)로 하나의 출원서를 작성하여 하나의 기관인 국제사무국에 제출하고, 하나의 통화(스위스 프랑)로 수수료를 납부하는 등 간단한 절차를 통해 다수 국가에 동시에 출원할 수 있다. 우리나라는 2014년 7월 1일부터 '헤이그 국제출원 시스템'을 본격적으로 시행했다.

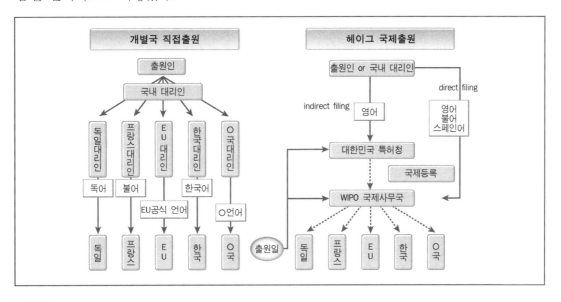

107) 「디자인보호법」 제51조 제3항
108) 「디자인보호법」 제51조 제4항

해외에서 디자인권을 획득하고자 한다면, 각 국가의 법률에 따라 보호되는 디자인의 정의 규정을 정확히 이해하고, 보호되는 디자인과 보호되지 않는 디자인을 명확히 구별할 필요가 있다. 그렇지 않은 경우 자칫 해당 국가의 디자인 사업화를 전제하였다가 해당 국가에서 그 디자인이 보호되지 않을 경우 예측할 수 없었던 피해가 생길 수 있기 때문이다. 예컨대, 부동산, 인테리어에 관한 디자인은 미국, 유럽, 일본에서만 디자인권으로 보호될 수 있다. 또한, 국가마다 출원 전 디자인의 공지에 대한 법적 취급도 상당히 다르다.

MEMO

제**3**장

상표권

제 1 절 상표제도의 개요

학습 개관

상거래의 루트가 오프라인에서 온라인으로 확대되면서 상표의 중요성이 더욱 커지고 있다. 상표는 디자인과 함께 기업 이미지를 형성하는 중요한 자원이자 경쟁 수단이며, 수요자 입장에서는 상표를 통해 상품의 출처를 식별하고 원하는 상품을 선택하며, 특정 브랜드의 마니아가 되기도 한다. 최근에는 정보 전달 수단이 다양해지고 스마트폰 등 휴대용 기기가 일반화됨에 따라 색채상표, 입체상표, 동작상표, 소리상표 등 다양한 유형의 상표가 등장하고 있다. 본 절에서는 상표의 기능과 정의, 「상표법」의 보호대상인 상표와 상표가 아닌 권리에 대해서 살펴본다.

학습 포인트

상표의 기능과 정의를 이해한다.
「상표법」에서 보호하는 대상의 범위를 이해한다.
상호, 도메인이름 등 상표의 인접 개념에 대해서 알아본다.

NCS 및 NCS 학습모듈

하위 목차명		상표의 기능, 상표의 정의, 상표법에 의해서 보호되는 다른 표지, 상표의 인접 개념
NCS 및 NCS 학습모듈	대분류	05. 법률·경찰·소방·교도·국방
	중분류	01. 법률
	소분류	02. 지식재산관리
	세분류	01. 지식재산관리
	능력단위 (능력단위요소)	12. 지식재산 권리화
	주요 지식·기술·태도	• 상표의 기본적 개념 등에 대한 이해 능력 • 상표와 유사한 여러 개념들에 대한 이해 능력

지식재산능력시험

지식재산 창출 ─

제1장

제2장

제3장

제4장

제5장

제6장

01 상표의 기능

1. 상표의 본원적 기능

(1) 자타상품의 식별 기능

상표를 상품에 표시하여 사용하는 경우 그 상표의 표시로 인하여 자기의 상품과 타인의 상품을 식별할 수 있는 기능이다.

(2) 출처표시 기능

동일한 상표를 표시한 상품은 동일한 출처에서 나온다는 것을 수요자에게 나타내는 기능이다.

(3) 품질보증 기능

동일한 상표가 부착된 상품은 동일한 품질이라는 것을 수요자가 기대할 수 있는 기능을 말한다.

2. 상표의 파생적 기능

(1) 광고 선전 기능

상표의 상품에 대한 심리적인 연상 작용을 동적인 측면에서 파악한 것으로 상품 거래 사회에서 판매촉진 수단으로서의 상표의 기능이다. 최근에는 각종 매체의 발달로 수요자에게 상표를 단시간 내에 광고할 수 있으며, 제품의 균질화 경향에 따라 상품판매경쟁은 품질보다도 오히려 광고 선전에 의존하는 경향이 뚜렷해졌다. 즉, 상표는 말 없는 판매원(silent salesman)이다.

(2) 재산적 기능

상표사용자가 자기의 상표를 오랜 기간 계속 반복적으로 사용함으로써 그 상표에 대한 수요자의 신용이 화체되어 주지하거나 저명한 상표가 되면, 상표 그 자체로서 상당한 영업상의 고객흡입력을 창출할 수 있다. 이러한 고객흡입력은 가치 있는 경쟁수단이 되므로 상표 그 자체가 독립적인 재산권으로 인정받게 된다.

02 상표의 정의

「상표법」상 '상표'란 자기의 상품(지리적 표시가 사용되는 상품의 경우를 제외하고는 서비스 또는 서비스의 제공에 관련된 물건을 포함)과 타인의 상품을 식별하기 위하여 사용하는 표장 (標章)을 말하며(제2조 제1항 제1호), 여기서의 '표장'이란 기호, 문자, 도형, 소리, 냄새, 입체 적 형상, 홀로그램·동작 또는 색채 등으로서 그 구성이나 표현방식에 상관없이 상품의 출처 를 나타내기 위하여 사용하는 모든 표시를 말한다(제2조 제1항 제2호). 즉, 상표의 개념에는 자타상품식별을 위해 사용되는 모든 형태의 표장이 포함된다.

상표는 상품의 출처나 품질을 나타내기 위하여 사용되는 것으로, 「상표법」은 상표의 사용을 다음과 같은 세 가지의 유형으로 나누어 규정하고 있다.

① 상품 또는 상품의 포장에 상표를 표시하는 행위

② 상품 또는 상품의 포장에 상표를 표시한 것을 양도 또는 인도하거나 양도 또는 인도할 목 적으로 전시·수출 또는 수입하는 행위

③ 상품에 관한 광고·정가표·거래서류, 그 밖의 수단에 상표를 표시하고 전시하거나 널리 알리는 행위

따라서 「상표법」상 '상표의 사용'으로 인정되기 위해서는 앞선 세 가지 행위 중 어느 하나에 해당하여야 하는데, 이 세 가지 행위에서의 '표시하는 행위'에는 표장의 입체적인 형상이나 소리 또는 냄새로 상표를 표시하는 행위, 인터넷 등 전기통신회선을 통하여 제공되는 정보에 전자적 방법으로 표시하는 행위가 포함된다. 다만, 상표권 침해의 전제가 되는 '상표적 사용' 으로 인정되기 위해서는 여기에 더하여 상표의 본원적 기능인 출처표시 기능이 발휘되는 상 표의 사용이어야 하며 단순히 제품에 대한 설명적 문구로 사용하거나 순전한 디자인적 요소 만으로 사용된 경우에는 상표의 사용에 해당되지 않는다.

03 상표법에 의해서 보호되는 다른 표지

1. 단체표장

단체표장이란 상품을 생산·제조·가공·판매하거나 서비스를 제공하는 자가 공동으로 설립한 법인이 직접 사용하거나 그 소속단체원에게 사용하게 하기 위한 표장을 말한다. 단 체표장은 상품 또는 서비스에 대해서 사용하는 것이지만, 권리주체가 법인(法人)이어야 한 다는 점에 특징이 있다. 즉, 자연인은 단체표장권자가 되지 못한다.

「상표법」상 단체표장은 '통상의 단체표장'과 '지리적 표시 단체표장'의 두 가지가 존재한다. '지리적 표시 단체표장'은 울릉도호박엿(사단법인 울릉도호박엿생산자협회), 제주돼지고기 (사단법인 제주도 수출육가공협의회)와 같이 상품의 산지 또는 현저한 지리적 명칭에 해당

지식재산능력시험

지식재산 창출 ―

제1장

제2장

제3장

제4장

제5장

제6장

하는 표장이라도 그것이 특정 상품의 지리적 표시에 해당하는 경우에는 '지리적 표시 단체
표장'으로 등록하여 독점배타적으로 보호받을 수 있다.

🖼 단체표장의 예시

WEZES	**KM** Korean Medicine	**IYF**
한국전기공업협동조합	사단법인 대한한의사협회	사단법인 국제청소년연합

🖼 지리적 단체표장의 예시

2. 증명표장

증명표장이란 어떤 상품이 정하여진 품질, 원산지, 생산방법이나 그 밖의 특성을 충족하는
것을 증명하기 위하여 사용하는 표장을 말한다. 증명표장은 통상의 상표에 비해서 증명이
나 보증 기능이 강하다는 특징이 있다. 증명표장의 권리주체는 법인뿐만 아니라 개인도 될
수 있지만, 증명표장권자 본인이 자기의 상품에 대해서 증명표장을 사용하는 것은 허용되
지 않는다.

🖼 증명표장의 예시

WOOLMARK	**HACCP** (위해요소관리우수) 식품의약품안전처	**UL**
양모제품의 품질보증	식품위해요소중점관리기준	미국 전자제품 등의 안전인증

3. 업무표장

업무표장이라 함은 대한적십자사, 청년회의소, 한국소비자보호원 등과 같이 영리를 목적으로 하지 아니하는 업무를 하는 자가 그 업무를 나타내기 위하여 사용하는 표장을 말한다. 업무표장은 비영리 목적의 업무를 표시하기 위하여 사용하는 것이라는 점에 그 특색이 있다. 「상표법」상 상품은 그 자체로 교환가치를 갖는 것에 한하므로 원칙적으로 비영리업무는 법상 상품의 개념에 포함되지 못한다. 다만, 업무표장에 대하여만 그 예외를 인정한 것이다. 업무표장제도는 타국에서는 볼 수 없는 우리 「상표법」의 특유한 제도이다. 이에 따라 국제 상표등록출원의 경우에는 업무표장에 관한 규정이 적용되지 않는다. 출원인은 업무가 비영리임을 입증하기 위하여 출원서에 업무의 경영사실을 입증하는 서면을 첨부하여야 한다.

⊠ 업무표장의 예시

대한민국(특허청장)

대한민국(고용노동부장관)

서울특별시

[04] 상표의 인접 개념

1. 상호

① 상표는 상인(사업자인 법인이나 개인)이 자기가 취급하는 상품의 출처를 표시하기 위하여 사용하는 표장이고, 상호는 상인이 영업상 자기 자신을 표시하기 위하여 사용하는 명칭이라는 점에서 다르다. 예를 들어 '삼성전자주식회사'는 상호이고, '갤럭시 S', '지펠', 'Sens'는 상표이다.

② 상인이 어떤 명칭을 상호로서 사용하면 권리가 자동적으로 발생하며(사용주의), 등록이나 등기를 마쳐야만 상호권이 발생하는 것은 아니다.[109] 상호의 경우 법원에 상호 등기 절차를 통해 제한된 지역(특별시, 광역시, 시, 군) 안에서 동일한 업종에 국한되어 「상법」을 통해 보호받을 수 있으며, 개인 상호의 경우 법원 등기 절차가 의무적인 것은 아니다. 반면에, 상표 등록 절차는 특허청을 통해 이뤄지며 등록된 상표에 대한 권리는 전국적인 범위에서 동일, 유사 상표의 제3자 무단 사용에 대해 손해배상 청구와 같은 법적 조치를 취할 수 있는 배타적이고도 독점적인 권리이다.

---

109) 다만, 「상법」상 법원에 상호 등기를 하면 그 등기를 한 행정구역(특별시, 광역시, 시, 군) 내에서는 동일 업종에 한하여 특별한 보호가 인정된다.

지식재산능력시험

지식재산 창출 —

제1장

제2장

제3장

제4장

제5장

제6장

③ 상호는 동일한 상호가 지역을 달리하여 사용되거나 등기될 수 있고, 동일하지 않다면 유사한 상호가 같은 지역에서 사용되거나 등기될 수 있기 때문에 타인의 모방을 차단하기가 쉽지 않다. 따라서 좋은 명칭이나 모방가능성이 높은 명칭은 상표로 등록하여 전국에 걸쳐 독점적인 사용을 확보해 두는 것이 바람직하다.[110]

2. 도메인이름

도메인이름[111]은 컴퓨터의 IP 주소를 이용자가 알기 쉽게 문자와 숫자로 표현한 것을 말한다. 그런데 도메인이름이 가리키는 웹사이트에서 상품을 판매하거나 서비스를 제공하는 경우에는 그 도메인이름이 상표와 비슷한 기능을 수행하므로, 타인의 상표권과 저촉문제가 발생될 수 있다.

상표권자만이 등록상표와 동일하거나 유사한 도메인이름을 등록할 권리를 갖는 것은 아니지만, 국내에서 널리 알려진 상표와 동일하거나 유사한 도메인이름을 타인이 도메인이름으로 등록받거나 또는 그 웹사이트에서 등록상표의 지정상품과 동종의 상품을 광고·판매하는 경우에는 상품이나 서비스 제공의 출처가 혼동될 수 있기 때문에 경우에 따라서는 부정경쟁행위 내지 상표권 침해행위가 될 수 있다.

따라서 상표의 경우 상품출처 표시의 기능, 도메인이름의 경우 인터넷상 호스트컴퓨터의 장소표시의 기능이라는 별개의 기능에서 출발되었지만, 전자상거래의 활성화로 도메인이름 그 자체가 상품이나 서비스업의 출처표시로서의 기능도 하게 되었으며, 타인의 상표를 부정한 목적으로 등록하여 정당한 상표권자에게 비싼 값에 되팔려는 사이버스쿼팅(cybersquatting) 행위가 증가함에 따라 상표와 도메인이름 간의 분쟁이 증가하고 있는 추세에 있다.

원칙적으로 국내에 상표를 등록하였다고 하여 당해 상표에 상당하는 도메인이름을 등록할 권리가 부여되지는 않으며, 도메인이름을 등록하였다고 하여 당해 상표를 등록할 권리를 부여하지는 않고 있다.

다만, 국내에 널리 알려진 주지·저명상표가 도메인이름에 사용되는 경우, 「부정경쟁방지법」상의 상품주체오인혼동행위 또는 영업주체혼동행위에 해당하여 당해 도메인이름의 사용이 금지될 수 있으며, 등록된 상표와 동일하거나 유사한 도메인이름으로 등록된 상표의 지정상품과 동일하거나 유사한 상품과 관련된 영업행위를 할 경우 상표권 침해에 해당될 수 있다.

---

110) 엄밀히 말해서, 어떤 명칭을 상표로 등록했다고 하여 타인이 그 명칭과 같거나 유사한 명칭을 상호로서 사용하지 못하는 것은 아니다. 그러나 상표권자가 아닌 자는 그 명칭을 사용함에 있어서 많은 제약이 따르기 때문에 여러모로 불편할 수밖에 없다.

111) 도메인네임의 법률상 용어는 도메인이름이다. 「부정경쟁방지법」이나 「인터넷주소자원에 관한 법률」은 '도메인이름'이라는 용어를 사용한다.

3. 상표와 지리적 표시

상표와 지리적 표시는 양자 모두 출처표시 기능 및 품질표시적 기능, 영업상의 이익과 관련되며 지식재산권의 범주 내에서 보호되는 표장이라는 점에서는 상표와 유사한 점이 있다. 이러한 유사점 때문에 지리적 표시를 상표제도 내로 포괄하여 상표 및 지리적 표시 보호법으로 규정하는 나라가 있는가 하면 지리적 표시를 「상표법」상 단체표장 내지 증명표장으로 보호하는 나라도 있다.

그러나 상표는 상품 또는 서비스를 제공하는 '특정 사업주체'를 식별시켜 주는 표장인 데 반하여 지리적 표시는 당해 표시가 사용되고 있는 제품을 생산하는 사업주체들이 위치하고 있는 '특정지역'을 확인시켜 주는 표장이므로 지리적 표시는 상표와 같이 하나의 업자가 다른 경업자들을 사용으로부터 배제시킨다는 의미에서의 '독점적 소유자'가 없다는 점에서 차이가 있다고 볼 수 있다.

우리나라는 2004년 개정 「상표법」을 통해 2005년 7월 1일부터 '지리적 표시'를 단체표장이나 증명표장으로 보호하고 있다. '지리적 표시'는 단순한 지명이 아니라, 특정 품질, 명성 또는 그 밖의 특성을 가지고 있고, 그 품질 등이 해당 지역의 기후, 토양, 지형 등의 지리적 환경에 기인한 경우에 그 상품이 생산, 제조 또는 가공된 지역을 나타내는 표시를 말한다. 즉, 다른 지역과 구별되는 품질이나 명성 등의 특성이 그 지역의 기후, 토양, 지형 등의 자연적 조건이나 전통적인 생산비법 등의 인적 조건을 포함하는 지리적 환경에서 본질적으로 비롯되는 경우에 그 지역에서 생산, 제조 또는 가공된 상품임을 나타내는 표시를 말한다.

상표등록요건

학습 개관

우리 「상표법」은 등록주의를 원칙으로 한다. 따라서 상표의 보호는 상표의 등록에서 출발한다. 「상표법」은 제33조에서 상표의 적극적 등록요건으로 식별력에 대해서 규정하고 있으며, 제34조와 제35조에서 상표의 부등록사유를 상세하게 규정하고 있다. 본 절에서는 상표의 식별력과 부등록사유에 대해서 살펴보고, 상표등록요건 및 상표권의 효력을 판단함에 있어서 핵심 개념인 상표의 동일·유사 및 상품의 동일·유사에 대해서 알아본다.

학습 포인트

식별력의 개념과 식별력이 인정되지 않는 경우를 살펴본다.
식별력이 있더라도 상표등록을 받을 수 없는 부등록사유에 대해서 알아본다.
상표의 동일·유사 및 상품의 동일·유사에 대해서 살펴본다.

NCS 및 NCS 학습모듈

NCS 및 NCS 학습모듈	하위 목차명	식별력이 있을 것, 등록받을 수 없는 상표, 상품의 동일·유사와 상표의 동일·유사	
	대분류	05. 법률·경찰·소방·교도·국방	
	중분류	01. 법률	
	소분류	02. 지식재산관리	
	세분류	01. 지식재산관리	
	능력단위 (능력단위요소)	12. 지식재산 권리화	
	주요 지식·기술· 태도	• 식별력의 유무에 대한 판단과, 사용에 의해 식별력을 취득할 수 있다는 것에 대한 이해능력 • 식별력을 갖추어도 등록받을 수 없는 상표의 유형에 대한 지식 • 상품 및 상표 동일·유사의 판단 기준과 실무에 대한 이해능력	

01 식별력이 있을 것

1. 상표의 식별력

상표의 가장 중요한 기능은 자타상품 식별기능이기 때문에 상표로 등록되기 위해서는 우선 식별력을 가져야 한다. 「상표법」상 식별력이라 함은 거래자나 일반 수요자가 해당 상품이나 서비스를 보고 누구의 것인지 알 수 있게 하는 것이다. 즉 상표는 상품이나 서비스업에 붙이는 이름표 같은 것인데, 이 이름표가 다른 상품과 혼동되지 않도록 뚜렷하게 구별이 되어야 식별력을 갖추었다고 할 수 있다. 예를 들어 'Apple'이라는 단어를 '사과'라는 과일에 상표로 사용된다면 식별력이 없지만 컴퓨터에 상표로 사용할 때는 독특해서 식별력이 있다고 할 수 있다.

즉, 상표로서의 식별력은 그 지정상품에 관한 일반수요자가 그 표장을 보고 출처를 표시하는 표지로서 인식할 수 있는 힘을 갖고 있느냐로 귀결된다. 따라서 일반적으로 식별력의 유무는 지정상품과 관련하여 판단한다.

「상표법」제33조 제1항 각 호에서는 식별력이 없는 상표들을 각각 '보통명칭(제1호)', '관용표장(제2호)', '기술적 표장(제3호)', '현저한 지리적 명칭(제4호)', '흔한 성 또는 명칭(제5호)', '간단하고 흔한 표장(제6호)', '기타 식별력 없는 표장(제7호)'으로 유형화하여 나열한 후, 이에 해당하는 경우 원칙적으로 상표등록될 수 없는 것으로 규정하고 있다.

샴푸의 상표를 예로 들면, '울샴푸', '퍼퓸샴푸', '한방샴푸', '발모샴푸' 등은 보통명칭 상표이므로 결코 상표등록을 받을 수 없고, '케라틴', '비타민', '진모(賮毛)', 'no more tears', 'no more tangles', '2in1(린스 겸용 샴푸)' 등은 상품의 특징이나 원재료 등을 설명하는 것이므로 원칙적으로 상표등록을 받지 못한다. 그러나 '하나로', '랑데부', '헤드&숄더'는 상품의 특성을 암시하는 정도의 상표이고, 'Dove', '아이보리', '미쟝센(mise en scène)', '댕기머리', '비달사순(Vidal Sassoon)' 등은 임의선택적인 상표로서 식별력이 강하며, 'P&G', '팬틴(Pantene)', '케라시스(kerasys)', '리엔' 등은 조어상표로서 식별력이 크기 때문에 상표등록이 가능한 데다, 상표권의 효력범위가 상대적으로 넓어 강한 보호가 가능하다.

(I) 상품의 보통명칭[112]

보통명칭이란 특정상품과 관련하여 그 상품의 명칭을 나타내는 표장을 말한다. 보통명칭은 상품 자체를 일반적으로 표시하는 데 지나지 않는 것으로서 특정인이 독점할 수는 없다. 보통명칭에는 처음부터 그 상품의 보통명칭이었던 것과, 처음에는 자타상품을 식별하는 특정인의 상표이었던 것이 소비자 및 동종업자들이 그 상표를 자유롭게 사용한 결과 그 상품이 보통명칭화되어 자타상품의 식별력을 상실하게 된 것이 있다.

다음의 경우에는 등록상표가 보통명칭으로 될 수 있기 때문에 상표의 관리에 만전을 기할 필요가 있다.

---

112) 「상표법」제33조 제1항 제1호

지식재산능력시험

지식재산 창출 -

제1장

제2장

제3장

제4장

제5장

제6장

① 신제품이나 특허품의 상표가 그 상품의 보통명칭으로 잘못 인식되고 사용된 경우
   예 스테이플러에 대한 '호치키스', 투명 접착테이프에 대한 '스카치테이프' 등

② 상품의 보통명칭이 길거나 애매하여 수요자나 거래자들이 상표를 상품명으로 대신 사용하는 경우 **예** 상품명 '글리세린화 셀룰로이스 히드레이트'에 대한 '셀로판' 등

③ 상표가 너무 유명하여 해당 상품의 대명사처럼 사용되는 경우 **예** 박스형 자동차에 대한 'JEEP' 등

④ 상표권자의 관리 소홀을 틈타 경쟁업자들이 타인의 상표를 자유롭게 사용하게 된 경우
   예 해열진통제에 대한 '아스피린' 등

(2) 그 상품에 대하여 관용적으로 사용하는 표장[113]

관용표장이란 원래는 특정인의 상표였으나 당해 상품을 취급하는 동종업자들 사이에서 특정 종류의 상품의 명칭으로 일반적으로 사용된 결과 식별력을 상실한 표장을 말한다. 자유롭고 관용적으로 사용된 결과 누구의 업무에 관련된 상품을 표시하는 것이 아니라 그 상품 자체를 가리키는 것으로 인식된 것을 말한다.

🔔 **관용표장 사례**

상표	지정상품, 서비스업	상표	지정상품, 서비스업
TEX, LON, LAN	직물	가든, 장, 성, 원	요식업
깡	과자	관광호텔, 파크	숙박업
cyber, web, tel, net	통신업	passcard, cashcard	금융업

🔔 **특정지역의 관용표장 사례**

상표(지정상품)	판단내용	관련판례
벙어리찰떡 (떡)	안동지역에서 80년간 떡을 생산·판매하는 동업자들 사이에 특정 종류의 떡 명칭으로 자유 사용하여 법§6①2(개정법§33①2)에 해당	2008허6710

(3) 그 상품의 특징을 직감할 수 있게 표현한 표장[114]

상품의 품질, 효능, 용도 등과 같은 성질을 직접적으로 기술하는 것에 불과한 표장을 기술적(記述的) 표장 또는 성질표시표장이라고 한다. 이러한 표장은 통상 상품의 유통과정에서 필요한 표시이므로 누구나 자유롭게 사용할 필요가 있고 그 사용을 원하기 때문에 특정인에게 독점배타적인 권리를 부여해서는 안 된다. 예를 들어, 진통제에 '진통 Zero'라는 상표는 '진통을 0으로 줄여준다'는 의미로 해석되어 상품(진통제)의 효과나 특성을 설명하는 성질표시 표장에 해당된다.

기술적 표장으로 된 상표인지 여부는 상품과의 관계에서 상대적으로 결정하여야 한다. 예컨대 'Kickers'라는 상표는 '축구화'에 대해서는 용도표시이지만 '초콜릿'에 대해서는 상표등록이 가능할 수 있다.

---

113) 「상표법」 제33조 제1항 제2호
114) 「상표법」 제33조 제1항 제3호

판례는 "어떤 상표가 상품의 품질, 효능, 용도 등을 암시 또는 강조하는 것으로 보일 뿐 일반 수요자가 그 상표로부터 상품의 특성을 직감할 수 없는 것은 기술적 표장에 해당하지 않는다."라고 하는데, 실무상 '암시'와 '직감'을 구별하기가 쉽지 않아 이를 둘러싸고 많은 해석과 다툼이 발생하고 있다.

🔔 **성질표시에 해당한다고 판단한 사례**

상표(지정상품)	판단내용	관련판례
maquillée (미용실업)	'마끼에'는 불어로 '화장하는'이란 의미, 미용업계에서 '메이크업, 웨딩화장업'으로 사용하고 있는 이상, 효능·용도표시 등에 해당	2011허10474
GLUTEN 글루텐 (낚시밥)	'글루텐'은 곡물류에 들어 있는 불용성단백질로서 점착성이 강한 떡밥의 원료로 사용되는 것으로 소개되어 낚시용 떡밥의 재료로 직감됨	2005후1356
airfryer (가정용 전기식 튀김기)	지정상품의 성질을 직접적으로 표시한 성질표시 표장에 불과하거나 기타 식별력이 없음	2014허4876

🔔 **성질표시에 해당하지 않는다고 판단한 사례**

상표(지정상품)	판단내용	관련판례
알바천국 (직업소개업, 직업알선업)	'아르바이트를 하기에 좋은 곳'을 소개·알선하거나 이와 관련된 정보를 제공한다는 암시를 줄 수 있기는 하나, 이를 넘어서 일반 수요자에게 '아르바이트를 소개·알선하거나 이와 관련이 있는 정보를 제공하는 장소' 등과 같이 위 지정서비스업의 성질을 직접적으로 표시하는 것으로 인식된다고 할 수 없어 기술적 표장에 해당하지 않음	2015후1911

(4) 현저한 지리적 명칭[115]

현저한 지리적 명칭이란 수요자에게 현저하게 인식된 지리적 명칭을 말한다. 현저한 지리적 명칭은 자타상품의 식별력이 없을 뿐만 아니라, 공익상 특정인에게 독점시키는 것이 부당하기 때문에 상표등록을 받을 수 없도록 한 것이다. 특히, 현저한 지리적 명칭은 그 지역 주민의 상호로 많이 사용되고 있어, 이러한 지리적 명칭을 등록시켜 준다면 해당 지역에서의 자유사용을 저해할 수 있기 때문에 일정규모 이상이나 널리 알려진 지리적 명칭에 대해서는 특정인에게 독점배타적인 권리를 부여하지 않는 것이다.

🔔 **현저한 지리적 명칭에 해당한다고 판단한 사례**

상표	판단내용	관련 판례
종로학원	'종로'는 서울특별시 종로구의 명칭 또는 종로3가 등 종로구 소속 행정구역의 일종으로서 거리의 이름을 나타내는 현저한 지리적 명칭임이 명백함	98후379

---

115) 「상표법」 제33조 제1항 제4호

지식재산능력시험

지식재산 창출 ──

제1장

제2장

제3장

제4장

제5장

제6장

(5) 흔히 있는 성 또는 명칭[116]

흔히 있는 성(姓)이나 명칭을 보통으로 사용하는 방법으로 표시한 표장만으로 된 상표는 등록될 수 없다. 외국인의 성은 당해 국가에서 흔히 있는 것이라도 국내에서 흔히 볼 수 있는 것이 아니라면 본 규정에 해당하지 않는다. **예** Johnson, Valentine

- 흔히 있는 성 또는 명칭 사례 : 윤씨농방, 김노인 마포상회, PRESIDENT
- 흔히 있는 성이나 명칭에 해당하지 않은 것으로 판단한 사례 : 미스 주(성형외과업)[117]

(6) 간단하고 흔한 표장[118]

상표의 구성이 간단하고 흔한 표장으로 된 상표는 등록될 수 없다. 문자상표인 경우에는 1자의 한글로 구성된 표장이거나 2자 이내의 알파벳(이를 다른 외국어로 표시한 경우를 포함)으로 구성된 표장은 원칙적으로 이에 해당하는 것으로 본다(**예** '가', 'AB', 'Co', '123' 등). 다만, 구체적인 관념으로 직감될 수 있거나, 특정인의 출처표시로 직감되는 경우에는 이에 해당하지 않는 것으로 본다(**예** LG, GS, SK 등).

간단하고 흔한 표장이라 할지라도 상당한 정도로 도안화 또는 모노그램화되었거나, 색채와 결합하여 새로운 식별력이 인정되면 등록을 받을 수 있다.

🖾 **간단하고 흔한 표장 여부에 관한 사례**

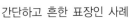

| 간단하고 흔한 표장인 사례 | 간단하고 흔한 표장이 아닌 사례 |

(7) 기타 식별력이 없다고 인정되는 상표[119]

「상표법」 제33조 제1항 제1호 내지 제6호에 해당되지 않으나 각 호의 취지로 보아 거절하는 것이 적당한 것으로 인정되는 상표들을 거절하도록 한 보충적 규정이다. 일반적으로 쓰이는 구호, 표어, 인사말 등으로 되어 타인의 상품과 구별하는 기능을 하지 못하는 표장은 등록받을 수 없다.

🔔 **일반적인 구호 등으로 식별력이 없다고 판단한 사례**

지정상품	상표	지정상품	상표
라벤더유, 스킨밀크	우린 소중하잖아요 (2004후912)	박물관경영업	Believe IT or Not (1994후173)
호텔업	GOODMORNING (2004허6293)	교과서출판업	Be Smart (2007허975)

---

116) 「상표법」 제33조 제1항 제5호
117) 'MISS'와 성씨의 '朱'나 '周'의 결합으로 볼 수도 있으나 '주'는 다양한 의미로 사용되어 전체적으로 특정관념을 알 수 없는 조어이다(2012원824).
118) 「상표법」 제33조 제1항 제6호
119) 「상표법」 제33조 제1항 제7호

다만, 출원상표나 출원서비스표가 여러 개의 단어로 이루어진 문구 혹은 문장으로 구성되었다는 이유만으로 식별력이 없게 되어 제7호에 해당한다고 할 수는 없을 것이고, 나아가 지정상품이나 지정서비스업과 관련하여 볼 때에 그 출처를 표시한다고 하기보다는 거래사회에서 흔히 사용되는 구호나 광고문안으로 인식되는 등의 사정이 있어 이를 특정인이 독점적으로 사용하도록 하는 것이 부적절하게 되는 경우에 「상표법」 제33조 제1항 제7호에 의하여 그 등록이 거절되어야 할 것이다.

참고

「상표법」 제33조 개괄

구분	의의	취지	그 상품의 (지정상품과의 관계 고려 여부)	보통으로 사용하는 방법	만	1. 주체적 기준 2. 시기적 기준 3. 지역적 기준	등록 전 취급	등록 후 취급	法33②적용 여부
제1호	보통명칭		○	○	○	1. 지정 상품의 일반수요자 (→ 일반수요자) 2. 등록여부결정 시 3. 국내		제척기간 없는 무효사유 제90조 적용	
제2호	관용표장		○			1. 지정 상품의 일반수요자 (→ 동종업자) 2. 등록여부결정 시 3. 국내			
제3호	기술적 표장 (성질표시표장)	자타상품 식별력과 독점 적응성이 없기 때문	○	○	○	1. 지정 상품의 일반수요자 2. 등록여부결정 시 3. 국내	거절/ 정보/ 이의신청 사유	후발적 무효사유	○
제4호	현저한 지리적 명칭 그 약어 또는 지도				○	1. 통상적인 일반수요자 2. 등록여부결정 시 3. 국내			○
제5호	흔한 성 또는 명칭			○	○	1. 통상적인 일반수요자 2. 등록여부결정 시 3. 국내		제척기간 없는 무효사유	○
제6호	간단하고(and) 흔한 표장				○	1. 통상적인 일반수요자 2. 등록여부결정 시 3. 국내		제90조 적용 없음	○
제7호	기타 식별력 없는 상표		○ (判)			1. 지정 상품의 일반수요자 2. 등록여부결정 시 3. 국내		후발적 무효사유	○
비고		法34①의 취지는 모두 동일	제7호의 경우 본질상 고려해야 함(判)	제2호, 제4호, 제6호 및 제7호는 조문상 '보사방'이 요건이 아니므로 법문상으로는 '보사방'이 아닌 경우에도 적용될 수 있으나, 해석상 실제로는 '보사방'이어야 적용되며 현저한 도안화 등을 통하여 새로운 식별력이 형성되는 경우 등록가능	제2호와 제7호도 사실상 '만'으로 구성되어야 적용			〈부분거절〉 ① 1호 내지 3호 → 식별력이 없는 지정상품만 거절 / 4호 내지 6호 → 전부에 대한 거절 가능 ② 부분거절되지 않은 나머지 지정상품의 식별력 판단 시점은 부분거절이 확정된 이후에 수행	1. 2호는 제33조 제2항과 무관하게 등록가능하다고 봄이 타당

지식재산능력시험

지식재산 창출

제1장

제2장

제3장

제4장

제5장

제6장

2. 사용에 의한 식별력

(1) 의의

식별력이 없거나 약한 상표라도 상표등록출원 전부터 그 상표를 사용한 결과 수요자 간에 특정인의 상품에 관한 출처를 표시하는 것으로 식별할 수 있게 된 경우에는, 식별력을 사후적으로 취득한 것으로 보아 예외적으로 상표등록이 인정된다(상표법 제33조 제2항).

(2) 인정요건

사용에 의한 식별력이 인정되는 상표는 「상표법」 제33조 제1항 제3호부터 제6호까지에 해당하는 상표이어야 한다. 따라서 제1호의 보통명칭, 제2호의 관용표장은 사용에 의한 식별력이 인정되지 않는다. 또한 상표등록출원 전부터 그 상표를 사용하였을 것이 요구되며, 수요자 간에 특정인의 상품에 관한 출처를 표시하는 것으로 식별할 수 있게 되어 있어야 하고, '실제로 사용한 상표를 사용한 상품에 출원'한 것이어야 한다.

02 등록받을 수 없는 상표

비록 어떤 상표가 식별력을 가지고 있다 하더라도 그 상표를 등록하여 독점시키는 경우, 공익 또는 타인의 이익을 침해한다면 그 상표를 등록받을 수 없다. 「상표법」에 열거된 등록받을 수 없는 상표의 유형은 다음과 같다.[120]

① 대한민국의 국기(國旗)·국장(國章) 등, 파리협약 동맹국·세계무역기구 회원국 또는 「상표법」 조약 체약국의 훈장·포장 등, 국제적십자·국제올림픽위원회 등의 공공마크와 동일 또는 유사한 상표

② 국가·인종·민족·공공단체·종교 또는 저명한 고인과의 관계를 거짓으로 표시하거나 이들을 비방 또는 모욕할 염려가 있는 상표
  • 평판을 나쁘게 할 우려가 있는 경우의 예시: 양키, 로스케, Nigger(Negro), 흑인(DARKIE)
  • 평판을 나쁘게 할 우려가 없는 경우의 예시: 인디안, WHITE RUSSIAN

③ 국가·공공단체 또는 비영리 공익법인의 표장으로서 저명한 것과 동일 또는 유사한 상표
  예 YMCA, 보이스카우트, 적십자 등

④ 일반인의 통상적인 도덕관념인 선량한 풍속에 어긋나는 등 공공의 질서를 해칠 우려가 있는 상표(외설적인 도형이나 문자, 사기꾼·소매치기 등의 문자)

---

120) 「상표법」 제34조 제1항 제1호~제18호

🔔 공서양속을 해칠 우려가 없는 것으로 판단한 사례

상표(지정상품)	판단내용	관련판례
NUDE TEXT 누드교과서 (서적, 교육정보제공업)	'누드교과서'라는 용어가 예술적 목적 내지 교육적 목적에 관련되어 있는 것으로 인식될 수 있을지언정 사회 일반인의 건전한 성적 감정을 해한다거나 성적 수치심 내지 거부감을 유발한다고 보기는 어려움	2003허2683

⑤ 정부 또는 외국정부가 개최하거나 정부 또는 외국정부의 승인을 얻어 개최하는 박람회의 상패·상장 또는 포장과 동일·유사한 표장이 있는 상표

⑥ 저명한 타인의 성명·명칭 또는 상호·초상 또는 이들의 약칭을 포함하는 상표(한전, 주공 등). 다만, 그 타인의 승낙을 받은 경우에는 등록을 받을 수 있다.

⑦ 타인의 선등록 또는 선출원 상표와 동일·유사한 상표로서 그 지정상품과 동일·유사한 상품에 사용하는 상표. 다만, 상표공존동의제도의 시행으로 선등록상표권자의 동의를 받은 경우에는 예외로 한다.

> **참고**

상표공존동의제도

상표공존동의제도는 선등록(출원)상표의 권리자가 표장 및 지정상품이 동일·유사한(표장 및 지정상품이 모두 동일한 경우는 제외) 후출원상표의 등록에 동의하는 경우, 「상표법」 제34조 제1항 제7호 및 제35조 제1항의 거절이유가 해소되어 상표등록이 가능하도록 하는 제도이다. 2023년 개정법에서 도입되어 2024년 5월 1일부터 시행되고 있다. 다만, 수요자 보호를 위해, 공존하게 된 상표 중 어느 한쪽이라도 추후 부정 목적으로 사용돼 수요자의 오인·혼동을 야기한 경우 등록을 취소할 수 있도록 하였다.

공존동의제 시행 전에는 선등록상표 또는 선출원상표와 동일·유사한 후출원상표는 등록이 거절되었다. 통계에 따르면 전체 거절상표 중 40% 이상이 이를 이유로 거절되며, 그중 약 82%가 중소기업이 출원한 상표에 해당한다(2022년 기준).

공존동의서는 출원서, 의견서 또는 보정서에 첨부하여 제출이 가능하고, 공존동의서에는 성명(법인명), 서명 또는 날인, 특허고객번호, 등록(출원)번호, 등록에 동의하는 지정상품, 등록원부 반영사항 확인, 동의일자 등의 필수 기재사항이 기재되어 있어야 한다.

상표공존동의제의 도입으로 선상표권자의 동의하에 사용 예정인 상표를 등록받고 계속 사용할 수 있게 되므로, 중소기업·소상공인의 안정적인 상표 사용이 가능해질 것으로 보인다. 또한, 선상표권자가 사전에 유사 상표의 사용에 동의하게 되므로, 추후 발생할 수 있는 상표 분쟁을 미연에 방지하는 효과도 기대된다.

⊡ 종전 절차

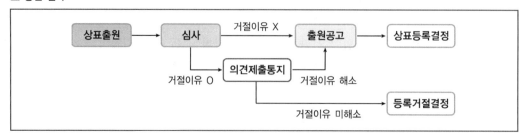

지식재산능력시험

지식재산 창출 ㅡ

제1장

제2장

제3장

제4장

제5장

제6장

⊟ 시행 후 절차

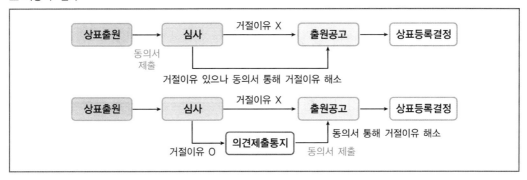

⊟ 상표공존동의서 견본

상표공존동의서

출원인	성명(법인명)	(서명 또는 인)
	특허고객번호	(특허고객번호가 없을 시, 사유 기재)
	출원번호 (국제등록번호)	(출원번호가 없을 시, 상표견본 및 상품류 기재)

아래 선등록(출원) 상표권자는 위 출원인의 상표출원·등록·사용에 동의합니다.

o 공존동의를 받는 출원상표의 지정상품

 ‐

(예: 해당 상품류의 지정상품 전부에 대하여 공존동의하는 경우)
 ‐ 25류, 35류: 전부

(예: 해당 상품류의 지정상품 일부에 대하여 공존동의하는 경우)
 ‐ 25류: 모자, 신발
 ‐ 35류: 모자 소매업, 신발 도매업

> ‘선등록(출원)상표’ 및 ‘선등록(출원) 상표권자의 동의에 의해 등록되는 출원상표’ 모두
> 는 등록원부에 공존동의와 관련된 등록상표임이 표기되며, 당사자는 이를 확인함.

년   월   일

선등록(출원) 상표권자	성명(법인명)	(서명 또는 인)
	특허고객번호	
	등록(출원)번호	

⑧ 타인의 상품을 표시하는 것이라고 수요자들에게 널리 인식되어 있는 상표(주지상표)와 동일 또는 유사한 상표로서 그 타인의 상품과 동일 또는 유사한 상품에 사용하는 상표. 소위 주지상표의 보호에 관한 규정인데, 주지상표는 출원상표의 지정상품과 동종업계에서 특정인의 상표라고 널리 인식된 것을 말한다.

⑨ 수요자들에게 현저하게 인식되어 있는 타인의 상품이나 영업과 혼동을 일으키게 하거나 그 식별력 또는 명성을 손상시킬 염려가 있는 상표. 소위 저명상표의 보호에 관한 규정이다. 저명상표는 해당 상품업계를 넘어 이종상품이나 이종영업 분야까지 특정인의 상표라고 현저하게 인식된 것을 말한다. 본 규정은 상품이나 서비스업이 이종업계인 경우에도 적용되며, 저명상표의 희석화방지 차원에서 영업적 관련성이 없는 경우라도 그 상표의 식별력이나 명성을 손상시킬 염려가 있으면 부등록사유로 된다.

⑩ 상품의 품질을 오인하게 하거나 수요자를 기만할 염려가 있는 상표

> **예시 상품의 품질이나 상품 자체를 오인하게 하는 경우**
>
> • 지정상품을 '청주'로 하여 "맑은유자향"이라는 표장으로 출원하는 경우
> • 지정상품을 '소주'로 하여 "보드카"라는 표장으로 출원하는 경우

> **예시 수요자를 기만할 염려가 있는 경우**
>
> • 자연인이 "한국전자통신연구원"이라는 명칭으로 출원하는 경우
> • '의류'에 있어서 당해 상품의 거래자나 수요자에게 특정인의 상표로 인식될 수 있는 정도로 알려져 있는 "UNION BAY" 상표와 유사한 상표를 타인이 '가방'에 출원한 경우

⑪ 국내 또는 외국에서 특정인의 상품을 표시하는 것으로 인식되어 있는 상표와 동일 또는 유사한 상표로서 부당한 이익을 얻으려 하는 등 부정한 목적을 가지고 사용하는 상표(모방상표의 등록배제)

🔔 **부정한 목적이 있는 것으로 인정한 사례**

등록상표	선사용상표	판단내용	사건번호
🍫 Chocolate Museum 초콜릿 박물관 (카페업 등)	CHOCOLATE MUSEUM (초콜릿, 초콜릿 관련 종합 전시업)	선사용자의 사업내역, 관련 자료에 대한 인터넷검색결과과, 매출액, 광고선전 실적 등을 볼 때 선사용 표장은 국내 수요자 사이에 특정인의 상품표지로 인식되었다고 볼 수 있고, 표장의 유사성, 지정서 비스업의 경제적 견련관계 등을 종합하면 피고가 선사용표장을 모방하여 부정한 목적으로 등록한 것으로 보아야 함	2014후1051 등록무효(상)

지식재산능력시험

지식재산 창출 -

제1장

제2장

제3장

제4장

제5장

제6장

⑫ 국내 또는 외국에서 특정 지역의 상품을 표시하는 것으로 인식되어 있는 지리적 표시와 동일 또는 유사한 상표로서 부당한 이익을 얻으려 하는 등 부정한 목적을 가지고 사용하는 상표

참고

「상표법」 제34조 제1항 제9호 내지 제13호의 비교

구분		제34조 제항 제9호	제34조 제1항 제11호		제34조 제항 제12호 후단		제34조 제1항 제13호
			전단	후단			
취지		사익 + 공익 (통설: 사익적 취지가 강함)	공익	사익	공익		사익 + 공익
인용상표의 주지도		주지	저명		특정인의 상표나 상품이라고 인식될 수 있을 정도		특정인의 상표나 상품이라고 인식될 수 있을 정도
후등록 배제의 범위	상표	동일·유사	특정상표에서 타인의 저명상표가 용이하게 연상되거나 타인 상품과 밀접한 관련성이 있는 것으로 인정되어 광의의 혼동이 있다면 비유사한 경우에도 적용 가능	동일·유사	동일·유사		동일·유사
	상품	동일·유사	양 상품 사이에 경업관계 내지 경제적 유연관계가 존재하여 광의의 혼동이 있다면 비유사한 경우에도 적용 가능	비유사 (or 부정적)	일반적 경우	거래실정 등에 비추어 해당상표가 인용상표권자에 의하여 사용되는 것이라고 오인될 만한 특별한 사정이 있다면 상품이 비유사한 경우에도 적용 가능	제한 없음 (비유사한 경우도 적용가능)
					선사용 상표가 저명한 경우	다른 종류의 상품이라 하여도 저명상표권자 또는 그 관계자에 의하여 생산되는 것으로 인식되는 경우라면 적용 가능	
판단주체		해당 상품의 수요자 및 거래자	이종상품, 영업의 수요자 및 거래자까지 확장		해당 상품의 수요자 및 거래자 기준		해당 상품의 수요자 및 거래자 기준
판단시점		상표등록여부결정을 할 때	상표등록출원을 한 때		상표등록여부결정을 할 때		상표등록출원을 한 때
주지도 판단의 지역적 기준		국내	국내		국내		국내 또는 외국
제척기간		설정등록일로부터 5년	적용 없음		적용 없음		적용 없음
비고		악의 및 부정경쟁목적으로 주지시킨 경우에는 인용상표의 적격 불인정(통설)	광의의 혼동	희석화 방지	악의 및 부정경쟁목적으로 주지시킨 경우에도 인용상표의 적격 인정(判)		부정한 목적이 있어야 함

⑬ 상품 또는 그 상품의 포장의 기능을 확보하는 데 불가결한 입체적 형상, 색채, 색채의 조합, 소리 또는 냄새만으로 된 상표. 입체적 형상 등이 상표등록을 받으려는 상품 또는 그 포장의 기능을 확보하는 데 꼭 필요한(서비스의 경우에는 그 이용과 목적에 꼭 필요한 경우를 말함) 것인 경우 등록을 받을 수 없다는 것이다.

🔔 **기능성이 있는 경우의 예시**

구분	기능 수행에 있어 본질적인 경우	이용 과정에서 본질적인 역할을 수행하는 경우	품질·가격에 영향을 주어 경쟁에서 이점을 주는 경우
예시	컵의 오목한 형상 (액체를 담는 데에 필수적)	양식당의 포크·나이프 (음식을 먹는 데에 필수적)	캔의 오목한 바닥 (충격에 대한 저항성을 부여하여 품질 개선)

⑭ 세계무역기구(WTO) 회원국 내의 포도주 및 증류주의 산지에 관한 지리적 표시로서 구성되거나 그 지리적 표시를 포함하는 상표로서 포도주·증류주에 사용하려는 상표

⑮ 「식물신품종 보호법」 제109조에 따라 등록된 품종명칭과 동일·유사한 상표로서 그 품종명칭과 동일·유사한 상품에 대하여 사용하는 상표

⑯ 「농수산물품질관리법」 제32조에 따라 등록된 타인의 지리적 표시와 동일·유사한 상표로서 그 지리적 표시를 사용하는 상품과 동일하다고 인정되는 상품에 사용하는 상표

⑰ 대한민국이 외국과 양자 간 또는 다자간으로 체결하여 발효된 자유무역협정에 따라 보호하는 타인의 지리적 표시와 동일·유사한 상표 또는 그 지리적 표시로 구성되거나 그 지리적 표시를 포함하는 상표로서 지리적 표시를 사용하는 상품과 동일하다고 인정되는 상품에 사용하는 상표

⑱ 동업·고용 등 계약관계나 업무상 거래관계 또는 그 밖의 관계를 통하여 타인이 사용하거나 사용을 준비 중인 상표임을 알면서 그 상표와 동일·유사한 상표를 동일·유사한 상품에 등록출원한 상표

예시 동업·고용 등 계약관계나 업무상 거래관계

- 동업자가 다른 동업자의 사용을 배제하기 위하여 단독으로 출원하는 경우
- 종업원이 회사의 제품출시계획을 알고 해당 상표를 미리 출원하여 선점하고자 하는 경우
- 대리점 등 업무상 거래관계에 있는 자가 거래대상이 되는 제품의 상표를 선점목적으로 출원하는 경우
- 상표권을 영업과 함께 양도한 자가 해당 상표가 거래에 사용되고 있음을 알고도 동일·유사한 상표를 동일·유사한 상품에 출원한 경우

지식재산능력시험

지식재산 창출 一

제1장

제2장

제3장

제4장

제5장

제6장

03 상품의 동일 · 유사와 상표의 동일 · 유사

1. 서설

「상표법」에서는 해당 상표의 사용으로 실제로 등록상표와 상품 출처의 혼동을 일으킨 사실이 있는지가 아니라, 혼동의 가능성만 있으면 사용을 금지할 수 있는 권리가 있다고 본다. 또한 「상표법」에서는 추상적인 개념인 '혼동'을 판단하기 위하여 '유사'라는 개념을 도입하고 있다. 상표의 유사는 상표의 출원 심사 시뿐만 아니라, 침해소송에서 침해 여부를 판단하는 데도 기준이 되는 중요한 개념이다.

통상 상표가 동일 · 유사하다는 것은 표장과 상품이 동일 · 유사해야 한다는 의미이다. 표장은 동일 · 유사한데 상품이 비유사하다면 이는 상표의 동일 · 유사로 볼 수 없다. 마찬가지로 상품은 동일 · 유사해도 표장이 비유사하다면 마찬가지로 상표의 동일 · 유사로 볼 수 없다.

🖾 상표 동일 · 유사의 기본개념

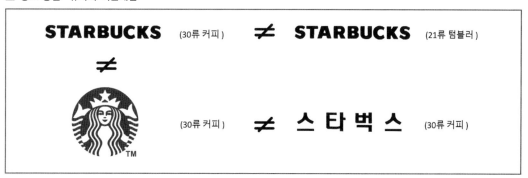

┃ 예를 들어 제30류(커피)에 출원된 'STARBUCKS'와 제21류(텀블러)에 출원된 'STARBUCKS'는 표장은 같지만 상품류가 다르기 때문에 서로 다른 상표이다. 마찬가지로 제30류에 출원된 'STARBUCKS' 상표와 🖼 상표는 상품은 같지만 표장이 비유사해서 이것도 서로 다른 상표라 상표권침해문제도 발생하지 않는다.

2. 상품의 유사 판단

「상표법」상의 상품은 니스(NICE)국제상품분류를 기반으로 상품 및 서비스업을 총 45개로 분류하고 있다. 이 니스분류체계는 대부분의 국가에서 이용하고 있는데, 1류부터 45류의 대분류는 국가마다 차이가 없으나 각 분류의 개별상품은 국가마다 조금씩 차이가 있다.

상품분류 체계 및 상품류

「상표법」상의 상품분류는 니스분류체계를 따르고 있는데, 상품은 총 45류로 나누어져 있다. 니스분류체계에 따르면 제1류부터 제34류까지는 상품이고, 제35류부터 제45류까지는 서비스업이다.

- **상품류**

  1류 : 공업용, 과학용 화학제, 접착제 등 / 2류 : 페인트 착색제, 잉크 등 / 3류 : 화장품, 향료, 세제 등 / 4류 : 공업용 오일, 양초 등 / 5류 : 약제, 위생제, 유아용 식품 등 / 6류 : 금속제품, 건축재료 등 / 7류 : 기계, 모터 및 엔진 등 / 8류 : 수공식 기기 / 9류 : 전자기기, 기록매체, 소프트웨어, 전자기기용 악세서리 등 / 10류 : 의료용 기기나 제품 / 11류 : 조명용, 조리용 기기 등 / 12류 : 수송수단(자전거, 차량 등) / 13류 : 화기나 탄약 등 / 14류 : 귀금속 및 시계 등 / 15류 : 악기 / 16류 : 문구류 / 17류 : 고무, 플라스틱 등 / 18류 : 가죽제품, 가방 / 19류 : 거울, 비금속제 건축재료 등 / 20류 : 가구, 액자, 비금속제 컨테이너 등 / 21류 : 주방용품, 화장용구, 유리제품 등 / 22류 : 로프, 노끈, 텐트 등 / 23류 : 직물용 실 / 24류 : 직물 및 대용품 / 25류 : 의류, 신발, 모자 / 26류 : 레이스, 장식용 끈 및 자수포 등 / 27류 : 카펫, 매트 등 / 28류 : 장난감, 운동용품 / 29류 : 육류 및 가공식품 / 30류 : 차, 커피, 빵, 곡물가공식품, 소스 등 / 31류 : 신선한 채소 및 과실 등 / 32류 : 맥주, 음료수 / 33류 : 맥주 이외의 알코올 음료 / 34류 : 담배, 흡연용구 등

- **서비스업류**

  35류 : 마케팅업, 사무처리업, (각종 제품에 대한) 도소매업, 구매대행업 등 / 36류 : 보험, 재무 금융 및 부동산업 / 37류 : 건축서비스나 수선업 / 38류 : 통신업, 유튜브 방송업 등 / 39류 : 운송 또는 여행업 / 40류 : 폐기물처리업 등 / 41류 : 교육업, 스포츠 또는 문화활동 관련 서비스업 / 42류 : 기술연구 관련 업무, 컴퓨터나 소프트웨어 관련 업무 / 43류 : 요식업, 카페업, 숙박업 / 44류 : 의료업, 미용업 등 / 45류 : 법무서비스업 등

유사군코드의 개념과 유사판단

유사군코드는 니스분류에 의한 상품이 한국분류의 어떤 상품류 및 상품군에 속하는지를 기호화한 것이다. 유사군코드는 상품과 서비스업을 구분하는 영문자(상품은 G, 서비스업은 S)와 4~6자리의 아라비아 숫자로 구성된다. 니스분류에 따른 상품류가 다르더라도 유사군코드가 같은 상품이나 서비스는 원칙적으로 서로 유사한 것으로 보고 심사하며, 상품류가 같더라도 유사군코드가 다르면 서로 비유사한 것으로 보고 심사한다.

예를 들어, 다음 표에서 애완동물용품의 경우 새장, 애완동물용 담요 등 상품류는 서로 다르지만 유사군은 G1817로 동일하다. 따라서 아래의 상품들은 상품류는 다르지만 유사군코드가 같아서 이는 서로 유사한 상품으로 본다.

유사군	상품류	유사범위에 속하는 상품군(예시)
G1817	21	새장, 애완동물용 우리(cages)
	24	애완동물용 담요
	27	애완동물용 급식매트
	28	애완동물용 장난감
	31	애완동물용 모래종이(깔개)

지식재산능력시험

지식재산 창출 ─

제1장

제2장

제3장

제4장

제5장

제6장

마찬가지로 같은 상품류에 있는 상품이라도 유사군코드가 다르면 서로 비유사 상표이다.

예를 들어, 다음 표에서 신발, 겉옷, 속옷, 모자 등의 상품은 모두 25류에 해당하는 상품이지만 각각 유사군 코드가 달라 서로 비유사한 상품에 해당된다. 따라서 G2501(신발류)에 'ABC' 상표를 출원한다면, G450501(모자) 상품에 'ABC' 상표가 먼저 등록되어 있어도 상품이 서로 비유사해서 신발류의 'ABC' 상표는 문제없이 등록을 받을 수 있다.

상품류	유사군	상품
25류	G2501	신발류
	G430301	수영복, 스키용 바지
	G450101	겉옷, 외투
	G4503	속옷, 스웨터, 셔츠
	G450501	모자

상품의 유사란 대비되는 두 상품이 동일한 정도는 아니지만 거래사회에 오인·혼동을 일으킬 정도로 비슷한 것을 말한다. 특허청에서는 심사의 신속성과 공정성 및 통일성 등을 기하기 위해 유사상품 및 서비스업에 대한 판단 기준으로 유사상품·서비스업 심사기준에서 정하고 있는 '유사군코드'를 활용하여 심사하고 있다.

특허청 심사 단계에서는 심사의 신속성, 통일성 등을 기하기 위하여 유사군코드를 참고하여 상품의 동일·유사 여부를 판단한다. 하지만 심판이나 소송 단계에서는 유사군코드에 구애받는 것이 아니라 구체적인 실정을 따져 상품의 동일·유사 여부를 개별적으로 판단하게 된다.

판례에 의하면, "지정상품의 유사여부는 대비되는 상품에 동일 또는 유사한 상표를 사용할 경우 동일 업체에 의하여 제조 또는 판매되는 상품으로 오인될 우려가 있는지 여부를 기준으로 하여 판단하되, 상품 자체의 속성인 품질, 형상, 용도와 생산부문, 판매부문, 수요자의 범위 등 거래의 실정 등을 종합적으로 고려하여 일반 거래사회의 통념에 따라 판단하여야 한다."[121]라고 하였다.

3. 상표의 동일·유사 판단

(1) 상표의 동일

'상표의 동일'이라 함은 구성요소가 문자 그대로 동일한 경우를 말하는 '물리적 동일'뿐만 아니라 거래사회 통념상 동일한 상표라고 인식할 수 있는 '실질적 동일'까지 포함하는 개념으로 본다. '실질적 동일'이란 물리적으로 완전히 동일하지는 않다고 하여도 거래사회 통념상 동일한 상표로 인식할 수 있는 정도를 의미하며 '동일성'이라는 용어로 사용한다. 동일성이 인정되는 경우는 상표의 부기적인 부분을 제외한 요부가 동일한 상표, 문자 등의 크기나 색채만을 달리하는 상표 등을 들 수 있다.

---

121) 대법원 2000. 10. 27. 선고 2000후815 판결

(2) 상표의 유사

'상표의 유사'라 함은 2개의 상표가 완전히 동일하지도 않고 거래사회 통념상 동일한 것으로 인식되지도 않으나 양 상표가 외관, 호칭, 관념 중 어느 한 가지 이상의 점에서 유사하여 그들 상표가 동일 또는 유사한 상품에 사용될 경우 거래자나 일반수요자들이 그 상품의 출처에 오인·혼동을 일으킬 우려가 있는 경우를 말한다.

상표는 시각적인 요소가 강하고 모방이 다소 용이하기 때문에 「상표법」에서는 상품 출처의 혼동을 방지하기 위해 상표권의 보호범위를 유사의 영역까지 확장하고 있다. '혼동'이라는 것은 매우 주관적이고 추상적인 것이어서 이를 일반적으로 객관화시킨 것이 '유사'라는 개념이다. 즉, 「상표법」에서는 동일·유사한 상표를 동일·유사한 상품에 사용할 경우 일반수요자가 혼동할 가능성이 있다고 본다.

4. 상표 유사판단의 3요소

상표의 유사라 함은 대비되는 두 개의 상표가 서로 동일한 것은 아니나 외관, 호칭, 관념이 비슷해서 동일·유사상품에 사용할 경우 거래통념상 상품출처의 혼동을 일으킬 염려가 있는 것을 의미한다. 다만, 외관·호칭·관념 중 어느 하나가 유사하다 하더라도 다른 사항들을 고려할 때 전체적으로 명확히 출처의 혼동을 피할 수 있는 경우에는 유사상표라고 할 수 없고, 반대로 서로 다른 부분이 있어도 그 호칭이나 관념이 유사하여 일반수요자가 상품출처를 오인·혼동하기 쉬운 경우에는 유사상표라고 보아야 할 것이다.

① 외관 유사

외관 유사란 두 개의 대비되는 상표의 기호·문자·도형·입체적 형상 또는 색채 등의 구성이 유사하기 때문에 상품출처의 오인·혼동을 일으키게 하는 '시각적 요인의 유사'를 말한다(예 HOP와 HCP, 白花와 百花). 도형상표에 있어서는 그 외관이 지배적인 인상을 남긴다 할 것이므로 외관의 유사 여부가 중요하다.

⊡ 외관이 유사한 표장 예시

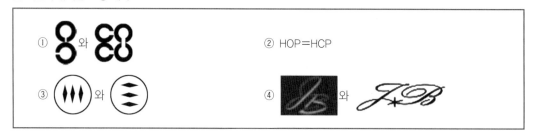

지식재산능력시험

지식재산 창출 ─

제1장

제2장

제3장

제4장

제5장

제6장

② 호칭 유사

호칭 유사란 두 개의 대비되는 상표의 호칭이 유사하기 때문에 상품출처의 오인·혼동을 일으키게 하는 '청각적 요인의 유사'를 말한다(예 'INTERCEPTOR'과 '인터셉트'는 유사, 'REVILLON'과 'REVLON'은 유사 / 'Solar'과 'Polar'는 비유사). 특히 창작적 상표인 경우에는 관념에 의한 판단이 제한되기 때문에 호칭의 유사 여부가 더욱 중요한 기준으로 작용하고 있다.

③ 관념 유사

관념 유사란 두 개의 대비되는 상표의 의미나 관념이 서로 유사하기 때문에 상품출처의 오인·혼동을 일으키게 하는 '지각적 요인의 유사'를 말한다. 이는 양 상표의 의미가 언어학적으로 동일하다는 것이 아니고 하나의 상표에서 다른 상표를 직감할 수 있는 정도를 의미한다. 예 '조개표'와 ''는 관념 유사

제 3 절 상표출원에서 등록까지 권리화 절차

학습 개관

상표등록을 받고자 하는 자는 특허청장에게 출원서를 제출하여야 한다. 그러면 특허청장은 심사관을 지정하여 출원상표가 등록에 적합한지를 심사하게 한다. 출원인은 의견서를 제출하거나 출원을 보정, 분할, 변경, 우선권주장 등의 절차를 통해 보호받을 수 있다. 한편, 출원에 거절이유가 없다고 판단되어 그 출원이 출원공고되면, 누구든지 출원공고일로부터 2개월 이내에 이의신청을 제기하여 그 출원이 등록받을 수 없음을 주장할 수 있다. 상표권은 상표등록을 함으로써 발생하는데, 본 절에서는 출원에서 상표등록까지의 절차와 출원인 및 제3자를 보호하기 위한 각종 제도를 살펴본다.

학습 포인트

상표검색에 대해서 알아본다.
상표등록출원에 대해서 살펴본다.
심사 및 심사 단계에서 출원인에게 도움이 되는 제도를 살펴본다.
타인의 상표등록을 저지하기 위한 절차로서 정보제공제도와 이의신청제도에 대해서 알아본다.

NCS 및 NCS 학습모듈

NCS 및 NCS 학습모듈	하위 목차명	개요, 상표검색, 상표등록출원, 심사 등, 출원인에게 도움이 되는 제도, 타인의 상표등록을 저지하기 위한 제도	
	대분류	05. 법률·경찰·소방·교도·국방	
	중분류	01. 법률	
	소분류	02. 지식재산관리	
	세분류	01. 지식재산관리	
	능력단위 (능력단위요소)	12. 지식재산 권리화	
	주요 지식·기술·태도	• 상표출원을 위한 기본적인 지식 • 출원부터 등록까지의 절차에 대한 이해 • 정보제공, 이의신청 등 타인의 상표등록을 저지하기 위한 제도들에 대한 이해능력	

01 개요

상표등록출원은 출원인이 보호받고자 하는 상표와 상품을 기재한 서면(출원서)을 특허청장에게 제출하여 상표권의 부여를 요구하는 절차이다. 심사관은 모든 상표등록출원에 대하여 심사를 하는데, 거절이유가 있으면 의견제출통지를 하여 의견서 제출의 기회를 부여하고, 거절이유가 없으면 출원공고를 하여 제3자에게 이의신청의 기회를 부여한다.

이의신청이 없거나 또는 이의신청이 이유가 없다고 판단되면 심사관은 최종적으로 등록결정을 하여야 하며, 출원인이 등록료를 납부하면 상표등록이 되고 상표권이 발생하게 된다.

⊠ 상표등록 절차 흐름도

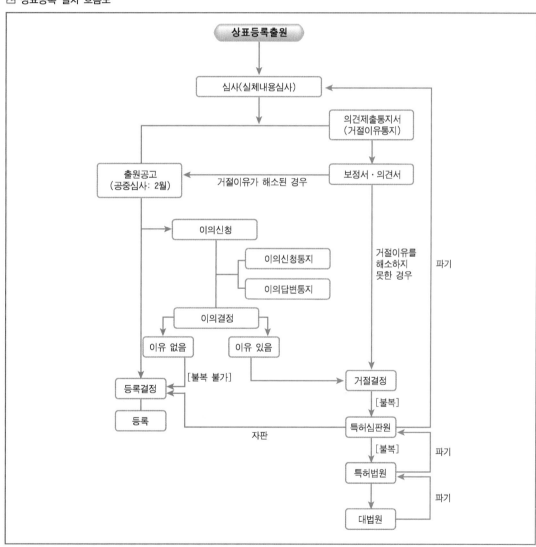

02 상표검색

1. 상표검색의 필요성

출원에 앞서 상표검색을 해 볼 필요가 있다. 상표검색을 통해 출원하고자 하는 상표가 등록을 받을 수 있는지 또는 등록 전에 그 상표를 사용해도 타인의 상표권을 침해할 가능성이 없는지를 가늠해 볼 수 있기 때문이다.

상표검색의 주된 목적은 출원 또는 사용하고자 하는 상표와 동일하거나 유사한 상표가 선출원 또는 선등록되어 있는지를 조사함으로써 등록가능성이나 사용가능성을 확인하는 데있다. 또한, 신상품의 브랜드네이밍을 하거나, 경쟁사의 출원 동향을 파악, 상표권을 둘러싼 분쟁에 대처하기 위하여 상표검색을 하기도 한다.

2. 상표검색의 방법

상표검색은 유료 데이터베이스(DB)를 이용하기도 하지만, 무료 DB를 제공하는 특허정보넷 키프리스(www.kipris.or.kr)를 이용하는 경우가 많다.

⊠ 특허정보넷 키프리스

지식재산능력시험

지식재산 창출 —

제1장

제2장

제3장

제4장

제5장

제6장

상표검색 과정을 간단히 소개하면 다음과 같다.

① 검색하고자 하는 상표를 사용할 상품을 결정한다.

② 그 상품이 상품류 구분표의 어떤 류구분에 속하는지 확정한다.[122]

③ 검색하고자 하는 상표의 구성요소를 고려하여 검색어를 결정한다.[123]

④ 검색어(상표명)와 상품분류 등을 입력하여 검색을 실시한다.

⑤ 검색 결과를 보면서 권리자, 상표권의 존속기간, 권리의 소멸 여부 등을 체크한다.

⑥ 문제의 소지가 있다고 판단되는 상표와 출원하고자 하는 상표를 대비하여 상표의 유사 여부와 상품의 유사 여부를 판단한다.

⑦ 심사례, 심결례 및 판례 등을 감안하여 출원하고자 하는 상표가 등록 가능한지 또는 등록 전에 사용해도 문제가 없을지를 판단한다.

3. 상표검색 시의 유의점

개인적인 수준에서 간단하게나마 상표를 검색함으로써 개략적으로 결과를 예측해 볼 필요가 있다. 그러나 상표검색은 전문적인 지식과 실무 경험이 뒷받침되어야만 정확한 결과를 얻을 수 있다. 상표검색 및 판단이 잘못되면 출원상표의 등록이 거절되거나 상표권 침해 분쟁에 휘말릴 수 있다. 따라서 중요한 상표인 경우에는 변리사 등 전문가들의 도움을 받아 상표검색을 철저히 하고 확실한 검토 의견을 받아 둘 필요가 있다.

03 상표등록출원

1. 출원서

① 상표등록을 받고자 하는 자는 출원인의 성명과 주소, 상표, 지정상품 및 그 류구분, 우선권주장에 관한 사항(우선권주장을 하는 경우에 한함) 등을 기재한 상표등록출원서를 특허청장에게 제출하여야 한다(상표법 제36조 제1항).

② 상표등록출원서가 제출되면 출원일이 인정되고 출원번호가 부여되지만, 다음의 중대한 하자가 있는 경우에는 보완명령이 내려지며, 그에 따라 보완한 절차보완서를 제출한 날이 출원일로 인정된다(상표법 제37조).

---

122) 정확하게는 상표를 사용하고자 하는 상품의 유사군코드를 기준으로 검색하여야 한다.
123) 대개는 상표를 구성하는 문자의 전부 또는 일부로 검색을 하지만, 도형상표의 경우에는 비엔나분류에 의한 도형코드를 이용해서 검색을 한다.

    ㉠ 상표등록을 받고자 하는 취지의 표시가 명확하지 아니한 경우

    ㉡ 출원인의 성명이나 명칭의 기재가 없거나 그 기재가 출원인을 특정할 수 없을 정도로 명확하지 아니한 경우

    ㉢ 상표등록출원서에 상표등록을 받고자 하는 상표의 기재가 없거나 그 기재가 상표로서 인식할 수 없을 정도로 선명하지 않은 경우

    ㉣ 지정상품의 기재가 없는 경우

    ㉤ 국어로 기재되지 아니한 경우

2. 1상표 1출원의 원칙

출원은 상품류 구분에 따라 1류 이상의 상품을 지정하여 1상표마다 1출원하여야 한다(제38조 제1항). 하나의 상표에 1개의 상품류에 속하는 다수의 상품을 기재하여 출원하거나, 다수의 상품류에 각 류에 속하는 다수의 상품을 지정하여 출원하는 것은 가능하나, 2 이상의 상표를 기재하여 출원하면 거절결정된다. 또한 출원 시 지정한 상품은 그 상품류와 상품명을 산업통상자원부령으로 정하는 상품류 구분에 따라 기재하여야 하는데, 기재된 상품류나 상품명이 명확하지 않은 경우 거절결정된다.

1상표 1출원의 원칙을 위반한 출원은 거절이유에 해당하지만, 일단 등록이 되었으면 상표등록 무효사유로는 되지 않는다. 이는 1상표 1출원의 원칙이 절차상의 편의를 위하여 마련된 것이고, 권리의 실체에 관한 것은 아니기 때문이다.

04 심사 등

1. 심사관에 의한 심사 및 우선심사

상표등록출원에 대한 심사는 출원의 순위에 따라 이루어지는 것이 원칙이지만 모든 출원에 대하여 이러한 원칙을 적용하다 보면 공익이나 출원인의 신속한 권리보호가 필요한 경우에 적절하게 대응하지 못하는 경우가 발생할 수 있으므로 일정한 요건을 충족하는 출원에 대해서는 출원순위와 관계없이 먼저 심사할 수 있도록 하는 것이 '우선심사제도'이다. 우선심사는 출원인이나 이해관계인이 신청할 수 있고, 상표등록출원과 동시 또는 출원 후에라도 아직 심사가 이루어지지 않은 출원이라면 가능하다.

우선심사의 대상은 다음과 같다.

① 출원인 아닌 자가 정당한 사유 없이 출원된 상표와 동일 또는 유사한 상표를 지정상품과 동일 또는 유사한 상품에 사용하고 있다고 인정되는 경우로서 다음의 어느 하나에 해당하는 경우

지식재산능력시험

지식재산 창출 ─

제1장

제2장

제3장

제4장

제5장

제6장

　㉠ 출원인이 제3자에게 출원된 상표의 사용금지를 경고한 경우

　㉡ 출원인이 제3자에게 상표사용금지가처분신청을 한 경우

　㉢ 그 밖에 출원인이 제3자에게 출원된 상표의 사용을 허락하지 않은 경우

② 출원인이 출원상표를 지정상품의 전부에 사용하는 등 대통령령으로 정하는 상표등록출원으로서 긴급한 처리가 필요하다고 인정[124]되는 경우

우선심사는 「특허법 시행규칙」 [별지 제22호 서식]의 우선심사신청서에 우선심사신청설명서를 첨부하여 신청하여야 하며, 우선심사 대상에 포함되는지 여부는 출원서 및 우선심사신청인이 제출한 우선심사설명서를 통해 확인한다.

출원인이 출원한 상표를 지정상품 전부에 대하여 사용하고 있거나 사용할 준비를 하고 있음이 명백한 경우, 이러한 사유에 해당한다는 사실 및 상표사용 개시 시기, 상표사용 내역 (상표사용 준비 중인 경우에는 상표사용 개시예정시기, 상표사용 예정내용) 등의 사실을 구체적으로 기재하여야 한다.

🔔 우선심사신청 시의 주요 증빙자료 예시

구분	증빙자료
상표사용 사실	• 상표가 표시된 상품촬영 사진(상표가 표시된 서비스를 제공하는 사진) • 상표가 표시된 상품이 게재된 광고전단지, 팸플릿, 동영상 또는 인터넷 사이트(또는 상표가 게재된 서비스에 관한 광고전단지, 팸플릿, 동영상 또는 인터넷사이트) • 기타 출원인이 지정상품에 대해 상표를 사용하고 있음을 입증할 수 있는 자료
상표사용 준비 중인 사실	• 지정상품에 대해 사용할 상표를 인쇄하기 위하여 인쇄회사에 발주한 것을 입증하는 서류 • 상표가 첨부된 지정상품의 카탈로그, 팸플릿, 광고 등을 인쇄회사 또는 광고회사에 발주한 것을 입증하는 서류 • 기타 출원인이 지정상품에 대해 상표사용을 명백히 준비하고 있음을 입증할 수 있는 자

---

124) 1. 출원인으로부터 출원된 상표와 동일 또는 유사한 상표를 동일 또는 유사한 지정상품에 사용하는 것으로 인정된다는 이유로 「상표법」 제58조 제1항에 따라 서면 경고를 받은 경우 경고의 근거가 되는 출원

　　2. 출원인이 다른 출원인으로부터 그 출원인의 출원된 상표와 동일 또는 유사한 상표를 동일 또는 유사한 지정상품에 사용한다는 이유로 「상표법」 제58조 제1항에 따라 서면 경고를 받은 경우 해당 출원

　　3. 상표등록출원인이 그 상표등록출원과 관련하여 다른 상표권자로부터 이의를 제기받은 경우

　　4. 「상표법」 제167조의 마드리드 의정서에 따른 국제출원의 기초가 되는 출원을 한 경우로서 마드리드 의정서에 따른 국제등록일 또는 사후지정일이 국제등록부에 등록된 경우 해당 출원

　　5. 「조달사업에 관한 법률」 제9조의2 제1항 제2호에 따른 중소기업자가 공동으로 설립한 법인이 단체표장을 출원한 경우

　　6. 조약에 따른 우선권주장의 기초가 되는 출원을 한 경우로서 외국 특허기관에서 우선권 주장을 수반한 출원에 관한 절차가 진행 중인 경우 해당 출원

　　7. 존속기간 만료로 소멸한 등록상표의 상표권자가 출원을 한 경우로서 그 표장과 지정상품이 존속기간 만료로 소멸한 등록상표의 표장 및 지정상품과 전부 동일한 경우 해당 출원

2. 의견제출통지와 의견서 제출

상표를 출원하면 특허청 심사관은 동일·유사한 선행 상표의 존재 여부, 출원상표의 식별력 유무와 같은 상표등록 가능 여부에 대해 심사한다. 이때 심사관이 상표등록출원에 거절이유가 있다고 판단되면 출원인에게 '의견제출통지서'를 보내 거절이유를 설명한다. 지정상품의 일부 또는 전부에 거절이유가 있을 때에는 그 해당 지정상품별로 거절이유와 근거를 구체적으로 밝혀야 한다.

출원인은 거절이유를 검토하여 적절한 대응 방안을 찾아야 한다. 심사관의 지적이 부당하다고 판단되면 의견서만 제출하기도 하지만, 심사관의 지적이 타당하다고 판단되는 경우에는 보정서나 분할출원서를 제출하여 하자를 치유함과 동시에 의견서를 제출하여 그 내용을 심사관에게 알려야 한다.

3. 부분거절결정

종전에는 심사관의 거절이유통지에 출원인이 대응하지 않을 경우 모든 지정상품에 대하여 거절되었으나, 부분거절제도 도입[125]으로 거절이유가 없는 일부 지정상품만이라도 등록받을 수 있게 되었다.

부분거절제도의 시행으로 상표등록출원 지정상품 중 일부에만 거절이유가 있는 경우라면 출원인이 상품 삭제 등 별도의 조치를 취하지 않더라도 거절이유가 없는 상품은 상표등록을 받을 수 있게 되므로, 상표출원 절차와 제도에 익숙하지 않고 시간·비용 등의 문제로 심사관의 통지서에 적절하게 대응하지 못하는 개인 및 중소기업 출원인의 편의를 제고하였다.

심사관은 의견서, 보정서 제출 등으로 거절이유가 해소되지 않은 지정상품에 대하여만 거절결정을 하고, 부분거절결정의 불복기간이 도과하여 부분거절결정이 확정된 후에 나머지 지정상품에 대하여 출원공고결정을 한다.

부분거절된 상품에 대한 거절결정이 확정된 이후에 거절이유가 없는 나머지 상품에 대한 출원공고결정이 이루어지므로 거절이유가 없는 상품을 우선 등록받을 수 있는 것은 아니다. 따라서 거절이유가 없는 상품에 대한 조기등록을 위해서는 출원의 분할을 통해 거절이유가 없는 상품을 별도의 출원으로 분할하여야 한다.

---

125) 2023년 2월 4일 시행

지식재산능력시험

지식재산 창출 —

제1장

제2장

제3장

제4장

제5장

제6장

⊠ 부분거절결정제도 도입 전후 비교

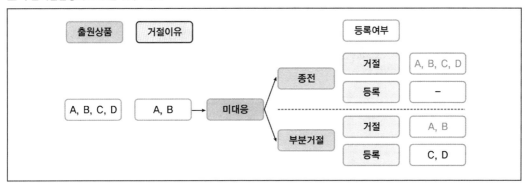

4. 출원공고

심사관은 상표등록출원에 대하여 거절이유를 발견할 수 없거나 또는 거절이유가 보정서 등의 제출로 해소되었다고 판단되면 출원공고결정을 하여야 한다. 출원공고결정이 있으면 특허청장은 그 출원을 상표공보에 게재하여 출원공고를 하고, 제3자에게 이의신청의 기회 를 부여하여야 한다. 이와 같이 출원공고제도는 상표등록 전에 출원의 내용을 공개함으로 써 심사의 공정성과 완전성을 기하고, 일반 수요자와 거래자의 불이익을 방지하기 위한 제 도이다.[126]

5. 재심사청구

출원인은 거절결정의 등본을 송달받은 날로부터 3개월(거절결정불복심판청구 기간이 법 제17조 제1항 제3호에 따라 연장된 경우 그 연장된 기간) 이내에 재심사를 청구할 수 있다. 재심사청구제도는 상표등록출원에 대한 거절결정이 상품 보정 등으로 간단하게 해소할 수 있는 경우에는 심사관에게 다시 심사받을 수 있도록 하는 절차로 출원인이 거절결정을 극 복할 수 있는 기회를 확대한 것이다(2023. 2. 4. 이후 출원 건 대상).

종전에는 거절결정불복심판 청구를 통해서만 심사관의 거절결정에 대해 불복 절차를 진행 할 수 있어, 지정상품 일부만을 보정하는 등 거절이유를 간단하게 해소할 수 있는 경우에 도 반드시 심판을 청구해야만 했으나, 이제는 거절불복심판 외에 새로운 불복수단인 재심 사청구를 통해 출원인은 거절결정의 등본을 송달받은 날로부터 3개월 이내에 재심사를 청 구할 수 있다.

---

126) 외국의 입법례 중에는 상표등록 전이 아니라 상표등록 후에 공고를 하는 경우도 있다.

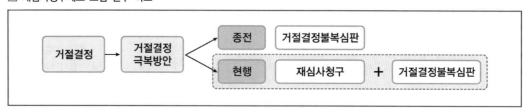
⊠ 재심사청구제도 도입 전후 비교

6. 등록여부결정

심사관은 의견제출통지 후에도 거절이유가 해소되지 않았다고 판단되면 거절결정을 하고, 반대로[127] 의견서·보정서 등에 의해서 거절이유가 해소되었다고 판단되면 등록결정을 한다. 또한 출원공고 후라도 심사관이 거절이유를 발견한 경우 직권에 의한 거절이유통지를 할 수 있고, 그 거절이유를 해소하지 못하는 경우 거절결정을 한다.

7. 등록료 납부와 상표등록

상표등록료가 납부되면 특허청장은 상표권의 설정등록을 하고, 상표권자에게 상표등록증을 교부한다. 상표등록료는 이해관계인도 납부할 수 있으며, 2회로 분할하여 납부하는 것도 가능하다.

05 출원인에게 도움이 되는 제도

1. 출원의 보정

상표등록출원의 보정이란 출원의 절차상 또는 내용상의 흠결을 특허청장의 명령에 의하여 또는 출원인이 자진 보정하게 한 제도를 말한다. 출원인은 최초 출원의 요지를 변경하지 않는 범위 내에서 등록/거절결정통지서가 송달되기 전에 출원상표 및 그 지정상품을 보정할 수 있다. 출원의 요지를 변경하지 않는 범위란, 지정상품의 감축, 오기 정정, 불명료한 내용을 명료하게 수정, 상표의 중요하지 않은 부분의 삭제 등을 말한다.

---

127) 그동안은 지정상품 중 일부에만 거절이유가 있어도 모든 지정상품에 대해서 거절결정을 하였지만, 「상표법」 개정에 따라 2023년 2월 4일부터는 거절이유가 있는 지정상품에 대하여만 거절결정한다.

지식재산 창출 –

2. 출원의 분할

출원인은 2 이상의 상품을 지정상품으로 하여 출원한 경우에는, 그 출원을 2 이상의 출원으로 분할할 수 있다. 식별력에 문제가 있거나 선행상표가 일부 지정상품에서 발견된 경우, 출원 분할을 통해 등록가능성을 높일 수 있다.

출원의 분할은 실체보정을 할 수 있는 기간 내에 할 수 있으며, 출원을 분할하면서 상품을 추가하거나 확대하는 것은 허용되지 않는다. 적법하게 분할된 출원은 원출원의 출원 시에 출원된 것으로 출원일의 소급효가 인정된다.

상표등록이 된 후에도 상표권의 지정상품이 2 이상이면 상표권자는 그 상표권을 지정상품별로 분할할 수 있다.

3. 출원의 변경

출원의 변경은 출원 내용의 변경 없이 권리 구분(상표/단체표장/증명표장)만 변경하는 것이다. 이때 지리적 표시 단체/증명표장은 제외된다. 또한, 지정상품을 추가하는 추가등록출원을 신규출원으로 변경하는 것도 출원의 변경이라고 한다.

4. 손실보상청구권

출원인이 출원공고가 있은 후에[128] 출원상표와 동일하거나 유사한 상표를 그 출원의 지정상품과 동일하거나 유사한 상품에 대하여 사용하는 자에게 서면으로 경고하면 그 출원인에게 손실보상청구권이 인정된다.

출원인은 경고 후 상표권의 설정등록 시까지 발생한 당해 상표의 사용에 관한 업무상 손실에 상당하는 보상금의 지급을 청구할 수 있다. 다만, 손실보상청구권은 상표권의 설정등록 후에 행사할 수 있으며, 다음의 경우에는 손실보상청구권이 처음부터 없었던 것으로 된다.

① 상표등록출원이 포기·취하 또는 무효로 된 때

② 상표등록출원에 대한 거절결정이 확정된 때

③ 상표등록이 된 후에 그 등록을 무효로 한다는 심결(후발적 무효사유는 제외)이 확정된 때

손실보상청구권의 인정 및 행사기간

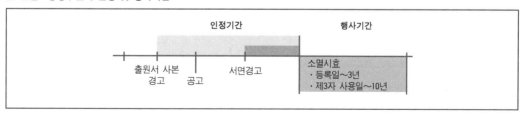

---

128) 출원인이 출원서 사본을 제시하여 경고하는 경우에는 출원공고 전이라도 손실보상청구권이 인정된다.

5. 조약에 의한 우선권주장

파리조약은 산업재산권의 국제적 보호를 위하여, 제1국에 출원한 자가 일정 기간 내에 제2국에 출원하면서 우선권을 주장하면 제2국출원일을 제1국출원일로 소급한 것과 같은 효과를 인정한다(파리조약 제4조). 이것을 조약우선권제도라고 하는데, 특허와 실용신안은 12개월, 디자인과 상표는 6개월 이내에 조약우선권주장을 하여야 한다.

「상표법」상, 우선권을 주장하고자 하는 자는 조약 당사국에 최초로 출원한 날부터 6개월 이내에 우리나라에 출원하여야 하며, 출원서에 우선권을 주장한다는 취지와 최초로 출원한 국명 및 출원연월일을 기재하여야 하며, 출원인은 출원일로부터 3개월 이내에 우선권주장증명서류를 특허청장에게 제출해야 한다.

우선권주장이 적법하면 심사관은 조약 당사국에 출원한 날에 우리나라에서 출원한 것으로 취급하여 심사를 한다.

🖻 우선권주장 개념

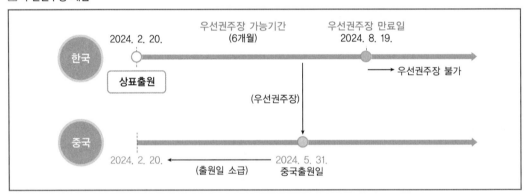

┃ 우리나라에 출원(2024. 2. 20.) 후 6개월 이내에 중국에 출원(2024. 5. 31.)하면서 우선권주장을 하게 되면 중국 출원일이 우리나라 출원일(2024. 2. 20.)로 소급된다. 즉, 2024. 2. 20.에 중국에 출원한 것으로 취급한다. 그 반대의 경우도 마찬가지이다.

06 타인의 상표등록을 저지하기 위한 제도

1. 정보제공제도

누구든지 상표등록출원에 거절이유가 있다고 인정되면 그 정보를 증거와 함께 특허청장에게 제공할 수 있다. 정보제공은 심사관에게 거절이유가 있다는 정보를 제공하는 것으로서, 간이한 심사협력제도의 일종이다. 정보제공은 기간제한이 거의 없고 절차가 간단하며 수수료도 없어 거절이유가 있는 출원의 등록 방지를 위해 누구나가 유용하게 활용할 수 있는 제도이긴 하나, 이의신청제도와 달리 정보제공자에게 충분한 절차보장권이 인정되지는 않는다.

2. 상표등록 이의신청

이의신청은 심사관의 자의적인 판단을 방지하여 심사의 공정성을 기하고, 상표권에 대한 분쟁을 사전에 예방하기 위한 제도이다.

출원공고가 있으면 누구든지 그 공고일부터 2개월 이내[129]에 출원에 거절이유가 있음을 이유로 상표등록 이의신청을 할 수 있으며, 이의신청인은 이의신청기간의 경과 후 30일 이내에 이의신청서의 이유 및 증거를 보정할 수 있다.

🔲 이의신청 기간 및 증거보정기간

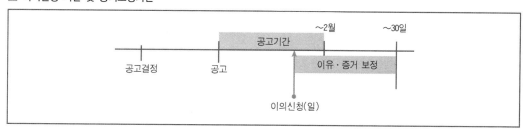

이의신청은 3인의 심사관 합의체가 담당한다. 이의신청에 대하여 출원인은 답변서를 제출하여 이의신청이 이유가 없음을 주장할 수 있으며, 필요하다면 그 기간 내에 출원의 보정 또는 분할을 통하여 이의신청을 극복할 수 있다.

이의신청이 이유가 있다고 인정되면 출원은 거절결정되며, 이의신청이 이유가 없다고 인정되면 그 출원은 특별한 사정이 없을 경우 등록결정된다. 이의결정에 대해서는 별도로 다툴 수 없지만, 출원인은 거절결정에 대한 심판을 청구하면서, 그리고 이의신청인은 상표등록 후에 무효심판을 청구하면서 이의결정의 부당함을 지적할 수 있다.

---

129) 기간연장이 되지 않는 불변기간이다.

제 4 절   상표권의 효력 및 내용

학습 개관

상표권은 경제적 권리(재산권)이므로 상표권자는 자기의 등록상표를 직접 사용하거나 타인에게 사용허락을 하여 경제적 이익을 얻을 수 있다. 또한, 상표권은 배타적인 권리이므로 권원이 없는 자가 무단으로 등록상표를 그 유사범위에서 사용하면 상표권의 침해가 된다. 「상표법」은 특허권이나 디자인권과 달리 상표권의 적극적 효력범위와 소극적 효력범위를 달리 인정하고 있다. 본 절에서는 상표권의 효력범위와 상표권의 내용, 상표권의 효력이 제한되는 다양한 사유, 상표권의 효력을 확장하여 보호하기 위한 제도에 대해서 살펴본다.

학습 포인트

상표권의 효력범위와 그 내용을 알아본다.
상표권의 효력이 제한되는 경우를 살펴본다.
상표권의 효력을 확장하기 위한 제도를 살펴본다.

NCS 및 NCS 학습모듈	하위 목차명	상표권의 관리, 상표권의 효력, 상표권 침해에 대한 구제	
	NCS 및 NCS 학습모듈	대분류	05. 법률·경찰·소방·교도·국방
		중분류	01. 법률
		소분류	02. 지식재산관리
		세분류	01. 지식재산관리
		능력단위 (능력단위요소)	12. 지식재산 권리화
		주요 지식·기술·태도	• 상표의 불사용취소, 이전, 상표사용권 등에 대한 이해능력 • 상표권의 효력범위와 그 효력이 미치지 않은 범위에 대한 이해능력 • 상표침해 시의 구제방법에 대한 지식

지식재산능력시험

지식재산 창출 ──

제1장

제2장

제3장

제4장

제5장

제6장

01 상표권의 관리

1. 상표권의 존속기간

상표권은 설정등록에 의하여 발생하며 상표권의 존속기간은 설정등록이 있는 날로부터 10년이다. 상표권의 존속기간은 갱신등록신청에 의해 10년씩 갱신할 수 있으므로 반영구적으로 보호받을 수 있다.

2. 상표의 불사용취소

등록된 상표가 최근 3년간 사용된 사실이 없는 경우 취소심판의 대상이 된다. 이때 상표권자는 등록상표와 유사한 상표를 사용하는 것만으로는 안 되고 동일한 범위 내의 상표를 사용해야만 취소를 면할 수 있으며, 지정상품 중 하나 이상에 대하여 사용하였음을 입증하면 취소를 면할 수 있다.

등록상표에 대한 불사용취소는 상표출원 후 동일 또는 유사한 제3자의 선등록상표로 인해 의견제출통지서를 받은 경우, 선등록상표가 사용되고 있지 않는 경우에 불사용취소심판을 통해 등록상표를 취소시켜 거절이유를 해소하는 방법으로 많이 사용된다.

불사용취소심판은 등록주의의 폐단을 시정하기 위한 것으로서 불필요하게 상표를 선점하여 사용하지 않으면서 타인조차도 그 상표를 사용하지 못하게 하는 폐단을 막기 위한 제도이다.

3. 상표권의 이전

상표권의 이전이라 함은 상표권의 권리자가 바뀌는 것을 의미한다. 상표권은 영업과 분리하여서도 매매, 증여 등에 의해 자유롭게 양도될 수 있다. 또한 지정상품마다 분할 이전할 수도 있으나, 지정상품을 분할하여 이전할 때에는 이전 대상인 상품과 유사한 상품도 함께 이전해야 한다.

4. 상표의 사용권제도

(1) 전용사용권

상표권자는 그 상표권에 관하여 타인에게 전용사용권을 설정할 수 있다. 전용사용권자는 설정된 범위 내에서 지정상품에 관하여 등록상표를 사용할 권리를 독점하게 된다. 따라서 전용사용권자는 상표권자와 마찬가지로 타인의 권리침해에 대해 금지 또는 예방을 청구할 수 있다. 또한 상표권자의 동의를 얻어 그 전용사용권을 타인에게 이전하거나 통상사용권을 설정할 수 있다.

전용사용권의 설정 및 이전 등은 이를 등록해야만 제3자에게 대항할 수 있다. 또한, 상표권자와는 달리 전용사용권자는 등록상표를 사용하는 상품에 자기의 성명 또는 명칭을 표시하여야 한다.

(2) 통상사용권

상표권자 또는 전용사용권자는 타인에게 그 상표권에 관하여 통상사용권을 설정할 수 있다. 통상사용권은 사용권자가 등록상표의 지정상품을 설정한 범위 내에서 비독점적으로 사용할 수 있는 것으로, 상표권자도 동일한 상표를 사용할 수 있고, 다른 사람에게도 동일한 상표 사용을 허락할 수 있다. 즉, 전용사용권은 단 한 사람만이 사용할 수 있는 반면, 통상사용권은 여러 사람이 나눠서 사용할 수 있다.

또한, 통상사용권자는 지정상품에 등록상표를 사용할 권리만 가지므로 권리침해에 대한 금지청구권은 없다.

통상사용권의 설정 및 이전 등도 특허청에 등록해야만 제3자에게 대항할 수 있다. 또한, 통상사용권자도 등록상표를 사용하는 상품에 자기의 성명 또는 명칭을 표시하여야 한다.

02 상표권의 효력

1. 상표권 효력

상표권 효력은 사용권과 배타권이 있다. 사용권은 지정상품에 관하여 해당 상표를 본인이 사용할 수 있는 권리를 말하고, 배타권은 지정상품에 관하여 해당 상표를 남이 사용하지 못하게 하는 권리를 말한다. 한편, 상표권의 배타권은 실시권과 달리 상표 및 지정상품의 유사범위까지 미친다(상표법 제108조 제1항 제1호).

2. 상표권의 효력범위

(1) 시간적 범위

상표권의 존속기간은 설정등록일로부터 10년이지만, 갱신등록에 의하여 10년씩 연장이 가능하다.

(2) 지역적 범위

속지주의 원칙상 대한민국 영토 내에만 미친다. 그러나 진정상품의 병행수입 등과 관련하여 일부 예외가 인정되고 있다.

지식재산능력시험

지식재산 창출 —

제1장

제2장

제3장

제4장

제5장

제6장

(3) 내용적 범위

상표권의 보호범위는 출원서에 적은 상표 및 기재사항과 출원서 또는 상품분류전환등록신청서에 기재된 상품에 의하여 정해진다. 다만, 소리상표나 냄새상표처럼 비시각적 상표인 경우에는 상표견본이 없기 때문에 출원서에 기재한 시각적 표현에 따라서 보호범위가 정해진다.

3. 상표권의 침해

무단으로 타인의 등록상표와 동일·유사한 상표를 그 지정상품과 동일·유사한 상품에 사용하는 행위는 상표권 침해에 해당한다. 또한, 이러한 침해를 위해 등록상표와 동일·유사한 상표를 교부, 판매, 위조, 소지하는 것 같은 예비적 행위도 역시 상표권 침해로 본다. 상표권 침해가 성립하려면 먼저, 유효한 등록상표가 존재해야 하고, 등록상표와 동일 또는 유사범위 내의 사용이어야 하며, 침해자의 사용이 출처표시로서의 사용, 즉 상표적 사용이어야 한다. 또한, 침해자의 사용에 사용권 등 정당한 권원이 없어야 한다. 형식적으로 유사범위의 상표를 사용했더라도, 설명적 문구로 사용한 경우, 단순히 디자인적으로 사용한 경우에는 상표적으로 사용한 것이 아니므로 상표권 침해에 해당하지 않는다.

4. 상표권의 효력이 미치지 않는 범위

「상표법」에 의하면 상표권은 자기의 성명, 명칭, 상호 등과 상품의 보통명칭이나 산지, 판매지 등 소위, 기술적 표장을 보통으로 사용하는 방법으로 표시하는 상표 및 관용상표, 그리고 현저한 지리적 명칭으로 된 상표, 상품의 기능을 확보하는 데 불가결한 형상, 색채, 소리 또는 냄새로 된 상표 등에는 그 효력이 미치지 않는다. 그러나 예외적으로 상표권 등록 후에 부정경쟁의 목적으로 자기의 성명, 상호 등을 사용하는 경우에는 위 규정이 적용되지 않는다(상표법 제90조).

이미 등록된 상표가 나중에 식별력이 없어지거나 등록받을 수 없는 상표에 해당하게 된 경우에도 타인의 상표사용을 금지할 수 없다(예 아스피린[130]). 다만, 상표의 등록요건에서처럼 사용에 의해 식별력을 취득한 경우에는 금지를 청구할 수 있다(예 재능교육[131]).

여기서, 상표권의 효력이란 타인의 상표 사용을 금지시키는 효력을 말하며 상표권자 자신의 사용권이 제한된다는 의미는 아니다. 공익적인 견지와 「상표법」의 목적에 비추어 특정인에게 상표권으로 독점시키기에 부적당한 상표를 열거하여 상표권의 금지적 효력을 제한하는 것이다.

---

130) 등록상표라 하더라도 그것이 보통명칭이 된 때에는 기왕의 등록여하에 불구하고 상품식별의 표준으로서 특별현저성이 없어진 것으로 그 상표권의 효력이 피고의 본건 상표 사용에 미칠 수 없다(대법원 1977. 5. 10. 선고 76다1721 판결).
131) 대법원 1996. 5. 13. 자 96마217 결정

03 상표권 침해에 대한 구제

다른 사람이 자신의 상표권을 침해한 경우 상표권자는 다음과 같은 과정을 통해 문제를 해결할 수 있다.

① 일단, 상표 침해가 확실한지 검토한다. 이를 위해 상표의 동일·유사 여부와 상품의 동일·유사 여부를 확인한다. 또한, 상표권의 효력이 미치지 않는 범위에 속하지 않는지도 검토한다. 침해 여부를 확실히 알기 위해 특허청에 권리범위확인심판을 청구할 수도 있다. 권리범위확인심판 결과 침해로 판정되면 관련된 민사소송과 형사고발에서 매우 유리하다.

② 둘째, 침해자에게 경고장을 발송해 협상을 시도한다. 경고장은 침해사실과 함께 로열티 요구나 침해중지 같은 요구사항을 알리는 문서이다. 보통은 경고장을 받은 순간부터 고의로 추정되어 침해자의 책임이 더 커진다. 만약 등록상표임을 표시한 타인의 상표권을 침해한 경우에는 경고장과 상관없이 고의로 추정된다. 한편, 등록하지 않은 상표를 등록상표인 것처럼 허위로 표시하는 것은 허위표시의 죄에 해당한다.

한편, 특허청은 산업재산권 분야 전문가로 구성된 '산업재산권 분쟁조정위원회'를 설치·운영하여 쟁송능력이 부족한 개인발명가와 중소기업의 지식재산 분쟁 협상을 중재·조정하고 있다. 산업재산권 분쟁 조정은 신청비용이 무료이고, 절차가 간편하고 신속하며, 비공개로 모든 절차를 진행하여 기업의 비밀이 공개되지 않는다. 산업재산권 분쟁조정위원회가 분쟁사건을 조사한 후 작성한 조정안을 양 당사자가 수락하면, 조정조서가 작성되고 민법상 화해 계약의 효력이 발생한다.

③ 셋째, 민사소송을 통해 침해금지, 손해배상, 신용회복을 청구할 수 있다. 침해금지청구의 경우 소송 결과가 나올 때까지 기다리면 침해자가 침해물을 다 처분하여 침해금지할 대상이 없을 수 있으므로, 침해금지 가처분도 함께 신청하는 경우가 많다. 법원에서 가처분을 결정하면 본안 소송의 결과가 나올 때까지 침해물을 보존해야 하는데, 이 경우 침해자의 영업에 상당한 부담이 된다.

④ 민사소송과 함께, 침해자를 침해죄로 형사고발할 수도 있다. 침해죄로 인정될 경우, 벌금형 또는 징역형과 함께 침해물이 몰수될 수도 있다. 이 방법은 상대방에게 심리적인 압박을 가하여 상표권자에게 보다 유리한 조건의 합의를 끌어내기 위해 주로 사용한다. 그러나 터무니없이 상대방을 고소한다면 자칫 무고죄로 역으로 처벌받을 수 있으므로 주의해야 한다. 한편, 상표의 침해는 다른 산업재산권과 달리 제3자도 고발할 수 있으며, 특허청이 직접 단속하기도 한다(상표권 특별사법경찰대).

지식재산 창출 —

제1장

제2장

제3장

제4장

제5장

제6장

🔔 **상표권 침해에 대한 구제방법**

항목		내용	결과
협상에 의한 해결		경고장 발송	화해 또는 조정
		산업재산권 분쟁 조정 신청	
법적조치에 의한 해결	형사고발	침해죄 고발	벌금, 징역, 몰수
	민사소송	침해금지 청구(침해금지 가처분)	침해 중지(침해물 보존)
		손해배상 청구 또는 부당이득반환 청구	금전적 배상
		신용회복조치 청구	신용회복조치

제 5 절 상표의 국제적 보호

학습 개관

오늘날 상품은 오프라인 또는 온라인 마켓을 통해 국경을 넘어 거래되고 있으며, 상품이 수출입되지 않는 경우에도 그 상품에 관한 정보가 인터넷을 통해 국외로 잘 알려지게 되었다. 따라서 해외진출을 예정하는 기업이라면 글로벌 브랜드를 염두에 두고 상표를 개발하고 상표의 국제적인 보호를 준비할 필요가 있다. 특히 중국 등 한류의 영향이 강한 국가에서는 우리나라 기업들의 상표를 선점하거나 모방하는 사례가 적지 않기 때문에 국내출원 단계에서 해외출원까지 함께 검토하는 것이 바람직하다. 본 절에서는 해외출원의 종류 및 마드리드 의정서에 의한 국제출원 등에 대해서 알아본다.

학습 포인트

상표의 해외출원 루트에 대해서 알아본다.
마드리드 의정서에 의한 국제출원제도를 살펴본다.
해외출원 여부를 결정할 때 고려해야 할 사항에 대해서 알아본다.

NCS 및 NCS 학습모듈

하위 목차명	개요, 해외출원의 루트	
NCS 및 NCS 학습모듈	대분류	05. 법률 · 경찰 · 소방 · 교도 · 국방
	중분류	01. 법률
	소분류	02. 지식재산관리
	세분류	01. 지식재산관리
	능력단위 (능력단위요소)	12. 지식재산 권리화
	주요 지식 · 기술 · 태도	• 속지주의 이해 • 해외출원의 방법에 대한 지식 • 마드리드 시스템에 의한 국제출원의 이해능력

01 개요

상표의 보호에 있어서 조약 및 대부분의 국가는 속지주의를 원칙으로 하고 있다. 따라서 자국에 등록된 상표라도 외국에서 상표권을 확보하기 위해서는 그 나라의 법과 절차에 따라 상표등록출원을 하여야 한다.

해외출원은 개별국가 또는 지역공동체기구에 출원하는 경우와 국제등록 시스템을 이용하여 출원하는 경우의 두 가지로 대별할 수 있다.

02 해외출원의 루트

1. 개별출원

보호받고자 하는 국가 또는 지역공동체기구에 직접 출원하는 경우이다. 국가마다 별개로 출원하여야 하며, 파리협약에 의한 우선권을 주장하여 출원하는 경우가 많이 있다.

⊠ 조약우선권 주장

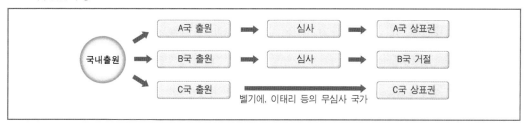

개별출원은 보호를 받고자 하는 국가나 지역기구에 해당국의 대리인을 통해 출원서를 제출하여야 하고, 각국별로 심사와 등록이 진행된다는 점에서 시간과 비용이 많이 소요되는 단점이 있다.

2. 마드리드 시스템에 의한 국제상표출원

(1) 개요

'표장의 국제등록에 관한 마드리드협정에 대한 의정서'에 따라 세계지식재산권기구(WIPO)의 국제사무국에 국제출원을 하면서 보호를 받고자 하는 국가를 지정하면 자동적으로 해당 국가별로 심사를 하여 상표권 부여 여부를 결정하는 일종의 국제출원·등록 시스템이다.[132)]

◫ 마드리드 시스템에 의한 출원 절차

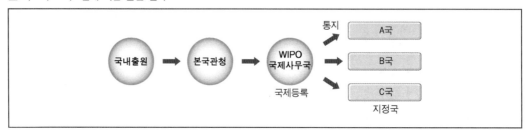

참고

마드리드 출원의 기본 용어

1. **기초출원/기초등록(basic application/basic registration)**
   마드리드 의정서에 의한 국제출원을 하기 위해서는 국내 특허청에 계속 중인 상표출원이 있거나 이미 등록된 상표가 있어야 한다. 이를 기초출원 또는 기초등록이라고 한다.

2. **본국관청(office of origin)**
   기초출원 또는 기초등록이 계속 중인 국가의 특허청을 말한다. 우리나라 출원인의 입장에서는 한국 특허청이 본국관청이 된다. 마드리드 의정서에 의한 국제출원을 하는 경우에는 출원인은 본국관청에 국제출원서를 제출하여야 한다.

3. **국제등록(international registration)**
   본국관청에서 합치심사(국제출원서의 기재사항이 기초출원의 기재사항과 합치하는지 여부를 심사)를 마친 출원인의 국제출원서류를 세계지식재산권기구(WIPO)로 송부하면 WIPO는 방식심사에 이상이 없는 경우 당해 출원 내용을 국제등록부에 등재하게 되는데, 이를 국제등록이라고 한다.

4. **지정국관청(office of designated contracting parties)**
   출원인이 상표로서 보호받기를 원하여 지정한 국가의 관청을 말한다. 출원인이 국제출원서에 지정국을 표시하면 WIPO는 출원 사실을 각국의 지정국 관청에 통보하고, 지정국관청은 각국의 상표법령에 의하여 심사를 한 후 보호(등록) 여부를 결정한다.

---

132) 다만, 국제출원을 하면 모든 지정국에서 자동적으로 상표권이 부여되는 것이 아니라, 지정국별로 자국의 법령과 절차에 따라 심사를 한 후에 상표권 부여 여부를 결정한다는 점에서 진정한 의미에서의 국제등록 시스템이라기보다는 상표의 국제적 보호를 위한 절차의 간소화를 도모한 것이라고 볼 것이다.

지식재산능력시험

지식재산 창출 —

제1장

제2장

제3장

제4장

제5장

제6장

(2) 마드리드 시스템의 특징

① 다국가 1출원 시스템

통상의 상표출원 절차에 의해 상표등록을 받는 경우, 각국 언어에 따라 각국 특허청이 요구하는 절차에 맞춰 각각 상표출원을 해야 하는 부담이 따른다. 하지만 마드리드 시스템을 통해 출원하게 될 경우 상표등록을 원하는 여러 개의 국가에서 하나의 절차를 이용하여 한번에 권리를 확보할 수 있다.

언어가 다른 해외 각국에 일일이 번역하여 출원할 필요 없이 영어로 작성된 하나의 국제출원 서류를 우리나라 특허청(본국관청)에 제출하면 출원 당시 지정한 다수의 국가에 대하여 동일한 날짜에 출원한 경우와 같은 효과를 갖게 된다. 또한 다수의 국가에 각각 납부하여야 할 출원 수수료도 출원인이 WIPO에 일괄하여 납부하면 된다.

② 상표권의 사후 관리의 편리성

WIPO 국제사무국은 국제등록부에 의해 각국의 권리관계를 일원적으로 관리하고 있다. 따라서 명의 변경, 주소 변경, 갱신, 상표권의 양도 등의 절차를 각국마다 별도로 할 필요 없이 한 번의 절차로 국제등록부만 변경하면 모든 지정국에 자동으로 반영된다.

③ 현지대리인 비용 절감

각국별로 직접 출원할 때는 각국 현지대리인의 비용이 필요하나, 마드리드 국제출원에서는 거절이유 없이 등록되는 경우 현지대리인의 선임이 필요하지 않기 때문에 이에 대한 비용을 절감할 수 있다. 단, 거절이유를 통지한 지정국에 출원인이 의견서나 보정서 등을 제출하고자 하는 경우에는 당해 국가의 변리사를 대리인으로 선임해야 한다.

④ 상표권 취득 여부 파악 용이

각 지정국 관청에서 거절이유를 발견한 경우에는 원칙적으로 국제사무국으로부터 지정통지를 받은 날부터 1년(1년 6월까지 연장 가능, 이의신청의 경우 예외) 이내에 국제사무국에 거절통지를 하여야 한다. 만약 그 기간 내에 거절통지가 없으면, 그 상표는 그 지정국에서 등록된 것과 동일한 보호를 받게 되는바 이로써 출원인은 일정 기간 내에는 각 지정국에서의 상표권 취득 여부를 알 수 있다. 즉 본국관청 또는 국제사무국을 통해 국제상표출원서를 제출했다면 일정 기간 내에는 반드시 출원상표의 등록 가능성을 각 지정국별로 알 수 있어 권리 취득 여부를 명확히 할 수 있다.

다수국에서 상표등록을 꾀하는 경우 각국 통상의 출원 절차를 따를지, 마드리드 시스템의 출원 절차를 따를지는 출원인의 선택 사항이다. 하지만 각국 특허청의 상표출원 절차가 모두 상이한 점, 다수국에서 여러 개의 상표출원을 할 경우 많은 비용과 시간이 소요되는 점을 고려할 때 마드리드 시스템에 의한 출원이 더 효율적이라고 볼 수 있다.

⑤ 사후지정제도의 이용

사후지정이란 국제등록의 지정상품의 범위 내에서 지정국이나 일부 지정상품을 확대하는 제도이다. 이에 따라 출원인은 각 지정국마다 지정상품의 범위를 유연하게 감축, 포기하거나 확대하는 것이 가능하다.

(3) 마드리드 의정서에 의한 국제출원의 절차

① 체약국의 국민은 당해 국가의 관청(본국관청)에 한 국내출원 및/또는 국내등록을 기초로 하여, 본국관청을 경유해서 국제사무국에 국제출원을 하여야 한다. 본국관청이 국제출원서를 수리한 날로부터 2개월 이내에 국제사무국이 국제출원서를 수령한 경우에는 본국관청이 국제출원서를 수리한 날이 국제등록일로 된다.[133]

② 국제사무국은 국제출원을 방식심사한 후에 국제등록부에 표장을 국제등록하고, 각 지정국의 관청에 지정사실을 통보한다. 통보를 받은 지정국 관청들은 자국의 법령과 절차에 따라 심사를 진행하며, 국제사무국으로부터 통보를 받은 날로부터 1년 또는 1년 6개월 이내에 거절을 통보하지 않으면 해당국에서 상표권의 보호가 부여된다.

③ 국제등록은 국제등록일로부터 10년간 유효하며, 지정국마다 갱신등록신청을 할 필요가 없이 국제사무국에 수수료를 납부하면 10년씩 존속기간이 갱신된다.

(4) 마드리드 의정서에 의한 국제출원 시의 유의점

마드리드 의정서에 의한 국제출원은 본국에서의 출원 또는 등록을 기초로 진행되는 것으로서, 국제등록 후 5년간은 본국에서의 기초출원 또는 기초등록에 종속된다. 이것을 국제등록의 종속성이라고 하는데, 기초출원이 거절되거나 기초등록이 존속기간의 미갱신 또는 등록무효 등으로 소멸하면 국제등록과 지정국에서의 권리도 함께 소멸하게 될 위험성이 있다. 따라서 국제출원 전에 기초출원 또는 기초등록의 안정성에 대해서 충분히 검토를 할 필요가 있다. 또한, 국제출원은 지정국의 숫자가 많지 않은 경우, 보호받고자 하는 국가가 체약국이 아닌 경우에는 오히려 개별국 출원이 유리한 경우도 있다.

---

133) 국제등록일이 실제로는 출원일이다.

상표의 부정경쟁방지법에 의한 보호

요즈음은 문자, 도형, 기호(로고, 심벌)와 같은 전통적인 상표뿐만 아니라 상품이나 용기·포장의 특이한 형태, 트레이드 드레스와 같은 전체적인 디자인에 의해서 상품의 출처나 서비스 제공의 출처를 표시하는 경우가 적지 않다. 「상표법」은 등록을 통해서 상표를 보호하는데, 법기술상 등록대상에 제한이 있을 수밖에 없고, 등록을 받지 않았더라도 수요자 간에 널리 알려진 상표는 그 사용자 및 수요자 모두를 위해서 보호할 필요가 있다. 상거래에서 사용되는 다양한 표지는 「상표법」, 「디자인보호법」, 「저작권법」, 「상법」, 「표시·광고의 공정화에 관한 법률」, 「인터넷주소자원에 관한 법률」, 「민법」 등 다양한 법률에 의하여 보호되는데, 「부정경쟁방지법」은 상표등록 또는 디자인등록을 받지 않았더라도 상품이나 서비스 제공의 출처를 표시하는 일체의 표지를 구체적, 개별적으로 보호하는 법률이라는 점에서 등록주의에 입각한 법률을 보완하는 기능을 하고 있다.

부정경쟁행위의 종류에 대해서 살펴본다.
「상표법」과 「부정경쟁방지법」의 차이점을 이해한다.

NCS 및 NCS 학습모듈	하위 목차명	서설, 부정경쟁행위의 종류, 부정경쟁행위에 대한 규제, 부정경쟁방지법과 상표법의 비교
NCS 및 NCS 학습모듈	대분류	05. 법률·경찰·소방·교도·국방
	중분류	01. 법률
	소분류	02. 지식재산관리
	세분류	01. 지식재산관리
	능력단위 (능력단위요소)	12. 지식재산 권리화
	주요 지식·기술· 태도	• 부정경쟁행위의 유형에 대한 이해 • 부정경쟁방지법과 상표법의 보호목적, 대상, 방법 등에서의 차이 이해

01 서설

연혁적으로 보아 영국·미국·프랑스 등은 부정경쟁행위를 불법행위의 특수 유형으로 발전시켜 이른바 사칭통용소송 또는 부정경업소송 등을 통하여 규제하여 왔고, 독일·일본 등은 「부정경쟁방지법」이라는 특별법을 제정하여 이를 금지시켜 왔다. 우리나라는 독일·일본의 법제를 본떠 1961년에 「부정경쟁방지법」을 제정하였으며, 1991년에는 영업비밀 침해행위를 보호대상으로 추가하였다. 따라서 현재의 정식 명칭은 「부정경쟁방지 및 영업비밀보호에 관한 법률」이지만, 편의상 「부정경쟁방지법」이라는 약칭도 함께 사용한다.

02 부정경쟁행위의 종류

「부정경쟁방지 및 영업비밀보호에 관한 법률」 제2조 제1호는 "'부정경쟁행위'란 다음 각 목의 어느 하나에 해당하는 행위를 말한다."라고 하면서, 구체적인 부정경쟁행위로서 가목부터 파목까지 13가지 유형을 규정하고 있다. 이를 크게 보아 혼동초래행위, 저명상표 희석행위, 오인유발행위, 대리인 또는 대표자의 무단 상표사용행위, 사이버스쿼팅, 형태모방행위, 아이디어가 포함된 정보의 부정사용행위, 데이터 부정사용행위, 타인의 성명 등 부정사용행위, 그리고 일반규정으로서 타인의 성과 등 부정사용행위 등으로 나눌 수 있다.

1. 상품주체 및 영업주체에 대한 혼동초래행위(제2조 제1호 가목, 나목)

'혼동초래행위'란 국내에 널리 인식된 타인의 상품 또는 영업표지와 동일 또는 유사한 표지를 사용하거나, 이러한 표지를 사용한 상품을 유통함으로써 수요자로 하여금 타인의 상품 또는 영업에 관하여 혼동을 초래하게 하는 행위를 말한다.

2. 저명상표 희석행위(제2조 제1호 다목)

'저명상표 희석행위'란 국내에 널리 인식된 타인의 상품 또는 영업표지를 비상업적 사용 등 대통령령이 정하는 정당한 사유 없이 사용하거나, 사용한 상품을 판매·반포 등을 하여 타인표지의 식별력이나 명성 등을 손상하는 행위를 말한다.

지식재산능력시험

지식재산 창출

제1장

제2장

제3장

제4장

제5장

제6장

❤ '국내에 널리 인식된'의 의미

부정경쟁방지법 제2조 제1호 다목에서의 '국내에 널리 인식된'은 국내 전역 또는 일정한 지역 범위 안에서 거래자 또는 수요자들 사이에 알려지게 된 '주지의 정도'를 넘어 관계 거래자 이외에 일반 공중의 대부분에 까지 널리 알려지게 된 이른바 '저명의 정도'에 이른 것을 의미한다고 하였다.

— 대법원 2006. 1. 26. 선고 2004도651 판결

3. 원산지·생산지 또는 제품의 질·양 등의 오인유발행위(제2조 제1호 라목, 마목, 바목)

'오인유발행위'란 상품이나 그 상품의 광고 등에 거짓의 원산지·출처지 표시를 하거나, 또는 타인의 상품을 사칭하거나 상품의 품질·내용·제조방법·용도·수량 등을 오인하게 하는 행위를 말한다.

오인유발행위는 특정 영업자 개인의 이익을 침해하는 혼동초래행위와는 달리 경쟁자 전체에 대한 이미지 및 고객획득 가능성을 훼손시키는 행위임과 동시에 시장의 공정경쟁을 해치는 행위로서 그 일차적 피해자는 일반소비자이다. 따라서 오인유발행위의 금지는 허위·과대광고를 통한 상품의 판매행위를 규제하여 경쟁자 보호보다는 소비자를 보호하는 데 그 목적이 있으며, 오인유발행위를 초래하는 표지 또는 타인의 상품이 주지성을 획득해야 하는 것은 그 요건이 아니다.

4. 대리인 또는 대표자의 무단 상표사용행위(제2조 제1호 사목)

'대리인 또는 대표자의 무단 상표사용행위'란 국제성을 가진 상표의 대리인 또는 대표자이거나 대리인 또는 대표자였던 자가 정당한 사유 없이 무단으로 등록된 상표를 사용하는 행위를 말한다. 보호대상 상표는 파리협약 당사국, 세계무역기구 회원국 또는 상표법조약의 체약국에 등록된 상표이다.

5. 사이버스쿼팅(제2조 제1호 아목)

'사이버스쿼팅'이란 도메인이름에 대하여 '정당한 권원이 없는 자'가 부정한 목적 또는 상업적 이익을 얻을 목적으로 국내에 널리 인식된 타인의 성명·상호·상표 그 밖에 표지와 동일하거나 유사한 도메인이름을 등록·보유·이전 또는 사용하는 행위를 말한다.[134]

---

134) 동 규정은 온라인상의 거래질서를 혼란시키고 정당한 권리자의 영업상 손실 및 상품이나 서비스출처에 대한 혼동을 일으키는 행위를 금지하기 위하여 2004년 1월 「부정경쟁방지법」 개정 시 추가된 부정경쟁행위 유형으로, 동 규정 신설 전에는 혼동초래행위 또는 유명상표 희석행위에 포함되는 것으로 해석되었다.

💙 **도메인이름을 등록하여 보유하였을 경우 부정경쟁행위의 해당 여부**

부정경쟁방지 및 영업비밀보호에 관한 법률 제2조 제1호 (아)목은 타인의 표지의 인지도와 신용에 편승하여 부정한 이익을 얻을 목적이나 타인에게 손해를 가할 목적으로 타인의 표지와 동일하거나 유사한 도메인이름을 등록하여 보유하는 것을 방지하고자 하는 취지에서 규정된 것으로서, 도메인이름을 등록하여 보유하기만 하면 그 도메인이름을 사용한 웹사이트를 개설하지 아니하여 어떤 표지를 사용하였다고 할 수 없는 경우에도 위 규정에서 정하는 부정경쟁행위에 해당한다. — 서울중앙지방법원 2007. 8. 30. 선고 2006가합53066 판결

6. 형태모방행위(제2조 제1호 자목)

'형태모방행위'란 타인이 개발·제작한 상품형태를 모방하여 자기의 상품으로 시장에 제공하는 행위를 말한다.

상품주체에 대한 혼동초래행위(제2조 제1호 가목)의 보호대상이 되기 위해서는 상품표지로서의 상품형태가 식별기능 및 출처표시기능을 갖춰야 하고, 국내에서 주지성을 획득해야 하며, 혼동의 우려가 있어야 한다. 그러나 제2조 제1호 자목의 보호대상 상품형태는 이러한 요건이 충족되지 않더라도 보호받을 수 있어, 새로이 개발·제작된 상품의 형태는 그 차별적 특징이 거래자 또는 수요자에게 특정한 출처의 상품임을 연상시킬 정도로 개별화되지 않았더라도 보호받을 수 있다. 만약 상품의 형태가 갖추어진 날로부터 3년이 경과하여 특정상품의 표지로서 식별기능 및 출처표시기능을 갖추고 국내에서 주지성을 획득했다면 제2조 제1호 가목의 보호대상이 되어 보호받을 수도 있다.

💙 **상품형태 모방품이 아니라고 판단한 사례**

발효를 이용한 에센스 화장품으로는 △△△△ 에센스 이외에도 여러 화장품이 출시되어 있음에도 피고가 발효 에센스 화장품 시장에서 인지도가 가장 높은 △△△△ 에센스만을 대상으로 이 사건 광고 및 공병행사를 진행한 것이기는 하지만, ○○ 에센스는 발효 효모액이 80% 함유된 액상 제품으로 개발되어 △△△△ 에센스와 유사점이 있고, 이 사건 공병 행사도 △△△△ 에센스를 사용해 본 소비자들을 대상으로 새로 출시된 ○○ 에센스의 품질과 가격을 직접 비교 평가해 보는 기회를 제공하는 방식으로 진행된 점 등을 종합하여 보면, 피고가 비교 평가의 대상으로 △△△△ 에센스를 선택하였다는 점만으로 그 제품의 인기도에 편승하여 무임승차할 의도였다고 보기는 어렵고, 피고가 '발효 효모원액 80%를 함유한 에센스'인 ○○ 에센스를 연구 개발한 후 임상테스트를 거쳐 출시하였고, 이는 같은 액상 타입의 발효 에센스 화장품이지만 피테라 원액으로 구성된 △△△△ 에센스와는 그 성분을 달리하는 점, ○○ 에센스가 사용한 원형의 화장품 용기는 피고가 이전부터 다른 화장품에도 적용하여 사용했던 용기 모양인 점 등에 비추어 ○○ 에센스가 △△△△ 에센스의 모방품이라고 보기도 어렵다. — 대법원 2014. 3. 27. 선고 2013다212066 판결

지식재산능력시험

지식재산 창출 —

제1장

제2장

제3장

제4장

제5장

제6장

7. 아이디어가 포함된 정보의 부정사용행위(제2조 제1호 차목)[135]

'아이디어가 포함된 정보의 부정사용행위'란 사업제안, 입찰, 공모 등 거래교섭 또는 거래 과정에서 경제적 가치를 가지는 타인의 기술적 또는 영업상의 아이디어가 포함된 정보를 그 제공목적에 위반하여 자신 또는 제3자의 영업상이익을 위하여 부정하게 사용하거나 타인에게 제공하여 사용하게 하는 행위(다만, 아이디어를 제공받은 자가 제공받을 당시 이미 그 아이디어를 알고 있었거나 그 아이디어가 동종 업계에서 널리 알려진 경우는 제외)를 말한다.

8. 데이터 부정사용행위(제2조 제1호 카목)[136]

'데이터 부정사용행위'란 접근권한이 없는 자가 절취·기망·부정접속 또는 그 밖의 부정한 수단으로 데이터[137]를 취득하거나 그 취득한 데이터를 사용·공개하는 등의 행위를 말한다.

데이터를 부정하게 사용하는 행위는 ① 접근권한이 없는 자가 절취·기망·부정접속 또는 그 밖의 부정한 수단으로 데이터를 취득하거나 그 취득한 데이터를 사용·공개하는 행위, ② 데이터 보유자와의 계약관계 등에 따라 데이터에 접근권한이 있는 자가 부정한 이익을 얻거나 데이터 보유자에게 손해를 입힐 목적으로 그 데이터를 사용·공개하거나 제3자에게 제공하는 행위, ③ ① 또는 ②가 개입된 사실을 알고 데이터를 취득하거나 그 취득한 데이터를 사용·공개하는 행위, ④ 정당한 권한 없이 데이터의 보호를 위하여 적용한 기술적 보호조치를 회피·제거 또는 변경(이하 '무력화')하는 것을 주된 목적으로 하는 기술·서비스·장치 또는 그 장치의 부품을 제공·수입·수출·제조·양도·대여 또는 전송하거나 이를 양도·대여하기 위하여 전시하는 행위를 말한다.

9. 유명인의 초상·성명 등 부정사용행위(제2조 제1호 타목)

'유명인의 초상·성명 등 부정사용행위'란 국내에 널리 인식되고 경제적 가치를 가지는 타인의 성명, 초상, 음성, 서명 등 그 타인을 식별할 수 있는 표지를 공정한 상거래 관행이나

---

135) 2018년 「부정경쟁방지법」 개정(2018. 4. 17., 법률 제15580호)에서 아이디어 탈취행위 금지 조항을 신설하였는데, 중소·벤처기업 또는 개발자 등의 경제적 가치를 가지는 아이디어를 거래상담, 입찰, 공모전 등을 통하여 취득하고 이를 아무런 보상 없이 사업화하여 막대한 경제적 이익을 얻으면서도 개발자는 오히려 폐업에 이르게 하는 등 기업의 영업활동에 심각한 폐해를 야기하고 있는데, 아이디어 사용에 대한 명시적 계약을 체결하지 않았거나 특허 등 등록에 의한 보호를 위한 구체적 요건을 구비하지 못한 경우 상당한 피해를 입더라도 구제해 줄 명확한 규정이 없어 손해배상은 물론 사용금지를 요청하기도 어려운 실정이어서, 본 개정을 통해 중소·벤처기업 및 개발자의 참신한 아이디어를 적극 보호하고, 이를 위반한 행위에 대하여 특허청장이 조사·시정권고를 함으로써 건전한 거래질서가 유지되도록 하려는 것이다.

136) 2021년 개정법(2021. 12. 7., 법률 제18548호)에서는 4차산업혁명, 인공지능 등 디지털시대의 근간인 데이터의 중요성이 날로 커지고 있고 빅데이터를 활용하여 경제적 부가가치를 창출하고 있으나, 데이터를 보호할 수 있는 법적 기반이 미비하여 양질의 데이터가 원활하게 이용·유통되는 것을 저해하고 있다는 점을 고려하여, 데이터의 부정사용행위를 부정경쟁행위에 추가하였다.

137) 「데이터 산업진흥 및 이용촉진에 관한 기본법」 제2조 제1호에 따른 데이터 중 업으로서 특정인 또는 특정 다수에게 제공되는 것으로, 전자적 방법으로 상당량 축적·관리되고 있으며, 비밀로서 관리되고 있지 않은 기술상 또는 영업상의 정보를 말한다.

경쟁질서에 반하는 방법으로 자신의 영업을 위하여 무단으로 사용함으로써 타인의 경제적 이익을 침해하는 행위를 말한다.

10. 타인의 성과 등 부정사용행위(제2조 제1호 파목)[138]

'타인의 성과 등 부정사용행위'란 타인의 상당한 투자나 노력으로 만들어진 성과 등을 공정한 상거래 관행이나 경쟁질서에 반하는 방법으로 자신의 영업을 위하여 무단으로 사용함으로써 타인의 경제적 이익을 침해하는 행위를 말한다.

관련 판례 ⚖️

♥ 본목에 해당한다고 판단한 사례

갑 등이 을 외국회사가 생산·판매하는 켈리 백(Kelly Bag)과 버킨 백(Birkin Bag)과 유사한 형태의 핸드백 전면에 갑 등이 창작한 눈알 모양의 도안을 부착하여 판매한 행위가 구 부정경쟁방지 및 영업비밀보호에 관한 법률 제2조 제1호 (차)목에서 정한 부정경쟁행위인지 문제 된 사안에서, 갑 등이 켈리 백(Kelly Bag)과 버킨 백(Birkin Bag)의 형태를 무단으로 사용하는 행위는 을 회사가 상당한 투자나 노력으로 만든 성과 등을 공정한 상거래 관행이나 경쟁질서에 반하는 방법으로 자신의 영업을 위하여 무단으로 사용함으로써 타인의 경제적 이익을 침해하는 행위이다.   - 대법원 2020. 7. 9. 선고 2017다217847 판결

골프장의 골프코스는 설계자의 저작물에 해당하나 골프코스를 실제로 골프장 부지에 조성함으로써 외부로 표현되는 지형, 경관, 조경요소, 설치물 등이 결합된 골프장의 종합적인 '이미지'는 골프코스 설계와는 별개로 골프장을 조성·운영하는 을 회사 등의 상당한 투자나 노력으로 만들어진 성과에 해당하고, 을 회사 등과 경쟁관계에 있는 갑 회사가 을 회사 등의 허락을 받지 않고 골프장의 모습을 거의 그대로 재현한 스크린골프 시뮬레이션 시스템용 3D 골프코스 영상을 제작, 사용한 행위는 을 회사 등의 성과 등을 공정한 상거래 관행이나 경쟁질서에 반하는 방법으로 자신의 영업을 위하여 무단으로 사용함으로써 을 회사 등의 경제적 이익을 침해하는 행위에 해당한다.   - 대법원 2020. 3. 26. 선고 2016다276467 판결

한국방송공사와 지상파방송사업자인 갑 방송사 및 을 방송사가 공동으로 실시한 '전국동시지방선거 개표방송을 위한 당선자 예측조사 결과'를 종합편성방송채널사용사업자인 병 방송사가 사전 동의 없이 무단으로 방송한 사안에서, 이는 (구) 부정경쟁방지 및 영업비밀보호에 관한 법률 제2조 제1호 (차)목의 부정경쟁행위에 해당한다.   - 대법원 2017. 6. 15. 선고 2017다200139 판결

---

138) 2013년 개정법(2013. 7. 30., 법률 제11963호)에서는 기존의 부정경쟁행위유형에 포함되지 않았던 새로운 유형의 부정경쟁행위에 관한 규정을 신설함으로써, 새로이 등장하는 경제적 가치를 지닌 무형의 성과를 보호하고, 입법자가 부정경쟁행위의 모든 행위를 규정하지 못한 점을 보완하여 법원이 새로운 유형의 부정경쟁행위를 좀 더 명확하게 판단할 수 있도록 하고, 변화하는 거래관념을 적시에 반영하여 부정경쟁행위를 규율하기 위한 보충적 일반조항을 신설하였다.

지식재산능력시험

지식재산 창출 —

제1장

제2장

제3장

제4장

제5장

제6장

03 부정경쟁행위에 대한 규제

「부정경쟁방지 및 영업비밀보호에 관한 법률」은 제2조 제1호에 열거된 부정경쟁행위에 대한 민사적 구제수단으로 금지청구권(제4조), 손해배상청구권(제5조) 및 신용회복청구권(제6조)을 인정하고 있으며, 형사적 제재수단으로 징역과 벌금(제18조 제3항, 제19조)형이 규정되어 있다. 그리고 위반행위자에 대한 행정조치로서 특허청장의 부정경쟁행위에 대한 조사(제7조)와 시정권고(제8조)를 규정하고 있다.

04 부정경쟁방지법과 상표법의 비교

「부정경쟁방지법」과 「상표법」은 모두 영업상의 혼동초래행위를 금지시켜 공정한 경쟁을 보장하기 위한 경쟁법의 일부를 구성한다. 그러나 「상표법」은 상표등록이라고 하는 절차를 통하여 독점배타권을 창설·부여함으로써 등록권리자의 보호를 꾀하는 반면, 「부정경쟁방지법」은 등록 유무를 불문하고 거래계에서 주지로 된 표지의 모용행위를 금지함으로써 부정한 경쟁행위를 억제하여 수요자 보호를 꾀하는 점에서 근본적인 차이를 보인다.

🔔 「상표법」과 「부정경쟁방지법」의 비교

구분	상표법	부정경쟁방지법
보호의 주된 목적	등록상표의 보호	부정경쟁의 방지
보호대상	「상표법」에서 정의하는 상표	상품이나 영업 출처를 표시하는 일체의 표지
	기술적 표장 또는 현저한 지리적 명칭만으로 된 상표는 사용에 의하여 식별력을 취득한 경우에 한하여 예외적으로 상표등록이 허용됨	「상표법」상 등록받지 못하는 표지라도 거래나 일반 수요자들에게 상품 또는 영업을 표시하는 것으로 널리 인식되면 「부정경쟁방지법」상 보호됨
보호의 조건	등록	주지성의 획득
금지의 대상	상표권·전용사용권 침해행위	개별적인 부정경쟁행위
침해 여부의 판단요소	원칙적으로 상표의 구성상의 동일·유사와 상품의 동일·유사를 기준으로 판단하지만, 그 과정에서 출처 혼동 염려를 고려함	출처의 혼동가능성을 기준으로 판단하며, 상표와 상품의 유사는 혼동가능성을 판단하는 하나의 자료에 불과함
보호의 방법	민사적·형사적 구제	민사적·형사적·행정적 구제

INTELLECTUAL **I**

PROPERTY **P**

ABILITY **A**

TEST **T**

www.**ipat**.or.kr

제 **4** 장

저작권

제 1 절 저작권제도의 개요

학습
개관

본 절에서는 「저작권법」의 보호대상인 저작물 및 저작물을 창작한 자인 저작자 등 저작권제도의 개괄적인 내용을 살펴본다.

학습
포인트

저작권제도의 개념 및 연혁을 알아본다.
저작권의 보호대상인 저작물에 대하여 알아본다.
저작권의 귀속 주체인 저작자에 대하여 알아본다.

NCS 및
NCS 학습모듈

NCS 및 NCS 학습모듈	하위 목차명	저작권제도, 저작권법의 연혁, 저작물, 저작자	
	대분류	08. 문화·예술·디자인·방송	
	중분류	01. 문화·예술	
	소분류	01. 문화·예술경영	
	세분류	02. 문화·예술행정	
	능력단위 (능력단위요소)	09. 법률 지원	
	주요 지식·기술·태도	• 저작권법, 문화·예술경영에 대한 지식 • 저작권법 적용 능력, 산업적 문제 분석 능력, 정보의 전달 능력 • 저작권에 대한 중립성 유지, 객관적 자세	

01 저작권제도

지식재산(intellectual property)은 크게 두 가지, 즉 ① 인간의 정신적 사상의 창작으로 얻어진 새로운 발명이나 고안 등과 같이 물질문화의 발전에 기여하는 것과 ② 인간의 정신적 사상의 창작으로 얻어지는 예술·문학·음악·게임 등을 중심으로 한 것으로 정신문화의 발전에 기여하는 것으로 구분할 수 있다. 이 중 후자인 정신문화의 발전에 기여하는 것에 대한 권리를 저작권(copyright)이라 한다.[139]

02 저작권법의 연혁

저작권의 시작은 인쇄술의 발달로부터 시작했다고 한다. 즉, 1450년 구텐베르크의 활판인쇄술의 발달로 인해 시작되었다고 볼 수 있는데, 초창기에는 저작권자의 보호라기보다는 출판권자의 보호를 위한 제도로 시작했다고 봐도 무방할 것이다. 그런데 이후 프랑스 혁명이 일어나고 저작권자의 보호에 많은 관심을 가지게 되었다. 그 후 1710년 영국의 앤 여왕법을 최초로 성문법이 만들어졌으며, 우리나라의 경우 1957년 1월 28일 법률 제432호로 총 5장 75개 조문으로 된 최초의 「저작권법」을 공포하였다. 주요 내용으로는 무방식주의 채택, 저작권의 존속기간(생존기간 및 사후 30년), 저작권 등록을 통한 제3자 대항 등 다양한 사항에 대해 규정하고 있다. 이후 우리나라는 세계저작권협약(UCC : Universal Copyright Convention)과 음반의 무단복제에 대한 음반저작자의 보호에 관한 협약, WTO 출범에 따른 의무이행, 베른협약의 가입을 위한 저작권 보호 수준 상향, 멀티미디어 발달, 인터넷 기술의 발달, WIPO 실연음반조약 등 국제조약의 가입을 위한 노력, 컴퓨터프로그램의 보호, 한-EU FTA 및 한-미 FTA 가입을 위한 노력 등 다양한 변화에 적응하기 위한 개정을 해왔으며, 현재 높은 보호수준을 유지하고 있다.[140]

03 저작물

1. 저작물의 개념

「저작권법」은 "저작물은 인간의 사상 또는 감정을 표현한 창작물을 말한다."라고 정의하고 있다(저작권법 제2조 제1호). 「저작권법」의 역사는 '저작물 범위 확대의 역사'라고도 말하는 것처럼 기술의 발전에 따라 인간의 문화 활동이 다양해지면서 「저작권법」이 보호대상

---

139) 윤선희, 《지적재산권법 20정판》, 세창출판사, 2023, pp. 1-2
140) 윤선희, 《지적재산권법 20정판》, 세창출판사, 2023, pp. 397-405

으로 하는 저작물의 범위는 시대 변화와 더불어 확대되어 왔다.[141] 다시 말해 종래에는 저 작이라 하면 문학, 학술 또는 예술의 범위에 속하는 저작물을 그 대상으로 하였으나 최근 에는 정보통신의 발달로 컴퓨터프로그램 등과 같은 다양한 형태로 확대되고 있다.[142] 2006 년 개정법에서는 저작물의 정의를 "문학·학술 또는 예술의 범위에 속하는 창작물"에서 "인간의 사상 또는 감정을 표현한 창작물"로 변경하였는데, 이는 데이터베이스, 컴퓨터프 로그램 등 전통적인 저작물로 생각할 수 있는 문학·학술의 범주에 포함시키기 어려운 것 도 저작물로 인정하는 것으로 볼 수 있다.[143]

2. 저작물의 성립요건

「저작권법」상의 저작물로 인정되기 위해서는 ① 인간의 사상 또는 감정에 관한 것, ② 표 현, ③ 창작적인 것의 세 가지 요건을 갖추어야 한다.

(1) 인간의 사상이나 감정

「저작권법」의 보호대상은 저작물로써, 저작물이 되기 위해서는 인간의 사상 또는 감정이 외부로 표현된 것이어야 한다.[144] 그리고 이러한 '사상 또는 감정'이란 저작자의 정신 활동 으로 볼 수 있는 것이면 충분하고 고상한 사상이나 높은 수준의 감정을 요구하는 것은 아 니므로, 실제 사건에서 이 요건을 다투는 사례는 매우 드물다. 대법원은 "만화제명 '또복이' 는 사상 또는 감정의 표명이라고 볼 수 없어 저작물로서 보호받을 수 없다."라고 판단하였 다.[145] 그 밖에 자연계 현상 혹은 사실이나 역사적 사실과 같은 객관적 사실 그 자체의 표 현, 자연석이나 자연환경에 따라 우연히 만들어진 자연물의 형상, 컴퓨터 등에 의해 자동 으로 생성된 그림, 간단한 서식이나 계약서 등은 사상과 감정의 표현이라고 보기 어려울 것이다.

(2) 표현

표현이란 인간의 사상이나 감정이 머릿속에서 구상된 것을 어떤 방법이나 형태로 외부로 나타낸 것을 의미한다.[146]

① '표현'이란 「저작권법」의 보호를 받기 위해서는 인간의 사상과 감정이 언어, 문자, 음, 색채 등의 형식을 이용하여 '외부적으로 표현'되어야 한다는 것을 의미한다.

② 외부로 표현된 것이면 족하기 때문에 일기처럼 공표되지 않은 것도 저작물로 보호되며, 원고 없이 이루어지는 강연이나 연설, 즉흥적인 연주처럼 유형물에 고정되지 않은 것이 라도 저작물로 인정된다.

141) 박성호, 《저작권법》, 박영사, 2014, p. 33
142) 윤선희, 《지적재산권법 20정판》, 세창출판사, 2023, p. 396
143) 윤선희, 《지적재산권법 20정판》, 세창출판사, 2023, p. 416
144) 윤선희, 《지적재산권법 20정판》, 세창출판사, 2023, p. 419
145) 대법원 1977. 7. 12. 선고 77다90 판결
146) 윤선희, 《지적재산권법 20정판》, 세창출판사, 2023, p. 424

지식재산능력시험

지식재산 창출 —

제1장
제2장
제3장
제4장
제5장
제6장

③ 저작권을 제대로 이해하기 위해서는 아이디어와 표현을 구별할 수 있어야 하는데, "「저작권법」이 보호하는 것은 사상이나 감정을 문자·음·색 등에 의하여 구체적으로 외부에 표현한 창작적인 표현 형식이고, 그 표현되어 있는 내용, 즉 아이디어나 이론 등의 사상 및 감정 그 자체는 설사 그것이 창작성이 있다 하더라도 「저작권법」에서 정하는 저작권의 보호대상이 되지 않는다."[147] 예컨대 발명은 기술적 사상, 즉 아이디어인데 그것을 특허명세서로 작성한 것과 논문으로 작성한 것은 별개의 표현이므로 각각 저작물로 보호될 수 있다.

⑶ 창작성

창작성이란 기존의 다른 저작물을 베끼지 않는다는 것 또는 저작물의 작성이 개인적인 정신적 활동의 결과라는 것을 의미하며, 사상·감정 자체는 독창성이 없다고 하여도 표현의 형식 또는 방법에 독창성이 있으면 족하다. 따라서 저작물의 창작성은 기존의 사상으로부터 완전히 새로운 것을 요구하는 발명의 신규성과는 구별되며, 그것이 실질적으로 모방하지 않고 창작된 것이라면 동일 대상에 대한 권리의 병존이 인정되는 상대적인 개념이다.[148]

대법원 판결에 따르면 "창작물이라 함은 저자 자신의 작품으로서 남의 것을 베낀 것이 아니라는 것과 최소한도의 창작성이 있다는 것을 의미한다. 따라서 작품의 수준이 높아야 할 필요는 없지만 「저작권법」에 의한 보호를 받을 가치가 있는 정도의 최소한의 창작성은 요구되므로, 단편적인 어구나 계약서의 양식 등과 같이 누가 하더라도 같거나 비슷할 수밖에 없는 성질의 것은 최소한도의 창작성을 인정받기가 쉽지 않다."고 한다.[149]

문제는 어느 정도를 최소한의 창작성으로 볼 것인지가 분명하지 않다는 점인데, 법원은 대입 본고사 입시문제, 한복 디자인의 전통 문양을 그대로 모방하지 않고 변형을 가한 부분, 시력표의 창작성을 인정했지만, 경마 예상지의 편집저작물성, 광고문구의 저작물성은 부인한 사례가 있다.

3. 저작물의 종류

「저작권법」 제4조 제1항에서는 어문저작물, 음악저작물, 연극저작물, 미술저작물, 건축저작물, 사진저작물, 영상저작물, 도형저작물 및 컴퓨터프로그램저작물을 저작물의 예시로 제시하고 있다. 이는 대표적인 저작물을 예시한 것에 불과하므로 이에 해당하지 않는 창작물도 저작물이 될 수 있고, 어떤 저작물은 예시된 저작물 중 둘 이상에 해당될 수도 있다.

---

147) 대법원 1999. 11. 26. 선고 98다46259 판결. 이것을 아이디어·표현 이분법(Idea/expression dichotomy)이라고 한다.
148) 윤선희, ≪지적재산권법 20정판≫, 세창출판사, 2023, p. 417
149) 대법원 1997. 11. 25. 선고 97도2227 판결(대입 본고사 입시문제의 창작성을 인정), 대법원 1999. 11. 23. 선고 99다51371 판결(경마 예상지의 편집저작물성을 부인)

종류	주요 내용
어문저작물	• 소설·시·논문·강연·연설·각본 등 말과 글에 의해 표현되는 저작물 • 단순한 표어, 캐치프레이즈, 슬로건, 단순한 제호 등은 저작물에 해당하지 않음
음악저작물	• 사상 또는 감정이 규칙적으로 연속되어 나오는 음(선율)에 의해 표현되어 있는 저작물 • 음의 표현 방식은 악기에 의한 것이든 육성에 의한 것이든 그 여하를 불문함 • 가사가 수반된 것은 음악저작물과 어문저작물의 결합저작물임
연극저작물	• 연극·무용·무언극과 같이 사람의 몸짓, 움직임, 정지, 형 등의 동작에 의해 표현되는 저작물 • 각본 등은 어문저작물에 해당하며, 연극이나 무용 자체는 실연으로서 저작인접권의 보호대상임
미술저작물	• 회화·서예·조각·판화·공예 등 사상 또는 감정이 선·색채·명암을 가지고 평면적 또는 입체적으로 표현된 저작물 • 응용미술저작물은 물품에 동일한 형상으로 복제될 수 있는 것으로서, 설령 산업적으로 이용되더라도 그 이용된 물품과 구분되어 독자성이 인정되면 미술저작물로 보호됨
건축저작물	• 건축물·건축을 위한 모형 및 설계도서 등으로 토지 위의 공작물에 의해 표현되어 있는 저작물 • 건축물의 설계도는 도형저작물이나 「저작권법」은 건축저작물에 포함시키고 있음
사진저작물	• 사상 또는 감정을 일정한 영상에 의해 표현하는 저작물 • 단순히 기계적인 방법을 통하여 피사체를 재현시킨 증명용 사진 등은 저작물성이 인정되지 않음 • 사진 및 이와 유사한 제작방법(청사진, 전송사진, 자외선사진, 사진적 판화 기타 인쇄물을 이용한 오프셋, 그라비아, 염색에 응용한 사진모양, 사진염색, 사진직물 등에 의해 제작된 것 등)으로 작성된 것을 사진저작물로 정의
영상저작물	• 영화·비디오 게임의 화면과 같이 음의 수반 여부에 관계없이 연속적인 영상이 수록된 창작물로서 그 영상을 기계 또는 전자장치에 의하여 재생할 수 있거나 보고 들을 수 있는 것 • 영화의 한 장면과 같이 정지된 화상은 사진저작물에 해당함
도형저작물	지도[150]·도표·설계도[151]·약도·모형 등과 같이 도형의 형상·모형에 의해 표현되어 있는 저작물
컴퓨터프로그램 저작물	특정한 결과를 얻기 위하여 컴퓨터 등 정보처리능력을 가진 장치 내에서 직접 또는 간접으로 사용되는 일련의 지시·명령으로 표현된 저작물

---

150) 지도는 사실적 표현이기 때문에 표현방식도 약속된 기호나 문자로 써야 하므로 저작물의 창작성을 인정받기 힘들다.
151) 일반적인 설계도는 설계도에 따라 물건을 제작하면 대부분 복제권 침해로 인정되지 않고 특허권, 「부정경쟁방지법」, 「민법」상 불법행위로 처벌받게 된다. 건축설계도(건축저작물)만 복제권이 인정된다. 물론 일반 설계도 자체를 복제하거나 건축설계도 자체를 복제하면 복제권 침해가 된다.

지식재산능력시험

지식재산 창출 ―

제1장

제2장

제3장

제4장

제5장

제6장

4. 저작권으로 보호받지 못하는 것

다음의 경우에는 「저작권법」상 보호를 받지 못한다.

① 아이디어 그 자체

② 헌법·법률·조약·명령·조례 및 규칙, 국가 또는 지방자치단체의 고시·공고·훈령 그 밖에 이와 유사한 것, 법원의 판결·결정·명령 및 심판이나 행정심판절차 그 밖에 이와 유사한 절차에 의한 의결·결정 등, 국가 또는 지방자치단체가 작성한 것으로 위에서 언급한 것들의 편집물 또는 번역물

③ 사실의 전달에 불과한 시사보도[152]

④ 컴퓨터프로그램을 작성하기 위하여 사용하는 프로그램 언어, 규약, 해법

5. 특수한 유형의 저작물

(1) 2차적저작물

2차적저작물이란 원저작물을 번역·편곡·변형·각색·영상제작 그 밖의 방법으로 작성한 창작물(이하 '2차적저작물')을 말한다(저작권법 제5조 제1항). 예를 들면 어떤 외국소설을 우리말로 번역한다든가 영화화한다든가 하는 것이다. 즉, 기존의 저작물을 토대로 하여 그것에 새로운 창작성이 가하여져 새로운 형태의 저작물이 작성된 경우를 말한다.[153]

① 편곡이나 변형의 경우는 원저작물에 사회통념상 새로운 저작물이 될 수 있을 정도의 수정·증감을 가하여 새로운 창작성이 부가되어야 하며, 원저작물에 다소의 수정·증감을 가한 것에 불과하여 독창적인 저작물이라고 볼 수 없는 경우에는 「저작권법」에 의한 보호를 받지 못한다.[154]

② 2차적저작물은 원저작물에 독창적인 개변을 가한 것이므로 독자적인 저작물로 보호되지만, 원저작물을 이용한 것이므로 원저작물과의 관계에서는 일정한 제약이 따른다. 예를 들어 원저작물의 저작자는 자기의 저작물을 토대로 2차적저작물을 작성해 이용할 권리를 가지므로(저작권법 제22조), 2차적저작물을 작성하고자 하는 자는 원저작물의 저작자로부터 그에 관한 허락을 받아야 한다. 또한 2차적저작물의 보호는 그 원저작물의 저작자의 권리에 영향을 미치지 않기 때문에(저작권법 제5조 제2항), 2차적저작물을 이용하려는 경우에는 2차적저작물의 저작권자는 물론 원저작권자의 허락도 함께 받아야 한다.

---

152) 보도사진은 이에 포함되지 않으며, 기자의 사상이나 감정이 개성 있게 표현된 기사는 저작물로 보호될 수 있다.
153) 윤선희, ≪지적재산권법 20정판≫, 세창출판사, 2023, p. 438
154) 대법원 2012. 2. 23. 선고 2010다66637 판결

(2) 편집저작물

편집저작물이란 시집, 백과사전, 문학전집, 법령집, 판례집, 사전, 신문, 잡지, 영어단어집, 전화번호부, 사전 등과 같이 소재의 저작물성을 묻지 않고 그곳에 수록될 것을 독창적으로 선택하고 배열 또는 구성함에 의해 이루어지는 편집물을 말한다.[155] 이때 편집물이란 저작물이나, 부호·문자·음·영상 그 밖의 형태의 자료(이하 '소재')의 집합물을 말하며, 데이터베이스를 포함한다(저작권법 제2조 제17호).

① 저작물이나 부호·문자·음·영상 그 밖의 자료 등 소재의 집합물을 편집물이라고 하며, 편집물로서 그 소재의 선택·배열 또는 구성에 창작성이 있는 것을 편집저작물이라 한다(저작권법 제2조 제18호).

② 편집물이 저작물로 보호받기 위해서는 일정한 방침 혹은 목적을 가지고 소재를 수집·분류·선택하고 배열하는 등의 작성행위에 창작성이 인정되어야 한다.[156] 따라서 단순한 인명부나 알파벳순의 전화번호부는 편집저작물에 해당하지 않는다.

③ 편집저작물은 구성 부분인 소재와 별개로 독자적인 저작물로 보호되며, 2차적저작물의 경우처럼 편집저작물에 대한 권리는 구성 부분이 되는 소재의 저작권에 영향을 미치지 않는다.

④ 소재를 체계적으로 배열 또는 구성한 편집물로서 개별적으로 그 소재에 접근하거나 그 소재를 검색할 수 있도록 한 것을 데이터베이스라고 한다. 데이터베이스가 소재의 선택이나 배열 또는 구성에 창작성이 없는 경우라도 데이터베이스제작자는 소정의 권리를 가지며,[157] 데이터베이스가 소재의 선택·배열 등에 창작성이 있다고 인정되면 편집저작물의 저작권으로도 보호받을 수 있다.

---

155) 윤선희, 《지적재산권법 20정판》, 세창출판사, 2023, p. 440
156) 대법원 2011. 2. 10. 선고 2009도291 판결
157) 데이터베이스제작자는 그의 데이터베이스의 전부 또는 상당한 부분을 복제·배포·방송 또는 전송할 권리를 가진다(저작권법 제93조 제1항).

지식재산능력시험

지식재산 창출 -

제1장

제2장

제3장

제4장

제5장

제6장

[04] **저작자**

1. 저작자의 개념

저작자는 저작물을 창작한 자를 말한다(저작권법 제2조 제2호). 여기서 "자"는 자연인은 물론 법인 등의 단체도 포함하는 것으로 해석할 수 있다. 그러나 단순히 창작에 동인(動因)을 제공하거나 힌트를 준 사람, 저작물의 작성에 조언을 하거나 수족으로 참여한 자[158]는 저작자가 될 수 없고,[159] 사진이나 그림의 주문자, 건축주 등과 같은 저작물의 작성 의뢰인 등은 저작자가 될 수 없다.

저작자는 저작물을 창작한 자이고, 저작권자는 저작물에 대하여 저작권을 가진 자이므로 양자는 다른 개념이다. 저작권은 저작물을 창작한 때에 자동적으로 발생하여 저작자에게 귀속되므로 처음에는 저작자가 저작권자로 되지만, 저작권 중에서 저작재산권은 이전이 가능하므로 나중에는 저작자와 저작권자가 같지 않은 경우가 생길 수 있으며, 원저작자의 표시가 없는 저작물의 경우 발행자, 공연자 또는 공표자로 표시된 자가 저작권을 가지는 것으로 추정되기 때문에 저작자와 저작권자가 달라질 수도 있다.[160]

2. 저작자의 추정

저작권과 관련한 분쟁이 발생한 경우, 누가 진정한 저작자인지를 입증하기 곤란한 경우가 있다. 이 경우 진정한 저작권자가 누구인지 분명하지 않아 권리침해가 발생하였을 경우의 입증문제를 용이하게 하고 저작물의 이용과 유통의 활성화를 촉진하기 위해 「저작권법」은 저작자 추정규정을 두고 있다. 즉, ① 저작물의 원본이나 그 복제물에 저작자로서의 실명 또는 이명(예명·아호·약칭 등을 말한다. 이하 같다)으로서 널리 알려진 것이 일반적인 방법으로 표시된 자, ② 저작물을 공연 또는 공중송신하는 경우에 저작자로서의 실명 또는 저작자의 널리 알려진 이명으로서 표시된 자에 해당하는 자는 저작 저작자로서 그 저작물에 대한 저작권을 가지는 것으로 추정한다(저작권법 제8조).

---

158) 소위 조영남 대작 사건에서 피고인은 주로 화투 등을 직접 잘라서 붙이는 콜라주 기법의 작품을 제작하다가, 화가인 공소외 1을 만나면서 1점당 10만 원 상당의 돈을 주고 자신의 기존 콜라주 작품을 회화로 그려오게 하거나, 자신이 추상적인 아이디어만 제공하고 이를 공소외 1이 임의대로 회화로 표현한 그림을 건네받아 배경색을 일부 덧칠하는 등의 경미한 작업만 추가하고 자신이 서명하여 작품을 전시, 판매하였다. 이 사건에서 원심은 "공소외 1은 보수를 받고 피고인의 아이디어를 작품으로 구현하기 위하여 작품 제작에 도움을 준 기술적인 보조자일 뿐 그들 각자의 고유한 예술적 관념이나 화풍 또는 기법을 미술작품에 구현한 이 사건 미술작품의 작가라고 평가할 수 없다."라고 보았으며, 대법원은 원심판결을 지지하여 상고를 기각하였다(대법원 2020. 6. 25. 선고 2018도13696 판결).

159) 윤선희, 《지적재산권법 20정판》, 세창출판사, 2023, p. 411

160) 윤선희, 《지적재산권법 20정판》, 세창출판사, 2023, p. 416

3. 업무상저작물

업무상저작물은 법인·단체 그 밖의 사용자(이하 '법인 등')의 기획하에 법인 등의 업무에 종사하는 자가 업무상 작성하는 저작물을 말한다(저작권법 제2조 제31호). 법인 등의 명의로 공표되는 업무상저작물의 저작자는 계약 또는 근무규칙 등에 다른 정함이 없는 때에는 그 법인 등이 된다. 다만, 컴퓨터프로그램저작물(이하 '프로그램')의 경우 공표될 것을 요하지 아니한다(저작권법 제9조). 업무상저작물의 저작재산권은 공표한 때부터 70년간 존속한다. 다만, 창작한 때부터 50년 이내에 공표되지 아니한 경우에는 창작한 때부터 70년간 존속한다(저작권법 제41조).

4. 공동저작물

공동저작물이란 2명 이상이 공동으로 창작한 저작물로서 각자의 이바지한 부분을 분리하여 이용할 수 없는 것을 말한다(저작권법 제2조 제21호). 예를 들어 공동으로 조각을 하는 경우 등이 이에 해당한다고 할 것이다.[161] 이처럼 각자가 이바지한 부분을 분리하여 이용할 수 없다는 점에서, 공동저작물의 저작재산권과 저작인격권은 저작자 전원의 합의가 있어야 행사할 수 있으며, 다른 저작재산권자의 동의가 없으면 그 지분을 양도하거나 질권의 목적으로 할 수 없다. 공동저작물의 이용에 따른 이익은 특약이 없는 때에는 그 저작물의 창작에 이바지한 정도에 따라 각자에게 배분하지만, 각자의 이바지한 정도가 명확하지 아니한 때에는 균등한 것으로 추정된다(저작권법 제48조). 또한 공동저작물의 저작재산권은 맨 마지막으로 사망한 저작자가 사망한 후 70년간 존속한다(저작권법 제39조 제2항).

5. 외국인 저작물

외국인의 저작물은 대한민국이 가입 또는 체결한 조약에 따라 보호되고, 대한민국 내에 상시 거주하는 외국인(무국적자 및 대한민국 내에 주된 사무소가 있는 외국법인을 포함)의 저작물과 맨 처음 대한민국 내에서 공표된 외국인의 저작물(외국에서 공표된 날부터 30일 이내에 대한민국 내에서 공표된 저작물을 포함)은 이 법에 따라 보호된다(저작권법 제3조 제1항 내지 제2항). 이처럼 보호되는 외국인(대한민국 내에 상시 거주하는 외국인 및 무국적자는 제외)의 저작물이라도 그 외국에서 대한민국 국민의 저작물을 보호하지 아니하는 경우에는 그에 상응하게 조약 및 이 법에 따른 보호를 제한할 수 있으며, 외국인의 저작물이라도 그 외국에서 보호기간이 만료된 경우에는 이 법에 따른 보호기간을 인정하지 아니한다(저작권법 제3조 제3항 내지 제4항).

---

161) 윤선희, ≪지적재산권법 20정판≫, 세창출판사, 2023, p. 443

저작권의 내용

학습 개관

저작권은 저작자의 인격적 이익을 보호하는 '저작인격권'과 저작물의 경제적 이익을 보호하는 '저작재산권'으로 구성된다. 저작인격권은 성질상 타인에게 양도할 수 없는 일신전속적인 권리인 반면, 저작재산권은 양도나 상속이 가능하다. 본 절에서는 저작인격권과 저작재산권의 개념을 이해하고, 저작인격권과 저작재산권을 구성하는 권리 및 저작권의 보호기간 등에 대하여 살펴본다.

학습 포인트

저작인격권의 개념을 알아본다.
저작재산권의 개념과 종류 및 제한에 대하여 알아본다.
저작권의 존속기간을 알아본다.

NCS 및 NCS 학습모듈

하위 목차명		저작권의 발생, 저작권의 권리, 저작인격권 및 저작재산권 보호기간, 저작재산권의 제한
NCS 및 NCS 학습모듈	대분류	08. 문화 · 예술 · 디자인 · 방송
	중분류	01. 문화 · 예술
	소분류	01. 문화 · 예술경영
	세분류	02. 문화 · 예술행정
	능력단위 (능력단위요소)	09. 법률 지원
	주요 지식 · 기술 · 태도	• 저작권법, 문화 · 예술경영에 대한 지식 • 저작권법 적용 능력, 산업적 문제 분석 능력, 정보의 전달 능력 • 저작권에 대한 중립성 유지, 객관적 자세

01 저작권의 발생

저작권이라 함은 소설을 쓰거나 작곡을 하여 그것을 출판하거나 방송에 이용하는 것에 대해 그것을 쓴 사람이나 작곡한 사람에게 법률로써 인정하는 권리라 할 수 있다.[162] 이러한 저작권은 저작물을 창작한 때부터 발생하며 어떠한 절차나 형식의 이행을 필요로 하지 아니한다 (저작권법 제10조 제2항). 이것을 무방식주의라고 하는데, 저작권에 관한 기본 조약인 베른협약이 무방식주의를 취하고 있는 관계로 일본, 독일, 프랑스 등 대다수의 국가들이 무방식주의를 따르고 있다.[163]

02 저작권의 권리

「저작권법」에서는 저작자를 제11조부터 제13조까지에 따른 권리(이하 '저작인격권')와 제16조부터 제22조까지에 따른 권리(이하 '저작재산권')로 구분하고 있다(저작권법 제10조 제1항). 즉, 저작권은 저작자가 자기의 저작물에 대하여 가지는 인격적 이익의 보호를 목적으로 하는 저작인격권과 저작물의 경제적 가치를 보호하기 위한 저작재산권으로 구성된다.

1. 저작인격권

(1) 저작인격권의 개념

저작인격권은 저작물이 그 창작자의 인격의 반영이라는 사실에서 유래한다.[164] 그리고 이러한 저작인격권은 저작자 일신에 전속한다고 규정하고 있다(저작권법 제14조 제1항). 대법원 판례에 따르면 "저작인격권은 저작재산권과는 달리 일신전속적인 권리로서 이를 양도하거나 이전할 수 없는 것이므로, 비록 그 권한 행사에 있어서는 이를 대리하거나 위임하는 것이 가능하다 할지라도 이는 어디까지나 저작인격권의 본질을 해하지 아니하는 한도 내에서만 가능하다."고 한다.[165]

(2) 저작인격권의 종류

저작인격권의 내용은 입법례마다 차이가 있지만, 우리 「저작권법」은 공표권, 성명표시권, 동일성유지권의 세 가지를 인정하고 있다. 즉, 저작자가 저작한 저작물을 공표할 것인가를 결정할 수 있는 공표권과 자신이 저작한 저작물을 자신의 성명을 표시할 것인지의 여부를

---

162) 윤선희, ≪지적재산권법 20정판≫, 세창출판사, 2023, p. 406
163) 2022년 2월 기준으로 WIPO 가입국 193개국 중에서 베른협약 가입국은 2022년 1월 28일 가입신청을 한 우간다를 포함해서 181개국이다.
164) 박성호, 전게서, p. 252
165) 대법원 1995. 10. 2. 자 94마2217 결정

지식재산능력시험

지식재산 창출 ―

제1장

제2장

제3장

제4장

제5장

제6장

결정할 수 있는 성명표시권, 그리고 자신이 저작한 것을 이용과정 중에 제목·내용 등이 바뀌지 않도록 하는 동일성 유지권 등이 있다.[166]

공표권	• 저작자는 그의 저작물을 공표하거나 공표하지 아니할 것을 결정할 권리를 가진다(저작권법 제11조).
	• 원저작자의 동의를 얻어 작성된 2차적저작물 또는 편집저작물이 공표된 경우에는 그 원저작물도 공표된 것으로 본다(저작권법 제11조 제4항).
	• 다음의 경우에는 저작자가 공표를 동의한 것으로 추정한다.
	  – 저작자가 공표되지 아니한 저작물의 저작재산권을 양도, 이용허락, 배타적발행권의 설정 또는 출판권의 설정을 한 경우 그 상대방에게 공표를 동의한 것으로 추정함
	  – 저작자가 공표되지 아니한 미술저작물·건축저작물 또는 사진저작물의 원본을 양도한 경우에는 저작물의 원본의 전시방식에 의한 공표에 동의한 것으로 추정함
	  – 공표하지 아니한 저작물을 도서관 등에 기증한 경우 별도의 의사를 표시하지 않는 한 기증한 때에 공표에 동의한 것으로 추정함

성명 표시권	• 저작자는 저작물의 원본이나 그 복제물 또는 저작물의 공표 매체에 그의 실명 또는 이명을 표시할 권리를 가진다(저작권법 제12조). • 타인이 무단으로 저작물에 관한 저작자의 성명, 칭호를 변경하거나 은닉하는 것은 고의, 과실을 불문하고 저작인격권의 침해가 된다(대법원 1995. 10. 2. 자 94마2217 결정).

동일성
유지권
	• 저작자는 그의 저작물의 내용·형식 및 제호의 동일성을 유지할 권리를 가진다(저작권법 제13조).
	• 다음의 경우에는 본질적인 내용의 변경이 아니라면 동일성유지권이 제한된다.
	  – 학교교육 목적상 부득이하다고 인정되는 범위 안에서의 표현의 변경
	  – 건축물의 증축·개축 그 밖의 변형
	  – 특정한 컴퓨터 외에는 이용할 수 없는 프로그램을 다른 컴퓨터에 이용할 수 있도록 하기 위하여 필요한 범위에서의 변경
	  – 프로그램을 특정한 컴퓨터에 보다 효과적으로 이용할 수 있도록 하기 위하여 필요한 범위에서의 변경
	  – 그 밖에 저작물의 성질이나 그 이용의 목적 및 형태 등에 비추어 부득이하다고 인정되는 범위 안에서의 변경[167]

(3) 저작인격권 침해의 의제

「저작권법」은 "저작자의 명예를 훼손하는 방법으로 저작물을 이용하는 행위는 저작인격권의 침해로 본다."라고 규정한다(제124조 제2항). 이 규정은 저작자의 창작 의도를 왜곡하거나 저작물로 표현된 예술적 가치를 손상시키는 것을 방지하기 위한 것이다.

(4) 저작자 사망 후의 인격적 이익의 보호

저작인격권은 저작자 일신에 전속하므로 저작자가 사망하면 함께 소멸한다.[168] 그러나 저작인격권이 소멸하였더라도 저작자의 명예를 훼손하는 방법으로 저작물을 이용하는 것을

---

166) 윤선희, 《지적재산권법 20정판》, 세창출판사, 2023, p. 450
167) 인터넷검색서비스 가운데 '이미지검색서비스'를 위한 섬네일 이미지의 필요성, 섬네일 이미지의 이용 목적 및 그 형태 등을 고려해 보면, 저작자의 허락 없이 사진을 축소해 섬네일 이미지로 변환시킨 행위는 이미지검색서비스에서의 이용상 부득이한 변경에 해당된다(서울중앙지법 2004. 9. 23. 선고 2003가합78361 판결).
168) 대법원 2008. 11. 20. 선고 2007다27670 판결

방치하는 것은 바람직하지 않다. 따라서 「저작권법」은 저작자의 사망 후에 그의 저작물을 이용하는 자는 저작자가 생존하였더라면 그 저작인격권의 침해가 될 행위를 하여서는 안 된다고 규정하고 있다(제14조 제2항).[169]

2. 저작재산권

저작재산권은 저작물을 일정한 방식으로 이용하여 경제적인 이익을 얻을 수 있는 권리이다. 저작재산권은 저작물의 이용 형태에 따라 다음 표에서와 같이 다양한 성격을 갖는 여러 개의 권리로 구성되어 있는데, 각각의 권리들은 독립적으로 행사하거나 양도 또는 이용허락할 수 있다.

복제권	• 저작자는 그의 저작물을 복제할 권리를 가진다(저작권법 제16조). • "복제"는 인쇄·사진촬영·복사·녹음·녹화 그 밖의 방법으로 일시적 또는 영구적으로 유형물에 고정하거나 다시 제작하는 것을 말하며, 건축물의 경우에는 그 건축을 위한 모형 또는 설계도서에 따라 이를 시공하는 것을 포함한다(저작권법 제2조 제22호). • 2011년 개정 「저작권법」에서는 디지털 환경에서 저작권자의 권리를 보호하기 위해 일시적 저장을 복제의 범위에 명시하였으며, 건축을 위한 모형 또는 설계도서에 따라 이를 시공하는 것을 명시적으로 복제의 개념에 포섭하였다. • 저작물을 복제하는 경우라고 함은 기존의 저작물에 의거한 것일 뿐만 아니라 그 저작물의 내용 및 형체를 충분히 추지할 수 있도록 재제되어 그와 동일한 것이라고 볼 수 있을 때를 가르키고, 이러한 의거성 내지 동일성의 여부는 구체적으로 원문의 번역에 임하는 기본적 태도를 바탕으로 신중하게 판단하여야 한다(97카합2072 판결).
공연권	• 저작자는 그의 저작물을 공연할 권리를 가진다(저작권법 제17조). • "공연"은 저작물 또는 실연(實演)·음반·방송을 상연·연주·가창·구연·낭독·상영·재생 그 밖의 방법으로 공중에게 공개하는 것을 말하며, 동일인의 점유에 속하는 연결된 장소 안에서 이루어지는 송신(전송은 제외한다)을 포함한다(저작권법 제2조 제3호). • 공연이라 함은 저작물을 상연·연주·가창·연술·상영 그 밖의 방법으로 일반 공중에게 공개하는 것을 말하며, 공연·방송·실연의 녹음물을 재생하여 일반 공중에게 공개하는 것을 포함하는 것인바, 여기서 일반 공중에게 공개한다 함은 불특정인 누구에게나 요금을 내는 정도 외에 다른 제한 없이 공개된 장소 또는 통상적인 가족 및 친지의 범위를 넘는 다수인이 모여 있는 장소에서 저작물을 공개하거나, 반드시 같은 시간에 같은 장소에 모여 있지 않더라도 위와 같은 불특정 또는 다수인에게 전자장치 등을 이용하여 저작물을 전파, 통신함으로써 공개하는 것을 의미한다고 할 것이다(95도1288판결).

---

169) 저작자의 유족이나 유언집행자가 침해의 정지 또는 명예회복 등을 청구할 수 있다(저작권법 제128조).

제1장

제2장

제3장

제4장

제5장

제6장

공중송신권	• 저작자는 그의 저작물을 공중송신할 권리를 가진다(저작권법 제18조). • "공중송신"은 저작물, 실연·음반·방송 또는 데이터베이스(이하 "저작물등"이라 한다)를 공중이 수신하거나 접근하게 할 목적으로 무선 또는 유선통신의 방법에 의하여 송신하거나 이용에 제공하는 것을 말한다(저작권법 제2조 제7호). 　－ 방송 : 공중송신 중 공중이 동시에 수신하게 할 목적으로 음·영상 또는 음과 영상 등을 송신하는 것을 말한다(저작권법 제2조 제8호). 　－ 전송(傳送) : 공중송신 중 공중의 구성원이 개별적으로 선택한 시간과 장소에서 접근할 수 있도록 저작물등을 이용에 제공하는 것을 말하며, 그에 따라 이루어지는 송신을 포함한다(저작권법 제2조 제10호). 　－ "디지털음성송신"은 공중송신 중 공중으로 하여금 동시에 수신하게 할 목적으로 공중의 구성원의 요청에 의하여 개시되는 디지털 방식의 음의 송신을 말하며, 전송은 제외한다(저작권법 제2조 제11호).
전시권	• 저작자는 미술저작물 등의 원본이나 그 복제물을 전시할 권리를 가진다(저작권법 제19조). • 전시란 미술저작물 등의 유형물을 진열하거나 게시하는 것을 말한다. • 전시권은 미술저작물·건축저작물 또는 사진저작물에 한하여 인정되므로 그 밖의 저작물은 전시의 방법으로는 저작재산권이 침해되지 아니한다(대법원 2010. 9. 9. 선고 2010도4468 판결).
배포권	• 저작자는 저작물의 원본이나 그 복제물을 배포할 권리를 가진다(저작권법 제20조). • "배포"는 저작물등의 원본 또는 그 복제물을 공중에게 대가를 받거나 받지 아니하고 양도 또는 대여하는 것을 말한다(저작권법 제2조 제23호). • 「저작권법」은 최초판매의 원칙(first sale doctrine)을 규정하여, 저작물의 원본이나 그 복제물이 저작권자의 허락을 받아 판매 등의 방법으로 거래에 제공된 경우에는 더 이상 배포권이 인정되지 않는 것으로 하고 있다(저작권법 제20조 단서). 예를 들어, 서점에서 책을 구입하여 다 읽은 후에 그 책을 되팔 경우 배포권 침해에 해당되지 않는다. 이것은 정상적으로 거래된 저작물의 원본이나 그 복제물이 그 후의 유통 과정에서 원활하게 거래될 수 있도록 하기 위함이다.
대여권	• 「저작권법」 제20조 단서(최초판매의 원칙)에도 불구하고 저작자는 상업적 목적으로 공표된 음반(이하 "상업용 음반"이라 한다)이나 상업적 목적으로 공표된 프로그램을 영리를 목적으로 대여할 권리를 가진다(저작권법 제21조). 예를 들어, '상업용 음반, 상업적 목적으로 공표된 프로그램'의 대여점의 경우에는 저작권자의 동의를 받아야 하고, 동의를 받지 않고 대여할 경우 대여권 침해에 해당한다.
2차적저작물 작성권	• 저작자는 그의 저작물을 원저작물로 하는 2차적저작물을 작성하여 이용할 권리를 가진다(저작권법 제22조). • 2차적저작물이란 기존의 어떤 저작물(원저작물)을 번역, 개작, 편집하거나 그 밖의 방법으로 작성한 창작물을 말하는 것으로서 창작자의 동의를 얻어 2차적저작물을 저작한 사람은 원저작자의 권리를 해하지 아니하는 범위 내에서 그 2차적저작물 자체에 대한 저작권을 가진다고 할 것인바, 서적, 카세트 테이프, 카드 등이 원저작자의 캐릭터를 책표지 등에 나타내고, 원저작물의 영어예문에 우리말 번역문, 해설문장 등을 배열하거나 첨가하여 엮은 것이라면, 원저작물과 그 번역문 또는 한국말로 된 해설은 불가분적으로 결합되어 하나의 저작물을 이루었다고 볼 것이고, 따라서 이는 일체로서 2차적저작물로 파악하는 것이 옳다(91다39092판결).

03 저작인격권 및 저작재산권 보호기간

1. 보호기간 산정 원칙

저작권이나 저작인접권 등의 「저작권법」상의 권리는 원칙적으로 저작자가 저작물을 창작한 때부터 권리가 발생하며(저작권법 제10조 제2항), 저작재산권은 특별한 규정이 있는 경우를 제외하고는 저작자가 생존하는 동안과 사망한 후 70년간 존속한다(저작권법 제39조 제1항). 만약 저작물이 공동저작물인 경우 공동저작물의 저작재산권은 맨 마지막으로 사망한 저작자가 사망한 후 70년간 존속한다(저작권법 제39조 제2항).

구분		내용
저작인격권		• 저작자의 생존기간 • 저작자 사후의 인격적 이익의 보호에 관한 별도의 규정을 두고 있음
저작재산권	원칙	저작자의 생존하는 동안 + 사망 후 70년간
	공동저작물	저작자의 생존하는 동안 + 맨 마지막으로 사망한 저작자의 사망 후 70년
	무명 · 이명저작물	공표된 때부터 70년간(사후 70년 아님)
	업무상저작물	
	영상저작물	
	프로그램저작물	

2. 보호기간 산정 예외

무명 · 이명 저작물의 경우 공표된 때부터 70년간 존속한다는 기간 내에 저작자가 사망한 지 70년이 지났다고 인정할 만한 정당한 사유가 발생한 경우에는 그 저작재산권은 저작자가 사망한 후 70년이 지났다고 인정되는 때에 소멸한 것으로 보며, 공표된 때부터 70년 이내의 기간 이내에 ① 저작자의 실명 또는 널리 알려진 이명이 밝혀진 경우, ② 저작자의 실명등록이 있는 경우에는 저작자 사후 70년의 보호기간이 적용된다(저작권법 제40조 제2항). 그리고 업무상저작물과 영상저작물의 경우 창작한 때부터 50년 이내에 공표되지 아니한 경우에는 창작한 때부터 70년간 존속한다.

3. 보호기간의 기산

저작재산권의 보호기간을 계산하는 경우에는 저작자가 사망하거나 저작물을 창작 또는 공표한 다음 해부터 기산한다(저작권법 제44조).

지식재산능력시험

지식재산 창출 ──

제1장

제2장

제3장

제4장

제5장

제6장

04 저작재산권의 제한

1. 제한 사유

「저작권법」은 저작물의 공정한 이용을 도모하기 위하여 다음의 경우에는 원칙적으로 저작재산권이 제한되는 것으로 하고 있다. 그리고 이들 규정은 성질상 대부분 저작인접권의 제한에도 준용된다. 저작권이 제한되어 저작물을 자유로이 이용할 수 있는 경우는 ① 저작물 이용의 성질로 보아 저작권이 미친다고 보는 것이 타당하지 않은 것, ② 공익상의 이유에서 저작권을 제한하는 것이 필요하다고 인정되는 것, ③ 다른 권리와의 조정을 위하여 저작권을 제한할 필요가 있는 것, ④ 사회관행으로서 행해지고 있어 저작권을 제한하여도 저작권자의 경제적 이익을 부당하게 해치지 않는다고 인정되는 것 등으로 문화적 소산의 공정한 이용을 고려하여 정한 경우라 할 수 있다.[170]

(1) 재판 등에서의 복제(제23조)

재판 또는 수사를 위하여 필요한 경우이거나 입법·행정의 목적을 위한 내부자료로서 필요한 경우에는 그 한도 안에서 저작물을 복제할 수 있다. 다만, 그 저작물의 종류와 복제의 부수 및 형태 등에 비추어 해당 저작재산권자의 이익을 부당하게 침해하는 경우에는 그러하지 아니하다.

(2) 정치적 연설 등의 이용(제24조)[171]

공개적으로 행한 정치적 연설 및 법정·국회 또는 지방의회에서 공개적으로 행한 진술은 어떠한 방법으로도 이용할 수 있다. 다만, 동일한 저작자의 연설이나 진술을 편집하여 이용하는 경우에는 그러하지 아니하다.

(3) 공공저작물의 자유이용(제24조의2)

국가 또는 지방자치단체가 업무상 작성하여 공표한 저작물이나 계약에 따라 저작재산권의 전부를 보유한 저작물은 허락 없이 이용할 수 있다.[172] 다만, ① 국가안전보장에 관련되는 정보를 포함하는 경우, ② 개인의 사생활 또는 사업상 비밀에 해당하는 경우, ③ 다른 법률에 따라 공개가 제한되는 정보를 포함하는 경우, ④ 제112조에 따른 한국저작권위원회(이하 제111조까지 "위원회"라 한다)에 등록된 저작물로서 「국유재산법」에 따른 국유재산 또는 「공유재산 및 물품 관리법」에 따른 공유재산으로 관리되는 경우에는 그러하지 아니하다. 또한 국가는 「공공기관의 운영에 관한 법률」 제4조에 따른 공공기관이 업무상 작성하여 공표한 저작물이나 계약에 따라 저작재산권의 전부를 보유한 저작물의 이용을 활성화

---

170) 윤선희, 《지적재산권법 20정판》, 세창출판사, 2023, p. 466
171) 주로 정치적 연설문을 책으로 출판하는 경우에 해당되며, 동일인이 한 연설문만 모아 책으로 출판하는 경우는 해당 정치인(저작자)의 허락을 얻어야 한다.
172) 다만, 국가안전보장에 관련되는 정보를 포함하는 경우, 개인의 사생활 또는 사업상 비밀에 해당하는 경우, 다른 법률에 따라 공개가 제한되는 정보를 포함하는 경우에는 그러하지 아니하다.

하기 위하여 대통령령으로 정하는 바에 따라 공공저작물 이용활성화 시책을 수립·시행할 수 있으며, 국가 또는 지방자치단체는 제1항 제4호의 공공저작물 중 자유로운 이용을 위하여 필요하다고 인정하는 경우 「국유재산법」 또는 「공유재산 및 물품 관리법」에도 불구하고 대통령령으로 정하는 바에 따라 사용하게 할 수 있다.

(4) 학교교육 목적 등에의 이용(제25조)

고등학교 및 이에 준하는 학교 이하의 학교의 교육 목적을 위하여 필요한 교과용도서에는 공표된 저작물을 게재할 수 있으며, 교과용도서를 발행한 자는 교과용도서를 본래의 목적으로 이용하기 위하여 필요한 한도 내에서 교과용도서에 게재한 저작물을 복제·배포·공중송신할 수 있다. 그리고 ① 특별법에 따라 설립된 학교, ② 「유아교육법」, 「초·중등교육법」 또는 「고등교육법」에 따른 학교, ③ 국가나 지방자치단체가 운영하는 교육기관, ④ 「학점인정 등에 관한 법률」 제3조에 따라 평가인정을 받은 학습과정을 운영하는 교육훈련기관(정보통신매체를 이용한 원격수업기반 학습과정에 한정한다) 중 어느 하나에 해당하는 학교·교육기관 또는 교육훈련기관이 수업 목적으로 이용하는 경우에는 공표된 저작물의 일부분을 복제·배포·공연·전시 또는 공중송신(이하 이 조에서 "복제등"이라 한다)할 수 있다. 다만, 공표된 저작물의 성질이나 그 이용의 목적 및 형태 등에 비추어 해당 저작물의 전부를 복제등을 하는 것이 부득이한 경우에는 전부 복제등을 할 수 있다. 또한 국가나 지방자치단체에 소속되어 위 학교 또는 교육기관의 수업을 지원하는 기관(이하 "수업지원기관"이라 한다)은 수업 지원을 위하여 필요한 경우에는 공표된 저작물의 일부분을 복제등을 할 수 있다. 다만, 공표된 저작물의 성질이나 그 이용의 목적 및 형태 등에 비추어 해당 저작물의 전부를 복제등을 하는 것이 부득이한 경우에는 전부 복제등을 할 수 있으며, 위 학교·교육기관 또는 교육훈련기관에서 교육을 받는 자는 수업 목적을 위하여 필요하다고 인정되는 경우에는 제3항의 범위 내에서 공표된 저작물을 복제하거나 공중송신할 수 있다.

위 규정에 따라 공표된 저작물을 이용하려는 자는 문화체육관광부장관이 정하여 고시하는 기준에 따른 보상금을 해당 저작재산권자에게 지급하여야 한다. 다만, 고등학교 및 이에 준하는 학교 이하의 학교에서 복제등을 하는 경우에는 보상금을 지급하지 아니한다.

(5) 시사보도를 위한 이용(제26조)

방송·신문 그 밖의 방법에 의하여 시사보도를 하는 경우에 그 과정에서 보이거나 들리는 저작물은 보도를 위한 정당한 범위 안에서 복제·배포·공연 또는 공중송신할 수 있다.[173] 이 규정의 이용의 객체가 되는 저작물은 시사보도를 하는 과정에서 보이거나 들리는 저작물이다. 예를 들어 TV뉴스시간에 내일 보는 조간신문을 방영할 때 신문의 논설이나 사진 등이 방영되는 경우가 될 것이다.[174]

---

173) 국군의 날 행사보도 중에 흘러나오는 행진곡 등
174) 윤선희, 《지적재산권법 20정판》, 세창출판사, 2023, pp. 469-470

지식재산능력시험

지식재산 창출 —

제1장

제2장

제3장

제4장

제5장

제6장

(6) 시사적인 기사 및 논설의 복제 등(제27조)

정치・경제・사회・문화・종교에 관하여 「신문 등의 진흥에 관한 법률」 제2조의 규정에 따른 신문 및 인터넷신문 또는 「뉴스통신진흥에 관한 법률」 제2조의 규정에 따른 뉴스통신에 게재된 시사적인 기사나 논설은 다른 언론기관이 복제・배포 또는 방송할 수 있다. 다만, 이용을 금지하는 표시가 있는 경우에는 그러하지 아니하다.[175]

(7) 공표된 저작물의 인용(제28조)

공표된 저작물은 보도・비평・교육・연구 등을 위하여는 정당한 범위[176] 안에서 공정한 관행에 합치되게 이를 인용할 수 있다.

(8) 영리를 목적으로 하지 아니하는 공연・방송(제29조)

영리를 목적으로 하지 아니하고 청중이나 관중 또는 제3자로부터 어떤 명목으로든지 대가를 지급받지 아니하는 경우에는 공표된 저작물을 공연(상업용 음반 또는 상업적 목적으로 공표된 영상저작물을 재생하는 경우는 제외한다) 또는 방송할 수 있다. 다만, 실연자에게 일반적인 보수를 지급하는 경우에는 그러하지 아니하다. 그러나 청중이나 관중으로부터 해당 공연에 대한 대가를 지급받지 아니하는 경우에는 상업용 음반 또는 상업적 목적으로 공표된 영상저작물을 재생하여 공중에게 공연할 수 있다. 다만, 「저작권법 시행령」 제11조에서 상업적 목적으로 공표된 음반 등에 의한 공연의 예외에 해당하는 경우에는 그러하지 아니하다.[177]

(9) 사적이용을 위한 복제(제30조)

공표된 저작물을 영리를 목적으로 하지 아니하고 개인적으로 이용하거나 가정 및 이에 준하는 한정된 범위 안에서 이용하는 경우에는 그 이용자는 이를 복제할 수 있다. 다만, 공중의 사용에 제공하기 위하여 설치된 복사기기, 스캐너, 사진기 등 문화체육관광부령으로 정하는 복제기기에 의한 복제는 그러하지 아니하다.

(10) 도서관등에서의 복제 등(제31조)

도서관등은 ① 조사・연구를 목적으로 하는 이용자의 요구에 따라 공표된 도서등의 일부분의 복제물을 1인 1부에 한하여 제공하는 경우, ② 도서등의 자체보존을 위하여 필요한 경우, ③ 다른 도서관등의 요구에 따라 절판 그 밖에 이에 준하는 사유로 구하기 어려운 도서등의 복제물을 보존용으로 제공하는 경우에는 보관된 도서등을 사용하여 저작물을 복제할 수 있다. 다만 디지털 형태의 복제는 ②의 경우에만 가능하다.

---

175) 잡지에 게재된 내용은 복제, 배포, 방송이 안 된다.

176) 정당한 범위라 함은 전체 중 인용물이 차지하는 비중이 현저히 적어야 한다.

177) 다만, 생맥주전문점, 기타주점, 커피전문점, 비알콜음료점, 단란주점, 경마장, 경륜장, 경정장, 골프장, 무도학원, 스키장, 에어로빅장, 체력단련장, 여객용항공기, 해상여객, 여객용 열차, 호텔, 휴양콘도미니엄, 카지노, 대규모점포 등 대통령령으로 정하는 경우는 저작재산권이 제한되지 않으므로 저작권자의 허락을 받아야 한다(시행령 제11조 참조).

「도서관법」에 따른 도서관과 도서·문서·기록 그 밖의 자료(이하 "도서등"이라 한다)를 공중의 이용에 제공하는 시설 중 대통령령으로 정하는 시설(해당 시설의 장을 포함한다. 이하 "도서관등"이라 한다)은 ① 조사·연구를 목적으로 하는 이용자의 요구에 따라 공표된 도서등의 일부분의 복제물을 1명당 1부에 한정하여 제공하는 경우, ② 도서등의 자체보존을 위하여 필요한 경우, ③ 다른 도서관등의 요구에 따라 절판 그 밖에 이에 준하는 사유로 구하기 어려운 도서등의 복제물을 보존용으로 제공하는 경우에 해당하는 경우에는 그 도서관등에 보관된 도서등(제1호의 경우에는 제3항에 따라 해당 도서관등이 복제·전송받은 도서등을 포함한다)을 사용하여 저작물을 복제할 수 있다. 다만, 제1호 및 제3호의 경우에는 디지털 형태로 복제할 수 없다. 그리고 도서관등은 컴퓨터를 이용하여 이용자가 그 도서관등의 안에서 열람할 수 있도록 보관된 도서등을 복제하거나 전송할 수 있다. 이 경우 동시에 열람할 수 있는 이용자의 수는 그 도서관등에서 보관하고 있거나 저작권 그 밖에 이 법에 따라 보호되는 권리를 가진 자로부터 이용허락을 받은 그 도서등의 부수를 초과할 수 없으며, 도서관등은 컴퓨터를 이용하여 이용자가 다른 도서관등의 안에서 열람할 수 있도록 보관된 도서등을 복제하거나 전송할 수 있다. 다만, 그 전부 또는 일부가 판매용으로 발행된 도서등은 그 발행일부터 5년이 지나지 아니한 경우에는 그러하지 아니하다. 그리고 도서관등은 도서등의 자체보존을 위하여 필요한 경우에 따른 도서등의 복제 및 컴퓨터 이용을 위한 복제 등을 위한 도서등의 복제의 경우에 그 도서등이 디지털 형태로 판매되고 있는 때에는 그 도서등을 디지털 형태로 복제할 수 없다.

⑾ 시험문제로서의 복제(제32조)

학교의 입학시험이나 그 밖에 학식 및 기능에 관한 시험 또는 검정을 위하여 필요한 경우에는 그 목적을 위하여 정당한 범위에서 공표된 저작물을 복제·배포 또는 공중송신할 수 있다. 다만, 영리를 목적으로 하는 경우에는 그러하지 아니하다.

⑿ 시각장애인과 청각장애인 등을 위한 복제 등(제33조, 제33조의2)

누구든지 공표된 저작물을 시각장애인과 독서에 장애가 있는 사람으로서 대통령령으로 정하는 사람(이하 "시각장애인등"이라 한다)을 위하여 「점자법」 제3조에 따른 점자로 변환하여 복제·배포할 수 있으며, 청각장애인 등을 위하여 「한국수화언어법」 제3조 제1호에 따른 한국수어로 변환할 수 있고, 이러한 한국수어를 복제·배포·공연 또는 공중송신할 수 있다.

또한 시각장애인등의 복리증진을 목적으로 하는 시설 중 대통령령으로 정하는 시설(해당 시설의 장을 포함한다)은 영리를 목적으로 하지 아니하고 시각장애인등의 이용에 제공하기 위하여 공표된 저작물등에 포함된 문자 및 영상 등의 시각적 표현을 시각장애인등이 인지할 수 있는 대체자료로 변환하여 이를 복제·배포·공연 또는 공중송신할 수 있으며, 청각장애인 등의 복리증진을 목적으로 하는 시설 중 대통령령으로 정하는 시설(해당 시설의 장을 포함한다)은 영리를 목적으로 하지 아니하고 청각장애인 등의 이용에 제공하기 위하여 필요한 범위에서 공표된 저작물등에 포함된 음성 및 음향 등을 자막 등 청각장애인 등이 인

지식재산능력시험

지식재산 창출 —

제1장

제2장

제3장

제4장

제5장

제6장

지할 수 있는 대체자료로 변환하여 이를 복제·배포·공연 또는 공중송신할 수 있다. 그리고 시각장애인등과 그의 보호자(보조자를 포함한다. 이하 이 조 및 제33조의2에서 같다)는 공표된 저작물등에 적법하게 접근하는 경우 시각장애인등의 개인적 이용을 위하여 그 저작물등에 포함된 문자 및 영상 등의 시각적 표현을 시각장애인등이 인지할 수 있는 대체자료로 변환하여 이를 복제할 수 있으며, 청각장애인 등과 그의 보호자는 공표된 저작물등에 적법하게 접근하는 경우 청각장애인 등의 개인적 이용을 위하여 그 저작물등에 포함된 음성·음향 등을 자막 등 청각장애인 등이 인지할 수 있는 대체자료로 변환하여 이를 복제할 수 있다.

⒀ 방송사업자의 일시적 녹음·녹화(제34조)

저작물을 방송할 권한을 가지는 방송사업자는 자신의 방송을 위하여 자체의 수단으로 저작물을 일시적으로 녹음하거나 녹화할 수 있다. 다만, 이 규정에 따라 만들어진 녹음물 또는 녹화물은 녹음일 또는 녹화일부터 1년을 초과하여 보존할 수 없다. 그러나 그 녹음물 또는 녹화물이 기록의 자료로서 대통령령으로 정하는 장소에 보존되는 경우에는 그러하지 아니하다.

⒁ 미술저작물등의 전시 또는 복제(제35조)

미술저작물등의 원본의 소유자나 그의 동의를 얻은 자는 그 저작물을 원본에 의하여 전시할 수 있다. 다만, 가로·공원·건축물의 외벽 그 밖에 공중에게 개방된 장소에 항시 전시하는 경우에는 그러하지 아니하다. 즉, 개방된 장소에 항시 전시되어 있는 미술저작물 등은 어떠한 방법으로든지 이를 복제하여 이용할 수 있다. 다만 ① 건축물을 건축물로 복제하는 경우, ② 조각 또는 회화를 조각 또는 회화로 복제하는 경우, ③ 제1항 단서의 규정에 따른 개방된 장소 등에 항시 전시하기 위하여 복제하는 경우, ④ 판매의 목적으로 복제하는 경우 어느 하나에 해당하는 경우에는 그러하지 아니하다.

위 규정에 따라 전시를 하는 자 또는 미술저작물등의 원본을 판매하고자 하는 자는 그 저작물의 해설이나 소개를 목적으로 하는 목록 형태의 책자에 이를 복제하여 배포할 수 있다. 그러나 위탁에 의한 초상화 또는 이와 유사한 사진저작물의 경우에는 위탁자의 동의가 없는 때에는 이를 이용할 수 없다.

⒂ 저작물 이용 과정에서의 일시적 복제(제35조의2)

컴퓨터에서 저작물을 이용하는 경우에는 원활하고 효율적인 정보처리를 위하여 필요하다고 인정되는 범위 안에서 그 저작물을 그 컴퓨터에 일시적으로 복제할 수 있다. 다만, 그 저작물의 이용이 저작권을 침해하는 경우에는 그러하지 아니하다.

⒃ 부수적 복제 등(제35조의3)

사진촬영, 녹음 또는 녹화(이하 이 조에서 "촬영등"이라 한다)를 하는 과정에서 보이거나 들리는 저작물이 촬영등의 주된 대상에 부수적으로 포함되는 경우에는 이를 복제·배포·

공연·전시 또는 공중송신할 수 있다. 다만, 그 이용된 저작물의 종류 및 용도, 이용의 목적 및 성격 등에 비추어 저작재산권자의 이익을 부당하게 해치는 경우에는 그러하지 아니하다.

⒄ 문화시설에 의한 복제 등(제35조의4)

국가나 지방자치단체가 운영하는 문화예술 활동에 지속적으로 이용되는 시설 중 대통령령으로 정하는 문화시설(해당 시설의 장을 포함한다. 이하 이 조에서 "문화시설"이라 한다)은 대통령령으로 정하는 기준에 해당하는 상당한 조사를 하였어도 공표된 저작물(제3조에 따른 외국인의 저작물은 제외한다. 이하 이 조에서 같다)의 저작재산권자나 그의 거소를 알 수 없는 경우 그 문화시설에 보관된 자료를 수집·정리·분석·보존하여 공중에게 제공하기 위한 목적(영리를 목적으로 하는 경우는 제외한다)으로 그 자료를 사용하여 저작물을 복제·배포·공연·전시 또는 공중송신할 수 있다. 다만, 저작재산권자는 이러한 문화시설의 이용에 대하여 해당 저작물의 이용을 중단할 것을 요구할 수 있으며, 요구를 받은 문화시설은 지체 없이 해당 저작물의 이용을 중단하여야 한다.

⒅ 저작물의 공정한 이용(제35조의5)

저작물의 일반적인 이용 방법과 충돌하지 아니하고 저작자의 정당한 이익을 부당하게 해치지 아니하는 경우에는 저작물을 이용할 수 있다. 다만, 저작물 이용 행위가 저작물의 공정한 이용에 해당하는지를 판단할 때에는 ① 이용의 목적 및 성격, ② 저작물의 종류 및 용도, ③ 이용된 부분이 저작물 전체에서 차지하는 비중과 그 중요성, ④ 저작물의 이용이 그 저작물의 현재 시장 또는 가치나 잠재적인 시장 또는 가치에 미치는 영향 사항 등을 고려하여야 한다.

2. 번역 등에 의한 이용

「저작권법」은 그 제한사유에 따라 번역만을 허용하는 경우와 번역뿐만 아니라 편곡·개작까지 허용하는 경우를 나누어 규정하고 있다(제36조).

3. 출처의 명시

저작재산권이 제한되는 경우라도 저작물을 이용하는 자는 그 출처를 명시하여야 한다. 다만 시사보도를 위한 이용, 영리를 목적으로 하지 아니하는 공연·방송, 사적이용을 위한 복제, 도서관 등에서의 복제, 시험문제를 위한 복제 등의 경우에는 성질상 출처 명시를 강제하는 것이 적절하지 않기 때문에 예외가 인정된다. 출처의 명시는 저작물의 이용 상황에 따라 합리적이라고 인정되는 방법으로 하여야 하며, 저작자의 실명 또는 이명이 표시된 저작물인 경우에는 그 실명 또는 이명을 명시하여야 한다.

제 3 절 저작권의 활용

학습 개관

저작권 중 저작인격권은 양도가 되지 않는 일신전속적인 성격을 갖고 있으나, 저작재산권의 경우에는 양도와 이용을 위한 허락이 인정된다. 특히 저작권의 활용이 저작권자 자신에 의한 이용보다는 제3자에 대한 이용허락을 통하여 이루어진다는 점에서 저작물의 이용허락은 저작권 활용의 핵심 요소라 평가할 수 있다. 또한, 저작물의 양도나 이용허락을 제한하기 위하여 질권을 설정할 수 있으며, 특정한 경우에는 이용허락이 법적으로 강제된다. 한편, 「저작권법」에서는 저작자 또는 저작권자의 이익 보호를 위하여 저작재산권의 이전 등 소정의 사항에 대한 등록제도를 두고 있다.

학습 포인트

저작권의 양도 개념을 알아본다.
저작권의 이용허락제도에 대하여 알아본다.
저작권의 등록제도에 대하여 알아본다.
저작권의 위탁관리(신탁관리 및 대리중개)에 대하여 알아본다.

NCS 및 NCS 학습모듈

NCS 및 NCS 학습모듈	하위 목차명	저작재산권의 양도, 저작물의 이용허락, 저작물의 행사, 저작권의 등록과 인증, 저작권 위탁관리	
	대분류	08. 문화·예술·디자인·방송	
	중분류	01. 문화·예술	
	소분류	01. 문화·예술경영	
	세분류	02. 문화·예술행정	
	능력단위 (능력단위요소)	09. 법률 지원	
	주요 지식·기술·태도	•저작재산권의 양도 및 이용허락을 하기 위한 기본지식 •배타적발행권과 출판권 및 저작권의 등록과 인증에 관한 지식	

01 저작재산권의 양도

저작인격권은 양도 불가의 일신전속적인 권리이지만, 저작재산권은 경제적 이익을 보호하기 위한 권리로서 양도와 상속, 그리고 이용을 위한 허락이 가능하다.

1. 저작재산권 양도의 태양

저작재산권은 전부 또는 일부를 양도할 수 있다(저작권법 제45조 제1항). 저작재산권의 경우 일부 양도가 가능하기 때문에 복제권은 출판사 A에게, 공중송신권은 B에게, 공연권은 C에게 분리하여 양도하는 것이 가능하며,[178] 저작재산권을 구성하는 권리별로도 양도할 수 있으며, 시간적·장소적으로 한정하여 양도하는 것도 가능하다. 그리고 저작재산권을 전부 양도하는 경우 2차적저작물 작성권의 포함 여부가 문제될 수 있는데, 「저작권법」에서는 저작재산권의 전부를 양도하는 경우에 특약이 없는 때에는 제22조에 따른 2차적저작물을 작성하여 이용할 권리는 포함되지 아니한 것으로 추정한다. 다만, 프로그램의 경우 특약이 없으면 2차적저작물작성권도 함께 양도된 것으로 추정한다(저작권법 제45조 제2항).

2. 저작재산권의 기증

저작재산권자등은 자신의 권리를 문화체육관광부장관에게 기증할 수 있다(저작권법 제135조 제1항). 문화체육관광부장관은 저작재산권자등으로부터 기증된 저작물등의 권리를 공정하게 관리할 수 있는 단체를 지정할 수 있으며(저작권법 제135조 제2항), 지정된 단체는 영리를 목적으로 또는 해당 저작재산권자등의 의사에 반하여 저작물등을 이용할 수 없다(저작권법 제135조 제3항).

02 저작물의 이용허락

저작권자가 아닌 자가 저작물을 이용할 수 있는 경우는 저작권자와의 계약에 의하여 이용하는 경우, 법률에 의하여 이용할 수 있는 경우(법정허락), 정부기관 등의 허락을 받고 이용하는 경우(강제허락)로 나누어 볼 수 있을 것이다.[179]

---

178) 윤선희, 《지적재산권법 20정판》, 세창출판사, 2023, p. 478
179) 윤선희, 《지적재산권법 20정판》, 세창출판사, 2023, p. 481

지식재산능력시험

지식재산 창출 ─
제1장
제2장
제3장
제4장
제5장
제6장

1. 이용허락의 의의

이용허락이란 저작물을 이용하고자 하는 자에 대하여 일정한 범위 내지 방법으로 저작물의 이용을 인정하는 저작권자의 의사표시를 말한다.[180] 이에 저작재산권자는 다른 사람에게 그 저작물의 이용을 허락할 수 있다(저작권법 제46조 제1항). 당사자 간의 사적 계약에 의해 저작물을 이용하는 경우로, 이용허락을 받은 자는 허락받은 이용 방법 및 조건의 범위 안에서 그 저작물을 이용할 수 있으며(저작권법 제46조 제2항), 이용허락에 의하여 저작물을 이용할 수 있는 권리는 저작재산권자의 동의 없이 제3자에게 이를 양도할 수 없다(저작권법 제46조 제3항).

2. 저작물 이용의 법정허락

「저작권법」은 소정의 경우에는 저작재산권자의 의사와는 관계없이 공익적인 관점에서 법률의 규정에 따라 저작물을 이용할 수 있는 법정허락제도를 두고 있다.[181]

(1) 법정허락의 사유

다음의 경우에는 누구든지 대통령령이 정하는 바에 따라 문화체육관광부장관의 승인을 얻은 후 문화체육관광부장관이 정하는 기준에 의한 보상금을 지급하거나 공탁하고 이를 이용할 수 있다.

① 저작재산권자 불명인 저작물의 이용

상당한 노력을 기울였어도 공표된 저작물의 저작재산권자나 그의 거소를 알 수 없어 그 저작물의 이용허락을 받을 수 없는 경우(저작권법 제50조 제1항)

② 공표된 저작물의 방송

공표된 저작물을 공익을 위한 필요에 따라 방송하려는 방송사업자가 그 저작재산권자와 협의하였으나 협의가 성립되지 아니하는 경우(저작권법 제51조)

③ 상업용 음반의 제작

상업용 음반이 우리나라에서 처음으로 판매되어 3년이 지난 경우 그 음반에 녹음된 저작물을 녹음하여 다른 상업용 음반을 제작하려는 자가 그 저작재산권자와 협의하였으나 협의가 성립되지 아니하는 때(저작권법 제52조)

저작물의 법정허락에 관한 규정은 실연·음반 및 방송 이용과 관련하여 준용된다(저작권법 제89조).

---

180) 윤선희, ≪지적재산권법 20정판≫, 세창출판사, 2023, p. 481
181) 저작권자와 저작물을 이용하려는 자와의 협의가 성립되지 않을 때에 저작권자에 대하여 그 저작물의 이용을 강제하는 것을 강제허락으로 구별하기도 한다. 즉, 저작권자와의 협의를 전제로 한다는 점에서 법정허락과 다르지만, 저작권자의 의사에 반하여도 저작물을 이용할 수 있다는 점에서는 법정허락과 동일하다(윤선희, ≪지적재산권법 20정판≫, 세창출판사, 2023, p. 483). 다만, 「저작권법」에서는 제5절에서 저작물 이용의 법정허락이라고 규정하고 제50조 내지 제52조를 규정하고 있어 본 교재에서는 법정허락으로 통일하여 기술하기로 한다.

(2) 상당한 노력의 생략

법정허락된 저작물이 다시 법정허락의 대상이 되는 때에는 상당한 노력의 절차를 생략할 수 있다.

(3) 보상금의 공탁

법정허락은 이용자의 보상금 공탁을 전제로 한다. 보상금의 공탁은 해당 저작재산권자의 주소가 대한민국 내에 있을 경우에는 해당 주소지의 관할 공탁소에, 그 밖의 경우에는 보상금을 공탁하는 자의 주소지의 관할 공탁소에 하여야 한다.

3. 배타적발행권[182]과 출판권

(1) 의의

저작물을 발행하거나 복제·전송(이하 "발행등"이라 한다)할 권리를 가진 자는 그 저작물을 발행등에 이용하고자 하는 자에 대하여 배타적 권리(이하 "배타적발행권")를 설정할 수 있다(저작권법 제57조 제1항). 저작재산권자는 그 저작물에 대하여 발행등의 방법 및 조건이 중첩되지 않는 범위 내에서 새로운 배타적발행권을 설정할 수 있다(저작권법 제57조 제2항).

(2) 배타적발행권자의 권리와 의무

배타적발행권을 설정받은 자(이하 "배타적발행권자"라 한다)는 그 설정행위에서 정하는 바에 따라 그 배타적발행권의 목적인 저작물을 발행등의 방법으로 이용할 권리를 가진다(저작권법 제57조 제3항). 다만, 저작재산권자는 그 저작물의 복제권·배포권·전송권을 목적으로 하는 질권이 설정되어 있는 경우에는 그 질권자의 허락이 있어야 배타적발행권을 설정할 수 있다(저작권법 제57조 제4항).

배타적발행권자는 그 설정행위에 특약이 없는 때에는 배타적발행권의 목적인 저작물을 복제하기 위하여 필요한 원고 또는 이에 상응하는 물건을 받은 날부터 9개월 이내에 이를 발행등의 방법으로 이용하여야 하며(저작권법 제58조 제1항), 그 설정행위에 특약이 없는 때에는 관행에 따라 그 저작물을 계속하여 발행등의 방법으로 이용하여야 한다(저작권법 제58조 제2항). 그리고 특약이 없는 때에는 각 복제물에 대통령령으로 정하는 바에 따라 저작재산권자의 표지를 하여야 한다(저작권법 제58조 제3항).

그리고 배타적발행권자는 저작재산권자의 동의 없이 배타적발행권을 양도하거나 또는 질권의 목적으로 할 수 없다(저작권법 제62조).

---

182) 배타적발행권은 한미 FTA를 이행할 목적으로 2011년 개정 신설되었다. 사실적으로 배타적발행권이나 출판권은 같은 내용으로 종이책을 출판하려면 출판권을 획득하여야 하고 전자책을 내려면 배타적발행권을 획득하여야 한다.

지식재산능력시험

지식재산 창출 ㅡ

제1장

제2장

제3장

제4장

제5장

제6장

(3) 저작권자의 저작물의 수정 증감

배타적발행권자가 배타적발행권의 목적인 저작물을 발행등의 방법으로 다시 이용하는 경우에 저작자는 정당한 범위 안에서 그 저작물의 내용을 수정하거나 증감할 수 있다(저작권법 제58조의2 제1항). 이에 배타적발행권자는 배타적발행권의 목적인 저작물을 발행등의 방법으로 다시 이용하고자 하는 경우에 특약이 없는 때에는 그때마다 미리 저작자에게 그 사실을 알려야 한다(저작권법 제58조의2 제2항).

(4) 배타적발행권의 존속기간 및 소멸통지

배타적발행권은 그 설정행위에 특약이 없는 때에는 맨 처음 발행등을 한 날부터 3년간 존속한다. 다만, 저작물의 영상화를 위하여 배타적발행권을 설정하는 경우에는 5년으로 한다(저작권법 제59조 제1항). 저작재산권자는 배타적발행권 존속기간 중 그 배타적발행권의 목적인 저작물의 저작자가 사망한 때에는 저작자를 위하여 저작물을 전집 그 밖의 편집물에 수록하거나 전집 그 밖의 편집물의 일부인 저작물을 분리하여 이를 따로 발행등의 방법으로 이용할 수 있다(저작권법 제59조 제2항).

저작재산권자는 배타적발행권자가 본인의 의무를 위반한 경우에는 6개월 이상의 기간을 정하여 그 이행을 최고하고 그 기간 내에 이행하지 아니하는 때에는 배타적발행권의 소멸을 통지할 수 있다(저작권법 제60조 제1항). 저작재산권자는 배타적발행권자가 그 저작물을 발행등의 방법으로 이용하는 것이 불가능하거나 이용할 의사가 없음이 명백한 경우에는 위 기간에도 불구하고 즉시 배타적발행권의 소멸을 통지할 수 있다(저작권법 제60조 제2항). 만약 위 배타적발행권의 소멸을 통지한 경우에는 배타적발행권자가 통지를 받은 때에 배타적발행권이 소멸한 것으로 본다(저작권법 제60조 제3항).

(5) 출판권에 관한 특례

2011년 「저작권법」 개정으로 배타적발행권이 도입됨에 따라 출판권에 관한 규정이 배타적발행권으로 편입되고, 일부 규정의 경우 출판에 관한 특례로 규정하게 되었다. 여기서 출판이란 어떠한 사람이 자기의 사상이나 감정 등을 많은 사람들에게 전달하료고 기계적인 방법을 이용하여 서적, 도화 등을 만드는 것을 말한다.[183] 이에 저작물을 복제·배포할 권리를 가진 자(이하 "복제권자"라 한다)는 그 저작물을 인쇄 그 밖에 이와 유사한 방법으로 문서 또는 도화로 발행하고자 하는 자에 대하여 이를 출판할 권리(이하 "출판권"이라 한다)를 설정할 수 있다(저작권법 제63조 제1항). 이에 따라 출판권을 설정받은 자(이하 "출판권자"라 한다)는 그 설정행위에서 정하는 바에 따라 그 출판권의 목적인 저작물을 원작 그대로 출판할 권리를 가진다(저작권법 제63조 제2항). 그 밖에 배타적발행권에 관한 대부분의 내용은 출판권에 관하여 준용된다(저작권법 제63조의2).

---

183) 윤선희, ≪지적재산권법 20정판≫, 세창출판사, 2023, p. 487

03 저작물의 행사

1. 저작재산권을 목적으로 하는 질권의 행사

저작재산권을 목적으로 하는 질권은 그 저작재산권의 양도 또는 그 저작물의 이용에 따라 저작재산권자가 받을 금전 그 밖의 물건(제57조에 따른 배타적발행권 및 제63조에 따른 출판권 설정의 대가를 포함한다)에 대하여도 행사할 수 있다. 다만, 이들의 지급 또는 인도 전에 이를 압류하여야 한다(저작권법 제47조 제1항). 그리고 질권의 목적으로 된 저작재산권은 설정행위에 특약이 없으면 저작재산권자가 이를 행사한다(저작권법 제47조 제2항).

2. 공동저작물의 저작재산권의 행사

공동저작물의 저작재산권은 그 저작재산권자 전원의 합의에 의하지 아니하고는 이를 행사할 수 없으며, 다른 저작재산권자의 동의가 없으면 그 지분을 양도하거나 질권의 목적으로할 수 없다. 이 경우 각 저작재산권자는 신의에 반하여 합의의 성립을 방해하거나 동의를 거부할 수 없다(저작권법 제48조 제1항). 또한 공동저작물의 이용에 따른 이익은 공동저작자 간에 특약이 없는 때에는 그 저작물의 창작에 이바지한 정도에 따라 각자에게 배분된다. 이 경우 각자의 이바지한 정도가 명확하지 아니한 때에는 균등한 것으로 추정하며(저작권법 제48조 제2항), 공동저작물의 저작재산권자는 그 공동저작물에 대한 자신의 지분을 포기할 수 있으며, 포기하거나 상속인 없이 사망한 경우에 그 지분은 다른 저작재산권자에게 그 지분의 비율에 따라 배분된다(저작권법 제48조 제3항).

지식재산능력시험

지식재산 창출 —

제1장

제2장

제3장

제4장

제5장

제6장

[04] 저작권의 등록과 인증

1. 의의

「저작권법」은 무방식주의에 입각하고 있기 때문에 특허권·상표권 등의 경우와 달리 등록은 권리발생요건이 아니며, 저작재산권의 이전 등에 있어서도 대항요건에 불과하다. 다만, 「저작권법」상의 일정한 사항에 대하여 저작권등록부, 출판권등록부, 저작인접권등록부 또는 데이터베이스제작자 권리등록부 등에 그 사실을 등록할 수 있게 하고 그 등록에 따른 소정의 법적 효과를 인정하고 있다.

2. 등록의 절차

등록은 촉탁 또는 신청에 의하며, 신청의 경우 등록신청서를 문화체육관광부장관에게 제출한다. 현재 저작권 등록 업무는 「저작권법」에 따라 한국저작권위원회에 위탁하여 운영되고 있다. 「저작권법」은 등록의 요건이나 등록관청의 심사 권한에 대하여 아무런 규정을 두고 있지 않지만, 등록이 가지는 공시효 및 추정효 등의 제도적 취지와 법적 효과를 고려해 보면 등록관청은 등록신청서의 형식적 요건뿐만 아니라 신청 대상의 최소한도의 저작물성에 관한 심사도 할 수 있다고 해석된다.[184]

저작권자는 ① 저작자의 실명·이명(공표 당시에 이명을 사용한 경우로 한정한다)·국적·주소 또는 거소, ② 저작물의 제호·종류·창작연월일, ③ 공표의 여부 및 맨 처음 공표된 국가·공표연월일, ④ 그 밖에 대통령령으로 정하는 사항을 등록할 수 있다(저작권법 제53조 제1항).

3. 등록의 효력

(1) 공표 및 발행의 추정

저작자로 실명이 등록된 자는 그 등록저작물의 저작자로, 창작연월일 또는 맨 처음의 공표연월일이 등록된 저작물은 등록된 연월일에 창작 또는 맨 처음 공표된 것으로 추정한다. 다만, 저작물을 창작한 때부터 1년이 지난 후에 창작연월일을 등록한 경우에는 등록된 연월일에 창작된 것으로 추정하지 아니한다(저작권법 제53조 제3항). 또한, 「저작권법」은 등록되어 있는 저작권, 배타적발행권, 출판권, 저작인접권 또는 데이터베이스제작자의 권리를 침해한 자는 그 침해행위에 과실이 있는 것으로 추정하는 효과를 부여하고 있다(저작권법 제125조 제4항).

---

184) 정상조·박준석, 《지적재산권법》, 한국방송통신대학교출판문화원, 2011

(2) 대항요건

① 저작재산권의 양도(상속 그 밖의 일반승계의 경우는 제외한다) 또는 처분제한, ② 제57조에 따른 배타적발행권 또는 제63조에 따른 출판권의 설정·이전·변경·소멸 또는 처분제한, ③ 저작재산권, 제57조에 따른 배타적발행권 및 제63조에 따른 출판권을 목적으로 하는 질권의 설정·이전·변경·소멸 또는 처분제한에 관한 사항을 등록할 수 있으며, 이를 등록하지 아니하면 제3자에게 대항할 수 없다(저작권법 제54조). 다만, 이 규정은 선의의 제3자를 보호하기 위한 것이므로, 저작권 양도인의 배임행위에 적극 가담하여 저작권을 이중으로 양도받은 자는 설사 자기 명의로 저작권 이전등록을 마쳤다 하더라도 선의의 제3자에 해당하지 않기 때문에 원양수인은 악의의 2중 양수인에 대해 이전등록을 말소해 줄 것을 청구할 수 있다.

(3) 과실의 추정

등록되어 있는 저작권, 배타적발행권(제88조 및 제96조에 따라 준용되는 경우를 포함한다), 출판권, 저작인접권 또는 데이터베이스제작자의 권리를 침해한 자는 그 침해행위에 과실이 있는 것으로 추정한다(저작권법 제125조 제4항).

(4) 법정손해배상의 청구 요건

저작재산권자등이 법정손해배상의 청구를 하기 위해서는 침해행위가 일어나기 전에 제53조부터 제55조까지의 규정(제90조 및 제98조에 따라 준용되는 경우를 포함한다)에 따라 그 저작물등이 등록되어 있어야 한다(저작권법 제125조의2 제3항).

4. 저작권 인증

저작물의 해외 수출 및 거래 등 저작물의 거래의 안전과 신뢰보호를 위해 누가 진정한 권리인지 여부를 인증하는 제도를 도입할 필요성이 제기되어, 2006년 「저작권법」 개정으로 저작권에 대한 인증제도가 도입되었다.[185] 이와 같이 인증은 저작물등의 이용허락 등을 위하여 정당한 권리자임을 증명하는 것을 말한다. 문화체육관광부장관은 저작물등의 거래의 안전과 신뢰보호를 위하여 인증기관을 지정할 수 있는데(저작권법 제56조 제1항), 「저작권법 시행령」에 따라 한국저작권위원회 등이 인증기관으로 지정받아 인증 업무를 수행하고 있다.

---

185) 윤선희, 《지적재산권법 20정판》, 세창출판사, 2023, p. 519

지식재산능력시험

지식재산 창출

제1장

제2장

제3장

제4장

제5장

제6장

05 저작권 위탁관리

1. 의의

저작권위탁관리업은 저작권신탁관리업과 저작권대리중개업으로 나뉜다. 저작권자와 저작물을 이용하고자 하는 자가 개별적으로 상대방을 찾아 협상을 하고 분쟁에 대처하는 것은 매우 번거롭고 제약이 많다. 따라서 「저작권법」은 저작권자의 이익을 보호하면서 저작물의 이용을 장려하기 위하여 저작권의 위탁관리에 관한 규정을 두고 있다.

저작권신탁관리업은 저작재산권자, 배타적발행권자, 출판권자, 저작인접권자 또는 데이터베이스제작자의 권리를 가진 자를 위하여 그 권리를 신탁받아 이를 지속적으로 관리하는 업을 말하며, 저작물등의 이용과 관련하여 포괄적으로 대리하는 경우를 포함한다(저작권법 제2조 제26호). 그리고 저작권대리중개업은 저작재산권자, 배타적발행권자, 출판권자, 저작인접권자 또는 데이터베이스제작자의 권리를 가진 자를 위하여 그 권리의 이용에 관한 대리 또는 중개행위를 하는 업을 말한다(저작권법 제2조 제27호).

2. 허가 · 신고

저작권신탁관리업을 하고자 하는 자는 대통령령으로 정하는 바에 따라 문화체육관광부장관의 허가를 받아야 하며, 저작권대리중개업을 하고자 하는 자는 대통령령으로 정하는 바에 따라 문화체육관광부장관에게 신고하여야 한다. 다만, 문화체육관광부장관은 「공공기관의 운영에 관한 법률」에 따른 공공기관을 저작권신탁관리단체로 지정할 수 있다(저작권법 제105조 제1항). 이처럼 저작권신탁관리업을 하고자 하는 자는 ① 저작물등에 관한 권리자로 구성된 단체일 것, ② 영리를 목적으로 하지 아니할 것, ③ 사용료의 징수 및 분배 등의 업무를 수행하기에 충분한 능력이 있을 것과 같은 요건을 갖추어야 하며, 대통령령으로 정하는 바에 따라 저작권신탁관리업무규정을 작성하여 이를 저작권신탁관리허가신청서와 함께 문화체육관광부장관에게 제출하여야 한다(저작권법 제105조 제2항). 또한 저작권대리중개업의 신고를 하려는 자는 대통령령으로 정하는 바에 따라 저작권대리중개업무규정을 작성하여 저작권대리중개업 신고서와 함께 문화체육관광부장관에게 제출하여야 한다(저작권법 제105조 제3항).

3. 수수료의 징수와 권리

저작권위탁관리업의 허가를 받거나 신고를 한 자(이하 "저작권위탁관리업자"라 한다)는 그 업무에 관하여 저작재산권자나 그 밖의 관계자로부터 수수료를 받을 수 있다(저작권법 제105조 제8항). 다만, 따른 수수료의 요율 또는 금액 및 저작권신탁관리업자가 이용자로부터 받는 사용료의 요율 또는 금액은 저작권신탁관리업자가 문화체육관광부장관의 승인을 받아 이를 정한다. 이 경우 문화체육관광부장관은 대통령령으로 정하는 바에 따라 이해관계인의 의견을 수렴하여야 한다(저작권법 제105조 제9항).

4. 의무 등

저작권신탁관리업자는 그가 관리하는 저작물등의 목록과 이용계약 체결에 필요한 정보를 대통령령으로 정하는 바에 따라 분기별로 도서 또는 전자적 형태로 작성하여 주된 사무소에 비치하고 인터넷 홈페이지를 통하여 공개하여야 하며(저작권법 제106조 제1항), 이용자가 서면으로 요청하는 경우에는 정당한 사유가 없으면 관리하는 저작물등의 이용계약을 체결하기 위하여 필요한 정보로서 대통령령으로 정하는 정보를 상당한 기간 이내에 서면으로 제공하여야 한다(저작권법 제106조 제2항).

문화체육관광부장관은 음반을 사용하여 공연하는 자로부터 제105조 제9항에 따른 사용료를 받는 저작권신탁관리업자 및 상업용 음반을 사용하여 공연하는 자로부터 제76조의2와 제83조의2에 따라 징수하는 보상금수령단체에 이용자의 편의를 위하여 필요한 경우 대통령령으로 정하는 바에 따라 통합 징수를 요구할 수 있다. 이 경우 그 요구를 받은 저작권신탁관리업자 및 보상금수령단체는 정당한 사유가 없으면 이에 따라야 한다(저작권법 제106조 제3항).

저작권신탁관리업자는 ① 저작권 신탁계약 및 저작물 이용계약 약관, 저작권 사용료 징수 및 분배규정 등 저작권신탁관리 업무규정, ② 임원보수 등 대통령령으로 정하는 사항을 기재한 연도별 사업보고서, ③ 연도별 저작권신탁관리업에 대한 결산서(재무제표와 그 부속서류를 포함한다), ④ 저작권신탁관리업에 대한 감사의 감사보고서, ⑤ 그 밖에 권리자의 권익보호 및 저작권신탁관리업의 운영에 관한 중요한 사항으로서 대통령령으로 정하는 사항을 누구든지 열람할 수 있도록 주된 사무소에 비치하고 인터넷 홈페이지를 통하여 공개하여야 한다(저작권법 제106조 제7항).

5. 감독

문화체육관광부장관은 저작권신탁관리업자의 대표자 또는 임원이 직무와 관련하여 ① 이 법 또는 「형법」 제355조 또는 제356조를 위반하여 벌금형 이상을 선고받아(집행유예를 선고받은 경우를 포함한다) 그 형이 확정된 경우, ② 회계부정, 부당행위 등으로 저작재산권, 그 밖에 이 법에 따라 보호되는 재산적 권리를 가진 자에게 손해를 끼친 경우, ③ 이 법에 따른 문화체육관광부장관의 감독업무 수행을 방해하거나 기피하는 경우에 해당하는 경우에는 저작권신탁관리업자에게 해당 대표자 또는 임원의 징계를 요구할 수 있다(저작권법 제108조).

제 4 절 저작인접권 등

학습 개관

음악이나 연극과 같이 문학적·예술적 저작물은 창작자 이외에도 이를 실연하고 녹음·방송 등 배포에 기여하는 자가 관여하며, 이들은 저작물의 표현에 있어서 필요불가결한 동반관계를 갖는다. 이처럼 저작물의 창작은 아니지만 저작물의 확산에 기여하는 자들에게도 정당한 이익을 보장해 줄 필요가 있다. 이것을 저작권에 인접하는 권리라는 점에서 저작인접권이라고 하며, 「저작권법」은 실연자, 음반제작자 및 방송사업자에게 저작인접권을 인정하고 있다. 본 절에서는 저작인접권을 향유하는 자와 각각의 저작인접권자에게 부여되는 권리의 내용 및 그 보호기간 등에 대하여 살펴본다.

학습 포인트

저작인접권의 유형을 알아본다.
저작인접권의 내용을 알아본다.
저작인접권의 보호기간을 알아본다.

NCS 및 NCS 학습모듈

하위 목차명	저작인접권, 데이터베이스제작자 및 온라인서비스제공자의 보호, 기술적 보호조치 및 권리관리정보, 영상저작물에 관한 특례, 컴퓨터프로그램에 관한 특례	
NCS 및 NCS 학습모듈	대분류	08. 문화·예술·디자인·방송
	중분류	01. 문화·예술
	소분류	01. 문화·예술경영
	세분류	02. 문화·예술행정
	능력단위 (능력단위요소)	09. 법률 지원
	주요 지식·기술· 태도	• 저작권법, 문화·예술경영에 대한 지식 • 저작권법 적용 능력, 산업적 문제 분석 능력, 정보의 전달 능력 • 저작권에 대한 중립성 유지, 객관적 자세

01 저작인접권

1. 저작인접권의 의의

실연자·음반제작자 및 방송사업자는 저작물의 직접적 창작자는 아니지만, 창작에 준하는 활동을 통해 저작물의 전달자로서의 역할을 수행한다. 이 점에서 「저작권법」은 이들에게 저작권에 유사한 권리로서 저작인접권을 인정하고 있으며, 저작인접권에 관한 국제조약으로는 음반보호조약(제네바조약), 인접권조약(로마조약), WTO/TRIPs 등이 있으며, 이 중 WTO/TRIPs의 경우 저작인접권(neighbouring right)을 관련 권리(related right)로 규정하여 로마조약과 구별하고 있다.[186]

2. 실연자의 저작인접권

실연자는 저작물을 연기·무용·연주·가창·구연·낭독 그 밖의 예능적 방법으로 표현하거나 저작물이 아닌 것을 이와 유사한 방법으로 표현하는 실연을 하는 자를 말하며, 실연을 지휘, 연출 또는 감독하는 자를 포함한다(저작권법 제2조 제4호). 「저작권법」은 실연자에게 저작재산권뿐만 아니라 저작인격권에 유사한 소정의 권리를 인정하고 있다.

	인격적 권리	성명표시권, 동일성유지권
실연자	재산적 권리	• 복제권, 배포권, 대여권, 공연권, 방송권, 전송권 • 방송사업자의 실연자에 대한 보상 • 디지털음성송신사업자의 실연자에 대한 보상 • 상업용 음반을 사용하여 공연하는 자의 실연자에 대한 보상
음반제작자		• 복제권, 배포권, 대여권, 전송권 • 방송사업자의 음반제작자에 대한 보상 • 디지털음성송신사업자의 음반제작자에 대한 보상 • 상업용 음반을 사용하여 공연하는 자의 음반제작자에 대한 보상
방송사업자		복제권, 동시중계방송권, 공연권(입장료를 받는 경우에 한함)

❙ 음반제작자와 방송사업자는 실연자와 달리 인격적 권리(저작인격권)가 인정되지 않는다.

(1) 실연자의 인격적 권리

실연자는 저작자의 성명표시권과 동일성유지권에 유사한 권리를 가지며, 이는 실연자 일신에 전속한다(저작권법 제66조 내지 제68조). 실연자는 그의 실연 또는 실연의 복제물에 그의 실명 또는 이명을 표시할 권리를 가지며, 그 실연의 내용과 형식의 동일성을 유지할 권리를 갖지만, 예외적으로 실연의 성질이나 그 이용의 목적 및 형태 등에 비추어 부득이하다고 인정되는 경우에는 그러하지 아니하다.

---

186) 윤선희, 《지적재산권법 20정판》, 세창출판사, 2023, p. 488

지식재산능력시험

지식재산 창출 ─
제1장
제2장
제3장
제4장
제5장
제6장

(2) 실연자의 재산적 권리

실연자는 복제권, 배포권, 대여권, 공연권, 방송권 및 전송권을 가진다(저작권법 제69조 내지 제74조). 2명 이상이 공동으로 합창·합주 또는 연극 등을 실연하는 경우에 이 절에 규정된 실연자의 권리(실연자의 인격권은 제외한다)는 공동으로 실연하는 자가 선출하는 대표자가 이를 행사한다. 다만, 대표자의 선출이 없는 경우에는 지휘자 또는 연출자 등이 이를 행사한다(저작권법 제77조 제1항). 이에 따라 실연자의 권리를 행사하는 경우에 독창 또는 독주가 함께 실연된 때에는 독창자 또는 독주자의 동의를 얻어야 한다(저작권법 제77조 제2항).

(3) 보상

방송사업자·디지털음성송신사업자 및 실연이 녹음된 상업용 음반을 사용하여 공연을 하는 자는 실연이 녹음된 상업용 음반을 사용하여 방송하는 경우에는 그 실연자에게 상당한 보상금을 지급하여야 한다. 이 경우, 실연자가 외국인인 경우에는 상호주의에 따라 보상금 지급 의무를 부담한다(저작권법 제75조 제1항, 제76조 제1항, 제76조의2 제1항).

3. 음반제작자의 저작인접권

음반제작자는 그의 음반에 대하여 복제권, 배포권, 대여권 및 전송권을 가진다(저작권법 제78조 내지 81조). 또한 방송사업자, 디지털음성송신사업자 및 상업용 음반을 사용하여 공연을 하는 자는 상업용 음반을 사용하여 방송하는 경우 상당한 보상금을 그 음반제작자에게 지급하여야 한다(저작권법 제82조 제1항, 제83조 제1항 및 제83조의2 제1항). 이 경우 음반제작자가 외국인인 경우에는 실연자의 경우와 마찬가지로 상호주의에 따른다.

4. 방송사업자의 저작인접권

방송사업자는 복제권, 동시중계방송권 및 공연권을 가진다(저작권법 제84조 내지 제85조의2).

5. 저작인접권의 발생과 존속기간

(1) 저작인접권의 발생

저작인접권은 ① 실연의 경우에는 그 실연을 한 때, ② 음반의 경우에는 그 음을 맨 처음 음반에 고정한 때, ③ 방송의 경우에는 그 방송을 한 때부터 발생하며 어떠한 절차나 형식의 이행을 필요로 하지 아니한다(저작권법 제86조 제1항).

(2) 저작인접권의 보호기간

① 실연의 경우에는 그 실연을 한 때(다만, 실연을 한 때부터 50년 이내에 실연이 고정된 음반이 발행된 경우에는 음반을 발행한 때), ② 음반의 경우에는 그 음반을 발행한 때(다만, 음을 음반에 맨 처음 고정한 때의 다음 해부터 기산하여 50년이 지난 때까지 음반을 발행하지 아니한 경우에는 음을 음반에 맨 처음 고정한 때), ③ 방송의 경우에는 그 방송을 한 때의 다음 해부터 기산하여 70년(방송의 경우에는 50년)간 존속한다(저작권법 제86조 제2항).

6. 저작인접권의 제한ㆍ양도ㆍ행사 등

저작인접권의 목적이 된 실연ㆍ음반 또는 방송의 이용에 관하여는 저작재산권의 제한에 관한 대부분의 규정이 준용되며(저작권법 제87조), 저작인접권은 저작재산권과 마찬가지로 전부 또는 일부를 양도할 수 있다. 저작인접권자는 다른 사람에게 그 저작인접물의 이용을 허락할 수 있으며, 허락을 받은 자는 그 허락받은 이용방법 및 조건의 범위 안에서 그 저작인접물을 이용할 수 있다(저작권법 제88조). 그리고 저작권의 등록에 관한 사항은 저작인접권 및 저작인접권의 배타적발행권의 등록에 관하여 준용된다(저작권법 제90조).

02 데이터베이스제작자 및 온라인서비스제공자의 보호

1. 데이터베이스제작자의 보호

(1) 의의

데이터베이스는 소재를 체계적으로 배열 또는 구성한 편집물로서 개별적으로 그 소재에 접근하거나 그 소재를 검색할 수 있도록 한 것을 말한다(저작권법 제2조 제19호). 2003. 5. 27. 법률 제6881호 이전의 「저작권법」에서 데이터베이스는 편집저작물인 경우에 한하여 보호받을 수 있었다. 따라서 편집물로서 창작성이 인정되지 않으면 아무리 자본을 투자하여 데이터베이스를 구축해도 아무런 보호를 받지 못하였지만, 현행 「저작권법」은 데이터베이스의 구축 및 이용을 활성화하기 위하여 데이터베이스제작자를 보호하는 별도의 규정을 두고 있다.

(2) 보호받는 데이터베이스

① 대한민국 국민, 혹은 ② 데이터베이스의 보호와 관련하여 대한민국이 가입 또는 체결한 조약에 따라 보호되는 외국인의 데이터베이스는 이 법에 따른 보호를 받는다(저작권법 제91조 제1항). 이에 따라 보호되는 외국인의 데이터베이스라도 그 외국에서 대한민국 국민의 데이터베이스를 보호하지 아니하는 경우에는 그에 상응하게 조약 및 이 법에 따른 보호를 제한할 수 있다(저작권법 제91조 제2항). 다만, ① 데이터베이스의 제작ㆍ갱신등 또는 운영에 이용되는 컴퓨터프로그램, 혹은 ② 무선 또는 유선통신을 기술적으로 가능하게 하

지식재산능력시험

지식재산 창출 —

제1장

제2장

제3장

제4장

제5장

제6장

기 위하여 제작되거나 갱신등이 되는 데이터베이스에 해당하는 데이터베이스에 대하여는 이 장의 규정을 적용하지 아니한다(저작권법 제92조).

(3) 데이터베이스제작자의 권리와 그 제한

데이터베이스제작자는 그의 데이터베이스의 전부 또는 상당한 부분을 복제·배포·방송 또는 전송(이하 이 조에서 "복제등"이라 한다)할 권리를 가진다(저작권법 제93조 제1항). 그런데 데이터베이스의 개별 소재는 위 데이터베이스의 상당한 부분으로 간주되지 아니한 다. 다만, 데이터베이스의 개별 소재 또는 그 상당한 부분에 이르지 못하는 부분의 복제등 이라 하더라도 반복적이거나 특정한 목적을 위하여 체계적으로 함으로써 해당 데이터베이 스의 일반적인 이용과 충돌하거나 데이터베이스제작자의 이익을 부당하게 해치는 경우에 는 해당 데이터베이스의 상당한 부분의 복제등으로 본다(저작권법 제93조 제2항). 그리고 저작재산권의 제한과 마찬가지로, 비영리적으로 교육·학술 또는 연구를 위하여 이용하는 경우 또는 시사보도를 위하여 이용하는 경우에는 누구든지 데이터베이스의 전부 또는 그 상당한 부분을 복제·배포·방송 또는 전송할 수 있다(저작권법 제94조 제2항).

(4) 데이터베이스의 보호기간

데이터베이스제작자의 권리는 데이터베이스의 제작을 완료한 때부터 발생하며, 그 다음 해부터 기산하여 5년간 존속한다(저작권법 제95조 제1항). 만약 데이터베이스의 갱신등을 위하여 인적 또는 물적으로 상당한 투자가 이루어진 경우에 해당 부분에 대한 데이터베이 스제작자의 권리는 그 갱신등을 한 때부터 발생하며, 그 다음 해부터 기산하여 5년간 존속 한다(저작권법 제95조 제2항).

2. 온라인서비스제공자의 책임 제한

(1) 의의

인터넷의 발달에 따라 온라인 상거래가 활발해지고 있다. 이에 따라 「저작권법」은 온라인 에서의 저작권 침해행위에 간접적으로 관여하게 되는 온라인서비스제공자에게 일정한 의 무를 부여하고 그 의무를 이행한 경우에는 책임을 면제시켜 줌으로써 온라인 상거래의 보 호와 저작권 보호의 균형점을 찾으려는 시도를 하고 있다. 이에 「저작권법」은 별도의 온라 인서비스제공자의 개념을 정의하고 있는데, 온라인서비스제공자 ① 이용자가 선택한 저작 물등을 그 내용의 수정 없이 이용자가 지정한 지점 사이에서 정보통신망(「정보통신망 이 용촉진 및 정보보호 등에 관한 법률」 제2조 제1항 제1호의 정보통신망을 말한다. 이하 같 다)을 통하여 전달하기 위하여 송신하거나 경로를 지정하거나 연결을 제공하는 자, ② 이 용자들이 정보통신망에 접속하거나 정보통신망을 통하여 저작물등을 복제·전송할 수 있 도록 서비스를 제공하거나 그를 위한 설비를 제공 또는 운영하는 자에 해당하는 자를 말한 다(저작권법 제2조 제30호).

(2) 온라인서비스제공자의 책임 제한사유

① 「저작권법」은 온라인서비스제공자의 행위 유형을 ㉠ 도관 서비스(내용의 수정 없이 저작물등을 송신하거나 경로를 지정하거나 연결을 제공하는 행위 또는 그 과정에서 저작물등을 그 송신을 위하여 합리적으로 필요한 기간 내에서 자동적·중개적·일시적으로 저장하는 행위, 제102조 제1항 제1호), ㉡ 캐싱 서비스(서비스 이용자의 요청에 따라 송신된 저작물등을 후속 이용자들이 효율적으로 접근하거나 수신할 수 있게 할 목적으로 그 저작물등을 자동적·중개적·일시적으로 저장하는 행위, 제102조 제1항 제2호), ㉢ 호스팅 서비스(복제·전송자의 요청에 따라 저작물등을 온라인서비스제공자의 컴퓨터에 저장하는 행위, 제102조 제1항 제3호), ㉣ 정보검색서비스(정보검색도구를 통하여 이용자에게 정보통신망상 저작물등의 위치를 알 수 있게 하거나 연결하는 행위, 제102조 제1항 제4호)로 구분하고 각각의 경우에 면책요건을 상세하게 규정하고 있다.

② 다만, 상기 면책요건에 불구하고, 온라인서비스제공자가 위의 조치를 취하는 것이 기술적으로 불가능한 경우에는 다른 사람에 의한 저작물등의 복제·전송으로 인한 저작권, 그 밖에 이 법에 따라 보호되는 권리의 침해에 대하여 책임을 지지 않는다(제102조 제2항).

③ 또한, 「저작권법」은 온라인서비스제공자가 자신의 서비스 안에서 침해행위가 일어나는지를 모니터링하거나 그 침해행위에 관하여 적극적으로 조사할 의무를 지지 않음을 분명히 하고 있다(제102조 제3항).

(3) 복제·전송의 중단 요구 등

① 온라인서비스제공자의 서비스를 이용한 저작물등의 복제·전송에 따라 저작권 그 밖에 이 법에 따라 보호되는 자신의 권리가 침해됨을 주장하는 자는 그 사실을 소명하여 온라인서비스제공자에게 그 저작물등의 복제·전송을 중단시킬 것을 요구할 수 있다(저작권법 제103조 제1항).

② 온라인서비스제공자는 복제·전송의 중단 및 그 재개의 요구를 받을 자를 지정하여 자신의 설비 또는 서비스를 이용하는 자들이 쉽게 알 수 있도록 공지하여야 하며, 이러한 공지를 하고 그 저작물등의 복제·전송을 중단시키거나 재개시킨 경우에는 다른 사람에 의한 저작권 그 밖에 이 법에 따라 보호되는 권리의 침해에 대한 온라인서비스제공자의 책임 및 복제·전송자에게 발생하는 손해에 대한 온라인서비스제공자의 책임을 면제한다. 다만, 온라인서비스제공자가 복제·전송 등으로 인하여 저작권 등의 권리가 침해된다는 사실을 안 때는 그때부터 복제·전송의 중단을 요구받기 전까지 발생한 책임은 면책되지 않는다(저작권법 제103조 제4항 및 제5항).

(4) 복제전송자에 관한 정보제공의 청구

권리주장자가 민사상의 소제기 및 형사상의 고소를 위하여 해당 온라인서비스제공자에게 그 온라인서비스제공자가 가지고 있는 해당 복제·전송자의 성명과 주소 등 필요한 최소한의 정보 제공을 요청하였으나 온라인서비스제공자가 이를 거절한 경우 권리주장자는 문

지식재산능력시험

지식재산 창출 —

제1장

제2장

제3장

제4장

제5장

제6장

화체육관광부장관에게 해당 온라인서비스제공자에 대하여 그 정보의 제공을 명령하여 줄 것을 청구할 수 있다(저작권법 제103조3 제1항). 이에 문화체육관광부장관은 이러한 청구가 있으면 제122조의6에 따른 저작권보호심의위원회의 심의를 거쳐 온라인서비스제공자에게 해당 복제·전송자의 정보를 제출하도록 명할 수 있으며(저작권법 제103조의2 제2항), 온라인서비스제공자는 위 명령을 받은 날부터 7일 이내에 그 정보를 문화체육관광부장관에게 제출하여야 하며, 문화체육관광부장관은 그 정보를 제1항에 따른 청구를 한 자에게 지체 없이 제공하여야 한다(저작권법 제103조의2 제3항). 해당 복제·전송자의 정보를 제공받은 자는 해당 정보를 제1항의 청구 목적 외의 용도로 사용하여서는 아니 된다(저작권법 제103조의2 제4항).

⑸ 특수한 유형의 온라인서비스제공자의 의무

다른 사람들 상호 간에 컴퓨터를 이용하여 저작물등을 전송하도록 하는 것을 주된 목적으로 하는 온라인서비스제공자(이하 "특수한 유형의 온라인서비스제공자"라 한다)는 권리자의 요청이 있는 경우 해당 저작물등의 불법적인 전송을 차단하는 기술적인 조치 등 필요한 조치를 하여야 한다(저작권법 제104조 제1항).

03 기술적 보호조치 및 권리관리정보

1. 의의

저작권자 등이 저작물의 불법복제로부터 자신의 권리를 보호하기 위하여는 복제방지장치 등 기술적 보호조치가 필요하며, 디지털 시대에 저작물의 관리를 효율적으로 하기 위해서는 저작자의 성명, 제호, 저작물의 이용 조건 등 저작물에 관한 권리관리정보를 저작물에 부착하는 것이 효율적이다. 「저작권법」은 이러한 기술적 보호조치의 파괴 및 권리관리정보의 변경 등의 침해행위로부터 이를 보호하기 위한 규정을 두고 있다.

2. 기술적 보호조치의 무력화

⑴ 기술적 보호조치의 의의

기술적 보호조치란 ① 저작권, 그 밖에 이 법에 따라 보호되는 권리의 행사와 관련하여 이 법에 따라 보호되는 저작물등에 대한 접근을 효과적으로 방지하거나 억제하기 위하여 그 권리자나 권리자의 동의를 받은 자가 적용하는 기술적 조치, ② 저작권, 그 밖에 이 법에 따라 보호되는 권리에 대한 침해 행위를 효과적으로 방지하거나 억제하기 위하여 그 권리자나 권리자의 동의를 받은 자가 적용하는 기술적 조치의 어느 하나에 해당하는 조치를 말한다(저작권법 제2조 제28호).

(2) 기술적 보호조치의 무력화 행위

누구든지 정당한 권한 없이 고의 또는 과실로 기술적 보호조치를 제거·변경하거나 우회하는 등의 방법으로 무력화하여서는 아니 된다(저작권법 제104조의2 제1항). 다만, 「저작권법」은 정당한 권한을 가지고 프로그램을 사용하는 자가 다른 프로그램과의 호환을 위하여 프로그램코드 역분석을 하거나 또는 보안성을 검사·조사 또는 보정하기 위하여 필요한 경우 등187) 소정의 경우에는 예외적으로 기술적 보호조치의 무력화 금지에 예외를 인정하고 있다. 또한 이러한 기술적 보호조치 무력화 금지와 함께, 누구든지 정당한 권한 없이 ① 기술적 보호조치의 무력화를 목적으로 홍보, 광고 또는 판촉되는 것, ② 기술적 보호조치를 무력화하는 것 외에는 제한적으로 상업적인 목적 또는 용도만 있는 것, ③ 기술적 보호조치를 무력화하는 것을 가능하게 하거나 용이하게 하는 것을 주된 목적으로 고안, 제작, 개조되거나 기능하는 것에 관련된 장치, 제품 또는 부품을 제조, 수입, 배포, 전송, 판매, 대여, 공중에 대한 청약, 판매나 대여를 위한 광고, 또는 유통을 목적으로 보관 또는 소지하거나, 서비스를 제공하여서는 아니 된다고 규정하고 있다(저작권법 제104조의2 제2항).

3. 권리관리정보의 제거·변경 등의 금지

(1) 권리관리정보의 의의

권리관리정보란 ① 저작물등을 식별하기 위한 정보, ② 저작권, 그 밖에 이 법에 따라 보호되는 권리를 가진 자를 식별하기 위한 정보, ③ 저작물등의 이용 방법 및 조건에 관한 정보 중 어느 하나에 해당하는 정보나 그 정보를 나타내는 숫자 또는 부호로서 각 정보가 저작권, 그 밖에 이 법에 따라 보호되는 권리에 의하여 보호되는 저작물등의 원본이나 그 복제물에 붙여지거나 그 공연·실행 또는 공중송신에 수반되는 것을 말한다(저작권법 제2조 제29호).

---

187) 기술적 보호조치 무력화 금지에 대한 예외는 다음과 같다. ① 암호 분야의 연구에 종사하는 자가 저작물등의 복제물을 정당하게 취득하여 저작물등에 적용된 암호 기술의 결함이나 취약점을 연구하기 위하여 필요한 범위에서 행하는 경우. 다만, 권리자로부터 연구에 필요한 이용을 허락받기 위하여 상당한 노력을 하였으나 허락을 받지 못한 경우로 한정한다. ② 미성년자에게 유해한 온라인상의 저작물등에 미성년자가 접근하는 것을 방지하기 위하여 기술·제품·서비스 또는 장치에 기술적 보호조치를 무력화하는 구성요소나 부품을 포함하는 경우. 다만, 제2항에 따라 금지되지 아니하는 경우로 한정한다. ③ 개인의 온라인상의 행위를 파악할 수 있는 개인 식별 정보를 비공개적으로 수집·유포하는 기능을 확인하고, 이를 무력화하기 위하여 필요한 경우. 다만, 다른 사람들이 저작물등에 접근하는 것에 영향을 미치는 경우는 제외한다. ④ 국가의 법집행, 합법적인 정보수집 또는 안전보장 등을 위하여 필요한 경우, ⑤ 제25조 제3항 및 제4항에 따른 학교·교육기관·교육훈련기관 및 수업지원기관, 제31조 제1항에 따른 도서관(비영리인 경우로 한정한다) 또는 「공공기록물 관리에 관한 법률」에 따른 기록물관리기관이 저작물등의 구입 여부를 결정하기 위하여 필요한 경우. 다만, 기술적 보호조치를 무력화하지 아니하고는 접근할 수 없는 경우로 한정한다. ⑥ 정당한 권한을 가지고 프로그램을 사용하는 자가 다른 프로그램과의 호환을 위하여 필요한 범위에서 프로그램코드역분석을 하는 경우, ⑦ 정당한 권한을 가진 자가 오로지 컴퓨터 또는 정보통신망의 보안성을 검사·조사 또는 보정하기 위하여 필요한 경우, ⑧ 기술적 보호조치의 무력화 금지에 의하여 특정 종류의 저작물등을 정당하게 이용하는 것이 불합리하게 영향을 받거나 받을 가능성이 있다고 인정되어 대통령령으로 정하는 절차에 따라 문화체육관광부장관이 정하여 고시하는 경우. 이 경우 그 예외의 효력은 3년으로 한다.

지식재산능력시험

지식재산 창출 ──

제1장

제2장

제3장

제4장

제5장

제6장

(2) 권리관리정보의 무력화 행위

누구든지 정당한 권한 없이 저작권, 그 밖에 이 법에 따라 보호되는 권리의 침해를 유발 또는 은닉한다는 사실을 알거나 과실로 알지 못하고 ① 권리관리정보를 고의로 제거·변경하거나 거짓으로 부가하는 행위, ② 권리관리정보가 정당한 권한 없이 제거 또는 변경되었다는 사실을 알면서 그 권리관리정보를 배포하거나 배포할 목적으로 수입하는 행위, ③ 권리관리정보가 정당한 권한 없이 제거·변경되거나 거짓으로 부가된 사실을 알면서 해당 저작물등의 원본이나 그 복제물을 배포·공연 또는 공중송신하거나 배포를 목적으로 수입하는 행위를 하여서는 아니 된다(저작권법 제104조의3 제1항).

4. 저작권자의 권리 보호를 위한 금지

그 밖에 「저작권법」은 암호화된 방송 신호의 무력화 등의 금지(제104조의4), 라벨 위조 등의 금지(제104조의5), 영상저작물 녹화 등의 금지(제104조의6) 및 방송 전 신호의 송신 금지(제104조의7) 등의 규정을 두어 저작권자의 권리를 보호하고 있다.

04 영상저작물에 관한 특례

1. 영상저작물의 의의

영상저작물은 연속적인 영상(음의 수반여부는 가리지 아니한다)이 수록된 창작물로서 그 영상을 기계 또는 전자장치에 의하여 재생하여 볼 수 있거나 보고 들을 수 있는 것을 말한다(저작권법 제2조 제13호).

2. 저작물의 영상화

저작재산권자가 저작물의 영상화를 다른 사람에게 허락한 경우에 특약이 없는 때에는 ① 영상저작물을 제작하기 위하여 저작물을 각색하는 것, ② 공개상영을 목적으로 한 영상저작물을 공개상영하는 것, ③ 방송을 목적으로 한 영상저작물을 방송하는 것, ④ 전송을 목적으로 한 영상저작물을 전송하는 것, ⑤ 영상저작물을 그 본래의 목적으로 복제·배포하는 것, ⑥ 영상저작물의 번역물을 그 영상저작물과 같은 방법으로 이용하는 것에 관한 권리를 포함하여 허락한 것으로 추정한다(저작권법 제99조 제1항). 또한 저작재산권자는 그 저작물의 영상화를 허락한 경우에 특약이 없는 때에는 허락한 날부터 5년이 지난 때에 그 저작물을 다른 영상저작물로 영상화하는 것을 허락할 수 있다(저작권법 제99조 제2항).

3. 영상저작물에 대한 권리

영상제작자와 영상저작물의 제작에 협력할 것을 약정한 자가 그 영상저작물에 대하여 저작권을 취득한 경우 특약이 없으면 그 영상저작물의 이용을 위하여 필요한 권리는 영상제작자가 이를 양도받은 것으로 추정하며(저작권법 제100조 제1항), 영상저작물의 제작에 사용되는 소설·각본·미술저작물 또는 음악저작물 등의 저작재산권은 제1항의 규정으로 인하여 영향을 받지 아니한다(저작권법 제100조 제2항). 또한 영상제작자와 영상저작물의 제작에 협력할 것을 약정한 실연자의 그 영상저작물의 이용에 관한 제69조의 규정에 따른 복제권, 제70조의 규정에 따른 배포권, 제73조의 규정에 따른 방송권 및 제74조의 규정에 따른 전송권은 특약이 없으면 영상제작자가 이를 양도받은 것으로 추정한다(저작권법 제100조 제3항).

4. 영상제작자의 권리

영상저작물의 제작에 협력할 것을 약정한 자로부터 영상제작자가 양도받는 영상저작물의 이용을 위하여 필요한 권리는 영상저작물을 복제·배포·공개상영·방송·전송 그 밖의 방법으로 이용할 권리로 하며, 이를 양도하거나 질권의 목적으로 할 수 있으며(저작권법 제101조 제1항), 실연자로부터 영상제작자가 양도받는 권리는 그 영상저작물을 복제·배포·방송 또는 전송할 권리로 하며, 이를 양도하거나 질권의 목적으로 할 수 있다(저작권법 제101조 제2항).

05 컴퓨터프로그램에 관한 특례

1. 컴퓨터프로그램저작물의 의의 및 보호대상

컴퓨터프로그램저작물은 특정한 결과를 얻기 위하여 컴퓨터 등 정보처리능력을 가진 장치(이하 "컴퓨터"라 한다) 내에서 직접 또는 간접으로 사용되는 일련의 지시·명령으로 표현된 창작물을 말한다(저작권법 제2조 제16호). 여기서 프로그램을 작성하기 위해 사용하는 프로그램 언어(프로그램을 표현하는 수단으로서 문자·기호 및 그 체계), 규약(특정한 프로그램에서 프로그램 언어의 용법에 관한 특별한 약속) 및 해법(프로그램에서 지시·명령의 조합방법)에 대해서는 이 법을 적용하지 아니한다(저작권법 제101조2).

지식재산능력시험

지식재산 창출 ─

제1장

제2장

제3장

제4장

제5장

제6장

2. 프로그램의 저작재산권 제한

① 재판 또는 수사를 위하여 복제하는 경우, ② 제119조 제1항 제2호에 따른 감정을 위하여 복제하는 경우, ③ 「유아교육법」, 「초·중등교육법」, 「고등교육법」에 따른 학교 및 다른 법률에 따라 설립된 교육기관(초등학교·중학교 또는 고등학교를 졸업한 것과 같은 수준의 학력이 인정되거나 학위를 수여하는 교육기관으로 한정한다)에서 교육을 담당하는 자가 수업과정에 제공할 목적으로 복제 또는 배포하는 경우, ④ 「초·중등교육법」에 따른 학교 및 이에 준하는 학교의 교육목적을 위한 교과용 도서에 게재하기 위하여 복제하는 경우,[188] ⑤ 가정과 같은 한정된 장소에서 개인적인 목적(영리를 목적으로 하는 경우는 제외한다)으로 복제하는 경우, ⑥ 「초·중등교육법」, 「고등교육법」에 따른 학교 및 이에 준하는 학교의 입학시험이나 그 밖의 학식 및 기능에 관한 시험 또는 검정을 목적(영리를 목적으로 하는 경우는 제외한다)으로 복제 또는 배포하는 경우, ⑦ 프로그램의 기초를 이루는 아이디어 및 원리를 확인하기 위하여 프로그램의 기능을 조사·연구·시험할 목적으로 복제하는 경우(정당한 권한에 따라 프로그램을 이용하는 자가 해당 프로그램을 이용 중인 경우로 한정한다) 중 어느 하나에 해당하는 경우에는 그 목적을 위하여 필요한 범위에서 공표된 프로그램을 복제 또는 배포할 수 있다. 다만, 프로그램의 종류·용도, 프로그램에서 복제된 부분이 차지하는 비중 및 복제의 부수 등에 비추어 프로그램의 저작재산권자의 이익을 부당하게 해치는 경우에는 그러하지 아니하다(저작권법 제101조의3 제1항). 그리고 컴퓨터의 유지·보수를 위하여 그 컴퓨터를 이용하는 과정에서 프로그램(정당하게 취득한 경우로 한정한다)을 일시적으로 복제할 수 있으며(저작권법 제101조의3 제2항), 정당한 권한에 의하여 프로그램을 이용하는 자 또는 그의 허락을 받은 자는 호환에 필요한 정보를 쉽게 얻을 수 없고 그 획득이 불가피한 경우에는 해당 프로그램의 호환에 필요한 부분에 한정하여 프로그램의 저작재산권자의 허락을 받지 아니하고 프로그램코드역분석을 할 수 있다(저작권법 제101조의4 제1항). 뿐만 아니라 프로그램의 복제물을 정당한 권한에 의하여 소지·이용하는 자는 그 복제물의 멸실·훼손 또는 변질 등에 대비하기 위하여 필요한 범위에서 해당 복제물을 복제할 수 있다(저작권법 제101조의5 제1항).

---

188) 프로그램을 교과용 도서에 게재하려는 자는 문화체육관광부장관이 정하여 고시하는 기준에 따른 보상금을 해당 저작재산권자에게 지급하여야 한다. 이 경우 보상금 지급에 관하여는 「저작권법」 제25조 제7항부터 제11항까지의 규정을 준용한다.

저작권 침해

저작권이 침해되는 경우 해당 저작권의 권리침해에 대한 구제방안, 민형사상 구제방법 등에 대해서 살펴본다.

저작권침해 구제방안인 민사상 구제방안을 알아본다.
저작권침해 구제방안인 형사상 구제방안을 알아본다.

하위 목차명		민사상 구제, 형사상 구제
NCS 및 NCS 학습모듈	대분류	08. 문화·예술·디자인·방송
	중분류	01. 문화·예술
	소분류	01. 문화·예술경영
	세분류	01. 문화·예술행정
	능력단위 (능력단위요소)	10. 문화예술 실행 사후관리
	주요 지식·기술· 태도	• 국내외 지식재산권 침해 사례에 대한 지식 • 법률정보 검색 능력 • 지식재산권 소송에 대한 위기대처 능력 • 지식재산권을 대하는 신중한 태도

지식재산능력시험

지식재산 창출 ―

제1장

제2장

제3장

제4장

제5장

제6장

저작권 등의 침해가 있는 경우 저작권자 등이 취할 수 있는 법률상 구제방법은 크게 민사상 구제와 형사상 구제로 나눌 수 있다. 다음에서는 이러한 민형사상 구제에 대해서 살펴보도록 하겠다.

01 민사상 구제

1. 침해행위정지 및 예방청구권

저작권 그 밖에 이 법에 따라 보호되는 권리를 가진 자는 그 권리를 침해하는 자에 대하여 침해의 정지를 청구할 수 있으며, 그 권리를 침해할 우려가 있는 자에 대하여 침해의 예방 또는 손해배상의 담보를 청구할 수 있다(저작권법 제123조 제1항). 그리고 ① 수입 시에 대한민국 내에서 만들어졌더라면 저작권 그 밖에 이 법에 따라 보호되는 권리의 침해로 될 물건을 대한민국 내에서 배포할 목적으로 수입하는 행위, ② 저작권 그 밖에 이 법에 따라 보호되는 권리를 침해하는 행위에 의하여 만들어진 물건(제1호의 수입물건을 포함한다)을 그 사실을 알고 배포할 목적으로 소지하는 행위, ③ 프로그램의 저작권을 침해하여 만들어진 프로그램의 복제물(제1호에 따른 수입 물건을 포함한다)을 그 사실을 알면서 취득한 자가 이를 업무상 이용하는 행위 어느 하나에 해당하는 행위는 저작권 그 밖에 이 법에 따라 보호되는 권리의 침해로 본다(저작권법 제124조 제1항). 또한 저작자의 명예를 훼손하는 방법으로 저작물을 이용하는 행위는 저작인격권의 침해로 본다(저작권법 제124조 제2항).

2. 폐기청구권

권리자는 침해행위 정지 및 예방을 청구하는 경우에 침해행위에 의하여 만들어진 물건의 폐기나 그 밖의 필요한 조치를 청구할 수 있다(저작권법 제123조 제2항).

3. 손해배상청구권 및 손해액의 추정

(1) 손해배상청구권

고의 또는 과실로 인하여 타인의 권리를 침해한 자에게 그 손해로 입은 손해의 배상을 청구할 수 있다. 이때 손해배상을 청구하기 위해서는 ① 침해자의 고의 또는 과실이 있어야 하고, ② 위법성이 존재하여야 하며, ③ 손해발생이 있어야 하고, ④ 저작권 침해행위와 손해발생 사이에 인과관계가 존재해야한다.[189]

---

189) 윤선희, 《지적재산권법 20정판》, 세창출판사, 2023, p. 533

(2) 손해액의 추정

저작재산권 그 밖에 이 법에 따라 보호되는 권리(저작인격권 및 실연자의 인격권은 제외한다)를 가진 자(이하 "저작재산권자등"이라 한다)가 고의 또는 과실로 권리를 침해한 자에 대하여 그 침해행위에 의하여 자기가 받은 손해의 배상을 청구하는 경우에 그 권리를 침해한 자가 그 침해행위에 의하여 이익을 받은 때에는 그 이익의 액을 저작재산권자등이 받은 손해의 액으로 추정한다(저작권법 제125조 제1항). 그리고 저작재산권자등이 고의 또는 과실로 그 권리를 침해한 자에게 그 침해행위로 자기가 받은 손해의 배상을 청구하는 경우에 그 권리의 행사로 일반적으로 받을 수 있는 금액에 상응하는 액을 저작재산권자등이 받은 손해의 액으로 하여 그 손해배상을 청구할 수 있다(저작권법 제125조 제2항). 이러한 청구에도 불구하고 저작재산권자등이 받은 손해의 액이 위 손해배상액에 따른 금액을 초과하는 경우에는 그 초과액에 대해서도 손해배상을 청구할 수 있다(저작권법 제125조 제3항). 또한 등록되어 있는 저작권, 배타적발행권(제88조 및 제96조에 따라 준용되는 경우를 포함한다), 출판권, 저작인접권 또는 데이터베이스제작자의 권리를 침해한 자는 그 침해행위에 과실이 있는 것으로 추정한다(저작권법 제125조 제4항).

(3) 법정손해배상의 청구

저작재산권자등은 고의 또는 과실로 권리를 침해한 자에 대하여 사실심(事實審)의 변론이 종결되기 전에는 실제 손해액이나 제125조 또는 제126조에 따라 정하여지는 손해액을 갈음하여 침해된 각 저작물등마다 1천만 원(영리를 목적으로 고의로 권리를 침해한 경우에는 5천만 원) 이하의 범위에서 상당한 금액의 배상을 청구할 수 있다(저작권법 제125조의2 제1항). 이 경우 그 저작물등이 등록되어 있어야 한다(저작권법 제125조의2 제3항). 이렇게 법정손해배상이 청구된 경우 법원은 변론의 취지와 증거조사의 결과를 고려하여 제1항의 범위에서 상당한 손해액을 인정할 수 있다(저작권법 제125조의2 제4항).

(4) 손해액의 인정

법원은 손해가 발생한 사실은 인정되나 제125조의 규정에 따른 손해액을 산정하기 어려운 때에는 변론의 취지 및 증거조사의 결과를 참작하여 상당한 손해액을 인정할 수 있다(저작권법 제126조).

(5) 정보제공명령

법원은 저작권, 그 밖에 이 법에 따라 보호되는 권리의 침해에 관한 소송에서 당사자의 신청에 따라 증거를 수집하기 위하여 필요하다고 인정되는 경우에는 다른 당사자에 대하여 그가 보유하고 있거나 알고 있는 ① 침해 행위나 불법복제물의 생산 및 유통에 관련된 자를 특정할 수 있는 정보, ② 불법복제물의 생산 및 유통 경로에 관한 정보를 제공하도록 명할 수 있다(저작권법 제129조 제1항). 다만, ① 다른 당사자, 다른 당사자의 친족이거나 친족 관계가 있었던 자, 또는 다른 당사자의 후견인에 해당하는 자가 공소 제기되거나 유죄판결을 받을 우려가 있는 경우, ② 영업비밀(「부정경쟁방지 및 영업비밀 보호에 관한 법

지식재산능력시험

지식재산 창출 —

제1장

제2장

제3장

제4장

제5장

제6장

률」 제2조 제2호의 영업비밀을 말한다. 이하 같다) 또는 사생활을 보호하기 위한 경우이거나 그 밖에 정보의 제공을 거부할 수 있는 정당한 사유가 있는 경우에는 정보의 제공을 거부할 수 있다(저작권법 제129조의2 제1항). 만약 다른 당사자가 정당한 이유 없이 정보제공 명령에 따르지 아니한 경우에는 법원은 정보에 관한 당사자의 주장을 진실한 것으로 인정할 수 있다(저작권법 제129조의2 제3항).

⑹ 비밀유지명령

법원은 저작권, 그 밖에 이 법에 따라 보호되는 권리의 침해에 관한 소송에서 그 당사자가 보유한 영업비밀에 대하여 ① 이미 제출하였거나 제출하여야 할 준비서면 또는 이미 조사하였거나 조사하여야 할 증거(제129조의2 제4항에 따라 제공된 정보를 포함한다)에 영업비밀이 포함되어 있다는 것, ② ①의 영업비밀이 해당 소송수행 외의 목적으로 사용되거나 공개되면 당사자의 영업에 지장을 줄 우려가 있어 이를 방지하기 위하여 영업비밀의 사용 또는 공개를 제한할 필요가 있다는 것이라는 사유를 모두 소명한 경우에는 그 당사자의 신청에 따라 결정으로 다른 당사자, 당사자를 위하여 소송을 대리하는 자, 그 밖에 해당 소송으로 인하여 영업비밀을 알게 된 자에게 해당 영업비밀을 해당 소송의 계속적인 수행 외의 목적으로 사용하거나 해당 영업비밀과 관계된 이 항에 따른 명령을 받은 자 외의 자에게 공개하지 아니할 것을 명할 수 있다. 다만, 그 신청 시까지 다른 당사자, 당사자를 위하여 소송을 대리하는 자, 그 밖에 해당 소송으로 인하여 영업비밀을 알게 된 자가 제1호에 따른 준비서면의 열람 및 증거조사 외의 방법으로 해당 영업비밀을 이미 취득한 경우에는 그러하지 아니하다(저작권법 제129조의3 제1항).

4. 명예회복 등의 조치 청구권

저작자 또는 실연자는 고의 또는 과실로 저작인격권 또는 실연자의 인격권을 침해한 자에 대하여 손해배상을 갈음하거나 손해배상과 함께 명예회복을 위하여 필요한 조치를 청구할 수 있다(저작권법 제127조).

02 형사상 구제

1. 권리침해죄

① ㉠ 저작재산권, 그 밖에 이 법에 따라 보호되는 재산적 권리(제93조에 따른 권리는 제외한다)를 복제, 공연, 공중송신, 전시, 배포, 대여, 2차적저작물 작성의 방법으로 침해한 자, ㉡ 법원의 비밀유지명령을 정당한 이유 없이 위반한 자의 어느 하나에 해당하는 자는 5년 이하의 징역 또는 5천만 원 이하의 벌금에 처하거나 이를 병과(倂科)할 수 있다(저작권법 제136조 제1항).

② ㉠ 저작인격권 또는 실연자의 인격권을 침해하여 저작자 또는 실연자의 명예를 훼손한 자, ㉡ 저작권 등록(제53조) 및 권리변동 등의 등록(제54조)에 따른 등록을 거짓으로 한 자, ㉢ 보호되는 데이터베이스제작자의 권리를 복제·배포·방송 또는 전송의 방법으로 침해한 자, ㉣ 복제전송자의 정보를 제공받은 자의 용도제한(제103조의3 제4항)을 위반한 자, ㉤ 업으로 또는 영리를 목적으로 기술적보호조치(제104조의2 제1항 또는 제2항)를 위반한 자, ㉥ 업으로 또는 영리를 목적으로 권리관리정보(제104조의3 제1항)에 관한 의무를 위반한 자(다만, 과실로 저작권 또는 이 법에 따라 보호되는 권리 침해를 유발 또는 은닉한다는 사실을 알지 못한 자는 제외한다), ㉦ 암호화된 방송 신호의 무력화 등의 금지(제104조의4 제1호 또는 제2호)에 해당하는 행위를 한 자, ㉧ 라벨 위조 등의 금지(제104조의5)를 위반한 자, ㉨ 방송 전 신호의 송신 금지(제104조의7)를 위반한 자, ㉩ 침해로 보는 행위(제124조 제1항)에 따른 침해행위로 보는 행위를 한 자 중 어느 하나에 해당하는 자는 3년 이하의 징역 또는 3천만 원 이하의 벌금에 처하거나 이를 병과할 수 있다(저작권법 제136조 제2항).

③ ㉠ 저작자 아닌 자를 저작자로 하여 실명·이명을 표시하여 저작물을 공표한 자, ㉡ 실연자 아닌 자를 실연자로 하여 실명·이명을 표시하여 실연을 공연 또는 공중송신하거나 복제물을 배포한 자, ㉢ 사자의 명예훼손(제14조 제2항)을 위반한 자, ㉣ 허위의 권리관리정보가 부가된 저작물등의 수입(제104조의4 제3호)에 해당하는 행위를 한 자, ㉤ 영상저작물의 녹화금지(제104조의6)를 위반한 자, ㉥ 저작권위탁관리업의 허가(제105조 제1항)에 따른 허가를 받지 아니하고 저작권신탁관리업을 한 자, ㉦ 명예를 훼손하는 방법으로 저작물을 이용하는 행위(제124조 제2항)에 따라 침해행위로 보는 행위를 한 자, ㉧ 자신에게 정당한 권리가 없음을 알면서 고의로 제103조 제1항 또는 제3항에 따른 복제·전송의 중단 또는 재개요구를 하여 온라인서비스제공자의 업무를 방해한 자, ㉨ 비밀유지의무(제55조의5(제90조 및 제98조에 따라 준용되는 경우를 포함한다))를 위반한 자는 1년 이하의 징역 또는 1천만 원 이하의 벌금에 처한다(저작권법 제127조 제1항). 이 중 영상저작물 녹화에 관한 제104조의6에 관해서는 미수범을 처벌한다(저작권법 제127조 제2항).

지식재산능력시험

지식재산 창출 ——

제1장

제2장

제3장

제4장

제5장

제6장

④ ㉠ 위탁에 의한 초상화 또는 이와 유사한 사진저작물의 동의 없는 이용(제35조 제4항)을 위반한 자, ㉡ 출처명시의무에 관한 제37조(제87조 및 제94조에 따라 준용되는 경우를 포함한다)를 위반하여 출처를 명시하지 아니한 자, ㉢ 배타적발행권자의 저작재산권자 표시의무(제58조 제3항(제63조의2, 제88조 및 제96조에 따라 준용되는 경우를 포함한다))를 위반하여 저작재산권자의 표지를 하지 아니한 자, ㉣ 배타적발행권자의 재이용 허락을 위한 통지(제58조의2 제2항(제63조의2, 제88조 및 제96조에 따라 준용되는 경우를 포함한다)) 의무를 위반하여 저작자에게 알리지 아니한 자, ㉤ 신고를 하지 아니하고 저작권대리중개업을 하거나, 영업의 폐쇄명령을 받고 계속 그 영업을 한 자는 500만 원 이하의 벌금에 처한다(저작권법 제138조).

2. 그 외

이 외에도 「저작권법」에는 몰수(저작권법 제139조), 친고죄(저작권법 제140조), 양벌규정(저작권법 제141조), 과태료(저작권법 제142조)에 관한 규정을 두고 있다.

제 **5** 장

특허정보 조사

특허정보 조사의 개요

학습 개관

특허정보 조사는 특허명세서의 권리정보와 기술정보를 바탕으로 신기술 개발, 권리획득 가능성 검토, 특허 분쟁 대응 등을 위해 수행된다. 주요 방법으로 서지사항 조사, 특정기술 조사, 특허성 조사, 유효성 조사, 침해 여부 조사 등이 활용된다.

학습 포인트

특허정보 조사의 의미와 목적을 설명할 수 있다.
특허정보 조사의 종류를 설명할 수 있다.

NCS 및 NCS 학습모듈

	하위 목차명	특허정보 조사의 의미, 특허정보 조사의 목적, 특허정보 조사의 종류
NCS 및 NCS 학습모듈	대분류	05. 법률·경찰·소방·교도·국방
	중분류	01. 법률
	소분류	02. 지식재산관리
	세분류	03. 지식재산정보조사분석
	능력단위 (능력단위요소)	01. 지식재산 요구분석 02. 지식재산 환경분석
	주요 지식·기술·태도	• 지식재산 경영의 중요성 • 지식재산 분석 능력, 자원관리능력 등 직업기초능력 • 지식재산 관련 법률 준수 및 보호 마인드

지식재산능력시험

지식재산 창출 ─

제1장

제2장

제3장

제4장

제5장

제6장

01 특허정보 조사의 의미

특허정보 조사는 특정 기술이나 아이디어에 대한 기존 특허정보를 찾고 수집하는 과정을 말한다. 특허정보 조사를 통해 특정한 기술이 이미 특허로 등록되어 있는지 확인하거나, 새로운 아이디어에 대하여 특허를 출원하고자 할 경우, 기존 특허의 권리범위와 겹치지 않도록 등록받을 수 있는 권리범위를 설정할 수 있다. 또한 경쟁사가 어떤 기술 분야의 특허를 보유하고 있는지, 특정 제품이나 기술이 기존 특허를 침해하는지 여부도 조사할 수 있다.

02 특허정보 조사의 목적

1. 신기술(제품) 개발을 위한 기초자료 입수

① 관련 기술 분야의 개발 흐름을 파악

② 연구개발 테마를 선정하거나 미래기술 예측

③ 선행기술 조사를 통한 중복연구 및 중복투자 방지

④ 기술 개발 시 문제점 해결을 위한 아이디어 입수

2. 특허출원 전 권리획득 가능성 검토

① 특허취득 가능성 판단 및 기술적 범위 확인

② 무용한 특허출원 지양

3. 특허분쟁에 대처하기 위한 증거자료 입수

① 자사의 실시기술에 대한 공지기술 확보

② 타사 보유 특허조사로 특허분쟁을 사전에 예방

③ 침해 가능 특허에 대한 회피(우회)설계 가능 여부 파악

④ 자사의 특허 포트폴리오 구축에 이용

⑤ 특허권 소멸 여부 확인

03 특허정보 조사의 종류

1. 서지사항 조사

특허공보의 서지사항을 중심으로 조사하는 것으로 출원번호, 공개번호, 등록번호 등의 번호를 조사하거나 출원인(특허권자), 발명자 등의 인명정보를 조사하는 경우로 구분할 수 있다. 번호를 사용하여 조사하는 경우는 심사청구 여부, 법적 상태(legal status) 및 패밀리 특허(patent family)를 확인할 때 사용된다. 인명정보를 사용하는 경우는 경쟁사 또는 특정 발명자의 특허기술이나 개발동향을 파악할 때 수행한다.

2. 특정기술 조사

특정한 기술 분야에 대한 개괄적인 조사를 말하며 주제 조사라고도 한다. 이러한 특정기술 조사는 보다 효과적이고 전략적인 연구개발 추진을 위해 관련된 특허정보를 폭넓게 조사하거나 분석하기 위하여 수행하게 된다. 특정기술 조사는 다음과 같은 문제를 해결하기 위해 주로 수행된다.

① 특정 분야의 기술개발 동향 파악
② 기술개발 시 문제점(애로사항) 해결을 위한 아이디어 수집
③ 새로운 연구개발 테마 발굴
④ 원천특허, 핵심특허 파악 및 라이선싱 및 매입이 가능한 특허기술 발굴 등

3. 특허성 조사

특허출원 전에 해당 발명이 특허를 받을 수 있는지, 신규성이나 진보성 등의 특허요건을 구비하고 있는지 판단하기 위해 선행자료를 조사하는 것을 말한다. 이러한 특허성 조사는 특허권리 취득 가능성을 미리 확인한 후 출원 여부를 결정하거나, 청구범위를 변경할 수 있도록 함으로써 출원된 특허가 등록되었을 때 최대한 넓고 견고한 권리를 획득하기 위해 수행된다.

4. 유효성(무효자료) 조사

유효성 조사는 특허권자의 권리주장에 대하여 해당 특허를 무효화시킬 수 있는 선행자료를 조사하는 것을 말한다. 이미 등록된 특허라도 특허청 심사관이 심사자료로 인용하지 못한 새로운 선행자료를 찾아 제시함으로써 타인의 특허권을 무효화시키거나 본인의 특허권이나 매입하고자 하는 특허권이 유효한지(특허가 무효될 가능성이 없는지) 파악할 수 있다.

지식재산 창출 —

제1장

제2장

제3장

제4장

제5장

제6장

5. 침해 여부 조사

본인이 생산하고자 하는 제품이 타인의 특허권을 침해하는지 여부를 판단하기 위한 조사로써, 본인의 제품과 타인의 청구범위에 기재된 구성요소를 비교하여 특허침해 여부를 판단한다. 만일 특허침해에 해당할 경우, 특허발명의 권리범위에 속하지 않도록 회피(우회) 설계 전략 등을 구사할 수 있다.

6. 계속 조사

계속 조사는 한 가지 주제에 대하여 일정 기간, 즉 주기적(일주일 또는 한 달 단위)으로 조사하는 것으로 감시 조사라고 한다. 출원된 특허는 일반적으로 비공개기간이 존재하므로 이후에 공개되거나 등록될 가능성이 있기 때문에 연구개발이 진행되는 동안 또는 제품이 판매되는 동안 계속해서 조사를 수행할 필요가 있다. 또한 특정 출원인의 출원 활동을 주기적으로 조사하여, 대응전략을 수립할 수도 있다.

7. 권리 조사

권리 조사는 등록특허에 대하여 진정한 권리자 파악, 연차료 미납 등으로 인한 권리소멸 여부, 특허 양수/양도 관계 및 권리가 소멸되어 법적인 영향 없이 사용할 수 있는 만료특허가 있는지 등을 조사할 때 수행한다.

특허정보 조사와 데이터베이스

특허검색 데이터베이스는 무료·유료 서비스로 전 세계 특허정보를 제공하며, 국가별 특허문헌 검색과 분석에 활용된다. 국내에서는 KIPRIS를 통해 한국을 포함한 다양한 국가의 특허를 검색 할 수 있으며, 부가기능으로 효율적인 검색과 분석을 지원한다.

국내외 특허검색 데이터베이스에 대해 설명할 수 있다.
키프리스의 주요 검색 기능을 설명할 수 있다.

NCS 및 NCS 학습모듈	하위 목차명	국내외 특허검색 데이터베이스, 해외 특허검색 데이터베이스, 국내 특허검색 데이터베이스 키프리스	
	대분류	05. 법률·경찰·소방·교도·국방	
	중분류	01. 법률	
	소분류	02. 지식재산관리	
	세분류	03. 지식재산정보조사분석	
	능력단위 (능력단위요소)	03. 지식재산 정보검색 04. 지식재산 유효자료 선별	
	주요 지식·기술· 태도	• 국내외 특허검색 데이터베이스 • 지식재산 분석 능력, 자원관리능력 등 직업기초능력 • 지식재산 관련 법률 준수 및 보호 마인드	

지식재산능력시험

지식재산 창출 —
제1장
제2장
제3장
제4장
제5장
제6장

01 국내외 특허검색 데이터베이스

특허제도의 목적상 발명을 공개함으로써 새로운 발명 창출에 대한 동기를 유발하고, 그에 따라 산업 발전을 도모한다는 측면이 있기 때문에 각국의 특허청에서는 특허정보를 무료로 제공하고 있다. 또한 기업 및 지식재산 분야에 종사하는 사용자는 좀 더 편리하고 다양한 부가기능을 제공하는 유료 특허검색 데이터베이스를 사용하기도 한다.

특허정보 조사의 목적 및 범위, 시간과 비용, 기술 분야 등을 고려하여 특허검색 데이터베이스를 선택해야 한다. 여기에서는 각 국가 특허청에서 무료로 제공하고 있는 데이터베이스를 중심으로 설명한다.

구분	국가	DB명	URL
무료	한국	KIPRIS	www.kipris.or.kr
	미국	USPTO	www.uspto.gov/patents/search
	일본	J-PlatPat	www.j-platpat.inpit.go.jp
	유럽	Espacenet	worldwide.espacenet.com
	중국	CNIPA	pss-system.cponline.cnipa.gov.cn/conventionalSearch
	PCT	PatentScope	patentscope.wipo.int
유료	기업(상용) 특허 DB	FPO	www.freepatentsonline.com
		Google Patent	patents.google.com
		Derwent Innovation	www.derwentinnovation.com
		키워트	www.keywert.com
		윕스온	www.wipson.com
		위즈도메인	www.wisdomain.com/Search/Workboard

02 **해외 특허검색 데이터베이스**

1. USPTO(미국)

미국 특허청 홈페이지(www.uspto.gov)에서 미국 등록 및 공개특허를 검색할 수 있으며 특허 양도(patent assignment), 파일 포대(file wrapper) 조회도 가능하다. 다음 그림에서와 같이 'Patent Advanced Search'를 통해 검색 키워드와 연산자를 이용하여 원하는 특허검색이 가능하다.

◩ USPTO 특허검색

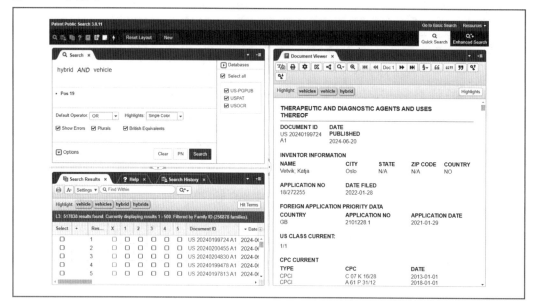

2. J-PlatPat(일본)

일본에 출원된 특허 · 실용신안, 디자인, 상표, 심판사항 등을 검색할 수 있으며, 특허 원문은 PDF 파일 형태로 제공된다.

🔲 J-PlatPat 특허검색

3. Espacenet(유럽)

유럽 특허청에서 제공하는 특허검색 데이터베이스로 유럽 특허 및 유럽 국가 이외의 특허 검색이 가능하다. CPC(Cooperative Patent Classification) 조회 및 CPC와 키워드를 조합하여 특허를 검색할 수 있다.

🔲 Espacenet 특허검색

4. CNIPA(중국)

중국 특허청에서 제공하는 특허검색 데이터베이스로 중국 특허, 실용신안, 디자인 이외에도 주요 국가 11개국 및 기타 국가 6개국 특허도 검색할 수 있다(단, 로그인 필요함).

⊠ CNIPA 특허검색

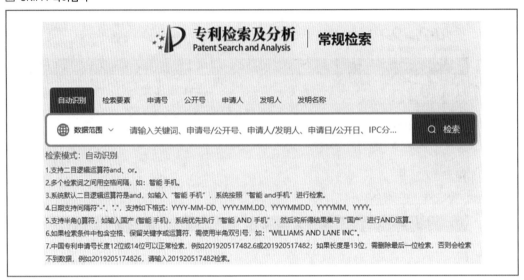

5. PatentScope(PCT)

세계지식재산권기구(WIPO)에서 제공하는 특허검색 데이터베이스로 489만 건의 국제특허출원(PCT)을 비롯한 전 세계 1.17억 개(2024년 기준)의 특허문헌을 검색할 수 있다.

⊠ PatentScope 특허검색

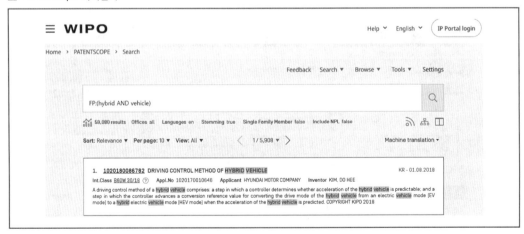

[03] 국내 특허검색 데이터베이스 키프리스(KIPRIS)

한국 특허청이 보유한 국내외 지식재산권 관련 모든 정보를 데이터베이스로 구축하여 이를 이용자가 인터넷을 통하여 검색 및 열람할 수 있도록 한국특허정보원(KIPI)이 운영하는 특허 정보검색 서비스이다. 주요 특징은 다음과 같다. 첫째, 단순한 화면 구성으로 초보자가 쉽게 검색할 수 있도록 항목별 검색을 제공하여 이용자 수준에 맞는 검색 기능을 지원한다. 둘째, 특허·실용신안, 디자인, 상표, 심판 등 국내 지식재산권 정보 및 미국, 유럽, 일본 등 27개 국가의 해외특허를 제공한다. 셋째, 마이폴더, 유사 검색식 보기, 온라인 다운로드, 검색식 저장 등의 다양한 부가기능을 제공한다.

⊠ 키프리스 초기화면

1. 주요 제공 서비스

① 한국 특허·실용신안, 디자인 및 상표

② 한국 심판 및 KPA(한국특허 영문 검색)

③ 해외 특허, 상표 및 디자인

④ 인터넷 기술공지, 아이디어공모전

⑤ 한국, 일본(번역) 특허·실용신안 및 아이디어 문장검색

2. 한국 특허 · 실용신안 스마트 검색

키프리스 메뉴 중에서 특허 · 실용신안을 선택하고, 스마트 검색을 클릭하면 다음과 같이
세부 항목별로 한국 특허를 검색할 수 있다.

⊠ 키프리스 한국 특허 스마트 검색

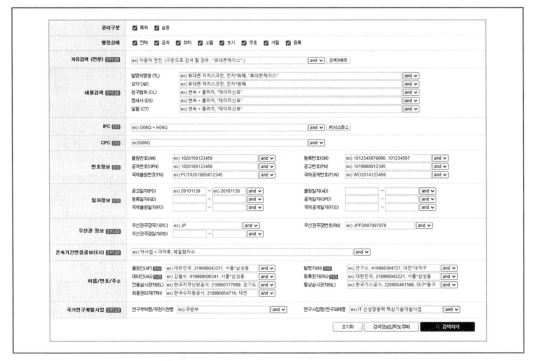

① 권리구분 및 행정상태

특허 또는 실용신안을 선택할 수 있으며, 등록, 공개, 소멸 등 특허의 행정상태(법적상
태)별로 검색할 수 있다.

② 자유검색(전문(full-text)검색)

특허 문서 전체를 대상으로 검색할 수 있다. 다만, 자유검색으로만 특허를 검색할 경우,
불필요한 특허(노이즈)가 많이 검색될 수 있으므로 주의해야 한다.

③ 내용검색

발명의 명칭(TL), 요약(AB), 청구범위(CL), 명세서(DS), 일괄(CT)의 항목으로 검색할
수 있다. 일반적으로 발명의 명칭, 요약, 청구범위를 중심으로 검색하면 내가 찾고자 하
는 특허를 효율적으로 조사할 수 있다.

④ 특허분류 검색

IPC 및 CPC 코드를 이용하여 검색할 수 있다.

⑤ 번호정보

특허의 출원번호, 공개번호, 등록번호 등으로 검색할 수 있다.

지식재산능력시험

지식재산 창출 —

제1장

제2장

제3장

제4장

제5장

제6장

⑥ 일자정보

특허의 출원일자, 공개일자, 등록일자 등으로 특정한 기간으로 제한하여 검색할 수 있다.

⑦ 우선권 정보

우선권주장 국가, 번호 및 우선권주장 일자로 검색할 수 있다.

⑧ 존속기간연장공보

특허의 존속기간은 원칙적으로 출원일로부터 20년까지이나, 특허권의 존속기간 중 일정한 사유, 예를 들어 의약품 및 농약 발명과 같이 안전성 및 유효성 등에 대한 허가, 등록 등을 받기 위해 필요한 시험 등으로 특허권을 행사하지 못한 경우, 존속기간을 연장시킬 수 있다. 이와 관련된 법령 등으로 존속기간이 연장된 특허를 검색할 수 있다.

⑨ 이름/번호/주소

특허 출원인, 등록권자, 발명자 등의 명칭으로 검색할 수 있다.

⑩ 국가연구개발사업

국가연구개발사업으로 출원된 특허의 경우 연구부처, 주관기관, 연구사업 및 연구과제 명으로 검색할 수 있다.

3. 해외 특허 스마트 검색

키프리스는 한국 특허 이외에도 27개 국가의 해외 특허를 검색할 수 있다. 미국(US), 유럽(EP), PCT(WO), 일본(JP) 및 중국(CN)은 특허 전문(full-text)과 함께 한국어 번역 서비스도 지원한다.

⊠ 키프리스 중국 특허 한국어 번역 서비스

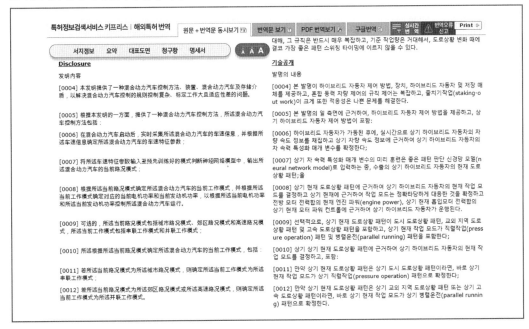

4. 검색 특허 온라인 다운로드

키프리스는 검색한 특허를 엑셀(xls) 또는 텍스트(rtf) 파일로 다운로드 받을 수 있다. 일반적으로 특허정보 분석을 수행할 경우, 특허 검색식을 작성한 결과로 엑셀파일을 다운로드 받고 유효특허를 추출하고 정량, 정성분석을 실시한다.

◈ 키프리스 특허 온라인 다운로드(엑셀 파일 형태)

제 3 절   키워드와 특허분류

학습
개관

특허정보 조사를 위한 키워드와 특허분류는 검색 효율성을 높이는 핵심 요소이다. 키워드는 기술의 핵심을 명확히 표현하고 동의어 및 관련 기술로 확장할 수 있다. 특허분류는 IPC와 CPC 같은 체계를 통해 기술적 특성에 따라 특허를 체계적으로 정리하여 검색을 용이하게 한다. 이를 활용하면 검색의 정확도와 효율성을 높일 수 있다.

학습
포인트

특허검색을 위한 키워드를 선정 및 도출할 수 있다.
특허분류체계(IPC, CPC)를 이해할 수 있다.

NCS 및
NCS 학습모듈

하위 목차명	키워드, 특허분류	
NCS 및 NCS 학습모듈	대분류	05. 법률·경찰·소방·교도·국방
	중분류	01. 법률
	소분류	02. 지식재산관리
	세분류	03. 지식재산정보조사분석
	능력단위 (능력단위요소)	03. 지식재산 정보검색 04. 지식재산 유효자료 선별
	주요 지식·기술· 태도	• 특허검색 키워드와 특허분류 • 지식재산 분석 능력, 자원관리능력 등 직업기초능력 • 지식재산 관련 법률 준수 및 보호 마인드

01 키워드

키워드(keyword)란 문장이나 문단에서 핵심이 되는 단어 또는 어구로서 특허정보 조사에 있어서 특허기술을 가장 잘 나타내는 핵심적 기술용어 또는 어구를 의미한다. 적합하지 못한 키워드로 특허정보 조사를 수행할 경우, 찾고자 하는 특허문헌이 존재함에도 불구하고 이를 찾아내지 못하거나, 반대로 찾고자 하는 특허문헌과 관련이 없는 건(노이즈)이 다수 포함되어 검토하는 데 많은 시간이 소요될 수 있다. 따라서 특허정보 조사를 위해 적합한 키워드와 특허검색 연산자를 조합한 특허 검색식을 작성해야 한다.

1. 키워드 선정

특허정보 조사대상 기술에 관한 특허명세서가 이미 작성되어 있다면 발명의 필수 구성요소가 기재되어 있는 특허 청구범위와 발명의 상세한 설명을 참고하여 키워드를 선정한다. 만일 아이디어 노트 또는 논문 등의 비특허문헌을 기반으로 특허를 조사하고자 할 경우에는 전체적인 기술적 요지 또는 발명의 목적을 중심으로 키워드를 파악한다.

2. 키워드 선정 시 유의점

기술의 핵심적 구성요소를 파악하여 키워드를 선정해도 원하는 조사 결과를 모두 얻을 수 있는 것은 아니다. 동일한 기술적 사상이라도 표현하는 방식에 따라 다르게 표기될 수 있다. 예를 들어 자동차에 대한 기술을 조사하기 위해 '자동차'라는 키워드만 선정했다면 '차량', '이동수단', '운송수단', '승용차' 등으로 표현된 특허문헌은 누락된다. 따라서 키워드 선정 시에는 동일한 기술내용을 나타내는 여러 가지 표현을 함께 고려해야 한다.

⑴ 표현상의 유의점

원래의 단어 형태보다 간략하게 표현(Hybrid Electric Vehicle → HEV)되어 있거나 형태적인 표현(벌집 모양, 아치형) 및 묘사적 표현(지그재그 형태) 등을 고려한다. 또한 출원인이 특허 청구범위의 해석에 따라 넓은 권리범위를 인정받고자 기술 내용을 애매하게 표현하는 경우도 있다. 예를 들어 '자동차'를 '차륜과 차대와 구동기를 갖는 장치'로 표현한다면 '자동차' 키워드로는 조사되지 않으므로 주의해야 한다.

⑵ 의미상의 유의점

특정 출원인이 어떠한 기술에 대하여 자신만의 키워드를 사용하는 것도 유의해야 한다. 예를 들어 듀얼 클러치 변속기는 일반적으로 DCT(Dual Clutch Transmission)라는 키워드를 사용하지만 독일 V社는 DSG(Direct-shift Gearbox)의 키워드로 표현한다.

기술이 발전하면서 새롭게 생겨나거나 결합된 키워드도 고려해야 한다. 예를 들어 최근에

지식재산능력시험

지식재산 창출 ━

제1장

제2장

제3장

제4장

제5장

제6장

는 이산화탄소를 포집하고 저장하는 'CCS(Carbon Capture, Storage)'와 이산화탄소를 포집, 활용하는 'CCU(Carbon Capture, Utilization)'의 키워드가 합쳐진 'CCUS'를 많이 사용한다.

(3) 표기상의 유의점

외래어의 경우, '티비'를 '티브이', '텔레비전', '텔레비젼' 등으로 다양하게 표기할 수 있고, 한국에서는 잘 사용되지 않는 한문 표현도 있다. 예를 들어 'distribution'을 한국에서는 '분배', '배포'라고 표현하지만 일본에서는 '배신' 등으로 표현하기도 한다. 이 외에도 하이픈(−) 문자 사용에도 유의해야 한다.

3. 키워드 도출

(1) 발명의 파악 및 핵심 키워드 추출

키워드를 선정하기 위해서는 먼저 발명의 내용을 명확하게 파악하는 것이 중요하다. 만일 해당 기술의 내용에 대한 이해가 부족하다면 핵심 키워드의 추출에 실패할 가능성이 높다. 특허검색에 있어 키워드는 명사(noun)를 중심으로 선정하고, 기술의 내용을 잘 나타내지 못하는 단어는 키워드에 포함시키지 않은 것이 좋다.

예를 들어 '하이브리드 자동차에서 사용되는 변속기 기술'의 특허를 검색하고자 할 때, '하이브리드', '자동차', '사용', '변속기', '기술'의 명사 키워드를 찾아낼 수 있다. 키워드 중에서 기술의 내용을 잘 나타내지 못하는 '사용', '기술'의 키워드를 제외하면 결국, '하이브리드', '자동차', '변속기'의 키워드를 추출할 수 있다.

(2) 키워드 확장

추출된 키워드의 동의어, 유의어, 외국어, 외래어 등의 키워드로 확장한다. 그리고 해당 기술 분야 또는 관련 기술 키워드도 포함시켜 준다.

주요 키워드	키워드 확장
하이브리드	하이브리드, 회생제동, hybrid, regenerative braking 등
자동차	자동차, 차량, 이동수단, 운송수단, 승용차, 모빌리티, car, vehicle, mobility 등
변속기	변속, 트랜스미션, 파워트레인, transmission, power train, CVT, DCT 등

'하이브리드' 키워드의 경우, 하이브리드 키워드 이외에도 하이브리드 자동차의 작동원리인 '회생제동' 등과 관련된 키워드도 추가한다. '변속기'는 변속기의 외래어인 '트랜스미션'과 엔진과 변속기가 결합된 단어인 '파워트레인' 및 하이브리드 자동차 변속기에서 주로 쓰이는 변속기 키워드인 'CVT, DCT' 등의 키워드도 추가한다.

[02] 특허분류

특허분류는 발명의 기술적 특징에 따라 기술 분야를 분류한 것으로 특허심사를 위한 선행기술 조사를 용이하게 하며, 특허 심사관의 담당분야를 정하는 기준을 제공함으로써 전문적인 특허심사를 가능하게 한다. 또한 특허문헌의 수집, 정리 및 검색의 수단으로 사용되어 특허문헌이 기술정보로 활용할 수 있게 한다. 결국 특허기술을 코드의 형태로 분류한 것으로 정의할 수 있다.

1. 특허분류의 특징

특허분류는 키워드만으로 검색하기 어렵거나 기하학적인 특징(구조, 배치 등)이 있는 특허를 조사하는 데 효율적이다. 특허분류가 갖는 주요한 특징은 다음과 같다.

(1) 계층 구조를 갖는다.

계층 구조(hierarchical structure)란 기술적으로 종속관계가 성립된다는 의미이다. 예를 들어 IPC는 섹션(section), 클래스(class), 서브클래스(sub class), 메인그룹(main group) 및 서브그룹(sub group)의 계층 구조를 가진다.

(2) 수시 또는 주기적으로 개정된다.

특허분류는 기술의 진화에 따라 수시 또는 주기적으로 개정된다. 즉, 생성과 소멸, 결합, 분리 과정을 거친다. 따라서 특허정보 조사 시에는 개정 정보를 별도로 확인할 필요가 있으며, 특허 데이터베이스에서도 재분류 사항이 반영되고 있는지 확인할 필요가 있다.

(3) 다수의 특허분류 코드가 부여될 수 있다.

특허분류의 주목적은 검색을 용이하게 하는 것으로써, 발명의 내용을 오직 한 가지 관점에 따라 분류하는 것은 불완전할 수 있다. 따라서 특허문헌의 내용에 서로 다른 기술분류 카테고리가 존재할 경우, 하나 이상의 특허분류 코드가 부여될 수 있다.

2. 특허분류의 종류

특허분류는 그 구조와 분류 관점, 분류 주체에 따라 여러 종류가 있다. 그중 가장 대표적인 특허분류로는 IPC(International Patent Classification)가 있다. 많은 국가들이 IPC를 사용하고 있으나 IPC는 분류 개소가 7만여 개로 비교적 적어, 각 국가에서는 자국의 고유한 산업과 점차 세분화되거나 융합되는 기술변화에 대응하기 위하여 독자적인 분류체계를 사용하기도 한다.

지식재산능력시험

지식재산 창출 —

제1장

제2장

제3장

제4장

제5장

제6장

일본의 경우, 1996년 IPC를 더욱 세분화한 FI(File Index)를 도입하였고, 1999년 FI의 일부분을 '다각적 관점'으로 분류한 F-term을 도입하여 사용하고 있다. 미국은 UPC(US Patent Classification), 유럽은 ECLA(European Classification)를 사용하였으나, 2013년 1월부터 미국 특허청(USPTO)과 유럽 특허청(EPO)이 서로 협력하여 개발한 CPC(Cooperative Patent Classification)를 사용하고 있다.

3. IPC

미국, 일본, 유럽 등 각 국가의 특허청에서는 독자적인 특허분류체계를 사용하였으나, 국제적으로 통일된 특허분류체계가 요구되었다. 이에 IPC는 스트라스부르크 협정에 따라 1968년에 처음으로 공포되어 1971년부터 사용되기 시작하였다.

(1) IPC 구조

IPC는 섹션, 클래스, 서브클래스, 메인그룹 및 서브그룹의 계층 구조를 가진다. 섹션은 크게 알파벳 A~H의 총 8개로 구분된다.

섹션	내용
A	생활필수품(HUMAN NECESSITIES)
B	처리조작, 운수(PERFORMING OPERATIONS; TRANSPORTING)
C	화학, 야금(CHEMISTRY; METALLURGY)
D	섬유, 지류(TEXTILES; PAPER)
E	고정구조물(FIXED CONSTRUCTIONS)
F	기계공학, 조명, 가열, 무기, 폭파(MECHANICAL ENGINEERING; LIGHTING; HEATING; WEAPONS; BLASTING)
G	물리학(PHYSICS)
H	전기(ELECTRICITY)

예를 들어, A63F 13/24의 구조는 다음과 같다. 해당 IPC가 부여된 특허는 비디오 게임에서 사용되는 게임 콘트롤러(조이스틱 손잡이)와 관련된 기술이라는 것을 알 수 있다.

A63F 13/24	계층	내용
A	섹션(section)	생활필수품
63	클래스(class)	운동, 놀이, 오락
F	서브클래스(sub class)	카드게임, 보드게임 또는 룰렛게임; 작은 움직이는 물체를 사용하는 실내용 게임; 비디오 게임; 그 밖에 분류되지 않는 게임
13/00	메인그룹(main group)	비디오 게임, 즉 2차원 또는 그 이상의 차원을 가지는 전자적으로 생성된 화상을 이용한 게임
13/24	서브그룹(sub group)	그것의 구조적 세부사항 예 탈부착 조이스틱 손잡이를 가지는 게임 컨트롤러

(2) IPC 조회

IPC는 대부분의 특허 데이터베이스 또는 각 국가 특허청에서 조회가 가능하다. 특히 WIPO는 IPC 개정에 따른 업데이트가 빠르고 편리한 인터페이스와 다양한 기능을 제공하고 있다.

🖾 WIPO IPC 조회

지식재산능력시험

지식재산 창출 —

제1장

제2장

제3장

제4장

제5장

제6장

4. CPC

CPC는 IPC보다 세분화된 특허분류체계로서 IPC(7만여 개소)보다 많은 26만여 개의 특허분류 개소를 가진다. CPC는 기술 변화의 흐름을 잘 반영한 특허분류체계로 미국 특허청과 유럽 특허청의 주도로 2012년에 개발되어, 2024년 현재 38개 국가가 특허문헌을 CPC로 분류하고 있으며, 특허문헌과 비특허문헌을 포함하여 전 세계 6,870만 건 이상의 문헌이 CPC로 분류되어 있다. 우리나라는 2015년 이후, 신규출원에 CPC를 IPC와 함께 부여하고 있다.

(1) CPC의 구조 및 특징

CPC는 IPC와 마찬가지로 섹션, 클래스, 서브클래스, 메인그룹 및 서브그룹의 계층적 구조이며, 하나의 서브클래스 기호에 1~3자리 숫자, 사선(/) 및 2~6자리 숫자가 IPC 표준에 따라 구성됨으로써 IPC보다 세분화된 형태를 가진다.

IPC와 비교할 때 CPC의 가장 큰 특징은 부가정보로 부여하는 인덱싱 코드와 Y 및 Z 섹션이 추가되었다는 점이다.

CPC에 추가된 섹션	내용
Y	새로운 기술 발전의 일반적인 구분표 Y02 : 기후 변화의 영향을 완화 또는 적응하기 위한 기술 또는 응용 Y04 : 다른 기술 분야에 영향을 가지는 정보 또는 통신기술 Y10 : 이전 USPC 상호 참조 기술 수집 및 개요에 포함되었던 기술적 주제
Z	4차 산업혁명 관련 분류 Z01 : 4차 산업혁명 ICT 기반 기술 Z03 : 융합 서비스 분야 Z05 : 산업 전발 기술

(2) CPC 조회

CPC는 공식 홈페이지(www.cooperativepatentclassification.org)에서 조회할 수 있다. 또한 한국특허기술진흥원(www.kipro.or.kr)에서는 한국어로 CPC 조회를 제공한다.

🖾 한국특허진흥원 CPC 조회

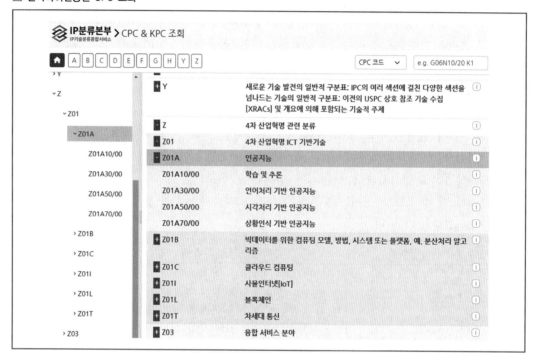

특허정보 조사방법

특허검색 연산자는 키워드 간 관계를 설정해 검색 효율성을 높인다. AND, OR, NOT, NEAR 등을 활용해 검색범위를 조정하고, 괄호, 구문 검색, 절단 기호로 정확한 검색식을 작성한다. 조사 목적을 명확히 하고, 기술 파악, 조사범위 결정, 키워드 수집 등의 단계를 통해 체계적으로 특허정보를 조사할 수 있다.

특허정보 조사를 위한 검색 연산자의 사용법을 이용할 수 있다.
단계별 특허정보 조사방법을 설명할 수 있다.

하위 목차명	특허검색 연산자, 단계별 특허정보 조사방법, 특허 검색식 작성 예	
NCS 및 NCS 학습모듈	대분류	05. 법률·경찰·소방·교도·국방
	중분류	01. 법률
	소분류	02. 지식재산관리
	세분류	03. 지식재산정보조사분석
	능력단위 (능력단위요소)	01. 지식재산 요구분석 03. 지식재산 정보검색
	주요 지식·기술· 태도	• 특허검색 연산자 • 지식재산 분석 능력, 자원관리능력 등 직업기초능력 • 지식재산 관련 법률 준수 및 보호 마인드

01 특허검색 연산자

특허검색 연산자는 검색어 간 상호관계를 지정하는 기호 등을 말한다. 정확한 특허정보를 조사하기 위하여 수집된 키워드와 특허검색 연산자를 이용하여 효율적인 특허 검색식을 작성해야 한다. 본 교재에서는 키프리스 검색 연산자를 중심으로 설명한다.

구분	키프리스 연산자	설명
AND	*	두 개 이상의 키워드를 모두 포함하여 검색
OR	+	두 개 이상의 키워드 중 적어도 하나를 포함하여 검색
NOT	!*	연산자 뒤에 있는 키워드를 포함하지 않는 것을 검색
NEAR	^	인접한 키워드를 검색
괄호	( )	괄호가 묶여진 검색식을 우선적으로 검색
구문 검색	" "	정확하게 일치하는 내용을 검색
절단 기호	자동 절단	키워드의 글자를 포함하는 모든 단어를 검색

1. AND 연산

두 개 이상의 키워드가 모두 포함된 특허를 검색한다. '자동차'와 '엔진' 키워드가 동시에 존재하는 특허를 검색하기 위하여 '자동차 * 엔진'으로 검색식을 작성한다. 키프리스에서 띄어쓰기(space)는 자동으로 '*'로 인식한다.

2. OR 연산

두 개 이상의 키워드 중에서 적어도 하나 이상의 키워드가 포함된 특허를 검색한다. '자동차' 또는 '차량'이라는 키워드 중 하나만이라도 포함된 특허를 검색하기 위하여 '자동차 + 엔진'으로 검색식을 작성한다.

3. NOT 연산

특정 키워드가 포함되지 않은 특허를 검색할 때 사용한다. '자동차 *! 엔진'으로 검색식을 작성하면 '자동차'라는 키워드가 포함된 특허 중에서 '엔진'이라는 키워드가 포함되어 있지 않은 특허만 검색한다. 다만 NOT 연산은 찾고자 하는 특허가 누락될 가능성이 있기 때문에 사용에 유의해야 한다.

지식재산능력시험

지식재산 창출 -

제1장

제2장

제3장

제4장

제5장

제6장

4. NEAR 연산

키워드 간 인접한 거리로 검색할 수 있다. 만일 '컴퓨터'와 '바이러스'라는 키워드가 인접한 검색 결과를 얻고 싶을 때, '컴퓨터 ^1 바이러스'로 검색하면 두 키워드가 인접(단, 키워드 사이에 조사(postposition) 등은 무시함)한 특허문서만 검색한다. 만일 키워드 간 거리가 떨어져 있는 특허도 검색하고 싶을 경우 2단어(^2), 3단어(^3)로 검색할 수 있다.

키프리스 검색식	특허검색 건수(전문 검색, 2024년 6월 기준)
컴퓨터 * 바이러스	33,022건
컴퓨터 ^1 바이러스	924건
컴퓨터 ^2 바이러스	1,031건
컴퓨터 ^3 바이러스	1,148건

'컴퓨터 * 바이러스'로 검색한다면 '컴퓨터 바이러스'와 관련이 없는 노이즈(바이오 분야)가 많이 포함된다. 일반적으로 '컴퓨터 바이러스'와 관련된 특허문서는 두 키워드가 인접하여 존재하므로 근접연산자를 사용하면 노이즈를 대폭 줄일 수 있다. 만일, '컴퓨터'와 '바이러스' 키워드 사이에 '네트워크', '시스템' 등의 키워드가 포함될 수 있으면 키워드 간 거리를 확장하는 '^2, ^3'을 사용한다.

5. 괄호

괄호로 묶여진 연산자를 우선적으로 검색한다. 엔진이라는 키워드는 반드시 포함하고 자동차 또는 차량 키워드 중 하나만이라도 포함되어 있는 특허를 검색하고자 할 때 '엔진 * 자동차 + 차량'으로 검색식을 작성하면 '엔진'과 '자동차' 키워드 먼저 AND 연산을 수행한다. 이때 '엔진 * (자동차 + 차량)'과 같이 괄호로 묶어주면 '자동차 + 차량'의 OR 연산을 우선적으로 검색한다.

6. 구문 검색

쌍따옴표("")를 이용하여 여러 개의 단어로 이루어진 키워드를 하나의 단어처럼 검색할 때 사용한다.

7. 절단 검색

키프리스에서는 자동으로 절단 검색이 지원된다. 예를 들어 '변속'이라고 검색하면 '변속기', '변속장치', '변속방법' 등의 단어도 모두 검색된다.

02 단계별 특허정보 조사방법

1. 특허정보 조사 목적의 명확화

특허정보 조사에서 가장 중요한 점은 특허정보를 조사하고자 하는 목적의 이해이다. 즉, 특허정보 조사가 출원인 등의 서지적 사항에 관한 조사인지, 특정기술에 대한 조사인지, 특허성에 관한 선행기술조사인지 또는 무효자료조사인지를 명확히 하여 특허정보의 조사방향 및 분석방향을 계획해야 한다.

2. 기술 내용 파악

특허정보를 조사하고자 하는 기술의 요지 및 발명의 목적 등을 명확하게 파악해야 한다. 이를 위하여 조사하고자 하는 기술의 종래기술, 발명의 상세한 설명, 특허 청구범위를 통해 기술의 내용을 파악한다.

3. 조사범위 결정

조사하고자 하는 국가는 어디인지, 조사 기간은 언제인지, 어떠한 데이터베이스를 사용할지 결정한다. 특히 특허출원 후 선행기술조사 또는 무효자료조사의 선행자료 조사기간은 조사된 자료의 공개일이 특허출원일과 동일하거나 빨라야 한다. 만일 국내 또는 조약 우선권주장, 분할출원 또는 변경출원 등의 경우에는 원출원의 출원일을 기준으로 한다.

4. 키워드 수집 및 특허 검색식 작성

(1) 기술의 계측적인 관계를 고려하여 특허 검색식 작성

조사하고자 하는 기술과 관련된 키워드를 수집하고, 검색하고자 하는 기술의 계층적인 관계를 고려하여 특허 검색식을 작성한다.

> 예 '하이브리드 자동차 변속기 기술'의 경우, '자동차 > 하이브리드 > 변속기'의 계층인 관계이므로 (자동차 관련 키워드 OR 연산) AND (하이브리드 관련 키워드 OR 연산) AND (변속기 관련 키워드 OR 연산)

지식재산능력시험

지식재산 창출 -

제1장

제2장

제3장

제4장

제5장

제6장

(2) 검색 항목 한정

기술 분야에 따라 발명의 명칭, 요약, 특허 청구범위를 중심으로 검색하거나 전문 검색으로 항목을 지정하여 검색할 수 있다. 인명정보의 경우, 출원인(특허권자), 발명자 등으로 검색 항목을 한정할 수 있다. 또한 필요하다면 검색 키워드와 특허분류코드를 함께 사용하여 특허 검색식을 작성할 수도 있다.

① 발명의 명칭(title)

발명의 명칭에는 해당 발명의 핵심 내용이 간단명료하게 기재되어 있다.

② 초록(abstract)

초록은 발명의 내용을 파악하기 쉽도록 요약한 것으로, 일반적으로 발명의 기술 분야, 구성, 목적 및 효과 등이 기재된다.

③ 특허 청구범위(claims)

특허 청구범위(청구항)는 특허가 주장하고자 하는 발명의 권리범위이다. 법적인 효력을 갖는 부분이므로 명확하고 간결하며, 발명의 구성에 없어서는 안 되는, 반드시 필요한 사항으로 기재되어 있다.

④ 전문(full text)

발명의 명칭, 초록 및 특허 청구범위로 한정하여 검색했을 때 원하는 특허를 발견하지 못하거나 명세서의 상세한 설명까지 검색하고자 할 때 전문 검색을 수행한다. 다만, 전문 검색은 노이즈가 많이 발생하므로 인접 연산자 및 구문 검색 등을 활용할 수 있다.

03 특허 검색식 작성 예

특허정보 조사 분야	하이브리드 자동차에서 사용되는 변속기 기술
조사 국가	한국
특허검색 데이터베이스	키프리스
조사 기간	2010년 1월 1일 ~ 2023년 12월 31일 출원
특허분류코드	IPC B60(차량 일반)으로 한정
검색 항목	발명의 명칭 OR 초록 OR 특허 청구범위

1. 키프리스에서 한국으로 한정하여 특허 검색

키프리스 검색식(자유검색)	검색 건수
(자동차＋차량＋이동수단＋승용차＋모빌리티＋car＋vehicle + mobility) * (하이브리드＋회생제동＋hybrid＋(regenerat ^1 brak)) * (변속＋트랜스미션＋파워트레인＋transmission＋(power ^1 train)＋CVT＋DCT)	29,661건 (2024년 6월 기준)

2. 조사기간을 2000년 1월 1일부터 2023년 12월 31일에 출원한 특허로 한정

키프리스 검색식(검색기간 한정)	검색 건수
((자동차＋차량＋이동수단＋승용차＋모빌리티＋car＋vehicle＋mobility) * (하이브리드＋회생제동＋hybrid＋(regenerat^1brak)) * (변속＋트랜스미션＋파워트레인＋transmission＋(power^1train)＋CVT＋DCT)) * AD=[20100101~20231231]	24,497건 (2024년 6월 기준)

3. 특허분류코드를 IPC B60(차량 일반)으로 한정

키프리스 검색식(IPC 한정)	검색 건수
(((자동차＋차량＋이동수단＋승용차＋모빌리티＋car＋vehicle＋mobility) * (하이브리드＋회생제동＋hybrid＋(regenerat^1brak)) * (변속＋트랜스미션＋파워트레인＋transmission＋(power^1train)＋CVT＋DCT)) * AD=[20000101~20231231]) * IPC=[B60]	5,648건 (2024년 6월 기준)

지식재산능력시험

지식재산 창출 —
제1장
제2장
제3장
제4장
제5장
제6장

4. 검색 항목을 발명의 명칭 OR 초록 OR 특허 청구범위로 한정

키프리스 검색식(발명의 명칭 OR 초록 OR 특허 청구범위)	검색 건수
((CL=[(자동차+차량 + 이동수단 + 승용차 + 모빌리티 + car + vehicle + mobility) * (하이브리드 + 회생제동 + hybrid + (regenerat^1brak)) * (변속 + 트랜스미션 + 파워트레인 + transmission + (power^1train) + CVT + DCT)]) + (TL=[(자동차 + 차량 + 이동수단 + 승용차 + 모빌리티 + car + vehicle + mobility) * (하이브리드 + 회생제동 + hybrid + (regenerat^1brak)) * (변속 + 트랜스미션 + 파워트레인 + transmission + (power^1train) + CVT + DCT)] + AB=[(자동차 + 차량 + 이동수단 + 승용차 + 모빌리티 + car + vehicle + mobility) * (하이브리드 + 회생제동 + hybrid + (regenerat^1brak)) * (변속 + 트랜스미션 + 파워트레인 + transmission + (power^1train) + CVT + DCT)])) * (IPC=[B60]) * (AD=[20100101~20231231])	1,356건 (2024년 6월 기준)

제 **6** 장

특허정보 분석

제 1 절 　특허정보와 특허정보 분석

특허정보와 분석은 수집된 데이터를 활용해 기술 동향과 경쟁사 전략을 파악하는 활동으로, 연구개발 방향 설정과 기술 예측에 필수적이다. 분석은 미개척 분야 발굴과 경쟁사 동향 파악에 유용하며, 조사는 기존 특허 탐색, 분석은 이를 해석해 결과를 도출하는 과정이다.

특허정보 분석의 필요성을 이해할 수 있다.

하위 목차명		특허정보 분석, 특허정보 분석의 필요성, 특허정보 조사와 특허정보 분석
NCS 및 NCS 학습모듈	대분류	05. 법률·경찰·소방·교도·국방
	중분류	01. 법률
	소분류	02. 지식재산관리
	세분류	03. 지식재산정보조사분석
	능력단위 (능력단위요소)	02. 지식재산 환경분석
	주요 지식·기술·태도	• 특허정보 분석의 필요성 • 지식재산 분석 능력, 자원관리능력 등 직업기초능력 • 지식재산 관련 법률 준수 및 보호 마인드

지식재산능력시험

지식재산 창출 -
제1장
제2장
제3장
제4장
제5장
제6장

01 특허정보 분석

특허정보 분석은 수집된 특허 데이터를 바탕으로 기술동향, 경쟁사 전략, 시장 흐름 등을 분석하는 활동을 말한다. 이는 단순히 특허정보 수집을 넘어 수집된 데이터를 체계적으로 분석하여 기술개발 및 기업경영 의사결정에 도움을 주는 과정을 포함한다.

02 특허정보 분석의 필요성

현재 세계적으로 연간 약 100만 건 이상의 새로운 특허정보가 발생하고 있으며, 이는 전체 과학기술정보의 약 40% 이상을 차지하고 있다. 이렇게 방대한 특허정보를 체계적으로 분석하는 것은 특허제도의 본래 목적인 기술의 공개를 통한 산업발전이라는 취지에 부합하고, 효율적인 연구개발의 방향 설정과 특허기술 동향 파악 및 기술경영 전략 수립에 필수적이다.
최근 치열한 기술경쟁 속에서 살아남기 위해서는 빠르게 변화하는 기술정보를 신속하고 정확하게 수집하여 분석함으로써, 남보다 먼저 기술흐름을 파악하고 방향을 예측하여 보다 앞선 기술을 개발하는 것이 필요하다.
따라서 연구개발의 산물인 특허정보를 보다 효과적으로 분석하고 활용하는 것은 선택이 아닌 필수가 되고 있다. 기업 또는 연구기관은 미개척 분야나 향후 잠재력 있는 분야를 특허정보 분석을 통해 발굴하고 효율적인 연구개발 방향을 설정해야 한다. 또한 경쟁사의 동향이나 기술흐름을 파악하기 위해서도 특허정보 분석은 반드시 필요하다.

03 특허정보 조사와 특허정보 분석

특허정보 조사는 특정 기술 또는 아이디어에 대하여 기존 특허정보를 탐색하는 것이고, 특허정보 분석은 수집된 특허정보를 해석하는 것을 목표로 한다. 특허정보 조사는 주로 특허 데이터베이스에서 정보를 검색하여 관련 특허 목록 또는 문서 자체가 제공되는 반면, 특허정보 분석은 수집된 데이터를 정리하여 그 결과를 그래프, 통계, 보고서 등의 형태로 도출한다.

제 2 절 **특허정보 분석의 목적과 유형**

학습 개관

특허정보 분석은 자사 및 경쟁사의 특허를 분석해 연구개발 방향을 설정하고, 중복 투자와 특허 분쟁을 방지하는 데 목적이 있다. 기술정보 분석은 기술 동향 파악과 유망기술 발굴에, 권리정보 분석은 특허권 상태 평가와 회피 전략 수립에, 경영정보 분석은 경쟁사의 기술 개발과 시장 경쟁력 분석에 활용된다. 연구개발 단계에서는 중복 연구를 방지하고, 사업화 단계에서는 기술 이전과 분쟁 예방 자료로 활용된다.

학습 포인트

특허정보 분석의 목적 및 요건을 이해할 수 있다.
특허정보 분석의 용도적·단계적 분류를 설명할 수 있다.

NCS 및 NCS 학습모듈

하위 목차명	특허정보 분석의 목적 및 요건, 특허정보 분석의 용도적 분류, 특허정보 분석의 단계적 분류	
NCS 및 NCS 학습모듈	대분류	05. 법률·경찰·소방·교도·국방
	중분류	01. 법률
	소분류	02. 지식재산관리
	세분류	03. 지식재산정보조사분석
	능력단위 (능력단위요소)	02. 지식재산 환경분석 08. 지식재산 개발방향 수립
	주요 지식·기술· 태도	• 특허정보 분석의 유형 • 지식재산 분석 능력, 자원관리능력 등 직업기초능력 • 지식재산 관련 법률 준수 및 보호 마인드

지식재산능력시험

지식재산 창출 ─

제1장

제2장

제3장

제4장

제5장

제6장

01 특허정보 분석의 목적 및 요건

1. 특허정보 분석의 목적

특허정보 분석의 기본적인 목적은 분석기관의 특허뿐만 아니라 경쟁사 또는 타인의 특허를 체계적으로 분석하여 중복투자를 방지하고 특허분쟁 대비 능력을 제고함은 물론 효율적인 연구개발 방향과 전략을 수립하기 위해서이다.

2. 특허정보 분석의 요건

① 기술 적용 시 방해가 되는 특허가 있는지 여부, 만일 있다면 어디에 있고 누가 가지고 있는지 알 수 있을 것

② 어떤 방향으로 기술을 개발하고 사용하면 가장 방해를 적게 받을 수 있는지, 최단시간 내에 최소 경비로 개발이 가능한지를 알 수 있을 것

③ 어떤 선발 생산업체가 있고, 기술은 어느 정도 수준까지 보유하고 있는지를 알 수 있을 것

④ 어떤 출원인이 참여하고 있으며, 어느 정도까지 개발이 진척되어 있는지 기술 개발 동향을 알 수 있을 것

⑤ 어떤 기술이 핵심기술이며, 해당 기술이 어떤 방향으로 발전하고 있는지 기술 동향을 알 수 있을 것

⑥ 미개발 기술 분야는 어느 부분이고, 특허망이 허술한 부분이 어디인지 기술 공백 여부를 알 수 있을 것

⑦ 어떤 출원인이 어느 기술개발에 주력하고 있는지 기술흐름을 예측할 수 있을 것

02 특허정보 분석의 용도적 분류

1. 기술정보 특허정보 분석

특허정보 분석을 하는 가장 기본적인 목적 중 하나는 특허기술 동향과 경쟁사의 개발 동향을 파악하는 일이다. 방대한 특허정보를 쉽게 인지할 수 있도록 일목요연하게 정리하고 통계적으로 분석함으로써 해당 기술 분야나 경쟁사에 대한 통찰력을 갖게 되기 때문이다. 또한, 연구개발 방향이 아직 명확하지 않은 경우, 공백기술 영역이나 유망기술 분야를 찾아내어 연구개발 테마를 선정하기 위한 목적으로 특허정보를 분석하기도 한다.

특허정보 분석은 자사 특허포트폴리오 강화를 위해서도 필요하다. 자사 특허의 전략은 특허 취득과 활용, 타사 특허에 대한 전략은 특허 회피(우회)와 활용에 있으므로, 자사와 타사의 특허 포트폴리오를 비교·분석함으로써 자사 특허망의 약점을 보완하고 타사의 특허를 회피(우회)하거나 활용할 수 있는 특허전략을 수립할 수 있다.

특허정보 분석의 목적에 따라 분석 유형이 달라질 수 있고, 그에 따라 접근방법도 상이하다. 따라서 분석 목적을 명확히 하는 것은 매우 중요하다. 특허정보 조사의 범위는 어디까지 한정할 것인지, 기술분류체계를 어떻게 설계할 것인지, 일정과 작성 주체는 누가 어떻게 할 것인지, 어떠한 유형으로 분석할 것인지가 결정되기 때문이다.

분석 목적		주요 분석 유형	활용 방안
기술개발 동향	기술분포맵	• 세부 기술별 시계열적 추이 • 출원인별, 기술별 점유율 현황 • 특허기술 로드맵 • 출원인별 특허 포트폴리오 비교 분석	• 기술 및 특허 동향 파악 • 기술개발 방향 설정 • 향후 실현기술 예측 • 특허 포지션 비교
	템페스트맵	• 기술별, 특성별 분포 • 특정 기술의 세부기술별 구성	
핵심기술 파악	기술발전도	• 연도별 핵심특허 전개도 • 해결과제-해결수단 시계열적 분석	• 기술흐름 파악 • 연구테마 설정 • 핵심특허기술 파악
	요지맵	• 요지리스트 • 주요 특허 요약서 • 구성부위 맵	
틈새기술 파악	매트릭스맵	• 해결과제-해결수단 매트릭스 • 제품-특허 매트릭스 • 기술분류별 점유율	• 연구테마 선정 • 특허포트폴리오 강화
유망기술 파악	기술상관맵	• 특허분류 상관맵 • 키워드 상관맵	• 매입특허 발굴 • 기술개발 방향 설정
기술파급 효과	인용상관맵	• 인용관계 분석 • 자사-타사인용 분석	• 기술개발 방향 설정 • 연구테마 선정

지식재산능력시험

지식재산 창출 ㅡ

제1장

제2장

제3장

제4장

제5장

제6장

2. 권리정보 특허정보 분석

기술개발이 완료되어 특허권이 설정된 단계에서는 특허권자만이 독점적으로 권리를 향유할 수 있다. 따라서 관련 기술의 특허권이 어느 출원인에게 귀속되어 있는가 하는 정보는 법적인 문제뿐만 아니라 기업의 사활이 걸린 중요한 사항이 되기도 한다.

또한 자사에서 사용하고 있는 기술이 특허문헌에 공개되어 있는 기술과 일부 동일한 경우, 비록 공개된 기술이라 하더라도 그 기술을 이용하는 데는 일부 제약이 따를 수 있다. 제약이 뒤따르는 기술이라면 어떠한 수단으로 부담을 최소화할 수 있는지를 강구해야 한다. 이를 위해 이용하는 것이 권리정보적 측면에서의 특허정보 분석이다.

예를 들어, 어떤 기술에 관한 특허권이 설정되어 있을 경우, 그 권리의 존속기간이 언제까지인지 파악해야 한다. 또한 해당 특허권의 진정한 권리자가 누구인지, 특허 실시권의 설정 유무 등을 파악할 필요가 있으며 특허권과 관련하여 특허권에 해당하는 기술적인 범위가 어느 정도인지 파악하고 회피가 가능한지 여부도 살펴보아야 한다.

기술사상은 명세서 전반을 통해 기재되어 있지만 해당 기술에서 권리로 설정되는 부분은 청구범위에 기재된 사항으로만 한정되기 때문에 청구범위 분석을 통해 특허권의 범위를 파악하여 자사의 발명을 어떤 방법으로 구성하면 기존의 특허망을 피해 권리를 설정하고 사용할 수 있는지를 알 수 있게 된다.

이러한 권리정보 특허정보 분석은 특허 권리의 침해 여부, 회피(우회)설계, 특허망 구축, 특허취득 가능성 파악, 특허위상 평가, 크로스 라이선싱 등의 자료로 이용할 수 있다.

분석 목적	주요 분석 유형	활용 방안
문제특허 발굴 권리범위 확인	• 기술요소별, 제품별 권리관계맵 • 대응특허(패밀리특허)맵 • 청구항별 요지맵 • 권리범위 분석시트 작성 • 청구항 트리맵	• 자사 및 타사 특허권 권리범위 확인 • 문제특허 발굴을 통한 회피(우회)설계 및 대체 기술 확보안 • 라이선싱 전략 • 특허 매입 전략 • 카운터 청구항 확보안
침해가능성 파악	• 대응특허(패밀리특허)맵 • 청구항별 요지맵 • 권리존속기간 맵 • 청구항 차트 작성 및 분석 • 비침해화 및 무효화 분석	• 회피(우회)설계안 마련 • 비침해화, 무효화 전략 • 라이선싱 전략 • 특허 매입 전략 • 카운터 청구항 확보안
특허망 구축	• 구성부위 맵 • 인용관계 및 관련특허 분석 (분할, 계속, 일부계속 출원 등)	• 타사 특허망 확인 및 대응방안 수립 • 자사 특허망 확인 및 포트폴리오 구축
권리상태 확인	• 권리관계 맵 • 권리기간 맵 • 심사관계 맵	• 권리상태 확인 • 로열티 산정 • 협력기업 확인

3. 경영정보 특허정보 분석

경영정보적 측면에서의 특허정보 분석은 업계의 정책결정이나 경영계획 수립에 활용되고 있으며, 특히 경쟁 기업의 기술정보 및 연구개발 현황을 찾아내기 위해 사용된다. 만일 생산부서에서 어떤 제품을 생산하고, 생산된 제품이 경쟁사의 제품과 비교하여 경쟁력이 있는가와 같은 시장성을 파악할 때 경영진 및 담당부서가 알고 있어야 하는 동향정보를 알려주어 경쟁 기업의 기술 동향과 제품개발 방향에 따른 자사의 기술개발 방향과 대책 등 자사의 경영정책을 수립할 때 전략적인 측면으로 활용된다.

예를 들어 한 기업에 있어서 자사의 제품이 시장에서 독점적인 지위를 확보하거나 시장을 선점하기 위해서는 자사의 제품에 대한 시장조사와 함께 경쟁사의 시장조사 현황도 핵심적인 사항이다. 또한 관련 분야의 경쟁사 동향이 무엇보다 중요하므로 특허정보를 분석하여 경쟁사의 출원 건수 비율로 경쟁사의 기술보유 현황과 어떠한 제품을 주력으로 개발하고 있는지를 파악하고 경쟁사의 주력제품은 어떤 구성과 기능을 채택하고 있는지, 그러한 기술의 발전 방향은 어떻게 변화하고 있는지, 기술개발에 참여하고 있는 기술자의 수는 얼마 정도인지 등의 정보를 파악할 필요가 있다.

또한 새롭게 시장에 진입할 가능성이 있는 업체도 파악하고 있어야 한다. 만일 이러한 업체가 시장에 진입하면 자사에 위협요인으로 작용할 수 있기 때문에 현재의 경쟁업체, 미래 경쟁업체가 될 기업에 대한 조사도 필요하다.

분석 목적	주요 분석 유형		활용 방안
기술·상품 개발 동향 파악	출원 건수 동향	• 기술별 특허출원 동향 • 기술별 시계열적 추이	• 사업 전략 수립 • 연구개발 전략 수립
	출원인 분포	• 출원인별, 기술별 특허 점유율 • 출원인별, 기술별 출원의 변화	
연구개발 동향 파악	출원인 분포	• 출원인별 출원 및 등록 건수 비율 • 경쟁사의 시계열적 기술별 비율 변화 • 경쟁사의 시계열적 키워드 빈도 추이	• 경쟁사 연구개발 방향 • 연구개발 조직 분석 • 중장기 프로젝트 수행 여부 • 핵심 발명자 확보 방안 • 특허관리 방향 설정 • 기업협력, 인수합병
	발명자 분포	• 주요 출원인별 발명자 수 비교 • 발명자 군집 분석	
	기업 간 상관맵	• 특정 회사의 연도별 협력관계도 • 기술협력 기업별 기술 분야 분석	
시장 참여 현황	뉴엔트리맵	기업별 사업 참여 및 탈퇴 시기 추이	기업협력, 인수합병
사업 전략 수립	기술분포맵 인용관계맵	• 제품 마켓 매트릭스 • 선도기업, 창의적 기업 출원 현황 분석 • 동시 출현 단어, 동시 인용 분석	• 시장규모 파악 및 예측 • 연구테마 발굴 • 미래 유망기술 개발

지식재산 창출 ─
제1장
제2장
제3장
제4장
제5장
제6장

03 특허정보 분석의 단계적 분류

1. 연구기획단계 특허정보 분석

연구기획단계에서의 특허정보 분석은 연구과제 선택의 객관적 타당성을 확인하기 위한 자료로 활용할 수 있다. 관심 연구 분야에 대한 특허정보를 분석함으로써 현재까지 기술동향 및 권리동향을 파악하는 동시에 이를 통해 한정된 기간 내에 가장 효과적인 연구개발이 이루어질 수 있는 미개척 분야를 발굴할 수 있다. 특허정보 분석을 통해 기술개발 동향을 파악하고 선도기업과 유사 분야 연구자의 기술력을 평가할 수 있으며, 연구개발 동향 및 기술개발 위치를 파악함으로써 연구개발 측면에서 자사의 위치를 설정하는 수단으로 활용할 수 있다.

목적	활용 범위
연구동향 파악	• 포트폴리오 분석을 통한 기술개발 위치 파악 • 기술개발의 시계열적 흐름 파악 • 기술개발 타깃시장 현황 파악 • 국제협력 현황 파악 • 주요 경쟁사의 연구개발 현황의 상대적 평가
연구주제 선정	• 관련기술의 파급분야 및 공백기술의 발견 • 연구개발 주제의 선정 및 장래의 기술 예측

2. 연구개발단계 특허정보 분석

연구개발단계에서의 특허정보 분석은 연구기획단계에서 설정된 연구개발 방향에 대해 특허문헌을 통해 기술개발 흐름을 분석하고 미래의 기술개발 방향을 예측하며, 특허 명세서에 기재된 기존 기술의 문제점 및 최신 기술 내용들을 주기적으로 확인함으로써 구체적인 연구개발 수행방안을 수립하는 동시에, 실제 연구개발 수행과정에서 나타나는 문제점을 해결하기 위한 아이디어를 얻을 수 있다. 이를 통해 현재 진행 중인 기술개발의 연구수행 결과물의 질적인 향상을 위한 자료산출이 가능하다.

목적	활용 범위
특허권리 취득	• 선행기술 조사를 통한 중복연구 및 중복투자 방지 • 특허취득 가능성 파악
특허침해 방지	• 침해가능 분야에 대한 회피(우회)특허 출원 • 특허취득 가능성 판단 및 기술적 범위의 확인 • 자사의 특허망 형성에 이용 • 권리침해 여부 판단
주요 경쟁자 특허전략 파악	• 경쟁 기업의 기술개발 동향 파악 • 기술시장에서의 제3자 참여 상황 파악 • 관련 기술 분야의 기술개발 흐름 파악 • 인재 유입·유출 현황 및 중요인재 발굴로 기술제휴 기회 모색

3. 기술사업화단계 특허정보 분석

기술사업화단계에서의 특허정보 분석은 연구개발 성과인 해당 기술을 이전하기 위해 기술시장 현황을 분석하고, 기술이전 기업을 선정하기 위한 참고자료로 활용할 수 있다. 또한 사업화단계에서 발생할 수 있는 특허 분쟁에 대비하고, 분쟁 시 특허침해 소지가 있을 것으로 예상되는 특허의 권리범위를 분석하여 분쟁대응을 위한 협상의 기초가 되는 자료로 활용할 수 있다.

목적	활용 범위
기술이전	• 시장에서의 기술 경쟁력 파악을 통한 시장 현황 확인 • 주요 출원인의 기술성·시장성 파악을 통한 기술이전 가능성 검토
분쟁대응	• 타사보유 특허조사로 특허 분쟁을 사전에 예방 • 자사의 특허망 형성에 활용 • 침해가능 특허에 대한 회피(우회)설계 가능 여부 파악 • 분쟁 예상 특허에 대한 무효자료 조사 • 패밀리 특허의 국가별 권리범위 분석

특허정보 분석의 절차

특허정보 분석 절차는 분석 목적과 대상 선정으로 시작된다. 먼저 연구 동향 파악, 기술 공백 도출, 침해 방지 등 목적을 명확히 설정하고, 기술 범위, 국가, 기간을 결정해 분석 범위를 정한다. 기술분류체계를 수립해 대상 기술을 요소 기술로 분류한 후, 검색식을 작성해 유효특허를 추출하고 기술분류를 진행한다. 이후 정량분석으로 데이터를 시각화하고, 핵심특허를 선별해 정성분석을 통해 기술 흐름과 핵심특허 내용을 심층적으로 파악한다.

기술분류체계 수립 및 특허 검색식 작성을 수행할 수 있다.
유효특허 추출, 기술분류 및 정량분석을 수행할 수 있다.
핵심특허 선별 및 정성분석을 수행할 수 있다.

	하위 목차명	특허정보 분석 대상 선정, 기술분류체계 수립, 특허 검색식 작성, 유효특허 추출 및 기술분류, 유효특허 정량분석, 핵심특허 선별기준 수립, 핵심특허 정성분석
NCS 및 NCS 학습모듈	대분류	05. 법률·경찰·소방·교도·국방
	중분류	01. 법률
	소분류	02. 지식재산관리
	세분류	03. 지식재산정보조사분석
	능력단위 (능력단위요소)	06. 지식재산 정량분석 07. 지식재산 정성분석
	주요 지식·기술·태도	• 특허정보 분석 절차 • 지식재산 분석 능력, 자원관리능력 등 직업기초능력 • 지식재산 관련 법률 준수 및 보호 마인드

01 특허정보 분석 대상 선정

1. 목적의 명확화

특허정보 분석에 있어서 가장 기초적이면서 중요한 것은 분석하고자 하는 목적에 대한 정확한 이해이다. 즉, 특허정보 분석이 산업 전반의 연구 동향을 파악하기 위함인지, 공백기술을 도출하기 위함인지, 특허침해 방지를 위한 것인지, 분쟁 시 이의 대응을 위한 목적인지 등을 명확히 하여 특허정보의 분석 방향을 계획해야 한다.

2. 분석 대상 분야 선정

대부분의 경우, 특허정보 분석은 기본적으로 한정된 기술 분야를 대상으로 이루어지게 되는데, 특허정보 분석을 시작하기 전에 어떤 대상을 분석해야 할지 기술적 범위를 구체적으로 명확히 결정하는 과정이 필요하다.

일반적으로 특허정보 분석 대상 데이터의 건수가 많을 경우 거시적인 통계분석 위주의 정량분석에 따른 결과를 도출하게 되며, 이때에는 특허성 조사나 침해분석과 같은 심층분석은 적용하기 어려운 경우가 많다. 따라서 특허정보 분석을 수행하기 전에 대상 데이터에 따라 도출될 수 있는 분석결과에 대해 올바르게 인식함으로써 원하는 방향의 결과를 산출해낼 수 있도록 해야 한다.

특허정보 분석 전 대상 분야 선정을 위해 필수적으로 결정해야 할 사항은 기본적으로 분석 대상 기술의 범위, 분석 대상 국가, 분석 대상 기간 등이 있으며, 이를 기반으로 최종적으로 분석 대상의 건수를 예측하고, 이에 따른 분석 모델을 선택해서 진행해야 한다.

02 기술분류체계 수립

1. 기술분류의 필요성

특허정보 분석은 그 목적에 따라 다양한 형태로 실시될 수 있다. 따라서 분석의 대상이 되는 기술의 범위 역시 분석 목적에 따라 여러 분야에 걸친 광범위한 기술을 포함하는 경우에서부터 특정 부품에 직접적으로 연관되는 세부 기술들만을 그 대상으로 하는 경우에 이르기까지 다양한 형태를 취하게 된다.

이와 같이 특허정보 분석은 목적에 따라 분석의 대상이 되는 특허정보가 포함하는 기술의 범위가 매우 다양하게 분포될 수 있으므로, 목적한 분석결과를 보다 정확하게 얻어내기 위해서는 그 분석이 되는 특허정보를 정확하게 추출해 내는 것이 우선되어야 한다.

따라서 분석 대상 기술이 선정되면 그 대상 기술의 전반적 기술 사상을 파악하고, 그 근간을 이루는 각 요소 기술들을 파악하여 어느 범위까지의 기술을 분석 대상에 포함시킬지를

지식재산능력시험

지식재산 창출 ~

제1장

제2장

제3장

제4장

제5장

제6장

결정해야 한다. 이러한 과정을 효과적으로 수행하기 위해서는 분석 대상 기술을 몇 가지 대표적 요소 기술로 구분하고 각 요소 기술들에 대하여 구체적으로 살펴보고자 하는 세부 기술들을 나열하는 방법이 있다.

이와 같이 대상 기술을 보다 구체적으로 세분화함으로써 분석하고자 하는 대상의 기술체계를 실체화하여 분석에 포함시킬 기술의 범위를 명확하게 한정할 수 있게 되고, 이렇게 분류된 특허정보를 이용하여 분석을 수행함으로써 각 요소 기술 또는 세부 기술별 분석과 비교가 용이해지게 된다.

2. 기술분류표 작성

분석할 대상 기술의 범위가 확정되면 이를 바탕으로 기술분류표를 작성한다. 분석 대상 기술을 분류하는 방법은 먼저 분석 대상 기술의 근간을 이루고 있는 주요 요소기술을 파악하고, 이들을 기준으로 각 요소기술별로 다시 세부기술 분야로 분류하는 것이 일반적이다. 분석 대상 기술을 요소기술로 구분하는 방법은 분석 대상 기술이 특정 물품에 관한 것일 때 물품을 구성하는 주요 구성 요소별로 구분하는 방법도 있고, 일련의 프로세스로 이루어지는 제조방법 등에 특성이 있는 기술 분야의 경우 그 제조 공정 단계별로 나누어 기술을 분류해 볼 수도 있다.

이 외에도 물품을 구성하는 재료나 구성 성분에 따라 그 특징이 달라지는 기술이나, 특정 물품의 구성과 그 제조방법 및 용도상의 특징 등에 대한 전반적인 특허정보 분석이 필요한 경우도 있을 수 있으며, 기술 분류는 각 경우에 따라 분석 대상 기술에 대한 명확한 이해를 바탕으로 분석 목적에 가장 적합한 결과를 얻을 수 있는 체계로 구성되어야 한다.

🔔 기술분류표 예시

대분류	중분류	소분류
사파이어 단결정 성장기술	결정 인상법	Czochralski
		EFG (Edge-defined Film-Fed Growth)
		Kyropoulos
	온도 구배법	Bridgman
		HEM (Heat Exchange Method)
		VHGF (Vertical Horizontal Gradient Freezing)
	Verneuil	
	Floating Zone Method	
	소결법	

03 특허 검색식 작성

특허 검색식은 앞서 살펴본 바와 같이 주요 키워드와 특허검색 연산자를 결합하여 작성한다. 필요하다면 IPC와 같은 특허분류체계를 같이 사용하여 검색할 대상 기술의 특허 모집단(raw data)이 너무 많지 않도록 노이즈를 억제하고, 분석하고자 하는 특허가 최대한 누락되지 않도록 한다.

🔔 특허 검색식 예시

국가	검색식	검색 건수
한국	(스테레오스코* or 쓰리디 or 스리디or 3차원 or 삼차원 or 입체* or 3D or 3-D or ((three or 3) near2 dimension*) or stereoscop*) and ((무안경* or 오토스테레오스코* or (오토 near2 스테레오스코*) or 패럴*스or 배리어 or 베리어or 렌티큘* or 랜티큘* or 멀티뷰* or 시차장벽 or (시차 near2 장벽) or 다시점* or 초다시점* or 초다안* or 프리즘 or 홀로그래* or 집적영상 or (집적* near2 영상) or 체적* or ((non or free) near2 glass*) or autostereoscop* or (auto near2 stereoscop*) or parallax	2,495
일본	or barrier or lenticularor (multi* near2 view*) or multiview* or SMV or prism or holograp* or (integral near2 (imag* or photograp*)) or volumetric*) or ((투디 or 2차원 or 이차원 or 2D or 2-D or ((two or 2) near2 dimension*)) and (컨버* or 스위치 or 스위칭or 스위처블or 트랜스폼or 트랜스코* or 체인징or 실시간 or 리얼타임 or 변환* or 전환* or convert* or switch* or transform* or transcod* or changing or realtimeor real-time or (real near2 time)))).KEY.	3,600
미국	(3D or 3-D or ((three or 3) near2 dimension*) or stereoscop*) and ((((non or free) near2 glass*) or autostereoscop* or (auto near2 stereoscop*) or parallax or barrier or lenticularor (multi* near2 view*) or multiview* or SMV or prism or holograp* or (integral near2 (imag* or photograp*)) or volumetric*) or ((2D or 2-D or ((two or 2) near2 dimension*)) and (convert* or switch* or transform* or transcod* or changing or realtimeor real-time or (real near2 time)))).KEY.	6,404
유럽		1,699
계		14,198

지식재산 창출 ──

제1장

제2장

제3장

제4장

제5장

제6장

04 유효특허 추출 및 기술분류

특허 검색식을 통해 산출된 특허 모집단을 엑셀(excel) 등의 스프레드시트 파일로 다운로드 받고, 분석에 적합한 형태로 재정리한다. 특허 모집단 파일 내에는 분석하고자 하는 기술 분야와 관련성이 없는 무의미한 데이터(노이즈)가 필연적으로 존재한다. 따라서 특허 모집단 파일 내에 있는 데이터를 검토하여 무가치한 노이즈 데이터를 선별, 제거함으로써 분석에 사용될 유효특허(분석대상 특허)를 추출한다.

유효특허를 추출한 이후, 기존에 작성한 기술분류표에 따라 각각의 유효특허를 기술 분야에 맞게 분류한다. 기술분류 작업이 완료되면 유효특허 데이터를 가공하거나 알아보기 쉽도록 정리함으로써 분석의 편의성과 정확성을 높인다. 이러한 데이터 가공은 특허정보 분석의 왜곡을 방지하고, 정확성을 높이는 데 있어 필수적이다. 대표적인 데이터 가공은 출원인의 대표 명화로써, 출원인의 출원인 명이 여러 형태로 기재되어 있는 경우 하나의 출원인 명, 즉 대표 출원인 명으로 통일해 주어야 한다.

05 유효특허 정량분석

정량분석은 통계분석이라고 하며, 특허정보의 출원 건수, 출원인 수, 특허분류 등 서지적 데이터를 수량적으로 표시하는 것으로 통상적으로 연도, 기술, 상관관계에 의한 매트릭스맵 (matrix map)으로 작성한다. 정량분석은 그래프로 표현하는 것이 일반적이며, 분석하고자 하는 내용과 표현 방법에 따라 그래프를 선택하는 것이 중요하다. 시각적으로 분석필드 사이의 관계를 쉽게 파악하기 위해 2차원보다 3차원으로 표현하며, 2~3개의 그래프를 복합적으로 이용하기도 하고, 표와 그래프가 혼합된 형태를 취하기도 한다.

🔔 그래프의 종류와 특징

종류	특징
선 그래프	• 가장 단순하고 작성하기 쉬움 • 시간적 변화를 보는 데에 적합 • 한 시점에서의 비교는 부적합
막대 그래프	• 여러 경우(시점 등)에 있어서의 변화의 차이와 비율을 동시에 보는 데에 적합 • 양적인 비교에 적합 • 한 시점에서의 비교에 적합하지만 연속적인 변화를 보기에는 부적합 • 구성비 등으로 분류하는 것도 쉽게 할 수 있음
원 그래프	• 구성요소 간 대비에 적합 • 전체와 각 구성요소와 대비를 보기 쉬움 • 전체가 1개소에 모여 있기 때문에 공간 효율이 좋음
면적 그래프	현격하게 크기가 다른 것을 비교할 때 이용함
버블 그래프	• x, y축 이외에도 버블의 크기를 이용하여 세 번째 변수를 추가로 표현 가능 • 버블의 크기와 위치를 통해 각 데이터 간 상대적 크기와 분포를 쉽게 파악 • 많은 데이터를 표시하면 레이블이 겹치거나 가독성이 떨어질 수 있음

📊 정량분석 그래프 예시

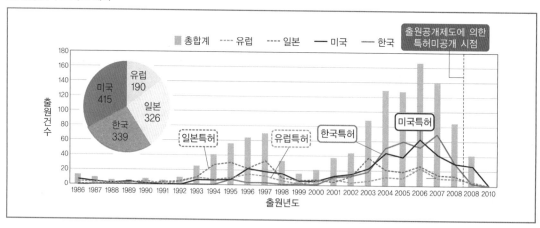

지식재산능력시험

지식재산 창출 ─

제1장

제2장

제3장

제4장

제5장

제6장

06 핵심특허 선별기준 수립

유효특허 중에서 특허당 인용/피인용 수(CPP), 패밀리 특허 규모(PFS), 특허영향 지수(PII), 기술력 지수(TS), 기술순환 지수(TCT), 과학연계 지수(SL), 특허당 청구항 수 등의 정성적 지표를 이용하여 핵심특허를 선별할 수 있다. 또는 새로운 기술이나 기술적 측면에서 독창적 인 것과 같이 기술에 따라 다양한 핵심특허 선별 기준이 있을 수 있다.

07 핵심특허 정성분석

정성분석은 핵심특허를 내용적으로 파악하고 분석하는 것으로 분석 대상의 기술의 특성이나 경쟁 기업의 출원인 특성을 고려해서 분석해야 한다.

1. 기술흐름 분석

선정된 핵심특허를 연도별로 나열하면 시계열적으로 기술의 발전상황을 파악할 수 있는 기술발전도(전개도)를 완성할 수 있다. 기술발전도는 선별된 핵심특허를 시간의 흐름에 따라 기술별로 표현한 것이며, 이를 기초로 특정 기업의 R&D 이력을 분석하기도 한다. 기술 발전도에는 기술의 흐름을 파악할 수 있도록 선정된 핵심특허의 출원번호, 등록번호, 출원 인 및 관련 도면을 표기하여 정보를 빠르게 전달할 수 있도록 한다.

기술발전도에는 시계열적 발전도, 기술 분야별 발전도, 주요 출원인별 발전도, 인용관계를 이용한 발전도 등이 있다.

▣ 기술발전도 예시

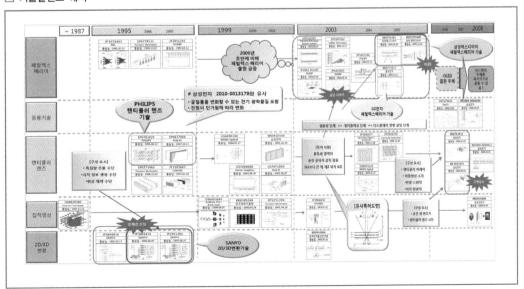

2. 핵심특허 심층분석

핵심특허의 주요 내용을 심층적으로 분석하는 것으로, 핵심특허의 서지사항, 발명의 목적, 구성 및 효과, 주요 기술 내용, 청구항 구성요소 및 대표 도면 분석 등을 할 수 있다.

출원번호	출원일자	출원인	기술 분야	법적 상태
2000-0023181	2000. 4. 29.	한국과학기술연구원	집적영상	등록
발명의 명칭	다시점영상 표시 시스템			

요약	서로 다른 시점들을 가진 복수의 영상들을 시청자에게 제공하는 다시점영상 표시 시스템에 관한 것으로써, 특히 마스크형형상 표시판을 이용하여 복수의 다시점 3차원 영상을 구현할 수 있는 개선된 다시점영상 표시 시스템	대표 도면	

특허 청구 1항

전제부	서로 다른 시점을 가진 복수의 시점 영상들을 제공하는 다시점영상 표시 시스템
	복수의 시점 영상들은 각각 독립적인 시역들(Viewing zones)을 형성, 2차원적으로 배열

구분	구성요소 (element)	기술(description)	참조 (reference)
1	광원 배열판	M×N개의 점 광원들을 구비	도면부호 19
2	영상 표시 마스크	기준 시역과 점 광원 배열판 간에 배치 M×N개의 화소셀들을 가지며, 화소셀은 각각의 점 광원에 의해 조명됨	도면부호 27
3	화소셀	시역들의 배열 구조에 따라 배열된 복수의 서브셀로 분할되어 있는 영상 표시역을 가짐	도면부호 33
4	서브셀	각각의 서브셀의 전체 영역을 사용하여 점 광원들로부터 광을 투과 또는 반사시킴	—
종결부	투과 또는 반사된 광이 각각의 시역에서 수집되어 각각의 시점 영상을 형성하게 하는 다시점영상 표시 시스템		

참조 사항

패밀리 출원 국가	일본, 미국(등록)		
인용(backward)	JP3595645 外 4건	피인용(forward)	KR0433277 外 3건
청구항 수	43항(독립항1, 종속항42)		

검토 의견

본 특허는 다시점영상 표시 시스템에 관한 것으로써, 수평 시차와 수직 시차를 동시에 제공하고, 광효율을 높이고 다시점영상을 신뢰성 있게 분리할 수 있는 기술임. 집적영상에 관련된 국내특허 중에서 비교적 오래전에 출원되어 국내 선도기술일 가능성이 높고, 43개의 청구항을 보유하고, 미국 패밀리특허가 등록되어 있어, 권리범위가 넓고 우수한 특허로 판단됨. 특히 특허권자가 기업이 아닌 연구소임을 고려할 경우, 본 특허의 매입 및 실시권 확보 등을 통하여 집적영상원천기술이 취약한 기업의 특허권 강화에 유용하게 활용될 수 있을 것으로 사료됨

특허 포트폴리오 구축 전략

특허정보 분석을 통한 포트폴리오 구축은 매트릭스 분석, 공백기술 도출, 핵심특허 도출로 이루어진다. 매트릭스 분석은 특허를 세분화해 자사와 경쟁사의 기술 강점과 약점을 파악하며, 공백기술 도출은 미개발 영역을 찾아 연구개발 기회를 식별한다. 핵심특허를 강화하거나 경쟁사의 취약점을 공략하는 포트폴리오 전략으로 기술 경쟁에서 우위를 확보한다.

매트릭스 분석을 통하여 공백기술을 도출할 수 있다.
특허 포트폴리오 구축 전략을 수행할 수 있다.

하위 목차명		매트릭스 분석, 공백기술 도출, 특허 포트폴리오 구축 전략
NCS 및 NCS 학습모듈	대분류	05. 법률·경찰·소방·교도·국방
	중분류	01. 법률
	소분류	02. 지식재산관리
	세분류	03. 지식재산정보조사분석
	능력단위 (능력단위요소)	02. 지식재산 환경분석 09. 지식재산권 확보전략 수립
	주요 지식·기술· 태도	• 특허 포트폴리오 구축 • 지식재산 분석 능력, 자원관리능력 등 직업기초능력 • 지식재산 관련 법률 준수 및 보호 마인드

01 매트릭스 분석

1. 매트릭스 분석이란?

매트릭스 분석은 분석하고자 하는 특허들을 둘 이상의 항목으로 세분화한 뒤, 해당하는 곳에 특허들을 배치함으로써 유의미한 분석결과를 끌어내는 분석방법이다. 이를 통하여 자사의 특허 포트폴리오 구축을 위해 앞으로 보완해야 하는 분야는 무엇인지, 경쟁사의 기술과 자사의 기술이 어떠한 강점과 약점을 가지는지 등을 알 수 있다.

2. 매트릭스 설계 방법

특허정보 분석에서 동일한 기술 분류 내의 각 특허의 요지 및 청구범위에 기술된 내용으로부터 해결과제/해결기준으로 매트릭스를 작성하여 해당 특허들이 어떠한 문제를 해결하기 위하여 어떠한 수단을 사용했는지 분석한다. 매트릭스를 설계함에 있어서 가장 중요한 단계는 해결하고자 하는 과제가 무엇인지를 명확히 하는 것이다. 그러므로 해결과제가 정의된 후, 해결수단을 해결과제에 맞게 설정해야 한다.

🔲 해결과제/해결수단 매트릭스 분석 사례(독립형 마이크로 그리드 기술)

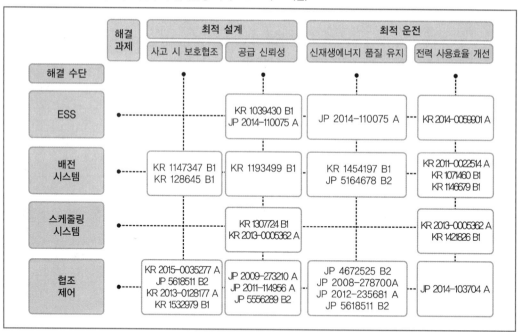

지식재산능력시험

지식재산 창출 ─

제1장

제2장

제3장

제4장

제5장

제6장

3. 매트릭스 분석의 유형

매트릭스의 가로 및 세로 항목은 해결과제/해결수단 등의 기술적 접근뿐만 아니라 분석 목적에 따라 다양하게 설정될 수 있다.

(1) 발명자-기술 매트릭스

해당 기술 분야를 주도하고 있는 발명자를 찾을 수 있다. 기술 분야를 세분화하고 발명자들을 나열하여 이들의 상관관계를 분석할 수 있다.

(2) 출원인-기술 매트릭스

해당 기술 분야에서 많은 특허를 보유하고 있는 출원인을 분석할 수 있다. 또한 세부 기술 분야별로 어떠한 출원인의 출원활동이 활발한지 알 수 있다.

(3) 연도-기술 매트릭스

시간의 흐름에 따라 기술 분야의 출원흐름을 분석할 수 있다. 기술 분야 및 연도를 세분화하여 해당 분야에 속하는 기술의 중심이 어떤 방향으로 진화하고 있는지를 분석할 수 있다.

(4) 연도-출원인 매트릭스

주요 출원인의 연도별 기술개발 추이를 파악할 수 있다. 이를 통하여 경쟁자들의 출원 및 개발방향을 미리 예측해 볼 수 있다.

(5) 국가-기술 매트릭스

기업이 진입하고자 하는 주요 국가별로 특허출원 현황을 분석하여, 세부 기술분류별 연구 현황 및 연구 수준 등을 파악하고자 하는 근거로 사용한다.

⊠ 국가-기술 매트릭스 분석 사례(모바일 적용 3D 기술)

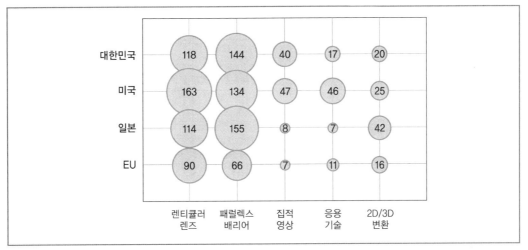

02 공백기술 도출

1. 공백기술 도출의 목적

특허정보 분석에서 공백기술을 도출하는 목적은 특정 기술 분야에서 아직 개발되지 않았거나 특허로 보호되지 않은 기술 영역을 찾아내는 과정을 의미한다. 이는 기술혁신과 연구개발의 새로운 기회를 식별하는 데 중요한 역할을 한다.

2. 공백기술 도출 방법

공백기술을 도출하는 방법은 다음과 같다. 분석하고자 하는 해당 기술 분야의 기술분류체계를 만들고 특허를 검색하여 획득한 유효특허를 기술분류체계에 따라 분류한다. 이때 분류된 특허 데이터 내에서 특정 분류에 다수의 특허들이 집중될 수 있고, 특정 분류에는 특허가 발생되지 않는 경우가 있는데, 특허 데이터가 발생되지 않는 세부 요소기술이 있는 경우에 해당 기술을 공백기술로 볼 수 있다.

3. 매트릭스 분석을 통한 공백기술 도출 사례

다음 그림은 해결과제와 해결수단(제조방법)으로 매트릭스를 작성한 것이다. 특허가 존재하지 않는 4개 영역이 있지만, 이 중에서 기술구현의 난해성 및 기술이 모순되는 부분을 제외한다. 이를 통하여 '고투과율 친수성' 문제를 해결하기 위한 'TIPS 복합막'이 공백기술로 도출되었다.

🔲 매트릭스 분석을 통한 공백기술 도출 사례(PVDF 중공사막 기술)

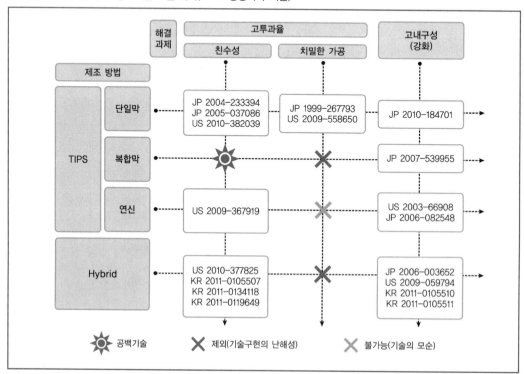

지식재산능력시험

지식재산 창출 ―

제1장

제2장

제3장

제4장

제5장

제6장

[03] 특허 포트폴리오 구축 전략

특허정보 분석을 통하여 해당 기술 분야의 핵심특허를 도출할 수 있다. 분석 결과, 경쟁사의 특허 포트폴리오가 취약할 경우, 관련 기술의 연구개발을 통해 경쟁사의 핵심특허를 포위할 수 있는 길목특허 및 개량특허를 출원할 수 있다. 이를 통하여 경쟁사의 핵심특허를 견제할 수 있으며, 향후 라이선스 협상 등에서 유리한 고지를 차지할 수 있다.

반대로, 특허정보 분석을 통하여 자사 보유 핵심특허의 특허 포트폴리오가 취약할 경우, 관련 기술에 대한 특허출원 활동을 통해 포트폴리오를 강화할 수 있다. 이를 통하여 자사 특허망의 취약점을 보완할 수 있다. 또한, 향후 핵심특허가 특허권이 만료되어 공지기술이 되더라도, 이후에 출원한 길목, 개량특허가 존재하므로, 경쟁사가 해당 기술 분야에 쉽게 접근하지 못하게 하는 효과도 있다.

⊠ 경쟁사 핵심특허 포위 전략 및 특허 포트폴리와 확장 전략

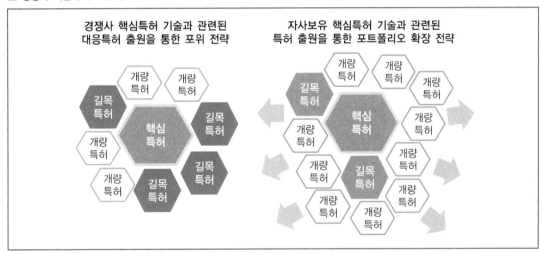

제 **3** 편

지식재산 보호

INTELLECTUAL I

PROPERTY P

ABILITY A

TEST T

www.ipat.or.kr

직무발명과 특허출원

직무발명 및 특허출원의 결정

학습 개관

종업원 등이 하는 직무발명의 개념을 이해하고, 직무발명에 대해 사용자와 종업원 등이 가지는 권리 및 의무에 대해 설명할 수 있다.

학습 포인트

직무발명의 개념을 설명할 수 있다.
직무발명의 권리자 등을 설명할 수 있다.
직무발명 보상제도, 직무발명보상금 등에 대해 설명할 수 있다.

NCS 및 NCS 학습모듈

하위 목차명	직무발명의 의의, 직무발명 보상제도, 직무발명 보상금	
NCS 및 NCS 학습모듈	대분류	05. 법률·경찰·소방·교도·국방
	중분류	01. 법률
	소분류	02. 지식재산관리
	세분류	03. 지식재산정보조사분석
	능력단위 (능력단위요소)	11. 발명서식검토
	주요 지식·기술· 태도	• 직무발명의 개념, 직무발명 보상제도, 직무발명 보상금 • 직무발명 등에 대한 이해 능력, 직무발명 보상제도에 대한 이해 능력, 직무발명 보상금에 대한 이해 능력 • 직무발명 관련 법률 준수성, 직무발명 보호 마인드

01 직무발명의 의의

직무발명은 ① 종업원, 법인의 임원 또는 공무원(이하 "종업원등"이라 한다)이 그 직무에 관하여 ② 발명한 것이 성질상 사용자·법인 또는 국가나 지방자치단체(이하 "사용자등"이라 한다)의 업무범위에 속하고 ③ 그 발명을 하게 된 행위가 종업원등의 현재 또는 과거의 직무에 속하는 발명을 말한다(발명진흥법 제2조 제2호).

이는 사용자와 종업원의 이익을 합리적으로 조정하여 R&D 투자 촉진 및 종업원의 혁신적인 발명활동을 장려하기 위하여 1974년 「특허법」에서 제도를 도입하였다. 그 후 2006년 「발명진흥법」으로 근거법을 변경하여 현재에 이르고 있다(발명진흥법 제10조 이하).

「발명진흥법」 제10조 제1항에서 「발명진흥법」 제2조에 의한 직무발명에 해당하는 발명 등을 종업원등이 특허권, 실용신안권, 디자인권 등을 받았거나 받을 수 있는 권리를 승계한 자가 권리를 받으면 사용자등은 그 권리에 대해 통상실시권을 가지도록 규정하여 직무발명은 발명자 개인에 국한하는 권리가 아니라 사용자등이 승계할 수 있다는 내용을 규정하고 있다.

관련 조문 📖

발명진흥법

제10조(직무발명) ① 직무발명에 대하여 종업원등이 특허, 실용신안등록, 디자인등록(이하 "특허등"이라 한다)을 받았거나 특허등을 받을 수 있는 권리를 승계한 자가 특허등을 받으면 사용자등은 그 특허권, 실용신안권, 디자인권(이하 "특허권등"이라 한다)에 대하여 통상실시권(通常實施權)을 가진다. 다만, 사용자등이 「중소기업기본법」 제2조에 따른 중소기업이 아닌 기업인 경우 종업원등과의 협의를 거쳐 미리 다음 각 호의 어느 하나에 해당하는 계약 또는 근무규정을 체결 또는 작성하지 아니한 경우에는 그러하지 아니하다.

1. 종업원등의 직무발명에 대하여 사용자등에게 특허등을 받을 수 있는 권리나 특허권등을 승계시키는 계약 또는 근무규정

2. 종업원등의 직무발명에 대하여 사용자등을 위하여 전용실시권을 설정하도록 하는 계약 또는 근무규정

② 제1항에도 불구하고 공무원 또는 국가나 지방자치단체에 소속되어 있으나 공무원이 아닌 자(이하 "공무원등"이라 한다)의 직무발명에 대한 권리는 국가나 지방자치단체가 승계할 수 있으며, 국가나 지방자치단체가 승계한 공무원등의 직무발명에 대한 특허권등은 국유나 공유로 한다. 다만, 「고등교육법」 제3조에 따른 국·공립학교(이하 "국·공립학교"라 한다) 교직원의 직무발명에 대한 권리는 「기술의 이전 및 사업화 촉진에 관한 법률」 제11조제1항 후단에 따른 전담조직(이하 "전담조직"이라 한다)이 승계할 수 있으며, 전담조직이 승계한 국·공립학교 교직원의 직무발명에 대한 특허권등은 그 전담조직의 소유로 한다.

③ 직무발명 외의 종업원등의 발명에 대하여 미리 사용자등에게 특허등을 받을 수 있는 권리나 특허권등을 승계시키거나 사용자등을 위하여 전용실시권(專用實施權)을 설정하도록 하는 계약이나 근무규정의 조항은 무효로 한다.

④ 제2항에 따라 국유로 된 특허권등의 처분과 관리(특허권등의 포기를 포함한다)는 「국유재산법」 제8조에도 불구하고 특허청장이 이를 관장하며, 그 처분과 관리에 필요한 사항은 대통령령으로 정한다.

직무발명은 우수 특허기술을 확보하기 위한 주된 원천으로 중요성이 커지고 있으며, 산업이 고도화되고 기술이 복잡·다양해짐에 따라 새로운 기술 개발을 대규모 연구시설과 자본을 갖춘 법인에 의해 주도되고 있어,[190] 그 중요성이 더욱 강조되고 있다.

---

190) 2021년 기준으로 특허출원 점유율은 법인 195,955건(82.3%), 개인 42,043건(17.7%)에 이르고 있다.

02 직무발명 보상제도

1. 의의

직무발명 보상제도는 종업원이 개발한 직무발명을 기업이 승계·소유하도록 하고, 종업원에게는 직무발명에 대한 정당한 보상을 해주는 제도이다(발명진흥법 제15조).

관련 조문

발명진흥법

제15조(직무발명에 대한 보상) ① 종업원등은 직무발명에 대하여 특허등을 받을 수 있는 권리나 특허권등을 계약이나 근무규정에 따라 사용자등에게 승계하게 하거나 전용실시권을 설정한 경우에는 정당한 보상을 받을 권리를 가진다.

② 사용자등은 제1항에 따른 보상에 대하여 보상형태와 보상액을 결정하기 위한 기준, 지급방법 등이 명시된 보상규정을 작성하고 종업원등에게 서면으로 알려야 한다.

③ 사용자등은 제2항에 따른 보상규정의 작성 또는 변경에 관하여 종업원등과 협의하여야 한다. 다만, 보상규정을 종업원등에게 불리하게 변경하는 경우에는 해당 계약 또는 규정의 적용을 받는 종업원등의 과반수의 동의를 받아야 한다.

④ 사용자등은 제1항에 따른 보상을 받을 종업원등에게 제2항에 따른 보상규정에 따라 결정된 보상액 등 보상의 구체적 사항을 서면으로 알려야 한다.

⑤ 사용자등이 제3항에 따라 협의하여야 하거나 동의를 받아야 하는 종업원등의 범위, 절차 등 필요한 사항은 대통령령으로 정한다.

⑥ 사용자등이 제2항부터 제4항까지의 규정에 따라 종업원등에게 보상한 경우에는 정당한 보상을 한 것으로 본다. 다만, 그 보상액이 직무발명에 의하여 사용자등이 얻을 이익과 그 발명의 완성에 사용자등과 종업원등이 공헌한 정도를 고려하지 아니한 경우에는 그러하지 아니하다.

⑦ 공무원등의 직무발명에 대하여 제10조제2항에 따라 국가나 지방자치단체가 그 권리를 승계한 경우에는 정당한 보상을 하여야 한다. 이 경우 보상금의 지급에 필요한 사항은 대통령령이나 조례로 정한다.

한편으로 중소기업의 직무발명 보상제도 도입 확산을 위한 정책적 지원이 필요하며, 우리나라 기업의 직무발명 보상제도 도입률은 65%('17)로 87%인 일본에 비해 저조한 현황이다. 대기업과 중견기업의 직무발명 보상제도 도입률은 증가 추세이지만(대기업: 84.4%('14)→92.6%('17), 중견기업: 75.0%('14)→ 92.6%('17)), 반면, 중소기업의 직무발명 보상제도 도입률은 증가 추세임에도 불구하고 대기업이나 중견기업에 비해 저조한 현황(41.1%('14)→60.2%('17))을 보이고 있다.

🔔 우리나라 기업의 직무발명 도입률 추이

구분	2014년	2015년	2016년	2017년
기업 전체	51.5%	55.6%	60.2%	65.0%
대기업	84.4%	77.7%	91.7%	92.6%
중견기업	75.0%	71.6%	86.1%	91.6%
중소기업	41.1%	46.2%	48.8%	60.2%

출처 : 특허청 · 한국발명진흥회, 직무발명제도(http://www.kipa.org)

2. 직무발명 보상 절차

종업원에게는 지식재산권 권리 귀속 및 연구개발 노력에 대한 보상을 하고 기업에는 연구개발 투자 및 인프라 제공의 이익을 돌려주는 종업원과 기업 간의 합리적 이익조정을 위한 선순환 구조를 가진다. 이는 종업원의 물질적 보상 및 연구개발 의욕 향상과 기업의 직무발명에 대한 권리의 안정적 실시 및 기술축적과 이윤창출의 기회를 제공하고자 함이다. 종업원은 직무발명 완성 후 지체 없이 사용자등에게 서면으로 알려야 하며, 2명 이상의 종업원등이 공동으로 직무발명을 완성한 경우에는 공동으로 알려야 한다(발명진흥법 제13조 제1항). 다만 예약승계규정을 두고 있지 않은 사용자등은 종업원등으로부터 직무발명 완성에 대한 통지를 받은 경우에는 4개월 이내에 그 발명에 대한 권리의 승계 여부를 종업원등에게 서면으로 알려야 하며, 종업원 의사와 다르게 직무발명 권리 승계를 주장할 수 없다(발명진흥법 제13조 제2항).

📄 직무발명 승계 및 보상 절차

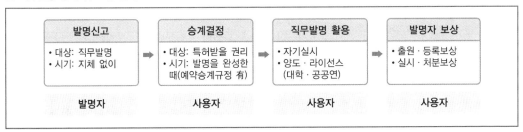

종업원은 기본적으로 특허받을 권리를 보유하게 되며, 사용자등이 권리를 승계할 경우에는 정당한 보상을 청구할 수 있는 권리를 가지고, 사용자등과의 분쟁발생 시에는 분쟁해결을 위한 심의위원회 개최 요구권 등을 행사할 수 있다.

사용자는 예약승계규정[191]에 따라 직무발명에 대한 권리를 종업원으로부터 승계할 수 있으며, 직무발명에 대해 종업원 또는 제3자가 특허권을 취득하는 경우에는 통상실시권을 행사할 수 있다.

---

191) 미리 직무발명에 대한 권리를 사용자에게 승계시키도록 하는 계약 또는 근무규정을 말한다.

종업원의 권리	특허권리의 귀속	1차적으로 발명자인 종업원에게 특허 권리가 귀속되며, 사용자는 종업원들로부터 그 권리를 양도받을 수 있음
	보상받을 권리	종업원이 사용자에게 계약 또는 근무규정에 의하여 특허를 받을 수 있는 권리 또는 특허권을 승계시키거나 사용자에게 전용실시권을 설정해 준 경우에는 정당한 보상을 받을 권리를 갖게 됨
	발명자 게재권	발명자인 종업원은 직무발명에 대한 특허출원 시 특허출원서에 발명자로 게재될 권리를 갖게 됨
종업원의 의무	직무발명완성사실 통지의무	종업원은 직무발명을 완성한 경우 지체 없이 그 사실을 사용자에게 문서(서면 또는 전자문서)로 통지하여야 함
	비밀유지의무	종업원은 사용자가 직무발명을 출원할 때까지 그 발명에 관한 비밀을 유지하여야 함

3. 직무발명 보상 분쟁

사용자의 권리	대가 없는 통상실시권 취득	직무발명에 대하여 사용자가 아닌 종업원이나 종업원으로부터 권리를 승계한 제3자가 특허를 받은 경우 사용자는 대가 없는 통상실시권을 취득하여 그 직무발명을 자유로이 실시할 수 있음
	예약승계[192]	예약승계에 관한 계약이나 근무규정은 직무발명에 대해서 유효함
사용자의 의무	승계 여부 통지의무	예약승계규정을 두고 있지 않은 사용자등은 종업원등으로부터 직무발명 완성에 대한 통지를 받은 경우에는 4개월 이내에 그 발명에 대한 권리의 승계 여부를 종업원등에게 서면으로 알려야 함
	정당한 보상을 해줄 의무	• 예약승계에 의해 사용자가 당해 직무발명에 대한 권리를 양도받거나 전용실시권을 설정한 경우, 종업원에게 정당한 보상을 하여야 함 • 정당한 보상은 사용자가 직무발명을 승계한 후 특허출원을 하지 않는 경우에도 하여야 함

직무발명의 중요성이 높아지면서 법인과 연구자 사이의 분쟁도 증가하고 있다.

---

192) 예약승계 : 종업원의 직무발명에 대하여 미리 사용자가 그 권리를 승계받기로 하거나 특허권에 대하여 전용실시권을 설정하기로 하는 계약이나 근무규정

> **참고**
>
> **벌크핀펫 기술 소유권 분쟁**
>
> - 사건개요 : 인텔로부터 100억 원 라이선스 계약, 삼성전자로부터 4,400억 원 배상 평결을 끌어낸 벌크핀펫[193] 미국특허에 대한 소유권 분쟁 발생
> - 현행제도의 문제점 : 직무발명에 대하여 해외에서 특허를 받을 수 있는 권리를 종업원이 다시 취득하는 절차가 명확하게 규정되어 있지 않음
>
> **크리스퍼 유전자 가위기술[194] 빼돌리기 논란**
>
> - 사건개요 : 국가연구개발비를 지원받아 개발한 수천억 원의 가치가 있는 기술을 교수가 재직 중인 기업에 헐값에 빼돌렸다는 의혹 제기
> - 현행제도의 문제점 : 기관의 특허관리 및 사업화 담당자들이 직무발명 관련 법규에 대한 이해가 부족하여 현장에서 제대로 지켜지지 않는 경우가 많음

이러한 분쟁의 발생은 직무발명에 대한 정당한 보상을 지급하고 직무발명 성과 활용을 촉진할 수 있는 합리적인 직무발명 보상제도 구현이 요구되는 이유이다.

4. 공무원의 직무발명 보상

공무원의 직무발명 보상에 대해서는 「국가공무원 등 직무발명의 처분·관리 및 보상 등에 관한 규정」에서 상세하게 규정하여 보상금에 대해서 현실화하고 있다.

국가공무원의 등록보상금에 대해 특허청장은 국유특허권에 대하여 각 권리마다 50만 원의 범위에서 국유특허권의 활용가치, 직무발명 활성화에 미치는 영향 및 예산 등을 고려하여 특허청장이 정하여 고시하는 바에 따라 등록보상금을 발명자에게 지급하여야 한다(국가공무원 등 직무발명의 처분·관리 및 보상 등에 관한 규정 제16조)고 규정하고 있다.[195]

공무원의 직무발명에 대한 처분보상금에 대해서는 특허청장은 국유특허권 또는 특허출원 중인 직무발명에 대하여 특허를 받을 수 있는 권리를 유상으로 처분한 경우에는 그 처분수입금의 100분의 50의 범위에서 처분수입금에 대한 기여도, 직무발명 활성화에 미치는 영향 및 예산 등을 고려하여 특허청장이 정하여 고시하는 바에 따라 처분보상금을 발명자에게 지급하여야 한다(국가공무원 등 직무발명의 처분·관리 및 보상 등에 관한 규정 제17조).

공무원의 직무발명에 대한 기관포상금 규정도 별도로 두고 있다. 특허청장은 국유특허권 또는 특허출원 중인 직무발명에 대하여 특허를 받을 수 있는 권리를 유상으로 처분한 경우에는 그 처분수입금을 기준으로 하여 다음 각 호의 구분에 따른 금액의 범위에서 처분수입금에 대한 기여도, 직무발명 활성화에 미치는 영향 및 예산 등을 고려하여 특허청장이 정하여 고시하는 바에 따라 기관포상금을 발명기관의 장에게 지급하여야 한다(국가공무원 등 직무발명의 처분·관리 및 보상 등에 관한 규정 제18조).

---

193) 벌크핀펫 : 반도체 칩을 소형화하고, 성능은 높이면서 소비전력은 줄이는 3차원 트랜지스터 기술
194) 크리스퍼 유전자 가위기술 : 세균의 면역체계 시스템을 이용해 세포 내 유전정보를 자유롭게 편집할 수 있는 기술
195) 실용신안권은 각 권리마다 30만 원, 디자인권은 각 권리마다 20만 원의 보상을 규정하고 있다(국가공무원 등 직무발명의 처분·관리 및 보상 등에 관한 규정 제22조).

1. 처분수입금이 1천만 원 초과 5천만 원 이하인 경우: 100만 원
2. 처분수입금이 5천만 원 초과 1억 원 이하인 경우: 500만 원
3. 처분수입금이 1억 원을 초과하는 경우: 1천만 원

공무원이 아닌 자에 대한 보상은 「발명진흥법」 제15조 제1항에 따라 '정당한 보상'이라고만 규정하고 있어 직무발명의 보상 과정에서 공무원에 비해 차별받는 등 정당한 보상을 저해하는 제도도 현재 존재하고 있는바 이의 개선을 추진하기도 하며, 기관 직무발명 보상제도 운영과정상의 애로사항을 해소하고, 직무발명으로 창출된 특허 활용 촉진을 위한 제도마련이 요구되고 있다.

5. 보상의 종류와 형태

직무발명에 대한 보상은 금전적 보상과 비금전적 보상으로 구분되며, 제안, 출원, 등록, 실시 등 발명 단계에 따라 다음과 같이 종류를 구분할 수 있다.

🔔 발명 단계별 직무발명 보상의 종류

구분	내용
발명(제안)보상	발명보상은 종업원이 고안한 발명을 특허청에 출원하기 전에 받는 보상으로, 출원 유무에 관계없이 종업원의 아이디어와 발명적 노력에 대한 일종의 장려금적 성질을 가진 보상
출원유보보상	사용자가 종업원의 직무발명을 노하우(know-how)로 보존하는 경우 또는 공개 시 중대한 손해가 발생할 우려가 있다고 판단되어 출원을 유보하는 경우 지급하는 보상으로, 이 경우 보상액을 결정할 때에는 그 발명이 산업재산권으로 보호되었더라면 종업원등이 받을 수 있었던 경제적 이익을 고려하여야 함
출원보상	출원보상은 종업원이 한 발명을 사용자가 특허받을 수 있는 권리를 승계하여 특허청에 출원함으로써 발생하는 보상으로 미확정 권리에 대한 대가이기 때문에 장려금적 성질을 가지며, 특허성과 경제성이 있다고 판단해서 출원한 것이고, 일단 출원 후에는 후원배제의 효과와 출원공개 시 확대된 선원의 지위를 가질 수 있기 때문에 지급하는 보상
등록보상	사용자가 승계받은 발명이 등록 결정되어 특허등록되었을 때 지급하는 보상
실시(실적)보상	사용자가 출원 중인 발명 또는 특허등록된 발명을 실시하여 이익을 얻었을 경우 지급하는 보상금으로 사용자가 얻은 이익의 액에 따라 차등 지급하는 보상
자사실시보상	직무발명을 발명자가 속한 회사에서 이용하여 수익이 발생하는 경우 지급하는 보상
타사실시보상	직무발명을 라이선스 계약 등을 통해 타 기업에 이전하고 기술료 수입이 발생한 경우 지급하는 보상
처분보상	사용자가 종업원의 직무발명에 대하여 특허받을 수 있는 권리 내지 특허권을 타인에게 양도하거나 실시를 허여했을 경우 지급하는 보상으로 처분금액의 일정비율로 지급하는 보상

기타보상	이 외의 보상에는 출원발명의 심사청구 시에 보상하는 '심사청구보상', 자사의 업종과 관련 있는 타인의 출원발명에 대하여 이의신청 또는 심판에 참여하여 무효로 하였을 경우 또는 자사의 특허에 대한 침해 적발 시 지급하는 '방어보상' 등이 있음

출처 : 특허청·한국발명진흥회, 2011년도 직무발명제도 운영 우수사례집(2011)

주로 금전적 보상인 경우가 일반적이지만, 내부 실정에 따라 비금전적 보상 등 다양한 보상 형태를 자율적으로 결정할 수 있다. 금전보상의 경우에는 통장입금, 현금, 상품권, 복지포인트 등으로 지급될 수 있으며, 비금전적 보상으로는 유급휴가, 승진, 해외연수, 유학, 안식년, 학위과정 지원, 희망직무선택권부여 등이 있다.

03 직무발명 보상금

1. 의의

종업원등은 직무발명에 대하여 특허등을 받을 수 있는 권리나 특허권등을 계약이나 근무규정에 따라 사용자등에게 승계하게 하거나 전용실시권을 설정한 경우에는 정당한 보상을 받을 권리를 가진다(발명진흥법 제15조 제1항).

우리나라는 「특허법」 제33조 제1항[196]을 바탕으로 발명자주의를 취하고 있어 직무발명에 대하여 특허를 받을 수 있는 권리는 원칙적으로 발명자인 종업원에게 귀속되는 것이 원칙이다. 현재 우리나라와 미국의 「특허법」, 독일의 「종업원발명법」 등이 발명자주의에 해당하며, 이에 반해, 사용자주의는 종업원의 직무발명에 대하여 특허를 받을 수 있는 권리 내지 그 특허권은 원칙적으로 연구시설과 자금을 지원한 사용자에게 귀속된다는 입장이다.

발명자주의에 의해 발명자가 권리를 가지지만 사용자가 그 발명에 대한 권리를 승계하려면 당사자 간 계약, 근무규정 기타 약정이 필요하며 그에 따른 보상조치가 요구되는 것이다. 다만 발명자인 종업원이 특허권을 취득하게 되면 사용자는 그 특허권에 대해 통상실시권을 가진다(발명진흥법 제10조 제1항).

다만 일본은 2015년 「특허법」 개정을 통해 계약이나 근무규칙에서 미리 정한 경우에는 직무발명에 대한 권리가 사용자에게 원시적으로 귀속되도록 명시함으로써 부분적 사용자주의로 전환하였다고 봄이 타당할 것이며(일본 특허법 제35조 제3항), 미국도 common law와 contract law에 따라 직무발명의 사용자 승계에 대한 묵시적 계약이 존재하는 것으로 인정하고 있다. 물론 직무발명에 대한 사전양도계약(pre-invention assignment agreements)을 통한 사용자의 원시적 승계도 인정된다. 미국 판례는 직무발명에 해당하지 않는 종업원의

---

196) 「특허법」 제33조(특허를 받을 수 있는 자) ① 발명을 한 사람 또는 그 승계인은 이 법에서 정하는 바에 따라 특허를 받을 수 있는 권리를 가진다.

발명에 대해서도 사용자의 무상의 통상실시권은 shop right를 인정하므로 미국 역시 사용
자주의에 가깝다고 해석되고 있다.

우리나라의 경우에도 「발명진흥법」의 개정으로 직무발명에 대한 권리귀속을 계약이나 근
무규정에서 정한 경우에는 발명을 완성한 때부터 사용자등에게 권리가 귀속된다고 하여
조건부사용자주의로 전환하였다고 봄이 타당할 것이다(발명진흥법 제13조).

구분	발명자주의	사용자주의
원칙	발명은 개인의 지식 산물	발명은 고용의 결과
권리귀속	발명자	사용자
보상규정 필요성	필요	불필요
출원 주체	(승계받은) 사용자 또는 발명자	사용자
대가의 성격	보상	포상
채택국	한국, 일본, 독일, 미국	영국, 프랑스, 네덜란드

❙ 다만 한국의 경우에도 2024년 「발명진흥법」의 개정으로 조건부사용자주의로 볼 수 있다.

2. 소득세법상 직무발명 보상금

「소득세법」 제12조(비과세소득)에서는 「발명진흥법」 제2조 제2호에 따른 직무발명으로 받
는 보상금(이하 "직무발명보상금"이라 한다)으로서 근로소득과 퇴직소득 중 ① 「발명진흥
법」 제2조 제2호에 따른 종업원등(이하 이 조, 제20조 및 제21조에서 "종업원등"이라 한다)
이 같은 호에 따른 사용자등으로부터 받는 보상금 ② 대학의 교직원 또는 대학과 고용관
계가 있는 학생이 소속 대학에 설치된 「산업교육진흥 및 산학연협력촉진에 관한 법률」 제
25조에 따른 산학협력단(이하 이 조에서 "산학협력단"이라 한다)으로부터 같은 법 제32조
제1항 제4호에 따라 받는 보상금을 직무발명보상금으로 규정하고 있다.

기타소득 중 종업원등 또는 대학의 교직원이 퇴직한 후에 지급받거나 대학의 학생이 소속
대학에 설치된 산학협력단으로부터 받는 직무발명보상금으로서 대통령령으로 정하는 금
액을 인정하고 있다.

관련 조문 🏛

산업교육진흥 및 산학연협력촉진에 관한 법률

제25조(산학협력단의 설립·운영) ① 대학은 학교규칙으로 정하는 바에 따라 대학에 산학연협력에 관한 업무를 관장하는 조직(이하 "산학협력단"이라 한다)을 둘 수 있다.

② 산학협력단은 법인으로 한다.

③ 산학협력단은 대통령령으로 정하는 바에 따라 주된 사무소의 소재지에서 설립등기를 함으로써 성립한다.

④ 산학협력단의 명칭에는 해당 학교명이 표시되어야 한다.

⑤ 산학협력단이 해산하는 경우 남은 재산은 해당 학교의 설립·경영자에게 귀속한다. 이 경우 학교법인에 귀속하는 남은 재산은 「사립학교법」 제29조 제2항에 따른 교비회계에 편입한다.

⑥ 산학협력단의 능력, 주소, 등기, 재산목록, 이사, 해산 및 청산에 관하여는 「민법」 제34조부터 제36조까지, 제50조부터 제52조까지, 제53조, 제54조, 제55조 제1항, 제59조 제2항, 제61조, 제65조 및 제81조부터 제95조까지를 준용하며, 산학협력단의 청산인에 관하여는 같은 법 제59조제2항, 제61조 및 제65조를 준용한다.

제32조(지출) ① 산학협력단은 다음 각 호의 지출을 할 수 있다.

1. 산학협력단의 관리·운영비

2. 산학연협력계약의 이행에 필요한 경비

3. 대학의 시설·운영 지원비

4. 제31조 제1항 제2호부터 제7호까지의 재원 수입에 기여한 교직원 및 학생에 대한 보상금

5. 제36조에 따라 국·공립대학 또는 산학협력단이 설치한 학교기업의 운영비

6. 기술지주회사에 대한 출자

7. 제38조에 따른 협의회 등의 사업비 및 운영 지원비

8. 그 밖에 산학연협력과 관련되어 필요하다고 인정되는 경비로서 대통령령으로 정하는 경비

제 2 절	**특허출원 절차 및 대응**

학습 개관

직무발명의 신고 및 권리관계 등을 이해하고, 직무발명심의위원회에 대해 설명할 수 있다.

학습 포인트

직무발명의 신고 개념을 설명할 수 있다.
직무발명의 권리관계를 사용자와 종업원의 관점에서 설명할 수 있다.
권리관계의 포기 및 직무발명심의위원 등에 대해 설명할 수 있다.

NCS 및 NCS 학습모듈

하위 목차명	직무발명, 직무발명의 신고, 직무발명의 권리관계, 권리 포기, 직무발명심의위원회	
NCS 및 NCS 학습모듈	대분류	05. 법률·경찰·소방·교도·국방
	중분류	01. 법률
	소분류	02. 지식재산관리
	세분류	03. 지식재산정보조사분석
	능력단위 (능력단위요소)	11. 발명서식검토
	주요 지식·기술· 태도	• 직무발명의 신고, 직무발명의 권리관계, 권리 포기, 직무발명심의위원회 • 직무발명 신고 등에 대한 이해 능력, 직무발명의 권리관계에 대한 이해 능력, 직무심의위원회에 대한 이해 능력 • 직무발명 관련 법률 준수성, 직무발명 권리보호 마인드

01 직무발명

직무발명에 대하여 종업원등이 특허, 실용신안등록, 디자인등록을 받았거나 특허등을 받을 수 있는 권리를 승계한 자가 특허등을 받으면 사용자등은 그 특허권, 실용신안권, 디자인권(이하 "특허권등"이라 한다)에 대하여 통상실시권(通常實施權)을 가진다. 다만, 사용자등이 「중소기업기본법」 제2조에 따른 중소기업이 아닌 기업인 경우 종업원등과의 협의를 거쳐 미리 다음 각 호의 어느 하나에 해당하는 계약 또는 근무규정을 체결 또는 작성하지 아니한 경우에는 그러하지 아니하다(발명진흥법 제10조 제1항).

1. 종업원등의 직무발명에 대하여 사용자등에게 특허등을 받을 수 있는 권리나 특허권등을 승계시키는 계약 또는 근무규정
2. 종업원등의 직무발명에 대하여 사용자등을 위하여 전용실시권을 설정하도록 하는 계약 또는 근무규정

공무원 또는 국가나 지방자치단체에 소속되어 있으나 공무원이 아닌 자의 직무발명에 대한 권리는 국가나 지방자치단체가 승계할 수 있으며, 국가나 지방자치단체가 승계한 공무원 등의 직무발명에 대한 특허권등은 국유나 공유로 한다. 다만,「고등교육법」 제3조에 따른 국·공립학교 교직원의 직무발명에 대한 권리는「기술의 이전 및 사업화 촉진에 관한 법률」 제11조 제1항 후단에 따른 전담조직이 승계할 수 있으며, 전담조직이 승계한 국·공립학교 교직원의 직무발명에 대한 특허권등은 그 전담조직의 소유로 한다(발명진흥법 제10조 제2항).

02 직무발명의 신고

종업원등이 직무발명을 완성한 경우 지체 없이 그 사실을 사용자에게 문서로 통지하여야 하고, 사용자가 그 직무발명을 출원할 때까지 그 발명에 관한 비밀을 유지해야 할 의무가 있다. 사용자는 종업원의 발명 완성사실통지 4개월 이내에 그 발명에 대한 권리 승계 여부를 결정하여 종업원등에게 문서로 알려야 하며, 승계한 경우 종업원에게 정당한 보상을 해야 할 의무를 부담하게 된다.

출처: 한국발명진흥회, 직무발명제도 웹사이트(https://www.kipa.org/ip-job/method/method02.jsp)

종업원등의 직무발명이 제삼자와 공동으로 행하여진 경우 계약이나 근무규정에 따라 사용자 등이 그 발명에 대한 권리를 승계하면 사용자등은 그 발명에 대하여 종업원등이 가지는 권리 의 지분을 갖는다(발명진흥법 제14조). 따라서 공동발명인 경우에는 발명자 각각의 지분 내용 이 신고되어야 한다.

03 직무발명의 권리관계

1. 종업원의 권리와 의무

🔔 **직무발명에 대한 종업원의 권리와 의무**

종업원의 권리	종업원의 의무
• 특허를 받을 수 있는 권리 내지 특허권의 취득 • 발명자로서의 인격권 • 정당한 보상을 받을 권리 • 조정신청권	• 협력의무 • 고지의무 • 비밀유지의무

(I) 종업원의 권리

① 특허를 받을 수 있는 권리 내지 특허권의 취득

직무발명에 대하여 종업원등이 특허, 실용신안등록, 디자인등록(이하 "특허등"이라 한 다)을 받았거나 특허등을 받을 수 있는 권리를 승계한 자가 특허등을 받으면 사용자등 은 그 특허권, 실용신안권, 디자인권(이하 "특허권등"이라 한다)에 대하여 통상실시권 (通常實施權)을 가진다(발명진흥법 제10조).

② 발명자로서의 인격권

사용자가 직무발명에 대하여 특허를 받을 수 있는 권리를 승계한 경우 해당 사용자가 특허출원인 및 특허권자의 지위를 갖게 되나, 종업원은 발명자로서 특허출원서에 자신 의 성명을 기재할 권리를 가진다.

③ 정당한 보상을 받을 권리

직무발명자인 종업원은 특허를 받을 수 있는 권리 내지 특허권을 계약이나 근무규정 등 에 따라 사용자에게 승계시키거나 사용자를 위하여 전용실시권을 설정할 수 있는데, 이 러한 경우 사용자로부터 정당한 보상을 받을 권리를 가진다(발명진흥법 제15조 제1항).

④ 조정신청권

직무발명과 관련하여 분쟁이 발생하는 경우 종업원등은 「발명진흥법」 제41조에 따른 산업재산권분쟁조정위원회에 조정을 신청할 수 있으며, 사용자등도 조정 신청권을 가 진다(발명진흥법 제18조).

(2) 종업원의 의무

① 협력의무

계약이나 근무규정상의 사전예약승계규정 등에 따라 종업원등의 직무발명에 대하여 특허를 받을 수 있는 권리 내지 특허권을 사용자에게 승계시키기로 정하였다면, 직무발명자인 종업원은 이를 준수·협력하여야 할 의무가 있다. 특히 사전예약승계규정에 반하여 직무발명자인 종업원이 본인의 명의로 출원하는 경우 등은 업무상배임죄에 해당될 수 있다.

② 고지의무

직무발명 완성사실의 통지의무·종업원등이 직무발명을 완성한 경우에는 지체 없이 그 사실을 사용자등에게 문서로 알려야 할 의무가 있으며, 2명 이상의 종업원등이 공동으로 직무발명을 완성한 경우에는 공동으로 알려야 한다(발명진흥법 제12조).

③ 비밀유지의무

종업원등은 사용자등이 직무발명을 출원할 때까지 그 발명의 내용에 관한 비밀을 유지하여야 한다. 다만, 사용자등이 승계하지 아니하기로 확정된 경우에는 그러하지 아니하다. 자문위원으로 심의위원회에 참여하거나 참여하였던 사람은 직무상 알게 된 직무발명에 관한 내용을 다른 사람에게 누설하여서는 아니 된다(발명진흥법 제19조).

2. 사용자의 권리와 의무

🔔 직무발명에 대한 사용자의 권리와 의무

사용자의 권리	사용자의 의무
• 통상실시권 취득 • 승계취득 또는 전용실시권을 설정할 권리 • 조정신청권	• 계약이나 근무규정으로 승계예약을 정하지 않은 경우 승계 여부의 통지의무 • 보상의무

(1) 사용자의 권리

① 통상실시권 취득

직무발명에 대하여 종업원등이 특허, 실용신안등록, 디자인등록(이하 "특허등"이라 한다)을 받았거나 특허등을 받을 수 있는 권리를 승계한 자가 특허등을 받으면 사용자등은 그 특허권, 실용신안권, 디자인권(이하 "특허권등"이라 한다)에 대하여 통상실시권(通常實施權)을 가진다. 다만, 사용자등이 「중소기업기본법」 제2조에 따른 중소기업이 아닌 기업인 경우 종업원등과의 협의를 거쳐 미리 다음 각 호의 어느 하나에 해당하는 계약 또는 근무규정을 체결 또는 작성하지 아니한 경우에는 그러하지 아니하다(발명진흥법 제10조 제1항).

> 1. 종업원등의 직무발명에 대하여 사용자등에게 특허등을 받을 수 있는 권리나 특허권등을 승계시키는 계약 또는 근무규정
> 2. 종업원등의 직무발명에 대하여 사용자등을 위하여 전용실시권을 설정하도록 하는 계약 또는 근무규정

② 승계취득 또는 전용실시권을 설정할 권리

사용자등은 계약이나 근무규정상의 사전예약승계규정 등을 통하여 종업원등의 직무발명에 대하여 특허를 받을 수 있는 권리 내지 특허권을 승계 취득할 수 있으며, 종업원등이 특허권등을 취득한 경우 전용실시권을 설정할 수 있다(발명진흥법 제10조 제1항).

③ 조정신청권

직무발명과 관련하여 분쟁이 발생하는 경우 사용자등은 산업재산권분쟁조정위원회에 조정을 신청할 수 있으며(발명진흥법 제18조), 종업원등도 조정신청권을 가진다.

(2) 사용자의 의무

① 승계 여부의 통지의무

종업원이 직무발명을 완성한 경우에는 지체 없이 그 사실을 사용자에게 서면으로 알려야 하며, 직무발명에 대해 계약이나 근무규정으로 승계예약을 정한 경우에는 발명을 완성한 때 사용자에게 승계된 것으로 본다(발명진흥법 제13조 제1항). 다만 4개월 이내에 사용자가 권리를 승계하지 않는다는 통지를 종업원에게 한 경우에는 직무발명 권리를 승계하지 않는다(동법 제13조 제1항 단서).

또한 계약이나 근무규정으로 승계예약을 정하지 않은 경우에는 사용자는 종업원으로부터 통지받은 날부터 4개월 이내에 승계 여부를 종업원에게 알려야 한다. 이 경우 사용자등은 종업원등의 의사와 다르게 그 발명에 대한 권리의 승계를 주장할 수 없다(동법 제13조 제2항).

사용자등이 4개월 이내에 승계 여부를 알리지 아니한 경우에는 사용자등은 그 발명에 대한 권리의 승계를 포기한 것으로 본다. 이 경우 사용자등은 그 발명을 한 종업원등의 동의를 받지 아니하고는 통상실시권을 가질 수 없다(동법 제13조 제3항).

한편 2명 이상의 종업원등이 공동으로 직무발명을 완성한 경우에는 사용자등에게 직무발명의 완성을 공동으로 알려야 하며(동법 제12조 후단), 종업원등의 직무발명이 제삼자와 공동으로 행하여진 경우 계약이나 근무규정에 따라 사용자등이 그 발명에 대한 권리를 승계하면 사용자등은 그 발명에 대하여 종업원등이 가지는 권리의 지분을 갖는다(동법 제14조).

발명진흥법

제12조(직무발명 완성사실의 통지) 종업원등이 직무발명을 완성한 경우에는 지체 없이 그 사실을 사용자등에게 서면(「전자문서 및 전자거래 기본법」제2조 제1호에 따른 전자문서를 포함한다. 이하 같다)으로 알려야 한다. 2명 이상의 종업원등이 공동으로 직무발명을 완성한 경우에는 공동으로 알려야 한다.

제13조(직무발명의 권리승계) ① 제12조에 따라 통지를 받은 사용자등이 종업원등의 직무발명에 대하여 미리 특허등을 받을 수 있는 권리나 특허권등을 승계시키거나 전용실시권을 설정하도록 하는 계약이나 근무규정을 정한 경우에는 그 권리는 발명을 완성한 때부터 사용자등에게 승계된다. 다만, 사용자등이 대통령령으로 정하는 기간에 그 발명에 대한 권리를 승계하지 아니하기로 종업원등에게 통지하는 경우에는 그러하지 아니하다.

② 제1항에 따른 계약 또는 근무규정이 모두 없는 사용자등(국가나 지방자치단체는 제외한다)이 제12조에 따라 통지를 받은 경우에는 대통령령으로 정하는 기간에 그 발명에 대한 권리의 승계 여부를 종업원등에게 서면으로 알려야 한다. 이 경우 사용자등은 종업원등의 의사와 다르게 그 발명에 대한 권리의 승계를 주장할 수 없다.

③ 사용자등이 제2항에 따른 기간에 승계 여부를 알리지 아니한 경우에는 사용자등은 그 발명에 대한 권리의 승계를 포기한 것으로 본다. 이 경우 사용자등은 제10조 제1항에도 불구하고 그 발명을 한 종업원등의 동의를 받지 아니하고는 통상실시권을 가질 수 없다.

제14조(공동발명에 대한 권리의 승계) 종업원등의 직무발명이 제삼자와 공동으로 행하여진 경우 계약이나 근무규정에 따라 사용자등이 그 발명에 대한 권리를 승계하면 사용자등은 그 발명에 대하여 종업원등이 가지는 권리의 지분을 갖는다.

② 보상의무

사용자등이 종업원등의 직무발명에 대하여 특허등을 받을 수 있는 권리나 특허권등을 계약이나 근무규정에 따라 승계하거나 전용실시권을 설정한 경우 종업원등에게 정당한 보상을 하여야 할 의무를 부담한다(발명진흥법 제15조).

04 권리 포기

발명진흥법

제16조의2(승계한 권리의 포기 및 종업원등의 양수) ① 「기술의 이전 및 사업화 촉진에 관한 법률」제2조 제6호에 따른 공공연구기관(이하 이 조에서 "공공연구기관"이라 한다)이 국내 또는 해외에서 직무발명에 대하여 특허등을 받을 수 있는 권리 또는 특허권등(이하 "직무발명에 대한 권리"라 한다)을 종업원등으로부터 승계한 후 이를 포기하는 경우 해당 직무발명을 완성한 모든 종업원등은 그 직무발명에 대한 권리를 양수할 수 있다.

② 제1항에도 불구하고 공공연구기관의 장이 대통령령으로 정하는 바에 따라 공공의 이익을 위하여 특별히 직무발명에 대한 권리를 포기할 필요가 있다고 인정하는 경우에는 그 권리를 종업원등에게 양도하지 아니할 수 있다. 이 경우 공공연구기관의 장은 제3항의 기간 내에 종업원등에게 그 사유를 구체적으로 알려야 한다.

③ 제1항에 따라 직무발명에 대한 권리를 포기하려는 공공연구기관의 장은 대통령령으로 정하는 기간 내에 해당 직무발명을 완성한 모든 종업원등에게 그 사실을 통지하여야 한다.

④ 제3항에 따른 통지를 받은 종업원등은 직무발명에 대한 권리를 양수하려는 경우 통지를 받은 날부터 대통령령으로 정하는 기간 내에 직무발명에 대한 권리의 양수 의사를 공공연구기관의 장에게 서면으로 알려야 한다.

⑤ 제4항에 따른 종업원등이 직무발명에 대한 권리의 양수 의사를 알린 경우 제4항의 기간이 끝난 날의 다음 날부터 그 권리가 종업원등에게 양도된 것으로 본다. 이 경우 공공연구기관이 직무발명에 대한 권리를 제3자와 공유한 경우에는 공공연구기관의 장이 다른 공유자 모두의 동의를 받은 때에 한정하여 그 권리가 양도된 것으로 본다.

⑥ 제4항에 따라 직무발명에 대한 권리의 양수 의사를 알린 종업원등이 2명 이상인 경우에는 그 권리를 공유한다.

⑦ 공공연구기관의 장과 종업원등은 공공연구기관이 직무발명에 대한 권리를 계속 유지하기 위한 비용을 종업원등이 일부 부담하는 대신 직무발명에 대한 종업원등의 보상을 조정하는 방안을 제3항의 기간 내에 상호 협의할 수 있다.

⑧ 공공연구기관의 장은 제5항 전단에 따라 직무발명에 대한 권리가 종업원등에게 양도된 것으로 보는 날 이후 그 권리와 관련하여 발생하는 비용(세금을 포함한다)을 종업원등에게 청구할 수 있다.

05 직무발명심의위원회

1. 설치 및 운영

관련 조문

발명진흥법
제17조(직무발명심의위원회의 운영 등) ① 사용자등은 종업원등의 직무발명에 관한 다음의 사항을 심의하기 위하여 직무발명심의위원회(이하 "심의위원회"라 한다)를 설치·운영할 수 있다.
1. 직무발명에 관한 규정의 작성·변경 및 운용에 관한 사항
2. 직무발명에 대한 권리 및 보상 등에 관한 종업원등과 사용자등의 이견 조정에 관한 사항
3. 그 밖에 직무발명과 관련하여 필요한 사항
② 심의위원회는 사용자등과 종업원등(법인의 임원은 제외한다)을 각각 대표하는 같은 수의 위원으로 구성하되, 필요한 경우에는 관련 분야의 전문가를 자문위원으로 위촉할 수 있다.
③ 그 밖에 심의위원회의 구성 및 운영에 필요한 사항은 대통령령으로 정한다.

2. 심의 조정

관련 조문 📖

발명진흥법

제18조(직무발명 관련 분쟁의 조정 등) ① 종업원등은 다음의 어느 하나에 해당하는 경우 사용자등에게 심의위원회를 구성하여 심의하도록 요구할 수 있다.

1. 직무발명인지 여부에 관하여 사용자등과 이견이 있는 경우
2. 사용자등이 제10조 제3항을 위반하여 종업원등의 의사와 다르게 직무발명 외의 발명에 대한 권리의 승계 또는 전용실시권의 설정을 주장하는 경우
3. 사용자등이 제13조 제1항을 위반하여 종업원등의 의사와 다르게 직무발명에 대한 권리의 승계 또는 전용실시권의 설정을 주장하는 경우
4. 사용자등이 제10조 제1항 단서 또는 제13조제3항을 위반하여 통상실시권을 주장하는 경우
5. 사용자등이 제시한 보상규정에 이견이 있는 경우
6. 사용자등과의 협의 또는 동의 절차에 이견이 있는 경우
7. 사용자등이 제15조 제4항에 따라 통지한 보상액 등 보상의 구체적 사항에 이견이 있는 경우
8. 사용자등이 제15조 제2항부터 제4항까지의 규정에 따라 종업원등에게 보상하지 아니하는 경우
9. 그 밖에 직무발명에 대한 권리 및 보상 등에 관하여 사용자등과 종업원등 간에 이견이 있는 경우

② 제1항에 따른 권리는 제1항 각 호의 사유가 발생한 날부터 30일 이내에 행사하여야 한다. 다만, 제1항제7호의 경우에는 종업원등이 통지를 받은 날부터 30일 이내에 행사하여야 한다.

③ 사용자등은 제1항에 따른 요구를 받은 경우에 60일 이내에 심의위원회를 구성하여 심의하도록 하여야 한다. 이 경우 심의위원회에는 직무발명 관련 분야의 전문가인 자문위원이 1명 이상 포함되도록 하여야 한다.

④ 제3항에 따른 심의위원회는 심의의 결과를 사용자등과 종업원등에게 지체 없이 서면으로 통지하여야 한다.

⑤ 정부는 사용자등의 요청에 따라 관련 분야의 전문가를 자문위원으로 파견할 수 있으며, 이에 필요한 사항은 대통령령으로 정한다.

⑥ 제3항에 따른 심의위원회의 심의 결과에 불복하는 사용자등 또는 종업원등은 제41조에 따른 산업재산권 분쟁조정위원회에 조정을 신청할 수 있다.

참고

직무발명보상규정 표준모델

[민간기업-30인 이상의 기업]

○○주식회사 직무발명보상규정[197]

제정 20○○년 ○○월 ○○일

제1장 총칙

제1조(목적) 이 보상규정은 발명진흥법에 근거하여, ○○주식회사(이하 "회사"라고 한다)의 임원·직원 등(이하 "종업원등"이라 한다)의 발명을 보호·장려하며 정당하게 보상하여 종업원등의 직무에 관한 연구개발의욕을 고취시키고, 이로 인해 창출된 지식재산권을 합리적으로 관리·활용함을 목적으로 한다.

제2조(용어의 정의) 이 보상규정에서 사용하는 용어의 정의는 다음과 같다.

1. "발명"이란 특허법·실용신안법 또는 디자인보호법에 따라 보호 대상이 되는 발명, 고안 및 창작을 말한다.

---

197) 한국발명진흥회 웹사이트(https://www.kipa.org/ip-job/data/data03.jsp?mode=view&article_no=93026&board_wrapper=%2Fip-job%2Fdata% 2Fdata03.jsp&pager.offset=0&board_no=975)

2. "직무발명"이란 종업원등이 그 직무에 관하여 발명한 것이 성질상 회사의 업무 범위에 속하고 그 발명을 하게 된 행위가 종업원등의 현재 또는 과거의 직무에 속하는 발명을 말한다.

3. "개인발명"이란 다음 각목에 열거하는 것으로 특허 등을 받을 수 있는 권리가 발명한 자에게 귀속되는 발명을 말한다.

    가. 제2호의 규정에 따른 직무발명 이외의 발명

    나. 제6조 제2항의 규정에 따른 회사의 불승계결정에 대하여 회사와 발명한 종업원등 간에 더 이상 다툼이 없이 확정된 발명

    다. 제7조 제2항의 규정에 따라 회사가 권리의 승계를 포기한 것으로 보는 발명

4. "발명자"란 직무발명을 한 종업원등을 말한다.

5. "출원유보"란 회사가 직무발명에 대한 권리를 승계한 후 출원하지 아니하거나 출원을 포기 또는 취하하는 것을 말한다.

6. "특허관리전담부서"란 회사에서 지식재산권에 관한 기획·조사 및 관리 등의 업무를 담당하는 부서를 말하고, 특허관리전담부서가 구성되지 아니하는 경우에는 ○○○○부서가 특허관리 업무를 겸임하기로 한다.

제3조(권리의 승계) ① 회사는 발명자가 그 직무발명에 대하여 가지는 권리(외국에 출원하여 특허를 받을 수 있는 권리를 포함한다. 이하 같다)를 승계한다.

다만, 제6조 제2항의 규정에 따라 불승계결정을 내린 경우 또는 제7조 제2항의 규정에 따라 회사가 승계를 포기한 것으로 보는 경우에는 그러하지 아니하다.

② 제1항의 규정에 따른 승계에 있어 직무발명이 종업원등이 아닌 제3자와 공동으로 행하여진 경우 회사는 종업원등이 가지는 권리의 지분만을 승계한다.

제4조(개인발명의 양도) ① 종업원등은 제2조 제3호 가목에 해당하는 발명에 대한 권리를 회사에 양도할 수 있다.

② 제1항의 규정에 따른 권리의 양도는 제14조의 규정에 따른 직무발명심의위원회(이하 "심의위원회"라 한다)의 심의 및 별표 1의 기준에 따른 발명평가를 거쳐 회사와 해당 종업원등 간에 체결하는 별도의 계약에 따른다.

제2장 직무발명 완성사실의 신고 및 승계여부의 결정 등

제5조(직무발명 완성사실의 신고) ① 종업원등이 직무발명을 완성한 때에는 지체 없이 다음 각 호의 서류를 특허관리전담부서장에게 제출(소속 부서장을 거쳐야 한다)하여 그 사실을 신고하여야 한다. 2명 이상의 종업원등이 공동으로 직무발명을 완성한 경우에는 공동으로 신고하여야 한다(전자적 방법에 의한 신고를 포함한다).

1. 별지 제1호 서식에 따른 발명신고서

2. 별지 제2호 서식에 따른 발명설명서

② 특허관리전담부서장은 제1항의 규정에 따른 신고가 있으면 즉시 그 발명신고서에 수령일자를 기입하고 날인이나 서명한 후 발명신고서 및 발명설명서의 사본을 신고한 종업원등에게 교부하여야 한다.

제6조(직무발명 해당여부와 승계여부의 결정 및 통지) ① 회사는 제5조 제1항의 규정에 따른 신고가 있는 경우 제2조 제2호에 해당하면 직무발명이란 결정을 내려야 하고, 제2조 제3호 가목에 해당하면 개인발명이란 결정을 내려야 한다.

② 회사는 제1항의 규정에 따른 결정 결과 직무발명에 해당하는 경우에는 별표 1의 기준에 따라 해당 발명을 평가하고 발명평가의 결과가 기준 점수 이상인 경우 발명자가 그 직무발명에 대하여 가지는 권리의 승계결정을 내려야 하고 기준 점수 미만인 경우 불승계결정을 내려야 한다.

다만, 기준 점수 이상인 경우에도 종업원등이 아닌 제3자와 분쟁 중인 발명이거나 회사의 승계가 부적당하다고 인정되는 발명에 대하여는 심의위원회에 통지하여 해당 발명의 승계 여부를 심의할 수 있다.

③ 특허관리전담부서장은 제1항의 규정에 따른 직무발명 결정 또는 개인발명 결정 및 제2항의 규정에 따른 승계결정 또는 불승계결정에 관하여 해당 발명신고서가 제출된 날부터 4개월 이내에 발명자와 소속 부서장에게 별지 제3호 서식의 서면으로 그 결정의 내용을 통지하여야 한다.

④ 종업원등은 제3항의 규정에 따른 통지가 있으면 즉시 그 통지서에 수령일자를 기입하고 날인이나 서명한 후 그 사본을 통지한 특허관리전담부서장에게 제출하여야 하며, 별지 제4호 서식의 양도증 2부를 작성하여 날인이나 서명한 후 특허관리전담부서장에게 제출하여야 한다. 이때, 특허관리전담부서장은 양도증의 수령 즉시 수령일자를 기입하고 날인이나 서명한 후 그중 1부를 제출한 종업원 등에게 교부하여야 한다.

제7조(승계시점 및 포기간주 등) ① 특허관리전담부서장이 제6조 제3항의 규정에 따른 기간 내에 그 직무발명에 대한 권리의 승계결정 사실을 통지한 때에는 그때부터 그 발명에 대한 권리는 회사에 승계된 것으로 본다.

② 특허관리전담부서장이 제6조 제3항의 규정에 따른 기간 내에 그 직무발명에 대한 권리의 불승계결정 사실을 통지한 때에는 직무발명에 대하여 종업원등이 특허, 실용신안등록, 디자인등록(이하 "특허등"이라 한다)을 받았거나 특허등을 받을 수 있는 권리를 승계한 자가 특허등을 받으면 사용자등은 그 특허권, 실용신안권, 디자인권에 대하여 통상실시권을 가진다.

③ 특허관리전담부서장이 제6조 제3항의 규정에 따른 기간 내에 직무발명에 대한 권리의 승계결정 사실을 통지하지 아니한 경우에는 회사가 그 발명에 대한 권리의 승계를 포기한 것으로 본다.

④ 제3항의 규정에 따라 회사가 권리승계를 포기한 것으로 보는 경우 또는 제6조 제3항에 따른 기간 내에 불승계결정의 사실을 통지하지 아니한 경우에는 회사는 그 발명을 한 종업원등의 동의를 받지 아니하고는 통상실시권을 가질 수 없다.

제3장 출원 및 비용부담

제8조(출원 등) ① 회사는 발명자로부터 권리를 승계한 직무발명에 대해서는 회사 명의로 특허출원을 하며, 특허관리전담부서장은 그 사실을 발명자와 소속부서장에게 별지 제5호 서식의 서면으로 통지하여야 한다.

② 제1항의 규정에도 불구하고 회사는 그 직무발명을 비밀로 유지하는 것이 적합하다고 판단한 경우에는 출원하지 아니할 수 있다.

③ 제2항의 규정에 따라 출원하지 아니할 경우에는 특허관리전담부서장은 그 이유를 발명자와 소속 부서장에게 별지 제5호 서식의 서면으로 통지하여야 한다.

④ 회사는 직무발명에 관하여 필요하다고 판단한 경우에는, 출원의 취하·포기, 권리의 포기 등의 조치를 취할 수 있다.

제9조(비용부담) ① 회사는 직무발명에 대한 출원 및 권리유지에 소요되는 비용을 부담한다. 다만, 회사 외부로부터 연구비 등 비용을 지원받은 과제의 결과물로 도출된 발명의 경우에는 해당 과제 관련규정 또는 별도의 약정에 따른다.

② 제1항의 규정에도 불구하고 직무발명이 종업원등이 아닌 제3자와 공동으로 행하여진 경우에는 회사는 그 직무발명에 대한 출원 및 권리유지에 소요되는 비용을 그 지분에 따라 부담하거나, 별도의 약정이 있는 경우 그에 따라 부담한다.

제4장 보상

제10조(보상금의 지급) ① 회사는 직무발명에 대한 권리를 승계한 때에는 발명자에게 다음 각 호의 보상금을 지급한다.

1. 출원보상금 : 직무발명이 출원되었을 때 지급하는 보상금으로 별표 2를 기준으로 한다.

2. 등록보상금 : 직무발명이 등록되었을 때 지급하는 보상금으로 별표 2를 기준으로 한다.

3. 출원유보보상금 : 제8조 제2항의 규정에 따라 출원을 유보하는 경우 및 제8조 제4항의 규정에 의한 출원을 취하·포기하는 등의 경우 지급하는 보상금으로 별표 2를 기준으로 한다.

4. 실시보상금 : 직무발명을 직접 실시하여 회사에 수익이 발생하는 경우 지급하는 보상금으로 별표 3을 기준으로 한다.

5. 처분보상금 : 직무발명에 대한 양도 또는 실시허락 등의 처분으로 인하여 회사에 수익이 발생하는 경우 지급하는 보상금으로 별표 3을 기준으로 한다.

② 회사는 발명자가 신청하는 경우에는 심의위원회의 심의를 거쳐 제1항의 규정에 따른 보상금의 지급에 갈음하여 그 보상금에 상당하는 휴가·승진·승급·연수 등의 비금전적 보상을 할 수 있다.

③ 회사는 제1항의 규정에 따른 보상금의 보상액 및 보상 시기 등 보상의 구체적 사항을 심의위원회의 심의를 거쳐 결정하고, 그 결정된 사항을 발명자에게 통지하여야 한다.

④ 제1항 제1호 및 제2호의 경우 동일한 발명에 대하여 여러 국가에 대한 해외 출원이 있는 경우 심의위원회의 심의를 거쳐 최초에 출원된 1국과 최초에 등록된 1국에 대하여만 지급한다.

⑤ 제1항 제4호 및 제5호의 경우 회사에 수익이 매년 발생하는 경우 심의위원회의 심의를 거쳐 회계연도 1년마다 보상액을 새로 계산할 수 있다.

제11조(공동발명자에 대한 보상) 제10조의 규정에 따른 보상에 있어서 그 직무발명의 발명자(종업원등이 아닌 제3자는 제외한다)가 2인 이상일 경우에는 제5조 제1항의 규정에 의하여 신고한 지분에 따라 배분하는 것을 원칙으로 한다. 다만, 신고서에 지분이 기재되어 있지 아니한 경우에는 지분은 균등한 것으로 본다.

제12조(퇴직 또는 사망 시의 보상) ① 회사는 발명자가 퇴직한 이후에 그 발명자가 보상금 지급을 신청한 경우에는 심의위원회의 심의를 거쳐 발명자가 지급받을 수 있는 보상금을 지급한다.

② 회사는 발명자가 사망하여 그의 상속인이 보상금 지급을 신청한 경우에는 심의위원회의 심의를 거쳐 발명자가 지급받을 수 있는 보상금을 그 상속인에게 지급한다.

제13조(보상금의 불반환 등) 발명자 또는 상속인이 제12조의 규정에 따라 이미 지급받은 보상금 또는 완료된 비금전적 보상은 그 직무발명에 대한 권리가 무효로 된 경우에도 반환 또는 원상회복하지 아니한다. 다만, 그 권리가 특허법 제33조 제1항의 본문규정에 의한 사유로 무효가 된 경우에는 그러하지 아니하다.

제5장 직무발명심의위원회

제14조(직무발명심의위원회의 설치) 회사는 직무발명에 관한 사항의 심의와 직무발명 관련 분쟁의 조정·심의를 위하여 심의위원회를 둔다.

제15조(심의위원회 구성) ① 심의위원회는 위원장과 위원으로 구성한다. 다만, 필요한 경우 자문위원을 추가로 구성한다.

② 위원은 회사를 대표하는 위원(이하 "사용자위원"이라 한다)과 종업원등을 대표하는 위원(이하 "종업원위원"이라 한다)을 동수로 구성하며 그 위촉 또는 선출은 다음 각 호의 규정에 따른다.

1. 사용자위원은 3명 이상으로 하며 대표이사와 대표이사가 위촉하는 자로 한다.

2. 종업원위원은 3명 이상으로 하며 종업원등이 직접·비밀·무기명 투표로 선출한 자로 한다. 다만, 회사의 임원은 종업원위원이 될 수 없다.

③ 위원장은 사용자위원과 종업원위원 중에서 호선한다. 이 경우 사용자위원과 종업원위원 각각 1명을 공동위원장으로 할 수 있다.

④ 제1항 단서의 경우 자문위원은 직무발명에 관한 전문가로서 회사에 소속되지 아니한 교수, 변리사 또는 변호사 중 사용자위원과 종업원위원이 합의하여 위촉한 자로 한다.

제16조(심의위원회의 심의사항) 심의위원회는 다음 각 호의 사항을 심의·결정한다.

1. 이 보상규정의 작성·변경 및 운용에 관한 사항
2. 제4조 제2항의 규정에 따른 종업원등의 개인발명에 대한 권리의 양수 여부 등에 관한 사항
3. 제6조 제2항 단서의 규정에 따른 불승계결정에 관한 사항
4. 제10조 제2항의 규정에 따른 비금전적 보상에 관한 사항
5. 제10조 제3항 내지 제5항의 규정에 따른 보상액 등 결정에 관한 사항

6. 제18조 및 제19조 제1항의 규정에 따라 종업원등이 요구한 심의에 관한 사항

7. 그 밖에 대표이사, 특허관리전담부서장 또는 위원장이 필요하다고 인정하여 심의위원회에 부의한 사항

제17조(심의위원회의 운영) ① 위원장은 심의위원회의 회의를 소집하여 그 의장이 되며, 회의 개최 15일 전에 회의 일시, 장소 및 의제 등을 각 위원에게 통보하고 심의 관련 자료를 제공하여야 한다.

② 위원장은 필요하다고 인정하는 경우 위원이 아닌 사람을 심의위원회에 참석하게 하여 의견을 들을 수 있다. 다만, 종업원등이 제18조 및 제19조 제1항의 규정에 따라 심의를 요구한 경우에는 그 종업원의 의견을 들어야 한다.

③ 심의위원회의 회의는 사용자위원과 종업원위원의 각 과반수의 출석으로 개의하고, 출석위원(제15조 제4항의 규정에 따른 자문위원은 제외한다) 과반수의 찬성으로 의결한다. 다만, 가부동수인 경우에는 가결된 것으로 본다.

④ 심의위원회의 회의는 공개한다. 다만, 심의위원회의 의결로 공개하지 아니할 수 있다.

⑤ 위원이 심의 대상 발명의 발명자인 경우에는 그 위원은 해당 심의에서 제척되며 위원 총수에 산입하지 아니한다.

⑥ 심의위원회는 회의록을 작성하여야 하며, 회의를 개최한 날부터 3년간 회의록을 보존하여야 한다. 다만, 심의위원회가 해산 등으로 회의록을 보존할 수 없는 경우에는 대표이사가 회의록을 보존하여야 한다.

⑦ 제1항부터 제6항까지에서 규정한 사항 외에 심의위원회의 운영 등에 필요한 사항은 심의위원회의 의결을 거쳐 위원장이 정한다.

제6장 직무발명 관련 분쟁의 조정 등

제18조(심의요구권) 종업원등은 다음 각 호의 어느 하나에 해당하는 경우 심의위원회에 그 심의를 요구할 권리를 가진다.

1. 직무발명인지 여부에 관하여 회사의 결정에 이견이 있는 경우

2. 회사가 종업원등의 의사와 다르게 직무발명 외의 발명에 대한 권리의 승계 또는 전용실시권의 설정을 주장하는 경우

3. 회사가 제7조 제2항 및 제3항의 규정을 위반하여 종업원등의 의사와 다르게 직무발명에 대한 권리의 승계 또는 전용실시권의 설정을 주장하거나 통상실시권을 주장하는 경우

4. 회사가 제시한 이 보상규정에 이견이 있는 경우

5. 이 보상규정의 작성·변경에 있어 회사와의 협의 또는 동의 절차에 이견이 있는 경우

6. 회사가 통지한 보상액 등 보상의 구체적 사항에 이견이 있는 경우

7. 회사가 이 보상규정에 따라 보상하지 아니하는 경우

8. 그 밖에 직무발명 또는 개인발명에 대한 권리 및 보상 등에 관하여 회사와 종업원등 간에 이견이 있는 경우

제19조(제척기간 및 심의의무) ① 제18조의 규정에 따른 권리를 행사하고자 하는 종업원등은 별지 제6호 서식의 서면에 그 이유를 기재하여 다음 각 호의 기간 내에 심의위원회에 제출하여야 한다.

1. 제18조 각호(제6호를 제외한다)의 사유가 발생한 날부터 30일 이내에 제출하여야 한다.

2. 제18조 제6호의 경우에는 종업원등이 통지를 받은 날부터 30일 이내에 제출하여야 한다.

② 종업원등이 제1항의 규정에 따른 기간 내에 서면을 제출하여 심의를 요구한 경우에는 심의위원회는 그 서면을 제출받은 날부터 60일 이내에 심의위원회를 구성하여 심의하도록 하여야 하고, 이 경우 심의위원회에는 제15조 제4항의 자문위원이 1명 이상 포함되도록 하여야 한다.

③ 회사는 필요한 경우 특허청장에게 그 취지와 원인을 적은 요청서를 제출하여 제2항의 자문위원의 파견을 요청할 수 있다.

④ 심의위원회는 심의의 결과를 해당 종업원등과 특허관리전담부서장에게 별지 제7호 서식의 서면으로 지체 없이 통지하여야 한다.

제20조(조정신청) 회사 또는 종업원등이 제18조 및 제19조의 규정에 따른 심의위원회의 심의 결과에 불복하는 경우에는 발명진흥법 제41조에 따른 산업재산권분쟁조정위원회에 조정을 신청할 수 있다.

제7장 보칙

제21조(비밀유지의무) ① 발명자, 발명과 관계된 자, 심의위원회의 위원, 자문위원 등 심의위원회에 관계된 자 등(이하 발명자를 제외한 자 등을 "관계자"라 한다)은 회사가 그 직무발명을 출원할 때까지 그 발명의 내용에 관한 비밀을 유지하여야 한다. 다만, 제6조 제2항의 규정에 따른 회사의 불승계결정에 대하여 회사와 발명한 종업원등 간에 더 이상 다툼이 없이 확정된 경우에는 그러하지 아니하다.

② 제1항 단서의 규정에도 불구하고 회사의 불승계가 확정되어 해당 직무발명에 대한 권리가 발명자에게 귀속된 경우 관계자는 발명자가 그 발명을 출원할 때까지 그 발명의 내용에 관한 비밀을 유지하여야 한다.

③ 제1항 및 제2항의 규정은 발명자 및 관계자가 회사를 퇴직하거나 또는 그 직을 면한 경우에도 적용한다.

제22조(출원의 제한 등) 발명자는 회사의 불승계가 확정될 때까지 그 직무발명을 자기명의로 출원하거나 그 권리를 제3자에게 양도하여서는 아니 된다.

제23조(손해배상) 발명자가 제5조 제1항의 규정에 따른 신고의무를 위반하거나 발명자 또는 관계자가 제21조 및 제22조의 규정에 위반한 경우에는 발명자 또는 관계자는 그로 인해 회사가 입은 손해를 배상하여야 한다.

제24조(협력의무) 발명자는 그 직무발명에 관한 출원·심사·심판·소송과 처분 또는 실시 등을 위하여 회사가 필요로 하는 경우에는 이에 협력할 의무가 있다. 다만, 회사를 상대로 다투는 경우에는 그러하지 아니하다.

제25조(변경의 효력 부인) 이 보상규정은 회사와 종업원등의 과반수 간에 협의를 거쳐 작성된 것으로서 회사가 다음 각 호의 요건을 충족하지 아니하면 그 변경의 효력은 부인된다.

1. 보상관련규정을 변경하여 적용하려는 날의 15일 전까지 변경하려는 내용을 종업원등에게 서면으로 알릴 것
2. 변경하려는 보상관련규정의 적용을 받게 되는 종업원등(현재 적용 받고 있는 종업원등을 포함한다)의 과반수와 협의할 것
3. 종업원등에게 불리하게 보상관련규정을 변경하려는 경우에는 현행 보상 관련규정의 적용을 받고 있는 종업원등의 과반수의 동의를 얻을 것

제26조(보상관련규정의 효력) ① 발명진흥법상 직무발명에 관하여 규정된 내용에 위반하는 보상관련규정의 부분은 무효로 한다.

② 보상관련규정에 규정되지 아니한 사항 또는 제1항의 규정에 의하여 무효로 된 부분은 발명진흥법상 직무발명에 관하여 규정된 내용에 따른다.

부칙

제1조(시행시기) 이 규정은 20○○.○○.○○.부터 시행한다.

제2조(경과조치) 이 규정의 제정 전 규정에 의하여 회사가 승계한 직무발명에 대한 권리는 종전의 규정에 의하여 승계된 권리로 본다.

[별표 1] 발명평가기준

평가요소(점수)	평가기준(점수)			
기술성(20)	낮음(5)	보통(10)	높음(15)	매우 높음(20)
실시 가능성(20)	실시가능성 낮음(5)	부분적인 보완 후 실시 가능 (10)	즉시 실시 가능하지만 추가적인 시설 필요(15)	즉시 실시 가능 (20)
독창성(20)	직무상 당연히 착상 가능(5)	문헌, 기타자료에 의해 착상 가능(10)	다른 발명을 독창적으로 개량·고안(15)	극히 독창적이며, 고도의 기술(20)
경제적 가치(20)	연간 매출 1억 원 미만(5)	연간 매출 10억 원 미만(10)	연간 매출 50억 원 미만(15)	연간 매출 50억 원 이상(20)
독점성(10)	회사 외부의 제3자 발명을 이용해야만 실시 가능(이용발명)(3)		공유권리자 및 무상의 실시권자 존재(6)	완전한 독점 가능(10)
기술의 수명(10)	1년 미만 (3)	5년 미만 (6)	10년 미만 (8)	10년 이상 (10)

1. 평가점수의 합계가 45점 이상인 경우 : 승계
2. 평가점수의 합계가 60점 이상인 경우 : 승계 및 국내출원
3. 평가점수의 합계가 80점 이상인 경우 : 승계, 국내출원 및 해외출원

[별표 2] 출원보상금, 등록보상금 및 출원유보보상금 기준

출원보상금		등록보상금		출원유보보상금	
특허	○○만 원(국내) ○○만 원(해외)	특허	○○만 원(국내) ○○만 원(해외)	특허	○○만 원
실용신안	○○만 원(국내) ○○만 원(해외)	실용신안	○○만 원(국내) ○○만 원(해외)	실용신안	○○만 원
디자인	○○만 원(국내) ○○만 원(해외)	디자인	○○만 원(국내) ○○만 원(해외)	디자인	○○만 원

[별표 3] 실시보상금 및 처분보상금 기준

구분	유형	보상금 산정기준
실시보상	회사 직접실시	사용자가 얻을 이익×발명자 공헌도×공동발명자 중 발명자 기여도 ※ 사용자가 얻을 이익 =매출액×독점권 기여도×실시료율 (×발명의 기여도)
처분보상	양도	양도대금×발명자 공헌도×공동발명자 중 발명자 기여도
	실시허락	실시료 수입액×발명자 공헌도×공동발명자 중 발명자 기여도

1. 용어의 정의는 아래와 같다.
   - **매출액**: 직무발명의 직접 실시로 인하여 발생하는 매출액
   - **독점권 기여도**: 매출액 중 직무발명으로 인해 타인의 발명 실시를 금지함에 따라 얻는 독점적 이익의 비율
   - **실시료율**: 타인에게 실시권을 설정하고 대가로 실시료를 얻는 상황을 가상으로 적용하였을 때의 실시료율
   - **발명의 기여도**: 직무발명이 제품의 일부 기술에 해당하거나 제품 매출에 비기술적 요소가 기여하는 경우 발명이 기여하는 비율
   - **발명자 공헌도**: 발명자의 업무 내용, 발명이 이루어진 경위, 회사의 투자 비용, 연구 환경, 회사의 특허 비용 및 사업화 비용 등을 고려하였을 때 발명자가 직무발명에 공헌한 비율
   - **공동발명자 중 발명자 기여도**: 공동 발명자 중 발명자 지분 비율
   - **양도대금**: 직무발명에 대한 권리를 제3자에게 매각하였을 때의 양도대금
   - **실시료 수입액**: 직무발명에 대한 전용실시권 또는 통상실시권을 설정한 이후 회사에 들어오는 실시료 수입액

2. 상기 기준에 따른 보상액은 심의위원회의 심의에 따라 결정한다.

[별지 제1호 서식]

접수번호	
접수일자	
접 수 자	직위 :
	성명 : (인)

발 명 신 고 서				
발명의 명칭 (가제)	한글:			
	영문:			
	성 명	지분(%)	소속 부서	전화번호
발 명 자	한글 : (인)			
	영문 :			
	한글 : (인)			
	영문 :			
	한글 : (인)			
	영문 :			
	한글 : (인)			
	영문 :			
관련연구과제 및 자금지원	연구과제명		지원기관	연구기간
출원 희망국				
발명의 공개 여부 및 계획	□ 논문발표 □ 학술지 게재 □ 연구보고서 □ 박람회 □ 기타			
	발표일 : 년 월 일 [첨부 : 발표내용 (발표일, 학술지명 등)사본]			
발명의 종류	□ 직무발명 □ 개인발명			
발명의 현단계	① 아이디어단계 ② 연구개발진행중 ③ 연구개발완료			
	④ 시제품제작중 ⑤ 시제품 테스트결과 기술실현성 입증			
사업화를 위한 추가연구의 필요성 여부	□ YES		□ NO	
사업화 가능분야(구체적으로)				
관심을 가질 것으로 예상되는 기업	1.		2.	
연구노트의 관리 여부 및 소재	□ YES		□ NO	
본 발명과 관련된 특허				
(특허, 논문, 시장정보) 키워드				
○○주식회사 직무발명보상규정 제5조 제1항의 규정에 따라 위 발명의 완성 사실을 신고합니다. 년 월 일 신고(발명자 대표)자 : (인) ○○주식회사 특허관리전담부서장 귀중				
첨부 : [별지 제2호] 발명설명서				

[별지 제2호 서식]

접수번호	

발 명 설 명 서	
1. 발명의 명칭 (가제)	한글: 영문:
2. 도면의 간단한 설명	(도면이 있을 경우에만 기재)
3. 발명(고안)의 상세한 설명	【발명의 목적】 3.1 기술분야 3.2 발명의 배경이 되는 기술 3.3 발명의 내용 　가) 해결하고자 하는 과제 　나) 과제의 해결수단 　다) 발명의 효과 3.4. 발명을 실시하기 위한 구체적인 내용 　가) 실시예 　나) 비교예
4. 청구범위	4.1. 청구항 1 4.2. 청구항 2 4.3. 청구항 3 4.4. 청구항 4
5. 도면	5.1. 도 1 5.2. 도 2

[별지 제3호 서식]

수령일자	
수 령 자	직위:
	성명: (인)

직무발명 및 승계 여부 결정 통지서

접수번호	
수신(발명자)	
발명의 명칭	

○○주식회사 직무발명보상규정 제6조 제2항에 따라 귀하의 발명에 대한
승계 결정 결과를 아래와 같이 통지합니다.

결 정 사 항

1. 직무발명 여부	
2. 회사의 승계 여부	
3. 기타	

20 년   월   일
○○주식회사 특허관리전담부서장 (인)

[별지 제4호 서식]

접수번호	
수령일자	
수 령 자	직위 :
	성명 : (인)

양 도 증

발명의 명칭 (가제)	한글: 영문:				지분율 (%)
양 도 인	성 명	(인)	생년월일/사번	/	
	주 소				
	성 명	(인)	생년월일/사번	/	
	주 소				
	성 명	(인)	생년월일/사번	/	
	주 소				
	성 명	(인)	생년월일/사번	/	
	주 소				
	성 명	(인)	생년월일/사번	/	
	주 소				
	기 타				
양 수 인	성 명	○○주식회사	대표이사		
	주 소				

양도인은 위 발명에 대한 특허 등을 받을 수 있는 권리를 ○○주식회사 직무발명보상규정 제6조 제4항에 따라 ○○주식회사에 양도합니다.

년   월   일

○○주식회사 (인)

[별지 제5호 서식]

출원 통지서		
문서번호		
수　신		
발명의 명칭		
발　명　자		
○○주식회사 직무발명보상규정 제8조에 따라 귀하의 발명에 대해 아래와 같이 출원 여부 등을 통지합니다.		
권리 내용		
출원 여부		
출원 일자		출원 번호	
미출원 이유		
20 년　월　일 ○○주식회사 특허관리전담부서장　(인)		
첨부 : 출원 명세서		

[별지 제6호 서식]

심 의 요 구 서					
신청인	성 명		사 번		—
	소 속				
	주 소				
접수일자 (접수번호)		20 년 월 일 ( )			
발명의 명칭		※ 해당 사항이 있는 경우에만 기재함.			
사유발생일자		20 년 월 일 ※ 제18조 각호의 해당 사유가 발생한 일자를 기재함. 다만, 제6호의 경우 회사가 보상액 등 보상의 구체적 사항을 통지한 날을 기재함.			

1. 심의요구 및 취지

2. 심의요구의 이유

상기 본인은 ○○주식회사 직무발명보상규정 제18조 및 제19조 제1항에 따라
심의를 요구하오니 직무발명심의위원회에서 심의하여 주시기 바랍니다.

20   년   월   일

신청인 :   (인)

○○주식회사 직무발명심의위원회 위원장 귀하

첨부	심의요구에 관련된 증거서류

[별지 제7호 서식]

심의결과 통지서

문서번호	
수 신	
발명의 명칭	※ 해당 사항이 있는 경우에만 기재함.
제 목	직무발명심의위원회 심의 결과 통지

○○ 주식회사 직무발명보상규정 제19조 제4항의 규정에 따라 귀하의
심의요구에 대한 심의결과를 아래와 같이 통지합니다.

결 정 사 항

1. 심의요구 취지와 이유

2. 결정 취지와 이유

20   년   월   일
○○주식회사 직무발명심의위원회 위원장   (인)

제 **2** 장

지식재산의 분쟁 방어

제 1 절 분쟁 예방 및 대비 전략

학습 개관

지식재산 분쟁의 예방과 대비 전략을 이해하고, 잠재적 분쟁 요소를 식별하여 사전에 대응할 수 있는 능력을 기른다. 분쟁 위험 평가, 권리 확보 전략, 계약 관리 등 예방적 조치의 중요성을 인식하고 실행할 수 있다.

학습 포인트

지식재산 분쟁의 유형과 특성을 이해할 수 있다.
분쟁 위험을 평가하고 예방 전략을 수립할 수 있다.
권리 확보와 계약 관리를 통한 분쟁 예방 방법을 설명할 수 있다.

NCS 및 NCS 학습모듈

하위 목차명	IP 분쟁 예방 및 대비 전략의 의의 및 사례, 사업을 전개하는 국가에서의 특허출원 및 권리의 확보, 계약에 의한 기술의 보호, 비밀유지계약, 내부적인 정보의 관리, 특허의 보증·면책 요구, 해외 전시회 참가 시의 분쟁 대응, 침해로 인한 분쟁의 대응 역량 확보, 경쟁자에 대한 특허 감시, 경쟁자 특허에 대한 적극적인 대응	
NCS 및 NCS 학습모듈	대분류	05. 법률·경찰·소방·교도·국방
	중분류	01. 법률
	소분류	02. 지식재산관리
	세분류	01. 지식재산관리
	능력단위 (능력단위요소)	07. 지식재산 분쟁 방어
	주요 지식·기술·태도	• 지식재산권의 종류와 특성, 분쟁 유형별 대응 전략, 권리 확보 방법 • 분쟁 위험 평가 능력, 계약서 작성 및 검토 능력, 권리 확보 전략 수립 능력 • 지식재산 관련 예방적 사고, 체계적인 접근 자세, 지식재산 관련 법규 준수 의지

01 IP 분쟁 예방 및 대비 전략의 의의 및 사례

1. 의의

IP 분쟁 예방 및 대비 전략은 기업이 지식재산권(IP)을 보호하고 활용하기 위해 사전에 준비하는 일련의 계획과 조치를 의미한다. 이 전략은 기업이 지식재산권을 체계적으로 관리하고, 이를 통해 시장에서의 경쟁력을 강화하는 데 중요한 역할을 한다. 여기에는 특허, 상표, 저작권 등 다양한 형태의 지식재산권이 포함되며, 이러한 권리를 통해 기업은 자사의 기술과 브랜드를 보호하고, 경쟁사로부터의 침해를 방지할 수 있다.

특허는 기술적 발명에 대한 독점 권리를 제공하며, 이를 통해 기업은 자사의 기술을 보호하고, 경쟁사들이 이를 무단으로 사용하지 못하도록 할 수 있다. 특허를 통해 보호되는 기술은 기업의 핵심 경쟁력으로 작용할 수 있으며, 이는 시장에서의 우위를 확보하는 데 중요한 요소가 된다. 특허 출원과 관리는 복잡하고 전문적인 과정이지만, 이를 통해 기업은 자사의 혁신을 법적으로 보호받을 수 있다.

상표는 기업의 상품이나 서비스를 식별하는 데 사용되는 마크, 로고, 이름 등을 보호하는 권리이다. 상표를 통해 기업은 자사의 브랜드를 보호하고, 소비자들이 자사의 제품을 다른 경쟁사 제품과 구별할 수 있도록 한다. 강력한 상표권을 통해 기업은 브랜드 가치를 유지하고, 시장에서의 신뢰를 확보할 수 있다.

저작권은 창작된 예술적, 문학적, 학문적 작품을 보호하는 권리이다. 이는 소프트웨어, 디자인, 문서, 음악, 영화 등 다양한 창작물에 적용될 수 있다. 저작권을 통해 기업은 자사의 창작물을 보호하고, 이를 무단으로 복제하거나 사용하는 것을 방지할 수 있다. 이는 특히 콘텐츠 제작 기업에 중요한 보호 장치가 된다.

IP 분쟁 예방 및 대비 전략에는 이러한 지식재산권을 체계적으로 관리하고, 침해 가능성을 사전에 차단하는 다양한 조치들이 포함된다. 예를 들어, 기업은 정기적으로 시장을 모니터링하여 자사의 지식재산권을 침해하는 사례를 신속하게 발견하고 대응할 수 있다. 또한, 계약서나 업무 절차에서 지식재산권 보호 조항을 명확히 함으로써 내부적으로도 지식재산권을 철저히 관리할 수 있다.

기업은 또한 경쟁사의 지식재산권을 분석하여, 자사의 기술 개발이 타인의 권리를 침해하지 않도록 사전에 확인하는 절차를 가질 수 있다. 이를 통해 불필요한 법적 분쟁을 방지하고, 자사의 연구개발 활동을 원활하게 진행할 수 있다. 이러한 사전 예방 조치는 법적 분쟁이 발생했을 때 기업이 더 유리한 위치에서 대응할 수 있도록 도와준다.

결론적으로, IP 분쟁 예방 및 대비 전략은 기업의 중요한 경영 전략 중 하나로서, 지식재산권을 통해 자사의 기술과 브랜드를 보호하고, 이를 통해 시장에서의 경쟁력을 강화하는 데 핵심적인 역할을 한다. 기업은 이를 통해 지속 가능한 성장을 도모할 수 있으며, 기술과 브랜드의 가치를 극대화할 수 있다. 따라서 이러한 전략의 중요성을 이해하고, 미래의 경영 활동에 적용할 수 있는 능력을 키워야 할 것이다.

다음 그림은 이러한 IP 분쟁 예방 및 대비 전략과 관련된 주요 요소들을 마인드맵으로 표현한 것이다.

 IP 분쟁 예방/대비의 마인드맵 예시

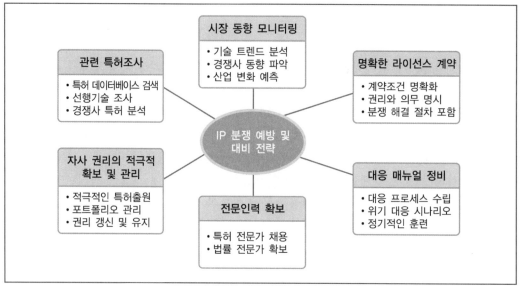

2. 주요 기업 사례

(I) 구글의 사례

구글의 자율주행 기술 자회사인 웨이모(Waymo)는 이러한 IP 전략을 성공적으로 활용한 대표적인 사례로 꼽을 수 있다. 구글은 자율주행 기술을 연구하던 중, 2016년에 웨이모를 설립하였다. 웨이모는 설립 이후 다양한 기업 인수합병을 통해 자율주행 분야의 특허 포트폴리오를 확장해 나갔다. 이 과정에서 웨이모는 자율주행 기술과 관련된 핵심특허들을 확보하며 기술적 기반을 튼튼히 다졌다. 이러한 특허 포트폴리오의 확장은 웨이모가 자율주행 기술 분야에서 선두 주자로 자리잡는 데 큰 역할을 하였다.

웨이모의 IP 전략은 단순히 특허를 많이 확보하는 것에 그치지 않고, 전략적으로 중요한 특허들을 선택적으로 인수하는 데 중점을 두었다. 이는 웨이모가 경쟁사들에 비해 기술적 우위를 유지하고, 자사의 기술을 보호하는 데 중요한 역할을 하였다. 웨이모는 자율주행 기술의 발전 속도에 맞추어 신속하게 특허를 확보하고, 이를 통해 기술 혁신을 지속적으로 추진하였다.

또한 웨이모는 자율주행 기술과 관련된 다양한 연구개발 활동을 통해 특허 포트폴리오를 더욱 강화하였다. 웨이모의 연구개발팀은 자율주행 기술의 다양한 측면에서 혁신적인 기술을 개발하였고, 이를 특허로 보호함으로써 경쟁사들이 쉽게 모방할 수 없도록 하였다. 이러한 연구개발 활동은 웨이모가 자율주행 기술 분야에서 선도적인 위치를 유지하는 데 크게 이바지하였다.

웨이모의 성공적인 IP 전략은 자율주행 기술 분야에서의 선두 주자로서의 위치를 공고히 하는 데 중요한 역할을 하였다. 웨이모는 다양한 특허를 통해 자사의 기술을 보호하고, 경쟁사들의 침해를 방지하며, 기술적 우위를 유지하는 데 큰 기여를 하였다. 이를 통해 웨이모는 자율주행 기술 시장에서의 경쟁력을 강화하고, 지속 가능한 성장을 도모할 수 있었다. 결론적으로, 웨이모의 사례는 IP 전략이 기업의 기술적 우위를 유지하고, 시장에서의 경쟁력을 강화하는 데 얼마나 중요한 역할을 하는지를 잘 보여준다. 웨이모는 다양한 특허를 통해 자사의 자율주행 기술을 보호하고, 이를 기반으로 경쟁사들에 비해 기술적 우위를 유지하며 시장에서의 위치를 공고히 하였다. 이러한 사례를 통해 IP 전략의 중요성을 이해하고, 미래의 경영 활동에 적용할 수 있는 능력을 키워야 할 것이다.

(2) 삼성전자의 사례

강력한 특허 포트폴리오를 구축한 삼성전자는 특히 AI 반도체와 같은 첨단 기술 분야에서 매우 강력한 특허 포트폴리오를 보유하고 있다. 삼성전자는 이러한 포트폴리오를 통해 기술적 우위를 확보하고 있으며, 이를 기반으로 다양한 전략적 이점을 누리고 있다.

우선, 삼성전자는 강력한 특허 포트폴리오를 통해 경쟁사와의 분쟁에서 우위를 점하고 있다. 특허 분쟁이 발생했을 때, 삼성전자는 자사의 방대한 특허 포트폴리오를 활용하여 경쟁사를 압박할 수 있다. 이는 소송에서 유리한 위치를 차지하는 데 중요한 역할을 한다. 또한, 삼성전자는 강력한 특허 포트폴리오를 바탕으로 협상에서도 우위를 점할 수 있다. 협상 과정에서 자사의 특허 포트폴리오를 제시함으로써 상대방에게 기술적 우위를 강조하고, 유리한 조건을 끌어낼 수 있기 때문이다.

삼성전자는 이러한 강력한 특허 포트폴리오를 기반으로 크로스 라이선스(cross license) 계약을 체결하여 추가적인 이익을 창출하기도 한다. 크로스 라이선스 계약이란 두 기업이 서로의 특허를 공유하는 계약을 말한다. 이를 통해 삼성전자는 다른 기업들과 기술을 공유하고, 협력을 통해 기술 개발을 촉진할 수 있다. 예를 들어, 삼성전자는 AI 반도체 분야에서 크로스 라이선스 계약을 통해 다른 기업의 기술을 도입하고, 이를 자사의 기술과 결합하여 더욱 혁신적인 제품을 개발할 수 있다.

또한, 크로스 라이선스 계약을 통해 삼성전자는 특허 침해 소송의 위험을 줄일 수 있다. 다른 기업과 상호 특허를 공유함으로써 서로의 특허를 침해하지 않도록 협력할 수 있으며, 이는 분쟁을 사전에 방지하는 효과가 있다. 이렇게 되면, 삼성전자는 법적 분쟁에 소요되는 시간과 비용을 절감할 수 있고, 기술 개발과 시장 경쟁에 더욱 집중할 수 있게 된다. 삼성전자의 이러한 특허 전략은 기업의 장기적인 성장과 안정성에도 기여하고 있다. 강력한 특허 포트폴리오는 삼성전자의 기술적 리더십을 강화하고, 시장에서의 경쟁력을 유지하는 데 중요한 역할을 한다. 이 밖에도 삼성전자는 크로스 라이선스 계약을 통해 기술 혁신을 지속적으로 추진하며, 다양한 기업들과 협력하여 상호 이익을 창출할 수 있다.

결론적으로, 삼성전자의 사례는 강력한 특허 포트폴리오가 기업의 경쟁력 강화와 시장에서의 우위를 유지하는 데 얼마나 중요한지를 잘 보여준다. 삼성전자는 AI 반도체 등 첨단 기술 분야에서 강력한 특허 포트폴리오를 통해 경쟁사와의 분쟁에서 우위를 점하고, 협상에서도 유리한 위치를 차지하고 있다. 또한, 크로스 라이선스 계약을 통해 기술 공유와 협력을 촉진하며, 추가적인 이익을 창출하고 있다. 이러한 전략은 삼성전자의 장기적인 성장과 안정성에 큰 기여를 하고 있으며, 다른 기업들에도 중요한 교훈을 제공한다.

⑶ 애플의 사례

애플은 디자인과 기술 특허를 통해 자사의 제품을 보호하는 대표적인 기업이다. 애플은 아이폰을 비롯한 여러 제품에 대해 다수의 디자인 특허를 보유하고 있으며, 이를 통해 경쟁사들이 유사한 제품을 출시하는 것을 막기 위한 법적 대응을 강화하고 있다. 이러한 특허 전략은 애플의 제품이 시장에서 독창적인 디자인과 기술력을 유지할 수 있게 하며, 경쟁사들과의 차별화를 가능하게 한다.

예를 들어, 애플은 아이폰의 둥근 모서리, 홈 버튼의 위치, 사용자 인터페이스의 디자인 등 여러 요소에 대해 특허를 취득하였다. 이러한 디자인 특허는 단순한 외관 보호를 넘어, 사용자 경험과 브랜드 이미지를 동시에 보호하는 역할을 한다. 경쟁사들이 유사한 디자인을 채택하려 할 때, 애플은 특허침해소송을 통해 이를 저지함으로써 시장에서의 독점적인 위치를 강화하고 있다.

또한 애플은 기술 특허를 통해 자사의 혁신적인 기술을 보호하고 있다. 아이폰에 적용된 다양한 센서 기술, 배터리 효율 향상 기술, 보안 기술 등은 모두 애플의 특허 포트폴리오에 포함되어 있다. 이러한 기술 특허는 애플 제품의 성능과 기능을 차별화하며, 경쟁사들이 이를 쉽게 모방하지 못하도록 한다. 예를 들어, 애플은 얼굴 인식 기술인 Face ID를 특허로 보호하여, 경쟁사들이 유사한 기술을 도입하는 것을 어렵게 만들고 있다.

이러한 디자인과 기술 특허 전략은 애플이 시장에서 지속적으로 경쟁력을 유지하고, 새로운 혁신을 끌어 나가는 데 중요한 역할을 하고 있다. 애플의 철저한 특허 관리와 법적 대응은 자사의 독창성을 보호할 뿐만 아니라, 소비자들에게 차별화된 가치를 제공함으로써 브랜드 충성도를 높이는 데 기여하고 있다. 이러한 노력 덕분에 애플은 전 세계 스마트폰 시장에서 굳건한 입지를 유지하며, 지속적인 성장을 이뤄내고 있다.

02 사업을 전개하는 국가에서의 특허출원 및 권리의 확보

저작권과는 다르게, 산업재산권은 국가가 권리의 형성과 소멸에 깊이 관여하며 속지주의 원칙을 따른다. 이는 대한민국에서 등록된 특허, 실용신안, 상표, 디자인 등의 권리가 대한민국 내에서만 유효하다는 것을 의미한다. 따라서 일본, 미국, 중국 등 다른 국가에서는 별도로 그 권리를 취득해야만 그 나라에서 산업재산권과 관련된 제품과 서비스를 보호받을 수 있다. 따라서 기업이 사업을 진행하고자 하는 시장이 있는 국가에서는 반드시 특허 등의 지식재산권(IP 권리)을 확보해야 한다.

여러 국가에서 자사의 제품과 서비스를 보호하기 위한 특허를 확보하려면, 특허가 필요한 해당 국가에 한국에서의 출원과는 별개로 특허출원을 하여야 한다. 이때, 해당 국가에서의 출원일과 한국에서의 출원일이 서로 다른 차이가 발생할 수 있는데, 이를 보완하기 위해, 파리조약에서는 파리조약에 가입된 제1국에 출원 이후, 1년 이내에 우선권주장을 동반하여 파리조약에 가입된 국가에 출원할 경우, 특허성의 판단 시점을 제1국의 출원 시점으로 소급해 주는 우선권주장출원제도를 도입하였다.

이후, 파리조약과는 별개로 PCT(특허협력조약)이 도입되어, PCT 제도를 이용한 출원 시, PCT에 가입된 모든 국가에 출원된 것으로 간주하고, 이후 일정 기간 내(대부분 우선일로부터 30개월 또는 31개월)에 실제 필요한 국가에 출원하는 제도가 도입되었다. 다만, PCT 제도와 파리조약에 따른 우선권 출원에는 소요되는 비용 차이가 있을 수 있으니, 이를 고려하여 제도를 선택하면 될 것이다.

이렇듯, 해외 각 국가에 출원을 진행하고 나면, 이를 등록까지 진행하여 권리화를 해야 한다. 한국과는 다르게 유럽 등 일부 국가는 출원 상태에서도 출원 유지료를 매년 관납료로 납부해야 하는 등, 비용이나 전략 차원에서 권리화를 빠르게 진행해야 하는 경우가 있을 수 있다. 이때, 각 국가별로 다양한 가속 심사 제도가 있으며, 대표적으로, PPH(특허심사 하이웨이) 제도, 유럽의 PACE(Program for Accelerated Prosecution of European Patent Applications), 미국의 Track 1 등의 제도를 이용할 수 있다.

이러한 제도의 장단점을 정확히 이해하고 자사의 제품과 서비스를 보호받아야 하는 국가들에서 적절한 권리를 확보하는 것이 중요하다. 특허권을 잘 확보해 두면, 이후 분쟁에서 이를 활용하여 크로스 라이선스(cross license)를 체결하거나, 특허침해소송을 제기한 원고에 대해 반소(counter attack)를 할 수도 있다. 따라서 기본 전략으로 특허권을 확보하는 것이 필수적이다.

03 계약에 의한 기술의 보호

계약에 의한 기술 보호는 법률에 의한 보호, 즉 특허출원 및 등록을 통한 권리 확보에 비해 다양한 제한 조건을 부가할 수 있고, 여러 방식으로 기술을 보호할 수 있다는 장점이 있다. 그러나 이러한 계약은 계약 당사자에게만 효력이 있으므로, 이에 주의해야 한다. 이러한 계약의 유형에는 라이선스 계약, 부제소특약(Covenant Not to Sue), 영업비밀 보호 계약 등이 있다.

라이선스 계약은 기술을 사용하는 권리를 부여하면서도 일정한 조건을 설정할 수 있는 계약이다. 이를 통해 기술 제공자는 사용 조건을 제한하거나 특정한 방식으로만 기술을 사용할 수 있도록 요구할 수 있다. 부제소특약은 한쪽 당사자가 다른 쪽 당사자를 상대로 소송을 제기하지 않겠다고 약속하는 계약이다. 이는 분쟁을 예방하고 안정적인 비즈니스 관계를 유지하는 데 유용하다. 영업비밀 보호 계약은 기밀 정보를 보호하기 위한 계약으로, 기업 간 또는 개인 간에 중요한 기밀 정보를 공유할 때 사용된다. 이러한 계약을 통해 정보의 유출을 방지하고 법적 보호를 강화할 수 있다.

만약 이러한 라이선스 계약이나 부제소특약이 있다면, 이를 근거로 소송에서 방어할 수 있다. 이는 분쟁 발생 시 법적 방어 수단으로 작용하여, 불필요한 소송을 방지하고 신속한 해결을 도모할 수 있다. 따라서 이러한 계약을 체결할 때는 면밀히 검토하는 것이 바람직하다. 계약의 조항을 잘 이해하고, 필요한 경우 법률 전문가의 도움을 받아 계약서의 내용을 철저히 검토한 후 체결하는 것이 중요하다. 이렇게 하면 기술을 효과적으로 보호할 수 있으며, 분쟁 발생 시에도 유리하게 대처할 수 있다.

다음으로, 비밀유지계약에 대해 좀 더 자세히 설명한다.

04 비밀유지계약

비밀유지계약(NDA : Non-Disclosure Agreement)이란 두 개 이상의 당사자가 특정 정보나 자료를 공유할 때, 이를 제3자에게 누설하지 않겠다고 약속하는 계약을 말한다. 이는 기업이나 개인이 사업을 하거나 협력할 때 매우 중요한 역할을 한다. NDA는 보통 사업을 시작하기 전에 체결되며, 이를 통해 협력 과정에서 공유되는 중요한 정보가 외부로 유출되는 것을 방지할 수 있다. 예를 들어, 두 회사가 공동 연구를 진행할 때, 서로의 기술이나 사업 계획 등 민감한 정보를 교환하게 된다. 이때 NDA를 체결하면, 해당 정보가 외부로 새어나가는 것을 막을 수 있다.

NDA의 주요 내용은 다음과 같다. 첫째, 어떤 정보가 비밀로 유지되어야 하는지 구체적으로 명시한다. 이는 기술적 정보, 사업 계획, 고객 목록 등 다양한 정보를 포함할 수 있다. 둘째, 비밀 유지의 기간을 정한다. 이는 협력이 끝난 후에도 일정 기간 동안 비밀을 유지할 것을 요구할 수 있다. 셋째, 비밀 정보를 어떻게 다루어야 하는지에 대한 구체적인 지침을 제공한다. 예를 들어, 비밀 정보를 접근할 수 있는 사람의 범위를 제한하거나, 비밀 정보가 포함된 문서를 어떻게 보관하고 폐기해야 하는지 등에 대한 지침이 포함될 수 있다.

또한, NDA는 비밀 정보를 누설했을 경우의 법적 책임과 제재에 대해서도 명시한다. 이를 통해 당사자들은 비밀 정보를 보호하기 위해 최선을 다할 의무를 가지게 된다. 만약 NDA를 위반하면, 위반한 당사자는 법적 책임을 지게 되며, 손해배상 청구를 받을 수도 있다.

NDA는 다양한 상황에서 사용될 수 있다. 예를 들어, 새로운 직원이 회사에 입사할 때, 회사는 직원에게 NDA를 요구할 수 있다. 이를 통해 회사는 직원이 회사에서 알게 된 비밀 정보를 외부로 유출하지 않도록 보호할 수 있다. 또한, 투자자와 기업 간의 협상 과정에서도 NDA는 중요한 역할을 한다. 투자자는 기업의 상세한 재무 정보나 사업 계획 등을 알게 되는데, 이를 외부에 누설하지 않도록 NDA를 체결하게 된다.

요약하면, 비밀유지계약(NDA)은 두 개 이상의 당사자가 비밀 정보를 공유할 때 이를 외부로 유출하지 않도록 약속하는 계약이다. 이는 기업이나 개인이 사업을 하거나 협력할 때 중요한 역할을 하며, 비밀 정보를 보호하고 법적 책임을 명확히 하는 데 도움이 된다. NDA를 체결함으로써 정보 유출을 방지하고, 안정적인 협력 관계를 유지할 수 있다. 또한, 특허 출원 전에 협상 과정 중의 기술 자료가 의도치 않게 공개되었을 때, 이러한 NDA 계약이 공지예외주장 제도를 이용 시 도움이 될 수 있다.

05 내부적인 정보의 관리

기업에서 내부 정보 관리는 매우 중요하다. 특히, 비밀성을 요구하는 영업비밀의 경우 필수적이며, 특허 등과 관련된 기술 분쟁에 대비하기 위해서도 반드시 필요하다. 예를 들어, 미국에서는 특허침해소송 시 미국 민사소송규칙(FRCP)에 따른 증거개시(discovery)제도가 있다. 이 제도는 소송 당사자가 소송과 관련된 모든 자료를 의무적으로 제출해야 하며, 이를 다하지 못하면 법원으로부터 제재(sanction)를 받을 수 있고, 심지어 패소할 수도 있다. 따라서 관련 자료와 정보의 평상시 관리는 매우 중요하다.

최근 국내에서도 이와 유사한 제도의 도입이 논의되고 있어, 기업들은 다각적인 검토와 준비가 필요하다. 특히, 「특허법」 개정 움직임에 따라 증거개시제도가 도입될 가능성이 높아지고 있다. 이 제도가 도입되면, 국내에서도 소송 당사자가 모든 관련 자료를 제출해야 하며, 이를 통해 보다 공정한 재판이 이루어질 것으로 기대된다. 따라서 기업들은 이러한 변화에 대비하여 내부 정보 관리 체계를 더욱 강화해야 한다.

1. 데이터 보존 정책(DRP)

먼저, 기업은 내부적으로 정보 관리를 위한 정책을 수립해야 한다. 흔히 '데이터 보존 정책(DRP : Data Retention Policy)'이라 불리는 이 관리 정책에는 관리 대상, 목적, 관리 주체, 관리 형태, 접근 권한, 자료의 보존 및 폐기 등이 포함된다. 이러한 정책은 반드시 문서화되어 지켜져야 한다. 이를 통해 내부 정보를 보호하는 것은 영업비밀 관리 측면에서도 매우 중요하며, 침해 소송을 대비하는 관점에서도 큰 의미를 가진다.

따라서 기업은 내부 정보 관리 체계를 확립하고, 이를 체계적으로 운영함으로써 정보 유출을 방지하고, 법적 분쟁 시에도 유리한 위치를 확보할 수 있다. 이는 기업의 기술과 정보를 보호하고, 지속 가능한 경쟁력을 유지하는 데 필수적인 전략이다.

2. 기술임치제도

기술임치제도는 기업이 보유한 중요한 기술자료나 영업비밀을 안전하게 보호하고, 그 자료의 특정 날짜를 증빙하기 위해 활용되는 제도이다. 이 제도는 일반적으로 중립적인 제3의 기관을 통해 이루어진다. 이를 통해 기업은 기술자료의 무결성과 기밀성을 유지하면서도 필요할 때 자료의 보유 시점을 증명할 수 있다.

기술임치제도를 쉽게 설명하자면, 중요한 기술 문서를 안전한 '금고'에 맡기는 것과 유사하다. 예를 들어, 어떤 기업이 새로운 기술을 개발했을 때, 그 기술이 자산으로 인정받으려면 언제 개발되었는지를 증명할 필요가 있다. 이때 기술임치제도를 이용하면 개발된 기술 문서나 자료를 임치 기관에 맡기고, 그 자료가 특정 날짜에 존재했다는 사실을 공식적으로 증명할 수 있는 증명서를 받을 수 있다. 이렇게 맡겨진 기술자료는 필요할 때, 예를 들어 법적 분쟁이 발생했을 때나 기술의 권리를 주장해야 할 때 중요한 증거로 사용될 수 있다. 임치 기관은 보통 신뢰할 수 있는 정부 기관이나 법무법인, 또는 공인된 민간기업이 맡게 되며, 맡겨진 자료는 엄격한 보안 절차를 통해 관리된다.

기술임치제도의 장점은 다음과 같다. 첫째, 자료의 기밀성을 유지하면서도 법적 효력을 갖춘 증거로 사용할 수 있다. 둘째, 자료를 안전하게 보관함으로써 자료의 유출이나 손실을 방지할 수 있다. 마지막으로, 기업 간의 기술 거래나 협력 시에도 신뢰성을 높일 수 있는 중요한 수단이 된다. 예를 들어, 두 기업이 공동으로 연구개발을 하기로 했을 때, 각자가 보유한 기술자료를 임치해 놓으면 나중에 분쟁이 발생했을 때 누가 언제 어떤 기술을 제공했는지를 명확하게 알 수 있게 된다. 이렇게 기술임치제도는 영업비밀을 보호하고, 기술자료의 날짜를 증명하는 데 있어서 매우 유용한 도구가 된다.

이처럼 기술임치제도는 기업의 중요한 기술자료를 안전하게 보호하고, 필요한 때에 이를 입증할 수 있는 효율적인 방법이다. 이러한 제도를 이해하고 활용할 수 있다면, 나중에 기술이나 아이디어를 보호하는 데 큰 도움이 될 것이다.

또한, 기업의 제품 카탈로그, 홈페이지, 웹상의 기술 자료 등의 존재가 추후 분쟁에서 다양한 증거로 활용될 수 있다. 예를 들어, 선사용권의 입증, 타사 특허의 무효화의 증거로 활용 등의 상황이 있을 수 있는데, 이러한 웹상의 자료가 과거의 어느 시점부터 존재했는지를 입증하는 것은 매우 어려운 일이다. 이러한 경우, 미국의 비영리단체인 인터넷 아카이브가 운영하는 www.archive.org에 해당 내용을 저장하고, 게재일을 입증하는 방법을 활용할 수 있다.

06 특허의 보증 · 면책 요구

1. 공급 계약 등의 경우

거래 업체와 물품 공급 계약이나 기술 공급 계약을 체결할 때, 최종 생산품을 제조하는 기업은 사용된 부품이나 기술이 특허 침해로 분쟁에 휘말릴 수 있다. 따라서 물품이나 기술을 공급받는 측에서는 특허 침해 발생 시 이를 보증하기 위한 조항(indemnification)을 계약에 포함시키기를 원하며, 공급하는 측에서는 이러한 소송으로 인한 위험을 최소화하는 것이 중요하다. 이러한 보증 또는 면책 계약은 주로 양 당사자의 협상력에 의해 결정된다. 보증 · 면책 요구란 계약을 체결할 때 한쪽 당사자가 다른 쪽 당사자에게 특정 조건이나 상황에서 법적 책임을 지지 않도록 요구하는 것을 의미한다. 쉽게 말해, 문제가 발생했을 때 자신에게 책임을 묻지 말아달라는 요청이다. 예를 들어, A 회사가 B 회사와 계약을 맺으면서 "이 계약으로 인해 발생하는 손해에 대해 우리 회사는 책임을 지지 않는다."라는 조건을 넣는 것이 보증 · 면책 요구에 해당한다. 이는 계약을 통해 책임을 미리 제한하거나 면제받으려는 목적을 가진다.

공급 계약에서는 종종 공급자의 의무를 명확히 규정하는 조항이 포함된다. 이러한 조항은 보통 "공급자는 계약 제품의 생산, 사용, 제조, 판매 등에 기인하는 소송에 대해 공급받는 자에게 손해가 없도록 하며, 합리적인 변호사 비용을 포함하여 발생하는 모든 비용을 배상하기로 한다."와 같은 내용을 담고 있다. 이는 계약 제품과 관련된 소송이 발생할 경우, 공급자가 그로 인해 발생하는 모든 비용을 책임지고 배상하겠다는 의미이다. 이러한 조항은 공급받는 자를 보호하기 위해 필요하다.

반면, 공급자의 입장에서는 자신을 보호하기 위해 몇 가지 제한 조항을 포함시키는 것이 바람직하다. 예를 들어, "공급 제품 외의 다른 부분으로 인한 소송의 제기에 대해서는 공급자의 책임이 없다."라는 내용이 그중 하나이다. 이는 계약 제품이 아닌 다른 원인으로 발생하는 소송에 대해 공급자가 책임을 지지 않겠다는 것을 명확히 하는 것이다. 또한, "공급받는 자의 요구에 의해 채택된 제품 또는 기술에 대해서는 특허 등의 침해 문제가 발생하더라도 공급자에게는 책임이 없다."라는 조항도 있다. 이 조항은 공급받는 자의 요청에 따라 선택된 제품이나 기술에 대해 문제가 발생할 경우 공급자는 책임을 지지 않는다는 것을 명확히 한다.

이러한 보증·면책 요구와 관련된 조항들은 계약 양측이 책임을 명확히 구분하고, 예기치 못한 법적 분쟁에서 각자의 입장을 보호하기 위한 것이다. 따라서 계약을 체결할 때는 이러한 조항들을 명확히 검토하고, 필요한 경우 전문가의 도움을 받아 자신에게 유리한 조건을 포함시키는 것이 중요하다. 공급자와 공급받는 자 모두가 계약 내용을 정확히 이해하고, 책임 범위를 명확히 하는 것이 침해 소송 시 손해를 줄이고, 분쟁의 책임을 명확히 하기 위해 중요하다. 공급받는 측은 법적 보호를 받고, 공급하는 측은 불필요한 법적 부담을 피할 수 있다. 따라서 계약을 체결할 때 이러한 보증 및 면책 조항을 신중하게 작성하고 협상하는 것이 필수적이다.

특히, 특허 침해 이슈에 대한 이러한 보증 및 면책 조항의 범위를 양 당사자 간에 조율하려면 사전에 어느 정도의 특허 침해 이슈가 있는지 확인할 필요가 있다. 이러한 검토를 위해 FTO(Freedom to operate) 검토를 양측에서 일방 또는 서로에게 요구하는 경우가 일반적이다. 공급자 입장에서 이러한 FTO 검토는 최종 제품이 완성된 이후에 진행하는 것보다는, 제품의 설계 단계부터 매년 수행하여 이후 이러한 보증 계약에 유리한 위치를 가질 수 있도록 준비하는 것이 좋다.

2. 보증 · 면책 외 대안

때로는 특허 침해 문제로 인한 손해배상의 금액을 일정 한도로 제한하는 것이 필요할 수 있다. 공급받는 자의 입장에서 특허 침해 문제가 발생할 가능성이 있다면, 이를 해결하기 위해 몇 가지 조치를 취할 수 있다. 예를 들어, 공급자의 비용으로 계속 사용할 권리(라이선스 등)를 확보하거나, 대체품의 사용을 요구하거나, 기술을 개선할 것을 요구할 수 있다. 또한, 공급자나 공급받는 자가 제3자의 권리를 침해하는 사실을 알게 되었을 때 이를 상대방에게 통지하는 의무를 서로 부과할 수 있다. 이러한 통지 의무는 양측이 상황을 빠르게 인지하고 대응할 수 있게 하여, 문제를 더 효율적으로 해결할 수 있게 한다. 더불어, 공동 방어 의무를 규정하여 침해 문제에 대해 함께 대응하도록 할 수도 있다.

이러한 조항들은 계약 시 명확히 규정되어야 하며, 이를 통해 양측은 법적 분쟁에서 자신의 권리와 의무를 명확히 하고, 문제 발생 시 효과적으로 대응할 수 있는 기반을 마련할 수 있다.

07 해외 전시회 참가 시의 분쟁 대응

해외 전시회에 참가할 때는 타인으로부터 지식재산권 침해를 주장당하거나, 이로 인해 계획한 목표를 달성하기 어려운 상황이 발생할 수 있다. 특히 독일 등의 전시회에서는 지식재산권 침해 문제로 인해 제품이나 홍보 자료가 압수되거나 전시회 참가 자체가 거부되는 경우가 종종 있다. 따라서 전시회에 참가하기 전에 침해 문제를 대비해야 한다.

먼저, 전시회가 열리는 국가를 대상으로 관련 지식재산권을 사전에 등록하는 것이 중요하다. 전시회 전에 경쟁사의 특허 등 지식재산권 현황을 사전 조사하고 분석하여, 침해 가능성을 미리 파악해야 한다. 문제가 되는 지식재산권에 대해서는 미리 라이선스를 확보하거나 침해를 회피할 수 있는 방법을 찾아야 한다. 이를 위해 무효자료 등을 확보하는 것도 필요하다. 카탈로그나 홍보물 등에 지식재산권에 대한 표시도 명확히 해야 한다. 전시회 중에는 자사 제품에 대한 정보를 과도하게 제공하지 않도록 주의해야 하며, 홈페이지에도 필요 이상의 제품이나 기술 정보를 제공하는 것을 자제해야 한다.

특히 독일에서는 전시물에 대한 가압류나 가처분이 전시자의 의견을 듣지 않고도 진행되는 경우가 많다. 그러므로 비침해나 무효를 주장하는 방어서면(protective brief)을 현지 변호사를 통해 준비하고, 이를 미리 관할 법원에 제출하는 것이 좋다. 이를 통해 가압류 등의 조치를 사전에 방지할 수 있다.

이처럼 철저한 준비를 통해 전시회 참가 시 발생할 수 있는 지식재산권 문제를 사전에 예방하고, 성공적인 전시회 참가를 할 수 있도록 대비하는 것이 중요하다.

08 침해로 인한 분쟁의 대응 역량 확보

침해 분쟁이 발생할 경우, 각국의 제도와 법률 차이로 인해 예상치 못한 피해를 입을 수 있다. 따라서 경쟁사나 NPE(Non-Practicing Entities)가 보유한 특허 등 지식재산권을 미리 파악하는 것이 중요하다. 즉, 경쟁사 등의 특허를 상시적으로 감시하고 분석하여 미리 문제가 될 수 있는 특허에 대한 대응책을 마련하는 것이 바람직하다. 이는 자체 인력을 통해 진행할 수도 있고, 외부 전문가에게 아웃소싱할 수도 있다.

어떤 방식으로 준비하든, 조직이 스스로 이를 수행하거나 검토하고 전략을 세울 수 있는 역량을 갖추는 것이 중요하다. 따라서 조직 내에 이를 전담할 인력을 확보하고, 관련 인력의 전문성을 지속적으로 강화하는 것이 필요하다. 특히, 기업의 수출, 제조, 판매 등이 이루어지는 국가의 관련 법률과 제도를 숙지하는 것이 필수적이다. 예를 들어, 기업은 내부 팀을 구성하여 지속적으로 경쟁사의 특허를 모니터링하고, 문제 소지가 있는 특허를 파악하여 이에 대한 대응 전략을 세울 수 있다.

또한, 외부 특허 전문가를 통해 특허 감시와 분석을 아웃소싱함으로써 더 효율적이고 전문적인 대응이 가능하다. 이를 통해 기업은 침해 분쟁 발생 시 신속하고 효과적으로 대응할 수 있는 준비를 갖추게 된다.

결론적으로, 지식재산권 침해 문제를 예방하고 대응하기 위해서는 체계적인 감시와 분석이 필요하며, 이를 위한 전문 인력과 체계를 마련하는 것이 기업의 경쟁력을 높이는 데 필수적이다.

09 경쟁자에 대한 특허 감시

기업이 사업범위를 확장하거나 새로운 연구개발을 진행할 때, 특허정보를 이용해 문제가 될 수 있는 특허권이 있는지 확인하고, 이에 대한 대응책을 미리 준비하는 것이 중요하다. 이를 위해 경쟁사들의 특허 동향을 지속적으로 파악하는 것이 필수적이다. 이러한 활동을 특허 모니터링(monitoring) 또는 와칭(watching)이라고 하며, 특허 모니터링을 통해 분쟁을 미리 대비하고 예방하는 것이 매우 중요하다.

특허 모니터링은 정기적으로 담당자를 지정하여 수행해야 한다. 문제가 될 수 있는 특허가 발견되면 관련 엔지니어들과 협의하여 회피설계 방안을 마련하거나, 무효자료를 조사하여 변리사에게 의뢰해 감정서나 보고서를 확보하는 것이 필요하다. 이때 법률 의견서(legal opinion)는 해당 특허권이 등록된 국가의 변리사나 변호사로부터 받는 것이 바람직하다.

이러한 특허 감시를 통해 경쟁사의 기술 개발 동향을 파악할 수 있으며, 기술 개발 트렌드를 참고하여 연구개발에 유용하게 활용할 수 있다. 예를 들어, 특정 기술 분야에서 경쟁사가 어떤 특허를 출원했는지 모니터링함으로써 그들이 어떤 방향으로 기술을 개발하고 있는지 파악할 수 있다. 이를 통해 우리 기업의 연구개발 전략을 보다 효과적으로 수립할 수 있다. 또는 경쟁사의 특허가 아직 등록 전이라면, 등록을 저지하거나 권리범위를 일부 좁히는 적극적인 조치도 가능하다.

결론적으로, 특허 모니터링을 통해 분쟁을 예방하고, 기술 개발 동향을 파악하여 연구개발에 활용하는 것은 기업의 경쟁력을 강화하는 데 필수적이다. 이는 지속 가능한 성장과 성공을 위해 꼭 필요한 전략이다.

10 경쟁자 특허에 대한 적극적인 대응

경쟁사 특허 모니터링 결과 문제의 소지가 있는 특허가 발견되면, 회피설계를 하는 방안이 있다. 그러나 때로는 회피가 매우 어려운 경우도 있다. 이러한 상황에서는 문제의 특허에 대해 적극적인 대응이 필요하다. 만약 해당 특허가 공개된 상태지만 아직 등록되지 않았다면, 정보 제공을 통해 특허등록을 저지하는 것이 바람직하다.

만약 문제의 특허가 이미 등록되었다면, 특허권의 설정 등록일로부터 등록 공고일 후 6개월까지는 이해관계와 상관없이 특허 취소 신청을 할 수 있다. 이를 통해 등록된 특허를 무효화할 수 있다. 만약 취소 신청 기간이 지났다면, 이해관계를 소명하여 무효심판을 진행하는 것이 좋다. 그러나 이 경우 무효심판의 당사자로서 특허권자에게 드러나게 되어 오히려 특허권자로부터 침해 소송 등의 공격을 받을 수 있으므로 주의가 필요하다.

정보 제공, 취소 신청, 또는 무효심판은 해당 특허권의 등록을 저지하거나 이미 등록된 특허권을 소급적으로 무효화하는 방법이다. 또한, 문제의 소지가 있는 특허 청구항에 대해 권리 범위를 좁혀서 우리 기업이 침해의 위험에서 벗어날 수 있도록 하는 것도 유효한 전략이 될 수 있다.

따라서 경쟁사 특허 모니터링을 통해 문제가 될 수 있는 특허를 발견했을 때, 다양한 대응책을 고려하고, 상황에 맞는 최적의 전략을 수립하여 실행하는 것이 중요하다. 이는 기업의 지식재산권을 보호하고, 법적 분쟁에서 유리한 위치를 확보하는 데 도움이 된다.

다음 그림은 이러한 IP 분쟁 예방과 관련된 절차를 기업의 관점에서 예시화한 것이다.

⊠ IP 분쟁 예방 절차도

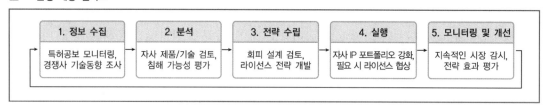

1. 정보 수집	2. 분석	3. 전략 수립	4. 실행	5. 모니터링 및 개선
특허공보 모니터링, 경쟁사 기술동향 조사	자사 제품/기술 검토, 침해 가능성 평가	회피 설계 검토, 라이선스 전략 개발	자사 IP 포트폴리오 강화, 필요 시 라이선스 협상	지속적인 시장 감시, 전략 효과 평가

제 2 절

특허권 행사 및 침해주장의 대응

학습
개관

특허권 행사의 방법과 절차를 이해하고, 침해 주장에 대한 효과적인 대응 전략을 수립할 수 있다. 침해 경고장 분석, 비침해 논리 개발, 무효화 전략 등 다양한 대응 방안을 검토하고 적용할 수 있는 능력을 배양한다.

학습
포인트

특허권 행사의 절차와 방법을 설명할 수 있다.
침해 경고장을 분석하고 대응 전략을 수립할 수 있다.
비침해 주장과 무효화 전략을 개발할 수 있다.

NCS 및
NCS 학습모듈

하위 목차명	특허 분쟁 방어자의 단계별 대응 전략, 특허침해소송의 공격자의 전략	
NCS 및 NCS 학습모듈	대분류	05. 법률·경찰·소방·교도·국방
	중분류	01. 법률
	소분류	02. 지식재산관리
	세분류	01. 지식재산 관리
	능력단위 (능력단위요소)	07. 지식재산 분쟁 방어
	주요 지식·기술· 태도	• 특허법, 침해 판단 기준, 무효 사유, 비침해 논리 • 경고장 분석 능력, 권리범위 해석 능력, 침해 여부 판단 능력 • 지식재산에 대한 분석적 태도, 신중한 접근 자세

01 특허 분쟁 방어자의 단계별 대응 전략

1. 개요

특허 분쟁은 일반적으로 다음과 같은 단계로 진행된다. ① 먼저 실시 제품이 특허를 침해했다고 주장하는 경고장을 수령하고, ② 침해라고 주장하는 특허에 대해서 분석을 수행한 뒤, ③ 이에 대해서 대응할 수 있는 전략을 수립하여, ④ 경고장에 대해서 회신하고, ⑤ 협상 및 라이선싱에 의한 화해를 시도한 뒤, ⑥ 이러한 화해가 이루어지지 않은 경우, 결과적으로 특허침해소송을 진행하게 된다. 이런 특허 분쟁은 많은 시간과 비용이 들며, 대응 방식에 따라 결과가 크게 달라진다.

이를 좀 더 구체적으로 설명하면, 경고장 수령 단계에서는 특허 침해 주장을 받게 된다. 이때 침착하게 경고장을 분석하고, 내용을 정확히 이해하는 것이 중요하다. 다음으로, 특허분석 단계에서는 경고장에 명시된 특허를 상세히 분석한다. 이 과정에서는 해당 특허가 유효한지, 침해 가능성이 있는지 등을 검토해야 하는데, 이때 기술 전문가와 법률 전문가의 협력이 필요하다. 대응 전략 수립 단계에서는 분석 결과를 바탕으로 구체적인 대응 전략을 마련한다. 이 전략에는 회피설계, 무효심판 청구, 라이선스 협상 등이 포함될 수 있다. 경고장 회신 단계에서는 경고장에 대한 공식적인 답변을 작성하여 보낸다. 이 답변에는 특허 침해를 부인하거나, 무효 주장을 제기하거나, 협상의 의사를 표명할 수 있다. 다음으로, 협상 및 라이선싱 단계에서는 상대방과의 협상을 통해 문제를 해결하려고 시도한다. 이 단계에서 라이선스 계약을 체결하여 분쟁을 종결시킬 수 있다. 마지막으로, 소송 진행 단계에서는 협상이 실패할 경우 법정에서 소송을 통해 문제를 해결하게 된다. 이 단계에서는 법률적 대응이 중요하며, 법률 전문가의 역할이 크다.

이처럼 각 단계별로 철저한 준비와 전략 수립이 필요하며, 이를 통해 특허 분쟁에서 유리한 결과를 얻을 수 있다.

2. 경고장 수령

경고장(warning letter)은 특허권자가 자신의 특허권을 침해하고 있다고 판단되는 자에게 침해를 중지하라고 요구하는 서면이다. 만약 경고장을 받은 후에도 침해가 계속된다면, 이는 고의적인 침해로 간주될 수 있다. 우리나라에서는 이렇게 고의적인 침해가 인정되면 형사적 처벌을 받을 수 있으며, 고의 침해로 인한 손해배상액이 최대 3배까지 증가될 수 있다. 따라서 경고장을 받았을 때 적절하게 대응하는 것이 매우 중요하다.

때로는 경고장만으로도 수령자에게 큰 압박이 되어, 이 단계에서 협상 등을 통해 분쟁이 해결되는 경우도 많다. 하지만 경고장은 특허침해소송의 필수 단계는 아니다. 어떤 경우에는 특허권자가 경고장 없이 바로 소송을 제기하고 소장을 송달하는 경우도 있다. 따라서 경고장을 받지 않았다고 안심해서는 안 된다.

미국의 특허소송에서는 손해액을 산정할 때 특허권자가 특허 제품에 특허 표시를 하지 않은 경우, 경고장의 발송 및 수령이 손해액 산정의 기산점이 될 수 있다. 경고장은 보통 특허권자가 자신의 특허 번호 등을 명시하고, 수령자가 만든 특정 제품이 해당 특허를 침해하고 있음을 지적하며, 침해 행위를 중지할 것을 요구하는 내용을 담고 있다.

경고장을 받았을 때는 신중하고 정확한 대응이 중요하다. 경고장을 무시하면 법적 분쟁으로 이어질 가능성이 높아지며, 경우에 따라서는 더 큰 손해를 입을 수 있기 때문이다. 경고장의 내용과 요구 사항을 면밀히 검토하고, 필요하다면 법률 전문가의 도움을 받아 적절한 대응 전략을 세우는 것이 바람직하다. 이 경우 경고장을 받은 사람은 이에 대응하기 위한 조치를 취해야 하며, 이때 검토하고 분석해야 할 사항은 다음과 같다.

(1) 특허 분쟁 대응 팀 구성 및 대리인 선정

경고장이 접수되면 먼저 이에 대응할 팀을 구성해야 한다. 보통 경고장을 받은 회사의 특허팀이나 법무팀을 중심으로 관련 분야의 직원들이 포함된다. 이 대응 팀은 신속하게 외부 전문가를 선임하고 긴밀한 협력 체제를 구축해야 한다. 또한 관련 부서의 직원들을 통해 필요한 정보를 수집한다. 특히, 미국에서 특허 침해 분쟁이 발생한 경우에는 '증거보존 통지(litigation hold)'를 발동하여 추후 소송이 진행될 때 증거를 제출할 수 있도록 준비한다. 또한, 우리 편에서 대리를 해줄 수 있는 대리인(변호사, 변리사 등)을 확보해야 한다. 소송 경험이 많은 전문가는 한정적이기 때문에, 이들을 상대 측에서 복대리로 모두 선점해버리면, 실제 소송에서 내 편에 설 수 있는 전문가가 많지 않을 수 있다.

(2) 경고장 및 특허권자의 분석

특허 분쟁 대응 팀이 구성되면, 다음으로는 경고장의 내용을 분석하고, 경고장을 보낸 특허권자와 해당 특허권에 대해 조사해야 한다.

① 경고장 내용 분석

먼저 경고장이 해당 특허권을 명확하게 특정하고 있는지, 그리고 침해를 주장하는 제품에 대해 구체적으로 언급하고 있는지를 확인한다. 만약 경고장이 이러한 사항을 명확히 특정하지 않고, 단순히 자신의 특허권을 침해하고 있으니 중지하라는 식으로 막연하게 작성되었다면, 경고장에 대한 회신 단계에서 이러한 구체적인 특정을 요구해야 한다. 이를 통해 특허권자의 주장을 명확히 이해하고, 적절한 대응 전략을 세울 수 있다.

② 경고장을 보낸 특허권자 및 해당 특허권에 대한 분석

특허권자가 정당한 권리자인지 확인하는 것이 중요하다. 예를 들어, 소송을 제기할 수 있는 권한이 없는 통상실시권자는 아닌지 확인해야 한다. 또한, 해당 특허권자의 성향, 분쟁의 성격, 그리고 상대방의 의도를 분석한다. 특허권자에 따라 단순히 실시료 수입을 위해 경고장을 보낸 경우도 있고, 아예 시장에서 경쟁자를 퇴출시키려는 의도일 수도 있다. 특허권자가 소송을 선호하는지 협상을 선호하는지도 파악해야 한다. 만약 경고장을 보낸 주체가 NPE(Non-Practicing Entity)라면, 이는 주로 라이선스를 통해 수입을 얻기 위한 것으로 이해할 수 있다. 또한, 경고장이 특허권자에 의해 직접 발송된 것인지, 아니면 대리인을 통해 발송된 것인지도 확인해야 한다. 특허권자가 직접 경고장을 보낸 경우에는 협상을 통해 라이선스를 요구하는 경우가 많다. 반면, 대리인을 통해 경고장을 보낸 경우에는 소송을 염두에 두었을 가능성이 높다고 판단할 수 있다.

또한, 경고장에 아직 법적으로 판단받지 않은 침해 사실, 손해배상금액 등을 특허권자의 주장만으로 근거 없이 사실인 것으로 기재하여 협박에 가까운 형태의 기재가 있다면, 이는 오히려 영업방해에 대항하여 거꾸로 추후 손해배상청구가 가능할 수 있다(2014가합551954).

이렇게 경고장의 내용과 특허권자에 대한 철저한 분석을 통해 특허 분쟁에 효과적으로 대응할 수 있다.

다음 그림은 이러한 경고장의 대응에 대한 플로우차트를 도식화한 것이다.

⊠ 경고장 대응 흐름도

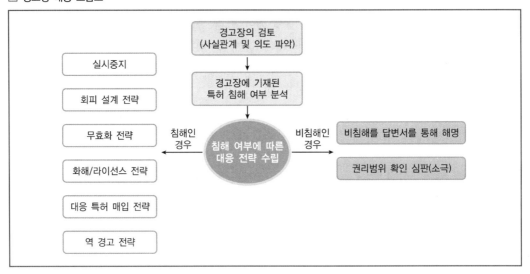

3. 특허권의 분석

(1) 특허권의 유효성 분석

경고장과 특허권자의 분석과 함께 중요한 단계로, 침해를 주장하는 특허권에 대한 철저한 분석이 필요하다. 먼저, 해당 특허권이 유효하게 유지되고 있는지를 확인해야 한다. 때로는 유효하지 않은 특허권을 기초로 침해를 주장하는 경우도 있기 때문이다. 이를 위해 특허권의 유지료가 정당하게 납부되고 있는지 확인하고, 특허권자가 해당 특허의 실제 특허권자나 전용실시권자인지 여부를 파악해야 한다. 이러한 확인 과정을 통해 해당 특허권이 실제로 유효한 권리인지 판단하는 것이 중요하다.

이 과정에서 특허권의 법적 상태와 권리 범위를 명확히 이해하는 것이 필수적이며, 이를 바탕으로 적절한 대응 전략을 수립할 수 있다. 특허권의 유효성을 확실히 파악함으로써, 경고장에 대한 대응을 보다 효과적으로 준비할 수 있다. 이때, 각 국가별로 특허권의 존속기간을 늘려주는 제도가 존재하기 때문에, 특허의 만료일의 산정이 중요하다. 출원일로부터 20년이라고 단순히 계산해서는 안 되며, 국가별 존속기간에 대한 법규를 확인할 필요가 있다.

(2) 특허권의 권리범위 분석

특허권의 분석과 함께, 자사 제품이 해당 특허권을 침해하는지 여부를 판단하는 과정도 필요하다. 이는 높은 수준의 전문 지식을 요구하기 때문에, 보통 기업의 특허 팀과 외부 전문가가 협력하여 진행한다. 이 과정에서는 여러 법적 개념들을 면밀히 검토해야 한다. 구성요소 완비의 법칙(All Element Rule), 균등론(Doctrine of Equivalents), 간접침해(Indirect Infringement) 등을 비롯해 자유기술 항변, 공지기술 제외, 명세서의 상세한 설명 참작의 원칙, 권리 소진(Exhaustion), 출원경과 참작의 원칙(Prosecution History Estoppel 또는 File Wrapper Estoppel) 등을 모두 검토해야 한다.

이러한 법리들은 대부분의 국가에서 정도의 차이는 있지만 채택하고 있기 때문에, 이들을 고려하여 권리의 범위를 명확히 하는 것이 필요하다. 이를 통해 자사 제품이 특허를 침해하는지 여부를 정확히 판단하고, 이에 따른 적절한 대응 전략을 수립할 수 있다.

이때, 대부분의 경우는 실제 판단이 명확하지 않은 영역에 존재하며, 법원에서 진술하는 증인 및 증거의 역할이 중요해진다. 증인을 어떻게 선정할 것인지 등도 이 단계에서 함께 검토되는 것이 바람직하다.

따라서 특허권의 분석과 자사 제품의 침해 여부 판단은 긴밀한 협력과 면밀한 법리 검토를 통해 이루어져야 하며, 이를 통해 특허 분쟁에서 효과적으로 대응할 수 있는 기반을 마련할 수 있다.

4. 특허권의 무효화 검토

(1) 무효화 절차

경고장을 받은 후, 특허권의 권리 범위를 검토하여 자신이 사용하고 있는 기술이 경고장을 보낸 특허권자의 특허를 침해하고 있다고 판단될 경우, 침해 소송 중 무효심판 등의 방법을 통해 특허권의 무효화를 시도할 수 있다. 각 국가별로 무효화 절차는 다르다. 예를 들어, 한국, 중국, 대만, 일본, 독일을 비롯한 유럽의 여러 나라에서는 무효화 절차와 침해 소송 절차가 별도로 진행된다. 따라서 이러한 국가에서는 침해 소송이 발생하기 전에 또는 소송이 제기된 후에 침해를 주장받은 자가 무효심판을 청구하는 것이 효과적인 방법이다.

반면, 미국에서는 특허의 무효가 연방 지방법원의 침해 소송에서 함께 다루어진다. 이 경우 피고는 침해 소송 중에 특허청의 특허심판항소위원회(PTAB)에 특허의 무효를 주장하며, 당사자계 재심사(IPR : Inter Partes Review)나 등록 후 재심사(PGR : Post Grant Review) 등을 제기할 수 있다. 또한, 침해 소송이 제기되지는 않았지만 그 가능성이 높은 경우, 비침해 및 무효 확인 소송(Declaratory Judgment Action)을 제기할 수도 있다.

하지만 DJ Action을 진행하면 IPR을 중복해서 제기할 수 없으므로, 신중하게 전략을 수립해야 한다. 또한, IPR의 경우, 시점에 따라 추가 증거 제출이 어려울 수도 있으며, 최초 petition의 글자의 수도 한정되어 있어, IPR 진행 시 전략을 잘 수립해야 한다.

이러한 다양한 절차와 방법들을 이해하고, 적절한 시점에 맞춰 전략적으로 활용하는 것이 중요하다. 이를 통해 침해 소송에서 효과적으로 대응할 수 있으며, 특허권의 무효화를 통해 분쟁에서 유리한 위치를 차지할 수 있다.

(2) 무효자료조사

특허권을 무효화하려면, 해당 권리가 신규성이나 진보성이 없다고 주장할 수 있는 무효자료, 즉 선행기술을 조사해야 한다. 무효자료는 전 세계의 어떤 자료라도 유효하며, 해당 특허 출원일 이전에 공지된 선행기술이어야 한다. 또한, 출원일 이전에 이미 공개적으로 사용되고 있는 공용 기술이라는 점을 입증할 수도 있다.

특허권의 무효화는 특허 청구 범위에 해당하는 기술이 특허 대상이 될 수 없는 경우에도 가능하다. 예를 들어, 추상적인 아이디어이거나 자연법칙에 불과한 경우에는 무효화될 수 있다. 또한, 특허 명세서가 기재 요건을 충족하지 못하면 기재 불비로 인해 무효화될 수 있다. 특히 미국의 경우, 특허 취득 과정에서 특허청을 속이려는 의도가 있었다면 부정행위(inequitable conduct)로 간주되어 특허권 행사가 제한될 수 있다. 부정행위란 출원인이 알고 있는 중요한(material) 선행기술을 의도적으로(intent to deceive) 정보공개명세서(IDS)로 제출하지 않거나, 명세서에 허위 정보를 기재한 경우 등을 말한다. 또한, 공동 발명자를 누락하거나 허위 발명자를 포함시킨 경우에도 해당된다.

이러한 부정행위가 인정되면 특허권 행사가 제한되어, 해당 특허는 권리를 행사할 수 없는 껍데기만 남게 된다. 이에 따라 특허권의 유효성을 판단하고, 이를 무효화하기 위해서는 철저한 자료 조사와 법적 검토가 필요하다. 이러한 과정에서 명확한 전략을 수립하고, 필요한 경우 법률 전문가의 도움을 받아야 한다.

최근 다수의 특허가 파라미터 형태의 특허로 등록을 받고 있으며, 이러한 파라미터 특허에 대한 특허 유효성에 대해 여러 판례가 생기고 있다. 이러한 파라미터 특허에 대한 판단에는, 대상 특허와 동일한 파라미터를 가지고 있는 선행문헌을 실제 찾는 것이 불가능하나, 이미 대상 특허의 출원일 이전에 존재하였던 제품에서 동일한 기준의 평가를 하였을 때, 대상 특허의 파라미터가 도출되는 내재적(inherent) 특성의 주장이 많을 수밖에 없다. 이러한 내재적 특성에 대한 법원에서의 증거력을 어떻게 확보해 낼 것인지가 소송에서 핵심이 되는 경우가 발생할 수 있다.

(3) 표준특허와 FRAND

표준특허(SEP : Standard Essential Patent)는 대부분의 국제 표준화 기구에서 사전에 공표하도록 규정하고 있다. 그러나 이를 위반하고 표준기술에 해당하는 특허를 공개하지 않은 채 이를 근거로 침해 소송을 제기하면, 이는 부정행위에 해당할 수 있다.

표준특허에는 FRAND 의무가 있는데, 이는 공정(Fair), 합리적(Reasonable), 비차별적(Non-

Discriminatory) 조건을 의미한다. 표준화 기구의 회원사는 표준으로 채택된 기술이나 특허의 라이선스 계약을 공정하고, 합리적이며, 차별 없이 해야 한다는 규칙을 따라야 한다. 따라서 표준특허의 특허권자는 FRAND 선언을 하고 이를 준수해야 하는 의무가 있다.

삼성전자와 애플 간의 미국 무역위원회(ITC : International Trade Commission) 소송을 예로 들면, ITC는 삼성전자의 표준특허에 대해 애플 제품의 수입 금지 결정을 내렸지만 당시 오바마 미국 대통령은 이에 대해 거부권(Veto)을 행사하여 수입 금지 결정을 거부한 바 있다. 이는 FRAND 의무를 위반한 경우 특허 침해를 주장할 수 없게 되는 사례 중 하나이다. 표준특허와 FRAND 의무를 이해하는 것은 매우 중요하다. 이러한 원칙을 지키지 않으면 표준특허를 근거로 한 침해 소송이 불리해질 수 있다. 따라서 표준화 기구의 규칙을 준수하고, 공정하고 합리적으로 라이선스 계약을 체결하는 것이 필요하다.

(4) 소송에서의 항변

무효자료조사를 통해 확보한 무효화 자료는 특허침해소송에서 피고가 제기할 수 있는 중요한 항변사항이 된다. 특허권자가 특허 침해를 이유로 소송을 제기하면, 피고는 해당 특허권이 무효임을 주장할 수 있다. 만약 이러한 항변을 통해 법원에서 해당 특허가 무효임을 인정받으면, 피고는 소송에서 유리한 위치를 차지할 수 있다.

우리나라에서도 무효가 되어야 할 특허권을 근거로 한 침해 소송은 특허권의 남용으로 간주되어 허용되지 않는다는 것이 판례의 입장이다. 따라서 피고는 무효자료를 통해 특허권의 무효성을 입증함으로써 소송에서 자신을 방어할 수 있다.

이와 같은 무효자료조사는 특허침해소송에서 매우 중요한 전략적 요소로 작용한다. 특허권자가 소송을 제기하기 전에, 또는 소송이 진행되는 동안 피고가 특허의 유효성을 철저히 검토하고, 무효자료를 준비하는 것이 중요하다. 이를 통해 특허침해소송에서 효과적으로 대응할 수 있다.

5. 침해 주장이 타당한 경우의 대응 방안

(1) 실시 중지

침해 주장이 타당하다고 판단될 경우, 먼저 해당 기술이나 제품의 사용을 중지해야 한다. 그러나 사용을 중지하더라도 과거에 이미 행해진 사용에 대해서는 특허권자가 손해배상을 청구할 수 있다. 예를 들어, 어떤 회사가 특정 기술을 사용하고 있었는데, 그 기술이 다른 회사의 특허를 침해한다는 경고를 받았다면, 이 회사는 그 기술의 사용을 즉시 중단해야 한다. 하지만 이 회사가 과거에 그 기술을 사용한 행위에 대해서는 여전히 법적인 책임을 질 수 있다. 즉, 특허권자는 과거의 침해 행위에 대해 손해배상을 요구할 권리가 있다.

따라서 침해 주장이 타당하다고 판단되는 경우에는 신속히 사용을 중지하는 것이 중요하며, 동시에 과거의 사용에 대한 법적 책임에 대비해야 한다. 이 과정에서 법률 전문가의 조언을 받아 손해배상 청구에 대비하는 것이 필요하다.

(2) 회피설계

앞으로 해당 기술이나 제품을 계속 사용하려면 특허권을 침해하지 않도록 하기 위해 청구항의 일부 구성요소를 사용하지 않거나 다른 내용으로 대체할 수 있는지를 검토해야 한다. 예를 들어, 어떤 기술이 특정 특허의 청구항에 포함된 구성요소를 포함하고 있다면, 이 구성요소를 제거하거나 다른 방식으로 변경하여 사용할 수 있는지를 살펴보는 것이다. 이를 통해 특허 침해를 피하면서도 기술을 계속 사용할 수 있는 방법을 찾는 것이다.

따라서 특허를 회피하기 위해 제품이나 기술의 설계를 변경하는 회피설계(design-around) 전략을 고려해야 한다. 이를 통해 특허권을 침해하지 않으면서도 자사의 기술을 보호하고 활용할 수 있다. 이를 검토하는 과정에서는 법률 전문가와 협력하여 정확한 법적 판단을 받는 것이 중요하다. 특히, 이 경우 균등 범위의 침해가 이슈가 될 수 있기 때문에, 이 부분에 대해 충분한 사전 검토가 이루어져야 한다.

(3) 대응특허 검토

특허권자가 실제로 사용하고 있는 제품을 분석하고, 그 제품이 침해할 수 있는 다른 특허를 가지고 있는지 확인해야 한다. 만약 제3자가 이러한 특허를 보유하고 있다면, 해당 특허를 매입하거나 전용실시권을 설정하여 협상에 활용할 수 있다.

예를 들어, 특정 기업이 자사의 제품이 다른 기업의 특허를 침해하고 있다는 주장을 받았을 때, 먼저 상대방이 실제로 어떤 제품을 사용하고 있는지 분석한다. 그런 다음, 이 제품이 침해할 수 있는 다른 특허가 있는지 확인한다. 만약 제3자가 이러한 특허를 보유하고 있다면, 해당 특허를 매입하거나 전용실시권을 설정하여 협상 카드로 사용할 수 있다.

이러한 접근 방식은 협상에서 유리한 위치를 차지할 수 있도록 도와준다. 필요한 경우, 법률 전문가와 협력하여 정확한 정보를 확보하고 전략을 세우는 것이 중요하다.

(4) 실시권 계약 또는 특허 매입

특허권자와 라이선스 계약을 체결하거나, 특허권자의 특허를 적극적으로 매입하는 방법이 있다. 라이선스 계약은 특허권자로부터 사용 허가를 받아 일정한 조건하에 기술을 사용하는 것이며, 특허 매입은 해당 특허를 완전히 소유하여 독점적으로 사용할 수 있게 하는 것이다.

또한, 대응특허가 존재하는 경우에는 이 특허를 활용하여 크로스 라이선스를 체결할 수 있다. 크로스 라이선스란 서로의 특허를 교환하여 사용 권한을 주고받는 것을 말한다. 이를 통해 양측은 서로의 특허를 사용할 수 있게 되며, 분쟁을 피할 수 있다.

예를 들어, 어떤 기업이 경쟁사의 특허를 침해하고 있다는 주장을 받았을 때, 먼저 라이선스 계약을 통해 문제를 해결할 수 있다. 만약 라이선스 계약이 적절하지 않다면, 해당 특허를 매입하여 독점적으로 사용할 수 있다. 반대로, 자사에 대응특허가 있는 경우, 이를 활용하여 상대방과 크로스 라이선스를 체결함으로써 분쟁을 해결하고 서로의 기술을 사용할

6. 침해 주장이 부당한 경우의 대응 방안

(1) 해당 기업의 기본 전략을 확인하고, 일관되고 탄력적인 대응 전략 마련

특허 침해 분쟁을 인지한 후, 이에 대한 기본 방침을 세우는 것이 중요하다. 기본적으로 소송을 진행할 것인지, 아니면 협상을 통해 합의로 분쟁을 해결할 것인지를 결정해야 한다. 이러한 기본 방침이 정해져야 일관되고 효과적인 대응이 가능하다. 물론, 상대방의 전략과 대응에 따라 방침이 변경될 수 있지만, 처음부터 명확한 방향을 설정하는 것이 중요하다. 이를 결정하기 위해서는 먼저 상대방의 의도를 분석해야 한다. 상대방이 단순히 라이선스 수입을 원하고 있는지, 아니면 시장에서 경쟁자를 제거하려는 의도가 있는지를 파악해야 한다. 또한, 해당 특허권의 유효성을 분석하고, 자사의 전체 사업에 미칠 영향을 고려해야 한다. 소송을 진행할 경우의 기회비용과 협상을 통해 해결할 경우의 비용도 함께 검토해야 한다. 이와 같은 종합적인 분석을 통해 최적의 대응 방안을 선택할 수 있으며, 이를 바탕으로 특허 분쟁에 효과적으로 대응할 수 있다.

① 상대방의 의도 분석

상대방의 의도와 특성을 분석할 때, 특허권자가 비실시기업인지 경쟁사인지에 따라 상황이 크게 달라질 수 있다. 비실시기업의 경우, 주로 실시료 수입을 위해 협상에 적극적이므로 상대적으로 의도를 파악하기 쉽다. 반면, 경쟁사의 경우 특허침해소송을 통해 라이선스 계약을 체결하여 수익을 얻으려는 것인지, 아니면 시장에서 경쟁자를 퇴출시키려는 의도가 있는지를 파악해야 한다. 또한, 비실시기업과의 분쟁에서는 크로스 라이선스(cross license)의 가능성이 거의 없다는 점도 고려해야 한다.

② 특허권의 분석

기본 방침을 수립할 때 중요한 요소 중 하나는 특허권의 분석이다. 특허권의 청구범위를 분석하여 비침해, 무효, 행사 불능(unenforcement)의 가능성이 희박하다고 판단되면, 침해소송에서 승소하기 어려울 수 있다. 이 경우 협상을 통해 라이선스를 취득하는 것이 바람직할 수 있다. 반면, 비침해나 무효 등의 가능성이 충분히 있다고 판단되면 적극적으로 침해소송에 대응할 수 있다. 다만, 특허권의 무효나 비침해 여부는 최종적으로 법원의 판단에 따라 결정된다. 따라서 전문 변호사나 변리사의 의견을 법원에 제출할 수 있는 유력한 증거로 확보하는 것이 중요하다. 이는 고의 침해를 회피하는 데에도 도움이 되므로, 소송 초기나 특허침해소송이 제기되기 전에 전문가의 법률 의견서를 받아두는 것이 좋다.

③ 소송에 따른 비용과 협상에 따른 비용 고려

소송을 통한 해결에 비용이 많이 들 것으로 예상된다면, 협상을 통해 분쟁을 해결하는 것이 더 나을 수 있다. 이때 고려할 사항은 해당 기업의 사업 분야와 향후 전망, 특허권자의 성격에 따라 달라진다. 특히 NPE(Non-Practicing Entity)의 경우, 유사한 특허를 가진 여러 NPE가 존재할 수 있으며, 한번 협상으로 라이선스 계약을 맺으면 다른 NPE들로부터 비슷한 요구를 받을 수 있다. 따라서 신중히 고려하여 대응 전략을 세워야 한다.

이러한 분석과 고려를 통해 특허침해 분쟁에서의 대응 방침을 세우고, 효과적으로 대처할 수 있는 전략을 마련할 수 있다.

(2) 협상과 소송

① 협상

소송과 협상은 특허침해 분쟁을 해결하는 두 가지 주요 방법이다. 각각의 방법에는 장단점이 존재하지만, 일반적으로 소송보다는 협상을 통해 분쟁을 해결하는 것이 더 유리하다. 소송을 통해 분쟁을 해결하려면 많은 시간과 비용이 들 뿐만 아니라 소송의 결과를 예측하기 어려운 경우가 많다. 또한, 소송에서 승소하더라도 오랜 기간이 걸리기 때문에 연구개발의 기회를 잃고 시장의 트렌드에 적절히 대응하지 못해 시장에서의 지위를 잃을 수 있다. 따라서 협상을 통해 시장에서의 사업 자유도를 높이고, 분쟁을 융통성 있게 해결하여 안정적인 사업을 이어가는 것이 더 바람직하다.

② 소송

협상을 통해 문제를 해결하기 어려운 경우에는 소송이 불가피하다. 이는 주로 특허권자의 입장이 완강할 때 발생한다. 이때 소송에 대해 적극적이고 전략적으로 대응함으로써 과도한 실시료를 절감할 수 있다. 또한 다른 경쟁자들이나 비실시기업들에 강력한 소송을 통해 쉽게 협상을 통한 라이선스를 얻기 어려운 상대라는 인식을 심어줌으로써 이후 소송을 미연에 방지할 수 있는 장점도 있다.

그러나 소송은 막대한 비용과 시간을 필요로 하며, 이로 인해 사업의 불확실성이 증가할 수 있다. 또한 소송에서 패소할 경우 해당 사업에서 철수해야 하는 등 큰 위험을 감수해야 한다. 특히 미국에서는 고의 침해로 인정되면 손해배상액이 최대 3배까지 증가할 수 있고, 분쟁으로 인해 시장에서의 신뢰가 실추될 위험도 있다.

하지만 모든 경우에 소송을 피해야 하는 것은 아니다. 예를 들어, 삼성전자와 애플 간의 소송처럼 상대방이 시장의 선두 기업인 경우, 소송을 통해 오히려 더 많은 홍보 효과를 얻을 수도 있다. 또한, 특허권자의 입장에서 특허 침해가 명백하고 신속한 법적 조치가 없으면 회복할 수 없는 손해(irreparable damage)가 발생한다고 판단될 때, 가처분 소송을 통해 침해 행위를 빠르게 금지할 수 있다.

가처분 소송은 본안 판결 이후에 손해배상을 받기 어려운 상황에서 유용하게 이용할 수 있다. 하지만 가처분 소송의 요건이 엄격하여 받아들여질 가능성이 높지 않으며, 가처분 결정 후 본안 소송에서 패소할 경우 이에 따른 손해를 배상해야 할 수도 있으므로 신중한 판단이 필요하다.

(3) 재판 외 분쟁해결 수단의 고려

소송과 협상 외에도 분쟁을 해결하는 방법으로 중재(arbitration)와 조정(mediation)이 있다. 이러한 방법들은 흔히 대안적 분쟁해결 또는 재판 외 분쟁해결(ADR : Alternative Dispute Resolution) 수단으로 불린다. 특히 비용이 많이 드는 지식재산권 관련 분쟁에서는 ADR을 통해 분쟁을 해결하는 방식이 점점 더 많이 활용되고 있다. ADR은 전통적인 소송보다 시간과 비용을 절감할 수 있고, 분쟁 당사자 간의 융통성 있는 해결을 도모할 수 있다는 장점이 있다.

중재는 분쟁 당사자들이 합의한 중재인이 분쟁을 해결하는 방식이다. 중재인은 법적 구속력이 있는 결정을 내리며, 이러한 절차는 보통 비공개로 진행되므로 기업의 민감한 정보를 보호할 수 있다. 반면, 조정은 중재와 달리 조정인이 당사자들 간의 합의를 도출하도록 돕는 역할을 한다. 조정인은 법적 구속력이 없는 권고를 제시하며, 당사자들이 스스로 합의에 도달할 수 있도록 지원한다.

이러한 대안적 분쟁해결 방식은 특히 국제적인 분쟁에서 유용하다. 서로 다른 법 체계와 문화적 차이로 인해 복잡해질 수 있는 국제 분쟁에서 중재와 조정은 신속하고 효율적인 해결책을 제공한다. 지식재산권 분야에서는 기술적이고 전문적인 문제들이 자주 발생하므로, 해당 분야의 전문가들이 중재인이나 조정인으로 참여하는 경우가 많다. 이는 분쟁의 공정하고 전문적인 해결을 보장하는 데 큰 도움이 된다.

7. 경고장의 회신

경고장을 받았다고 해서 반드시 법적으로 회신해야 하는 의무가 있는 것은 아니다. 일반적으로 특허권자는 자신이 보유한 특허에 대한 침해를 주장하며 경고장에 대한 회신을 요구하게 된다. 이 경우 경고장에 회신할 기한을 정해 요구하는 경우가 많은데, 이러한 기한은 특허권자가 임의로 정한 것이므로 경고장을 받은 사람이 반드시 지켜야 하는 법적 의무는 없다. 그러나 경고장에 대해 아무런 회신 없이 시간을 끌면, 특허권자가 감정적으로 대응할 가능성이 높아지거나 경고장을 받은 사람이 협상의 의지가 없는 것으로 간주되어 소송으로 바로 이어질 위험이 있다. 따라서 적절한 기한 내에 회신하는 것이 바람직하다. 특히 미국에서는 경고장에 대해 적절한 기한 내에 회신하지 않고 무대응으로 일관하는 경우, 이후 소송에서 불성실한 태도로 간주되어 불리한 입장이 될 수 있으므로 주의가 필요하다.

경고장에 대한 회신은 경고장의 내용과 앞서 검토한 사항들에 대한 분석 결과에 따라 달라질 수 있다. 회신의 내용은 특허권자의 주장에 대한 반박, 추가 정보 요구, 협상의 의사 표시 등 다양한 형태로 이루어질 수 있다. 중요한 것은, 경고장에 대한 회신이 단순한 형식적인 답변이 아니라, 전략적으로 대응하기 위한 중요한 단계라는 점이다. 따라서 회신 내용을 신중하게 준비하고, 필요한 경우 외부 전문가의 도움을 받아야 한다.

(1) 침해 내용이 명확하지 않은 경고장에 대한 회신

먼저 경고장에서 구체적으로 어떤 제품이 어떤 특허를 침해했는지 명확히 밝히지 않은 경우, 경고장에 대한 회신에서는 구체적으로 어떤 특허가 침해되었는지와 어떤 제품이 침해하는지 명확히 특정해 달라고 요구하는 것이 좋다. 또한 상대방의 특허권을 존중하겠다는 취지를 포함하는 정도로 회신 내용을 작성하면 충분하다.

경고장에 대한 회신은 되도록 대표이사의 이름으로 하지 않는 것이 좋다. 대신, 지식재산 부서의 책임자나 법무 부서의 책임자 등의 이름으로 회신하는 것이 바람직하다. 소송으로 번질 경우, 대표이사가 직접 회신을 보낸 경우 상대방이 증인으로 출석을 요청할 때 이를 거부하기 어렵거나, 다른 주장을 펼치는 데 제한이 있을 수 있기 때문이다. 따라서 회신 작성 시 이러한 점들을 고려하여 준비하는 것이 중요하다.

(2) 내용이 충실히 기재된 경고장에 대한 회신

경고장에 내용이 충실히 기재되어 있는 경우에도 구체적인 침해 사항을 특정해 달라고 요구하는 것이 중요하다. 예를 들어, 해당 특허권의 클레임 차트와 침해 제품과의 관계에 대한 설명, 그리고 이에 대한 증거 등을 요청할 수 있다. 회신 내용은 최대한 간략하게 작성하되, 의무를 부담할 수 있는 표현은 포함하지 않는 것이 바람직하다.

특히 침해 사실과 관련된 자백이나 사과 등의 내용은 이후 소송 과정에서 매우 불리한 증거가 될 수 있으므로, 회신은 냉정하고 형식적인 내용으로 작성하는 것이 좋다. 경고장에 대한 회신은 사실 확인을 요청하는 수준으로 제한하고, 상대방의 주장에 대해 직접적으로 인정하거나 부인하지 않도록 주의해야 한다. 이렇게 함으로써 이후의 법적 분쟁에서 불리한 상황에 처하지 않도록 대비할 수 있다.

또한, 경고장에 대한 회신 내용에 당사가 특허를 이렇게 보유하고 있다는 사실을 적시하여, 더 이상의 분쟁 시 보유 특허로 인한 역공격 가능성 및 크로스 라이선스 가능성을 특허권자가 인지하도록 할 수도 있다. 다만, 이 경우에도 추후 자백으로 불리한 상황을 막기 위해 너무 구체적인 기술적 내용을 적시하지 않는 것이 바람직하다.

(3) 경고장 회신 시 주의할 점

① 일반적 초기 대응

경고장에 회신할 때 주의할 점은, 경고장의 내용에 대응하여 자신의 제품에 대해 자세히 설명하거나, 왜 자신의 행위가 침해에 해당하지 않는지 구체적으로 주장하는 서면을 보내야 한다는 것이다. 침해 행위에 대한 입증 책임은 특허권자에게 있으므로, 회신을 하는 사람은 단순히 해당 특허권을 침해하지 않았다고 주장하는 것으로 충분하다. 또한 어떤 부분 때문에 비침해라는 등의 구체적인 주장을 할 필요는 없다는 것을 명심해야 한다. 너무 구체적인 내용을 기재하면 추후 소송에서 오히려 불리한 자백으로 작용할 수 있다는 점을 항상 고려해야 한다.

경고장을 받은 사람은 잠정적이고 형식적인 회신을 통해 특허권에 대한 분석과 대응 전략을 수립할 시간을 버는 것이 유리하다. 이 전략을 수립하는 것 외에도, 해당 특허권을 행사하는 국가의 현지 대리인을 선임하여 법률 의견서(legal opinion)를 확보하기 위한 시간이 필요하다. 따라서 과도하게 신속한 대응을 하는 것은 바람직하지 않다.

또한, 회신 기간을 설정하고 그때까지 회신이 없을 경우 더 이상 권리 행사를 할 의사가 없는 것으로 간주하겠다는 내용을 포함하는 것도 중요하다. 이 사본을 추후 소송에서 증거로 제출하기 위해 대리인에게 송부하여 그 내용의 정확성을 보증받는 것이 바람직하다. 이렇게 하면 경고장에 대한 대응 과정에서 발생할 수 있는 법적 문제를 미리 예방할 수 있다.

② 추가적 대응 시 주의할 점

경고장에 대한 회신 이후, 특허권자가 다시 답변을 보내와 구체적인 침해 행위를 특정하고 일부 증거나 근거를 첨부하여 재회신을 요구하는 경우가 있다. 물론 이러한 답변 없이 바로 소송을 제기하는 경우도 있다. 다시 회신을 요구받은 경우에는 실질적인 내용의 회신을 해야 할 때가 많은데, 이때 비침해나 무효 등의 주장을 통해 침해에 대한 대응을 확실히 할 수 있다고 판단된다면 이를 분명히 밝혀야 한다.

해당 특허권에 대해 비침해를 주장하는 회신을 보내거나, 침해가 아니라 상대방의 특허에 무효 사유가 있다는 주장을 할 수도 있다. 무효 주장을 할 때, 구체적인 특허권을 무효로 할 수 있는 증거나 선행기술이 있음을 주장하는 것까지는 괜찮다. 그러나 이를 구체적으로 특정하여 선행기술을 제시하는 등의 행위는 상대방인 특허권자가 소송에 이르기 전에 미리 이에 대한 대책을 세울 수 있게 하므로 바람직하지 않다.

따라서 회신을 작성할 때는 전략적으로 접근하여 상대방에게 필요한 정보는 제공하되, 불필요하게 많은 정보를 주지 않도록 주의해야 한다. 이는 향후 법적 분쟁에서 유리한 위치를 차지하는 데 도움이 될 수 있다.

⑷ 협상 제안

확보된 시간 동안 검토를 진행한 결과, 특허 침해 가능성이 충분히 있고 무효가 될 가능성이 낮다고 판단된다면, 협상을 통해 라이선스를 확보하는 방안을 고려할 수 있다. 비록 무효자료를 확보했더라도, 법원이나 특허심판원에서 무효가 확정되기 전까지는 이를 확신할 수 없기 때문에 소송을 통해 시간과 비용을 낭비하기보다는 협상을 통한 라이선스 확보가 유리하다고 판단될 때가 있다. 이 경우, 협상을 제안하는 것이 좋은 전략이 될 수 있다. 특히, 무효자료를 확보한 상태라면 이는 협상에서 실시료를 대폭 낮추는 데 결정적인 협상 카드로 작용할 수 있어 큰 의미를 가진다.

제시한 선행문헌으로 인해 특허권의 무효 가능성이 매우 높다고 판단한 특허권자는 해당 무효자료를 다른 경쟁사는 모를 수도 있기 때문에, 해당 특허를 무효화시키기보다는 현재 분쟁 당사자와의 합의를 통해, 특허권을 살려두는 편이 유리하다고 생각할 가능성이 있다. 또한, 경고장을 받은 기업 입장에서도 나에게는 해당 특허를 무효시킬 무기가 있어, 이를 활용해 이미 분쟁을 해결하였는데, 해당 특허를 실제로 무효화시켜 버리면 또 다른 경쟁사에도 해당 특허로 인한 장벽이 없어지게 되니, 무효를 실제 진행하는 것이 유리하지 않을 수 있다. 이러한 경영적인 전반을 고려하여 협상을 진행하는 것이 바람직하다.

(5) 회피설계 시도

가능하다면 특허권자의 특허를 피할 수 있는 회피설계(design around)를 시도하는 것이 매우 중요하다. 특허권자의 경고를 받은 후에도 침해 행위를 계속한다면, 이후 소송에서 패소할 경우 고의적인 침해로 간주될 가능성이 크다. 이렇게 되면 한국에서는 형사 고소의 대상이 될 수 있으며, 한국과 미국에서는 손해배상액이 최대 3배까지 증가할 수 있다. 또한, 경우에 따라 상대방의 소송비용까지 부담해야 하는 상황이 발생할 수 있다. 이러한 위험을 피하기 위해 회피설계가 가능한 경우, 즉시 이를 시도해야 한다.

회피설계는 기존의 특허를 침해하지 않도록 제품이나 기술을 변경하는 방법을 말한다. 이를 통해 소송에서 불리한 상황을 피하고, 추가적인 법적 문제를 예방할 수 있다. 예를 들어, 특허된 기술의 일부 요소를 다른 요소로 대체하거나, 특허의 청구항에서 정의한 구성을 피하는 방식으로 제품을 설계할 수 있다. 이러한 회피설계를 통해 특허 침해의 리스크를 줄일 수 있으며, 법적 분쟁에서 보다 유리한 위치를 차지할 수 있다.

회피설계는 특허 분쟁에서 비용과 시간을 절약할 수 있는 중요한 전략이 될 수 있다. 소송에 들어가는 막대한 비용과 시간을 절약하고, 불필요한 법적 분쟁을 피할 수 있기 때문이다. 또한, 회피설계를 통해 특허권자의 특허를 침해하지 않는 새로운 기술을 개발함으로써, 자사의 기술 경쟁력을 높일 수 있는 기회도 제공된다. 따라서 특허 침해 주장을 받았을 때, 가능한 한 빨리 회피설계를 시도하여 법적 리스크를 최소화하는 것이 바람직하다.

이와 더불어, 회피설계는 특허권자와의 협상에서도 유리한 위치를 점할 수 있게 한다. 회피설계를 통해 특허를 침해하지 않는다는 것을 증명하면, 특허권자와의 라이선스 협상에서 보다 유리한 조건을 끌어낼 수 있다. 즉, 회피설계는 단순히 법적 분쟁을 피하는 것 이상의 전략적 가치를 지니고 있다.

따라서 특허권자의 경고를 받았을 때, 가능한 한 빨리 전문가와 협력하여 회피설계를 시도하고, 이를 통해 특허 침해의 리스크를 최소화하는 것이 중요하다. 이는 기업의 법적 안정성을 높이고, 지속 가능한 경영을 실현하는 데 큰 도움이 될 것이다.

8. 협상 및 라이선싱

(1) 협상

경고장에 대한 회신, 특허권 및 특허권자에 대한 분석, 무효화 시도 등의 과정과 함께 협상을 기본 전략으로 채택했다면, 협상 준비와 전략 수립이 필요하다. 협상의 단계는 크게 사전 협상, 본 협상, 후속 협상 등으로 나눌 수 있다. 본 협상은 다시 기술 협상과 비즈니스 협상으로 구분할 수 있다.

사전 협상은 협상을 위한 준비 단계로, 이 단계에서는 다양한 정보 수집과 분석이 중요하다.

먼저 상대방의 특허와 관련된 기술적 내용을 철저히 분석해야 한다. 이 과정에서 특허의 강점과 약점을 파악하고, 자사의 기술과 어떻게 연관되는지를 명확히 이해하는 것이 필요하다. 또한, 상대방의 협상 스타일과 과거의 협상 사례를 조사하여, 협상에서 예상되는 상대방의 전략을 미리 파악하는 것도 중요하다. 이와 함께, 자사의 협상 목표와 한계를 명확히 설정하고, 협상을 통해 얻고자 하는 바와 양보할 수 있는 범위를 정하는 것이 필요하다.

본 협상 단계에서는 실제로 협상이 진행되며, 기술 협상과 비즈니스 협상이 동시에 이루어질 수 있다. 기술 협상에서는 특허 기술의 구체적인 내용과 그 활용 방안에 대해 논의한다. 이 과정에서 기술적 세부 사항을 명확히 하고, 기술 이전이나 사용 조건에 대해 협의한다. 비즈니스 협상에서는 로열티, 라이선스 조건, 계약 기간 등 경제적인 조건에 대해 논의한다. 이 단계에서는 서로의 요구 사항을 조율하고, 상호 이익을 최대화할 수 있는 방안을 모색하는 것이 중요하다.

후속 협상 단계에서는 본 협상에서 합의된 사항을 구체화하고, 계약서 작성 및 서명 등의 절차를 진행한다. 이 단계에서는 본 협상에서 논의된 내용이 제대로 반영되었는지 확인하고, 필요한 경우 추가 협의를 통해 세부 사항을 조정한다. 또한, 협상 결과를 실질적으로 이행하기 위한 준비를 하고, 협상 과정에서 발생할 수 있는 문제에 대비하는 것도 중요하다. 이처럼 협상은 사전 준비부터 본 협상, 후속 협상까지 여러 단계로 이루어지며, 각 단계마다 철저한 준비와 전략이 필요하다. 이를 통해 특허 분쟁을 효과적으로 해결하고, 자사의 이익을 최대화할 수 있는 결과를 도출하는 것이 목표이다.

① 협상 준비

협상을 준비하는 단계에서는 몇 가지 중요한 작업이 필요하다. 첫째, 협상 팀을 구성하고 협상 테이블을 제의하며, 기본적인 가이드라인과 전략을 수립해야 한다. 이 과정에서는 가능한 한 많은 정보와 사례를 모아야 한다. 협상 전략을 세울 때는 어떤 부분이 협상의 대상이 되고, 어떤 부분은 협상할 수 없는지, 어떤 부분은 양보할 수 있고 어떤 부분은 반드시 관철해야 하는지를 명확히 정해야 한다.

또한 협상 테이블에 나가기 전에 상대방에 대한 최대한의 정보를 파악하는 것이 중요하다. 상대방 협상자의 성향, 기업 문화, 기술 관련 정보 등을 조사하여 전략을 수립하는 것이 바람직하다. 협상자의 과거 협상 스타일, 협상에서 주로 사용하는 전술 등을 알아내면 협상 과정에서 유리한 위치를 점할 수 있다. 이를 위해 과거의 협상 사례나 업계의 관행 등을 참고하는 것도 도움이 된다.

협상의 목표를 명확히 설정하고 모든 준비를 이 목표에 맞추는 것도 중요하다. 목표가 명확하지 않으면 협상 과정에서 혼란이 생기고, 상대방에게 주도권을 빼앗길 수 있다. 따라서 협상의 목표를 분명히 하고, 이를 달성하기 위한 세부 전략을 철저히 준비해야 한다.

협상에 나서는 팀 구성원들은 각각의 역할과 책임을 명확히 이해해야 하며, 협상 과정에서 발생할 수 있는 다양한 상황에 대비할 수 있어야 한다. 이를 위해 팀원들 간의 긴밀한 협력과 원활한 의사소통이 필요하다. 또한 협상 과정에서 상대방이 제시하는 정보나 제안에 대해 신속하고 정확하게 분석할 수 있는 능력을 갖추어야 한다.

협상을 준비하는 단계에서는 이러한 준비 작업을 철저히 수행함으로써, 협상 테이블에서의 유리한 위치를 확보하고, 협상 과정에서 발생할 수 있는 다양한 상황에 효과적으로 대응할 수 있다.

② 협상 테이블

협상을 준비하는 과정을 마치고 나면 본격적인 협상이 시작된다. 협상 테이블에서는 항상 갈등과 교착 상황이 발생할 수 있다. 이때 감정적으로 대응하면 협상의 주도권을 상대방에게 넘겨줄 수 있으므로 주의가 필요하다. 협상이 교착 상태에 빠지면 휴식을 취하고 내부적으로 다시 협의할 시간을 가지며 제3의 대안을 모색하는 것이 좋다.

어떠한 협상안에 대해서도 즉시 수용하는 것은 바람직하지 않다. 사전에 충분한 검토를 거친 사안이라면 전격적으로 합의할 수 있지만, 그렇지 않은 경우에는 협상 테이블에서 모든 경우의 수를 즉시 판단하기 어렵기 때문이다. 따라서 잠정적인 합의임을 명시하고 휴식을 가진 후 논의를 이어가거나 다음 협상으로 미루는 것이 필요하다. 이때 최종 결정권자의 승인이 필요한 경우가 많기 때문에 협상 테이블에서 대표이사나 최종 결정권을 가진 사람이 직접 협상에 임하는 것은 위험할 수 있다.

본 협상이 진행될 때는 협상이 결렬될 가능성도 염두에 두어야 한다. 따라서 협상 테이블에서 논의된 내용을 반드시 기록하고, 양 당사자가 협상 종료 시 그 내용을 확인하고 서명하여 교환하는 것이 바람직하다. 또한 협상 내용이 외부로 유출되지 않도록 비밀유지계약(NDA : Non-Disclosure Agreement)을 사전에 체결하는 것도 중요하다.

이런 절차들을 준수하면 협상 과정에서 발생할 수 있는 여러 문제를 효과적으로 관리할 수 있으며, 협상이 결렬되더라도 불필요한 오해나 갈등을 최소화할 수 있다. 협상 테이블에서는 냉철한 판단과 전략적인 접근이 필요하며, 이러한 준비와 절차를 통해 보다 성공적인 협상 결과를 도출할 수 있을 것이다.

③ 기술 협상과 비즈니스 협상

기술 협상은 주로 특허권에 대한 침해 여부를 다루는 협상이다. 여기서 특허권자가 자신이 보유한 특허가 침해되었다는 사실을 입증해야 하며, 손해액을 산정하여 그에 대한 자료를 제출하기도 한다. 침해자로 지목된 측은 비침해를 주장하거나, 특허의 무효 가능성을 증명할 수 있는 자료를 제시하여 이를 반박할 수 있다. 또한, 침해자가 부담해야 할 실시료를 줄이기 위해 여러 논리를 펼칠 수 있다. 기술 협상 중에는 상대방에게 경고장을 보낸 자의 특허권도 침해할 수 있다는 주장을 통해 서로 크로스 라이선스를 제안하는 전략도 사용할 수 있다.

기술 협상을 통해 어느 정도 특허권의 범위와 침해 여부가 확인되면, 그 다음 단계인 비즈니스 협상으로 넘어간다. 비즈니스 협상에서는 라이선스 계약 체결을 위한 협상이 주로 이루어진다. 이 협상은 기술 협상과 동일한 팀이 진행할 수도 있지만, 새로운 인원으로 구성된 팀이 참여할 수도 있다. 두 방식에는 각각의 장단점이 있다. 일반적으로 기술 협상은 법무팀이나 지식재산 팀이 주도하며, 비즈니스 협상은 재무팀, 경영지원팀, 회계팀 등이 주도하는 경우가 많다.

그러나 기술 협상에 참여했던 인원을 모두 배제하고 새로운 인원으로 비즈니스 협상을 진행하는 것은 원활한 협상을 방해할 수 있다. 기술 협상의 내용을 잘 이해하고 있는 일부 인원을 비즈니스 협상에도 참여시키면, 협상의 연속성을 유지할 수 있어 더 효과적인 협상 진행이 가능하다. 따라서 일부 인원을 겹치게 하는 것이 바람직하다. 이러한 준비와 전략을 통해 기술 협상과 비즈니스 협상을 유기적으로 연결하여 성공적인 협상 결과를 도출할 수 있을 것이다.

④ 계약서의 초안 작성

협상 진행의 중요한 단계 중 하나는 계약서 초안을 작성하는 것이다. 협상을 주도하는 쪽이 먼저 계약서 초안을 작성하거나 계약 조건을 정리한 문서(term sheet)를 작성하게 되는데, 이는 협상의 초기뿐만 아니라 협상이 끝난 후에도 동일한 방식으로 진행된다. 협상 과정에서 아무리 충분히 논의하고 합의하더라도 이를 문서로 표현하는 과정에서 유동성 있는 표현이 포함될 수 있기 때문이다. 이런 경우, 초안을 작성한 측이 문구를 자신에게 유리하게 조정할 수 있는 가능성이 높아진다.

영미법에서는 특히 이러한 특성이 두드러지는데, 계약서를 작성한 측이 유리한 쪽으로 문서를 작성할 수 있기 때문에 계약서의 해석이 모호할 경우 작성자가 불리하게 해석된다는 원칙이 있을 정도이다. 이 원칙은 '작성자 불리의 원칙'이라고도 한다.

다시 말해, 협상의 초기 단계부터 계약서 초안을 작성하는 측이 주도권을 잡게 되며, 이 주도권은 협상이 끝난 후 최종 계약서 작성 단계까지 이어진다. 따라서 계약 조건을 명확히 정리하고, 협상의 모든 세부 사항을 문서로 구체화하는 것이 중요하다. 이렇게 하면 나중에 발생할 수 있는 해석상의 문제를 최소화할 수 있고, 협상에서 유리한 위치를 확보할 수 있다.

계약서 초안을 작성하는 것은 단순히 문서를 만드는 과정이 아니라, 협상의 결과를 명확히 하고, 향후 발생할 수 있는 분쟁을 예방하는 중요한 단계라는 점을 명심해야 한다. 이를 통해 협상의 성공 가능성을 높이고, 최종 계약이 모두에게 유리하게 체결될 수 있도록 준비하는 것이 필수적이다.

⑵ **계약서 검토 및 작성**

① 개요

계약서를 작성하고 검토하는 과정에서는 여러 가지 중요한 요소들을 고려해야 한다. 우선, 해당 기술의 가치평가가 필요하다. 이 가치평가는 라이선시(기술을 사용하는 측)와 라이선서(기술을 제공하는 측)의 사업계획과 시장 전망을 포함한다. 또한, 라이선시가 실시료를 지불할 수 있는 능력이 있는지, 해당 기술이나 제품의 라이프 사이클(life cycle)이 어느 정도인지를 평가해야 한다.

특허권의 존속 기간도 중요한 요소 중 하나이다. 특허권이 얼마 동안 유효한지에 따라 계약의 조건과 기간이 달라질 수 있기 때문이다. 이와 더불어 특허권의 권리범위가 얼마나 넓거나 좁은지도 고려해야 한다. 권리범위가 넓으면 더 많은 영역에서 보호를 받을 수 있지만, 좁으면 보호받을 수 있는 범위가 제한된다.

기술의 완성도와 활용범위도 중요한 요소이다. 기술이 얼마나 완성되어 있는지, 그리고 그 기술이 다양한 분야에서 활용될 수 있는지에 따라 계약의 가치가 달라질 수 있다. 마지막으로, 크로스 라이선스 가능성도 검토해야 한다. 크로스 라이선스는 서로 다른 기술이나 특허를 가진 두 회사가 서로에게 사용 권리를 주는 것을 의미하는데, 이를 통해 추가적인 이익을 얻을 수 있다.

따라서 계약서를 작성하고 검토하는 과정에서는 이 모든 요소들을 종합적으로 고려하여야 한다. 이를 통해 각 당사자에게 유리한 조건을 마련하고, 기술의 가치를 최대한 활용할 수 있는 방안을 모색하는 것이 중요하다.

② 제3자의 권리 분석

특허권자와 라이선스 계약을 체결한다고 해서 라이선시가 제3자의 권리로부터 완전히 자유로운 것은 아니다. 라이선시가 제3자의 특허권을 침해할 가능성이 있는지 여부를 철저히 검토해야 한다. 만약 제3자의 특허권을 침해할 위험이 있는 경우, 그에 대한 적절한 대응책을 마련해야 한다. 이러한 위험이 확인되면, 두 가지 선택지가 있다. 첫째, 라이선스 계약을 포기하는 것이다. 이는 가장 확실한 방법이지만, 기술을 활용할 수 없게 되는 단점이 있다. 둘째, 라이선스 계약 조항에 이에 대한 라이선서의 책임을 명시하는 조항을 넣는 것이다.

예를 들어, 라이선서가 제3자의 특허권에 대한 소송이 발생할 경우 이를 방어하거나, 제3자와의 라이선스 계약을 추가로 체결하여 문제를 해결해야 하는 의무를 부담하도록 할 수 있다. 이를 통해 라이선시는 제3자의 특허 침해로 인한 위험을 줄일 수 있다. 이러한 조항을 포함시키면 라이선시는 보다 안전하게 기술을 활용할 수 있으며, 불필요한 법적 분쟁을 예방할 수 있다. 따라서 라이선스 계약을 체결하기 전에 제3자의 특허권 침해 여부를 면밀히 검토하고, 필요한 조치를 사전에 마련하는 것이 중요하다.

③ 라이선스의 범위 검토

계약서를 작성할 때는 라이선스의 범위를 명확히 하는 것이 매우 중요하다. 먼저, 라이선스의 종류를 구체적으로 정해야 한다. 이는 통상실시권인지 전용실시권인지를 분명히 해야 한다는 뜻이다. 통상실시권은 여러 사용자에게 동일한 기술을 사용할 수 있는 권리를 주는 반면, 전용실시권은 특정 사용자에게만 독점적으로 사용할 권리를 부여한다. 그 다음으로 고려해야 할 사항은 실시권의 지역적 범위와 시간적 범위이다. 예를 들어, 라이선시가 특정 국가나 지역에서만 기술을 사용할 수 있도록 할 것인지, 아니면 전 세계적으로 사용할 수 있도록 할 것인지를 결정해야 한다. 또한, 라이선스의 유효 기간도 정해야 한다. 이는 라이선스가 몇 년 동안 유효할 것인지, 갱신 조건은 무엇인지를 명시하는 것이다.

또한, 라이선시가 어떤 제품에 이 기술을 사용할 것인지에 따라 계약 내용이 달라질 수 있다. 예를 들어, 특정 제품군에만 기술을 사용할 수 있도록 제한하거나, 모든 제품에 자유롭게 사용할 수 있도록 할 수 있다.

계약에 의해 설정되는 실시권은 사적 자치의 원칙에 따라 다양한 조건과 제한을 둘 수 있다. 예를 들어, 라이선스 기간을 한정하거나, 기술을 사용할 수 있는 지역을 특정하거나, 특정 제품이나 형태로만 기술을 사용할 수 있도록 제한할 수 있다. 이러한 제한을 통해 라이선스 제공자는 기술 사용을 더욱 효과적으로 관리하고 보호할 수 있다.

따라서 계약서를 작성할 때는 라이선스의 범위를 명확히 정의하고, 필요에 따라 다양한 조건과 제한을 설정하는 것이 중요하다. 이는 양 당사자가 계약 조건을 명확히 이해하고, 분쟁을 예방하며, 기술의 적절한 사용을 보장하는 데 필수적이다.

④ 양도 및 재실시권 검토

특허를 사용하는 권리를 얻은 사람이 그 권리를 다시 다른 사람에게 넘기거나, 다른 사람이 사용하도록 할 수 있는지 여부는 나라별로 다르다. 이를 양도 및 재실시권 설정이라고 한다. 예를 들어, 한국에서는 특허권자의 동의 없이 자신이 가진 특허 사용 권리를 다른 사람에게 넘기거나 재실시권을 설정하는 것이 일반적으로 불가능하다. 반면, 중국에서는 계약서에 특별한 제한이 없는 한, 자유롭게 양도하거나 재실시권을 설정할 수 있다.

따라서 특허를 가진 사람이 권리를 주는 입장이라면, 계약서에 이러한 사항을 명확하게 규정하는 것이 매우 중요하다. 이는 향후 발생할 수 있는 분쟁을 예방하고, 특허 사용에 대한 통제를 유지하는 데 도움이 된다.

계약서에 명시해야 할 주요 사항으로는 다음과 같은 것들이 있다.

- **양도 가능 여부** : 특허 사용 권리를 받은 사람이 이 권리를 다른 사람에게 넘길 수 있는지 여부를 명확히 한다.

- **재실시권 설정 가능 여부** : 특허 사용 권리를 받은 사람이 다른 사람에게 다시 그 권리를 사용할 수 있도록 할 수 있는지를 명시한다.

- **특별한 조건** : 양도나 재실시권 설정 시 필요한 조건이나 절차를 규정한다. 예를 들어, 특허권자의 사전 동의를 얻어야 한다거나, 특정 상황에서만 가능하다는 등의 조건을 명시할 수 있다.

이와 같은 내용을 계약서에 명확히 규정함으로써, 특허권자는 자신의 권리를 보다 효과적으로 보호할 수 있으며, 특허 사용 권리를 받은 사람도 자신의 권리와 책임을 명확히 이해할 수 있게 된다. 이는 양측 모두에게 분쟁을 예방하고, 안정적인 계약 관계를 유지하는 데 큰 도움이 된다.

⑤ 소송의 권한

전용실시권자는 자신의 전용실시권을 침해하여 제3자가 특허발명을 사용하는 경우, 이에 대해 소송을 제기할 수 있는 권리를 가진다. 이는 전용실시권자가 독점적으로 해당 특허발명을 사용할 권리를 부여받았기 때문이다. 반면에, 통상실시권자는 이러한 권리를 가지지 않기 때문에, 제3자가 특허를 침해하더라도 직접 소송을 제기할 수 없다.

예를 들어, 미국의 경우 독점적 라이선시는 계약상 제한이 없는 한 자신의 권리를 보호하기 위해 소송을 제기할 수 있는 권리를 가진다. 이는 독점적 라이선스가 전용실시권과 유사한 개념으로, 해당 라이선스를 받은 사람이 특허를 독점적으로 사용할 권리를 갖기 때문이다.

특허권자의 입장에서 보면, 전용실시권을 설정하면 그 특허에 대해 더 이상의 중복되는 실시권을 설정할 수 없다. 이는 전용실시권자가 독점적으로 그 권리를 가지기 때문이다. 반면, 통상실시권의 경우에는 여러 사람에게 중복적으로 설정할 수 있다. 이는 통상실시권자가 독점적인 권리를 가지지 않기 때문에 가능한 일이다.

따라서 특허권자는 전용실시권과 통상실시권의 차이를 명확히 이해하고, 상황에 맞는 권리 설정을 해야 한다. 전용실시권을 설정하면 그에 대한 권리를 독점적으로 부여받게 되어 추가적인 실시권 설정이 불가능해지지만, 통상실시권을 설정하면 여러 사람에게 중복적으로 권리를 부여할 수 있어 유연한 권리 설정이 가능하다. 이는 특허권자가 자신의 특허를 어떻게 활용하고 보호할지에 대한 전략적 결정에 중요한 요소가 된다.

⑥ 개량기술에 관한 사항

라이선스 계약에서 중요한 부분 중 하나는 개량기술에 관한 것이다. 라이선시의 입장에서는 계약을 체결한 후 라이선서가 개량된 기술로 새로운 특허를 받는 경우, 이 기술이 기존 계약에 포함되도록 규정하는 것이 유리하다. 이렇게 하면 라이선시는 추가적인 비용 없이 개량된 기술을 사용할 수 있게 된다.

반면, 특허권자의 입장에서는 개량기술이 기존 계약의 범위에서 제외되는 것이 유리할 수 있다. 이는 특허권자가 개량된 기술을 통해 추가적인 이익을 얻을 수 있기 때문이다. 따라서 특허권자는 개량기술을 계약에서 명확하게 제외시키고, 필요할 경우 별도의 라이선스 계약을 통해 개량기술을 라이선싱할 수 있는 권한을 확보하려고 할 것이다.

라이선시의 입장에서는 해당 기술로부터 파생되는 기술이나 개량된 기술도 라이선스 계약의 범위에 포함시키는 것이 중요하다. 최소한 동일한 조건으로 개량된 기술에 대한 라이선스를 체결할 수 있는 권리를 라이선서에게 부여하도록 하는 것이 바람직하다. 이를 통해 라이선시는 기술의 발전에 따라 발생하는 새로운 이점을 지속적으로 활용할 수 있다.

따라서 라이선스 계약을 체결할 때는 개량기술에 대한 명확한 규정을 포함시키는 것이 필요하다. 이를 통해 양측은 개량기술의 사용 권한에 대해 명확히 이해하고, 불필요한 분쟁을 방지할 수 있다. 특허권자는 개량기술을 통해 추가적인 수익을 창출할 수 있는 기회를 얻고, 라이선시는 개량기술을 이용할 수 있는 안정적인 기반을 확보할 수 있게 된다.

⑦ 실시료 및 세금에 관련 사항

라이선스 계약에서 가장 중요한 조항 중 하나는 기술을 사용하는 대가로 지급하는 실시료에 관한 부분이다. 실시료 조항은 여러 가지 요소를 포함하는데, 여기에는 실시료율, 실시료 부과 대상, 실시료 지급 방식, 그리고 관련 감사(audit) 조항 등이 있다.

㉠ 실시료율 : 실시료율은 크게 경상실시료(running royalty)와 정액실시료 두 가지로

나눌 수 있다. 경상실시료는 해당 제품의 매출액이나 이익에 따라 일정 비율로 실시료를 지급하는 방식이다. 반면, 정액실시료는 라이선스 대가로 한 번에 또는 여러 번에 걸쳐 정해진 금액을 지급하는 방식이다. 이 두 가지 방식은 독립적으로 사용될 수도 있고, 결합하여 사용할 수도 있다.

가장 흔히 사용되는 방식은 처음에 일정액을 일시금(initial payment 또는 down payment)으로 지급하고, 이후 계약기간 동안 매출액이나 영업이익을 기준으로 일정 비율의 금액을 매년 또는 특정 기간마다 지급하는 방식이다. 이 방식은 양쪽 모두에게 유리한 조건을 제공할 수 있어 널리 채택된다.

실시료율을 결정하는 데에는 여러 가지 고려 사항이 있다. 해당 기술 분야에서 일반적으로 알려진 실시료율이 있을 수 있고, 해당 제품에 특허기술이 기여하는 정도를 평가하여 결정될 수도 있다. 이러한 평가와 합의를 통해 라이선서와 라이선시는 적절한 실시료율을 정하게 된다.

ⓛ 실시료 부과 대상 : 실시료 부과 대상에 대해서도 명확히 규정해야 한다. 예를 들어, 어떤 제품이 실시료 부과 대상에 포함되는지, 그리고 어떤 기준으로 실시료를 계산할 것인지 등을 명확히 해야 한다. 이는 이후에 발생할 수 있는 분쟁을 예방하기 위한 중요한 요소이다.

ⓒ 실시료 지급 방식 및 관련 감사 조항 : 실시료 지급과 관련된 감사 조항도 포함되어야 한다. 감사 조항은 라이선서가 라이선시의 매출액이나 이익을 확인할 수 있는 권한을 명시하는 것으로, 정확한 실시료 지급을 보장하기 위해 필요하다. 이러한 조항을 통해 라이선서와 라이선시 간의 신뢰를 구축하고, 투명한 거래를 유지할 수 있다. 따라서, 라이선스 계약을 체결할 때는 이러한 실시료 관련 사항을 꼼꼼히 검토하고 명확하게 규정하는 것이 중요하다. 이는 양측의 이해관계를 보호하고, 원활한 협력을 위한 기반을 마련하는 데 필수적이다.

또한, 특허권을 양도/양수하는 경우, 각 국가별로 이에 대한 세금 문제가 발생하게 된다. 이 부분에 대해서도, 계약 전 전체 금액을 확인 후 어느 정도의 비율로 이를 부담할 것인지, 특허권의 출원/등록 상태에 따른 차이는 어느 정도인지를 충분히 확인할 필요가 있다.

9. 특허침해소송 단계

특허권자와의 협상이 실패하는 경우나, 특허권자가 협상을 통한 실시료 수입이 아닌 소송을 통해 침해를 금지하기를 원하는 경우, 혹은 침해를 주장받은 자가 라이선스를 받기보다는 비침해 또는 무효를 통해 특허권자의 권리 행사를 저지하는 것이 더 낫다고 판단하는 경우에는 소송이 불가피하게 진행된다.

먼저, 특허권자와의 협상이 결렬될 때에는 소송이 시작될 수밖에 없다. 특허권자가 협상을 통해 이익을 얻기보다는 법적 조치를 통해 침해를 중단시키고자 하는 경우가 이에 해당한다. 이러한 상황에서는 소송을 통해 문제를 해결하는 방법이 가장 현실적일 수 있다.

또한, 침해를 주장받은 자가 단순히 라이선스를 받기보다는 해당 특허권이 비침해나 무효임을 증명하려고 하는 경우에도 소송이 불가피하다. 이 경우, 침해를 주장받은 자는 법적 절차를 통해 특허권의 유효성을 다투거나, 자신이 특허를 침해하지 않았음을 입증하는 방향으로 나아가게 된다.

소송이 시작되면 양측은 각각의 입장을 법정에서 주장하고, 법원의 판단을 받게 된다. 이 과정에서 소송 비용과 시간이 많이 소요되며, 소송 결과에 따라 큰 영향을 받을 수 있다. 따라서 소송을 진행할 때에는 철저한 준비와 전략이 필요하다.

이처럼 협상이 실패하거나, 특허권자와 침해를 주장받은 자가 서로 다른 목표를 가지고 있는 경우, 결국 소송이 진행될 수밖에 없다. 이는 특허 분쟁에서 종종 발생하는 상황으로, 각자의 권리를 보호하고자 하는 노력의 일환으로 이해될 수 있다.

(1) 특허권자의 소송 제기

특허권자가 소송을 시작하려면 법원에 소장을 제출해야 한다. 소장이 제출되면 법원은 이를 피고, 즉 특허 침해를 주장받은 자에게 전달하게 된다. 한국에서는 특허권자가 법원에 소장을 제출하는 순간부터 소송이 공식적으로 시작되며, 법원이 직접 소장을 송달한다. 피고는 법원으로부터 소장을 받으면, 이에 대한 대응 준비를 시작해야 한다. 소장이 송달되면 피고는 일정 기간 내에 답변서를 제출해야 하며, 이 과정에서 자신의 입장을 명확히 밝혀야 한다. 반면, 미국에서는 소장을 제출한 원고가 직접 소장을 송달해야 한다. 특히, 피고의 주소가 한국에만 있는 경우, 소장이 송달되는 데 최소 2~3개월이 소요될 수 있다. 이 기간 동안 소송 진행이 지연될 수 있으며, 이러한 시간제 지연을 이용하여 원고가 소장 송달이 완료되지 않은 상태에서 피고와의 협상을 제안하는 경우도 종종 발생한다.

결국, 특허 소송은 소장이 제출되고 송달되는 시점부터 본격적으로 시작되며, 소송 절차의 초기 단계에서부터 철저한 준비와 전략이 필요하다. 피고는 소장을 받은 후 즉각적인 대응책을 마련하고, 변호사나 관련 전문가와 협력하여 소송에 대비해야 한다.

(2) 피고의 대응

소송이 시작되면, 특허 침해를 주장받은 피고는 소장의 내용에 따라 다양한 대응을 해야 한다. 이러한 대응은 소극적 대응과 적극적 대응으로 나눌 수 있다. 피고가 경고장을 받은 이후에 많은 조사와 분석을 통해 대응 전략을 이미 수립한 경우, 이 전략을 기반으로 소송에서의 대응 방안을 점검하고 실행해야 한다.

소극적 대응은 원고, 즉 특허권자가 소송에서 주장하는 바에 대해 반박하고, 이를 입증할 증거를 수집하는 것을 의미한다. 이는 주로 특허 침해가 발생하지 않았다는 것을 증명하기 위한 자료를 준비하고, 법원에 제출하는 방식으로 이루어진다. 반면, 적극적 대응은 해당 특허권의 하자와 무효 사유를 적극적으로 입증하는 것이다. 이러한 적극적 대응의 대표적인 방법 중 하나가 바로 무효심판이다. 무효심판은 특허가 잘못 등록되었다고 주장하며, 이를 취소해달라는 요청이다. 만약 무효심판에서 승소하여 특허가 무효로 확정되면, 해당 특허침해소송은 더 이상 다툴 소송물이 없게 되어 법원은 이를 각하할 수밖에 없다.

피고는 또한 소극적 권리범위확인심판을 제기할 수 있다. 이 심판은 피고가 사용하는 기술이 원고의 특정 특허권 범위에 포함되지 않는다는 판결을 받기 위해 특허심판원에 제기하는 것이다. 다만, 소극적 권리범위확인심판에서 승소하여 해당 기술이 특허권의 권리 범위에 속하지 않는다는 결정을 받더라도, 이 결정이 법원에서 절대적으로 구속력을 가지는 것은 아니다. 따라서 침해 소송에서 유리한 증거로 활용될 수는 있지만, 법원이 이를 반드시 따라야 하는 것은 아니므로 주의가 필요하다. 이러한 이유로 소극적 권리범위확인심판의 존치에 대해 논의가 계속되고 있는 현실이다.

결국, 피고는 소송에서 승소하기 위해 철저한 준비와 전략적인 대응이 필요하다. 소극적 대응과 적극적 대응을 적절히 결합하여, 법원에서 자신을 방어할 수 있는 최선의 방안을 모색해야 한다. 이를 위해 전문가의 조언을 구하고, 법적 절차를 꼼꼼히 따르는 것이 중요하다.

⑶ 외국의 경우

중국, 대만, 일본 및 독일을 비롯한 유럽의 여러 나라에서는 한국과 마찬가지로 침해 소송과 무효심판 절차가 별도로 진행된다. 이는 두 절차가 독립적으로 운영된다는 의미로, 침해 소송이 진행되는 동안에도 무효심판이 별도로 다뤄질 수 있다. 하지만 미국의 경우에는 상황이 조금 다르다. 미국에서는 침해 소송에서 특허권의 무효 여부를 동시에 판단하기 때문에, 대응 방법이 달라질 수 있다.

그럼에도 불구하고, 미국에서도 특허권의 무효를 다툴 수 있는 별개의 절차가 존재한다. 만약 특허권자의 침해 소송이 제기되기 전에 대응하고자 한다면, 일정한 요건을 충족할 경우 비침해 및 무효확인소송(Declaratory Judgment Action)을 제기할 수 있다. 이는 특허권이 실제로 침해되었는지, 그리고 그 특허권이 유효한지를 사전에 판단받기 위한 소송이다. 또한, 특허가 등록된 후 일정 기간 동안에는 이를 다시 심사받을 수 있는 절차가 있다. 예를 들어, 특허가 등록된 후 9개월 이내에는 등록 후 재심사(PGR : Post Grant Review)를 요청할 수 있다. 이 절차는 해당 특허가 제대로 등록되었는지를 다시 한번 심사하는 과정이다. 만약 등록된 지 9개월이 지난 특허라면, 당사자계 재심사(IPR : Inter Partes Review)를 통해 무효를 다툴 수 있다. IPR은 특허의 유효성을 재검토하는 절차로, 이를 통해 특허권의 무효를 주장할 수 있다.

이처럼 각 국가마다 특허 침해와 무효를 다루는 절차는 다르므로, 특허 분쟁에 대응할 때는 해당 국가의 법적 절차를 잘 이해하고, 그에 맞는 전략을 세우는 것이 중요하다. 이를 통해 효과적으로 특허권을 방어하거나 무효화할 수 있는 방안을 마련할 수 있다.

⑷ 피고의 답변서 제출과 이후 절차

특허권자인 원고가 소송을 제기하고 소장을 송달받으면, 피고는 이에 대한 답변서를 제출해야 한다. 답변서를 제출하는 기간은 국가마다 다르며, 일부 국가에서는 매우 짧은 기한을 두고 있으므로 주의가 필요하다. 답변서에는 원고가 주장하는 특허침해에 대한 적극적인 반론을 포함해야 한다. 사안에 따라 소장의 오류나 관할권 위반 등의 이유로 소송을 각하해달라는 신청을 하거나, 관할 이송신청을 할 수도 있다.

소장이 송달되면 본격적인 소송 단계에 진입하게 된다. 피고는 이때 무효심판이나 소극적 권리범위확인심판을 통해 적극적으로 대응할 수 있다. 또한 소송 과정에서 비침해나 무효 등의 사유를 들어 항변하는 소극적 대응을 하게 된다. 이처럼 원고와 피고 간의 공방을 통해 사실관계를 명확히 하고, 침해 여부에 대해 법원의 판단을 받게 된다.

법원이 침해 여부를 판단한 후, 이에 불복하는 당사자는 제2심인 고등법원에 항소할 수 있다. 고등법원에서 다시 판단을 받고도 결과에 만족하지 못하는 당사자는 마지막으로 대법원에 상고할 수 있다. 이처럼 특허침해소송은 여러 단계의 재판을 거치며, 각 단계에서 철저한 준비와 대응이 필요하다.

다음 그림은 상술한 방어자의 대응 전략에 대해서, 각 단계별로 플로우차트의 형태로 정리한 것이다.

▣ 방어자의 단계별 대응 전략 플로우차트

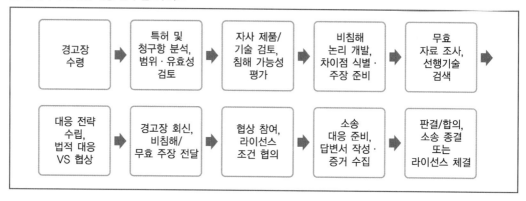

02 특허침해소송의 공격자의 전략

1. 사전 조치

(1) 침해 정보 입수

특허 침해 여부를 확인하려면 정기적으로 관련 정보를 수집하고 모니터링하는 것이 필수적이다. 이 과정에서 다양한 방법을 사용할 수 있다. 다만, 방법적으로 위법한 사항이 있다면 수집된 정보의 증거력에 문제가 있을 수 있다는 점을 주의해야 한다.

① 정기적인 특허공보 모니터링

주기적으로 특허공보를 확인하여 경쟁사의 새로운 특허 출원이나 등록 정보를 파악한다.

② 경쟁사 인터넷 홈페이지, 카탈로그, 매뉴얼 조사

경쟁사의 웹사이트와 카탈로그, 제품 매뉴얼을 통해 새로운 제품이나 기술에 대한 정보를 수집한다.

③ 신문, 인터넷 기사, 광고선전물, 박람회, 전시회 조사

언론 보도, 광고 자료, 박람회 및 전시회에서 발표되는 정보를 통해 경쟁사의 최신 동향을 파악한다.

④ 거래선 조사

거래처나 협력사로부터 경쟁사의 기술 및 제품에 대한 정보를 얻는다.

(2) 입증 자료 확보

침해 사실을 입증하려면 충분한 증거 자료를 수집해야 한다.

① 침해품 구입

최소한 두 개 이상의 침해 제품을 구입하여 분해하거나 완제품 상태로 보관한다.

② 영수증 보관

침해 제품을 구입한 영수증을 보관하여 침해 시점과 출처를 증명할 수 있도록 한다.

③ 전문 분석기관 의뢰

침해 입증이 어려운 경우, 전문 분석기관에 의뢰하여 상세한 분석 보고서를 확보한다.

④ 손해배상 입증자료 확보

침해로 인한 손해를 입증할 수 있는 자료를 수집한다. 예를 들어, 매출 손실이나 시장 점유율 하락 등의 데이터를 포함한다.

(3) 침해 분석

침해 여부를 분석하고 필요한 조치를 검토한다.

① **심사 포대 검토**

관련 특허의 심사 자료와 등록된 청구항을 검토하여 침해 여부를 판단한다.

② **침해 여부 및 자사 특허 무효 여부 분석**

경쟁사의 제품이 자사의 특허를 침해하는지, 자사의 특허가 무효화될 가능성이 있는지를 분석한다. 이때 필요하면 추가적인 분할 출원, 신규 출원을 진행하여 pending 상태의 출원을 남겨둘 수 있다.

③ **회피설계 검토**

침해를 회피할 수 있는 대안 설계를 검토하여, 침해 논란을 피할 수 있는 방법을 모색한다.

④ **전문가 감정**

필요시 특허 전문가의 감정을 통해 침해 여부를 명확히 한다.

(4) 침해자 분석

침해자를 철저히 분석하여 대응 전략을 수립한다.

① **침해자 사업 분야**

침해자가 속한 산업 분야와 그들의 주요 제품 및 서비스를 파악한다.

② **매출 규모 및 특허 현황**

침해자의 매출 규모와 보유한 특허 현황을 조사하여, 그들의 시장 영향력을 평가한다.

③ **분쟁 현황 및 관련 특허소송 이력**

침해자의 과거 분쟁 및 특허 소송 이력을 분석하여, 그들의 법적 대응 성향을 파악한다.

④ **자본 현황**

침해자의 자본 상황을 조사하여, 소송 시 재정적 대응 능력을 평가한다.

2. 공격 전략 수립

(1) 공격자의 공격 전략 개요

특허권자인 공격자가 해당 특허가 등록되어 있는지 여부에 따라 대응 방법이 달라진다. 전반적인 공격자의 공격 방안에 대한 프로세스는 다음과 같다.

① **특허 등록 여부 확인**

공격자는 먼저 해당 특허가 정식으로 등록되어 있는지 확인한다. 등록이 완료된 특허인지, 아직 출원 중인 상태인지를 파악하는 것이 중요하다. 등록된 특허라면 더 강력한 법적 보호를 받을 수 있으며, 공격의 근거가 된다.

② 침해 제품 분석

특허가 등록된 상태라면, 공격자는 침해가 의심되는 제품이나 기술을 면밀히 분석한다. 이 과정에서 해당 제품이 특허의 청구항을 침해하고 있는지 여부를 확인한다. 만약 침해가 의심된다면, 이를 뒷받침할 수 있는 구체적인 증거를 수집해야 한다.

③ 경고장 발송

침해 사실이 확실시되면, 공격자는 침해자에게 경고장을 발송한다. 이 경고장에는 해당 특허가 어떤 부분에서 침해되었는지, 이를 중지할 것을 요구하는 내용이 포함된다. 경고장은 법적 절차를 밟기 전에 분쟁을 해결할 수 있는 첫 단계이다.

④ 협상 및 라이선스 제안

경고장을 받은 침해자가 이에 대해 협상 의사를 밝히면, 공격자는 라이선스 계약을 제안할 수 있다. 이는 특허 사용에 대한 대가로 로열티를 받는 방식으로, 양측이 법적 분쟁 없이 해결할 수 있는 방법이다.

⑤ 소송 제기

경고장과 협상으로 문제가 해결되지 않을 경우, 공격자는 법원에 소송을 제기할 수 있다. 소송을 통해 특허 침해를 공식적으로 인정받고, 침해 행위를 중지시키며 손해배상을 청구할 수 있다. 이 과정에서는 침해 사실을 입증하기 위한 증거가 중요하다.

⑥ 법적 판결

소송이 진행되면 법원은 특허 침해 여부를 판단하게 된다. 공격자는 특허권을 보호받기 위해 필요한 모든 법적 조치를 취하며, 최종 판결이 내려지기까지 법적 절차를 따라야 한다.

이와 같은 과정을 통해 특허권자인 공격자는 자신의 권리를 보호하고 침해를 막기 위한 다양한 전략을 사용할 수 있다. 각 단계에서 필요한 증거와 문서를 철저히 준비하는 것이 중요하며, 법적 조치와 협상 전략을 적절히 조합하여 최대한의 효과를 거두는 것이 목표이다.

⑵ 출원 계속 중인 경우

출원이 진행 중인 경우, 회사는 "귀사가 현재 실시하고 있는 발명은 출원 절차가 진행 중인 발명이며, 향후 특허가 등록되면 보상금 청구의 대상이 될 수 있다."라는 내용을 담은 경고장을 발송하는 것이 좋다. 이는 손해배상 청구 기간을 늘릴 수 있기 때문이다. 또한 특허 등록을 신속하게 받기 위해, 제3자의 실시를 이유로 우선심사를 신청하여 등록을 최대한 빨리 유도하는 것도 고려할 만하다. 보상금 청구권을 발생시키기 위해 조기 공개 신청과 같은 적극적인 조치도 함께 취할 수 있다. 특허청의 정책에 따라 우선심사의 이유에 따라 심사의 가속화 정도가 달라질 수 있다. 이때, 자기 실시를 이유로 우선 심사를 하는 것이 더 유리한지, 또는 제3자의 실시를 이유로 하는 것이 더 유리한지 등 여러 이유를 함께 검토하는 것이 바람직하다.

① 출원 진행 중인 경우의 경고장 발송

출원이 진행 중인 경우, 상대 회사가 진행 중인 발명이 출원 중인 발명임을 통지하는 경고장을 발송하는 것이 중요하다. 경고장에는 해당 발명이 특허로 등록될 경우 보상금 청구의 대상이 될 수 있다는 내용을 포함해야 한다. 이렇게 함으로써, 손해배상 청구 기간을 연장할 수 있다.

② 특허 등록을 위한 우선심사 신청

특허를 빠르게 등록받기 위해서는 우선심사를 신청할 필요가 있다. 제3자가 해당 발명을 이미 실시하고 있는 경우, 이를 근거로 우선심사를 신청하여 특허 등록 절차를 가속화할 수 있다. 이를 통해 가능한 한 빨리 특허를 등록받아 권리 보호를 강화하는 것이 좋다.

③ 조기 공개 신청

보상금 청구권을 발생시키기 위해서는 발명을 조기에 공개하는 것도 좋은 방법이다. 조기 공개 신청을 통해 출원된 발명이 빠르게 공개되면, 제3자가 해당 발명을 사용하는 경우 보상금을 청구할 수 있는 권리가 생긴다. 이는 출원발명이 공개된 시점부터 권리 행사가 가능해지므로, 손해배상을 청구할 수 있는 기간을 앞당기는 효과가 있다. 다만, 출원 예정 중인 기술이 있다면, 해당 특허의 공개로 인해 특허성에 문제가 생길 수 있으니, 이 부분을 종합적으로 검토하는 것이 필요하다.

이와 같은 전략을 통해 특허 출원이 진행 중일 때도 효과적으로 권리를 보호하고, 향후 발생할 수 있는 손해에 대한 보상을 최대한 확보할 수 있다.

(3) 특허등록된 경우

특허가 이미 등록된 경우라면, 특허권자는 침해자의 정보와 자사의 상황을 종합적으로 검토하여 대응 전략을 세워야 한다. 이때 사용할 수 있는 주요 대응 방안은 협상과 라이선스 계약 체결, 그리고 민사적 및 형사적 구제 조치이다.

먼저, 특허권자는 침해자의 정보를 철저히 분석해야 한다. 침해자의 사업 분야, 매출 규모, 특허 현황, 분쟁 이력, 자본 상태 등을 조사하여 침해자의 전반적인 상황을 파악하는 것이 중요하다. 이러한 정보를 바탕으로, 협상을 통해 라이선스 계약을 체결하는 방안을 모색할 수 있다. 협상은 침해자가 자발적으로 특허 사용료를 지불하고 특허권자의 권리를 인정하는 방향으로 진행될 수 있다. 이를 통해 분쟁을 원만하게 해결하고, 지속적인 수익을 창출할 수 있다. 그러나 협상이 실패하거나 침해자가 라이선스 계약 체결을 거부하는 경우, 민사적 구제 조치를 고려할 수 있다. 민사 소송을 제기하여 침해 행위를 중지시키고, 침해로 인한 손해배상을 청구할 수 있다. 이 과정에서 특허권자는 침해의 증거를 확보하고, 법적 절차를 통해 침해 사실을 입증해야 한다.

경우에 따라 형사적 구제 조치도 가능하다. 침해 행위가 고의적이고 악의적인 경우, 형사 고소를 통해 침해자를 처벌할 수 있다. 한국에서는 특허 침해가 형사 범죄로 인정되므로, 침해자가 형사 처벌을 받을 수 있다. 이는 침해자에게 강력한 경고가 될 수 있으며, 다른 잠재적 침해자들에게도 경각심을 줄 수 있다.

종합해 보면 특허권자는 침해자의 정보와 자사의 상황을 면밀히 검토한 후, 협상과 라이선스 계약, 민사적 및 형사적 구제 조치 등을 적절히 활용하여 특허권을 보호하고, 침해로 인한 피해를 최소화할 수 있다.

3. 구체적 공격 방법

(1) 경고장 발송

구체적인 공격 전략이 확립되면, 특허발명을 사용하고 있는 자에게 경고장을 보내야 한다. 이 경고장에는 특허등록번호, 침해를 주장하는 제품에 대한 정보, 그리고 향후 대응 방안 등의 내용을 포함한다. 경고장은 내용증명 우편으로 발송하는 것이 좋다.

경고장을 발송하기 전에 반드시 주의할 점이 있다. 만약 상대방이 실제로 특허를 침해하지 않았음에도 불구하고 부당하게 경고장을 보내게 되면, 오히려 경고장을 보낸 측이 손해배상 책임을 질 수 있다. 따라서 경고장을 보내기 전에 상대방의 행위가 특허를 침해하는지 면밀하게 검토하는 것이 중요하다. 이를 통해 불필요한 법적 분쟁을 피하고, 경고장의 신뢰성을 높일 수 있다.

정리하면, 경고장을 발송하기 전에는 특허 전문가나 변호사와 상담하여 침해 여부를 정확히 판단하고, 경고장의 내용을 신중하게 작성하는 것이 필요하다. 이렇게 준비된 경고장은 법적 대응의 첫 단계로서 중요한 역할을 하며, 상대방에게 특허권 보호 의지를 분명히 전달할 수 있는 수단이 된다.

(2) 적극적 권리범위확인심판

분쟁을 조기에 해결하고 민사 및 형사 소송의 판단 기준을 제공하기 위해, 특허권자나 전용실시권자는 제3자가 실시하고 있는 발명이 자신의 특허발명의 권리 범위에 속하는지를 확인해 달라는 심판을 청구할 수 있다. 이를 적극적 권리범위확인심판이라고 한다. 이 심판은 특허권자가 제3자의 실시 발명이 자신의 특허발명과 비교될 수 있을 만큼 구체적으로 특정되어야 한다. 만약 이를 특정하지 못하면, 심판청구는 각하된다.

이를 좀 더 쉽게 이해하자면, 특허권자가 자신의 특허가 다른 사람의 발명에 의해 침해되고 있다고 판단할 때, 법원에 해당 발명이 자신의 특허에 포함되는지 여부를 확인해 달라고 요청하는 것이다. 이 요청을 통해 특허권자는 분쟁을 빨리 해결하고, 법적 판단 기준을 명확히 할 수 있다. 이 과정에서 특허권자는 상대방의 발명이 자신의 특허와 어떻게 비교될 수 있는지를 명확히 해야 한다. 이를 명확히 하지 않으면 심판청구는 받아들여지지 않을 것이다.

(3) 침해금지가처분

증거 인멸을 방지하거나 소송 지연으로 인한 불이익을 줄이기 위해, 특허권자나 전용실시권자는 제3자가 침해품을 생산하거나 판매하는 것을 중지해 달라는 가처분을 신청할 수 있다. 가처분이란 법원이 잠정적으로 특정 행위를 금지하는 조치이다. 하지만 가처분 결정이 내려지면 제3자는 상당한 피해를 입게 되므로, 법원은 이를 매우 신중하게 판단하는 경향이 있다. 그래서 가처분 신청에서 승소하는 것은 쉽지 않다.

이를 좀 더 쉽게 설명하자면, 특허권자나 전용실시권자는 자신의 특허를 침해하는 제품을 만드는 사람이나 회사를 대상으로 그 제품의 생산이나 판매를 멈추게 해 달라고 법원에 요청할 수 있다. 이렇게 하면 증거를 없애는 것을 막거나 소송이 오래 걸려서 생기는 불이익을 줄일 수 있다. 하지만 법원이 이 요청을 받아들이면 상대방이 큰 피해를 입을 수 있기 때문에, 법원은 매우 엄격하게 심사한다. 그래서 이러한 요청이 받아들여지기 어렵다.

만약, 가처분 결정이 내려진다 하여도 이후, 실제 침해 소송에서 패소하게 되면 (특허권이 무효가 되는 등) 가처분에 따른 손해를 배상해야 할 가능성이 존재한다.

(4) 침해금지 및 예방 청구

특허권자는 자신의 특허를 침해했거나 침해할 가능성이 있는 사람을 상대로 침해금지청구 소송을 진행할 수 있다. 이 소송을 통해 특허권자는 침해 행위를 중지하라는 법원의 명령을 받을 수 있을 뿐만 아니라, 침해를 조성하는 물건이나 침해에 사용된 설비의 폐기나 제거를 함께 청구할 수 있다. 예를 들어, 어떤 공장이 특허를 침해하는 제품을 생산하고 있다면, 특허권자는 법원에 이 공장의 설비를 폐기하거나 제거해 달라고 요청할 수 있다. 이를 통해 특허권자는 침해 행위를 근본적으로 막을 수 있으며, 침해를 방지하기 위한 강력한 조치를 취할 수 있게 된다.

최근 미국에서의 소송이 많은데, 이는 미국의 국제무역위원회(ITC) 내 절차를 이용할 수 있기 때문이다. 일반 법원에서의 침해 소송은 짧아도 2~3년은 되어야 1심의 결과를 받을 수 있으며, 이에 대해 불복을 하게 되면, 확정까지 매우 오랜 시간이 소요될 수 있다.

이에 반해 미국 ITC의 결정은 길어도 2년(대부분 1년 이내) 안에 특허권의 유효성 및 침해 사실에 대한 제반 판단을 모두 받을 수 있으며, 절차 내 증거개시제도 등을 모두 이용할 수 있어 국내 기업도 미국을 소송의 장소로 이용하는 경우가 많아지고 있다.

(5) 손해배상 청구

고의나 과실로 인해 특허권을 침해하여 특허권자에게 손해를 입힌 제3자를 상대로 손해배상 청구 소송을 진행할 수 있다. 그러나 이 손해배상 청구 소송은 그 손해나 침해자를 안 날로부터 3년, 침해행위가 있는 날로부터 10년 내에 제기해야 한다. 특히 2019년과 2020년에 개정된 한국 「특허법」은 손해로 인정된 금액의 3배를 넘지 않는 범위에서 배상액을 정할 수 있는 징벌적 손해배상제도를 도입하였다. 또한, 특허권자의 생산능력을 초과하는 특허침해자의 제품 판매에 대해서도 손해배상에 포함되도록 하여 손해배상의 실효성을 높였다. 2024년 8월부터 적용된 개정법에서는 손해로 인정된 금액의 최대 5배까지 배상액을 정할 수 있도록 하여, 침해행위에 대한 더욱 강력한 제재를 가할 수 있게 되었다. 이는 특허권자의 권리 보호를 강화하고, 침해 행위에 대한 경각심을 높이기 위한 제도적 개선으로 볼 수 있다.

(6) 침해죄로 고소

특허권 침해죄는 원래 고소가 있어야만 처벌할 수 있는 친고죄였으나, 2020년 법 개정을 통해 반의사불벌죄로 전환되었다. 이로 인해 특허권자(피해자)의 고소 없이도 수사가 가능하다. 특허권 침해죄가 확정되면, 침해자는 7년 이하의 징역형이나 1억 원 이하의 벌금형에 처해질 수 있다. 또한, 종업원이 특허권을 침해한 경우 그 사용자인 기업도 함께 처벌을 받게 된다. 다만, 사용자의 경우 벌금형만 부과된다. 이처럼 법 개정은 특허권 보호를 강화하고, 침해행위에 대해 더 엄격한 제재를 가할 수 있도록 하였다.

(7) 행정적 구제절차

첨단 기술 분야와 같은 영역에서는 기술의 빠른 발전으로 인해 분쟁이 점점 더 고도화되고 복잡해지고 있다. 이로 인해 지식재산권 분야에서는 전문가들이 참여하는 간이 중재와 조정 제도가 필요하게 되었다. 이러한 제도는 분쟁을 신속하고 효율적으로 해결하기 위해 도입된 것이다. 대표적인 조정 기관으로는 특허청 산하의 산업재산권 조정위원회가 있다. 이 위원회는 지식재산권 관련 분쟁을 전문적으로 다루며, 기술적 이해가 필요한 분쟁의 해결을 돕기 위해 활동하고 있다.

다음 그림은 상술한 공격자의 대응 전략에 대해서, 각 단계별로 플로우차트의 형태로 정리한 것이다.

🖼 공격자의 단계별 대응 전략 플로우차트

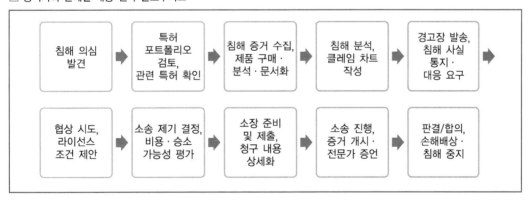

제 3 절 지식재산 분쟁 대응 전략

지식재산 분쟁 발생 시 체계적인 대응 전략을 수립하고 실행할 수 있는 능력을 함양한다. 분쟁 유형별 대응 방안, 협상 전략, 소송 대비 등 종합적인 분쟁 해결 접근법을 이해하고 적용할 수 있다.

지식재산 분쟁의 다양한 유형과 대응 방안을 이해할 수 있다.
효과적인 협상 전략을 수립하고 실행할 수 있다.
소송 대비를 위한 준비 사항을 설명할 수 있다.

하위 목차명	지식재산권 침해 대응 전략, 특허침해소송에 대한 대응 수단, 국제특허분쟁에 대한 대응 전략, 포트폴리오 관리 전략, 지식재산권의 상업화 전략	
NCS 및 NCS 학습모듈	대분류	05. 법률·경찰·소방·교도·국방
	중분류	01. 법률
	소분류	02. 지식재산관리
	세분류	01. 지식재산관리
	능력단위 (능력단위요소)	07. 지식재산 분쟁 방어
	주요 지식·기술· 태도	• 지식재산 분쟁 해결 절차, 협상 이론, 소송 절차 • 지식재산 분쟁 대응 전략 수립의 능력, 협상 기술, 소송 자료 준비 능력 • 지식재산 소송 대비 전략적 사고, 침착함, 협력적 자세

01 지식재산권 침해 대응 전략

지식재산권을 보호하고 타인의 침해에 대응하기 위해서는 먼저 체계적인 접근이 필요하다. 첫째, 타인의 실시행위가 자신의 지식재산권 보호범위에 해당하는지 면밀히 확인해야 한다. 이는 침해 여부를 판단하는 핵심 단계로, 정확한 분석이 요구된다. 만약 타인의 실시가 자신의 지식재산권 보호범위에 속한다고 판단되면, 그다음 단계로 권리 행사를 시작할 수 있다. 이때 구체적인 실행 방법은 크게 두 가지로 나눌 수 있다. 하나는 사전 예방책으로, 제품에 지식재산권 관련 표시를 명확히 하여 타인의 의도치 않은 침해를 방지하는 것이다. 다른 하나는 이미 침해가 발생한 경우의 사후 대응으로, 상황에 적합한 방법을 선택하여 대응하는 것이다. 이러한 체계적인 접근을 통해 자신의 지식재산권을 효과적으로 보호하고 침해에 적절히 대응할 수 있다.

1. 지식재산권의 보호범위

지식재산권의 보호범위는 해당 권리의 특성과 등록 여부에 따라 결정되며, 대부분 등록을 통해 보호받지만 저작권이나 영업비밀은 예외적으로 등록 없이도 권리를 행사할 수 있다. 보호범위의 핵심 기준은 기존의 것과의 차별성으로, 특허권은 발명의 새로움, 상표권과 저작권은 차별성에 따라 결정된다. 그러나 이러한 광범위한 보호는 주로 타인이 권리자의 디자인, 기술, 명성을 부당하게 이용하여 이익을 취하려 할 때 효력을 발휘하며, 이는 창작자의 권리 보호와 공정 경쟁 및 혁신 촉진 사이의 균형을 위한 것이다. 특히 특허권의 경우, 「특허법」에 따라 그 보호범위가 청구범위에 기재된 내용으로 명확히 규정되어 있어, 권리자와 제3자 모두에게 예측 가능성을 제공하고 불필요한 분쟁을 예방한다. 이러한 지식재산권 보호범위에 대한 이해는 권리 행사와 침해 방지에 있어 매우 중요한 역할을 한다.

2. 지식재산권의 실행 방법

지식재산권 보호는 일반적으로 침해자들을 상대로 한 법적 조치를 통해 이루어진다. 이러한 법적 접근은 효과적이며 때로는 필수적이지만, 상당한 시간과 자원을 필요로 한다는 단점이 있다. 소송 과정은 길고 복잡할 수 있으며, 많은 비용이 소요되고 결과 예측이 어려울 수 있다. 따라서 권리자들은 법률에만 의존하지 않고 권리를 보호할 수 있는 다양한 방법을 고려해야 한다. 예를 들어, 잠재적 침해자와의 직접 협상, 라이선싱 계약 체결, 기술적 보호 조치 적용, 지식재산권 교육과 인식 제고 활동 등을 활용할 수 있다. 이러한 대안적 방법들을 법적 조치와 함께 종합적으로 고려하고 활용함으로써, 권리자는 보다 효과적이고 효율적으로 자신의 지식재산을 보호할 수 있을 것이다.

(1) 제품 표기

지식재산권에 대한 인식 부족으로 인해 많은 사람들이 무의식적으로 타인의 아이디어를 모방할 수 있다는 문제가 존재한다. 이러한 상황에서 제품에 적절한 지식재산권 표시를 하지 않으면 부당한 침해가 발생할 가능성이 높아진다. 따라서 제품에 지식재산권 보유 사실을 명확히 표시하는 것이 중요하다. 이러한 표시는 해당 제품이 법적 보호를 받는 지식재산권의 대상임을 명확히 알리는 역할을 하며, 잠재적 침해자들에게 경고의 메시지를 전달함으로써 무단 사용이나 복제를 억제하는 효과를 가진다. 결과적으로 제품에 대한 적절한 지식재산권 표시는 권리자의 이익을 보호하고 불필요한 법적 분쟁을 예방하는 데 도움이 되는 중요한 수단이 된다.

(2) 신속한 조치

지식재산권 침해를 인지했을 때 신속하고 적절한 대응은 권리 보호에 있어 매우 중요하다. 조치를 취하지 않거나 지연할 경우, 권리자가 침해를 묵인하는 것으로 오해될 수 있으며, 이는 더 나아가 권리 행사 능력이나 의지가 없는 것으로 잘못 인식될 수 있다. 이러한 오해는 추가적인 침해를 초래할 뿐만 아니라, 다른 잠재적 침해자들에게도 잘못된 신호를 줄 수 있다. 심각한 경우, 법적으로도 권리 행사를 포기한 것으로 간주될 수 있어 향후 권리 주장에 어려움을 겪을 수 있다. 침해 사실을 알게 되면, 권리자는 즉시 체계적인 분석과 대응 전략 수립에 착수해야 한다. 우선적으로 침해자의 신원, 권리자와의 관계, 그리고 자사와 비교했을 때 침해자의 장단점을 면밀히 파악해야 한다. 이는 향후 대응 방식을 결정하는 데 중요한 기초 정보가 된다.

이후 다음과 같은 구체적인 사항들을 신중히 고려해야 한다.

1. 침해자의 협상 의지: 침해자가 합리적인 협상에 응할 가능성이 있는지 평가한다.
2. 침해 중지 요구 또는 대가 수용 여부: 침해 행위의 즉각적인 중단을 요구할 것인지, 아니면 일정한 대가를 받고 침해를 용인할 것인지 결정한다.
3. 자사의 법적 조치 능력: 소송 등 법적 대응을 위한 재정적, 인적 자원이 충분한지 검토한다.
4. 침해자의 법적 대응 능력: 침해자가 법적 조치에 대응할 수 있는 능력이 있는지 파악한다.
5. 시장 상황 및 침해자의 시장 점유율: 현재의 시장 상황과 침해자의 시장 내 위치를 분석하여 대응 전략에 반영한다.
6. 소송을 통한 구제의 실효성: 소송을 통해 얻을 수 있는 실질적인 이익과 위험을 평가한다.
7. 소송 외 해결 방법의 가능성: 협상, 중재, 조정 등 소송 외 분쟁 해결 방법의 적용 가능성을 검토한다.

이러한 종합적인 분석을 통해 권리자는 가장 효과적이고 효율적인 대응 전략을 수립할 수 있다. 상황에 따라 즉각적인 법적 조치, 협상을 통한 해결, 또는 전략적인 침해 용인 등 다양한 접근 방식 중 최적의 방안을 선택할 수 있다. 이러한 체계적인 접근은 지식재산권 보호와 분쟁 해결에 있어 핵심적인 역할을 하며, 장기적으로 기업의 지식재산 전략과 시장에서의 경쟁력 유지에 중요한 영향을 미친다.

⑶ 근거 없는 제소

지식재산권, 특히 특허나 등록된 디자인과 관련된 소송에서는 제소 자격에 대한 엄격한 제한이 존재한다. 법률상 특허권자나 전용실시권자만이 침해에 대해 제소할 수 있으며, 통상실시권자와 같은 다른 이들의 제소는 허용되지 않는다. 따라서 권리 침해를 주장하는 자의 자격에 의문이 생길 경우, 그 사람이 실제로 제소할 법적 권한이 있는지 철저히 확인해야 한다. 더불어, 주장된 권리가 여전히 유효한지도 검증이 필요하다. 존속기간이 이미 만료되었거나, 유지료 미납으로 소멸된 권리, 또는 기타 사유로 효력을 상실한 권리에 근거한 제소는 법적 근거가 없기 때문이다. 이러한 사항들을 꼼꼼히 점검함으로써, 불필요한 법적 분쟁을 예방하고 지식재산권 관련 소송의 적법성을 보장할 수 있다.

⑷ 법원의 구제 방안

지식재산권 분쟁에서 법적 절차는 시간과 자원을 많이 소모하는 과정이지만, 승소 시 얻을 수 있는 이점도 상당하다. 재판에서 이기면 침해로 인한 피해에 대한 보상을 받을 수 있으며, 추후 발생할 수 있는 침해를 예방하거나 현재의 침해행위를 중단시키는 금지 명령 등의 구제 방안을 얻을 수 있다. 피해가 심각하고 신속한 대응이 필요한 경우에는 가처분과 같은 임시 조치를 통해 즉각적인 보호를 받을 수 있다. 다만, 가처분 신청 시에는 패소할 경우를 대비해 상대방의 손해를 배상할 수 있는 자금을 준비해야 한다. 또한, 고의적인 특허침해의 경우 형사적 처벌도 가능하므로, 법적 절차는 권리자에게 다양한 보호 수단을 제공한다. 이러한 법적 구제 방안들은 지식재산권 보호의 강력한 수단이 되며, 권리자의 이익을 효과적으로 지킬 수 있게 해준다.

02 특허침해소송에 대한 대응 수단

특허 침해 가능성에 대비하여 기업과 개인은 자신이 활용하는 기술 분야의 특허 정보를 지속적으로 검색하고 분석해야 한다. 이는 잠재적인 특허 침해를 사전에 파악하고 예방하는 데 중요한 역할을 한다. 「특허법」은 특허권자를 보호하기 위해 침해자의 과실을 법률상 추정하는 특별한 규정을 두고 있다. 이는 특허의 무형적 특성으로 인해 침해 입증이 어렵다는 점을 고려한 조치로, 단순히 타인의 특허를 몰랐다는 주장만으로는 책임을 면할 수 없음을 의미한다. 따라서 특허 침해 주장을 받았을 때, 피소자가 취할 수 있는 대응 방안은 크게 다섯 가지로 요약된다. 이러한 대응 전략을 숙지하고 준비하는 것은 특허 분쟁에 직면했을 때 효과적으로 대처할 수 있는 기반이 된다. 이를 통해 기업과 개인은 불필요한 법적 위험을 최소화하고, 자신의 혁신 활동을 보호할 수 있다. 더불어, 이러한 준비는 특허 시스템 내에서 자신의 권리를 적극적으로 보호하고, 지속적인 혁신 활동을 안전하게 수행하는 데 필수적인 접근 방식이다. 결과적으로, 특허 정보의 지속적인 모니터링과 적절한 대응 전략의 수립은 현대 기술 사회에서 기업과 개인의 경쟁력을 유지하고 강화하는 데 중요한 요소가 된다.

1. 심사 단계에서의 정보제공

특허출원 및 등록 과정에서 경쟁사의 특허 활동을 모니터링하고 대응하는 것은 기업의 지식재산권 전략에서 중요한 부분이다. 이와 관련하여 몇 가지 주요 사항을 살펴본다. 먼저, 특허출원인이 특허등록 이전에 공개된 출원을 근거로 침해 경고장을 보내는 경우가 있다. 이런 경고장을 받았을 때는 가능한 한 해당 출원의 특허등록을 저지하는 것이 중요하다. 더 넓은 관점에서, 기업들은 경쟁사의 특허 포트폴리오를 주기적으로 조사하거나 자사의 연구개발 과정에서 문제가 될 수 있는 특허들을 미리 파악한다. 이 과정에서 아직 등록되지 않은 출원 특허가 발견되면, 그 등록을 저지하기 위한 조치를 취할 필요가 있다. 이러한 대응 방안 중 하나로 '정보제공제도'를 활용할 수 있다. 이는 특허가 공개되었지만 아직 등록결정이 나지 않은 상태에서, 해당 발명과 관련된 선행기술 정보를 특허청에 제출하는 제도이다. 법적 강제성은 없지만, 일반적으로 담당 심사관은 이렇게 제공된 정보를 심사에 참고하고 그 활용 결과를 통보한다. 「특허법」 제63조의2에 따르면, 누구든지 특허출원에 대해 거절 이유에 해당되어 특허될 수 없다는 취지의 정보를 증거와 함께 특허청장에게 제공할 수 있다. 이 제도를 통해 기업은 경쟁사의 부적절한 특허 등록을 방지하고 자사의 기술 활용 자유도를 확보할 수 있다.

> **참고**
>
> **정보제공제도의 특징(특허법 제63조의2)**
>
> 1. 심사관은 정보제공으로 제출된 증거자료를 심사에 활용할 수 있음
> 2. 다만, 제출된 증거가 선행기술로 사용할 수 있는지 확인하여야 하며, 정보제공은 익명으로도 제출할 수 있음
> 3. 심사관은 정보제공이 있는 출원에 대해서 정보제출서가 이송된 날부터 1개월 이내에 정보제공이 있다는 사실을 출원인에게 통지해야 함

2. 특허무효심판

특허무효심판은 등록된 특허권에 무효사유가 있을 때 청구할 수 있는 중요한 법적 절차이다. 이 심판을 청구할 수 있는 자는 크게 세 가지 유형으로 나눌 수 있다. 첫째, 특허권자로부터 경고를 받은 자이다. 둘째, 특허권자와 동종 업종에 종사하는 자이다. 셋째, 특허권의 존속 여부에 이해관계가 있음을 입증할 수 있는 자이다. 무효심판은 특허청 소속의 준사법 기관인 특허심판원에 제기해야 한다. 주목할 만한 점은 특허권이 소멸한 후에도 무효심판 청구가 가능하다는 것이다. 이는 이미 소멸된 특허권이라도 과거의 권리관계나 손해배상 문제 등과 관련하여 여전히 법적 중요성을 가질 수 있기 때문이다. 예를 들어, 과거에 특허권 침해로 인한 손해배상 소송이 진행 중이라면, 해당 특허의 유효성이 여전히 중요한 쟁점이 될 수 있다. 이러한 특허무효심판 제도는 부당하게 부여된 특허권을 바로잡고, 특허 제도의 공정성과 신뢰성을 유지하는 데 중요한 역할을 한다. 또한 이 제도는 기업들이 연구개발 활동을 자유롭게 수행할 수 있는 환경을 조성하는 데에도 기여하는 중요한 법적 장치이다.

3. 소극적 권리범위확인심판

소극적 권리범위확인심판은 특허권자를 상대로 특허심판원에 청구할 수 있는 중요한 법적 절차이다. 이 심판의 목적은 자신이 실시하고 있는 기술이 특허권자의 특허 권리범위에 속하지 않는다는 것을 공식적으로 확인받는 것이다. 이는 특허권 침해 분쟁을 예방하거나 해결하는 데 유용한 수단이다. 심판 청구인은 자신의 실시 기술을 구체적으로 특정하여 제시하고, 이 기술이 특허권자의 특허 청구범위에 포함되지 않음을 주장하게 된다. 특허심판원은 이러한 주장을 바탕으로 양측의 기술을 비교 분석하여 판단을 내린다. 이 심판 제도는 기업이나 개인이 자신의 기술 실시에 대한 법적 안정성을 확보하고, 불필요한 특허 분쟁을 방지하는 데 도움을 주는 중요한 제도이다.

4. 실시권 존재의 주장

선사용에 의한 통상실시권은 「특허법」에서 인정하는 중요한 권리이다. 이는 타인의 특허 출원 이전부터 해당 발명을 이미 실시하고 있었던 자에게 부여되는 권리이다. 구체적으로, 어떤 사람이 특정 기술을 사용하고 있던 중에 다른 사람이 그 기술에 대해 특허를 출원하여 권리를 취득하게 되더라도, 선사용자는 자신이 이미 사용하고 있던 기술을 계속해서 사용할 수 있는 권리를 가지게 되는 것이다. 이 권리는 특허권자의 독점적 권리와 선사용자의 이익을 조화롭게 보호하기 위한 제도이다. 선사용에 의한 통상실시권을 주장하기 위해서는 특허 출원 시점 이전부터 해당 기술을 국내에서 실시하고 있었거나, 그 실시를 위한 준비를 하고 있었다는 사실을 입증해야 한다. 이 제도는 기업의 연구개발 활동을 장려하고, 특허 제도의 공정성을 유지하는 데 기여하는 중요한 법적 장치이다.

5. 특허권자의 침해주장이 정당한 경우

특허권 침해 분쟁에서 자신의 실시 기술이 상대방의 특허 권리범위에 속한다고 판단될 경우, 취해야 할 조치와 대응 방안은 다음과 같다. 우선, 침해로 판단되는 기술의 실시를 즉시 중단해야 한다. 이후 특허권자와 협의를 통해 실시권을 허락받거나 특허권 자체를 양도받은 후에 해당 기술을 실시하는 것이 적법한 절차이다. 만약 관련 기술에 대해 개량특허권을 보유하고 있다면, 크로스 라이선스 협상을 시도하는 것이 양측에 유리한 해결책이 될 수 있다. 한편, 자신의 특허발명이 상대방의 특허권과 이용관계에 있는 경우, 즉 자신의 특허를 실시하기 위해 상대방의 특허도 함께 사용해야 하는 상황에서는 특별한 대응이 가능하다. 이 경우 상대방에게 상당한 노력을 기울이고 정당한 대가를 제시했음에도 실시권을 허락받지 못했다면, 특허심판원에 통상실시권 허락심판을 청구할 수 있다. 이는 「특허법」이 규정하는 특별한 구제 수단으로, 기술의 효율적 이용과 산업 발전을 도모하기 위한 제도이다.

03 국제특허분쟁에 대한 대응 전략

국제특허분쟁, 특히 미국에서의 특허침해소송은 최근 한국 기업들에 중요한 이슈가 되고 있다. 이는 글로벌 시장에서 한국 기업들의 활동이 증가함에 따라 자연스럽게 발생하는 현상이다. 미국은 세계 최대의 시장이자 기술 선진국으로, 특허 소송이 가장 활발하게 이루어지는 국가이다. 따라서 미국의 특허 제도와 소송 절차를 이해하는 것은 한국 기업들의 글로벌 경쟁력 확보에 필수적인 요소이다. 미국의 특허 제도는 한국과 다른 점이 많아, 이에 대한 철저한 이해와 준비가 필요하다. 예를 들어, 미국의 배심원 제도, 광범위한 증거개시 절차, 높은 손해배상액 등은 한국 기업들이 특히 주의해야 할 부분이다. 이러한 배경에서, 미국의 특허 제도와 소송 절차에 대해 자세히 살펴보는 것이 매우 중요하다.

1. 미국 특허소송의 개요

미국의 특허소송 절차는 체계적이고 복잡한 과정을 거치는 법적 절차이다. 이 과정은 소송의 제기로 시작되며, 여러 단계를 거쳐 최종적으로 공판을 통해 마무리된다. 소송이 제기되면 양 당사자는 증거 개시 절차, 청구항 해석 과정, 약식 판결 신청 등 다양한 단계를 거치게 된다. 이 과정에서 양측은 자신의 주장을 뒷받침할 증거를 제시하고, 상대방의 주장을 반박하는 기회를 갖는다. 모든 절차가 완료되면 최종적으로 공판이 열리며, 이 공판에서 양측은 자신의 최종 주장을 펼치게 된다. 공판이 끝나면 법관은 제시된 모든 증거와 주장을 종합적으로 검토하여 판결을 내리게 된다. 이러한 판결의 선고로 특허소송 절차가 완료되는 것이다. 이 전체 과정은 몇 개월에서 수년까지 걸릴 수 있는 장기적이고 복잡한 법적 절차이다. 아래 그림은 이러한 미국 특허소송 절차를 시계열적으로 도시한 것이다.

🔔 미국 특허소송 절차 요약도

Pre-Trial			Trial	Appeals
2~4개월　　　10개월~3년　　　1년~3년 6개월			1년 6개월~5년	
Pleading	Discovery	Trial Prep.		
• 증거보전조치 (Litigation Hold) • 소장 송달 • 응소 전 대응 • 답변서 제출 • Scheduling Conference	• Fact Discovery 　−Document Production 　−Deposition 　−Interrogatories 　−Request for Admission • Expert Discovery 　−Expert Deposition 　−Expert Reports • Markman Hearing	• Pre-Trial Conference • Jury Selsction	• Jury Trial 　−Jury Verdict (배심 평결) • 판사의 손해배상액 가감 및 판결 선고	• 항소심 • 상고심

2. 미국 특허소송의 내용

(1) 미국 특허소송의 절차 및 특징

① 소송의 시작 및 송달

미국의 특허침해소송 절차는 한국과 여러 면에서 다른 특징을 가진 복잡한 법적 과정이다. 이 과정은 일반적으로 특허권자가 법원에 소장(complaint)을 제출(filing)하면서 시작되지만, 대부분의 경우 그 이전에 경고장(warning letter)이 발송된다. 이 경고장은 특허권자의 권리행사 의지를 보여주고, 손해배상액 산정의 기산점을 확보하는 중요한 역할을 한다. 미국에서는 특허 표시가 있거나 경고장 등으로 특허된 제품임을 안 때부터 역으로 6년간의 손해배상을 청구할 수 있어, 경고장의 발송 시점이 중요하다. 피고는 원고의 소송 제기 전에 비침해 및 무효를 주장하는 확인의 소(declaratory judgment)를 제기할 수 있으며, 이는 유리한 법원 선택의 기회를 제공한다. 미국에서는 원고가 직접 피고에게 소장을 송달하는 것이 특징적인데, 이는 한국의 절차와 크게 다른 점이다. 한국 기업의 경우, 미국 내 법인이나 사무소, 또는 한국 본사로 송달이 가능하며, 이 과정은 상당한 시간이 소요될 수 있다. 때로는 원고가 소장 송달 전에 협상을 제안하기도 하는데, 이는 소송 전 분쟁 해결의 기회를 제공한다. 헤이그협약에 따라 외교 경로를 거치지 않고 한국 법원 행정처를 통한 송달도 가능한데, 이는 송달 절차를 간소화하는 방법이다. 이러한 복잡한 절차와 특징들은 미국 특허소송의 독특한 면모를 보여주는 것으로, 한국 기업들이 미국에서 특허 분쟁에 직면할 때 숙지해야 할 중요한 사항들이다.

② 피고의 답변(answer)과 반소(counter claim)

미국 특허소송에서 피고의 대응 과정은 여러 단계로 구성된 복잡한 법적 절차이다. 피고는 원고의 소장을 받은 후 답변서(answer)를 제출해야 하며, 이 답변서에는 소장의 모든 주장에 대한 반박이 포함되어야 한다. 답변이 없는 경우, 해당 주장을 피고가 인정(admission)한 것으로 간주되므로 주의가 필요하다. 또한 피고는 필요에 따라 반소(counter claim)를 제기할 수 있는데, 이는 원고의 특허권 침해나 독점금지법(Antiturst Law) 위반을 주장하는 형태가 될 수 있다. 이러한 반소는 피고가 단순히 방어하는 입장에서 벗어나 적극적으로 대응할 수 있는 전략적 수단이 된다. 답변과 반소 절차 이후에는 사실심 심리 전 협의 과정이 진행된다. 이 과정에서 양 당사자는 소송의 전반적인 일정과 증거개시(discovery)의 범위 등에 대해 합의하게 된다. 이 협의는 향후 소송 진행의 기본적인 틀을 형성하므로 매우 중요하다. 이러한 일련의 과정, 즉 피고가 소장을 접수한 시점부터 사실심 심리 전 협의를 마치는 시점까지를 법원에서는 '답변 기간(pleading)'이라고 부른다. 이 기간 동안의 적절한 대응은 소송의 전체 진행 방향과 결과에 큰 영향을 미칠 수 있으므로, 피고는 각 단계를 신중하게 준비하고 대응해야 하는 것이다. 특히 법률 전문가의 조언을 받아 전략을 수립하고, 필요한 증거를 충분히 확보하는 것이 중요하다.

③ 증거개시 절차(discovery)

미국 특허소송에서의 증거개시 절차는 이 법체계의 독특한 특징 중 하나이다. 이 절차는 답변 기간이 종료된 후 시작되며, 재판에 필요한 사실과 자료를 수집하고 증거를 확보하는 과정이다. 이 기간 동안 법원은 당사자들에게 화해를 권고하지만, 화해가 이루어지지 않으면 제출된 자료를 바탕으로 청구범위 해석을 진행한다. 증거개시 절차에서 양 당사자는 소송과 직간접적으로 관련된 모든 증거를 제출해야 하는 의무가 있다. 다만, 변호사−고객 특권에 해당하는 법률적 의견이나 소송 준비 과정의 문서 등은 예외적으로 제출이 면제된다. 이 절차는 단순한 서류 제출에 그치지 않고, 증인 심문과 현장 또는 자료의 검증까지 포함하는 광범위한 과정이다. 이러한 철저한 증거개시 절차는 미국 특허소송의 핵심적인 부분으로, 소송의 향방을 결정짓는 중요한 단계이다. 따라서 당사자들은 이 과정에서 전략적으로 대응하고, 필요한 모든 증거를 충분히 확보하여 자신의 주장을 뒷받침해야 하는 것이다.

④ 마크만 히어링(Markman Hearing)

마크만 히어링(Markman Hearing)은 미국 특허소송에서 매우 중요한 절차이다. 이 절차의 주요 목적은 소송 대상이 된 특허의 청구범위를 명확히 해석하고 확정하는 것이다. 일반적으로 증거개시 절차가 종료된 후에 진행되는 경우가 많지만, 실제 시기는 법원의 특성이나 당사자들의 요청에 따라 달라질 수 있다. 마크만 히어링의 결과는 특허침해 여부를 판단하는 데 직접적인 영향을 미치기 때문에, 소송의 향방을 좌우하는 핵심적인 단계라고 할 수 있다. 이 절차를 통해 특허 청구항의 의미와 범위가 명확히 정의되면, 피고의 기술이 이 범위에 포함되는지 여부를 판단하는 것이 더욱 용이해진다. 따라서 양 당사자는 이 단계에서 자신에게 유리한 청구범위 해석을 끌어내기 위해 많은 노력을 기울이게 되며, 이는 종종 전문가 증언이나 기술적 논증을 포함하는 복잡한 과정이 되는 것이다.

⑤ 약식판결(summary judgment)

약식판결은 미국 특허소송 절차에서 중요한 단계 중 하나이다. 이는 청구범위 해석이 완료된 후, 핵심적인 사실관계에 대해 더 이상 다툼이 없을 때 활용되는 절차이다. 이 경우, 공판 절차를 거치지 않고 판사가 증거개시 절차에서 얻은 증거자료, 양측이 제출한 전문가 의견(expert opinion), 마크만 히어링의 결과 등을 종합적으로 검토하여 법률적 판단을 내리게 된다. 약식판결은 주로 특허의 무효 여부나 비침해 주장 등에 대해 조기에 결정을 내릴 필요가 있을 때 유용하게 활용된다. 당사자가 약식판결을 신청(motion to summary judgment)할 수 있지만, 법원이 이를 반드시 받아들여야 하는 것은 아니다. 이 제도의 주요 장점은 시간과 비용을 절약할 수 있다는 점이지만, 복잡한 기술적 쟁점이 있는 경우에는 적용이 제한될 수 있다. 따라서 약식판결은 소송 전략의 중요한 요소로, 당사자들은 이를 적절히 활용하여 소송의 효율성을 높이고 유리한 결과를 얻고자 노력하는 것이다.

⑥ 공판(Trial)

미국 특허소송에서의 공판 절차는 배심재판(jury trial)과 판사재판(bench trial) 두 가지 형태로 진행될 수 있는 복잡한 과정이다. 1990년대 이후 특허침해소송에서는 배심재판이 압도적으로 선호되는 추세이다. 배심재판이 선택되면, 먼저 배심원단을 선정(jury selection)하는 과정을 거치게 된다. 이후 양 당사자의 주장과 증거 제시, 반박 등의 공방이 이루어지고, 판사는 배심원들에게 법적 지침인 배심훈령(jury instruction)을 전달한다. 이러한 과정을 거친 후, 배심원단은 사실관계에 대한 평결(verdict)을 내리게 되는데, 이 평결에는 일반적으로 특허 침해 여부, 특허의 유효성, 고의침해 여부, 손해배상액 등이 포함된다. 배심원의 평결이 나온 후, 최종적으로 판사가 판결을 내리게 된다. 미국 특허침해 사건의 특징적인 점은 징벌적 손해배상 규정이 있어서, 고의침해(willful infringement)로 인정될 경우 최대 3배까지 손해배상액이 증액될 수 있다는 것이다. 이러한 배심재판 제도와 징벌적 손해배상 가능성은 미국 특허소송을 더욱 복잡하고 위험성이 높은 법적 절차로 만드는 요인이다.

⑦ 상소(appeal)

미국의 특허소송 항소 체계는 다층적인 구조를 가진 복잡한 시스템이다. 연방지방법원의 판결에 불복하는 당사자는 연방항소법원(CAFC : Court of Appeals for the Federal Circuit)에 항소할 수 있는 권리가 있다. 만약 항소심 판결에도 불복하는 경우, 당사자는 연방대법원에 상고를 신청할 수 있다. 그러나 연방대법원은 모든 상고 신청을 받아들이지 않으며, 법적으로 중요한 의미를 가지거나 사회적 영향이 큰 사건을 선별적으로 심리한다. 이러한 엄격한 선별 과정을 통해 대법원의 판단을 받을 수 있게 하는 제도를 '상고허가제도(writ of certiorari)'라고 한다. 이 제도로 인해 대부분의 특허 관련 소송은 연방항소법원에서 최종 판결이 내려지는 경우가 많다. 이러한 항소 체계는 법적 쟁점의 중요성에 따라 사건을 효율적으로 분류하고, 최고법원의 자원을 가장 중요한 사안에 집중할 수 있게 하는 역할을 한다. 따라서 특허소송 당사자들은 항소 단계에서 자신의 주장이 법적으로 중요한 의미를 가진다는 점을 효과적으로 제시해야 하는 것이다.

(2) 미국 특허소송의 전략

① 경고장을 수령하면 증거보존조치(litigation hold)를 하라.

미국 특허소송에서 증거 보존은 매우 중요한 법적 의무이다. 경고장을 수령하는 순간부터 소송과 직간접적으로 관련된 모든 문서, 자료, 이메일 등을 보존해야 하는 책임이 발생한다. 이를 '소송 자료 보존 의무(litigation hold)'라고 하며, 특허관리 부서는 이에 따라 관련 자료의 보존을 지시해야 한다. 이 의무는 소송이 합리적으로 예측되는 시점부터 발생하므로, 경고장 수령 즉시 조치를 취하는 것이 중요하다. 만약 이러한 보존 의무를 지연하거나 이행하지 않을 경우, 법원은 해당 당사자에게 불리한 판단을 내릴 수 있다. 더욱이 관련 자료를 고의로 폐기하거나 훼손한 경우에는 '부정한 행위(inequitable conduct)'로 간주되어 소송에서 패소할 수 있는 심각한 결과를 초래할 수 있다. 따라서 기업은 경고장 수령 즉시 체계적인 증거 보존 시스템을 가동하고, 관련 직원들에게 이에 대한 교육을 실시하여 불필요한 법적 리스크를 방지해야 하는 것이다.

② 증거개시(discovery)에 대비하여 미리 자료와 통신 등에 대해 대비하라.

현대 기업 환경에서 문서 관리의 중요성은 날로 증가하고 있다. 특히 대부분의 기업 자료가 이메일이나 전자문서 형태로 존재하는 현실에서, 체계적인 문서 관리는 법적 분쟁에 대비하는 핵심 전략이다. 이를 위해 기업은 명확한 데이터 보존 정책(data retention policy)을 수립하고 실행해야 한다. 이 정책은 문서의 생성, 보관, 폐기에 관한 일관된 지침을 제공하며, 소송 발생 시 증거개시 절차에서 기업을 보호하는 역할을 한다. 또한, 변호사－고객 특권(attorney-client privilege)을 적절히 활용하는 것도 중요한 전략이다. 이 특권을 통해 법률 자문과 관련된 특정 문서나 통신을 증거개시 절차에서 제출하지 않을 수 있어, 기업의 법적 위험을 최소화할 수 있다. 따라서 기업은 평상시부터 이러한 법적 개념을 이해하고, 문서 생성 및 관리 과정에서 이를 적절히 적용하는 체계를 갖추어야 하는 것이다.

③ 사전에 타인의 특허침해 가능성에 대한 전문가 의견서(legal opinion)를 확보하라.

미국 특허소송에서 법률 전문가의 사전 감정은 중요한 법적 안전장치이다. 특허발명과 실시기술 간의 침해 여부를 사전에 파악하고 전문가의 의견을 받아두는 것은 매우 바람직한 전략이다. 최근 미국 판례에서는 이러한 사전 감정서가 고의침해 판단을 완전히 피할 수 있는 절대적 수단은 아니라고 보고 있지만, 여전히 중요한 증거로 인정되고 있다. 특히 과도한 손해배상을 피하기 위한 효과적인 방어 수단으로 작용할 수 있다. 이러한 전략의 성공 사례로 폴라로이드와 코닥 간의 즉석 카메라 관련 소송을 들 수 있다. 이 사건에서 코닥은 제품 출시 전에 광범위한 법적 자문과 의견을 확보했고, 이 과정에서 변호사들의 성실한 분석이 있었다고 인정받아 고의침해 판정을 피할 수 있었다. 따라서 기업들은 새로운 기술을 개발하거나 제품을 출시할 때, 사전에 철저한 특허 분석과 법률 전문가의 의견을 구하는 것이 잠재적인 특허 분쟁에 대비하는 중요한 전략인 것이다.

④ 특허침해소송이 예견될 경우 미리 소송지를 선택하라.

특허 분쟁에서 법원 선택은 소송의 결과에 큰 영향을 미치는 중요한 전략적 요소이다. 특허권자는 보통 자신에게 유리한 법원, 예를 들어 자사의 생산시설이 있는 지역이나 원고의 승소율이 높은 법원에 소송을 제기하려 할 것이다. 이는 피고에게 불리한 상황을 만들 수 있다. 이러한 불리한 상황을 피하기 위해, 피고는 특허권자가 소송을 제기하기 전에 먼저 비침해 및 무효확인의 소(declaratory judgment action)를 제기할 수 있다. 이를 통해 피고는 자신에게 유리한 법원을 선택할 수 있는 기회를 갖게 된다. 더욱이, 이러한 확인소송에서 특허가 무효이거나 비침해 판결을 받게 되면, 잠재적인 침해소송을 조기에 해결할 수 있는 이점도 있다. 그러나 이미 경고장을 수령한 경우에는 확인의 소가 각하될 수 있다는 점에 주의해야 한다. 따라서 특허 분쟁이 예상되는 기업은 경고장 수령 이전에 신속하고 전략적인 법적 대응을 준비하는 것이 중요한 것이다.

⑤ 소송의 피고인 경우 항변사항을 적극적으로 검토하라.

미국 특허소송에서의 방어 전략은 다양한 법적, 절차적 요소를 고려해야 하는 복잡한 과정이다. 피고는 먼저 미국 대법원과 연방순회항소법원(CAFC)의 관련 판례들을 철저히 숙지해야 한다. 이를 바탕으로 원고의 주장에 대한 다양한 항변 사항을 준비해야 한다. 주요 고려사항으로는 특허 대상의 적격성(CI 인간의 DNA, 추상적 아이디어에 불과한 영업방법 등), 출원경과 금반언(prosecution history estoppel), 선행 무효자료의 존재, 권리 행사의 지연(laches), 부정한 방법으로의 특허 취득(inequitable conduct), 표준특허 관련 FRAND 규정 위반, 그리고 제소 전 6년이 경과한 침해행위 여부 등이 있다. 특히 특허 출원 및 심사 과정에서의 출원인이나 특허청의 의견을 면밀히 검토하여 출원경과 금반언의 적용 가능성을 확인해야 한다. 이러한 다각도의 분석과 준비는 효과적인 방어 전략을 수립하는 데 필수적이며, 소송의 결과에 중대한 영향을 미칠 수 있는 요소들이다.

⑥ 재심사청구를 고려하라.

미국 특허법의 최근 개정으로 인해 특허 무효화를 위한 다양한 행정적 절차가 도입되었다. 이는 미국 특허상표청(USPTO)의 특허심판항소위원회(PTAB)에서 진행되는 절차로, 당사자계 재심사(IPR : Inter Partes Review), 등록 후 재심사(PGR : Post Grant Review), 결정계 재심사(Ex Parte Reexamination), 그리고 영업방법 특허에 대한 CBM(Covered Business Method) 재심사 등이 있다. 이러한 절차들은 각각 이용 시기, 범위, 증거자료 제출 방법, 청구이유의 범위, 비용, 절차, 금반언 원칙의 적용 여부, 그리고 승소율 등에서 차이가 있다. 특히 이 중 재심사 청구는 법원이 진행 중인 소송을 중지시키는 경우가 많고, 신청자의 승소율이 높아 매우 효과적인 전략으로 평가받고 있다. 따라서 특허 분쟁에 직면한 기업은 이러한 다양한 절차의 특징과 장단점을 철저히 분석하여, 자사의 상황에 가장 적합한 전략을 선택하는 것이 중요하다.

⑦ 원고가 어떠한 성격의 조직인지를 파악하라.

특허소송에서 효과적인 전략 수립을 위해서는 원고인 특허권자의 성격과 의도를 정확히 파악하는 것이 중요하다. 특허권자가 제조 기업인지, 특허괴물로 불리는 비실시기업(NPE : Non-Practicing Entity)인지, 아니면 대학이나 연구소인지에 따라 소송 전략은 크게 달라질 수 있다. 또한, 원고의 과거 소송 이력을 분석하여 그들이 주로 추구하는 목적이 라이선스 계약을 통한 수익 창출인지, 아니면 경쟁사의 시장 진입을 막기 위한 침해금지명령인지를 파악하는 것도 중요하다. 특히 NPE나 대학, 연구소의 경우에는 대부분 라이선스 계약을 통한 수익 창출이 주된 목적인 경우가 많다. 이러한 원고의 특성과 의도를 정확히 이해함으로써, 피고는 소송에 대한 대응 전략을 보다 효과적으로 수립할 수 있으며, 경우에 따라서는 소송 이전에 라이선스 협상을 통해 분쟁을 해결할 수 있는 기회를 얻을 수도 있는 것이다.

⑧ 침해소송의 대리인 선임을 신속하고 신중하게 하라.

특허침해소송에서 외부 전문가, 특히 경험 많은 대리인의 선임은 소송의 성패를 좌우하는 핵심 요소이다. 전문가의 조언을 초기부터 받아 소송을 준비함으로써 승소 가능성을 높이고, 불필요한 시간 낭비와 잘못된 대응을 피할 수 있다. 미국에서 진행되는 소송의 경우, 미국 특허변호사를 주 대리인으로 선임하는 것이 필수적이며, 이를 보조할 국내 변리사나 변호사를 함께 선임하는 것도 효과적인 전략이 될 수 있다. 현지 대리인 선택 시에는 특허소송 분야의 전문성, 관련 소송 경험의 풍부함, 그리고 원활한 의사소통 능력을 주요 기준으로 삼아야 한다. 이러한 전문가 팀의 구성은 소송 전략 수립, 증거 수집 및 분석, 법정 대응 등 소송의 전 과정에서 중요한 역할을 하며, 궁극적으로 소송 결과에 결정적인 영향을 미칠 수 있는 요소이다.

⑨ 합의에 의해 소송을 종료할 수 있도록 협상 테이블을 병행하라.

미국의 특허침해소송은 대부분 최종 판결에 이르지 않고 중간 단계에서 합의로 종결되는 특징을 가지고 있다. 약 90~95% 정도의 사건이 증거개시 단계, 마크만 히어링, 또는 약식판결 단계에서 당사자 간 합의에 의해 소가 취하되는 것이다. 이는 소송 진행 과정에서 침해 여부와 특허의 유효성이 어느 정도 명확해지고, 동시에 소송 비용이 계속 증가하기 때문이다. 따라서 양 당사자에게는 소송을 끝까지 진행하는 것보다 조기에 합의하여 라이선스 계약을 체결하는 것이 더 유리할 수 있다. 이를 위해 원고와 피고는 지속적으로 협상 테이블을 마련하고, 소송 진행 중에도 화해 가능성을 열어두는 것이 바람직하다. 이러한 접근 방식은 시간과 비용을 절약할 뿐만 아니라, 양측 모두에게 만족스러운 결과를 도출할 수 있는 기회를 제공하며, 향후 비즈니스 관계를 유지하는 데에도 도움이 될 수 있는 것이다.

⑩ 물품의 수입금지를 위한 소송을 준비하라.

ITC(국제무역위원회) 소송은 미국 특허 분쟁 해결의 중요한 수단 중 하나로, 일반 특허 소송보다 더욱 압축적이고 신속한 절차를 특징으로 한다. 이 소송은 Section 337에 위반된 물품의 수입을 금지하기 위한 목적으로 진행되며, 법률상 12~16개월 내에 종결되어야 한다. 이는 일반적으로 2~3년이 소요되는 연방지방법원의 특허침해소송과 비교할 때 매우 빠른 진행 속도이다. ITC 소송의 주요 특징은 손해배상 대신 수입금지 조치가 주요 구제 수단이라는 점이다. 이러한 수입금지 조치는 미국 시장에 제품을 수출하는 기업에 심각한 타격을 줄 수 있다. 따라서 ITC 소송이 제기된 경우, 피소 기업은 즉시 경험 있는 대리인을 선임하고 신속하고 효과적인 대응 전략을 수립해야 한다. ITC의 결정에 불복하는 경우, 당사자는 연방순회항소법원(CAFC)에 항소할 수 있다. 이러한 ITC 소송의 특성을 고려할 때, 미국 시장에 진출하는 기업들은 ITC 소송에 대한 충분한 이해와 준비가 필요한 것이다.

04 포트폴리오 관리 전략

특허 포트폴리오 관리에 있어 기업이 가장 먼저 해야 할 일은 보유 중인 특허의 현황을 정확히 파악하는 것이다. 그러나 많은 경영자들이 자사가 보유한 특허의 종류, 출원 국가, 주요 내용 등을 제대로 인지하지 못하고 있는 실정이다. 이는 기업의 지식재산 관리에 심각한 문제를 초래할 수 있다. 따라서 우선적으로 특허 목록을 철저히 검토하고 각 특허가 보호하는 핵심 기술을 상세히 확인해야 한다. 이 과정에서 특허의 기술적 가치와 시장성을 함께 평가하는 것이 바람직하다. 이후 특허권 유지에 필요한 비용을 산정하고, 해당 특허를 통해 얻을 수 있는 잠재적 이익을 면밀히 분석하여 특허권의 지속적 유지 여부를 전략적으로 결정하는 것이 중요하다. 이러한 종합적인 검토와 분석 과정을 통해 기업은 효과적인 특허 포트폴리오 관리 전략을 수립할 수 있으며, 이는 궁극적으로 기업의 경쟁력 강화와 수익성 향상으로 이어질 수 있다.

1. 특허 선별

특허 포트폴리오를 효과적으로 구축하는 방법은 모든 발명을 특허 출원하되, 가치가 없다고 판단되는 특허권은 과감히 포기하는 것이다. 그러나 가치 있는 특허와 그렇지 않은 특허를 구분하는 것은 좋은 아이디어를 특허 출원하는 것보다 더 어려운 과제이다. 이는 특허의 가치가 시간이 지남에 따라 변할 수 있고, 시장 상황에 따라 유동적이기 때문이다. 대부분의 기업이 재정적 제약을 가지고 있기 때문에, 특허 포트폴리오 구축에 있어 선택과 집중이 필요하며, 이는 기업의 혁신 성향과 사업 전략에 따라 결정된다. 예를 들어, 지난 10년간 하나의 신제품만을 개발하고 향후 5년간 신제품 계획이 없는 기업의 경우, 새로운 아이디어에 투자하기보다는 기존 제품을 더 많은 국가에서 보호하는 전략이 효과적일 수 있다. 이는 제한된 자원을 효율적으로 활용하는 방법이다. 반면, 연간 수십 개의 특허를 출원하고 5~6개국에서 사업을 영위하는 기업의 경우, 각 국가별 특허 출원의 가치를 면밀히 분석하여 최적의 출원 전략을 수립해야 한다. 이때는 각 국가의 시장 규모, 경쟁 상황, 법적 환경 등을 종합적으로 고려해야 한다. 이러한 전략적 접근은 기업의 특허 포트폴리오를 최적화하고 지식재산권을 효율적으로 관리하는 데 필수적이며, 장기적으로 기업의 경쟁력 강화에 기여한다.

2. 접근법의 상이성

상표 포트폴리오와 특허 포트폴리오의 관리 방식은 상당한 차이를 보인다. 특허출원의 경우, 발명의 비밀성을 유지하며 진행되며, 새로운 국가에서의 출원 시기가 제한적일 수 있다. 이는 특허의 신규성과 진보성 요건 때문으로, 일정 기간이 지나면 해당 발명에 대한 특허권 획득이 어려워질 수 있다. 반면, 상표출원은 타인이 해당 국가에서 먼저 등록하지 않은 한, 언제든지 출원하여 등록받을 수 있는 유연성을 가진다. 특히 상표의 경우, 제품 출시 이후에도 추가적인 국가에서 출원이 가능하다는 점에서 특허와 구별된다. 이는 상표가 사용에 의해 권리가 발생하고 유지될 수 있는 특성 때문이다. 이러한 차이는 기업이 지식재산권 전략을 수립할 때 각 권리의 특성을 고려해야 함을 시사한다. 따라서 기업은 특허와 상표의 포트폴리오 관리에 있어 서로 다른 접근 방식과 타임라인을 적용해야 하며, 이를 통해 보다 효과적인 지식재산권 보호 전략을 구축할 수 있다. 특허는 기술 혁신의 보호에, 상표는 브랜드 가치의 보호에 중점을 두어 관리되어야 하며, 이 두 가지 전략을 적절히 조화시키는 것이 기업의 종합적인 지식재산권 전략 수립에 핵심이 된다.

3. 지식재산 포트폴리오의 전략적 관리

전략이란 특정 목표 달성을 위해 가용 자원을 효과적으로 배치하고 우선순위를 결정하는 과정이다. 이는 목표 설정, 자원 배치, 실행을 위한 전술적 결정을 포함한다. 지식재산 포트폴리오의 전략적 관리는 지식재산 도구를 체계적으로 활용하여 조직의 목적을 달성하는 것을 의미한다. 이를 위해서는 일관된 조직 목표를 수립하고, 가용 자원에 대한 객관적 평가와 외부 환경 분석을 통해 효과적인 자원 분배 및 배치를 실행해야 한다. 이 과정에서 조직의 현재 상황과 미래 전망을 고려한 유연한 접근이 필요하다. 구체적으로, 이러한 관리 과정은 등록 가능한 지식재산 목록 작성, 미등록 자산(영업비밀, 저작권 등) 확인 및 관리 상태 점검, 특정 제품이나 서비스 관련 지식재산 조사 및 관리 상태 확인을 포함한다. 또한, 기존 등록 지식재산권의 유지, 포기, 매각, 라이선싱 여부에 대한 지속적인 평가와 관리가 필요하다. 이러한 평가 과정에서는 각 지식재산의 현재 가치뿐만 아니라 미래 잠재 가치도 고려해야 한다. 더불어, 시장 동향과 기술 발전 추세를 주시하며 포트폴리오를 적시에 조정하는 것도 중요하다. 이러한 종합적이고 전략적인 접근은 조직의 지식재산 자산을 최적화하고, 경쟁 우위를 확보하는 데 핵심적인 역할을 한다. 궁극적으로, 효과적인 지식재산 포트폴리오 관리는 조직의 혁신 능력을 강화하고 장기적인 성장을 뒷받침하는 중요한 요소가 된다.

05 지식재산권의 상업화 전략

지식재산의 핵심은 발명 그 자체보다는 그 발명을 실용적으로 활용할 수 있는 능력이다. 실제로 특허 출원된 발명들 중 상당수는 상업적 가치를 창출하지 못하는 것이 현실이다. 따라서 대부분의 발명가와 기업에 있어 진정으로 중요한 것은 지식재산을 어떻게 효과적으로 활용하여 실질적인 가치를 창출할 수 있는가 하는 점이다. 이는 단순히 혁신적인 아이디어를 생산하는 것에서 그치지 않고, 그 아이디어를 시장에서 성공적으로 상용화하고 수익을 창출할 수 있는 전략을 수립하고 실행하는 능력을 의미한다. 따라서 지식재산 관리의 핵심은 발명의 창출 뿐만 아니라 그 발명을 비즈니스 모델과 연계하여 실질적인 경제적 가치로 전환하는 과정에 있다고 할 수 있다.

1. 소유권과 보호 전략

지식재산권의 공식적인 보호 체계는 100년 이상의 역사를 가지고 있다. 현재 대부분의 국가들은 국제적으로 합의된 조약에 따라 지식재산권의 소유와 보호를 규정하고 있으며, 이러한 권리를 유지하는 데 필요한 비용은 시간이 지남에 따라 증가하는 경향이 있다. 특허청에서 부과하는 초기 수수료와 출원 비용은 상대적으로 낮은 편이지만, 권리를 유지하는 데 필요한 비용은 시간이 지날수록 급격히 증가하여 기업의 연간 지출에서 상당한 비중을 차지하게 될 수 있다. 특허 관련 업무는 권리자가 직접 특허청이나 관련 이해관계인들과 소통하며 진행할 수도 있고, 전문성을 갖춘 변리사를 통해 대리하여 처리할 수도 있다. 이러한 선택은 해당 업무의 복잡성, 권리자의 전문성, 그리고 시간과 비용 등의 요소를 종합적으로 고려하여 결정해야 한다.

2. 상업화 팀 구성

개별 발명가나 소기업이 특허 분야에서 성공을 거두는 것은 개발 참여자들의 열정, 노력, 그리고 성과에 기인하며, 이들의 역할을 효과적으로 조정하는 것이 중요한 요소이다. 발명가의 혁신적 기술을 보완하기 위해 필요한 자원과 기술을 고려하면 참여자의 중요성이 더욱 명확해진다. 기업가, 회계사, 시장조사전문가, 컨설턴트, 엔지니어, 제품디자이너, 채용회사, 은행, 투자자, 그리고 기타 전문 서비스 제공자들은 발명품을 시장에 출시하는 데 결정적인 역할을 한다. 이들은 각자의 전문 영역에서 발명품의 상용화와 시장 진입을 위한 다양한 측면을 지원하며, 발명가의 아이디어를 실제 제품으로 구현하는 데 필수적인 역할을 수행한다. 따라서 이러한 전문가들로 구성된 팀은 발명가를 지원하기 위해 신중하게 구성되어야 하며, 각 구성원의 역량과 경험을 최대한 활용할 수 있도록 조직되어야 한다. 이러한 전문가 팀의 효과적인 구성과 운영은 특허 분야에서의 성공을 위한 핵심 요소라고 할 수 있으며, 혁신적인 아이디어를 성공적인 비즈니스로 전환하는 데 중요한 역할을 한다.

3. 프로세스 관리

초기 지식재산 자산을 보유하고 팀 활동의 중요성을 인식한 후에는 라이선싱 계약이나 회사 창업에 필요한 구조화된 과정을 파악하는 것이 중요하다. 이 과정에서는 프로젝트에 필요한 팀 구성원의 프로필을 확인하고 프로젝트 계획을 수립하며, 특히 필요 자금을 확보하는 방안에 주목해야 한다. 이때 각 팀 구성원의 역량과 경험이 프로젝트의 요구사항과 일치하는지 면밀히 검토하고, 자금 확보를 위한 다양한 옵션(ⓔ 벤처캐피탈, 엔젤 투자자, 크라우드 펀딩 등)을 탐색하는 것이 중요하다. 다음 단계로는 투자를 유치하여 프로젝트를 진행하는데, 이와 병행하여 초기 제품 원형을 제작하는 것을 간과해서는 안 된다. 제품 원형은 투자자들에게 프로젝트의 실현 가능성을 보여주는 중요한 요소이며, 향후 제품 개발 과정에서 발생할 수 있는 문제점을 미리 파악할 수 있는 기회를 제공한다. 충분한 자금 확보가 어려운 경우, 두 가지 대안을 고려할 수 있다. 첫째는 제품 기준을 낮추어 프로젝트를 완수하는 것인데, 이는 시장 출시까지 더 오랜 시간이 소요될 수 있다. 둘째는 필요한 자금 확보에 지속적으로 집중하는 것이다. 결과적으로 후자의 방법이 프로젝트의 성공을 위해 가장 효율적인 접근법이라고 할 수 있다. 이는 장기적으로 더 높은 품질의 제품을 시장에 선보일 수 있고, 충분한 자금을 바탕으로 마케팅과 판매 전략을 효과적으로 수립할 수 있기 때문이다. 이러한 체계적인 과정을 통해 초기 지식재산을 성공적인 비즈니스로 발전시킬 수 있는 가능성이 높아지는 것이다.

4. 상업화의 성과

현대 미국과 유럽에서 매년 출원되거나 등록되는 특허 중 실제로 상업화되는 비율은 낮은 편이다. 이는 모든 특허가 시장성 있는 제품이나 서비스로 발전하지는 않음을 시사한다. 따라서 지식재산 자산 관리를 위해서는 IP를 통한 상업적 성공에 지속적인 관심을 기울여야 한다. IP 자산이 데모 제품으로 발전하고 이것이 시장의 요구에 부합한다면, 제품의 종류와 무관하게 상업화의 성과가 나타나기 시작한다. 이는 초기 단계에서 시장 조사와 소비자 니즈 분석이 중요함을 강조한다. 이러한 과정을 통해 적합한 라이선싱 계약 대상 기업을 발굴할 수 있게 된다. 라이선싱은 IP 소유자가 직접 제품을 생산하지 않고도 수익을 창출할 수 있는 효과적인 방법이다. 제품 출시를 위해 신생 기업을 설립해야 할 경우, 이를 주도할 인물이 적절한 경영 팀과 자금을 갖추고 있으며, 신생 기업을 성공적으로 이끈 경험이 있는지 확인하는 것이 중요하다. 이는 아이디어를 성공적인 비즈니스로 전환하는 데 필요한 실행력과 경험의 중요성을 강조한다. 그러나 많은 발명가들이 자신의 발명에 대한 지나친 몰입과 객관적 시각의 부족으로 사업에 실패하는 경우가 많다는 점에 유의해야 한다. 이는 발명가의 열정이 때로는 시장 현실을 간과하게 만들 수 있음을 의미한다. 따라서 상업화 과정에서는 발명가의 창의성과 전문성을 존중하되, 객관적인 시장 분석과 경영 전략을 결합하여 균형 잡힌 접근을 취하는 것이 성공의 핵심이다. 이를 위해 다양한 분야의 전문가로 구성된 팀을 구성하고, 지속적인 시장 피드백을 반영하는 것이 바람직하다.

제 4 절 비실시기업의 위협 및 대응 전략

학습 개관

비실시기업(NPE)의 종류, 특성과 위협을 이해하고, 이에 대한 효과적인 대응 전략을 수립할 수 있다. NPE의 비즈니스 모델 분석, 위험 평가, 방어적 특허 확보 등 다각적인 대응 방안을 학습하고 실행할 수 있는 능력을 기른다.

학습 포인트

NPE의 정의, 종류 및 특성과 비즈니스 모델을 분석할 수 있다.
NPE의 위협에 대한 위험을 평가할 수 있다.
방어적 특허 확보 전략을 수립할 수 있다.

NCS 및 NCS 학습모듈	하위 목차명	비실시기업의 정의, 비실시기업의 특허 분쟁 동향, 비실시기업의 종류, 비실시기업과의 분쟁 대응 전략	
	대분류	05. 법률·경찰·소방·교도·국방	
	중분류	01. 법률	
	소분류	02. 지식재산관리	
	세분류	01. 지식재산관리	
	능력단위 (능력단위요소)	07. 지식재산 분쟁 방어	
	주요 지식·기술· 태도	• NPE의 정의와 특성, 특허 포트폴리오 전략, 라이선싱 이론 • 지식재산권 분쟁 위험 평가 능력, 특허 분석 능력, 대응 전략 수립 능력 • 지식재산권 분쟁에 대한 선제적 대응 자세, 전략적 사고, 지속적인 모니터링 의지	

01 비실시기업의 정의

삼성전자, LG전자, 노키아 등을 상대로 거액의 실시료를 받아낸 인터디지털(InterDigital)과 다수의 침해소송을 제기하고 있는 인텔렉추얼 벤처스(Intellectual Ventures)와 같은 기업들은 '비실시기업(NPE : Non-Practicing Entity)'으로 불린다. 이들은 특허권을 바탕으로 제품의 제조, 생산, 판매를 하지 않고 특허소송을 통해 금전적 이익을 추구하는 특성을 가지고 있다. 인텔(Intel)의 전 특허변호사이자 인텔렉추얼 벤처스의 공동 설립자인 피터 뎃킨(Peter Detkin)이 사용한 '특허괴물(Patent Troll)'이라는 부정적 용어 대신 '비실시기업'이라는 중립적 표현이 일반화되었으며, '특허주장 기업(PAE : Patent Assertion Entity)' 또는 '라이선스 회사(Licensing Company)' 등의 용어도 사용된다. NPE는 일반적으로 특허발명을 직접 실시하지 않고 특허권을 이용한 소송이나 라이선스를 통해 수익을 얻는 개인 또는 기업을 의미한다. 이러한 정의는 사용하는 사람에 따라 조금씩 다를 수 있지만, 핵심은 특허권 자체를 수익 창출의 주요 수단으로 활용한다는 점이다. 이들은 다른 특허권을 침해할 가능성이 낮아, 특허 침해소송에서 피고 기업이 반소를 제기하거나 크로스 라이선스를 체결하기 어려운 특징이 있다. 이는 NPE가 제품을 생산하지 않기 때문에 다른 기업의 특허를 침해할 가능성이 낮고, 따라서 상호 특허 교환의 필요성이 없기 때문이다. 넓은 의미의 NPE에는 대학이나 연구소도 포함될 수 있지만, 여기서는 순수하게 특허권을 통한 수익 창출을 목적으로 하는 영리 기업만을 NPE로 한정하여 논의한다. 이는 대학이나 연구소가 연구개발을 통해 혁신에 기여하는 반면, 순수 NPE는 주로 특허권 활용을 통한 수익 창출에 집중하기 때문이다. 이러한 NPE의 활동은 특허 시스템의 활용과 기술 혁신의 촉진이라는 긍정적 측면과 함께, 과도한 소송으로 인한 기업 부담 증가라는 부정적 측면을 동시에 가지고 있는 것이 현실이다. NPE의 존재는 특허 시스템의 효율성과 공정성에 대한 논쟁을 야기하며, 「특허법」과 정책의 발전 방향에 중요한 영향을 미치고 있다. 따라서 NPE에 대한 이해와 적절한 대응 전략의 수립은 현대 기업들에 중요한 과제가 되고 있다.

02 비실시기업의 특허 분쟁 동향

특허청의 보고에 따르면, 2022년 미국에서 한국 기업을 대상으로 한 특허소송 중 NPE(비실시기업)가 제기한 소송의 비율이 최근 5년 중 가장 높은 수준을 기록하였다. 구체적으로, 전체 소송 중 NPE가 제소한 비율이 109건 중 76건으로 69.7%에 달해, 최근 한국 기업에 대한 특허 공격이 NPE에 의해 주도되고 있음을 보여주고 있다. 이러한 NPE들 중에서 한국 기업을 상대로 특허소송을 제기한 주요 기업으로는 유니록(Uniloc), 어라이벌스타(Arrival Star), 멜비노 테크놀로지(Melvino Technology), 시더 레인 테크놀로지(Cedar Lane Technology) 등이 있다. 이는 한국 기업들이 글로벌 시장에서 경쟁력을 갖추면서 동시에 NPE들의 주요 타겟이 되고 있음을 시사하는 것으로, 한국 기업들이 해외 특허 전략과 분쟁 대응 능력을 강화해야 할 필요성을 더욱 부각시키고 있다.

03 비실시기업의 종류

비실시기업(NPE)은 그들이 보유한 특허권의 출처에 따라 여러 유형으로 분류할 수 있다.

① 첫 번째 유형은 가장 전형적인 NPE로, 타인의 특허권을 매입하여 수익을 올리는 형태이다. 이들은 자체적인 연구개발 없이 순수하게 특허 매입과 라이선싱, 소송을 통해 수익을 창출한다. 미국 특허조사전문 업체 Patent Freedom의 조사에 따르면, 전체 NPE의 약 80%가 이 유형에 해당하여 가장 보편적인 형태임을 알 수 있다.

② 두 번째 유형은 독자적인 연구개발을 통해 특허권을 확보하는 NPE로, 산업 혁신에 기여할 수 있다는 긍정적 측면이 있다. 그러나 이들의 주된 목적이 라이선스나 소송을 통한 수익 창출이라는 점에서 부정적 측면도 존재한다. 이 유형은 기술 개발과 특허권 활용 사이의 균형을 어떻게 유지하느냐에 따라 그 평가가 달라질 수 있다.

③ 세 번째 유형은 독자 개발과 특허권 매입을 병행하는 NPE로, 많은 경우 자체 특허 개발 부서를 보유하고 있다. 이들은 첫 번째와 두 번째 유형의 특성을 복합적으로 가지고 있어, 더욱 다양한 전략을 구사할 수 있다.

④ 마지막 유형은 원래 제조업체였으나 파산이나 사업 정리 후 남은 특허권으로 수익을 올리는 기업이다.

이들은 과거의 연구개발 결과물을 새로운 방식으로 활용하는 사례로 볼 수 있다. 이러한 NPE들은 주로 미국에 분포하고 있으며 전 세계적으로 활동하고 있다. 특히 미국 특허 시스템의 특성과 대규모 기술 시장의 존재로 인해 NPE 활동이 활발하다. 2023년 기준 미국 지방법원의 특허 소송 건수는 3,108건이며, 이 중 특허 소송이 가장 활발히 벌어지는 텍사스 동부 지방법원의 소송은 총 613건, 텍사스 서부지방법원의 소송은 총 519건이다. 텍사스 동부의 경우 약 85%의 소송이 NPE에 의해 청구되고, 텍사스 서부의 경우 약 90%가 NPE에 의해 청구되고 있어, 이들의 활발한 특허 소송 활동을 보여주고 있다. 이는 NPE가 현대 특허 생태계에서 중요한 행위자로 자리잡았음을 시사한다. 이러한 NPE의 다양한 유형은 특허 시스템의 복잡성과 특허권 활용의 다양한 형태를 반영하고 있으며, 기업들이 특허 전략을 수립할 때 고려해야 할 중요한 요소이다. 따라서 기업들은 자사의 특허 포트폴리오 관리뿐만 아니라, 이러한 다양한 NPE 유형에 대한 이해와 대응 전략 수립이 필요하다.

다음은 2017년부터 2022년까지 누적된 미국 소송 건수를 기준으로 한 미국 NPE 순위 리스트이다.

🔔 **2017~2022년 최다 소송 NPE 12개사**

기관명	개별/그룹	소송 건수	순위
IP Edge LLC	그룹	2297	1
Leigh M. Rothschild	그룹	817	2
Uniloc Corporation Pty. Limited	그룹	340	3
SoftBank Group Corp.	그룹	296	4
Cedar Lane Technologies Inc.	개별	272	5
Equitable IP Corporation	그룹	252	6
DynamicIP Deals, LLC(d/b/a DynaIP)	그룹	226	7
Dominion Harbor Enterprises, LLC	그룹	209	8
WSOU Holdings, LLC	개별	203	9
IPValuation Partners, LLC	그룹	194	10
Atlantic IP Services Limited	그룹	187	11
IP Investments Group LLC	그룹	172	12

04 비실시기업과의 분쟁 대응 전략

비실시기업(NPE)으로부터 특허침해 분쟁이 발생하는 경우, 그 절차적 측면은 일반적인 특허침해 소송과 동일하다. 그러나 원고가 NPE라는 특수성을 고려하여 분쟁 대응 전략을 수립해야 한다. 이는 NPE가 일반 기업과는 다른 목적과 운영 방식을 가지고 있기 때문이다. 다음에서는 NPE와 관련된 특허 분쟁이 가장 빈번하게 발생하는 미국을 중심으로 대응 전략을 살펴볼 것이다. 미국 시장은 특허 소송의 규모와 영향력이 가장 크며, NPE 활동이 가장 활발한 곳이기 때문에 이에 초점을 맞추는 것이 중요하다. 따라서 기업들은 미국 특허법과 소송 절차에 대한 이해를 바탕으로, NPE의 특성을 고려한 맞춤형 대응 전략을 개발해야 할 필요가 있다.

1. 최초의 요구에 대해 능동적인 대응을 하라.

(1) 적절한 회신

NPE(비실시기업)는 종종 침해 의심 대상에게 라이선스 요구 서면을 발송한다. 이러한 서면에 대한 회신 시에는 상세한 검토와 신중한 대응이 필수적이다. 특히 미국 소송에서는 경고장을 무시할 경우 법원이나 배심원들에게 부정적인 인상을 줄 수 있으므로, 타인의 특허권을 존중한다는 태도를 보이면서 동시에 상세한 설명을 요구하는 방식으로 회신하는 것이 바람직하다. 구체적으로는 침해 제품의 특정, 침해 부분에 대한 구성 대 구성 비교를 담은 클레임 차트(claim chart) 요청, 해당 특허권에 대한 라이선스 조건 제시 요구 등을 포함하는 것이 좋다. 이러한 접근 방식은 NPE의 주장에 대해 신중하고 전문적으로 대응하고 있음을 보여주며, 동시에 추가 정보를 얻어 더 효과적인 대응 전략을 수립할 수 있는 기회를 제공한다. 또한, 이러한 상세한 정보 요청은 NPE의 주장이 근거 없는 것일 경우 이를 드러내는 데 도움이 될 수 있으며, 실제 침해 가능성이 있는 경우에도 협상의 기초를 마련하는 데 유용하다. 따라서 NPE로부터 라이선스 요구를 받았을 때는 즉각적인 거부나 무시보다는 전략적이고 전문적인 대응을 통해 자사의 입장을 강화하고 불필요한 법적 분쟁을 예방하는 것이 중요하다.

⑵ 소송과 합의 등의 진행

협상을 원하는 NPE(비실시기업)는 향후 협상을 위해 비밀유지계약 체결을 요구할 수 있으나, 미국에서는 협상 과정의 논의 내용이 증거개시 절차의 대상이 될 수 있음을 주의해야 한다. 이는 향후 소송 진행 시 협상 과정에서 공유된 정보가 법정에서 사용될 수 있음을 의미하므로, 협상 시 정보 공유에 신중을 기해야 한다. NPE가 제시하는 라이선스 요구사항과 소송 진행 시의 상황을 비교하여, 합의가 유리하다고 판단되면 라이선스 계약이나 부제소특약(Covenant Not to Sue)을 체결할 수 있다. 이러한 결정은 단기적인 비용 절감뿐만 아니라 장기적인 비즈니스 전략을 고려하여 이루어져야 한다. 소송과 합의 중 어느 것을 선택할지 결정할 때는 기술, 마케팅, 법무, 특허 등 다양한 측면을 종합적으로 고려해야 한다. 이는 NPE와의 분쟁이 단순히 법적 문제를 넘어 기업의 전반적인 전략과 연관되어 있음을 보여준다. 또한 미국 소송에 대비하여, 관련 있다고 판단되는 모든 사내 인원들에게 증거보존 통지(litigation hold) 명령을 내려야 한다. 이는 소송 과정에서 중요한 증거가 파기되거나 변경되는 것을 방지하기 위한 조치로, 법적 리스크 관리의 중요한 부분이다. 이러한 전반적인 절차와 고려사항들은 NPE와의 분쟁 대응 시 전략적 판단과 함께 법적 리스크 관리의 중요성을 보여주는 것으로, 기업은 NPE의 접근에 대해 단순히 법적 대응을 넘어 종합적인 비즈니스 전략의 일환으로 접근해야 함을 시사한다.

2. 적을 알아야 한다.

모든 NPE(비실시기업)가 동일한 특성과 능력을 가진 것은 아니다. 따라서 경고장을 보낸 NPE의 성격, 과거 소송 이력, 공격성, 보유 특허권의 규모, 재정적 능력, 라이선스 체결 현황 등에 대해 철저한 조사가 필요하다. 이러한 분석을 통해 대응 전략이 크게 달라질 수 있기 때문이다. NPE의 성격에 따라 다수의 실시자에게 소액의 합의금을 요구하는 경우와 소수의 대규모 침해자에게 고액의 로열티를 요구하는 경우가 있어, 이에 따른 맞춤형 대응 전략 수립이 필요하다. 예를 들어, 소액 합의를 선호하는 NPE에 대해서는 신속한 협상 전략이 효과적일 수 있으며, 고액 로열티를 요구하는 NPE에 대해서는 더욱 강력한 법적 대응이 필요할 수 있다. 또한 NPE의 재정 상태와 소송 수행 능력을 파악하는 것은 장기적인 법적 대응의 가능성을 평가하는 데 중요하다. NPE의 과거 소송 이력을 분석하면 그들의 전략적 패턴과 성공률을 파악할 수 있어, 향후 소송 진행 방향을 예측하는 데 도움이 된다. 더불어 NPE가 보유한 특허 포트폴리오의 질적 수준과 양적 규모를 평가하는 것도 중요한데, 이는 NPE의 협상력과 잠재적 위협 수준을 가늠하는 데 핵심적인 요소이다. 따라서 기업은 NPE의 특성을 정확히 파악하고 이에 기반한 맞춤형 대응 전략을 수립함으로써, 불필요한 비용 지출을 줄이고 효과적으로 자사의 이익을 보호할 수 있다. 이러한 종합적인 접근 방식은 NPE와의 분쟁에서 기업이 전략적 우위를 점하고, 장기적으로 지속 가능한 특허 전략을 수립하는 데 필수적이다.

3. 적의 무기를 알아야 한다.

특허침해소송에서 가장 중요한 무기는 특허권이다. 그러나 특허권의 강도와 범위는 매우 다양하므로, 이에 대한 면밀한 분석이 필수적이다. 해당 특허권의 소송 이력이나 재심사 경험 등을 파악하면 그 특허권의 강도를 추정할 수 있다. 예를 들어, 여러 차례의 소송에서 유효성이 인정된 특허는 상대적으로 강력한 특허로 볼 수 있다. 만약 아직 라이선스가 없는 특허권이라면, 최초 라이선스 계약을 체결하는 것이므로 상대적으로 낮은 로열티율로 분쟁을 해결할 가능성이 높다. 이는 특허권자가 첫 라이선스 계약을 통해 특허의 가치를 입증하고자 할 수 있기 때문이다. 반면, 소송이나 재심사 경험이 없는 특허권은 무효가능성이 상대적으로 높을 수 있다. 이는 아직 특허의 유효성이 법적으로 검증되지 않았음을 의미한다. 이러한 특허권의 특성과 이력을 종합적으로 고려하여 대응 전략을 수립하는 것이 중요하다. 특허권의 강도를 정확히 파악함으로써, 기업은 불필요한 소송을 피하고 효과적인 협상 전략을 세울 수 있으며, 궁극적으로 자사의 이익을 더욱 잘 보호할 수 있다. 또한, 이러한 분석을 통해 특허 포트폴리오의 전반적인 가치를 평가하고, 필요한 경우 자사의 특허 전략을 조정하는 데에도 도움을 받을 수 있다.

4. 소송지에 대한 다툼을 하거나 무효화 전략을 활용하라.

소송지는 소송의 승패에 중요한 영향을 미치는 요소이다. 일반적으로 원고는 자신에게 유리한 지역의 법원을 선택하려고 하지만, NPE의 소송이 아직 제기되지 않은 경우 피고는 유리한 법원을 먼저 선택할 수 있다. 이를 위한 제도가 비침해 내지 무효확인소송(declaratory judgment action)이다. 이 제도를 통해 피고는 자신에게 유리한 법원에서 선제적으로 소송을 제기할 수 있어, 소송 진행의 주도권을 잡을 수 있다. NPE는 주로 원고 승소율이 높고 소송 진행이 빠른 법원을 선호하는 반면, 피고는 소송 진행이 느리고 원고 승소율이 낮은 법원을 선호한다. 이는 각 당사자의 이해관계가 반영된 것으로, 소송 전략의 중요한 부분을 차지한다. 따라서 소송지를 먼저 선택하면 협상에서도 유리한 위치를 차지할 수 있다. 이는 단순히 법적 유리함뿐만 아니라 심리적 우위도 확보할 수 있기 때문이다. 그러나 최근 미국 특허법 개정으로 도입된 당사자계 재심사(IPR : Inter Partes Review)는 피고가 먼저 확인소송을 제기하면 이용할 수 없으므로, 어느 전략이 유리한지 신중히 고려해야 한다. IPR은 특허의 유효성을 다투는 효과적인 수단이지만, 확인소송과 동시에 활용할 수 없다는 제한이 있어 전략 선택에 주의가 필요하다. NPE가 소송을 제기한 법원이 불리하다고 판단되면 이송신청(venue transfer motion)을 고려할 수 있지만, 이는 해당 법원의 재량에 달려 있다. 이송신청은 피고에게 더 편리하고 공정한 재판을 받을 수 있는 기회를 제공하지만, 법원이 이를 받아들일지는 불확실하다. 이러한 복잡한 요소들을 고려하여 소송 전략을 수립하는 것이 NPE와의 특허 분쟁에서 중요한 과제이다. 따라서 기업은 법률 전문가와 긴밀히 협력하여 각 옵션의 장단점을 철저히 분석하고, 자사에 가장 유리한 전략을 선택해야 한다. 다음 표는 IPR과 유사하게 등록된 특허를 무효화시킬 때 사용할 수 있는 IPR(Inter Partes Review), PGR(Post-Grant Review), CBM(Covered Business Method Review)에 대해서 서로 비교하여 정리한 것이다.

특징	IPR	PGR	CBM
신청 시기	특허등록 후 9개월 이후 또는 PRG 종료 후	특허등록 후 9개월 이내	특허등록 후 9개월 이후 (2020년 9월 15일 종료)
신청 자격	특허권자를 제외한 누구나	특허권자를 제외한 누구나	BM 특허 관련 소송 당사자 또는 위협받은 자
무효 사유	신규성, 진보성 결여	모든 무효 사유	모든 무효 사유
진행 기간	신청 수락 후 1년 (6개월 연장 가능)	신청 수락 후 1년 (6개월 연장 가능)	신청 수락 후 1년 (6개월 연장 가능)
대상 특허	모든 특허	AIA(America Invests Atc, 미국 개정 특허법)하에서 등록된 특허	비즈니스 방법 관련 특허
증거 기준	청구항 무효의 합리적 가능성	청구항 무효 가능성이 더 높음	PGR과 동일

5. 같은 피고들을 포섭하여 협력하라.

NPE(비실시기업)는 종종 소수의 특허권을 바탕으로 다수의 기업을 상대로 소송을 제기하는 전략을 취한다. 극단적인 경우, 100개가 넘는 회사를 대상으로 소송을 제기하는 사례도 있다. 이러한 상황에서 피고 기업들은 소송 비용을 분담하고 유리한 합의를 끌어내기 위해 서로 협력하는 것이 전략적으로 유리할 수 있다. 그러나 협력 관계에 있는 피고 기업들 사이에도 각자의 이해관계가 다를 수 있으므로, 이를 적절히 조정하는 것이 중요하다. 이러한 협력은 개별 기업의 법적 부담을 줄이고 공동 대응의 효과를 높일 수 있지만, 동시에 기업 간 정보 공유와 전략 조율에 따른 복잡성도 증가할 수 있다. 따라서 효과적인 공동 대응을 위해서는 참여 기업들 간의 명확한 역할 분담, 비용 분담 원칙, 그리고 정보 공유의 범위 등에 대한 사전 합의가 필요하다.

6. 특허무효절차 및 반소(counter claim)를 제기하라.

NPE(비실시기업)의 핵심 자산은 특허권이다. 이 특허권이 무효화되거나 행사 불능 상태가 되면 NPE는 라이선스를 통한 수익 창출이 불가능해진다. 따라서 NPE를 상대로 하는 피고 기업은 해당 특허권을 무효화하거나 행사 불능 상태로 만드는 전략을 적극적으로 고려해야 한다. 이를 위해 발명자 조사, 심사이력 분석, 선행기술 조사, 공지기술 증거 수집 등의 방법을 활용할 수 있다. 이러한 조사와 분석은 특허의 취약점을 발견하고 무효화 가능성을 높이는 데 중요한 역할을 한다. 최근에는 당사자계 재심(IPR)이나 등록 후 재심(PGR) 등의 특허 무효화 절차가 많이 이용되고 있으며, 영업방법 관련 발명의 경우 CBM(Covered Business Method) 재심사도 고려할 만하다. 이러한 절차들은 법원 소송에 비해 상대적으로 빠르고 비용 효율적인 방법으로 특허의 유효성을 다툴 수 있는 기회를 제공한다. NPE는 일반적으로 특허발명을 직접 실시하지 않기 때문에 반소(counter claim)를 제기하기 어렵지만, 경우에 따라 특허권 남용, 반독점법 위반, FRAND 조건 위반 등을 근거로 한 반소도 검토해 볼 수 있다. 이러한 반소 전략은 NPE의 특허 주장에 대한 방어뿐만 아니라, NPE의 행위가 법적, 윤리적 문제가 있음을 제기함으로써 협상력을 높일 수 있다. 이러한 다양한 방어 전략을 통해 피고 기업은 NPE의 특허 공세에 효과적으로 대응하고, 불필요한 라이선스 비용 지출을 방지할 수 있다. 결과적으로, NPE와의 분쟁에서 성공적인 대응은 기업의 재정적 부담을 줄이고 기술 혁신 활동을 보호하는 데 중요한 역할을 한다.

7. 특허심사 과정을 조사하라.

특허권 취득 과정에서 특허권자가 취한 조치나 제시한 의견은 후속 소송에서 이와 상충되는 주장을 하는 것을 제한하는데, 이를 출원경과금반언 또는 포대금반언의 원칙(prosecution history estoppel 또는 file wrapper estoppel)이라고 한다. 이 원칙은 특허권자가 특허심사 과정에서 한 진술이나 보정에 대해 책임을 지도록 하여, 특허 시스템의 공정성을 유지하는 역할을 한다. 이 원칙을 적용하면 특허권의 권리범위를 상당히 축소시켜 침해 주장을 무력화할 수 있는 중요한 방어 수단이 된다. 또한, 출원 과정에서 부정한 행위(inequitable conduct)가 있었다면 특허권 행사가 제한될 수 있으므로, 이에 대한 철저한 조사가 필요하다. 부정한 행위는 특허 출원 과정에서 중요한 정보를 고의로 누락하거나 허위 정보를 제공하는 등의 행위를 포함하며, 이는 특허의 유효성 자체를 위협할 수 있다. 한편, 당사자계 재심(IPR)을 거친 특허의 경우, 재심 과정에서 특허권자나 청구인(대개 침해 소송의 피고)이 제시한 의견도 금반언(estoppel)의 대상이 되어 소송에서 이와 모순되는 주장을 할 수 없다는 점에 주의해야 한다. 이는 IPR 절차의 중요성을 더욱 부각시키며, 당사자들이 IPR 과정에서 제시하는 주장과 증거에 신중을 기해야 함을 의미한다. 이러한 법리들은 특허 분쟁에서 당사자들의 주장 범위를 제한하고, 특허 시스템의 일관성과 공정성을 유지하는 데 중요한 역할을 한다. 따라서 특허 소송에 관여하는 모든 당사자들은 이러한 원칙들을 충분히 이해하고, 전략적으로 활용할 수 있어야 한다.

8. 마크만 히어링(Markman Hearing)을 이용하라.

마크만 히어링(Markman Hearing)은 미국 특허침해소송에서 청구범위를 해석하고 확정하는 중요한 절차이다. 이 절차는 어느 한 당사자의 신청으로 시작되며, 소송 초기에 진행될 경우 주로 피고에게 유리한 경향이 있다. NPE(비실시기업) 소송에서 초기에 청구범위를 확정하면 증거개시절차(discovery)에 드는 비용을 상당히 줄일 수 있는 이점이 있다. NPE는 특허발명을 직접 실시하지 않기 때문에 증거개시 절차에서 제출할 증거가 상대적으로 적어 비용 부담이 적다는 특징이 있다. 일부 법원에서는 증거개시 절차 이전에 청구범위를 확정하는 것을 선호하는데, 이는 소송의 효율성을 높이고 불필요한 비용 지출을 줄이는 데 도움이 된다. 따라서 특허소송에 관여하는 당사자들은 마크만 히어링의 전략적 활용에 대해 신중히 고려해야 하며, 특히 피고 입장에서는 이를 통해 소송 초기에 유리한 위치를 선점할 수 있는 기회로 활용할 수 있다.

9. 공판(trial) 전략을 잘 짜라.

NPE(비실시기업)는 특허발명을 직접 수행하거나 실시하지 않기 때문에 기술혁신이나 산업발전에 기여하는 바가 거의 없다는 인식이 일반적이다. 미국에서 대다수의 특허소송은 배심재판으로 진행되며, 어느 한 당사자가 배심재판을 신청하면 그에 따라 소송이 이루어진다. 배심원들은 일반 시민들로 구성되어 재판에 참여하게 되는데, 이러한 특성을 고려할 때 NPE가 혁신과 산업발전에 기여하는 바가 없다는 점을 배심원단에게 설득하는 것이 효과적인 전략이 될 수 있다. 이는 NPE의 특허 주장에 대한 배심원들의 공감을 줄이고, 피고 기업에 대한 호의적인 판단을 끌어낼 수 있는 방법이다. 따라서 NPE를 상대로 한 특허소송에서는 기술적인 논쟁뿐만 아니라 NPE의 사회적 역할과 기여도에 대한 논의도 중요한 전략적 요소가 될 수 있다.

재판 외 분쟁해결(ADR)

학습 개관

재판 외 분쟁해결 방법의 종류와 특징을 이해하고, 적절한 ADR 방식을 선택하여 활용할 수 있는 능력을 배양한다. 조정, 중재 등 다양한 ADR 절차의 장단점을 파악하고, 효과적인 분쟁 해결을 위한 전략을 수립할 수 있다.

학습 포인트

다양한 ADR 방식의 특징과 절차, 장단점을 설명할 수 있다.
분쟁 상황에 적합한 ADR 방식을 선택할 수 있다.
ADR 절차에 필요한 서류를 작성할 수 있다.

NCS 및 NCS 학습모듈

하위 목차명	재판 외 분쟁해결의 의의, 재판 외 분쟁해결의 장단점, 재판 외 분쟁해결의 종류	
NCS 및 NCS 학습모듈	대분류	05. 법률·경찰·소방·교도·국방
	중분류	01. 법률
	소분류	02. 지식재산관리
	세분류	01. 지식재산관리
	능력단위 (능력단위요소)	06. 지식재산 권리 행사 07. 지식재산 분쟁 방어
	주요 지식·기술· 태도	• ADR의 종류와 특징, 조정 및 중재 절차, 관련 법규 • ADR 방식 선택 능력, ADR 서류 작성 능력, 협상 기술 • ADR에 대한 협력적 자세, 문제 해결 의지, 대안적 사고

01 재판 외 분쟁해결의 의의

재판 외 분쟁해결(ADR : Alternative Dispute Resolution)은 재판을 대신하여 분쟁을 처리하는 제도로, 중재(arbitration), 조정(mediation), 화해 등이 대표적인 예시이다. 이는 전통적인 소송 절차에 비해 더 유연하고 효율적인 방식으로 분쟁을 해결할 수 있는 대안적 방법이다. 우리나라는 2011년 「지식재산 기본법」을 제정하여 ADR의 활성화와 전문성 제고, 그리고 국민들의 쉬운 이용을 위한 안내와 홍보 강화를 규정하고 있다. 이는 지식재산 관련 분쟁이 신속하고 원만하게 해결될 수 있도록 하기 위한 정부의 노력을 보여주는 것이다. 특허 등 지식재산권 분쟁은 복잡하고 전문지식이 필요하여 장시간과 고비용이 소요되며, 소송 진행 중 사업 지연 문제도 발생할 수 있다. 이러한 문제들은 기업이나 개인의 경제적 부담을 가중시키고, 혁신과 창의성을 저해할 수 있는 요인이 된다. 따라서 분쟁의 신속하고 경제적인 해결을 위해 ADR을 활용하는 것이 바람직하다. 이는 당사자들에게 시간과 비용을 절약할 수 있는 기회를 제공하며, 더 나아가 산업 발전에도 긍정적인 영향을 미칠 수 있다. 「발명진흥법」과 「저작권법」 등에서도 조정제도에 대한 규정을 마련하고 있으며, 이는 복잡한 지식재산 분쟁을 효율적으로 해결하기 위한 노력의 일환이다. 이러한 제도적 장치들은 지식재산권의 보호와 활용을 촉진하고, 궁극적으로는 국가 경쟁력 향상에 기여할 수 있는 중요한 요소라고 할 수 있다.

02 재판 외 분쟁해결의 장단점

1. ADR의 장점

재판 외 분쟁해결(ADR)은 민사소송에 비해 여러 가지 장점을 가지고 있는 제도이다. 우선, ADR은 신속하고 경제적인 비용으로 분쟁을 해결할 수 있어 당사자들의 시간과 자원을 절약할 수 있다. 또한, ADR은 「민사소송법」에 규정된 엄격한 절차와 달리 상호 합의에 따라 형식과 격식을 완화하여 진행되므로, 우호적이고 호혜적인 분위기에서 분쟁을 해결할 수 있다. 이는 당사자들 간의 관계를 유지하는 데 도움이 된다. 민사소송이 승패를 가르는 일도양단식 해결방식인 반면, ADR은 양 당사자가 서로 윈-윈할 수 있는 해결책을 모색할 수 있어 관계 악화를 방지할 수 있다. 이는 특히 지속적인 비즈니스 관계를 유지해야 하는 기업들 사이의 분쟁에서 중요한 장점이 될 수 있다. 또 다른 ADR의 장점은 비공개 진행이 가능하다는 점이다. 법원의 재판이 공개주의 원칙을 따르는 것과 달리, ADR은 대부분 비공개로 진행되어 분쟁과 관련된 영업비밀 등을 보호할 수 있다. 이는 기업의 평판 관리나 중요한 기술 정보 보호에 유리하다. 더불어 ADR은 복잡한 기술 관련 분쟁에서 특히 유용할 수 있다. 민사소송에서는 법관이 모든 기술 분야에 대해 전문성을 갖기 어려운 반면, ADR에서는 해당 분야의 전문가들이 참여하여 보다 유연하고 정확한 결과를 도출할 가능성이 높다. 마지막으로, ADR은 당사자들의 자발적 의사에 따라 진행되므로 분쟁해결 과정에 대한 만족도가 높은 경우가 많다. 이는 결과에 대한 수용도를 높이고, 향후 유사한 분쟁 발생 시 다시 ADR을 선택할 가능성을 증가시킨다. 이러한 다양한 장점들로 인해 ADR은 현대 사회에서 민사소송의 효과적인 대안으로 주목받고 있으며, 특히 지식재산권 이나 국제 상거래 등 전문성이 요구되는 분야에서 그 활용도가 높아지고 있는 것이다.

2. ADR의 단점

재판 외 분쟁해결(ADR)은 여러 장점에도 불구하고 몇 가지 단점을 가지고 있는 제도이다. 우선, 충분한 절차보장과 사실관계 조사가 이루어지지 않으면 경제적·사회적 강자에게 유리한 결과가 도출될 위험이 있다. 이는 ADR이 공정성을 담보하기 위한 제도적 장치가 상대적으로 부족할 수 있기 때문이다. 또한, 신속성과 저비용만을 강조하다보면 분쟁의 공정한 해결이 침해될 수 있다는 문제점이 있다. 이는 ADR의 주요 장점인 효율성이 오히려 단점으로 작용할 수 있음을 보여주는 것이다. ADR에서의 판단 기준은 민사소송보다 주관적일 수 있어, 자의적이거나 단순히 양측 주장을 절충하는 식의 판단이 내려질 가능성이 있다. 이는 ADR 진행자의 전문성과 중립성이 매우 중요함을 시사한다. 더불어 ADR로 분쟁이 해결되면 시간과 비용을 절감할 수 있지만, 한 당사자가 결과에 불복할 경우 오히려 소송보다 더 많은 시간과 비용이 소요될 수 있다. 이는 ADR이 항상 효율적인 해결책이 되지 않을 수 있음을 의미한다. 특히 중재의 경우 불복 절차가 없어 잘못된 판단이 내려지면 돌이킬 수 없는 위험을 감수해야 하는 문제점이 있다. 이는 중재 결정의 최종성이 가져올 수 있는 부작용을 보여주는 것이다. 이러한 단점들은 ADR을 선택할 때 신중히 고려해야 할 사항들이다. 따라서 분쟁 당사자들은 자신들의 상황과 분쟁의 성격을 고려하여 ADR의 장단점을 면밀히 검토한 후 이를 활용할지 여부를 결정해야 한다. 또한 ADR을 선택한 경우에도 이러한 단점들을 최소화할 수 있는 방안을 함께 모색해야 할 것이다.

03 재판 외 분쟁해결의 종류

1. 알선 및 주선

알선 및 주선은 분쟁 당사자가 아닌 중립적인 제3자가 개입하여 분쟁해결을 도모하는 방법이다. 이 방법에서 중립적 제3자는 양 당사자 간의 교섭과 협상을 중재하고 주선하여 합의에 이르도록 유도하는 역할을 한다. 알선 및 주선의 특징은 특별한 자격이나 권한 없이도 누구나 수행할 수 있다는 점이다. 이는 공식적인 법적 절차나 특정 기관의 개입 없이도 분쟁해결을 시도할 수 있게 해주는 유연한 방식이다. 따라서 알선 및 주선은 분쟁해결의 초기 단계에서 활용될 수 있는 간단하고 접근성 높은 방법이라고 할 수 있다.

2. 조정

조정은 제3자(법관 또는 조정위원회)가 독자적으로 분쟁해결을 위한 타협 방안을 마련하여 당사자의 수락을 권고하는 제도이다. 이는 재판 외 분쟁해결 방법 중 하나로, 당사자들의 자율적 합의를 유도하면서도 전문가의 개입을 통해 합리적인 해결책을 모색할 수 있다는 장점이 있다. 우리나라는 이를 규율하기 위해 「민사조정법」을 제정하여 시행 중이며, 이를 통해 조정 절차의 공정성과 효율성을 보장하고 있다. 조정은 중재와 달리 권고안에 강제력이 없고, 화해와 달리 제3자가 개입한다는 특징이 있다. 이러한 특성으로 인해 조정은 당사자들의 자율성을 존중하면서도 전문적인 조언을 받을 수 있는 중간적 성격의 분쟁해결 방식이라고 할 수 있다. 법원이 관여하는 민사조정의 경우, 조정이 성립되어 조정조서가 작성되면 확정판결과 동일한 효력을 갖는다. 이는 조정의 결과에 법적 구속력을 부여함으로써 분쟁의 종국적 해결을 보장하는 중요한 장치이다. 지식재산권 분야에서는 특허청 산하의 산업재산권분쟁조정위원회, 한국저작권위원회의 조정부, 그리고 2009년 설립된 법원조정센터 등이 조정을 수행하고 있다. 이러한 전문기관들의 존재는 복잡하고 전문적인 지식재산권 분쟁을 효과적으로 해결하는 데 큰 도움이 되고 있다. 특히 산업재산권 분쟁조정을 통해 조정조서가 작성되면, 이는 재판상 화해로 인정되어 확정판결과 동일한 효력을 갖게 되는 중요한 제도이다. 이는 조정을 통한 분쟁해결이 단순한 합의 이상의 법적 효력을 가질 수 있음을 보여주는 것으로, 조정 제도의 실효성을 크게 높이는 요인이 되고 있다.

다음은 그중 산업재산권 분쟁조정 제도의 절차를 설명한 것이다.

◩ 산업재산권 분쟁조정 절차도

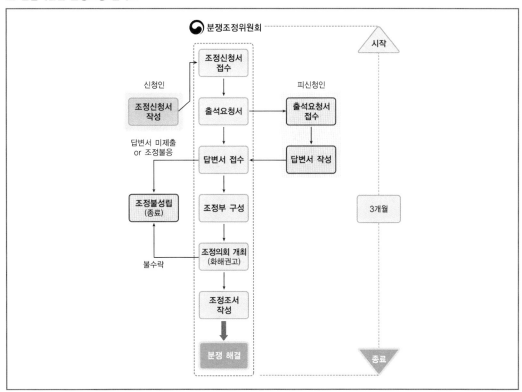

3. 협상 및 화해

협상 및 화해는 분쟁 당사자들이 직접적이고 자주적으로 교섭하여 상호 양보를 통해 분쟁을 해결하는 방식이다. 이 방법의 가장 큰 특징은 제3자의 개입 없이 양 당사자가 직접 분쟁해결을 시도한다는 점이다. 이는 당사자들의 자율성과 의사를 최대한 존중하는 방식으로, 서로의 입장과 이해관계를 직접 조율할 수 있는 기회를 제공한다. 실제로 많은 분쟁 사건이 이러한 당사자 간의 합의에 의한 화해로 해결되고 있다. 이 방법은 시간과 비용을 절약할 수 있고, 양측 모두가 수용 가능한 해결책을 도출할 수 있다는 장점이 있다. 따라서 협상 및 화해는 분쟁해결의 가장 기본적이면서도 효과적인 방법 중 하나로 인식되고 있다.

MEMO

지식재산능력시험

INTELLECTUAL I
PROPERTY P
ABILITY A
TEST T

www.ipat.or.kr

제 **3** 장

지식재산 소송과 심판

제 1 절 지식재산권 분쟁 관련 심판 및 소송

학습 개관

지식재산권 분쟁과 관련된 다양한 심판 및 소송 절차를 이해하고, 각 절차의 특징과 진행 과정을 파악한다. 심판과 소송의 차이점, 관할 기관, 주요 절차 등을 학습하여 효과적인 분쟁 해결 방안을 수립할 수 있는 능력을 기른다.

학습 포인트

다양한 지식재산권 관련 심판과 소송의 종류와 특징을 설명할 수 있다.
지식재산권 심판 및 소송 절차의 진행 과정을 이해하고 설명할 수 있다.
분쟁 유형에 따른 적절한 심판 또는 소송 전략을 수립할 수 있다.

NCS 및 NCS 학습모듈

하위 목차명	지식재산권 분쟁 관련 심판 및 소송의 의의 및 사례, 특허 분쟁의 개시, 심판/소송의 진행 실무	
NCS 및 NCS 학습모듈	대분류	05. 법률·경찰·소방·교도·국방
	중분류	01. 법률
	소분류	02. 지식재산관리
	세분류	01. 지식재산관리
	능력단위 (능력단위요소)	06. 지식재산 권리 행사
	주요 지식·기술·태도	• 산업재산권 관련 법령, 지식재산권 관련 판례, 민사소송법, 심판 및 소송 절차 • 지식재산관련 법률 문서 작성 능력, 심판 및 소송 절차 수행 능력, 분쟁 사례 분석 능력 • 지식재산 관련 법률적 사고, 체계적인 분석 자세, 객관적 판단 능력

01 지식재산권 분쟁 관련 심판 및 소송의 의의 및 사례

1. 의의

지식재산권 분쟁은 특허, 상표, 저작권 등을 둘러싸고 권리자와 침해자 간에 발생하는 법적 다툼으로, 기업의 생존과 경쟁력에 지대한 영향을 미친다. 이러한 분쟁을 해결하기 위해 권리자는 심판이나 소송의 법적 절차를 밟게 된다. 심판은 특허심판원과 같은 행정기관에서 주로 진행되며, 특허의 유효성이나 상표 등록의 적절성을 판단하는 과정이며, 소송에 비해 신속하고 비용 부담이 적은 장점이 있으나 법적 구속력은 상대적으로 약할 수 있다. 반면, 소송은 특허법원과 같은 사법기관에서 이루어지며 강력한 구속력을 가지나, 상당한 시간과 비용이 소요되는 단점이 있다. 소송에서 승소할 경우 침해 행위의 중단과 손해배상을 받을 수 있지만, 패소 시에는 막대한 법적 비용을 감당해야 한다.

이처럼 지식재산권 분쟁은 기업에 큰 부담으로 작용할 수 있으므로, 사전에 철저한 예방 대책을 마련하는 것이 중요하다. 우선, 특허 출원 전 선행기술에 대한 심층 조사를 통해 특허의 유효성을 확보하여 추후 무효 위험을 줄일 수 있다. 또한, 제품 제조 시, 사전 FTO 검토를 통해 타사 특허를 침해하지 않도록 주의해야 한다. 또한, 라이선스 계약 시 권리와 의무 관계를 명확히 규정함으로써 향후 분쟁의 소지를 최소화할 수 있다. 아울러, 자사의 특허, 상표, 저작권 등을 적극적으로 확보하고 관리하는 것도 분쟁 예방에 도움이 된다.

그럼에도 불구하고 분쟁이 발생할 경우, 신속하고 체계적인 대응이 요구된다. 이를 위해 평소 지식재산권 관련 전문인력을 확보하고, 분쟁 대응 매뉴얼을 정비해 두는 것이 바람직하다. 또한, 변리사, 변호사 등 외부 전문가의 도움을 받아 소송 전략을 수립하고, 입증 자료를 충실히 준비하는 것도 중요하다. 소송은 최후의 수단으로, 가급적 조정이나 화해를 모색하여 분쟁을 원만히 해결하는 것이 바람직하다.

결론적으로, 지식재산권은 오늘날 기업 경쟁력의 핵심 요소로 자리잡았다. 이에 따라 지식재산권 분쟁 또한 기업 경영에 있어 매우 중요한 이슈로 대두되었다. 따라서 기업은 지식재산권에 대한 이해를 바탕으로 분쟁을 미리 예방하고, 만일 분쟁이 발생하더라도 적절히 대응함으로써 기업의 권리를 보호하고 경쟁력을 유지할 수 있어야 한다. 이를 위해서는 전사적 차원의 지식재산권 관리 체계를 구축하고, 임직원의 인식을 제고하는 한편, 전문 인력 육성과 외부 전문가 활용 등에 만전을 기해야 할 것이다. 이러한 노력을 통해 기업은 급변하는 시장 환경 속에서도 지속 가능한 성장을 이루어 낼 수 있을 것이다.

2. 주요 기업 사례

(1) 애플과 삼성의 특허 분쟁

애플과 삼성의 특허 분쟁은 스마트폰 시장의 주도권을 둘러싼 치열한 경쟁의 한 단면을 보여준다. 2011년 애플이 삼성을 상대로 디자인 및 기술 특허 침해 소송을 제기하면서 시작된 이 분쟁은, 이후 양사가 여러 국가에서 수십 건의 소송을 주고받는 장기전으로 이어졌다. 애플은 자사의 혁신적 디자인과 기술이 삼성에 의해 모방되었다고 주장한 반면, 삼성은 자사의 무선통신 기술 특허를 애플이 침해했다고 맞섰다. 이 과정에서 양사는 막대한 소송 비용을 지출했을 뿐 아니라, 상대방 제품에 대한 판매 금지 조치를 둘러싸고 치열한 공방을 벌였다. 이 분쟁은 단순한 법적 다툼을 넘어, 스마트폰 시장을 선도하는 두 기업의 혁신 경쟁력과 시장 지배력의 향배를 가늠하는 중요한 이정표가 되었다. 즉, 지식재산권을 둘러싼 분쟁의 결과에 따라 향후 시장에서의 경쟁 구도가 크게 영향받을 수밖에 없는 상황이 된 것이다. 이 사례는 오늘날 기업 경쟁력의 핵심 요소로 자리 잡은 지식재산권의 중요성과, 이를 둘러싼 분쟁이 산업 생태계에 미치는 광범위한 영향력을 잘 보여준다.

(2) 구글과 오라클의 자바 API 소송

구글과 오라클의 자바 API를 둘러싼 소송은 소프트웨어 산업에서 지식재산권의 범위와 한계에 관한 중요한 논점을 제기한 사건이었다. 자바 프로그래밍 언어의 소유권을 가진 오라클은, 2010년 구글이 안드로이드 운영체제 개발 과정에서 자바 API를 무단 사용함으로써 자사의 저작권을 침해했다고 주장하였다. 이에 대해 구글은 자바 API의 활용이 기능적 요구에 따른 것이며 공정 사용에 해당한다고 반박하였다. 10여 년에 걸친 법적 공방 끝에, 2021년 미국 대법원은 구글의 자바 API 사용이 공정 사용 원칙에 부합한다고 최종 판결함으로써 구글의 손을 들어주었다. 이 판결은 소프트웨어 개발에서 API의 활용 범위와 저작권 보호의 한계에 관한 중요한 해석 기준을 제시했다는 점에서 큰 의미가 있다. 아울러 이 사건은 급변하는 기술 환경 속에서 지식재산권 제도가 혁신과 경쟁을 촉진하는 방향으로 운용되어야 한다는 시사점도 남겼다. 결과적으로 구글은 이 소송을 통해 안드로이드 생태계의 법적 안정성을 확보한 반면, 오라클로서는 자바 플랫폼의 통제력 약화라는 부정적 영향을 감수해야 했다.

(3) 퀄컴과 애플의 특허 라이선스 분쟁

퀄컴과 애플의 특허 분쟁은 무선통신 기술 표준을 둘러싼 복잡한 이해관계가 어떻게 첨예한 법적 다툼으로 비화되는지를 잘 보여준 사례이다. 이동통신 기술의 선도 기업인 퀄컴은 자사가 보유한 방대한 특허 포트폴리오를 바탕으로, 다른 단말기 제조사들로부터 높은 수준의 라이선스 사용료를 받아왔다. 그러나 애플은 퀄컴의 이런 관행이 반독점 행위에 해당하며 과도한 로열티 부과라고 반발하면서, 2017년 퀄컴을 상대로 소송을 제기했다. 퀄컴 또한 애플과 협력사들이 자사의 특허를 침해하고 로열티 지급을 거부했다며 맞소송을 제기하였다. 양사의 치열한 법정 공방은 2년여에 걸쳐 전 세계 주요 국가에서 전개되었고, 막

대한 규모의 배상금 판결이 잇따랐다. 그러나 2019년 양사가 전격적인 화해에 이르면서, 애플은 퀄컴에 일정액의 화해금을 지급하는 대신 6년간 퀄컴의 칩셋 공급과 라이선스 계약을 보장받게 되었다. 이 사례는 산업 생태계 내에서 지식재산권을 둘러싼 이해관계자들 간 역학 관계의 복잡성과, 그로 인해 야기되는 분쟁 해결의 어려움을 잘 드러내 준다. 나아가 전략적 협력 관계에 있는 기업들이라 할지라도, 지식재산권을 둘러싼 이해 충돌로 언제든 법적 분쟁에 휘말릴 수 있음을 일깨워 준다.

요컨대, 이 세 가지 사례는 지식재산권 분쟁이 오늘날 기업 경쟁력의 핵심 요소인 기술과 혁신 역량을 둘러싼 복잡한 이해관계의 충돌 속에서 발생하며, 분쟁 당사자들에게는 물론 해당 산업 생태계에도 지대한 영향을 미칠 수 있음을 잘 보여준다. 이는 기업이 지식재산 경영 전략을 수립하고 분쟁에 대응함에 있어, 단순히 법률적 차원을 넘어 기술 혁신과 산업 경쟁력의 동학을 고려해야 함을 시사한다. 아울러 급변하는 기술 및 시장 환경 속에서 지식재산권 제도의 운용 또한 혁신 촉진과 공정 경쟁이라는 정책 목표에 부합하는 방향으로 이루어져야 할 것이다.

02 특허 분쟁의 개시

1. 특허와 관련된 분쟁 개요

특허는 발명을 독점적으로 실시할 수 있는 권리로, 특허권자는 제3자의 무단 실시에 대해 침해 금지 및 예방을 요구할 수 있다(특허법 제94조, 제126조). 특허 분쟁 발생 시, 특허권자는 가처분 신청과 침해 소송을 통해 사법부의 판단과 강제집행을 구할 수 있다.

가처분은 본안 소송 확정 전까지 긴급한 권리 보호를 위해 허용되는 잠정 조치로, 법원이 양측의 이해관계, 본안 소송 승패 예상 등을 고려해 재량으로 허가 여부를 결정한다(민사소송법 제714조 제2항). 특히 특허권 침해 금지나 예방을 명하는 만족적 가처분은 보전 필요성 판단에 더욱 신중을 기한다.

가처분 신청 시 상대방은 주로 특허 무효심판을 제기하는데, 이는 특허가 무효로 확정될 경우 처음부터 존재하지 않았던 것으로 간주되어 분쟁 종결에 유리하기 때문이다(특허법 제133조 제3항). 또한 특허심판원의 권리범위확인심판을 통해 특허 비침해 확인을 신속히 받아 잠재적 분쟁을 예방하는 것도 효과적인 대응 전략이 될 수 있다.

한편, 특허 침해는 불법행위에 해당하므로 특허권자는 손해배상청구소송을 통해 손실에 대한 금전적 보상을 받을 수 있다. 이러한 다양한 법적 절차는 특허권자의 독점적 지위를 보호하고 침해 행위에 적절히 대응할 수 있는 수단이 된다.

결론적으로, 특허권자와 제3자 간 분쟁 시 가처분, 특허 무효심판, 권리범위확인심판, 침해 소송 등 다양한 사법적 수단이 활용될 수 있으며, 이를 통해 특허권의 독점적 지위가 보호되고 침해 행위에 효과적으로 대응할 수 있게 된다.

2. 대리인의 선임

특허 분쟁 절차는 다음 그림과 같이 크게 사법부에서 진행하는 절차와 행정부인 특허심판원에서 진행하는 절차로 나뉜다. 이는 산업재산권의 생성과 소멸 및 효력범위는 행정부에 속한 특허청에서의 행정의 결과에 의한 것이어서, 그러한 행정의 결과에 불복하는 것을 담당하는 별도의 행정부처인 특허심판원이라는 조직이 있는 반면, 행정결과에 의해 생성된 산업재산권에 대한 다양한 분쟁은 사법부인 일반법원, 고등법원, 특허법원 및 대법원에서 수행하기 때문이다.

🖼 산업재산권 분쟁의 담당 기관과 역할도

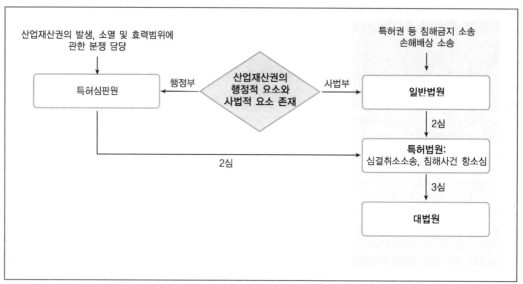

사법부에서는 가처분신청, 침해금지청구소송, 손해배상청구소송 등이 이루어지며, 특허심판원에서는 특허취소신청, 특허(또는 존속기간연장등록)무효심판, 권리범위확인심판 등이 진행된다.

가처분신청과 침해금지청구소송에서 다루는 쟁점은 특허(또는 존속기간연장등록)무효심판과 권리범위확인심판에서의 쟁점과 거의 동일하다. 이러한 쟁점을 다루는 데 있어 전문성을 가진 변리사의 역할이 매우 중요하므로, 특허 분쟁 발생 시 심판 경험이 풍부한 변리사를 선임하는 것이 필수적이다.

적합한 변리사나 특허법률사무소를 선택한 후에는 위임계약서를 체결하고 위임장을 작성하여 사건을 대리하도록 하되, 특허 분쟁을 효과적으로 해결하기 위해서는 신뢰할 수 있는 변리사를 선임하고 적절한 위임 절차를 거치는 것이 필수적이다. 이를 통해 특허권자는 자신의 권리를 충실히 보호받을 수 있으며, 분쟁에서 유리한 위치를 선점할 수 있을 것이다. 따라서 특허 분쟁 발생 시 전문가의 도움을 받아 철저히 준비하는 것이 매우 중요하다. 이때, 변리사 및 변호사는 동시에 이해가 상충되는 사건을 대리할 수 없다. 이에 적합한 변리사를 찾았다 하더라도, 이미 상대편의 대리인에 위임되어 버릴 수 있기 때문에, 분쟁이 있을 것으로 예상되면 대리인을 먼저 선임하는 것도 중요한 부분이다.

3. 이해관계인

특허 분쟁에서 이해관계인은 특허권의 귀속이나 행사에 직접적 또는 간접적인 이해관계를 가진 자를 의미한다. 다음에서 자세히 살펴보겠지만, 법적으로나 사회적 관념상 특허 분쟁의 이해관계인은 「특허법」상 특허권자 및 전용실시권자, 통상실시권자 및 잠재적 실시권자, 특허권의 귀속에 이해관계가 있는 자(공동발명자, 승계인 등), 특허심판 또는 소송 당사자 등을 포함한다. 또한, 특허발명을 실시하는 기업 및 개인, 특허발명과 관련된 제품/서비스의 소비자, 특허제도 및 특허권 행사에 영향을 받는 산업계 및 일반 공중, 그리고 특허제도의 공공성에 이해관계가 있는 국가 및 사회도 넓은 의미에서의 이해관계인이라 할 수 있다. 특허 분쟁은 특허권자에게도 중요하지만, 특허침해로 경고를 받은 사람에게는 사전에 분쟁 요소를 차단하는 것이 특히 중요하다. 따라서 특허침해로 경고를 받을 가능성이 있는 사람은 적극적으로 특허(또는 존속기간연장등록)무효심판을 제기하여 해당 특허(또는 존속기간연장등록)를 무효화하거나, 권리범위확인심판을 통해 자신이 특허침해를 하지 않았음을 명확히 할 필요가 있다.

(1) 특허무효심판에서의 이해관계인

특허무효심판은 해당 특허가 잘못 부여되었음을 입증하여 무효로 만드는 절차이다. 이 절차가 성공하면 특허침해 경고의 근거가 사라지게 된다. 또한, 권리범위확인심판은 자신의 발명이 기존 특허의 권리범위에 포함되지 않는다는 것을 확인받는 절차이다. 이를 통해 공식적으로 특허침해가 아님을 인정받을 수 있다.

그러나 이러한 심판은 이해관계가 있는 사람만 청구할 수 있다. 만약 이해관계가 없는 사람이 심판을 청구하면, 이는 당사자 적격의 흠결로 인해 부적법하다고 판단되어 각하된다. 즉, 실제로 해당 특허와 직접적인 관련이 있는 사람만이 심판을 청구할 자격이 있다.

특허 분쟁은 단순히 당사자 간의 권리다툼이 아니라 관련 산업 및 경제, 나아가 일반 공중에게도 직간접적 영향을 미치므로, 분쟁 해결 과정에서 이들 이해관계인의 의견이 반영되고 절차에 참여할 수 있도록 보장하는 것이 바람직하다. 또한 법원은 분쟁을 해결함에 있어 특허제도의 목적과 이해관계인들에 대한 영향을 고려할 필요가 있다.

한편, 이해관계인이 아닌 경우에도 분쟁을 사전에 예방할 수 있는 여러 제도가 도입되고 있다. 구체적인 예를 들면, 취소 신청, 정보 제공 등과 같은 제도가 한국 「특허법」에도 규정되어 있다.

특허와 관련된 여러 심판의 종류 중, 특허권을 무효로 만드는 절차와 관련되어, 무효심판에 있어서 이해관계가 있는 자의 예는 다음과 같다.

- 해당 특허권의 소추를 받은 자
- 해당 특허발명을 실시하고 있지 않으나 실시설비를 가진 자
- 해당 특허발명의 실시준비를 하는 자
- 업무의 성질상 해당 특허발명을 실시할 가능성을 가진 자
- 해당 특허발명과 동종의 물을 제조하는 자

- 무효사유인 특허법 제33조 제1항 본문(특허를 받을 수 있는 자) 또는 제44조(공동출원)와 관련하여 다투는 경우에는 특허를 받을 수 있는 권리를 가진 자 또는 공동발명자(발명의 승계가 정당하게 이루어졌는지 여부에 대해 다투는 경우 포함)
- 무효사유인 특허법 제36조 제1항 내지 제3항과 관련하여 다투는 경우 그 후원에 대한 선원자
- 해당 특허발명을 실시하고 있거나 실시할 염려가 있는 자
- 해당 특허발명을 이용하는 다른 특허발명의 특허권자(전용실시권자, 통상실시권자)
- 해당 특허권과 저촉되는 디자인권자(전용실시권자, 통상실시권자)
- 선사용에 의한 통상실시권을 가진 자
- 해당 특허발명과 동일할 염려가 있는 발명을 실시하는 자

하지만 같은 업종에서 일하고 있음을 사업자등록증으로 증명하면, 특별한 사정이 없는 한 무효심판에서 이해관계가 인정된다. 예를 들어, A 회사가 특허를 가지고 있고 B 회사가 같은 업종에서 비슷한 제품을 만들고 있다면, B 회사는 자신이 이 특허에 영향을 받는다고 주장할 수 있다. 이때 B 회사는 사업자등록증을 증거로 제출해 자신이 A 회사와 같은 업종에 종사하고 있음을 보여줄 수 있다. 이런 방식으로 B 회사는 무효심판에서 이해관계가 있다고 인정받을 가능성이 높아진다.

이는 결국 B 회사가 해당 특허를 무효로 만들기 위해 무효심판을 청구할 수 있는 자격을 갖추게 되는 것이다. 「특허법」상 무효심판 청구인적격은 '이해관계인'으로 한정되어 있다. 즉, 심판청구인이 해당 특허로 인해 직접적이고 구체적인 이해관계를 가지고 있음을 증명해야만 심판청구가 적법하게 이루어질 수 있다.

이해관계가 인정되면, 무효심판이 계속 진행될 수 있으며, B 회사는 특허가 무효화될 가능성을 높일 수 있다. 반면, 이해관계가 없는 경우에는 심판청구가 각하될 수 있다. 그러나 이처럼 같은 업종에 종사하는 증거를 제시하면 이해관계를 인정받을 수 있으므로, 심판청구인 적격의 문제는 해결될 수 있다.

이와 같이 무효심판에서 '이해관계인'에 해당하는지 여부는 심판청구의 적법성을 판단하는 핵심 요소이다. 따라서 무효심판을 고려하는 기업이나 개인은 자신이 해당 특허로 인해 직접적이고 구체적인 이해관계를 가지고 있음을 입증할 수 있는 자료를 충분히 준비하는 것이 중요하다.

(2) 소극적 권리범위확인심판에서의 이해관계인

소극적 권리범위확인심판이란 자신의 실시 형태나 실시 예정 형태가 등록된 타인의 특허발명의 권리범위에 속하지 않음을 심판을 통해 확인하는 제도이며, 이 심판에서 이해관계가 있는 자의 예는 다음과 같다.

- 확인대상발명을 실시하고 있는 자 또는 장래에 실시할 예정이 있는 자

소극적 권리범위확인심판은 특허침해 여부를 사전에 확인하기 위한 절차이다. 따라서 대부분의 경우, 심판청구인은 실제로 해당 발명을 실시하고 있지 않은 상태에서 심판을 청구

하게 된다. 특히 의약 분야에서는 품목허가를 받거나 임상시험을 진행하기 전 단계에서, 발명의 실시 계획만으로 권리범위확인심판을 제기할 수 있는지에 대한 논란이 있어 왔다. 과거에는 품목허가나 임상시험을 진행하지 않은 상태에서는 이해관계가 없다고 보는 견해가 지배적이었다. 그러나 특허심판원은 무효심판과 유사하게, 심판청구인이 사업자등록증을 제출하여 동종 업계에 종사하고 있음을 입증하면 권리범위확인심판의 청구인적격을 인정하고 있다. 예를 들어, 신약 개발을 진행 중인 제약회사가 자사의 신약이 기존 특허를 침해할 가능성이 있다고 판단되는 경우, 해당 회사는 사업자등록증을 증거로 제출하고 권리범위확인심판을 청구할 수 있다. 이를 통해 신약이 특허를 침해하는지 여부를 사전에 확인함으로써, 추후 발생 가능한 특허 분쟁 리스크를 미연에 방지할 수 있다.

심판청구인의 이해관계가 인정되면, 권리범위확인심판은 적법하게 진행될 수 있으며, 이를 통해 특허침해 여부가 명확히 판단될 수 있다. 이와 관련된 대표적인 심판사례는 다음과 같다.

관련 판례 ⚖

◆ 2014당3070 요약

피청구인의 주장: 피청구인은 청구인이 실제로 제조하거나 판매하려는 제품과 확인대상발명의 동일성을 명확히 입증하지 못했으며, 장래에 실시할 가능성도 불확실하다고 주장했다. 따라서 이 사건 심판청구는 확인의 이익이 없는 부적법한 청구로 각하되어야 한다고 주장했다.

심판부의 판단:

의약품의 허가 여부와 권리범위확인심판
• 의약품의 유효성과 안전성 검증은 식약처에서 약사법에 의거해 판단할 사항이며, 권리범위확인심판에서 제출된 자료만으로 판단할 수 없다.
• 약사법에서는 의약품의 변경허가를 규정하고 있으며, 변경허가는 원료의약품의 성분이나 함량 변경을 포함한다. 따라서 확인대상발명이 기허가 제품과 성분 및 함량에 차이가 있더라도, 장래 허가 후 변경을 통해 실시될 가능성이 있다.

소극적 권리범위확인심판
• 소극적 권리범위확인심판에서는 청구인이 현재 실시하지 않더라도, 장래에 실시할 가능성이 있는 발명을 확인대상발명으로 특정하여 청구할 수 있다. 확인대상발명이 장래에 실시될 가능성이 있는 경우, 확인의 이익이 인정된다.
• 약사법에 따른 기허가 의약품에 대해 변경허가가 가능하기 때문에, 현재 확인대상발명을 실시하고 있지 않더라도 장래에 실시할 가능성이 있다. 따라서 이 사건 심판청구는 확인의 이익이 없다 할 수 없다.

법률적 불안 해소
• 이 사건 심판청구가 각하되는 경우, 특허권자인 피청구인이 적극적 권리범위확인심판이나 특허권 침해금지소송 등을 제기할 가능성을 배제할 수 없다.
• 청구인에게 법률적인 불안을 초래할 수 있으므로, 본안을 살피지 않고 이 사건 심판청구를 각하하는 것은 부당하다.

결론: 청구인은 의약품 제조업자로서, 이 사건 심판청구는 확인대상발명을 대상으로 심판을 청구한 것으로, 확인의 이익이 있는 적법한 청구이다.

4. 특허심판 절차에서의 참가

참가란 특허심판이 진행 중일 때 제3자가 자기의 법률적 이익을 보호하기 위해 심판 당사자 중 한쪽에 참여하여 심판 절차를 수행하는 것을 말한다(특허법 제155조). 참가의 유형에는 당사자참가와 보조참가의 두 가지가 있다.

당사자참가는 특허(또는 존속기간연장등록)무효심판이나 소극적 권리범위확인심판을 청구할 자격이 있는 자가 심판청구인 측에 참여하는 것을 의미한다. 예를 들어, 특허무효심판의 청구인적격을 가진 자가 해당 심판 절차에 직접 참가하는 경우가 이에 해당한다.

반면, 보조참가는 심판 결과에 이해관계를 가진 자가 심판당사자 중 한쪽에 참여하는 것을 말한다. 전용실시권자, 통상실시권자, 질권자 등이 보조참가인으로서 심판 절차에 관여할 수 있다. 이들은 심판 결과가 자신의 권리관계에 영향을 미칠 수 있으므로, 심판 절차에 참여함으로써 자신의 이익을 보호할 수 있다.

참가를 희망하는 제3자는 심리종결 시점까지 참가신청서를 제출하여야 한다. 이에 대하여 심판장은 참가허부를 결정한 후, 참가허부결정서를 신청인에게 송달한다. 참가가 허용된 참가인은 심판 절차에서 공격·방어방법의 제출 등을 독자적으로 수행할 수 있다. 특히 당사자참가인은 피참가인인 심판당사자가 심판청구를 취하한 경우에도 심판 절차를 계속 진행할 권한을 가진다(특허법 제155조 제2항).

이와 같이 특허 분쟁에 이해관계를 가지는 제3자는 참가제도를 활용하여 심판 절차에 관여함으로써, 자신의 법률적 이익을 적극적으로 보호할 수 있다.

참고적으로, 최근 도입된 취소 신청에서, 취소 신청인의 주장에 따라 대상 특허가 취소된 경우, 특허권자는 특허법원에 이에 대해 불복할 수 있다. 이때, 취소 신청은 당사자계가 아니기 때문에 취소 신청인은 당사자가 아니다. 이에, 특허법원의 절차에 취소 신청인이 추가적인 의견을 개진하기 위한 방법으로 보조 참가가 허용된다.

5. 심판 절차에서의 제출문서의 작성 및 검토

심판 절차를 개시하기 위해서는 심판청구서를 작성하여 제출하여야 한다. 심판청구서에는 다음과 같은 사항이 기재되어야 한다.

1. 당사자의 성명 및 주소(법인인 경우에는 명칭 및 영업소 소재지)
2. 대리인이 있는 경우 대리인의 성명 및 주소 또는 영업소 소재지[대리인이 특허법인이나 특허법인(유한)인 경우에는 명칭, 사무소 소재지 및 지정된 변리사의 성명]
3. 심판사건의 표시
4. 청구의 취지 및 이유

예를 들어, 홍길동이라는 개인이 특허무효심판을 청구하는 경우를 가정해 보자. 이 경우 심판청구서에는 청구인 홍길동의 성명과 주소, 대리인 정보(대리인이 있는 경우), 심판사건의 번호와 명칭이 기재되어야 한다. 그리고 청구의 취지로서 "특허번호 제1234567호 발명에 대한 특허를 무효로 한다."라는 내용과 함께, 그에 대한 구체적인 이유를 명확히 기재하여야 한다. 무효사유로는 해당 특허발명이 신규성 요건을 충족하지 못하는 점, 발명의 설명이 명확하지 않아 미완성 발명에 해당하는 점, 선행기술과 비교하여 진보성이 인정되지 않는 점 등을 들 수 있다. 이와 같이 작성된 심판청구서를 특허심판원에 제출함으로써, 해당 특허에 대한 무효심판절차가 개시되고 원활하게 진행될 수 있다.

심판청구서에서 이 같은 사항들을 작성할 때 가장 중요한 것은 청구의 취지 및 이유로, 청구의 취지는 다음과 같이 작성할 수 있다.

특허무효심판의 경우

1. 특허 제OO호(또는 특허 제OO호의 특허청구범위 제OO항)를 무효로 한다. 2. 심판비용은 피청구인이 부담한다.

존속기간연장등록무효심판의 경우

1. 특허 제OO호의 존속기간연장등록을 무효로 한다. 2. 심판비용은 피청구인이 부담한다.

권리범위확인심판(소극적)의 경우

1. (별지 기재) 확인대상발명은 특허 제OO호의 권리범위에 속하지 아니한다. 2. 심판비용은 피청구인의 부담으로 한다.

또한, 심판청구서에서 청구의 이유는 청구의 취지를 뒷받침하는 구체적인 사실관계와 법률적 근거를 상세히 기재하여야 한다.

무효심판의 경우, 해당 특허가 무효로 되어야 하는 이유를 구체적으로 설명해야 한다. 예를 들어, 특허발명이 출원 전에 공지된 선행기술과 동일하여 신규성이 없다거나, 선행기술로부터 통상의 기술자가 용이하게 발명할 수 있어 진보성이 인정되지 않는다는 등의 무효사유를 상세히 기재하여야 한다.

심판청구서

【청구인】
성명: ○○○ 주식회사
주소: 서울특별시 가상구 가상로 123

【대리인】
성명: ○○○
주소: 서울특별시 가상구 가상로 456

【피청구인】
성명: ○○○
주소: 경기도 가상시 가상로 789

【사건의 표시】

【심판의 종류】특허무효심판

【특허 제10-○○호】

【청구의 취지】
특허 제10-○○호의 청구항 1은 무효로 한다.

【청구의 이유】
피청구인의 특허 제10-○○호(이하 '이 사건 특허'라 함)의 청구항 1은 이 사건 특허의 출원일 전 공고된 특허 제10-7○○(이하 '선행특허'라 함)에 의하여 신규성이 없어 특허법 제29조 제1항 제1호에 해당하므로 무효가 되어야 합니다.
이 사건 특허 청구항 1은 A, B, C로 구성되어 있는데, 선행특허의 명세서에는 A', B', C'가 개시되어 있고, A'는 A와, B'는 B와, C'는 C와 각각 동일하거나 실질적으로 동일한 구성입니다. 따라서 이 사건 특허 청구항 1의 발명은 선행특허에 의해 신규성이 상실되었습니다.
위와 같은 이유로 피청구인의 특허 제10-○○호의 청구항 1은 무효로 되어야 마땅하므로, 이에 무효심판을 청구하는 바입니다.

【증거 방법】
특허공보 제10-7○○호
위와 같이 특허심판원장에게 제출합니다.

청구인(대리인)   ○○○

위는 이러한 특허무효심판 청구서의 예시로, 가상의 등록특허에 대해서, 해당 특허의 출원 전에 공지된 다른 선행 특허에 의해서, 등록특허의 청구항의 구성들이 모두 개시된 것을 이유로 무효를 청구하는 취지를 기재한 것이다.

소극적 권리범위확인심판의 경우에는, 확인대상발명이 특허발명의 권리범위에 속하지 않는다는 점을 뒷받침하는 사실관계와 논리를 구체적으로 설명해야 한다.

또한, 청구 이유를 설명하면서 필요한 경우에는 관련 증거자료를 첨부하여야 한다. 증거자료가 외국어로 작성된 경우에는 한글 번역문을 함께 제출하는 것이 원칙이다(심판사무취급 규정 제60조 제2항). 이때, 번역문이 제출되지 않은 경우 심판장은 기간을 정하여 번역문의 제출을 명하는 보정명령을 내릴 수 있다. 보정명령에도 불구하고 번역문이 제출되지 않는 경우, 해당 증거자료는 제출되지 않은 것으로 간주되어 심리에서 고려되지 않을 수 있다. 이렇듯 청구 이유의 구체적이고 논리적인 기재와 함께 관련 증거자료의 제출 및 번역문 첨부를 통해, 심판청구의 타당성과 설득력을 높일 수 있다. 따라서 심판청구서 작성 시 청구 이유의 작성과 첨부 서류의 제출에 충분한 주의를 기울여야 한다.

한편, 권리범위확인심판의 경우에는 확인대상발명에 관한 설명서와 필요한 도면을 청구서에 같이 첨부하여야 한다.

관련 판례 ⚖️

특허권의 권리범위확인심판을 청구할 때, 확인대상발명은 해당 특허발명과 비교할 수 있을 만큼 구체적으로 특정되어야 한다. 이를 위해 대상물의 전체 구성을 모두 기재할 필요는 없지만, 최소한 특허발명의 구성요소와 비교하여 차이점을 판단할 수 있을 정도로 구체적으로 기재해야 한다. 예를 들어, 확인대상발명이 기능적 표현으로만 기재되어 통상의 기술자가 그 기술적 의미를 명확히 파악할 수 없다면, 확인대상발명의 구성이 구체적으로 기재된 것으로 보지 않으며, 이로 인해 심판청구가 각하될 수 있다(대법원 2012. 11. 15. 선고 2011후1494 판결).

그러나 확인대상발명의 설명서에 일부 구성요소가 불명확하게 기재되어 있더라도 나머지 구성요소만으로 특허발명의 권리범위에 속하는지 판단이 가능하다면, 확인대상발명은 특정된 것으로 간주된다(대법원 2010. 5. 27. 선고 2010후296 판결).

확인대상발명은 특허발명과 비교할 수 있을 정도로 상세하게 작성해야 한다. 이는 특허침해 판단 기준인 구성요소 완비 원칙, 균등 범위, 또는 간접 침해 적용 여부를 판단하기에 충분한 정보를 포함해야 함을 의미한다. 예를 들어, 확인대상발명의 구성요소가 특허발명의 구성요소와 어떻게 다른지를 명확하게 기술해야 하며, 필요하다면 도면을 첨부하여 시각적으로 비교할 수 있도록 하는 것이 좋다. 도면을 통해 구성요소의 차이점을 명확하게 보여줄 수 있으며, 이를 통해 판단이 더욱 용이해진다.

특허권의 권리범위확인심판을 청구할 때, 확인대상발명은 해당 특허발명과 비교할 수 있을 만큼 구체적으로 작성되어야 할 뿐만 아니라, 사회 통념상 특허발명의 권리범위에 속하는지를 판단할 수 있을 정도로 다른 것과 구별될 수 있어야 한다. 이는 확인대상발명이 특허발명의 권리범위에 포함되는지를 명확히 하기 위해 필수적이다. 따라서 확인대상발명의 구성을 포괄적인 용어로 표현하는 것은 피하고, 구체적이고 명확한 용어로 작성하는 것이 바람직하다. 예를 들어, "기계 장치"와 같은 포괄적인 표현 대신 "특정 기능을 수행하는 기계 장치"와 같이 구체적으로 서술해야 한다. 다만, 이때 이러한 기능식 표현은 실제적으로 대상물을 특정할 수 없는 경우가 존재할 수 있어, 기능식 기재 외에도 장치 자체의 구성을 특성하는 것이 바람직하다.

확인대상발명의 설명서와 도면의 작성은 매우 중요하다. 잘못 작성된 경우 특허심판원에서는 요지변경이 되지 않는 범위 내에서 보정을 명할 수 있으나, 이는 제한적이기 때문에 처음부터 정확하게 작성하는 것이 필요하다(특허법 제140조 제2항). 설명서와 도면은 확인대상발명의 기술적 특징과 특허발명과의 차이점을 명확히 보여줘야 한다. 또한, 설명서와 도면은 후속 보정이 어려울 수 있으므로 처음부터 신중하게 작성해야 한다. 예를 들어, 설명서에서는 각 구성요소의 기능과 역할을 상세히 설명하고, 도면에서는 각 구성요소의 배치와 연결 관계를 명확히 나타내야 한다. 이렇게 하면 확인대상발명이 특허발명과 어떻게 다른지를 명확히 보여줄 수 있으며, 심판 과정에서 유리하게 작용할 수 있다.

6. 기타 소송의 개시

이 항목에서는 특허권자의 입장에서 가처분 신청과 손해배상 청구 소송을 진행하는 방법을 살펴본다. 가처분 신청은 본안 소송(침해 금지 청구 소송 등)이 진행 중이라면 해당 법원에 제출하고, 본안 소송이 진행 중이 아니면 앞으로 본안이 제기될 때 이를 관할할 법원에 제출해야 한다. 가처분 신청서에는 가처분 채권자, 가처분 채무자, 침해 대상 제품, 신청 취지, 신청 이유를 작성하여 제출하면 된다. 이 중 신청 취지는 다음과 같이 작성할 수 있다.

> 1. 채무자는 별지 도면 및 설명서 기재의 제품을 생산, 사용, 판매, 배포하여서는 아니 된다.
> 2. 채무자는 위제품과 그 반제품(위의 완성품의 구조를 구비하고 있는 것으로 아직 완성에 이르지 않은 물건)에 대한 점유를 풀고 이를 채권자가 위임하는 집행관에게 인도하여야 한다.
> 3. 집행관은 위 보관의 취지를 적당한 방법으로 공시하여야 한다.

신청 이유에는 특허권 침해가 이미 발생했거나 발생할 예정임을 특허발명과 침해 대상 제품을 비교하여 상세히 설명해야 한다. 예를 들어, 특허발명의 구성요소와 침해 제품의 구성요소를 비교하며 어떻게 침해가 이루어졌는지를 구체적으로 밝히는 것이 중요하다. 또한, 본안 소송의 확정을 기다리면 특허권의 독점성이 훼손되고 권리자가 경제적으로 심각한 피해를 입을 위험이 있음을 소명해야 한다. 이를 위해 특허권자가 입을 수 있는 경제적 손실이나 시장에서의 경쟁력 저하 등을 구체적으로 제시하는 것이 필요하다. 법원은 가처분 신청에 대해 일정한 담보금을 공탁하는 조건으로 가처분 명령을 내릴 수 있으므로, 가처분 신청인은 공탁금을 납부하거나 보증보험에 가입해 이를 대비해야 한다. 담보금의 액수는 법원이 판단하며, 이를 통해 가처분 명령이 남용되는 것을 방지할 수 있다. 가처분이 인용된 후, 특허권이 무효심판에 의해 무효가 되거나, 침해 소송에서 대상 특허에 대해 비침해 판단을 받아 가처분의 판단이 처음부터 잘못된 경우에는, 기존의 가처분의 결과에 따라 피청구인은 억울하게 막대한 손해를 볼 수 있다. 이때에는, 특허권자에게 손해배상을 청구할 수 있다. 법원은 이러한 손해배상 등의 문제를 고려하여 가처분 결정 시, 조건부로 가처분을 승인할 수도 있다.

손해배상 청구 소송은 특허권자가 침해로 인해 입은 손해를 보상받기 위한 절차이다. 이 소송은 당사자의 명칭과 주소, 청구 취지, 청구 원인을 작성한 소장을 관할 법원에 제출하여 제기할 수 있다. 소장을 작성할 때는 청구 취지를 명확히 기재해야 하며, 예를 들어 "피고는 원고에게 손해배상금으로 ○○원을 지급하라."와 같이 구체적으로 작성하는 것이 좋다. 또한, 청구 원인에는 특허 침해로 인한 손해 발생 사실과 그 손해의 규모를 입증할 수 있는 자료를 포함해야 한다. 예를 들어, 매출 감소, 시장 점유율 하락, 브랜드 가치 손실 등 구체적인 피해 사례를 제시해야 한다. 이를 통해 법원이 손해배상 청구의 타당성을 인정할 수 있도록 해야 한다. 이 중 청구 취지는 다음과 같이 작성할 수 있다.

1. 피고는 ○○.○○.○○부터 ○○원에 대하여 이를 다 갚는 날까지는 연 20%의 비율로 계산한 돈을 지급하라.
2. 소송비용은 피고가 부담한다.
3. 제1항은 가집행할 수 있다.

청구 원인에서는 청구 취지에서 주장하는 금액이 특허 침해로 인한 손해액임을 증거 자료를 통해 자세히 설명해야 한다. 이를 위해 특허 침해로 인해 발생한 매출 감소, 시장 점유율 하락, 추가 비용 등의 구체적인 손해 사례를 제시하고, 손해액 산정 근거를 명확히 제시하는 것이 중요하다. 예를 들어, 매출 감소와 관련된 재무 자료, 시장 점유율 변동 자료, 손해액 산정 방법 등을 포함하여 침해로 인한 손해가 실제로 발생했음을 입증해야 한다. 이러한 증거 자료를 통해 법원에 특허 침해로 인한 손해액이 정당하다는 것을 설득력 있게 전달하는 것이 필요하다.

03 심판/소송의 진행 실무

실제 심판은 다소 복잡한 심리의 단계들을 거치도록 운영되고 있다. 다음에서는 이러한 구체적인 절차들에 대해서 상세하게 설명한다.

☒ **심판 절차의 예시도**

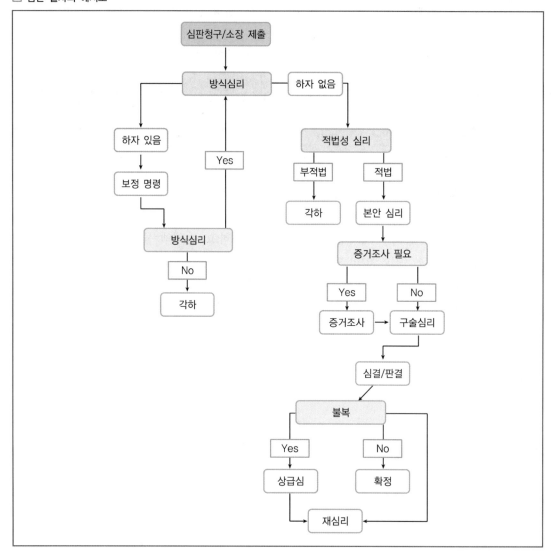

1. 방식심리 및 적법성 심리

2023년 기준으로 대한민국에서 한 해 동안 특허 출원 수는 243,310건, 특허 등록 수는 134,734건에 달했다. 이렇게 많은 특허 업무를 처리해야 하는 대한민국 특허청은 인력과 시스템에 한계가 있다. 이를 해결하기 위해 특허심판원에서는 심판 업무를 효율적으로 진행하고자 방식심리와 적법성 심리를 운영하고 있다. 방식심리는 심판 청구서의 형식적 요건을 검토하는 절차이며, 적법성 심리는 심판 청구가 법적으로 적합한지를 판단하는 과정이다. 특허심판원이 정한 요건을 만족하지 못한 심판 청구에 대해서는 실체적인 판단을 하지 않음으로써 업무량을 적정하게 조절한다. 이는 불필요한 심판 절차를 줄이고, 효율적으로 중요한 사안을 다루기 위한 방안이다. 따라서 심판 청구인이 원하는 결과를 얻기 위해서는 기본적으로 방식 요건과 적법성 요건을 갖추어야 하며, 이를 통해 실체적 판단을 받을 수 있다. 방식 요건과 적법성 요건을 충족하지 못하면, 심판 청구가 기각되거나 각하될 수 있다. 이를 방지하기 위해 심판 청구인은 심판 청구서를 꼼꼼히 작성하고, 법적 요건을 충분히 검토한 후 제출하는 것이 중요하다.

(1) 방식심리

방식심리는 특허심판원의 방식담당부서에서 심판청구 절차를 진행하기 위해 필요한 서류가 제대로 제출되었는지, 그리고 그 기재 방식과 수수료 납부가 정상적으로 이루어졌는지를 검토하는 절차를 말한다. 이 과정에서 주로 서류 반려 사유(특허법 시행규칙 제11조)와 보정 명령 사유(특허법 제46조 및 제141조)를 살핀다. 대표적인 서류 반려 사유는 다음과 같다.

- 제출취지가 불명인 서류, 기타 물건으로서 절차를 밟은 때
- 절차를 밟는 자의 성명(명칭)이 기재되지 아니한 서류로 절차를 밟은 때
- 1통의 서류로 2 이상의 청구에 대하여 절차를 밟은 때
- 사건의 표시가 기재되어 있지 아니한 때 또는 불명한 서류로 절차를 밟은 때
- 극히 지워지기 쉬운 것을 사용하여 작성한 서류를 제출한 때
- 절차를 밟는 자의 인감이 날인(전자문서의 경우에는 전자서명)되지 않은 서류, 불명한 인감이 날인되어 있는 서류 또는 이미 제출된 서류의 인감과 다른 인감이 날인되어 있는 서류로 절차를 밟은 때
- 정보통신망이나 전자적기록매체로 제출된 특허출원서 또는 기타의 서류가 특허청에서 제공하는 소프트웨어 또는 특허청 홈페이지를 이용하여 작성되지 아니하였거나 전자문서로 제출된 서류가 전산정보처리조직에서 처리가 불가능한 상태로 접수된 경우

이 사유에 해당할 경우 특허심판원은 심판청구인이나 제출인에게 심판서류를 반려하겠다는 취지와 반려 이유, 소명 기간을 기재한 서면을 송부한다. 반려 이유 통지를 받은 심판청구인 등은 문제 있는 사항을 수정할 수 없으며, 소명 기간 내에 소명서만 제출할 수 있다. 특허심판원이 소명의 내용을 이유 있다고 인정하면 서류를 반려하지 않고 절차를 계속 진행하지만, 소명의 내용이 이유 없다고 인정되면 소명 기간이 종료된 후 심판서류 등을 반려하여 절차를 진행하지 않는다. 이 경우 심판청구인 등은 행정심판이나 행정법원에 불복

할 수 있다. 방식심사 결과 반려 사유에 해당하지 않는 심판서류에 대해서는 특허심판원이 보정명령 사유가 있는지 검토한다.

심판청구서를 작성할 때에는 당사자의 성명과 주소(법인의 경우 명칭과 영업소 소재지), 대리인이 있는 경우 그 대리인의 성명과 주소나 영업소 소재지[대리인이 특허법인 또는 특허법인(유한)인 경우 그 명칭, 사무소 소재지 및 지정된 변리사의 성명], 심판 사건의 표시, 청구의 취지 및 이유를 기재해야 한다. 권리범위확인심판을 청구할 때는 특허발명과 비교할 수 있는 설명서와 필요한 도면을 심판청구서와 함께 제출해야 한다(특허법 제140조). 이때 기재사항을 잘못 기재하거나 첨부 서류의 제출을 누락하면 보정명령 사유에 해당한다.

보정명령 사유는 여러 가지가 있다. 예를 들어, 미성년자와 같은 행위 무능력자가 심판청구인으로 기재되어 있거나, 대리인이 있는데 위임장이 첨부되지 않은 경우, 절차 진행 관련 수수료를 납부하지 않은 경우도 보정명령 사유에 해당한다. 이러한 사유가 있는 심판에 대해서는 특허심판원이 보정명령을 내리며, 심판청구인 등은 보정을 통해 하자를 치유할 수 있다.

보정을 할 때에는 몇 가지 중요한 사항이 있다. 예를 들어, 당사자 중 특허권자의 기재를 바로잡거나, 청구의 이유를 수정하거나, 적극적 권리범위확인심판에서 피청구인이 확인대상발명이 자신이 실시하고 있는 발명과 다르다고 주장할 때 확인대상발명 설명서 또는 도면을 수정하는 경우를 제외하면, 최초 심판청구서 기재의 요지를 변경할 수 없다. 그러나 방식심사 단계에서의 보정명령은 본 논점을 고려할 필요가 없으며, 방식 위반과 관련된 보정명령 사유는 하자를 치유하는 보정이 요지변경에 해당하지 않는다.

심판청구인 등이 보정을 통해 하자를 치유하지 않으면 심판 절차가 무효가 되거나, 결정으로 청구서가 각하될 수 있다. 절차가 무효가 된 경우에는 행정심판이나 행정법원에, 결정으로 청구서가 각하된 경우에는 특허법원에 불복할 수 있다. 따라서 심판청구인은 심판 절차를 진행하기 전에 서류 작성과 제출 요건을 철저히 확인하고, 문제가 발생할 경우 신속하게 보정하여 절차를 진행해야 한다.

(2) 적법성 심리

적법성 심리는 심판합의체가 심판청구의 적법성 여부를 판단하는 과정이다. 이는 심판청구가 적법해지기 위해 반드시 갖추어야 할 요건들에 대한 심리를 의미한다. 만약 심판청구 요건이나 적법 요건이 충족되지 않으면 심판청구는 부적법하게 된다. 예를 들어, 심판청구가 법적으로 요구되는 서류를 포함하지 않거나, 제출된 서류에 중요한 오류가 있는 경우, 또는 청구인이 적법한 권한을 가지고 있지 않은 경우 등이 이에 해당한다. 이러한 경우, 심판청구는 적법성을 인정받지 못하고 기각될 수 있다. 심판청구가 적법성을 가지려면 제출 서류가 완전하고 정확해야 하며, 청구인이 적법한 권한을 가지고 있어야 한다. 또한, 심판청구서에 명시된 내용이 법률 요건을 충족해야 한다. 적법성 심리를 통해 이러한 요건들이 모두 충족되었는지 확인하게 된다. 만약 이러한 요건들이 충족되지 않으면, 심판청구는 부적법으로 간주되어 절차가 중단될 수 있다. 이러한 경우는 다음과 같다.

- 특허심판사항이 아닌 심판청구
- 실존하지 않는 자를 당사자로 하는 심판청구
- 당사자능력이 없는 자의 심판청구
- 당사자적격이 없는 자의 심판청구, 즉 이해관계가 없는 자가 한 심판청구
- 일사부재리에 위반된 경우
- 특허심판원에 이미 계속 중인 사건에 대한 동일한 심판청구
- 심판청구 시에는 적법한 심판청구였으나 심판청구 후 심판대상물이 소멸한 경우
- 권리범위확인심판에서 확인대상발명이 특정되지 않은 경우
- 기타 부적법한 심판청구로 그 흠결을 보정할 수 없는 경우

적법 요건에 흠결이 있는 경우 명확한 근거 조문은 없지만, 다음과 같은 판례를 참고해 심판부에서는 보정을 통해 그 흠결을 해소할 가능성이 전혀 없다고 판단되지 않는 한 보정명령을 발하여 사전에 문제점으로 보이는 사항을 지적해 준다. 이를 통해 심판청구인이 문제를 수정할 기회를 가지게 되어, 절차의 공정성과 정확성을 높일 수 있다.

관련 판례 ⚖

💠 **대법원 2005. 4. 29. 선고 2003후656 판결 등 참조**
특허권의 권리범위확인 심판에서 심판대상은 당사자가 확인을 구하는 특정 발명이 특허발명의 특허청구범위에 기재된 특정 발명에 속하는지의 여부이라 할 것이고, 이는 기본적으로 심판청구서의 청구취지와 확인대상 발명이 기재된 설명서와 필요한 도면을 중심으로 하되 심판청구의 이유 등 심판청구서 전체의 취지를 고려하여 당사자의 의사를 합리적으로 해석하여 결정하여야 한다. 따라서 특허청구범위의 청구항과 이와 대비되는 확인대상발명이 복수이어서 확인대상발명과 대비하고자 하는 특허발명의 청구항의 관계가 불분명한 경우, 특허심판원으로서는 요지변경이 되지 아니하는 범위 내에서 심판청구서의 청구취지와 청구이유 또는 확인대상발명의 설명서 및 도면에 대한 보정을 명하는 등의 조치를 취하여야 할 것이며, 그럼에도 불구하고 그와 같은 특정에 미흡함이 있다면 그 부분에 대한 심판청구를 각하하여야 할 것이다.

다만, 보정명령을 받더라도 심판청구인이 주의해야 할 점이 있다. 특허권자의 기재를 바로잡거나, 청구의 이유를 수정하거나, 적극적 권리범위확인심판에서 피청구인이 확인대상발명에 대해 실제로 실시하고 있는 발명과 비교하여 다르다고 주장할 때 피청구인의 실시 발명과 동일하게 하기 위해 확인대상발명 설명서 또는 도면을 수정하는 경우를 제외하면, 심판청구서와 부속서류에 대해 요지변경이 아닌 범위 내에서만 보정이 가능하다는 점이다. 「특허법」 제140조 제2항에 따르면 심판청구서 및 부속서류의 보정은 그 요지를 변경할 수 없도록 규정하고 있으며, 이는 요지변경을 쉽게 인정할 경우 심판 절차의 지연을 초래하거나 피청구인의 방어권 행사를 어렵게 할 염려가 있기 때문이다. 따라서 요지변경이 아닌 보정을 하려면 주의가 필요하다.

예를 들어, 요지변경이 아닌 보정의 예로는, 문구의 단순한 수정이나 오탈자의 수정, 명확하지 않은 표현을 명확하게 바꾸는 것 등이 있다. 또한, 첨부 서류에서 누락된 부분을 추가하거나, 잘못된 번호나 날짜를 수정하는 것도 포함된다. 이러한 보정은 심판 절차의 본질적인 내용을 바꾸지 않으면서도 문서의 정확성과 완결성을 높이는 데 도움을 준다.

또한, 보정명령을 받은 후 이를 제대로 이행하지 않으면, 심판청구가 기각되거나 절차가 무효로 될 수 있다. 보정명령을 이행하지 않아 심판청구가 기각되면 특허법원에 불복할 수 있는 절차가 마련되어 있다. 따라서 심판청구인은 보정명령을 신속하고 정확하게 이행해야 한다. 이를 통해 심판 절차가 원활하게 진행되고, 불필요한 지연이나 법적 문제를 예방할 수 있다.

이와 같이, 보정명령을 받았을 때는 그 내용과 요지를 정확히 이해하고, 적절한 방법으로 보정을 이행하는 것이 중요하다. 이를 통해 심판청구인은 자신이 원하는 결과를 얻을 수 있는 기회를 높일 수 있다. 요지변경이 아닌 보정에 대한 대법원 판례는 다음과 같다.

관련 판례 ⚖

◆ **대법원 1995. 5. 12. 선고 93후1926 판결 참조**
심판청구서의 보정이 요지변경에 해당하지 않으려면, 그 보정의 정도가 청구인의 발명에 관하여 심판청구서에 첨부된 도면 및 설명서의 명백한 오기를 바로잡거나 도면 및 설명서에 표현된 구조의 불명확한 부분을 구체화하는 것, 또는 처음부터 당연히 있어야 할 구성부분을 부가한 것에 지나지 아니하여 심판청구의 전체적인 취지에 비추어 볼 때 그 발명의 동일성이 유지되는 것으로 인정되어야 한다.

이와 같은 사항은 특히 소극적 권리범위확인심판을 청구하는 심판청구인의 입장에서 매우 중요하다. 확인대상발명 설명서나 도면을 작성하거나 보정할 때는 더욱 주의 깊게 참고해야 한다. 이러한 설명서와 도면은 심판청구의 핵심적인 자료이므로, 처음부터 정확하고 구체적으로 작성하는 것이 필요하다. 잘못된 정보를 수정하는 과정에서도 요지변경이 아닌 범위 내에서만 보정이 가능하기 때문에, 처음부터 정확하게 작성하는 것이 중요하다. 만약 오류가 발견되더라도 신속하게 수정해야 하며, 이때는 요지변경이 되지 않도록 주의해야 한다.

심판청구 요건에 흠결이 있을 경우, 심판합의체는 본안심리를 하지 않고 심결로 각하한다. 이는 심판청구서나 부속서류가 적법 요건을 충족하지 않을 때 발생한다. 심결로 각하되면, 심판청구인은 이에 대해 불복할 수 있으며, 심결 등본을 받은 날로부터 30일 이내에 특허법원에 소를 제기할 수 있다. 이 기간 내에 소를 제기하지 않으면 불복할 수 있는 기회를 잃게 되므로, 심판청구인은 시간을 엄수해야 한다.

또한, 소를 제기할 때는 심판청구 요건의 흠결을 해소할 수 있는 추가 자료나 보정된 서류를 제출하여 불복 사유를 명확히 하는 것이 필요하다. 이를 통해 특허법원이 심판청구의 적법성을 재검토할 수 있도록 해야 한다. 불복 절차는 심판청구인에게 중요한 권리 보호 수단이므로, 이 절차를 잘 이해하고 적절히 대응하는 것이 중요하다.

2. 심리의 병합, 우선/신속심판

(1) 심판병합

심리병합은 두 개 이상의 심판사건을 하나의 심판 절차로 합쳐서 심리하는 것을 의미한다. 「특허법」 제160조에 따르면, 당사자 양측 또는 일방이 동일한 두 개 이상의 심판에 대해 심리나 심결을 병합하거나 분리할 수 있다. 심리병합의 주요 목적은 중복된 심리를 피하고, 심리 절차의 경제성을 높이며, 심결 간의 모순을 방지하는 것이다. 예를 들어, 두 개의 심판사건이 같은 쟁점을 다루고 있거나, 관련된 사실과 증거를 공유하는 경우, 이들을 하나의 절차로 병합하면 심리 절차가 간소화되고, 심판관이 같은 증거를 여러 번 검토하지 않아도 되어 시간과 자원을 절약할 수 있다. 또한, 병합된 심판사건에 대해 일관된 결정을 내림으로써, 서로 모순되는 심결이 나오는 것을 방지할 수 있다.

심판관은 심리병합의 목적이 달성될 수 있다고 판단되는 경우 병합을 결정하는데, 병합의 목적이 달성된다는 것은 여러 예를 통해 이해할 수 있다. 예를 들어, 두 개 이상의 심판사건이 동일한 특허권을 둘러싼 분쟁일 경우, 이를 병합하여 심리하면 중복된 심리를 피하고, 일관된 결론을 도출할 수 있다. 또 다른 예로, 동일한 기술적 배경을 가지는 여러 특허권에 대한 심판사건이 있을 때, 이들을 병합하여 심리하면 기술적 쟁점을 통합적으로 검토할 수 있어 심리의 효율성을 높일 수 있다.

병합의 장점은 심리 절차의 경제성과 효율성을 도모하고, 심결의 일관성을 유지할 수 있다는 점이다. 이러한 장점으로 인해, 심판관은 심리병합을 통해 심리 절차를 더 효율적으로 운영하고, 공정한 결정을 내릴 수 있게 된다. 병합된 심판사건은 하나의 절차로 진행되므로, 당사자들도 한번에 모든 쟁점을 다룰 수 있어 시간과 비용을 절약할 수 있다. 병합의 목적을 달성하는 것이 가능하다는 것은 예를 들면 다음과 같다.

- 동일한 증거조사가 있는 것
- 대상으로 되는 발명의 기술적인 소제기가 공통인 것
- 인용례, 증거방법이 동일한 것
- 동일한 특허에 대한 복수의 무효심판

심판 실무에서 심리병합의 요건은 다음과 같다. 첫째, 당사자의 쌍방 또는 일방이 동일할 것, 둘째, 두 개 이상의 심판이 동일한 종류일 것, 셋째, 심리가 종결되기 전일 것. 이 요건들을 충족하면 심리병합 여부를 판단하는 권한은 심판관(합의체)에 있으며, 심판관(합의체)은 심리의 신속성과 정확성을 고려하여 병합이 바람직한지를 검토하고 직권으로 결정한다. 심리를 병합할 경우, 심판장은 그 취지를 당사자에게 통지한다.

병합된 심판에 대해서는 답변서 부본 등 관련 문서를 당사자에게 발송하여 통지하며, 구술 심리(구두에 의한 심문 및 면접 포함), 증거조사, 합의, 기타 심판 절차와 심리를 동일 절차로 동시에 진행한다. 이때 통지서 등의 서면에는 심판번호, 특허번호, 당사자 명의를 각각 병기하며, 모든 병합된 심판 사건에 대해 심리가 성숙되었을 때 하나의 심결로 결정한다. 심리를 병합한 심판 사건에 대해서는 동시에 동일한 심결문으로 각 사건을 심결하는 것이 가능하다.

또한, 두 개 이상의 심판 심리가 병합된 경우, 병합 전에 각 심판사건에 대해 제출된 서류 및 물건, 심리에서 얻어진 증거 방법 등은 병합된 심판사건에도 이용될 수 있다. 예를 들어, 한 심판사건에서 사용된 증거 자료는 병합된 다른 심판사건에서도 동일하게 활용될 수 있어, 중복된 증거 제출의 필요성이 줄어들게 된다. 다만, 이러한 증거 방법을 채택할 경우, 당사자에게 의견을 제출하거나 답변서를 제출할 기회를 반드시 주어야 한다. 이렇게 함으로써 모든 당사자가 공정하게 자신의 의견을 개진할 수 있는 기회를 보장받게 된다.

(2) 우선심판

우선심판은 심리를 청구일 순서대로 진행하는 일반 원칙에서 벗어나, 다른 사건보다 먼저 심판하는 것을 의미한다. 이러한 우선심판에는 두 가지 유형이 있다. 첫 번째는 신청에 의한 우선심판으로, 당사자가 직접 신청하여 자신의 사건을 우선적으로 처리해 달라고 요청하는 경우이다. 두 번째는 직권에 의한 우선심판으로, 심판 기관이 특정 사건을 중요한 사유로 인해 다른 사건보다 먼저 심리해야 한다고 판단할 때 이를 우선적으로 처리하는 경우이다. 우선심판의 주요 사유에는 여러 가지가 있을 수 있는데, 예를 들어 긴급한 법적 보호가 필요한 경우, 공공의 이익에 중대한 영향을 미치는 경우, 또는 심판의 지연으로 인해 당사자에게 막대한 피해가 예상되는 경우 등이 해당한다. 이러한 사유로 인해 우선심판이 필요한 경우, 심판 기관은 이를 신속하게 처리하여 사건의 공정성과 신속성을 보장하게 된다. 주요 사유는 다음과 같다.

참고

신청에 의한 우선심판

- 지식재산권 분쟁으로 사회적인 물의를 일으키고 있는 사건으로서 당사자 또는 관련기관으로부터 우선심판 요청이 있는 경우
- 지식재산권 분쟁으로 법원에 계류 중이거나 심판청구 후에 경찰 또는 검찰에 입건된 사건과 관련된 사건으로서 당사자 또는 관련기관으로부터 우선심판요청이 있는 경우
- 국제간에 지식재산권 분쟁이 야기된 사건으로 당사자가 속한 국가기관으로부터 우선심판의 요청이 있는 경우
- 국민경제상 긴급한 처리가 필요한 사건 및 군수품 등 전쟁수행에 필요한 심판사건으로서 당사자 또는 관련기관으로부터 우선심판요청이 있는 경우
- 「약사법」 제50조의2 또는 제50조의3에 따라 특허목록에 등재된 특허권(일부 청구항만 등재된 경우에는 등재된 청구항에 한정한다)에 대한 심판사건으로서 당사자로부터 우선심판의 요청이 있는 경우. 다만, 「약사법」 제32조 또는 제42조에 따른 재심사기간의 만료일이 우선심판 신청일부터 1년 이후인 의약품과 관련된 특허권에 대한 심판사건은 제외

직권에 의한 우선심판

- 심결취소소송에서 취소된 사건
- 심사관이 직권으로 무효심판을 청구한 경우
- 심판청구 후에 「특허법」 제164조 제3항의 규정에 의거 법원이 통보한 침해소송사건과 관련된 심판으로 심리종결되지 아니한 사건
- 심판청구 후에 무역위원회가 통보한 불공정무역행위조사사건과 관련된 심판으로 심리종결되지 아니한 사건
- 권리범위확인심판 사건 및 그 권리범위확인심판사건과 함께 계류 중인 무효심판·정정심판 사건

우선심판을 신청하려면 우선심판청구서에 해당 사실을 증명하는 서류를 첨부하여 특허심판원에 제출해야 한다. 우선심판 청구가 접수되면, 심판장은 주심심판관과 협의하여 심판정책과로부터 우선심판청구서를 인계받은 날로부터 15일 이내에 우선심판 대상 여부를 결정하고, 이를 당사자에게 통보한다. 권리범위확인심판 사건(함께 계류 중인 무효심판 및 정정심판 사건 포함) 중 방식 위반으로 보정을 명한 사건의 경우, 보정이 완료된 후에 우선심판 여부를 통보한다. 심판장은 우선심판 대상으로 결정된 사건에 대해 구술심리, 증거조사, 검증 또는 면담 등을 활용하여 사건을 조기에 성숙시키고, 원칙적으로 우선심판 결정일부터 4개월 이내에 처리한다. 만약 해당 사건이 성숙되지 않아 이 기간 내에 처리할 수 없는 경우, 최종 의견서 접수일로부터 2.5개월 내에 처리한다.

또한, 우선심판을 신청하는 경우, 이를 뒷받침할 수 있는 충분한 증빙 서류를 준비하는 것이 중요하다. 예를 들어, 침해로 인한 긴급한 피해가 예상되거나, 공공의 이익과 관련된 중요한 사안인 경우 이를 입증할 수 있는 자료를 제출해야 한다. 심판장은 우선심판 대상으로 결정된 사건을 신속하고 효율적으로 처리하기 위해 다양한 절차를 활용한다. 구술심리, 증거조사, 검증 및 면담 등 여러 방법을 통해 사건의 조기 성숙을 유도하고, 가능한 한 빠르게 결론을 도출하려고 노력한다. 이렇게 함으로써 당사자는 불필요한 지연 없이 신속하게 심판 결과를 받아볼 수 있으며, 이는 법적 분쟁의 조속한 해결에 도움이 된다.

심판청구인은 이러한 절차를 이해하고, 우선심판 신청 시 필요한 모든 서류를 철저히 준비하여 제출해야 한다. 우선심판이 승인되면, 심판 절차가 신속하게 진행될 수 있으므로, 필요한 증거와 자료를 충분히 확보하고 준비하는 것이 중요하다. 이를 통해 심판 절차가 원활하게 진행되고, 신속한 결론을 도출할 수 있다.

(3) 신속심판

신속심판은 특허 분쟁을 신속하게 해결하기 위해 침해 소송과 관련된 사건이나 신속심판 신청서가 제출된 사건에 대해 다른 사건들보다 우선적으로 처리하는 절차를 말한다. 이는 신속한 판결이 필요한 경우에 사용된다. 신속심판의 대상은 두 가지로 나눌 수 있다. 하나는 신청에 의한 경우이고, 다른 하나는 직권에 의한 경우이다. 주요 사유는 다음과 같다.

> **참고**
>
> **신청에 의한 신속심판**
>
> - 침해금지가처분신청과 관련된 권리범위확인심판사건 또는 무효심판사건으로서 심판청구 후 7일 이내에 신속심판 신청이 있는 사건(심판청구 전에 가처분신청이 있고, 가처분신청에 대한 결정이 이루어지기 전의 사건에 한한다)
> - 당사자 일방이 상대방의 동의를 얻어 신속심판신청서를 답변서 제출기간 내에 제출한 사건
> - 특허법원이 무효심판의 심결취소소송에 대한 변론을 종결하기 전에 권리자가 해당 소송 대상 등록권리에 대하여 청구한 최초의 정정심판으로서 신속심판신청이 있는 사건
> - 「특허법」제33조 제1항 본문의 규정에 따른 무권리자의 특허라는 이유에 의해서만 청구된 무효심판사건으로서 당사자로부터 신속심판요청이 있는 사건
> - 심판청구 전에 경찰 또는 검찰에 입건된 사건과 관련된 사건으로서 당사자 또는 관련기관으로부터 신속심판요청이 있는 사건

직권에 의한 신속심판

- 「특허법」제164조 제3항의 규정에 의하여 법원이 통보한 침해소송사건과 관련된 심판사건 중 권리범위확인심판사건 또는 무효심판사건(심판청구 전에 통보받은 사건에 한한다)
- 무역위원회가 통보한 불공정무역행위조사사건과 관련된 심판사건 중 권리범위확인심판사건 또는 무효심판사건(심판청구 전에 통보받은 사건에 한한다)

신속심판을 신청하려면 신속심판신청서를 특허심판원에 제출하면 된다. 그러나 신속심판 신청서를 제출하더라도 이미 우선심판 절차가 진행된 사건은 우선심판 절차에 따라 심판한다. 신속심판 대상 사건에 대해 심판장은 주심심판관과 협의하여 심판정책과로부터 신속심판신청서를 받은 날 또는 관련 기관으로부터 통보를 받은 날로부터 15일 이내에 신속심판 해당 여부를 결정하고 이를 당사자에게 통보해야 한다. 다만, 방식 위반으로 보정을 명한 사건은 보정이 완료된 후에 신속심판 여부를 통보할 수 있다.

당사자계 사건 중 침해소송 관련 사건이나 신속심판신청서가 제출된 사건에 대해서는 답변서 제출 기간 만료일(정정 청구가 있는 경우 정정 청구에 대한 무효 심판 청구인의 의견서 제출 기간 만료일)로부터 1개월 이내에 구술심리를 개최하고, 구술심리 개최일(구술심리가 연기되는 경우 최종 구술심리 개최일)부터 2개월 이내에 심결해야 한다. 다만, 답변서 제출 기간 만료일부터 2개월 이내에 심결하는 경우에는 구술심리를 개최하지 않을 수 있다.

신속심판으로 진행되는 경우, 당사자는 심판 사건과 관련된 모든 주장 및 증거를 구술심리 기일까지 제출해야 하며, 이를 통해 심판청구일부터 4개월 이내에 심판 처리가 가능하다. 신속심판은 심판 절차의 신속성과 효율성을 높이기 위해 마련된 제도로, 이를 통해 법적 분쟁이 빠르게 해결될 수 있다. 신속심판을 신청할 때는 필요한 서류와 증거를 충분히 준비하여 제출하는 것이 중요하며, 구술심리에서 모든 주장을 명확히 하는 것이 필요하다. 이를 통해 심판이 원활하게 진행되고, 신속한 결론을 얻을 수 있다.

3. 증거조사

심판은 구체적인 사실을 바탕으로 법규의 존재 여부와 해석을 삼단논법에 따라 권리 관계를 판단하는 과정이다. 이 과정에서 심판부의 신뢰성을 확보하기 위해 증거를 제출하는 것이 필요하다. 증거 자료로는 증인, 감정인, 당사자, 본인의 인증, 문서, 검증물, 기타 물증 등이 사용된다. 제출된 증거 자료는 증거 능력과 증거력에 따라 활용된다. 증거 능력은 증거 조사의 대상이 될 자격을 의미하며, 예를 들어 법정 대리인은 증인 능력이 없고, 기피된 감정인은 감정인 능력을 잃는다는 점 이외에는 특별한 제한이 없다. 증거력은 증거 자료가 사실 인정을 얼마나 잘 증명할 수 있는지를 나타내며, 형식적 증거력과 실질적 증거력이 있다. 형식적 증거력은 문서 증거에서 중요한데, 이는 특정인의 의사에 의해 작성된 진정 성립이 있는지를 판단하는 것이다. 실질적 증거력은 그 증거가 사실을 증명하는 데 얼마나 유용한지를 의미한다.

공문서는 형식적 증거력에서 특별한 문제가 없으며, 사문서도 위변조가 명확하지 않으면 형식적 증거력이 인정된다. 형식적 증거력이 인정된 경우에만 실질적 증거력을 판단하며, 이는 심판관의 자유로운 판단에 맡겨진다. 처분 문서는 상대방의 반증이 없으면 기재 내용을 인정하며, 보고 문서는 심판관의 자유로운 판단에 따라 활용된다.

증거조사는 심판관이 증거를 직접 조사하는 과정을 의미하며, 일반적으로 증거 신청, 채택 여부 결정, 증거조사 실시, 실시 결과의 순서로 진행된다. 이 과정에서 증거조사는 주로 증인 신문이나 감정에 대해 이루어진다. 증거 신청 단계에서는 당사자가 제출한 증거의 필요성과 적절성을 검토하고, 심판관은 이를 바탕으로 채택 여부를 결정한다. 채택된 증거는 심판관이 직접 조사하며, 이 과정에서 증인의 진술이나 감정인의 의견을 듣고, 문서나 물증을 확인한다. 증거조사가 완료되면, 그 결과를 바탕으로 사실 인정을 위한 판단이 이루어진다.

따라서 증거를 제출하고 조사하는 과정은 심판 절차에서 매우 중요한 부분을 차지하며, 이를 통해 심판부는 공정하고 정확한 결론을 내릴 수 있게 된다. 당사자는 이러한 절차를 충분히 이해하고, 필요한 증거를 철저히 준비하여 제출해야 한다. 이를 통해 자신의 주장을 효과적으로 뒷받침하고, 심판 과정에서 유리한 결과를 얻을 수 있다.

(1) 증인신문

증인신문은 증인의 증언을 통해 증거자료를 얻기 위해 행하는 증거조사를 의미한다. 증인의 진술은 증언이라고 하며, 증인신문은 가능한 한 구술심리에서 진행된다. 증인신문 절차는 증인신문 신청, 신문 결정, 비용 예납, 신문 실시의 순서로 진행된다. 신청서에는 증인신문이 필요한 이유와 증인의 인적사항, 그리고 증인신문사항을 기재하여 제출해야 한다. 만약 신청서에 증인신문사항이 기재되어 있지 않거나 불완전하면 심판부는 이를 보완하도록 지시한다. 심판부는 신청서의 내용을 바탕으로 증인신문이 필요한지 여부를 결정하고, 증인신문을 하기로 결정하면 증인출석요구서를 작성하여 증인에게 발송한다. 증인신문은 보통 구술심리와 함께 진행되므로 증인신문 기일은 구술심리 기일과 동일하다.

상대방 당사자는 증인신문사항을 받은 후 반대신문을 할 수 있으며, 반대신문사항을 미리 작성하여 부본을 준비한 뒤 심판장에게 반대신문 직전까지 제출해야 한다. 증인신문 기일에는 상대방 당사자의 반대신문사항에 따라 재증인신문이 이루어질 수도 있다. 또한, 경우에 따라 심판장이 직권으로 증인을 신문할 수도 있다. 증인신문이 끝나면 심판부는 증인신문조서를 작성하고, 여기서 얻은 증언은 심판관의 판단을 형성하는 데 중요한 자료로 사용된다.

(2) 감정

감정은 특별한 학식과 경험을 가진 전문가에게 그 지식과 판단을 보고하도록 하여 심판관의 판단 능력을 보완하는 증거조사를 의미한다. 감정은 주로 당사자의 신청에 의해 이루어지며, 신청서에는 감정 신청의 대상과 이유를 기재하고, 필요한 경우 대상물을 함께 제출해야 한다. 심판장은 감정 신청 서류의 부본을 상대방에게 송달하여 의견 제출 기회를 제공하고, 그 의견을 고려하여 감정 사항을 결정한다. 감정이 완료되면 심판부는 감정조서를 작성하며, 이 조서는 증인신문 절차에 준하여 활용된다. 감정조서에는 감정인의 전문적 판단과 그에 따른 결론이 상세히 기재되며, 이는 심판관이 사건을 판단하는 데 중요한 참고자료로 사용된다. 이렇게 작성된 감정조서는 심판 절차의 공정성과 정확성을 높이는 데 기여하며, 필요한 경우 심판관이 감정인을 다시 불러 추가 설명을 듣거나 질의를 할 수도 있다.

4. 구술심리

심리란 심결을 내리는 데 필요한 자료를 수집하는 절차로, 구술에 의한 구술심리와 서면에 의한 서면심리가 있다. 「특허법」 제154조 제1항에 따르면, 심판은 구술심리 또는 서면심리로 진행할 수 있으며, 어느 방법을 사용할지는 심판장의 판단에 따라 결정된다. 그러나 당사자가 구술심리를 신청한 경우 특별한 사정이 없으면 구술심리를 개최하도록 하고 있다. 구술심리는 당사자의 청구 취지 진술, 공격과 방어, 증인신문 및 심판부의 심문으로 진행된다. 이 과정에서 심판장은 당사자의 주장 외에도 직권으로 당사자 및 증인에 대해 심문할 수 있다. 예를 들어, 당사자가 제출한 자료의 진위 여부를 확인하거나, 증인의 증언에 대한 추가적인 설명을 요구할 수 있다. 구술심리는 당사자들이 직접 대면하여 주장을 펼치고 증거를 제시할 수 있는 기회를 제공하므로, 심판부가 사건의 전모를 파악하는 데 큰 도움이 된다. 반면, 서면심리는 제출된 서류를 기반으로 심판부가 판단하는 방식으로, 구술심리에 비해 시간과 비용이 절약될 수 있다. 서면심리는 특히 사건의 복잡성이 낮거나, 쟁점이 명확한 경우에 유용하다. 구술심리와 서면심리 모두 각각의 장단점이 있으므로, 심판장은 사건의 특성과 당사자의 요청을 고려하여 적절한 방식을 선택하게 된다. 그 대표적인 예는 다음과 같다.

- 당사자가 권리범위확인심판에서 특허발명의 공지주장을 하지 않는 경우, 확인대상발명의 공지공용·자유실시기술 주장을 하지 않은 경우 이에 대해 당사자에게 심문할 수 있다.
- 적극적 권리범위확인심판사건에서 확인대상발명의 실시 여부가 불분명하고 증거자료가 불충분한 경우 청구인에게 확인하고 상대방의 반론을 들어 실시 여부를 석명할 필요가 있다.
- 증인에 대한 확인서가 제출된 경우 사문서라 할지라도 그 성립의 진정성 및 증거력이 있는지 여부에 대해 양 당사자에게 의견을 진술할 것을 명할 필요가 있다.
- 발명의 기술내용이 복잡하거나 배경기술이론 등이 복잡하여 이해하기 어려운 경우 이에 대해 당사자를 심문할 수 있다.
- 당사자의 주장이 불명확하거나 제출된 증거의 입증취지가 명확하지 않은 경우에 심판장은 직권으로 당사자 및 증인에게 심문할 수 있다.
- 당사자가 필요하지 않은 주장을 하거나, 상호 모순되는 주장을 하는 경우 주장의 취하를 권고할 수 있다.

한편, 특허심판원에 제출된 서류는 구술심리에서 당사자들이 진술하지 않아도 심판에 유효한 자료로 사용된다. 즉, 구술심리는 심판합의체가 쟁점을 정리하고 당사자가 적절히 주장하고 입증하도록 촉구하는 데 의의가 있다. 다시 말해, 특허심판의 구술심리는 증인신문을 포함한 증거조사, 심판합의체가 증인 및 당사자에게 쟁점사항에 대해 심문하는 것에 큰 의미가 있다. 구술심리는 당사자들이 직접 대면하여 주장과 증거를 제시할 기회를 제공하며, 이를 통해 심판부는 사건의 전모를 보다 명확히 파악할 수 있게 된다.

구술심리가 열릴 가능성이 높은 주요 사건은 다음과 같다.

- 일방당사자 또는 쌍방당사자가 구술심리를 신청한 사건
- 쌍방당사자가 대리인이 없는 사건
- 침해소송이 계속되는 사건 중 필요하다고 인정하는 사건
- 청구이유가 불분명하거나 주장에 관한 근거가 불명확한 사건
- 발명 또는 증거에 대한 당사자의 설명이 필요한 사건
- 증거조사, 증인신문, 검증을 동반한 사건
- 효율적인 심리를 위하여 심판장이 필요하다고 인정하는 사건

구술심리를 개최하려면 심판장은 구술심리의 기일과 장소를 정하고, 그 취지를 기재한 서면을 당사자와 참가인에게 송달한다. 이때 심판장은 당사자가 진술할 내용을 정리한 구술심리진술요지서를 구술심리 기일 1주일 전까지 제출하도록 요구하므로, 이를 준비해 제출할 필요가 있다.

5. 직권주의

「민사소송법」에서도 법원이 직권으로 소송을 진행하는 규정이 있지만, 민사소송은 원래 당사자가 자유롭게 처분할 수 있는 개인의 이익에 관한 분쟁을 해결하는 것을 목적으로 한다. 따라서 「민사소송법」의 주요 조항들은 당사자주의(처분권주의, 변론주의)를 기본으로 하고 있으며, 직권주의보다 그 비중이 크다. 반면, 심판에서는 그 심결의 효력이 제3자에게도 미치고, 대세적인 영향이 크기 때문에 당사자주의적 규정을 준용하지 않는다. 심판청구가 된 후에는 취하가 없는 한, 당사자의 의사와 무관하게 심판관이 직권으로 사건에 적극 개입하고 주도하여 심리를 진행해야 한다는 취지를 규정한 조항이 「특허법」에 마련되어 있으며, 그 비중도 크다.

심판 절차에서 직권주의가 적용되는 부분으로는 직권진행, 직권조사, 직권탐지가 있다. 예를 들어, 심판관은 필요하다고 판단되면 당사자의 신청 없이도 증거를 조사할 수 있고, 사건의 사실 관계를 스스로 탐지할 수 있다. 이러한 직권주의적 요소는 심판 절차의 공정성과 효율성을 높이는 데 기여한다. 심판관이 주도적으로 심리를 진행함으로써, 심판 절차가 지연되지 않고 신속하게 결론을 내릴 수 있으며, 심판 결과의 정확성과 신뢰성을 확보할 수 있다.

결국, 심판 절차는 민사소송과는 달리, 직권주의의 비중이 높아 심판관의 역할이 더욱 중

요해진다. 심판관은 사건의 전반적인 진행을 관리하고, 필요한 경우 적극적으로 증거를 조사하며, 당사자에게 필요한 정보를 요구할 수 있다. 이러한 과정에서 심판관은 공정하고 객관적인 입장을 유지하며, 심판 절차의 원활한 진행을 도모하게 된다.

이후 심판 결과에 대해 불복하여 특허법원으로 항소를 하게 되면, 이때에는 기본적으로는 변론주의 원칙에 의해 재판이 진행된다. 다만, 심판원의 존재 이유 및 심판 절차에서의 직권주의의 필요성이 여전히 존재하기에 특허법원에서도 변론주의를 기반으로 하되, 현출된 증거를 기반으로 하는 예외적인 직권주의가 적용될 수 있다.

(1) 직권진행

직권진행이란 심판 절차를 심판관이 직권으로 진행할 수 있는 것을 의미한다. 예를 들어, 법정 기간이나 지정 기간을 직권으로 연장하는 것, 구술심리나 서면심리 중 심리 방식을 선택하는 것, 당사자나 참가인이 법정 기간이나 지정 기간 내에 절차를 밟지 않거나 기일에 출석하지 않았을 때에도 심판을 진행하는 것, 또는 중지된 절차를 다시 시작하도록 명령하는 것 등이 있다. 예를 들어, 심판관은 필요에 따라 구술심리와 서면심리 중 적절한 방식을 선택할 수 있으며, 당사자가 기일에 출석하지 않아도 절차를 계속 진행할 수 있다. 또한, 중지된 절차를 다시 시작하도록 명령할 수도 있으며, 이를 통해 절차의 연속성과 신속성을 유지할 수 있다. 이러한 직권진행은 심판 절차의 효율성을 높이고, 공정한 결정을 내리는 데 중요한 역할을 한다.

(2) 직권조사

직권조사란 당사자의 항변을 기다리지 않고, 당사자 간의 다툼 여부와 관계없이 법원이 스스로 나서서 고려하고 판단하는 것을 의미한다. 주로 심판의 적법성 요건에 대해 이루어진다. 예를 들어, 당사자의 능력 및 자격 여부, 이해관계, 대리권의 존재 여부, 일사부재리 원칙 위배 여부, 중복 심판 청구 여부, 적극적 권리범위확인심판에서 확인대상 발명의 실시 여부 및 특정 여부, 소극적 권리범위확인심판에서 확인대상 발명의 실시 가능성 등이 직권조사의 대상이 된다. 이러한 조사는 법원이 스스로 판단하고 확인하여야 할 사항들로, 심판 절차의 공정성과 정확성을 확보하는 데 중요한 역할을 한다. 예를 들어, 당사자의 자격 여부나 대리권의 존재 여부는 심판 절차의 적법성을 좌우하는 중요한 요소이므로, 법원은 이를 명확히 확인해야 한다. 또한, 일사부재리 원칙 위배 여부나 중복 심판 청구 여부 역시 법원이 직권으로 조사하여야 할 사항으로, 이러한 요소들이 충족되지 않으면 심판 절차 자체가 무효화될 수 있다. 따라서 직권조사는 심판 절차의 근본적인 적법성을 확보하기 위해 반드시 필요한 과정이다.

(3) 직권탐지

직권탐지란 당사자의 의사와는 관계없이 심판관이 심결의 기초자료를 직권으로 적극적으로 수집하는 것을 의미한다. 이 과정에는 직권증거조사, 직권증거보전, 그리고 당사자나 참가인이 신청하지 않은 이유에 대한 심리가 포함된다. 심결이 대세적 효력을 가지므로, 진실을 발견하려는 직권탐지는 중요하지만, 심판청구인이 신청하지 않은 청구취지에 대해서는 직권탐지가 불가능하다는 한계가 있다.

직권탐지를 수행한 후에는 심판부가 그 심리 결과를 당사자와 참가인에게 통지하며, 의견을 진술할 기회를 제공한다. 직권탐지의 결과에 대해 이의가 있는 자는 이때 의견을 진술함으로써 자신의 입장을 방어할 수 있다. 직권탐지는 심판관이 주도적으로 증거를 수집하고 사건을 명확히 파악하도록 하여 심결의 공정성과 정확성을 높이는 데 중요한 역할을 한다. 예를 들어, 심판관은 필요에 따라 직권으로 증거를 조사하거나 보전할 수 있으며, 이를 통해 당사자 간의 분쟁을 더욱 명확하게 이해할 수 있다. 직권탐지 결과는 심판부가 사건을 올바르게 판단하는 데 큰 도움이 되며, 당사자에게는 충분한 의견 진술 기회를 제공함으로써 절차의 공정성을 보장한다. 따라서 직권탐지는 심판 절차의 핵심 요소 중 하나로, 심판관의 적극적인 역할이 요구된다.

다음 그림은 앞서 설명한 심판/소송의 진행 실무를 플로우차트 형태로 도식화한 것이다.

⊠ 심판의 진행 실무 순서도

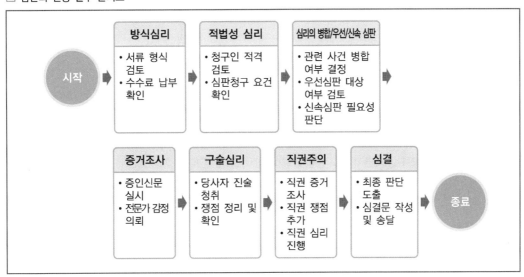

산업재산권 침해에 대한 권리행사 및 대응

| 학습 개관 | 산업재산권 침해 사례를 분석하고, 권리자의 입장에서 효과적인 권리행사 전략을 수립할 수 있다. 동시에 침해 주장에 대한 대응 방안을 학습하여, 산업재산권 분쟁에 대한 종합적인 이해와 실무 능력을 배양한다. |

| 학습 포인트 | 산업재산권 침해의 유형과 판단 기준을 이해할 수 있다. 권리자 입장에서의 효과적인 권리행사 전략을 수립할 수 있다. 침해 주장에 대한 다양한 대응 방안을 설명하고 적용할 수 있다. |

NCS 및 NCS 학습모듈	하위 목차명	특허 분쟁과 해결, 화해, 조정, 중재	
NCS 및 NCS 학습모듈		대분류	05. 법률·경찰·소방·교도·국방
		중분류	01. 법률
		소분류	02. 지식재산관리
		세분류	01. 지식재산관리
		능력단위 (능력단위요소)	06. 지식재산 권리 행사
		주요 지식·기술·태도	• 산업재산권법, 침해 판단 기준, 권리행사 방법, 대응 전략 • 권리행사 전략 수립 능력, 대응 서류 작성 능력 • 지식재산 관련 전략적 사고, 객관적 분석 자세, 적극적인 권리 보호 의지

01 특허 분쟁과 해결

특허 분쟁은 엄청난 비용과 시간, 그리고 많은 인적 자원을 필요로 하는 일이다. 특허에 대해 무효심판, 권리범위확인심판, 침해 금지 가처분 사건 등이 제기되면, 하나의 제품과 관련해서 여러 번의 재판을 해야 한다. 각각의 사건이 1심부터 3심까지 진행될 수 있기 때문에, 총 재판 건수가 수십 건에 이를 수 있다. 이러한 이유로 영미권을 포함한 특허 선진국에서는 특허 분쟁을 화해(settlement)로 해결하는 경우가 많다.

국내에서는 분쟁이 시작되면 대법원까지 가서 최종 판결을 받으려는 경향이 강하다. 하지만 특허 심판과 소송이 특허 분쟁 해결의 유일한 방법은 아니다. 적절한 시점에서 화해나 조정, 중재와 같은 방법들을 통해 분쟁을 끝내는 것이 더 나을 때도 있다.

특허 심판이나 소송은 상대방의 의사와 관계없이 국가 권력에 의해 강제적으로 해결되는 방식이다. 반면에 화해, 조정, 중재는 당사자 쌍방이 자유롭게 합의하여 문제를 해결하는 방식으로, 심판이나 소송과는 그 성격이 다르다. 특허 분쟁이 발생했을 때 법적 절차만을 통해 해결하려고 하기보다는, 당사자 간의 협의를 통해 원만하게 해결할 수 있는 방법들도 고려하는 것이 좋다. 이는 시간과 비용을 절약하고 더 효율적인 해결책을 찾는 데 도움이 될 수 있다.

02 화해

화해는 분쟁을 자주적으로 해결하는 방식으로, 재판 과정에서 이루어지는 화해와 재판 외에서 이루어지는 화해 두 가지가 있다. 특허 심판의 경우, 재판 외 화해로 인해 심판청구를 취하할 수 있지만, 재판 과정에서의 화해에 관한 규정은 없다. 그래서 심판부 앞에서 화해조서를 작성할 수는 없다. 이는 특허 무효 심결이 당사자뿐만 아니라 모두에게 영향을 미쳐, 이를 당사자 사이에서 무효 또는 유효로 바꾸는 것이 바람직하지 않기 때문이다.

만약, 당사자의 화해에 의해 무효심판이 취하되는 경우, 심판원의 판단에 따라 심사관이 무효심판의 청구인이 되어 현출된 증거로 무효심판을 다시 진행하여 최종 심결을 받을 수 있다. 그러나 특허권 침해 금지 청구 소송이나 손해배상 청구 소송의 경우, 비록 그 절차에서 특허의 유무효를 심리하더라도 이는 어디까지나 당사자 사이의 법적 관계를 규율하는 것이다. 그래서 화해의 대상이 될 수 있다. 지방법원에서 진행되는 특허권 침해와 관련된 분쟁에 대해서는 재판상 또는 재판 외의 화해를 한 후, 그 약정에 따라서 특허심판원에서의 심판청구를 취하하는 형태로 화해 계약이 이루어지게 된다.

특허 분쟁에서의 화해 조건은 다양한 형태를 취할 수 있다. 예를 들어, 무효심판 청구를 취하하고 권리자는 권리행사를 하지 않는다는 조건이 있을 수 있다. 또는 무효심판 청구를 취하하고 권리자가 권리행사를 하지 않으며 로열티를 지급하는 방식도 있다. 이러한 화해 조건에는 추후에 다시 심판 청구를 하지 않겠다는 부제소 협약이나, 심판 소송 중에 사용한 공격 및 방어 방법을 다른 사람에게 제공하지 않겠다는 조항이 포함될 수 있다. 이는 추후 분쟁 가능성을 없애거나 최대한 억제하기 위한 것이다. 또한, 비밀 준수 의무를 부과하는 경우도 있다. 다만, 이때 최종 해당 특허권의 유효성은 제3자의 이익과 절차의 안정성과도 연결되어 있기 때문에 심사관에 의해 무효심판이 다시 진행될 수 있음은 전술한 바와 같다.

이처럼 특허 분쟁에서의 화해는 다양한 조건을 포함할 수 있으며, 이를 통해 시간과 비용을 절감하고 분쟁을 원만하게 해결할 수 있다. 화해는 당사자 간의 자율적인 합의에 기반하기 때문에, 법적 절차보다 더 유연하고 효율적인 해결책이 될 수 있다.

03 조정

조정은 법관이나 조정위원회가 분쟁 당사자들 사이에 개입하여 화해를 끌어내는 절차를 말한다. 조정이 성립되어 조정조서가 작성되면, 이는 재판상의 화해와 같은 효력을 가지며, 그 효력을 다투려면 준재심 절차를 통해서만 가능하다. 당사자가 화해 권고를 받아들여 조정조서가 작성된 경우, 이는 재판상 화해가 성립된 것으로 간주되어 확정된 판결과 동일한 효력을 가진다.

이처럼 조정은 분쟁을 해결하는 데 있어 중요한 역할을 한다. 법관이나 조정위원회의 중재를 통해 당사자 간의 합의를 끌어내고, 그 합의가 문서화되면 법적 구속력을 가지게 된다. 이는 재판을 통해 분쟁을 해결하는 것과 같은 수준의 효력을 가지므로, 분쟁 당사자들에게 신뢰할 수 있는 해결책이 된다.

따라서 조정 절차를 통해 작성된 조정조서는 법원에서 내려진 판결과 동일한 법적 효력을 가지며, 이는 분쟁 당사자들이 이후에 이를 다시 다투는 것을 방지한다. 이러한 절차는 분쟁 해결을 보다 신속하고 원만하게 만드는 데 기여한다.

04 중재

중재는 당사자들이 합의하여 선택한 중재인이 중재판정을 내려 분쟁을 해결하는 절차를 의미한다. 중재의 본질은 사적인 재판이라는 점에 있으며, 이 점에서 당사자들이 합의로 문제를 해결하는 재판상의 화해나 조정과는 다르다. 중재는 단심제로 이루어지기 때문에, 법원에서 진행되는 재판에 비해 분쟁을 더 신속하게 해결할 수 있고, 비용도 더 저렴하다.

또한, 중재에서는 해당 분야의 전문가를 중재인으로 선정할 수 있어서, 실정에 맞는 분쟁 해결이 가능하다. 중재 절차는 비공개로 진행되기 때문에, 업무상 비밀 유지에도 유리하다. 특허 분쟁에 관한 중재는 주로 대한상사중재원의 지식재산권분쟁조정중재를 통해 이루어진다.

이러한 중재 절차는 분쟁을 중재로 해결하기로 하는 중재 합의가 있어야 신청할 수 있다. 중재 합의가 없다면, 중재 신청은 불가능하다. 따라서 중재를 통해 분쟁을 해결하려면, 먼저 당사자들 간의 중재 합의가 필요하다.

중재는 신속하고 비용 효율적인 해결책을 제공하며, 전문가의 판단을 받을 수 있고, 비밀 유지에도 유리한 장점이 있다. 이는 분쟁을 해결하는 데 있어 매우 유용한 방법이 될 수 있다. 다음 그림은 앞서 설명한 다양한 분쟁 대응 방법 이외 특허 침해에 대한 민사적, 형사적 구제 방법들을 도시화하여 설명한 것이다.

⊠ 특허 침해 권리행사 대응 방법

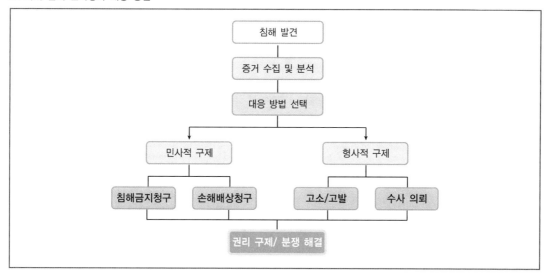

특허법상 심판

| 학습 개관 | 특허법에 규정된 다양한 심판 유형과 절차를 이해하고, 각 심판의 청구 요건, 진행 과정, 효과 등을 학습한다. 무효심판, 권리범위확인심판 등 주요 심판 절차를 실제 사례와 연계하여 분석하고, 심판 청구서 작성 능력을 기른다. |

| 학습 포인트 | 특허법상 다양한 심판 유형과 그 특징을 설명할 수 있다. 주요 심판 절차의 진행 과정과 효과를 이해하고 설명할 수 있다. 심판 청구서를 작성할 수 있다. |

NCS 및 NCS 학습모듈	하위 목차명	특허심판의 종류, 결정계 심판, 당사자계 심판, 특허취소신청제도	
	NCS 및 NCS 학습모듈	대분류	05. 법률·경찰·소방·교도·국방
		중분류	01. 법률
		소분류	02. 지식재산관리
		세분류	01. 지식재산관리
		능력단위 (능력단위요소)	06. 지식재산 권리 행사
		주요 지식·기술·태도	• 특허심판 제도, 심판 절차, 심판 사례 • 심판 청구서 작성 능력, 특허 분석 능력, 법률 문서 이해 능력 • 지식재산 관련 분석적 사고, 체계적 접근 자세

01 특허심판의 종류

특허심판은 크게 보아, 산업재산권(특허·실용신안·디자인·상표)의 발생·변경·소멸 및 그 권리범위에 관한 분쟁을 해결하기 위한 특별한 행정심판을 의미한다. 좁게 보면, 「특허법」 상 심판, 즉 산업재산권 중, 특허에 관련된 심판을 의미한다.

특허심판은 크게 두 가지 종류가 있다. 하나는 결정계 심판이고, 다른 하나는 당사자계 심판이다. 결정계 심판은 심사관의 처분에 불복하는 사람이 청구하는 것으로, 이 경우 대립하는 상대방은 없다. 말하자면, 청구인만 존재하는 심판이다. 반면, 당사자계 심판은 이미 설정된 권리나 사실 관계에 대해 분쟁이 발생하여, 당사자들이 서로 대립하는 구조를 가진 심판이다. 이와는 별도로 특허취소신청제도라는 절차도 있다. 특허취소신청제도는 결정계 심판이나 당사자계 심판과는 다르다. 이 제도에서는 누구든지 등록공고 후 6개월까지 특허취소 사유를 제기할 수 있다. 그러면 심판합의체에서 특허를 취소할지 여부를 결정하게 된다. 취소신청제도는 결정계심판의 절차와 유사하게 진행된다.

정리하자면 특허심판에는 대립하지 않는 청구인만 존재하는 결정계 심판과, 분쟁 당사자들이 대립하는 당사자계 심판이 있다. 또한, 특허취소신청제도를 통해 누구나 특정 기간 내에 특허 취소 사유를 제기할 수 있으며, 이 경우 심판합의체가 취소 여부를 결정한다. 이러한 절차들은 각각의 상황에 맞게 특허와 관련된 문제를 해결하는 데 사용된다.

02 결정계 심판

1. 거절결정불복심판(제132조의17)

특허 거절 결정이나 특허권의 존속 기간 연장 등록 거절 결정을 받은 사람이 그 결정에 불복할 때는, 결정 등본을 받은 날부터 3개월 이내에 심판을 청구할 수 있다. 이는 출원인에게 권리를 구제할 기회를 주고, 특허청에는 자기 시정의 기회를 주어 심사의 공정성을 확보하기 위한 것이다. 만약 청구인이 승소하면, 이전의 거절 결정이 취소되고 심사가 다시 진행될 수 있다.

이 절차는 출원인이 특허를 받을 수 있는 기회를 놓치지 않도록 하고, 특허청의 심사 과정이 공정하게 이루어지도록 보장한다. 따라서 출원인은 거절 결정에 대해 이의가 있을 경우, 심판 청구를 통해 다시 한번 특허를 받을 기회를 가질 수 있게 된다. 심판을 통해 승소하면, 처음에 내려졌던 거절 결정은 무효가 되고, 특허청은 새로운 심사를 통해 출원인의 특허를 다시 검토하게 된다. 이러한 과정은 출원인의 권리를 보호하면서, 동시에 특허청의 심사 과정을 투명하고 공정하게 만드는 데 중요한 역할을 한다.

이때, 출원인은 심판 결과가 부정적으로 나올 가능성이 있기 때문에, 심판과 동시에 별도의 분할출원을 해두어 추후 심판 결과에 따라 추가적인 대응 기회를 가질 수 있다.

또한, 분리 출원 제도가 도입되어(2022년), 거절결정불복심판에 전체 청구항 세트가 계류하여 부정적인 결과를 얻었을 때, 이미 등록 가능하다고 판단받은 청구항 세트는 분리출원 제도를 통해 다시 등록을 도모할 수 있다.

2. 정정심판(제136조)

특허발명의 동일성을 유지하는 범위 내에서 명세서나 도면의 정정을 요구하는 심판이다. 이 심판은 특허발명의 무효 사유를 해결할 수 있는 실질적인 이익이 있으며, 소급 효과로 인한 제3자의 예기치 못한 피해를 방지하기 위해 정정 범위에 제한이 있다. 만약 청구인이 승소하면, 명세서나 도면의 내용이 정정된다.

이 과정은 특허발명이 원래 의도한 내용과 동일성을 유지하면서, 오류나 불명확한 부분을 수정하려는 목적을 가지고 있다. 예를 들어, 특허 명세서에 잘못된 기술적 설명이 있거나 도면에 오류가 있을 경우, 이를 바로잡음으로써 특허의 유효성을 유지하려는 것이다.

하지만 이러한 정정은 모든 경우에 허용되는 것이 아니라, 정정 범위가 특허발명의 동일성을 벗어나지 않는 한에서만 가능하다. 이는 정정이 이루어졌을 때 제3자가 받을 수 있는 예기치 않은 피해를 방지하기 위한 것이다. 따라서 정정심판은 특허발명의 무효 사유를 해결하는 데 실질적인 도움이 되며, 정정이 승인되면 명세서나 도면의 잘못된 부분이 수정된다. 결국, 이 심판 절차는 특허의 정확성과 유효성을 보장하면서도 제3자의 권익을 보호하는 역할을 한다.

정정심판제도는 무효심판, 및 취소신청 내 정정 제도와 실질적으로 동일하다. 다만, 무효/취소 심결에 따른 불복심에서 추가적인 정정심판 청구가 가능한지 여부에 대해서는 무효심판에 따른 불복심인지 또는 취소신청에 따른 불복심인지 여부에 따라 차이가 있다.

03 당사자계 심판

1. 특허의 무효심판(제133조)

이해관계인이나 심사관은 특허가 제133조 제1항에 명시된 무효 사유에 해당하는 경우, 무효심판을 청구할 수 있다. 이는 심사의 완전성을 사후적으로 보장하고, 특허 침해 경고를 받은 사람이 분쟁을 근본적으로 해결할 수 있는 수단으로 기능한다. 만약 청구인이 승소하면, 특허권은 소급적으로 소멸된다(후발적 무효 사유는 제외).

이 절차는 특허가 잘못 부여된 경우를 바로잡기 위해 마련된 것이다. 심사 과정에서 누락되었거나 잘못 판단된 사항이 있을 때, 이해관계인이나 심사관이 무효심판을 청구할 수 있게 하여, 특허 제도의 완전성을 유지하려는 목적이다.

특허 침해 경고를 받은 사람에게는 특히 중요한 절차인데, 무효심판을 통해 특허 자체를 무효화할 수 있다면 침해 문제를 근본적으로 해결할 수 있기 때문이다. 무효심판이 성공하면, 해당 특허는 처음부터 존재하지 않았던 것처럼 소급적으로 소멸하게 된다. 이는 이미 진행 중인 소송이나 분쟁에서도 중요한 영향을 미칠 수 있다. 또한, 대상 특허가 무효가 되면, 이는 소급적으로 무효효과를 얻게 되며, 그 범위는 제3자에게까지 미치기 때문에 특허의 무효 여부는 해당 당사자를 제외하고도 산업계에 미치는 영향이 클 수 있다.

따라서 무효심판 절차는 특허 제도의 공정성과 정확성을 높이는 중요한 역할을 하며, 분쟁의 근본적인 해결책을 제공하는 수단이 된다.

2. 특허권의 존속기간 연장등록 무효심판(제134조)

이해관계인이나 심사관은 특허권의 존속기간 연장 등록에 무효 사유가 있을 때 무효심판을 청구할 수 있다. 만약 존속기간 연장 등록을 무효로 하는 심결이 확정되면, 그 연장 등록에 따른 특허권의 존속기간 연장은 처음부터 존재하지 않았던 것으로 간주된다. 단, 연장 가능 기간을 초과한 경우에는 초과된 기간만 소멸된다.

이 절차는 특허권의 존속기간 연장이 잘못된 경우를 바로잡기 위해 마련된 것이다. 특허권이 원래의 존속기간을 넘어서 연장된 경우, 이 연장이 정당하지 않다면 무효심판을 통해 이를 무효화할 수 있다. 무효심판이 성공하면, 연장된 존속기간은 처음부터 존재하지 않았던 것으로 취급된다. 특히, 연장 가능 기간을 초과한 경우에는 초과된 기간만 소멸되므로, 원래의 특허권 존속기간은 유지된다. 이는 특허권자가 부당하게 이익을 얻는 것을 방지하고, 특허 제도의 공정성을 유지하기 위한 것이다.

결국, 특허권의 존속기간 연장 등록에 문제가 있을 때 무효심판을 통해 이를 해결할 수 있으며, 무효심판이 성공하면 연장된 기간은 처음부터 없는 것으로 처리된다. 이 절차는 특허권의 적법성을 유지하고, 부당한 연장을 방지하는 데 중요한 역할을 한다.

3. 정정의 무효심판(제137조)

이해관계인이나 심사관은 특정 조항에 따른 특허발명의 명세서나 도면에 대한 정정이 규정을 위반한 경우, 정정 무효심판을 청구할 수 있다. 예를 들어, 제132조의3 제1항, 제133조의2 제1항, 제136조 제1항 또는 이 조 제3항에 따라 정정이 이루어졌을 때, 정정이 제137조 제1항의 규정을 위반한 경우가 해당된다.

정정을 무효로 한다는 심결이 확정되면, 그 정정은 처음부터 존재하지 않았던 것으로 간주된다. 이는 특허권의 보호 범위가 부당하게 확장되거나 변경되어 제3자가 예상치 못한 손해를 입는 것을 방지하기 위한 것이다.

이 과정은 특허 명세서나 도면의 정정이 합법적으로 이루어졌는지를 검토하는 절차이다. 만약 정정이 규정을 위반했다면, 이해관계인이나 심사관이 이를 무효로 만들기 위해 심판을 청구할 수 있다. 무효심판이 확정되면, 정정은 처음부터 없었던 것으로 처리되어, 특허권의 범위가 원래 상태로 돌아가게 된다.

이러한 절차는 특허권자가 정정을 통해 보호범위를 부당하게 넓히는 것을 막고, 제3자가 불측의 손해를 입지 않도록 하는 데 중요한 역할을 한다. 이러한 제도의 존재로 인해, 특허권자의 에버그린 의도를 막을 수 있으며, 후출원 특허권자의 정당한 권리를 보호할 수 있다.

결과적으로, 특허 시스템의 공정성과 정확성을 유지하기 위해 마련된 이 제도는, 특허권의 남용을 방지하고, 모든 당사자의 권리를 보호하는 데 기여한다.

4. 권리범위확인심판(제135조)

특허권의 권리범위에 대해 공적인 확인을 구하는 심판은, 분쟁을 조기에 해결하여 신속한 권리 구제를 도모하고 분쟁이 소송으로 이어지는 것을 방지하는 역할을 한다. 이 심판에는 적극적 권리범위확인심판과 소극적 권리범위확인심판이 있다.

적극적 권리범위확인심판에서 청구인이 승소하면, 제3자의 발명이 특허발명의 권리범위에 속하는 것으로 판단될 수 있다. 반대로, 소극적 권리범위확인심판에서 청구인이 승소하면, 제3자의 발명이 특허발명의 권리범위에 속하지 않는 것으로 인정되어 자유롭게 실시할 수 있는 것으로 판단된다.

이 심판 절차는 특허권의 권리범위에 대한 명확한 확인을 통해 분쟁을 조기에 해결하는 데 목적이 있다. 이를 통해 특허권자와 제3자는 자신의 권리와 의무를 명확히 알고, 불필요한 소송을 피할 수 있다.

따라서 적극적 권리범위확인심판은 제3자의 발명이 특허권의 보호범위에 포함되는지 여부를 확인하고, 소극적 권리범위확인심판은 제3자의 발명이 특허권의 보호범위에 포함되지 않는지를 확인하는 것이다. 이러한 절차는 특허 분쟁을 신속하게 해결하고, 소송으로 인한 시간과 비용을 절감하는 데 중요한 역할을 한다.

5. 통상실시권 허락의 심판(제138조)

특허권자, 전용실시권자 또는 통상실시권자는 특허발명이 제98조에 해당하여 실시 허락이 필요한 경우, 상대방이 정당한 이유 없이 허락을 거부하거나 허락을 받을 수 없는 상황이라면, 자기 특허발명을 실시하기 위해 통상실시권 허락을 심판에 청구할 수 있다. 이 제도는 선원권리자의 이익을 부당하게 해치지 않으면서, 후원권리자가 자신의 발명을 실시할 수 있게 하여 산업 발전에 기여하려는 목적이 있다. 청구인이 승소하면, 강제실시권을 취득할 수 있다.

이 심판 절차는 특정 상황에서 특허권자가 자신의 발명을 실행할 수 있도록 도와준다. 만약 다른 사람이 정당한 이유 없이 실시를 허락하지 않거나, 허락을 받을 수 없는 상황이라면, 특허권자는 심판을 통해 법적인 해결책을 찾을 수 있다. 이러한 제도는 특허권자가 자신의 발명을 활용할 수 있도록 보장하는 동시에, 산업 발전에도 긍정적인 영향을 미친다.

특히, 후원권리자가 자신의 발명을 사용할 수 있도록 해주어 기술 발전과 경제 성장을 촉진한다.

결론적으로, 특허권자나 실시권자가 자신의 발명을 실시하려 할 때, 정당한 이유 없이 허락을 받지 못하는 경우에는 심판을 통해 통상실시권 허락을 받을 수 있다. 심판에서 승소하면 강제실시권을 얻을 수 있으며, 이는 산업 발전에 기여하는 중요한 제도이다.

04 특허취소신청제도

누구든지 특허가 「특허법」 제29조나 제36조의 취소 사유에 해당하면 특허취소신청을 할 수 있다. 다만, 제29조 제1항 제1호에 해당하는 경우와 그 발명에 의해 쉽게 발명할 수 있는 경우는 제외된다. 특허취소신청은 정보 제공 제도의 연장선으로, 하자가 있는 특허를 조기에 시정하기 위한 제도이다. 만약 취소신청인이 승소하면, 그 특허권은 소급적으로 소멸된다.

이 제도는 잘못된 특허가 계속 유지되는 것을 막기 위한 방법이다. 제29조와 제36조에 따른 취소 사유가 있을 때, 누구든지 이를 근거로 특허취소신청을 할 수 있다. 특허취소신청은 정보 제공 제도와 비슷하게, 문제가 있는 특허를 조기에 바로잡기 위한 것이다.

특허취소신청이 인정되면, 해당 특허는 처음부터 없었던 것처럼 소급적으로 소멸된다. 이는 하자가 있는 특허가 산업에 미치는 부정적인 영향을 최소화하기 위한 조치이다. 특허가 무효화되면, 그 특허에 의존하던 권리들도 모두 무효화되어 더 이상 효력을 가지지 않게 된다.

따라서 특허취소신청은 하자가 있는 특허를 빠르게 수정하여, 공정한 산업 환경을 조성하는 데 중요한 역할을 한다. 이를 통해 부적절하게 부여된 특허가 시장에 미치는 영향을 줄이고, 올바른 특허 제도를 유지할 수 있게 된다.

취소신청은 실질적으로는 무효심판과 큰 틀이 유사하나, 무효심판에 비해 더욱 명확한 무효 사유에 대해 등록결정 이후 신속하여 결정할 수 있으며, 이해관계인이 아닌 제3자도 신청할 수 있다는 점에서 공공의 신뢰를 더욱 확보할 수 있다는 점에 존재의 의의가 있다고 할 수 있다.

다음 그림은 앞서 설명한 특허와 관련된 다양한 심판제도를 요약하여 도시한 것이다.

⊡ 특허법과 관련된 심판의 종류

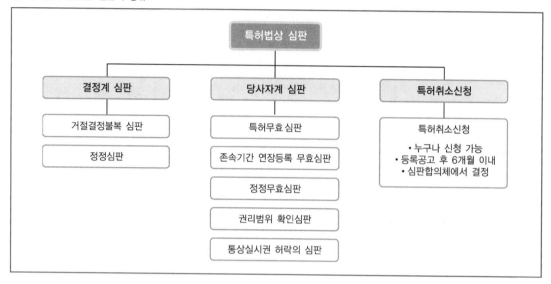

제 4 절 기타 산업재산권 심판(디자인, 상표)

<table>
<tr><td>학습
개관</td><td>디자인권과 상표권 관련 분쟁의 특수성을 이해하고, 이에 대한 심판 및 소송 절차를 학습한다.
각 권리의 침해 판단 기준, 권리행사 방법, 분쟁 해결 절차 등을 파악하여 다양한 산업재산권
분쟁에 대응할 수 있는 능력을 함양한다.</td></tr>
</table>

<table>
<tr><td>학습
포인트</td><td>디자인권과 상표권의 특성과 보호범위를 이해할 수 있다.
디자인권과 상표권 관련 분쟁의 유형과 해결 절차를 설명할 수 있다.
디자인권과 상표권 침해에 대한 대응 전략을 수립할 수 있다.</td></tr>
</table>

<table>
<tr><td rowspan="7">NCS 및
NCS 학습모듈</td><td>하위 목차명</td><td colspan="2">디자인보호법상 심판, 상표법상 심판</td></tr>
<tr><td rowspan="6">NCS 및
NCS
학습모듈</td><td>대분류</td><td>05. 법률·경찰·소방·교도·국방</td></tr>
<tr><td>중분류</td><td>01. 법률</td></tr>
<tr><td>소분류</td><td>02. 지식재산관리</td></tr>
<tr><td>세분류</td><td>01. 지식재산관리</td></tr>
<tr><td>능력단위
(능력단위요소)</td><td>06. 지식재산 권리 행사</td></tr>
<tr><td>주요
지식·기술·
태도</td><td>• 디자인 및 상표 관련 심판 제도, 심판 절차, 심판 사례
• 디자인 및 상표 분석 능력, 법률 문서 이해 능력
• 디자인 및 브랜드 가치 존중 및 보호 의식</td></tr>
</table>

01 디자인보호법상 심판

1. 종류

「디자인보호법」에 따르면 여러 종류의 심판이 존재한다. 첫째, 보정각하결정에 대한 불복심판(제119조)이다. 이는 보정이 각하된 결정에 대해 불복하는 심판이다. 둘째, 거절결정에 대한 불복심판(제120조)이다. 이 심판은 디자인 등록이 거절된 결정에 대해 이의를 제기하는 경우이다. 셋째, 취소결정에 대한 불복심판(제120조)으로, 이미 등록된 디자인이 취소된 결정에 대해 불복하는 심판이다. 넷째, 디자인등록무효심판(제121조)이다. 이는 이미 등록된 디자인이 무효임을 주장하는 경우 제기되는 심판이다. 다섯째, 권리범위확인심판(제122조)이다. 이 심판은 디자인 권리의 범위를 명확히 하기 위해 진행되는 절차이다. 마지막으로 여섯째, 통상실시권 허락의 심판(제123조)이다. 이는 디자인에 대해 통상실시권을 허락받기 위해 제기되는 심판이다.

이와 같은 다양한 심판 절차들은 디자인 보호와 관련된 여러 문제를 해결하기 위해 마련된 것이다. 예를 들어, 보정각하결정에 대한 불복심판은 보정이 받아들여지지 않은 결정에 대해 이의를 제기하는 절차이다. 거절결정에 대한 불복심판은 디자인 등록이 거절된 경우 이를 다시 심사받기 위해 필요한 절차이며, 취소결정에 대한 불복심판은 이미 등록된 디자인이 취소된 경우 이를 다투기 위한 것이다.

디자인등록무효심판은 이미 등록된 디자인이 무효임을 주장하기 위한 절차이고, 권리범위확인심판은 디자인 권리의 범위를 명확히 하여 분쟁을 예방하거나 해결하는 데 필요한 절차이다. 통상실시권 허락의 심판은 디자인에 대한 실시권을 얻기 위해 필요한 절차이다. 이처럼 「디자인보호법」상 다양한 심판 절차는 디자인 권리의 보호와 공정한 사용을 보장하기 위해 마련된 것이다. 각각의 심판 절차는 디자인과 관련된 문제를 해결하고, 권리자의 권리를 보호하는 데 중요한 역할을 한다.

2. 타법과의 비교

「특허법」과 「디자인보호법」은 몇 가지 차이가 있다. 첫째, 「디자인보호법」에는 존속기간연장등록 거절결정에 대한 불복심판(특허법 제132조의17)과 존속기간연장등록 무효심판(특허법 제134조)이 없다. 둘째, 등록 후에 권리 내용을 정정할 수 있는 정정심판(특허법 제136조)과 이에 관련된 정정무효심판(특허법 제137조)도 존재하지 않는다.

반면에, 「특허법」에는 없는 몇 가지 심판이 「디자인보호법」에는 있다. 첫째, 보정각하결정 불복심판(제119조)이 존재하여 심사관의 보정각하결정에 대해 별도로 불복할 수 있는 절차가 마련되어 있다. 둘째, 일부심사등록이의신청의 취소결정에 대한 불복심판(제120조)이 존재한다.

「디자인보호법」과 「특허법」의 이러한 차이는 각각의 법이 다루는 권리와 절차의 특성에서 기인한다. 예를 들어, 「디자인보호법」에는 존속기간연장등록 거절결정이나 그 무효에 대한 심판이 없지만, 「특허법」에는 이러한 절차가 존재한다. 이는 디자인권의 특성과 관련이 있다. 또한, 「디자인보호법」에는 등록 후 권리 내용을 정정할 수 있는 정정심판과 정정무효심판이 없지만, 「특허법」에는 이러한 절차가 마련되어 있다. 이는 「디자인보호법」이 「특허법」과는 다른 방식으로 권리 내용을 관리하고 있음을 보여준다.

따라서 「디자인보호법」과 「특허법」은 각각의 법이 다루는 분야의 특성에 맞게 다양한 심판 절차를 가지고 있다. 이러한 차이를 이해하는 것은 법률 적용과 분쟁 해결에 있어 중요한 역할을 한다.

3. 보정각하결정불복심판

보정이 요지변경이라는 이유로 심사관으로부터 보정각하 결정을 받은 사람이 그 결정에 불복하려면, 결정 등본을 받은 날부터 3개월 이내에 심판을 청구할 수 있다(제119조). 만약 청구인이 승소하면, 보정각하 결정이 취소되고 보정이 적법하게 인정된 상태로 심사가 다시 진행될 수 있다.

이 절차는 특허 출원자가 자신의 보정이 잘못 각하되었다고 생각할 때 사용할 수 있는 중요한 수단이다. 심사관이 보정을 요지변경으로 판단하여 각하 결정을 내렸지만, 출원자는 이에 동의하지 않을 수 있다. 이 경우, 출원자는 심판을 통해 자신의 주장을 다시 검토받을 수 있다.

심판에서 청구인이 승리하면, 원래의 보정각하 결정이 무효가 되고, 보정이 적법하게 인정된다. 이로 인해 심사는 다시 진행될 수 있으며, 출원자는 자신의 특허 출원을 계속 진행할 수 있게 된다. 이는 출원자의 권리를 보호하고, 부당한 결정에 대해 다시 판단받을 수 있는 기회를 제공하는 중요한 절차이다.

4. 취소결정불복심판

디자인등록 취소 결정을 받은 사람이 그 결정에 불복하려면, 결정 등본을 받은 날부터 3개월 이내에 심판을 청구할 수 있다(제120조). 이 절차는 이의 신청에서 심사관 합의체의 부당한 취소 결정에 대해 불복하는 과정을 의미한다. 만약 청구인이 승소하면, 취소 결정이 취소되고 디자인 등록 심사가 다시 진행될 수 있다.

이 절차는 디자인 등록이 잘못 취소되었다고 생각하는 사람이 그 결정을 다시 검토받을 수 있는 중요한 방법이다. 심사관 합의체가 내린 취소 결정에 동의하지 않는 경우, 해당 결정에 대해 심판을 청구함으로써 부당한 결정을 뒤집을 기회를 얻을 수 있다.

심판에서 청구인이 이기면, 원래의 취소 결정은 무효가 되고, 디자인 등록 심사가 다시 시작된다. 이로 인해 디자인 등록 신청자는 자신의 등록을 유지할 수 있는 기회를 다시 얻게 된다. 이는 신청자의 권리를 보호하고, 부당한 결정에 대해 재심을 받을 수 있는 중요한 절차로 작용한다.

5. 그 외

(1) 거절결정불복심판

디자인 등록 거절 결정을 받은 사람이 그 결정에 불복하려면, 결정 등본을 받은 날부터 3개월 이내에 심판을 청구할 수 있다(제120조). 만약 청구인이 승소하면, 기존의 거절 결정이 취소되고 디자인 등록 심사가 다시 진행될 수 있다.

이 절차는 디자인 등록이 부당하게 거절되었다고 생각하는 사람이 그 결정을 다시 검토받을 수 있는 중요한 방법이다. 심사관이 내린 거절 결정에 동의하지 않는 경우, 해당 결정에 대해 심판을 청구함으로써 재심을 요청할 수 있다.

심판에서 청구인이 이기면, 원래의 거절 결정은 무효가 되고, 디자인 등록 심사가 다시 시작된다. 이로 인해 디자인 등록 신청자는 자신의 등록을 성공적으로 완료할 수 있는 기회를 다시 얻게 된다. 이는 신청자의 권리를 보호하고, 부당한 결정에 대해 재심을 받을 수 있는 중요한 절차로 작용한다.

(2) 디자인의 무효심판

디자인 등록에 무효 사유가 있는 경우, 하자가 있는 등록을 소급 소멸시키기 위해 청구하는 심판이 있다(제121조). 다만, 후발적 무효 사유는 제외된다. 이 심판은 심사의 공정성을 사후적으로 보장하고 디자인 관련 분쟁을 예방하기 위해 마련된 절차이다. 만약 청구인이 승소하면, 해당 디자인권은 소멸된다.

이 심판 절차는 잘못된 디자인 등록이 유지되는 것을 막기 위한 중요한 방법이다. 디자인 등록에 무효 사유가 있는 경우, 이를 바로잡기 위해 무효 심판을 청구할 수 있다. 심판에서 청구인이 승소하면, 해당 디자인 등록은 처음부터 없었던 것으로 간주되어 소급적으로 소멸하게 된다.

이 절차는 디자인 등록의 공정성을 확보하고, 하자가 있는 디자인 등록으로 인해 발생할 수 있는 잠재적인 분쟁을 미리 방지하는 데 중요한 역할을 한다. 무효심판이 성공하면, 문제 있는 디자인권이 소멸되므로, 디자인권의 남용을 막고, 공정한 경쟁 환경을 유지할 수 있다.

(3) 권리범위확인심판

확인대상디자인이 등록디자인의 보호범위에 속하는지 여부를 확인하기 위한 심판이다(제122조). 이 심판은 제3자의 실시디자인이 등록디자인의 권리범위에 속하는지에 대한 공적인 판단 자료를 확보하여, 분쟁을 조기에 해결하거나 이후 민사나 형사 조치에서 유력한 증거 자료로 활용하기 위함이다.

적극적 권리범위확인심판에서 청구인이 승소하면, 제3자의 디자인은 디자인권의 권리범위에 속하는 것으로 판단된다. 반면에 소극적 권리범위확인심판에서 청구인이 승소하면, 제3자의 디자인은 디자인권의 권리범위에 속하지 않는 것으로 판단되어 자유롭게 사용할 수 있게 된다.

이 심판 절차는 디자인 권리의 보호범위를 명확히 하여, 분쟁을 사전에 방지하거나 신속히 해결하는 데 중요한 역할을 한다. 적극적 권리범위확인심판에서는 제3자의 디자인이 등록 디자인의 보호범위에 포함되는지 여부를 확인하고, 소극적 권리범위확인심판에서는 제3자의 디자인이 보호범위에 포함되지 않는지 여부를 확인한다.

따라서 이 심판을 통해 디자인 권리의 범위를 명확히 하여, 분쟁을 예방하고 필요시 법적 대응을 준비할 수 있는 중요한 자료를 확보할 수 있다. 이는 디자인권자가 자신의 권리를 효과적으로 보호하고, 제3자가 불필요한 법적 분쟁에 휘말리는 것을 방지하는 데 기여한다.

⑷ 통상실시권 허락의 심판

디자인권자, 전용실시권자 또는 통상실시권자는 등록디자인 또는 유사한 디자인이 제95조 제1항 또는 제2항(이용 또는 저촉 관계)에 해당하여 실시 허락을 받으려 할 때, 선권리자가 정당한 이유 없이 허락하지 않거나 허락을 받을 수 없는 경우, 자신의 등록디자인 또는 유사한 디자인을 실시하기 위해 통상실시권 허락의 심판을 청구할 수 있다(제123조 제1항). 만약 청구인이 승소하면 강제실시권을 취득할 수 있다.

이 절차는 디자인권자가 자신의 디자인을 활용할 수 있도록 보장하는 중요한 방법이다. 선권리자가 정당한 이유 없이 허락을 거부하거나 허락을 받을 수 없는 상황이라면, 디자인권자는 심판을 통해 법적인 해결책을 찾을 수 있다. 심판을 통해 청구인이 이기면, 법적으로 강제실시권을 얻어 자신의 디자인을 자유롭게 사용할 수 있게 된다.

이 심판 제도는 디자인권자의 권리를 보호하면서도 공정한 경쟁 환경을 조성하는 역할을 한다. 디자인권자가 자신의 권리를 적절히 행사할 수 있게 함으로써, 디자인 산업의 발전과 창의적인 활동을 촉진하는 데 기여한다. 따라서 통상실시권 허락의 심판은 디자인권자의 권리 보호와 공정한 산업 환경을 유지하는 데 중요한 절차이다.

02 상표법상 심판

1. 종류

「상표법」에 따르면 여러 종류의 심판 절차가 존재한다. 첫째, 보정각하결정에 대한 불복심판(제115조)이다. 이는 보정이 각하된 결정에 대해 불복하는 심판이다. 둘째, 거절결정에 대한 불복심판(제116조)으로, 상표 등록이 거절된 결정에 대해 이의를 제기하는 절차이다. 셋째, 상표등록무효심판(제117조)이다. 이미 등록된 상표가 무효 사유에 해당한다고 주장하는 경우 제기된다. 넷째, 존속기간갱신등록무효심판(제118조)이다. 이는 상표의 존속 기간 갱신 등록이 무효라고 주장할 때 제기하는 심판이다. 다섯째, 상품분류전환등록무효심판(제214조)으로, 상품 분류 전환에 따른 등록이 무효라고 주장할 때 사용된다. 여섯째, 상표등록취소심판(제119조)이다. 이는 특정 사유로 상표 등록이 취소되어야 한다고 주장하는 심판이다. 일곱째, 전용사용권 또는 통상사용권 등록취소심판(제120조)이다. 이는 전용 사용권이나 통상 사용권의 등록을 취소하기 위해 제기하는 심판이다. 마지막으로, 권리범위확인심판(제121조)이다. 이는 상표권의 권리범위를 명확히 하기 위해 진행하는 심판이다. 이처럼 「상표법」상 다양한 심판 절차는 상표와 관련된 여러 문제를 해결하기 위해 마련된 것이다. 각각의 심판 절차는 상표권자의 권리를 보호하고, 공정한 상표 사용을 보장하기 위해 중요한 역할을 한다. 보정각하결정에 대한 불복심판은 보정이 받아들여지지 않은 결정에 대해 다투는 절차이고, 거절결정에 대한 불복심판은 상표 등록이 거절된 경우 이를 다시 심사받기 위한 절차이다. 상표등록무효심판은 이미 등록된 상표가 무효임을 주장하는 절차이며, 존속기간갱신등록무효심판은 상표의 존속기간 갱신 등록이 무효임을 주장하는 절차이다. 상품분류전환등록무효심판은 상품 분류 전환에 따른 등록의 무효를 주장하는 절차이고, 상표등록취소심판은 특정 사유로 상표 등록의 취소를 요구하는 절차이다. 전용사용권 또는 통상사용권 등록취소심판은 전용 사용권이나 통상 사용권의 등록을 취소하기 위한 절차이며, 권리범위확인심판은 상표권의 권리범위를 명확히 하여 분쟁을 예방하거나 해결하기 위한 절차이다.

2. 타법과의 비교

「특허법」과 달리 「상표법」에는 몇 가지 심판 절차가 존재하지 않는다. 첫째, 존속기간연장등록 거절결정에 대한 불복심판(특허법 제132조의17)과 존속기간연장등록 무효심판(특허법 제134조)이 없다. 둘째, 등록 후에 권리 내용을 정정할 수 있는 정정심판(특허법 제136조)과 이에 관련된 정정무효심판(특허법 제137조)도 없다. 셋째, 강제실시권을 부여받을 수 있는 통상실시권 허락의 심판(특허법 제138조)도 존재하지 않는다.

반면, 「특허법」에는 없는 몇 가지 심판 절차가 「상표법」에는 있다. 첫째, 보정각하결정에 대한 불복심판(제115조)이 존재하여 심사관의 보정각하 결정에 대해 별도로 불복할 수 있는 절차가 마련되어 있다. 둘째, 존속기간갱신등록무효심판(제118조)과 상품분류전환등록무효심판(제214조)이 있다. 셋째, 등록무효심판과는 별개로 등록취소심판(제119조 및 제120조)이 존재한다. 넷째, 지정상품추가등록 거절결정 또는 상품분류전환등록 거절결정에 대한 불복심판(제116조)이 있다.

이처럼 「특허법」과 「상표법」은 각각 다른 심판 절차를 가지고 있다. 「상표법」에는 「특허법」에서 제공하는 몇 가지 심판 절차가 없지만, 대신에 「상표법」만의 고유한 절차들이 있다. 예를 들어, 보정각하결정에 대한 불복심판은 「상표법」에만 존재하며, 심사관의 보정각하 결정에 대해 이의를 제기할 수 있는 기회를 제공한다. 또한, 존속기간갱신등록무효심판과 상품분류전환등록무효심판도 「상표법」에만 존재하여, 상표 등록의 갱신이나 분류 전환과 관련된 문제를 해결하는 데 도움을 준다.

등록무효심판과 등록취소심판은 비슷하지만, 「상표법」에서는 두 절차가 별도로 존재하여 각각의 상황에 맞게 적용될 수 있다. 지정상품추가등록 거절결정이나 상품분류전환등록

거절결정에 대한 불복심판 역시 「상표법」에서만 찾아볼 수 있는 절차로, 상표 등록 과정에서 발생할 수 있는 다양한 문제를 해결하는 데 중요한 역할을 한다.

이와 같이, 「특허법」과 「상표법」은 각각의 법이 다루는 분야의 특성에 맞추어 다양한 심판 절차를 가지고 있으며, 이러한 차이를 이해하는 것은 법률 적용과 분쟁 해결에 있어 중요하다.

3. 보정각하결정불복심판

보정이 요지변경이라는 이유로 심사관으로부터 보정각하 결정을 받은 사람이 그 결정에 불복하려면, 결정 등본을 받은 날부터 3개월 이내에 심판을 청구할 수 있다(제115조). 만약 청구인이 승소하면, 보정각하 결정이 취소되고 보정이 적법하게 인정된 상태로 심사가 다시 진행될 수 있다.

이 절차는 보정이 잘못 각하되었다고 생각하는 사람이 그 결정을 다시 검토받을 수 있는 중요한 방법이다. 보정이 요지변경으로 판단되어 각하되었지만, 이에 대해 이의가 있을 경우, 심판을 통해 다시 한번 검토받을 수 있다.

심판에서 청구인이 이기면, 원래의 보정각하 결정은 무효가 되고, 보정이 적법하게 인정된 상태로 심사가 재개된다. 이는 출원인의 권리를 보호하고, 부당한 결정에 대해 다시 판단받을 수 있는 기회를 제공하는 중요한 절차이다.

4. 존속기간갱신등록 또는 상품분류전환등록 무효심판

상표권은 특허권과 달리 존속기간을 10년마다 갱신할 수 있다. 그러나 갱신 등록에 무효 사유가 있을 경우, 존속기간갱신등록무효심판을 청구할 수 있다. 만약 청구인이 승소하면, 그 갱신 등록은 처음부터 없었던 것으로 간주된다.

「상표법」에는 이전 법에 따른 상품류 구분에 따라 상표권을 받은 상표권자가 해당 지정상품을 최신 상품류 구분에 맞춰 전환하여 등록받아야 한다는 규정이 있다. 이를 상품분류전환등록의 신청이라 한다. 만약 상품분류전환등록이 이루어졌더라도, 해당 등록에 무효 사유가 있을 경우 무효심판을 청구할 수 있다. 청구인이 승소하면, 그 상품분류전환등록은 처음부터 없었던 것으로 간주된다.

이 절차들은 상표권의 공정성과 정확성을 유지하기 위해 마련된 것이다. 상표권자는 주기적으로 자신의 권리를 갱신하고, 최신 규정에 맞게 상품류를 전환해야 한다. 갱신 등록이나 상품분류전환등록에 문제가 있을 경우, 이를 무효화하기 위한 심판 절차를 통해 부당한 등록을 바로잡을 수 있다.

이러한 심판 절차는 상표권자가 자신의 권리를 정확히 유지하고, 공정한 경쟁 환경을 조성하는 데 중요한 역할을 한다. 존속기간갱신등록무효심판과 상품분류전환등록무효심판은 각각 갱신 등록과 상품 분류 전환 과정에서 발생할 수 있는 문제를 해결하기 위한 중요한 수단이다. 이 과정을 통해 상표권자는 자신의 권리를 보호하고, 시장에서의 공정성을 유지할 수 있다.

5. 상표취소심판

상표권은 무효심판 또는 취소심판을 통해 소멸될 수 있다. 이 두 심판은 각각 다른 사유에 의해 제기된다. 취소심판의 대표적인 취소 사유는 다음과 같다.

① 상표권자가 고의로 지정상품에 등록상표와 유사한 상표를 사용하거나 지정상품과 유사한 상품에 등록상표 또는 이와 유사한 상표를 사용하여 소비자에게 상품의 품질을 오인하게 하거나 다른 사람의 업무와 관련된 상품과 혼동을 일으키게 한 경우(제1호)

② 전용사용권자 또는 통상사용권자가 지정상품 또는 이와 유사한 상품에 등록상표 또는 이와 유사한 상표를 사용하여 소비자에게 상품의 품질을 오인하게 하거나 다른 사람의 업무와 관련된 상품과 혼동을 일으키게 한 경우. 단, 상표권자가 상당한 주의를 기울인 경우는 제외(제2호)

③ 상표권자, 전용사용권자 또는 통상사용권자 중 어느 누구도 정당한 이유 없이 등록상표를 그 지정상품에 대해 취소심판청구일 전 계속하여 3년 이상 국내에서 사용하지 않은 경우(제3호)

이와 같은 사유로 취소심판이 제기되고, 청구인이 승소하면 상표권은 소멸하게 된다.

이 절차들은 상표권의 남용을 막고 공정한 상표 사용을 보장하기 위해 마련된 것이다. 상표권자가 자신의 권리를 적절히 행사하지 않거나 고의로 혼동을 초래하는 경우, 이러한 취소심판을 통해 문제를 해결할 수 있다. 무효심판과 취소심판은 상표권의 공정성과 적법성을 유지하는 중요한 수단이며, 상표 시장의 질서를 지키는 데 중요한 역할을 한다.

6. 지정상품추가등록 거절결정 또는 상품분류전환등록 거절결정에 대한 불복심판

지정상품추가등록 또는 상품분류전환등록에 대해 거절 결정을 받은 사람이 그 결정에 불복하려면, 결정 등본을 받은 날부터 3개월 이내에 심판을 청구할 수 있다(제116조). 만약 청구인이 승소하면, 기존의 거절 결정이 취소되고 심사가 다시 진행될 수 있다.

이 절차는 지정상품추가등록이나 상품분류전환등록이 부당하게 거절되었다고 생각하는 사람이 그 결정을 다시 검토받을 수 있는 중요한 방법이다. 심사관이 내린 거절 결정에 동의하지 않을 경우, 해당 결정에 대해 심판을 청구하여 재검토를 요청할 수 있다.

심판에서 청구인이 승리하면, 원래의 거절 결정은 무효가 되고, 지정상품추가등록이나 상품분류전환등록에 대한 심사가 다시 시작된다. 이는 출원자의 권리를 보호하고, 부당한 결정에 대해 다시 판단받을 수 있는 기회를 제공하는 중요한 절차이다. 이 과정을 통해 출원자는 자신의 등록 요청을 계속 진행할 수 있게 되어 공정한 심사를 받을 수 있다.

7. 그 외

(1) 거절결정불복심판

상표 등록 거절 결정을 받은 사람이 그 결정에 불복하려면, 결정 등본을 받은 날부터 3개월 이내에 심판을 청구할 수 있다(제116조). 만약 청구인이 승소하면, 기존의 거절 결정이 취소되고 심사가 다시 진행될 수 있다.

이 절차는 상표 등록이 부당하게 거절되었다고 생각하는 사람이 그 결정을 다시 검토받을 수 있는 중요한 방법이다. 심사관이 내린 거절 결정에 동의하지 않는 경우, 해당 결정에 대해 심판을 청구하여 재심사를 요청할 수 있다.

심판에서 청구인이 이기면, 원래의 거절 결정은 무효가 되고, 상표 등록 심사가 다시 시작된다. 이를 통해 상표 출원자는 자신의 등록 요청을 계속 진행할 수 있는 기회를 얻게 된다. 이 절차는 출원자의 권리를 보호하고, 부당한 결정에 대해 다시 판단받을 수 있는 기회를 제공하여, 공정한 심사 과정을 보장한다.

따라서 상표 등록 거절에 대해 이의를 제기하고자 하는 사람은 이 절차를 통해 자신의 권리를 지킬 수 있으며, 이는 상표권 보호와 관련된 중요한 과정이다.

(2) 상표의 무효심판

상표 등록에 무효 사유가 있는 경우, 하자가 있는 등록을 소급 소멸시키기 위해 청구하는 심판이 있다(제117조). 이 심판은 후발적 무효 사유를 제외하고, 처음부터 잘못된 등록을 바로잡기 위해 마련된 것이다. 이를 통해 심사의 공정성을 사후적으로 보장하고, 상표 분쟁을 미리 방지하려는 목적이 있다. 만약 청구인이 승소하면, 해당 상표권은 소멸된다.

이 절차는 상표 등록이 잘못되었음을 주장하는 사람에게 중요한 방법이다. 상표 등록 과정에서 오류가 있거나 부정확한 정보로 인해 잘못된 등록이 이루어진 경우, 이를 바로잡기 위해 무효심판을 청구할 수 있다. 심판에서 청구인이 이기면, 해당 상표권은 처음부터 없었던 것으로 간주되어 소급적으로 소멸하게 된다.

이러한 무효심판 제도는 상표 등록의 공정성을 확보하고, 하자가 있는 상표가 시장에서 영향을 미치는 것을 막기 위해 필수적이다. 무효심판을 통해 잘못된 상표 등록이 바로잡히면, 상표권의 남용을 방지하고 공정한 상표 사용을 보장할 수 있다. 이 절차는 상표 분쟁을 예방하고, 상표 제도의 신뢰성을 유지하는 데 중요한 역할을 한다.

(3) 권리범위확인심판

확인대상상표가 등록상표의 보호범위에 속하는지 확인을 구하는 심판이다(제121조). 이 심판은 제3자가 사용하는 상표가 등록상표의 권리범위에 포함되는지에 대한 공적인 판단 자료를 확보하기 위한 것이다. 이를 통해 분쟁을 조기에 해결하거나 이후 민사나 형사 조치에서 유력한 증거 자료로 활용할 수 있다.

적극적 권리범위확인심판에서 청구인이 승소하면, 제3자의 상표는 상표권의 권리범위에 속하는 것으로 판단된다. 반면, 소극적 권리범위확인심판에서 청구인이 승소하면, 제3자의 상표는 상표권의 권리범위에 속하지 않는 것으로 판단되어 자유롭게 사용할 수 있게 된다. 이 절차는 상표권 보호의 범위를 명확히 하여, 불필요한 분쟁을 사전에 방지하거나 신속히 해결하는 데 중요한 역할을 한다. 이를 통해 상표권자는 자신의 권리를 확실히 보호할 수 있고, 제3자는 자신의 상표 사용이 법적으로 문제가 없는지 확인할 수 있다.

결국, 권리범위확인심판은 상표와 관련된 분쟁을 미리 예방하고, 필요한 경우 신속히 해결할 수 있는 중요한 절차로, 상표권의 명확한 보호와 공정한 사용을 보장하는 데 기여한다. 다음은 앞서 설명한 디자인권, 상표권과 관련된 다양한 심판들을 요약한 것이다.

🔔 **기타 산업재산권 심판의 종류**

「디자인보호법」상 심판	「상표법」상 심판
• 보정각하결정불복심판 • 거절결정불복심판 • 취소결정불복심판 • 디자인등록무효심판 • 권리범위확인심판 • 통상실시권 허락의 심판	• 보정각하결정불복심판 • 거절결정불복심판 • 상표등록무효심판 • 존속기간갱신등록무효심판 • 상품분류전환등록무효심판 • 상표등록취소심판 • 전용사용권 또는 통상사용권 등록취소심판 • 권리범위확인심판

❚ 주요 차이점
1. 「상표법」에는 존속기간갱신등록무효심판과 상품분류전환등록무효심판이 있음
2. 「상표법」에는 상표등록취소심판이 별도로 존재함
3. 「디자인보호법」에는 취소결정불복심판이 있음

제 5 절 · 저작권 침해에 대한 권리행사 및 대응

학습 개관

저작권 침해의 유형과 판단 기준을 이해하고, 저작권자의 권리행사 방법 및 침해 주장에 대한 대응 전략을 학습한다. 저작권 분쟁의 특수성을 고려한 소송 절차, 손해배상 산정 방법 등을 파악하여 실무적인 대응 능력을 기른다.

학습 포인트

저작권 침해의 유형과 판단 기준을 설명할 수 있다.
저작권자의 권리행사 방법을 이해하고 적용할 수 있다.
저작권 침해 주장에 대한 대응 전략을 수립할 수 있다.

NCS 및 NCS 학습모듈	하위 목차명	저작권 침해에 대한 민사적 구제, 저작권 침해에 대한 형사적 구제
	대분류	05. 법률·경찰·소방·교도·국방
	중분류	01. 법률
	소분류	02. 지식재산관리
	세분류	01. 지식재산관리
	능력단위 (능력단위요소)	06. 지식재산 권리 행사
	주요 지식·기술·태도	• 저작권법, 저작권 침해 판단 기준, 손해배상 산정 방법, 저작권 분쟁 해결 절차 • 저작물 분석 능력, 권리행사 전략 수립 능력, 손해배상액 산정 능력 • 창작물 존중 의식, 공정 이용에 대한 이해, 권리와 이용의 균형 추구

01 저작권 침해에 대한 민사적 구제

1. 의의

「저작권법」은 저작권 침해에 대한 민사적 구제 수단으로 두 가지 주요 절차를 규정하고 있다. 첫째, 침해금지청구이다. 이는 저작권을 침해하는 행위를 중단하도록 요구하는 절차이다. 둘째, 손해배상청구이다. 이는 저작권 침해로 인한 손해를 배상받기 위한 절차이다. 또한, 저작권법은 이 두 가지 주요 절차에 부수적으로 두 가지 제도를 추가로 규정하고 있다. 첫째는 정보 제공 명령 제도이다. 이는 저작권 침해와 관련된 정보를 제공하도록 요구하는 절차이다. 둘째는 비밀유지 명령 제도이다. 이는 침해와 관련된 비밀 정보를 보호하기 위해 비밀유지를 명령하는 절차이다.

이러한 절차와 제도는 저작권을 효과적으로 보호하고, 침해로 인한 피해를 최소화하기 위해 마련된 것이다. 저작권 침해가 발생했을 때, 저작권자는 침해를 중단시키고 손해를 배상받을 수 있는 법적 수단을 가지고 있으며, 필요한 정보를 제공받고 비밀을 유지할 수 있는 추가적인 보호 장치도 활용할 수 있다.

따라서 「저작권법」은 저작권자의 권리를 보호하기 위해 다양한 민사적 구제 수단과 부수적인 제도를 통해 종합적인 보호 체계를 구축하고 있다.

2. 침해정지청구 등

① 저작권자 등은 권리 침해가 발생한 경우, 그 권리를 침해하는 사람에게 침해 행위의 중지를 청구할 수 있다. 또한, 권리를 침해할 가능성이 있는 사람에게는 침해를 예방하거나 손해 배상을 담보할 것을 청구할 수 있다(저작권법 제123조 제1항).

② 이 경우, 침해 행위로 만들어진 물건의 폐기나 그 밖에 필요한 조치를 함께 청구할 수 있다(저작권법 제123조 제2항).

③ 그리고 보전의 필요성을 입증하여 가처분 신청을 할 수 있다.

이 절차들은 저작권자가 자신의 권리를 효과적으로 보호할 수 있도록 돕는다. 예를 들어, 저작권자는 침해가 일어났을 때 즉시 그 침해를 중단시키기 위해 법적인 조치를 취할 수 있다. 또한, 침해가 일어날 가능성이 있는 경우에는 예방 조치를 요구하거나, 손해배상을 담보할 수 있다.

침해행위로 인해 만들어진 물건의 폐기와 같은 추가적인 조치도 청구할 수 있어, 저작권자는 침해로 인한 피해를 최소화할 수 있다. 더불어, 긴급한 상황에서는 가처분 신청을 통해 신속하게 침해를 막을 수 있는 방안을 마련할 수 있다.

이러한 규정들은 저작권자가 자신의 권리를 지키기 위해 사용할 수 있는 다양한 법적 수단을 제공하며, 저작권 침해로 인한 피해를 효과적으로 예방하고 해결하는 데 중요한 역할을 한다.

3. 손해배상청구

(1) 의의

침해자의 고의나 과실로 인해 저작권이 침해되고, 이로 인해 저작권자에게 손해가 발생하며, 침해와 손해 사이에 인과관계가 인정되는 경우, 이는 불법행위에 해당하여 저작권자는 손해배상을 청구할 권리가 생긴다(민법 제750조). 그러나 저작재산권은 무형의 재산으로 침해 사실을 인지하기 어렵고, 저작물의 권리범위가 명확하지 않아 침해 여부 판단이나 손해액 산정이 어렵다. 이러한 특수성을 고려하여, 「저작권법」은 손해액 입증과 관련된 특별한 규정을 두고 있다(저작권법 제125조, 제125조의2 및 제126조).

이 상황을 쉽게 이해하기 위해 예를 들어보자. 누군가 고의로 또는 부주의로 저작권을 침해하여 저작권자에게 손해를 입혔다면, 이 손해와 침해 사이에 명확한 인과관계가 있을 때 저작권자는 손해배상을 청구할 수 있다. 이는 저작권 침해가 불법행위로 간주되기 때문이다. 하지만 저작재산권은 눈에 보이지 않는 무형의 자산이다 보니, 침해 사실을 알아차리기 어렵고, 저작물의 권리범위도 명확하지 않아 침해 여부를 판단하거나 손해액을 정확히 계산하는 것이 쉽지 않다. 그래서 「저작권법」에서는 이러한 어려움을 해결하기 위해 손해액을 입증하는 특별한 규정을 마련하고 있다.

결론적으로, 저작권 침해로 인해 손해가 발생하면 저작권자는 손해배상을 청구할 수 있으며, 이를 위해 「저작권법」에서는 손해액을 입증하는 데 필요한 특별 규정을 두고 있다. 이는 저작권자의 권리를 보호하고, 저작권 침해로 인한 피해를 적절히 보상하기 위한 것이다.

(2) 과실의 추정

등록된 저작권 등 권리를 침해한 사람은 그 침해 행위에 과실이 있는 것으로 추정된다(저작권법 제125조 제4항). 이 규정은 저작권 침해 사건에서 중요한 역할을 한다. 저작권자가 자신의 저작권이 침해되었다고 주장할 때, 침해자는 자신의 행위에 과실이 없음을 증명해야 한다. 즉, 저작권이 등록된 상태에서는 침해자가 자신의 잘못이 없음을 입증하는 책임을 지게 된다. 이는 저작권자를 보호하고 침해 사건에서 저작권자가 입증해야 할 부담을 줄이기 위한 조치이다.

예를 들어, 누군가가 등록된 저작권을 무단으로 사용했다면, 그 사람은 자동으로 과실이 있는 것으로 간주된다. 따라서 저작권자는 침해자의 과실을 증명할 필요 없이, 단순히 침해 사실만 입증하면 된다. 침해자는 자신이 과실이 없음을 증명해야만 법적 책임을 피할 수 있다. 이러한 규정은 저작권 보호를 강화하고, 저작권 침해에 대한 책임을 명확히 하여, 저작권자가 자신의 권리를 더 쉽게 지킬 수 있도록 돕는다.

(3) 손해의 추정

저작권을 침해한 사람이 그 침해 행위로 인해 이익을 얻은 경우, 그 이익의 액수는 저작재산권자 등이 받은 손해의 액수로 추정된다(저작권법 제125조 제1항). 이 규정은 저작권 침해로 인한 손해를 산정하는 데 중요한 역할을 한다. 저작권자가 침해로 인해 입은 손해를 정확히 계산하기 어려운 경우가 많다. 따라서 침해자가 얻은 이익을 손해액으로 간주함으로써, 저작권자의 손해 입증 부담을 덜어준다. 이는 저작권자가 더 쉽게 손해배상을 받을 수 있도록 하기 위한 장치이다.

예를 들어, 누군가 저작권을 침해하여 불법으로 판매한 상품에서 이익을 얻었다면, 그 이익의 금액이 저작권자가 입은 손해액으로 추정된다. 이렇게 함으로써 저작권자는 복잡한 손해 계산 과정을 거치지 않고도 손해배상을 청구할 수 있게 된다. 침해자가 얻은 이익이 저작권자의 손해로 추정되기 때문에, 저작권자는 이 규정을 활용하여 보다 효율적으로 자신의 권리를 보호할 수 있다.

이 규정은 저작권 보호를 강화하고, 침해로 인한 손해를 더 공정하게 보상받을 수 있도록 도와준다. 저작권자는 침해자의 이익을 손해로 추정함으로써, 손해배상 청구 절차를 간소화하고 더 쉽게 권리를 지킬 수 있게 된다.

(4) 손해액 의제

저작권자는 그 권리를 행사함으로써 일반적으로 받을 수 있는 금액을 손해액으로 하여 손해배상을 청구할 수 있다(저작권법 제125조 제2항). 만약 저작권자가 입은 손해액이 권리 행사로 일반적으로 받을 수 있는 금액을 초과할 경우, 그 초과액에 대해서도 손해배상을 청구할 수 있다(저작권법 제125조 제3항). 이 규정은 저작권자가 침해로 인한 손해를 보다 정확하게 보상받을 수 있도록 마련된 것이다. 저작권 침해가 발생했을 때, 저작권자는 침해로 인해 손해를 입었음을 증명해야 한다. 이때 손해액을 계산하기 어려울 수 있는데, 「저작권법」은 이를 해결하기 위해 권리 행사로 일반적으로 받을 수 있는 금액을 손해액으로 추정할 수 있도록 한다.

예를 들어, 저작권자가 저작물을 정당하게 사용하여 얻을 수 있는 금액이 있다면, 침해로 인해 이 금액을 받지 못한 것이 손해로 간주된다. 저작권자는 이 금액을 손해액으로 하여 손해배상을 청구할 수 있다. 더 나아가 실제로 입은 손해가 이 금액을 초과할 경우, 저작권자는 그 초과된 부분에 대해서도 손해배상을 요구할 수 있다.

이 규정은 저작권자가 침해로 인한 손해를 더 공정하게 보상받을 수 있도록 돕는다. 침해로 인한 손해액을 추정하고, 필요시 초과 손해까지 청구할 수 있게 함으로써, 저작권자의 권리를 더욱 철저하게 보호할 수 있다.

(5) 손해액의 인정

법원은 손해가 발생한 사실을 인정하지만, 손해액을 정확하게 산정하기 어려운 경우가 있다. 이럴 때는 변론의 취지와 증거조사의 결과를 고려하여 적절한 손해액을 인정할 수 있다(저작권법 제126조). 이 규정은 저작권 침해 사건에서 손해액을 구체적으로 계산하기 힘들 때, 저작권자가 합당한 보상을 받을 수 있도록 돕기 위해 마련된 것이다. 저작권 침해로 손해가 발생한 것은 분명하지만, 그 손해액을 정확히 산정하는 것이 어려울 수 있다. 이런 경우 법원은 변론에서 나온 내용과 조사된 증거를 종합적으로 검토하여, 합리적인 손해액을 결정할 수 있다.

예를 들어, 저작권 침해로 인해 손해가 발생했지만, 그 금액을 정확히 계산하기 어려운 상황이 있을 수 있다. 이런 경우 법원은 관련된 모든 자료와 증거를 바탕으로 저작권자가 입은 손해를 합리적으로 추정하여 손해배상을 결정할 수 있다. 이를 통해 저작권자는 손해액 산정의 어려움 때문에 정당한 보상을 받지 못하는 상황을 피할 수 있다.

이 규정은 저작권자의 권리를 공정하게 보호하기 위해 존재한다. 손해가 발생한 사실이 명백해도, 구체적인 손해액을 증명하기 어려운 경우 법원이 적절한 손해액을 인정하여 저작권자가 정당한 보상을 받을 수 있도록 하는 것이다.

4. 법정손해배상청구

저작권이 침해되어 민사소송이 제기될 경우, 저작권자가 실제 손해를 입증하지 않아도 법령에서 정한 금액을 손해액으로 인정할 수 있는 제도가 있다. 법정손해배상청구 제도는 저작권자가 손해액을 정확하게 입증하기 어려운 상황에서도 손해배상을 받을 수 있도록 돕는다. 저작권자 등은 권리를 침해한 사람에 대해 실제 손해액 대신, 침해된 각 저작물마다 1천만 원 이하(영리를 목적으로 고의로 권리를 침해한 경우에는 5천만 원 이하)의 범위에서 적절한 금액을 배상으로 청구할 수 있다(저작권법 제125조의2).

이 제도는 저작권자가 침해로 인해 입은 손해를 입증하기 어려울 때 유용하다. 예를 들어, 저작권 침해가 발생했지만 손해액을 정확히 계산하기 힘든 경우, 저작권자는 법에 의해 정해진 금액을 손해액으로 청구할 수 있다. 침해자가 영리를 목적으로 고의로 저작권을 침해한 경우에는 배상 청구 금액이 최대 5천만 원까지 올라갈 수 있다.

이 제도는 저작권자의 권리를 효과적으로 보호하고, 침해로 인한 피해를 적절히 보상받을 수 있도록 설계되었다. 이를 통해 저작권자는 복잡한 손해 입증 과정을 거치지 않고도 손해 배상을 받을 수 있으며, 저작권 침해를 예방하고 저작권을 더 강력하게 보호할 수 있다.

5. 명예회복 등

(1) 저작인격권의 침해에 대한 명예회복 등의 청구

저작자 또는 실연자는 고의 또는 과실로 저작인격권이나 실연자의 인격권을 침해한 사람에 대해 손해배상에 갈음하거나 손해배상과 함께 명예회복을 위한 필요한 조치를 요구할 수 있다(저작권법 제127조). 이 규정은 저작자와 실연자의 인격권을 보호하기 위해 마련된 것이다. 저작인격권이나 실연자의 인격권이 침해되었을 때, 단순한 손해배상만으로는 충분하지 않은 경우가 있다. 이럴 때 저작자나 실연자는 침해자에게 명예회복을 위한 적절한 조치를 요구할 수 있다.

예를 들어, 저작물의 무단 변형이나 실연자의 공연이 왜곡된 방식으로 사용된 경우, 이러한 행위는 저작자나 실연자의 인격권을 침해할 수 있다. 이 경우, 저작자나 실연자는 손해 배상을 청구할 뿐만 아니라, 명예를 회복하기 위해 사과문 게재, 잘못된 자료의 수정 등 필요한 조치를 요구할 수 있다.

이 규정은 저작자와 실연자의 인격권을 더욱 강력하게 보호하고, 침해로 인한 피해를 적절히 보상하기 위해 존재한다. 단순한 금전적 보상 외에도, 저작물이나 실연물의 올바른 사용을 통해 저작자와 실연자의 명예를 지킬 수 있도록 돕는 중요한 법적 장치이다.

⑵ 저작자의 사망 후 인격적 이익의 보호

저작자가 사망한 후, 그 유족이나 유언집행자는 해당 저작물에 대해 침해하거나 침해할 우려가 있는 사람에 대해 침해 금지 청구를 할 수 있다. 또한, 고의 또는 과실로 저작인격권을 침해한 사람에 대해서는 명예 회복 등을 청구할 수 있다(저작권법 제128조, 제127조, 제123조, 제14조 제2항). 이 규정은 저작자가 사망한 후에도 그의 저작물과 저작인격권이 보호받을 수 있도록 마련된 것이다. 유족이나 유언집행자는 저작자의 권리를 대신해서 침해를 막고, 침해로 인한 피해를 보상받을 수 있는 권리를 가진다.

예를 들어, 저작자가 사망한 후에도 그의 작품이 무단으로 사용되거나 왜곡되는 경우가 있을 수 있다. 이런 경우 유족이나 유언집행자는 저작물의 무단 사용을 막기 위해 법적 조치를 취할 수 있으며, 저작자의 명예를 훼손한 사람에 대해서는 명예 회복을 위한 조치를 요구할 수 있다.

이 규정은 저작자의 사후에도 저작물과 저작인격권이 존중받고 보호될 수 있도록 보장하며, 저작자의 유족이나 유언집행자가 저작권을 관리하고 보호할 수 있는 법적 근거를 제공한다. 이는 저작자의 권리를 계속해서 지키고, 저작물이 올바르게 사용될 수 있도록 돕는 중요한 역할을 한다.

6. 정보제공명령

법원은 당사자의 신청에 따라 침해 행위와 관련된 다른 당사자가 보유하고 있는 정보를 제공하라고 명령할 수 있다(저작권법 제129조의2). 이 규정은 저작권 침해 사건에서 중요한 역할을 한다. 저작권자가 자신의 권리를 보호하고 침해를 입증하기 위해 필요한 정보를 얻기 어려울 수 있다. 이런 경우 법원은 침해 행위와 관련된 정보를 다른 당사자가 제공하도록 명령할 수 있다.

예를 들어, 저작권자가 저작권 침해를 주장하면서도 구체적인 증거를 확보하기 어려운 상황이 있을 수 있다. 이때 법원은 침해 행위와 관련된 정보를 가지고 있는 다른 당사자가 그 정보를 제공하도록 명령할 수 있다. 이를 통해 저작권자는 필요한 증거를 확보하고, 자신의 권리를 효과적으로 보호할 수 있다.

이 규정은 저작권 침해 사건에서 증거 수집의 어려움을 해결하고, 공정한 재판을 위해 필요한 정보를 확보할 수 있도록 돕는다. 저작권자는 법원의 도움을 받아 침해 행위와 관련된 중요한 정보를 얻을 수 있으며, 이를 통해 저작권 보호를 강화할 수 있다.

7. 비밀유지명령

법원은 저작권 등의 침해에 관한 소송에서, 당사자의 신청에 따라 그 당사자가 보유한 영업비밀을 보호하기 위해 다른 당사자에게 해당 영업비밀을 소송 수행 외의 목적으로 사용하거나 비밀유지명령을 받은 사람 외의 사람에게 공개하지 말라고 명령할 수 있다(저작권법 제129조 제1항). 이 규정은 저작권 침해 소송에서 중요한 역할을 한다. 저작권 침해 소송 과정에서 영업비밀이 유출될 위험이 있을 때, 법원은 영업비밀을 보호하기 위해 이러한 명령을 내릴 수 있다. 이는 소송 당사자의 영업비밀이 부당하게 사용되거나 유출되는 것을 방지하기 위한 조치이다.

예를 들어, 저작권 침해 소송에서 한 당사자가 중요한 영업비밀을 보유하고 있는 경우, 그 영업비밀이 소송 과정에서 다른 사람에게 유출되지 않도록 법원은 비밀유지명령을 내릴 수 있다. 이 명령을 통해 해당 영업비밀은 소송 수행 외의 목적으로 사용되지 않으며, 비밀유지명령을 받은 사람 외에는 접근할 수 없게 된다.

이 규정은 저작권 침해 소송에서 당사자의 권리와 이익을 보호하고, 영업비밀이 안전하게 유지될 수 있도록 돕는다. 법원의 명령에 따라 영업비밀이 적절히 보호되면, 소송 과정에서도 당사자의 중요한 정보가 유출될 염려 없이 공정한 재판이 진행될 수 있다.

02 저작권 침해에 대한 형사적 구제

1. 의의

「저작권법」은 저작권 침해죄, 부정발행죄, 출처명시위반죄 등 의무 위반에 대해 형사적 제재를 가하고 있다(저작권법 제136조부터 제138조). 이러한 벌칙은 저작권을 보호하고, 위반 행위를 방지하기 위해 마련된 것이다. 「저작권법」은 고의로 저지른 범죄만을 처벌 대상으로 하고 있다.

이 규정들은 저작권 침해와 관련된 다양한 행위에 대해 형사적 제재를 가하여, 저작권을 강력하게 보호한다. 예를 들어, 저작권 침해죄는 저작권을 침해하는 행위를 처벌하며, 부정발행죄는 저작물을 허락 없이 발행하는 행위를 처벌한다. 또한, 출처명시위반죄는 저작물의 출처를 명시하지 않은 경우에 적용된다.

특히, 「저작권법」은 고의적으로 저지른 범죄만을 처벌 대상으로 삼고 있다. 이는 저작권 침해가 단순한 실수가 아니라, 고의적으로 저지른 행위에 대해 강력한 제재를 가하기 위한 것이다. 이러한 형사적 제재는 저작권을 보호하고, 저작권 침해를 방지하는 데 중요한 역할을 한다.

따라서 「저작권법」은 저작권을 침해하는 다양한 행위에 대해 형사적 처벌을 규정함으로써, 저작권을 강력하게 보호하고, 저작권자의 권리를 지키기 위해 존재한다. 고의적인 저작권 침해 행위에 대해서는 엄격한 처벌을 통해, 저작권 침해를 예방하고, 공정한 저작물 이용 환경을 조성하려는 목적이 있다.

2. 친고죄

「저작권법」은 기본적으로 권리자의 고소를 통해서만 침해자를 상대로 형사적 제재 조치를 취할 수 있다(저작권법 제140조). 이는 저작권자가 직접 침해를 고소해야만 법적으로 처벌이 가능하다는 것을 의미한다.

하지만 공익을 위해 필요한 경우, 특히 영리를 목적으로 하거나 상습적으로 저작권을 침해하는 경우 등 특정 상황에서는 고소가 없이도 공소를 제기할 수 있는 다양한 예외 규정이 있다. 이런 예외 규정들은 저작권 침해가 공익에 심각한 영향을 미치거나, 반복적으로 발생하여 사회적 문제를 일으킬 때 적용된다. 예를 들어, 저작권 침해가 단순히 한 번의 실수가 아니라, 영리를 목적으로 반복적으로 이루어진다면, 고소 없이도 법적으로 처벌이 가능하다. 이는 저작권 보호의 범위를 넓히고, 침해 행위를 보다 효과적으로 제재하기 위한 조치이다.

이러한 규정은 저작권자의 권리를 보호하는 동시에, 공익을 해치는 심각한 저작권 침해 행위를 막기 위해 마련되었다. 이를 통해 저작권 침해에 대한 강력한 경고를 주고, 저작권이 존중되는 사회적 환경을 조성하려는 목적을 가지고 있다.

다음 그림은 상술한 저작권의 침해에 대응한 권리행사의 다양한 방법들을 요약하여 도시화한 것이다.

☒ 저작권 침해 대응 권리행사 요약도

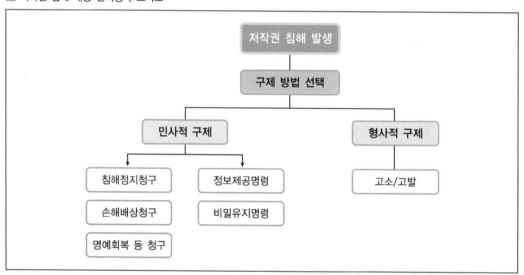

┃ 주요 특징
 1. 민사적 구제 : 침해 중지, 손해배상, 명예회복 등을 청구
 2. 형사적 구제 : 「저작권법」 위반에 대한 처벌 요구
 3. 정보제공명령 : 침해 관련 정보 제공 요청
 4. 비밀유지명령 : 소송 중 영업비밀 보호
 5. 친고죄 : 일부 경우 제외하고 권리자의 고소 필요

제 **4** 편

지식재산 활용

지식재산능력시험

INTELLECTUAL **I**

PROPERTY **P**

ABILITY **A**

TEST **T**

www.**ipat**.or.kr

제 **1** 장

지식재산의 사업화

제 1 장 지식재산의 사업화

학습 개관

지식재산의 사업화 개념을 이용하여 다양한 형태로 지식재산의 활용 유형 및 사업화 전략을 설명할 수 있다.

학습 포인트

지식재산의 사업화 개념을 설명할 수 있다.
지식재산권을 활용한 기술창업에 필요한 사항과 라이선싱의 종류를 구별할 수 있다.
상황에 따라 지식재산권의 다양한 활용 전략을 제안할 수 있다.

NCS 및 NCS 학습모듈

하위 목차명		지식재산 사업화의 유형과 특성, 지식재산과 기술창업, 지식재산과 M&A, 지식재산과 라이선싱
NCS 및 NCS 학습모듈	대분류	05. 법률·경찰·소방·교도·국방
	중분류	01. 법률
	소분류	02. 지식재산관리
	세분류	08. 지식재산 서비스 수행 13. 지식재산 경영전략 수립
	능력단위 (능력단위요소)	03. 지식재산 서비스 수행 11. 지식재산 관리시스템 운영
	주요 지식·기술· 태도	• 지식재산의 창출, 보호, 활용을 지원하는 서비스 • 지식재산 정보 조사 분석, 거래/금융 대행, 번역, 경영 컨설팅, 업무시스템 구축 등을 제공하고 지원하는 능력

제1절　지식재산 사업화의 유형과 특성

01　지식재산 사업화의 유형

기업은 수익성 확보를 목적으로 다음과 같은 여러 가지 사업화 방법을 통해 지식재산권을 활용할 수 있다.

① 제품을 개발하고 제조하여 판매하기 위한 새로운 스타트업의 설립
② 자산을 보유하고 있는 기존 법인의 매수
③ 합작투자 기업의 설립
④ 지식재산권의 라이선싱
⑤ 제3자에 대한 지식재산권 판매
⑥ 지식재산권을 담보로 한 대출
⑦ 특허 소송 등 적극적인 권리행사를 통한 수익화

각 사업화 유형은 제각기 리스크와 수익 잠재력을 모두 가지고 있다. 각각의 사업화 유형에 대한 리스크와 수익 간의 관계를 표시하면 다음과 같다

⊡ 사업화 유형별 리스크와 수익

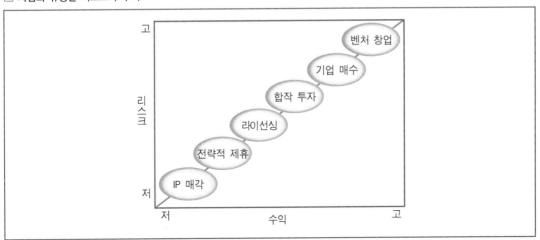

02 지식재산 사업화 유형별 특성

1. 새로운 스타트업의 창업

스타트업이 새로운 아이디어나 기술을 개발하고 실용화하여 제품화하는 과정에서 지식재산권이 핵심적인 역할을 할 수 있으며, 이를 통해 경쟁 우위를 확보할 수 있다. 스타트업의 창업에 있어서는 지식재산권은 창업기업의 기술적 능력을 외부에 증명하기 위한 수단이 되기도 하며, 후발주자의 시장 진입을 차단하기 위한 무기가 될 수도 있다. 또한, 기업의 가치를 산정할 때 무형자산으로 반영되어 기업의 가치를 향상시키는 목적으로 이용될 수도 있다.

한편, 지식재산의 사업화를 위해 새로운 스타트업을 설립하는 경우 리스크와 잠재수익이 모두 가장 높다. 이는 어떤 지식재산이 실용화되고 제품으로 판매되어 수입을 가져다주기 위해서는 그 이전에 제품과 사업지원 인프라가 개발되어야 하는데, 이때 상당한 선행투자가 이루어져야 하기 때문이다. 그러나 스타트업 설립이 성공적일 경우 수익과 기타 이익이 극대화될 것이며, 전체적인 사업 통제가 가능할 것이다.

2. 기존 기업의 매수

기술을 보유한 기업들 간에는 기업의 M&A 여부의 결정에 보유한 지식재산권이 중요한 역할을 한다. 특히, 기술적인 경쟁 우위나 시장 점유율을 높이기 위해 상대 기업의 지식재산을 획득하는 것이 M&A의 주된 목적이 될 수도 있다. 오래전 이야기이긴 하나, 구글(Google)은 특허를 구축하는 시간을 절약하기 위하여 NEST라는 IoT를 개발하던 회사를 매수하였음을 공공연히 밝힌 사례도 있다.

지식재산을 사업화하기 위해 기존의 기업이나 사업부를 매수(M&A)하는 것은 대상 기업이 개발 업무를 일정 수준으로 완료하였거나 진행 중이고 사업을 위한 인적, 물적 구조가 대체로 갖추어져 있는 경우일 것이다. 즉, M&A를 한다는 것은 처음부터 스타트업을 창업하여 새로이 조직을 구축해 나아가야 하는 경우보다는 리스크가 낮다. 따라서 M&A를 시도하는 기업은 새로운 스타트업을 설립하는 경우보다 사업화 기간이 훨씬 단축될 수 있으며, 기존 기업의 통제력을 여전히 유지할 수 있다.

그러나 이러한 M&A에는 상당한 투자가 요구되며, 이에 따라 잠재적 수익도 감소된다. 더욱이 성공적인 매수를 위해서는 상이한 기업문화 간의 원활한 융합이 요구되는데, 이 부분에서 많은 어려움이 발생한다. 특히 대규모의 확립된 기업이 상대적으로 소규모이면서 기업가적 정신이 왕성한 기업을 매입할 경우 더욱 그러하다. 우리는 대기업이 유망한 스타트업을 매입한 후, 스타트업이 그동안 진행해 왔던 사업에 대해서 더는 소식을 들을 수 없게 된 사건들을 흔히 접할 수 있다.

게다가 매수자에게 있어서도 매수거래의 일부로서 매입 기업의 원하지 않는 자산과 부채까지 떠맡아야 하는 경우도 발생할 수 있다. 또한 돌발채무가 발생할 경우 더욱더 매수자의 리스크는 커질 수 있다.

3. 합작투자

합작투자라 함은 목표한 사업을 위하여 참여하는 기업들 간에 지식재산을 공유하고 공동의 목표를 위하여 협력하는 투자 관계를 의미하며, 최근에는 조인트 벤처라는 말로서 많이 불리우고 있다. 이와 같은 조인트 벤처는 서로 각자의 기술을 가진 두 개의 기업이 진행하는 형태도 있으나, 특정 분야에 독자적인 기술을 가진 회사와 특정 지역에서 시장 인지도를 가진 회사 간에 시장 점유율 확보를 위한 목적에서 진행하는 경우도 있다.

합작투자의 성공에 있어서는 참여하는 기업들 간의 협력이 매우 중요한 역할을 하며, 합작투자 참여 기업들은 기업 운영에 따른 리스크, 수익, 지배력 등을 공유하게 된다. 비록 여전히 리스크가 상대적으로 크다고는 하지만, 참여 기업의 숙련 기술과 보유 자원이 보완적일 경우 합작투자에 참여하는 각 기업에 대한 리스크는 감소하며, 성공 잠재력은 제고된다.

그러나 합작투자는 참여 기업들 간의 상이한 목표와 지배력의 수준 차이로 관리에 어려움이 있을 수 있으며, 리스크와 마찬가지로 수익도 소유자 간에 나누어져야 할 것이므로 스타트업 설립이나 기업매수에 비해 수익은 낮아지게 된다.

4. 지식재산 라이선싱

라이선싱은 기술 보유자 입장에서는 우리 기업이 소유한 지식재산을 다른 기업에 이용 허가함으로써 수익을 창출하는 방법이다. 라이선싱을 통해 기술을 보유한 기업은 자체 지식재산을 최대한 활용하고, 다른 기업은 필요한 기술이나 브랜드를 확보할 수 있다.

한편, 라이선싱은 기술 도입자 입장에서는 타 기업이 소유한 지식재산을 도입함으로써 막혀있던 기술적 과제를 해결하고 회사의 사업적 비전을 향상시키는 수단으로 이용할 수 있다. 이러한 관점에서 라이선싱은 기술 보유자만 경제적 수익을 창출하는 행위라고 이해되기보다는 기술 도입자 또한 라이선싱을 통하여 기업의 밸류를 향상시킬 수 있는 수단으로 이해하는 편이 좋다.

이러한 지식재산의 라이선싱은 앞서 설명한 유형보다 리스크가 더욱 낮아진다. 이는 지식재산을 이용하여 자신이 직접 제품을 제조하는 경우보다 라이선싱 프로그램을 시행하는 것이 더 적은 투자와 자원이 소요되기 때문이다. 리스크의 상당 부분은 제품을 개발하고, 제조하며, 마케팅할 책임이 있는 라이선시(기술도입자)에게 이전된다. 자연히 잠재수익이 라이선시에게 비례적으로 이전되며, 라이선서(기술제공자)의 수익은 줄어든다.

5. 전략적 제휴

두 개 이상의 기업이 전략적 제휴를 체결할 수도 있는데, 이는 각 기업이 보유한 지식재산을 공유하거나 상호 협력하여 새로운 시너지를 창출하기 위함이다. 이러한 전략적 제휴는 타 기업을 상대하는 것에 있어서 경쟁 우위를 확보하고 새로운 기술이나 시장에 진입하는 데 도움이 되며, 이에 따라 기업들은 일정한 방식으로 협력을 하고 제휴에 따른 이익을 나누어 가지게 될 것이다.

제휴는 수평적인 형태일 수도 있고 수직적인 형태일 수도 있으며 두 가지 형태를 병행하는 형태일 수도 있다. 예를 들어, 어떤 기업이 다른 기업이 개발한 제품을 시장에 판매함으로써 그 수익의 일정 부분을 얻을 수 있는데, 이는 수직적 제휴이다. 한편, 어떤 기업이 특정 시장을 보다 효율적이고 경쟁적으로 공략하기 위해 상대 기업의 전문화된 기술을 활용할 수 있는데, 이는 수평적 제휴에 해당한다. 전략적 제휴에 따른 위험은 상호 협력 분야로 제한되며, 잠재적인 보상도 그만큼 제한된다.

6. 지식재산의 매각

지식재산의 매각은 기술 보유자가 필요하지 않거나 부가가치를 창출하기 어려운 지식재산을 타 기업에 전달하는 방법이다. 이를 통해 기술 보유자는 무형자산을 처분하고 현금, 주식 또는 영업권 등의 자산을 확보할 수 있다는 장점이 있다.

보유 기업의 사업 활동에 비추어 필요성이 적은 지식재산은 다른 기업에 바로 판매하는 것이 좋을 수 있다. 이는 리스크가 가장 낮은 방법이지만, 구매자에게 높은 리스크를 넘기는 경우이므로 상대적으로 수익은 낮아진다.

스타트업 등의 경우에 아이디어의 개발부터 최종 제품의 시장 진입까지 모든 것을 직접 진행하기에는 한계가 있다. 이런 경우에 스타트업은 기술을 일정 수준까지 개발한 후, 보유한 지식재산권을 대기업에 매각하면서 기술을 지도하는 것을 사업 전략으로 취하는 경우도 있다.

제1장

제2절 지식재산과 기술창업

01 기술창업의 개념

1. 기술창업의 정의

창업이란 일반적으로 영리를 목적으로 하는 개인이나 법인이 회사를 새로 만드는 일 또는 창업자가 사업 아이디어를 가지고 자원을 결합하여 사업 활동을 시작하는 일을 말한다. 사전적 의미는 "사업 따위를 처음으로 이루어 시작하는 것"을 말한다.

그중 기술창업은 혁신적인 기술이나 아이디어를 기반으로 새로운 시장을 창조하고 제품 또는 서비스를 생산 및 판매하는 창업 형태로, 지식재산의 보호와 활용이 중요한 역할을 한다. 특허로 기술적 혁신을 보호하고, 상표로 제품이나 브랜드를 식별하며, 저작권으로 창작물을 보호하는 등의 지식재산 전략이 적용된다.

기술창업은 혁신기술 또는 새로운 아이디어를 가지고 새로운 시장을 창조하여 제품이나 용역을 생산·판매하는 형태의 창업을 의미한다. 일반적으로 기술창업은 제조업, 전문서비스업(전문, 과학, 기술), 지식문화사업 분야의 창업을 말하는 것으로서, 혁신기술을 창출하는 기업의 창업을 지칭하나, 해당 기업군을 정의하는 일관된 용어가 없어, 벤처·기술혁신·혁신선도·기술집약형 기업의 창업을 포괄하는 의미로 사용되고 있다.[198]

2. 기술창업의 특성

기술창업은 기술이나 지식재산에 기반을 둔 창업인 반면에 일반창업은 노하우나 경험에 근거하여 창업하는 것이다. 따라서 기술창업은 상대적으로 독점성이나 경쟁력이 강한 반면, 기술수명주기가 존재하여 오래 유지하기는 어렵다는 특성이 있다. 지식기술창업의 범주에는 주로 IT융합 분야의 콘텐츠, 소프트웨어, 제조업 융합 분야, 지식 기반 서비스업 등이 해당되고, 생계형 창업, 전통 제조 분야의 창업은 제외하는 것이 일반적이다.

기술창업은 일반창업에 비해 사업 성공을 어렵게 하는 여러 가지 특성을 가지고 있는데, 주요 분야별로 기술창업이 직면하고 있는 특성을 보면 다음과 같다.[199]

① 우선, 기술창업에서는 아이템의 사업화를 가능하게 하는 기술인력 확보가 특히 중요하다. 핵심 기술인력을 확보하지 못할 경우 창업 자체가 불가능하다. 창업 초기의 실패 위험성, 열악한 처우 등으로 고급인력 확보에 어려움이 있는 것이 보통이다.

---

198) 김근영·이갑수, 기술창업 활성화를 위한 정책제언, 삼성경제연구소, 2004. 12.
199) 김근영·이갑수, 전게서

② 둘째, 창업 초기 단계에서는 사업성 있는 아이템을 포착하고 기술을 사업화할 수 있는 역량이 중요한데, 많은 기업들이 이러한 역량 확보에 실패함으로써 사업 성공을 달성하지 못하게 된다. 또한 창업인력이 창업실무에 대한 지식, 비즈니스 마인드 등의 기초 소양을 갖추지 못한 상태에서 창업을 하는 경우가 많아 기술개발에 성공하더라도 제품화에 필요한 요건을 갖추지 못하거나 안정적 수요처를 찾지 못하는 경우가 흔하다.

③ 셋째, 기술창업 초기 단계에서는 매출이 본격적으로 발생하지 않으므로 기술 수준과 성장성 등 무형의 가치를 평가받아야 하지만 이를 위한 시스템이 취약한 것이 대부분이다. 또한 전문 벤처캐피털리스트의 부족으로 기존 금융기관이 행해 온 융자 위주의 보수적 자금 집행에 의존하고 있어 대체 회수 시장이 미흡하다.

④ 넷째, 기술창업의 환경과 인프라 측면에서 관련 지식과 역량을 갖출 기회를 제공할 수 있는 교육 시스템이 요구되나, 현실적으로 이를 충족할 수 있는 시스템이 부족하다. 또한 창업 의욕을 고취시킬 수 있는 고용 환경이 조성되어 있지 못하고 사업 실패 시 위험을 경감해 줄 수 있는 사회적 메커니즘이 작동되지 못하고 있다.

⑤ 다섯째, 제도 및 행정절차와 관련하여, 기술창업 시에 각종 절차와 규제에서 발생하는 비용이 진입장벽이 되고 있다. 기술사업화에 필요한 인허가 규제 또한 기술창업에 있어서 유무형의 비용으로 작용한다.

02 기술창업의 절차와 요소

1. 기술창업의 절차

기술창업자가 창업에 실패하거나 창업기간의 장기화로 많은 창업비용이 소요되는 것은 창업을 함에 있어 준비 절차를 체계화하지 않기 때문이다. 기술창업의 기본 절차는 사업 아이템을 결정하고 객관적 검증을 통해 실현 가능한 계획을 수립하여 창업을 실현하는 과정이다. 기술창업의 절차는 다음과 같이 요약할 수 있다.[200]

---

200) 중소기업청, 주요 업종별 기술창업 가이드, 2009. 12.

⊠ 기술창업 기본 절차도

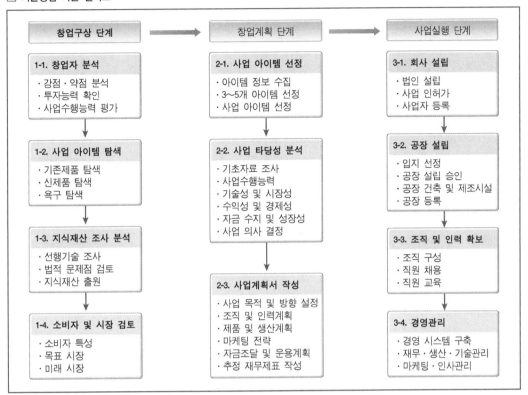

① 창업구상 단계는 구체적인 창업 아이템을 선정하기 전에 창업자가 보유하고 있는 역량
의 점검과 시장조사 및 기술조사 등을 통해 창업자에게 가장 적합한 창업 아이템이 무
엇인지 검토하고 구상하는 단계이다.

② 창업계획 단계는 사업을 실행하기 전에 시행착오를 줄이고 계획적인 창업을 진행하
기 위하여 사업 타당성 검토 및 철저한 사전계획을 수립하고 사업계획을 작성하는 단
계이다.

③ 사업실행 단계는 선정된 창업 아이템의 사업화를 진행하는 단계로서 회사를 설립하고
사업을 추진하기 위한 단계이다.

2. 기술창업의 유형

기술창업은 다양한 형태로 진행되지만, 대표적으로는 다음의 네 가지의 유형이 있다.[201] 이러한 다양한 기술창업의 형태는 각기 다른 장점과 기회를 제공하며, 창업자는 자신의 상황과 목표에 맞는 형태를 선택하여 성공적인 창업을 도모할 수 있다.

(1) 창업보육센터에 입주하여 창업하는 형태

창업보육센터(incubator)는 초기 창업자들에게 사무 공간, 멘토링, 자금 지원, 네트워킹 기회 등 다양한 지원을 제공하여 성공적인 창업을 돕는다. 창업보육센터에 입주하여 창업하는 형태는 이러한 지원을 최대한 활용하여 안정적인 환경에서 사업을 시작할 수 있다는 장점이 있다.

(2) 기술을 이전받아 외부에서 스핀오프(spin-off)하는 형태

스핀오프 창업은 기존 기업이나 연구기관에서 개발한 기술을 이전받아 독립적인 회사를 설립하는 형태이다. 이 방식은 이미 개발된 기술을 바탕으로 사업을 시작하기 때문에 기술적 리스크가 상대적으로 낮고, 기술 개발에 소요되는 시간을 절약할 수 있다.

(3) 대학 또는 연구소의 실험실에서 창업하는 형태

대학 또는 연구소에서 직접 창업하는 형태는 연구개발 단계에서부터 사업화를 염두에 두고 기술을 개발하는 경우가 많다. 연구자들이 직접 창업에 참여하기 때문에 기술의 이해도가 높고, 혁신적인 아이디어를 상용화할 수 있는 가능성이 크다.

(4) 기술지주회사를 통하여 창업하는 형태

기술지주회사는 대학이나 연구기관이 보유한 기술을 상용화하기 위해 설립된 회사로, 기술이전 및 사업화를 전문적으로 지원한다. 기술지주회사를 통해 창업하는 형태는 기술 상용화 과정에서의 전문적인 지원과 네트워킹 기회를 제공받을 수 있다.

(5) 기업 내에서 창업을 지원받는 형태

최근에는 기업 내에서 사내 창업경진대회 등을 통하여 선정된 아이템에 대하여 창업을 지원하는 부서가 있어서, 대기업 내부에서의 창업기업들이 등장하기도 한다.

(6) 정부지원사업의 지원을 받는 형태

예비창업패키지, 초기창업패키지, 청년창업사관학교, TIPS 사업 등 정부의 창업지원 매칭 자금을 받아서 초기 창업 자금을 확보하고 창업이 전개되기도 하며, 이는 최근에 등장한 창업의 새로운 형태이다.

---

201) 중소벤처24, 창업보육센터네트워크시스템(Bi-net)

3. 기술창업의 핵심요소

창업을 하는 이유는 창업의 성공을 통해 얻게 되는 여러 가지 이익을 기대하기 때문인데, 창업의 성공적인 수행을 위해서는 사람, 아이디어, 시장, 자본과 같은 요소들이 필요하다. 이러한 요소들은 상호작용하며 창업의 전반적인 성공 여부를 결정짓게 된다.

(1) 사람

창업기업의 업무는 사람이 수행하게 되며 업무를 수행하는 사람이 갖고 있는 기업가정신과 의지, 능력과 자질, 사업에 임하는 태도, 구성원의 협력관계 등에 따라 기업의 성패가 좌우된다.

① 창업자

사업을 계획하고 실행을 주도하며 실질적으로 책임을 지는 사람으로서 창업자의 능력에 따라 창업기업의 성공과 실패가 좌우되어질 수 있다.

② 동업자

창업자와 함께 금전, 현물 또는 기술을 투자하여 사업부문별 역할을 수행하고 그 과실을 분배하여 얻는 자로서 창업자 다음으로 중요한 구성원이 된다.

③ 창업기업의 팀원

창업자와 함께 창업사업의 성공을 위해 참여하는 사람으로서 창업자를 도와서 업무를 수행한다.

④ 멘토와 어드바이저

경험이 풍부한 멘토와 어드바이저는 창업 과정에서 방향을 제시하고, 전략적 조언을 제공하며, 네트워킹 기회를 확대해 주는 것에 기여할 수 있다.

(2) 창업 아이디어(기술, 제품, 서비스)

어떤 사업을 할 것인지에 대한 내용으로서, 구체적으로는 어떤 제품이나 서비스를 생산하여 시장에 팔 것인지를 결정한다. 기술창업의 아이디어는 혁신성이 있어야 하며 동시에 실현 가능성이 있어야 한다. 이러한 기술창업의 아이디어는, 경쟁 우위를 확보하고 투자를 유치하기 위하여 지식재산권의 확보가 가능한 아이디어인 것이 좋다.

① 우수한 기술이나 사업 아이디어로서 실제 제품이나 서비스로 생산될 수 있어야 한다.
② 우수한 제품이나 서비스로서 가격이나 품질 면에서 경쟁력을 갖고 있어야 한다.
③ 소비자가 기대하는 것 이상의 가치를 제공할 수 있어야 한다.

(3) 시장

아무리 좋은 제품이나 서비스가 공급될지라도 대가를 지급하고 구입하려는 자가 없을 경우에는 제품이나 서비스의 공급이 중단될 수밖에 없다. 따라서 대상 제품이나 서비스를 구매하려는 고객이 있어야 한다. 많은 경우에 기술의 우수성만을 믿고 제품을 개발한 후 시장을 개척하려는 경향이 있는데, 시장의 가능성을 보고 제품이나 서비스를 개발하는 것이 성공가능성이 더 높다.

시장은 창업자가 제공하는 제품이나 서비스에 대하여 대가를 지급하고 구입하려는 고객 집단으로서, 고객은 제품이나 서비스의 가격을 결정하며 수요를 간접적으로 조절한다. 창업자가 제공하는 제품이나 서비스의 가격 및 품질은 고객이 느끼는 가치 수준에 맞아야 한다. 그리고 기존의 사업자와 경쟁을 해야 하는 시장이 존재할 수 있고 새로운 제품이나 아이디어를 통해 새로운 시장을 개척할 수 있어야 한다. 또한, 기존 시장이나 새로운 시장에 제품이나 서비스를 판매하기 위해서는 고객의 욕구를 정확히 파악하여 그에 맞는 제품이나 서비스를 개발하고 필요한 시기에 적절한 가격으로 제공할 수 있어야 한다.

(4) 자본

자본은 계획사업의 수행에 필요한 자금을 말한다. 사업을 수행하고자 하는 사람과 좋은 아이디어, 그리고 시장이 존재한다고 해도 사업 수행에 필요한 자금이 없다면 사업을 수행할 수 없다.

기술창업은 초기 개발 단계에서 상당한 자본이 필요할 수 있다. 초기 자본 조달은 주로 엔젤 투자자, 벤처캐피탈, 정부 지원 프로그램 등을 통해 이루어지는 것이 일반적이다. 초기 개발 단계의 자본이 확보되었으면 이후 제품 개발, 시장 확장, 인력 채용 등 지속적인 성장을 위해 추가적인 자금 조달이 필요하게 된다.

자본은 자기자본과 타인자본으로 구분된다.

① 자기자본

자기자본은 조달된 자본으로서 상환 의무가 없는 자본이다. 개인기업의 경우 창업사업의 수행에 필요한 자금은 개인 사업주가 투자하게 된다. 여러 명의 사업주가 공동으로 사업을 영위할 경우에는 공동사업을 영위하는 사업주 모두가 자금을 부담한다. 법인기업의 경우 주주 또는 출자자들이 기업에 투자하게 되는 금액을 말하며, 법인기업의 투자자는 개인, 법인(벤처캐피털 포함) 모두가 될 수 있다.

② 타인자본

타인자본은 창업자 또는 창업기업의 주주나 출자자가 기업에 투자하는 자본 이외에 사업의 수행에 필요한 자금을 타인으로부터 조달하게 되는 금액으로서, 친인척, 지인, 금융기관으로부터 차입하게 되는 자금 등을 말하며, 상환 의무가 있는 자본이다.

(5) 기타 요소

① 비즈니스 모델

수익을 창출할 수 있는 명확하고 실현 가능한 비즈니스 모델이 필요하며, 이는 제품이나 서비스의 가격 책정, 판매 전략, 수익 구조 등을 포함한다.

② 네트워킹

산업 내에서의 네트워킹은 중요한 자원을 확보하고, 파트너십을 구축하며, 시장 기회를 탐색하는 데 필수적이다.

③ 법적 구조 및 규제 준수 확인

적절한 법적 구조를 갖추고, 관련 규제를 준수하는 것은 비즈니스 운영의 안정성을 보장할 수 있다. 제도적인 검토 없이 시작된 경우 제품이 나왔더라도 시장에 출시할 수 없는 문제가 발생할 수 있다.

④ 유연성과 적응력

기술창업은 일반창업에 비하여 예측할 수 없는 도전과 변화를 마주하게 되는 경우가 더 많은데, 창업자는 이러한 변화에 유연하게 대응하고 적응할 수 있어야 한다.

⑤ 그 외의 요소

이 외에도 기술창업과 관련해서는 스톡옵션제도를 활용하여 훌륭한 인재를 잘 영입하는 것도 하나의 전략일 수 있으며, 구성원의 지속적인 성장 동력을 유도하기 위하여 발명보상제도나 여러 가지 복지를 고려할 필요가 있다.

또한, 기업의 성장가능성 유지를 위하여 기업이 보유하고 있는 기술이나 아이템에 대해서 B2G 사업을 확장하기 위한 관점에서 NET나 NEP의 인증제도를 적극적으로 활용하는 것도 하나의 중요한 전략일 수 있다.

제3절 지식재산과 M&A

전통적으로 M&A는 주로 규모의 경제와 시장 점유율 확대를 위해 행해졌으나, 최근에는 지식재산이 M&A의 주요 요인으로 작용하고 있다. 일반적으로 지식재산권 확보를 위한 M&A는 경쟁이 심하고 기술집약적인 분야에 국한되어 있었지만, 기술변화의 속도가 빨라짐에 따라 지식재산을 확보하기 위해 M&A를 하는 경우가 증가하고 있다. M&A를 통해 기업이 외적 성장 등의 기업의 목적을 달성하기 위해서는 M&A 대상 기업의 올바른 선정과 대상 기업에 대한 합리적인 평가가 선행되어야 하는데, 여기서 보유 지식재산은 중요한 실사 항목 중 하나이다. 따라서 사업개발 관리자들이 M&A의 효율성을 높일 수 있도록 지식재산의 이해를 바탕으로 성장, 유지, 처분 전략을 개발하는 방법을 검토할 필요가 있다.

01 M&A 동기

1. 독점적 이익을 얻기 위한 동기

기업이 인수와 합병을 하는 주요 이유 중 하나는 경쟁 우위를 확보하고 시장에서 독점적 이익을 얻기 위함이다. 이를 위해 다른 기업의 지식재산을 획득하여 독점적 기술이나 제품을 보유함으로써 경쟁사보다 우월한 위치를 차지할 수 있다. 이러한 독점적 지위를 통해 가격 설정, 시장 진입 장벽 형성 등 다양한 전략적 이점을 얻을 수 있다.

2. 효율적 통제를 위한 동기

원재료의 공급부터 생산, 판매까지의 모든 과정을 장악하는 수직적 합병을 통해 기업은 같은 산업 내 다른 회사의 지식재산을 취득하고 이를 효율적으로 통제할 수 있다. 이를 통해 협상, 조정, 커뮤니케이션 비용을 절감하고 광고, 포장 등의 비용도 줄일 수 있다. 또한, 내부화된 지식재산을 활용하여 생산성과 효율성을 극대화할 수 있다.

3. 수익성 확보를 위한 동기

채산성이 없는 지식재산이나 성장률이 낮을 것이라 예상되는 지식재산을 매각하고 주력업종에 힘을 다하기 위해 M&A를 한다. 매각대금을 통해 재무 구조의 시너지 효과를 가져오거나 주력사업에 필요한 지식재산을 확보하기 위해 다른 기업을 인수하기도 한다.

4. 효율성 극대화를 위한 동기

지식산업에서의 M&A는 주로 제약, 멀티미디어, 정보통신, 금융업계에서 많이 일어나며, 대부분 대규모 합병으로 이어진다. 이러한 합병은 기업의 생존과 성장을 위한 경영 전략적 요소가 주류를 이루며, 초기의 수익 추구만을 목적으로 하는 단기적 머니게임(money game)은 점차 사라지고 있다. M&A를 통해 기업은 규모의 경제와 범위의 경제를 실현하고, 기술과 자원의 시너지를 극대화하여 효율성을 높일 수 있다.

5. 시장 다변화를 위한 동기

기업이 새로운 시장에 진출하거나 기존 시장에서의 입지를 강화하기 위해 M&A를 활용할 수 있다. 이를 통해 지리적 다변화를 이루거나 새로운 고객층을 확보할 수 있다. 또한, 다양한 시장에서의 리스크를 분산하여 안정적인 성장을 도모할 수 있다.

6. 기술 및 혁신 확보를 위한 동기

신기술이나 혁신적인 솔루션을 보유한 기업을 인수하여 기술적 경쟁력을 강화하려는 동기이다. 이는 기업이 내부적으로 기술 개발에 소요되는 시간과 비용을 절감하고, 빠르게 변화하는 시장에서 혁신을 주도할 수 있게 한다.

7. 인재 확보를 위한 동기

특정 분야의 전문인력이나 뛰어난 인재를 확보하기 위해 M&A를 진행하는 경우도 있다. 인수 대상 기업의 인재들을 자사로 흡수하여 인적 자원의 질을 높이고, 핵심 역량을 강화할 수 있다.

8. 경쟁 제거를 위한 동기

시장 내 경쟁자를 제거하거나 약화시키기 위해 M&A를 수행할 수 있다. 이를 통해 시장 점유율을 높이고, 가격 책정 등 다양한 면에서 우위를 점할 수 있다.

02 M&A 가치평가의 문제

M&A를 시도하는 기업의 입장에서 가장 어려운 점 중 하나는 기업 가치를 합리적으로 평가하는 것이다. 최근에는 기업의 가치가 유형자산보다 무형자산에 의해 결정되는 경우가 많아 평가가 더욱 복잡해지고 있다. M&A 시 개별 지식재산에 대한 평가보다 기업 전체의 가치평가가 필요한 이유는 M&A 자체가 기업의 개별적인 이전이 아니라 포괄적인 이전이기 때문이다. 따라서 기업 전체를 평가하는 것이 더욱 합리적이다.

M&A 과정에서 지식재산(IP)과 관련된 다음의 이슈들을 확인하기 위해 매입 대상 기업이 소유하거나 사용하고 있는 지식재산을 자산실사(due diligence)를 통해 반드시 조사해야 한다.

1. 사업 목적에 근거한 IP 구매 필요성 검토

매입 대상 기업의 지식재산이 사업이나 다른 의도한 목적을 위해 필요한지 여부를 평가해야 한다. 이는 해당 IP가 기업의 전략적 목표와 일치하는지 확인하는 과정이다.

2. IP의 합법성 및 침해 분쟁

해당 IP가 법적 논란이나 침해 분쟁에 휘말리지 않았는지 확인해야 한다. 이는 매입 후 발생할 수 있는 법적 리스크를 최소화하기 위해 중요하다.

3. 등록된 IP의 보호기간 확인

등록된 지식재산의 보호기간이 곧 만료될 가능성이 있는지 확인해야 한다. 보호기간이 얼마 남지 않은 IP는 가치를 재평가하거나 만료를 기다려 실시하면 된다.

4. IP 라이선스 및 사업 운영권 변경 조약

구매자가 IP 라이선스를 통해 이득을 취할 수 있는지, 또는 라이선스 종료 시 사업 운영권에 대한 변경 조약이 있는지 확인해야 한다. 이는 M&A 후 IP 사용권과 관련된 권리와 의무를 명확히 하기 위함이다.

5. 공유 IP의 처리

매입 대상 기업이 다른 회사와 공유하고 있는 지식재산에 대한 처리 방안을 검토해야 한다. 공유된 IP의 경우, 구매자가 소유권을 갖고 라이선스는 판매자에게 돌아가는지, 또는 판매자가 소유하고 구매자가 라이선스를 갖게 되는지에 대한 명확한 합의가 필요하다.

03 M&A 전략

다음과 같은 성장, 유지 및 처분 전략들은 기업이 M&A를 통해 성장을 도모하고, 효율성을 높이며, 자산을 최적화하는 데 중요한 역할을 한다. 각 전략은 상황에 따라 적절히 적용될 수 있으며, 기업의 장기적 성공을 위한 필수적인 요소가 될 수 있다.

1. 성장 전략

(1) 성장 전략 개념

성장 전략은 제품라인의 개발이나 신규 시장 확장과 같은 장기적인 문제와 관련이 있고, 장래 18개월에서 5년 동안의 경쟁 상황에 초점을 맞추어 기업이 미래에 거대한 수익을 얻고 성장할 수 있는 기회를 놓치지 않게 하는 전략적 목표를 갖고 있다. 자사 특허 포트폴리오의 가치를 개발하여 기업 자본을 늘릴 수 있고, 특허권리범위 내에서 하나의 중요한 사업을 구성할 수도 있으며, M&A를 통해 새로운 시장의 특허를 획득할 경우 성공적인 시장 진입이 가능하게 된다.

(2) 성장 전략 사례

성장 전략 사례로는 1997년 TI(Texas Instrument)가 3억 9,500만 달러에 Amati Communications를 인수한 일을 들 수 있다. TI는 모뎀 사업 분야의 장기적인 경쟁력을 강화하겠다는 목표가 있었지만 기술적으로 타사에 비해 상당히 뒤처져 있었다. 그리고 시장이 고속디지털가입자회선(DSL)으로 전환되는 상황에 있었기 때문에 TI는 Amati의 인수를 통해 25개의 DSL 특허를 획득하게 되었고, 이 특허는 ANSI(American National Standards Institute)에 의해 DSL 기술표준으로 채택되어 시장을 선도하게 되었다.

2. 유지 전략

(1) 유지 전략 개념

특허는 출원된 이후 수익 창출 기반이 되어야 한다. 유지 전략은 낮은 성장률이나 이윤 축소 등과 같이 현재 당면한 문제를 해결하기 위해 12~18개월 정도의 시간이 소요되는 해결방안을 제시하는 것으로서, 그 목표는 이윤 제고와 수입 증대, 그리고 새로운 성장기회를 이용할 수 있는 위치로의 이동이 될 수 있다. 유지 전략에서는 기업의 특허위치에 있어 경쟁력이 취약한 부분을 강화하고 자사 보유특허를 상호 라이선싱이나 로열티 획득 수단으로 활용한다. 또한 라이선싱 수단으로 활용할 수 있는 미개발 특허를 보유한 기업을 찾아내 인수할 필요도 있다.

(2) 유지 전략 사례

Canon사는 복사기 시장의 경쟁력 확보를 위한 제품개발 프로그램에서 특허기반의 유지 전략을 채택함으로써 성공을 거두었다. 잉크젯 프린터 초기 시장에서 우위를 확보하고 있 었던 Canon은 과도한 경쟁으로 이윤이 10% 이하로 감소하자 잉크젯 카트리지, 용지 등 프 린터 관련 소모품과 관련된 기술을 모두 특허화함으로써 프린터 시장에서 우위를 지킬 수 있었다.

3. 처분 전략

(1) 처분 전략 개념

기업은 특허자산을 기반으로 경영실적이 나쁘거나 비전이 없는 사업을 처분함으로써 수익 을 창출할 수 있는 기회를 만들 수 있는데, 이를 위해서는 자사와 유사한 포트폴리오를 가 지고 있으면서 내부적으로 활용 가치가 떨어진 자사의 특허가치를 인정하는 기업을 찾아 야 한다. 즉, 주력 사업과 관련성이 낮은 특허 등을 타사에 판매하는 것이다. 이러한 특허 처분은 M&A를 통해서도 가능하고 파산에 직면한 기업이 특허획득이 가능한 기술을 중심 으로 새로운 기업을 설립함으로써 생존 전략으로 활용될 수도 있다.

(2) 처분 전략 사례

Avery Dennison사(미국의 교통 표지판, 차량용 소모품, 쇼핑 바구니 등을 제작하는 회사) 는 쇠퇴기에 있는 사업 조직을 성장가능성이 있는 사업으로 변화시키기 위해 특허기반의 처분 전략을 채택했는데, 시장이 포화 상태에 있는 사업의 특허 포트폴리오를 분석한 결과 경쟁사들의 강력한 특허에 의해 자사 특허가 시장에서 힘을 발휘하지 못하고 있다는 것을 발견하였다. 이를 바탕으로 관련 특허들을 처분하기 시작하였고 이를 통해 발생한 수입을 당시 큰 성장세를 보이기 시작한 듀라셀 라벨(Duracell Label) 프로그램에 재투자함으로써 성장률이 낮은 사업을 효과적으로 정리하고 성장성이 큰 사업을 더욱 발전시키는 계기를 마련하였다.

제4절 지식재산과 라이선싱

01 라이선싱의 개요

IP(지식재산) 라이선싱은 지식재산권을 소유한 자가 다른 개인이나 기업에 해당 권리를 사용할 수 있는 권한을 부여하는 계약을 의미한다. 이 계약은 특허, 상표, 저작권, 영업비밀, 실용신안 및 임치기술 등 다양한 형태의 지식재산에 적용될 수 있다. 일반적으로 라이선싱 계약은 지식재산권의 양도 계약을 제외하고, 소유권은 지식재산권자가 보유하면서 실시권이나 사용권을 허여하고 수익을 창출하는 방식을 일컫는다.

라이선싱 계약을 통해 라이선스 제공자는 고유한 기술이나 지적 자산을 직접 제공하지 않고도 수익을 창출할 수 있으며, 라이선스 수취자는 해당 기술이나 자산을 활용하여 제품을 개발하거나 사업을 운영할 수 있다. 이는 특히 혁신적인 기술이나 제품을 개발할 여력이 부족한 중소기업이나 스타트업에 중요한 전략적 수단이 된다.

라이선싱에는 여러 가지 형태가 있으며, 가장 일반적인 형태는 독점 라이선스(전용 실시권 또는 사용권)와 비독점 라이선스(통상 실시권 또는 사용권)이다. 독점 라이선스는 특정 라이선스 수취자에게만 지식재산을 사용할 수 있는 권한을 부여하며, 다른 누구에게도 동일한 권한을 부여하지 않는다. 다만, 독점 라이선스임에도 지역, 기간, 제품이나 서비스의 영역 등을 제한하여 독점적인 라이선스를 허여하는 경우도 있다. 이 경우에는 향후 분쟁의 소지가 되기도 하므로 그 영역을 잘 설정할 필요가 있다. 반면, 비독점 라이선스는 여러 라이선스 수취자에게 동일한 지식재산을 사용할 수 있는 권한을 부여한다.

라이선싱 계약의 조건에는 사용 범위, 사용 기간, 지불 방식(로열티, 일시불 등), 그리고 지식재산의 유지 및 보호에 관한 사항 등이 포함된다. 이러한 조건들은 양측의 협상을 통해 결정되며, 성공적인 라이선싱 계약은 양측 모두에게 이익을 제공할 수 있다.

1. 라이선스의 목적과 효과

라이선싱에 있어서, 라이선스를 주는 자가 라이선서(licensor)이고, 라이선스를 받는 자가 라이선시(licensee)이다. 라이선스는 라이선서와 라이선시 간에 특정한 재산권 사용에 관한 권리를 부여하거나 이를 행사하지 않겠다는 계약에 의해 발생한다.

이러한 라이선스의 목적 내지 효과는 다음과 같다.

① 라이선시는 필요한 기술에 관한 권리를 부여받아 제품이나 서비스에 해당 권리를 적용함으로써 제품의 가치를 향상시키며, 경쟁 제품과의 차별성 내지 우위를 확보하여 판매를 증진하고, 시장 점유율을 확대하거나 새로운 제품이나 서비스 시장에 쉽게 진출할 수 있다.

② 라이선시는 해당 권리에 기인하여 초래될 수 있는 분쟁의 위험(risk)을 제거할 수 있게 되고, 이러한 불확실성의 제거로 인하여 안정적으로 사업을 수행할 수 있게 된다.

③ 라이선시는 계약에 따라 필요한 기술을 확보함은 물론이고, 실시 특허를 이용하여 라이선서와 공동으로 신기술을 개발하여 연구개발의 효율성 및 비용을 절감할 수 있다.

④ 라이선서는 라이선스 계약에 따라 라이선시의 실시에 따른 실시료(royalty)를 징수하여 수익을 창출할 수 있다. 경우에 따라서는 라이선스를 지역별, 제품별, 실시 형태별로 여러 라이선시에게 라이선스를 허락함으로써 수익을 최대화할 수도 있다. 라이선스를 허락하는 때 실시료를 경상실시료로 하기로 합의했다면, 라이선시가 기술개발 및 마케팅을 통해 수익을 올릴수록 라이선서의 실시료 수입이 늘어나는 효과도 있으며, 해당 기술의 가치가 라이선시의 영업 활동에 따라 증가하는 효과도 기대할 수 있다.

⑤ 라이선서는 라이선시의 영업을 통해 새로운 시장으로 진입할 수 있으며, 해당 제품이나 서비스의 시장 점유율도 상승하는 효과를 누릴 수 있다. 특히 유사한 기술이 사용될 수 있는 이종의 제품에 대한 라이선스의 경우 이를 제조 및 판매하기 위한 새로운 투자를 하지 않아도 되는 효과가 있을 수 있다. 또한 새로운 시장 진입을 위해 해당 국가에 설비를 투자하는 등의 비용과 사업의 성공 여부에 대한 불확실성을 결과적으로 라이선시에게 부담시키게 된다.

⑥ 생산비용을 절감할 수 있는 지역에 실시권을 설정하는 경우에는 생산에 따른 비용을 절감할 수 있고, 라이선시와의 분쟁을 회피할 수 있어 분쟁에 따른 비용과 시간을 절감할 수 있는 효과도 있다. 만일 라이선시도 유사하면서 유용한 특허 등을 보유하고 있는 경우에는 이를 서로 사용할 수 있도록 크로스 라이선스로 체결하는 것도 좋은 방법이다. 만일 해당 기술이 다른 제3자의 권리를 침해하는 경우에도 라이선서와 라이선시는 계약에 따라 상이할 수 있지만 서로 공동으로 대응하게 되므로, 분쟁의 대응 역량을 강화할 수 있는 이점도 있다.

⑦ 라이선서는 라이선시와의 공동의 개발 및 마케팅 등을 통해 라이선스의 대상이 되는 기술을 산업상의 표준이 되도록 공동 노력할 수 있고, 표준으로 선정되지 않더라도 실질적으로 표준적인 기술이 되도록 할 수 있다.

⑧ 라이선서의 입장에서는 라이선시가 제품이나 서비스를 시장에 제공함으로써 해당 기술에 대한 인지도를 높여 홍보 효과를 얻을 수 있으며, 이는 기업 가치의 향상으로 이어질 수 있다. 예를 들어, 개방형 혁신(open innovation)의 최종 목적은 관련 시장의 확대 및 기술개발의 가속화를 통해 기업의 가치를 증대시키는 것이므로, 라이선스 활동도 일종의 개방형 혁신이라고 볼 수 있다. 디즈니(Disney)나 마블(Marvel)사가 관련된 제품을 제조하지 않지만 자신의 상표나 캐릭터를 전 세계적으로 라이선싱하여 막대한 로열티 수입을 올리고 있는 것처럼 말이다.

2. 라이선싱의 종류

(1) 라이선싱 아웃과 라인선싱 인

라이선싱 아웃(licensing-out)은 라이선스를 타인에게 주는 것을 의미하고, 라이선싱 인 (licensing-in)은 타인의 권리에 대해 라이선스를 도입하는 것을 말한다.

(2) 전용실시권과 통상실시권

우리나라의 경우 특허권은 전용실시권과 통상실시권으로 나뉜다. 전용실시권은 등록이 효력 발생요건이며, 통상실시권은 계약에 의한 합의로 효력이 발생한다. 또한 전용실시권이 체결되어 등록이 되면 그 범위 내에서는 특허권자도 특허발명을 실시할 수 없으며, 전용실시권자가 그 범위 내에서 특허발명을 실시할 권리를 독점한다. 계약에 의한 실시권의 설정은 사적 자치의 원칙에 의해 다양한 조건과 제한을 둘 수 있는데, 기간을 한정하거나 실시할 수 있는 지역이나 실시 제품 또는 형태를 한정할 수 있다.

(3) 개방형 라이선스와 폐쇄형 라이선스

일반적으로 양자 간의 라이선스 계약에 의해 체결되는 라이선스는 폐쇄형 라이선스(closed license)로 라이선시만 해당 권리를 사용할 수 있다. 반면, 개방형 라이선스(open license)는 일정한 조건하에 이를 공개하여 누구나 이용할 수 있도록 한 라이선스이다. 개방형 라이선스는 주로 소프트웨어 분야에서 많이 이용되고 있는데, 이를 오픈소스 소프트웨어(open source software)라 하며 이는 자유롭게 이용, 복제, 재배포, 수정, 접근할 수 있는 것이 특징이다.

(4) 명시적 라이선스와 묵시적 라이선스

일반적인 계약 등에 의해 권리자의 의사에 기반하여 발생하는 라이선스는 모두 명시적 라이선스이고, 묵시적 라이선스(implied license)는 해당 권리를 채용한 제품(특허제품)을 정당한 권한을 갖는 자가 정당하게 유통하였을 때, 이 제품을 구입한 사람은 그 제품에 대해서는 권리자가 침해를 주장할 수 없게 된다는 것이다. 즉, 정당하게 제품을 구매한 사람은 그 제품에 대해서 묵시적인 라이선스를 갖는 것으로 본다. 이는 다른 말로 하면, 정당한 판매에 의해 구매하면 구매자에게는 권리가 소진된다는 권리 소진(right exhaustion)의 법리에 따른 것이라고 볼 수 있다.

(5) 크로스 라이선스(교차 라이선스)

둘 이상의 기업 내지 조직이 각각 자신의 지식재산권을 상대방에게 실시하도록 허여하는 방식의 라이선스를 말한다. 이와 같은 크로스 라이선스는 두 기업이 각자 지식재산권을 보유하고 있는 경우에 발생할 수 있으며, 한국 「특허법」 등에서는 강제 실시권(특허법 제128조 제3항)으로 규정하고 있다.

크로스 라이선스(cross license)는 경제적 가치가 동등할 경우 무상으로 계약을 체결하며 보통은 무상으로 상호 계약을 하는 것이 일반적이나, 가치의 차이가 있을 경우 해당 차액을 지불하고 사용하기도 한다. 계약을 함으로써 기업은 다른 기업과의 특허 소송에 들어가는 비용과 인력, 그리고 시간을 절약할 수 있어 최근 글로벌 기업들 간에 크로스 라이선스를 체결하는 경향이 늘고 있다.

02 라이선싱 계약체결

1. 라이선스 계약의 개념

(1) 라이선스 계약의 정의

라이선스 계약이란 당사자의 일방(라이선서)이 상대방(라이선시)에게 특정한 기술에 대해 실시권을 허락하는 계약을 말한다. 따라서 라이선스 계약의 필수요소는 계약 당사자, 실시허락의 대상 기술, 실시권 등 세 가지이다. 실시허락의 대가(실시료)는 라이선스 계약의 법적 필수요소는 아니다. 따라서 특정 기술을 실시허락의 대상으로 하는 것이라면, 유상, 무상을 묻지 않고 모두 라이선스 계약이라 할 수 있다.

(2) 라이선스 계약의 법적 성격

라이선스 계약도 법적인 계약인 이상 「민법」상의 전형 계약과 공통된 성질을 갖는 반면, 전형 계약과는 다른 특수성도 함께 가지고 있다. 라이선스 계약은 다른 유형의 계약과 마찬가지로 계약자유의 원칙에 지배되므로 전용실시 계약인지, 통상실시 계약인지를 불문하고 합의만으로 성립하며, 제3자의 동의, 승인, 행정청의 인·허가, 등록 등이 필요 없다. 그러나 라이선스 계약의 방식에 대해서는 「특허법」 등의 규정하에 일정한 제한을 받고 있다는 점에 유의할 필요가 있다. 즉, 공유특허권자는 다른 공유자의 동의를 받지 않으면 특허권에 대해 제3자에게 실시권을 허락할 수 없으며, 국제 라이선스 계약 또는 기술도입 계약을 체결하려고 할 때는 주무관청 또는 공정거래위원회에 소정 사항을 신고해야 하는 경우도 있다.

라이선스 계약의 법적 성격은 다음과 같은 주요 요소들로 설명될 수 있다.

① 라이선스 계약은 양 당사자 간의 법적 구속력을 지니는 계약으로, 이는 양측이 명시된 조건에 따라 의무와 권리를 이행해야 함을 의미한다. 계약서에 명시된 조항들은 법적으로 보호받으며, 이를 위반할 경우 법적 분쟁으로 이어질 수 있다. 계약의 모든 조건은 명확하게 정의되어야 하며, 이로 인해 발생하는 모든 분쟁은 계약서에 명시된 법적 절차를 통해 해결할 수 있다.

② 라이선스 계약은 지식재산권을 보호하는 법적 수단으로, 라이선서(지식재산권 소유자)가 자신의 권리를 명확히 하고 이를 통해 수익을 창출할 수 있도록 한다. 라이선시는

계약을 통해 해당 지식재산을 사용할 권리를 취득하지만, 이 권리는 계약 조건에 따라 제한될 수 있다. 예를 들어, 독점 라이선스는 특정 라이선시에게만 사용 권한을 부여하는 반면, 비독점 라이선스는 여러 라이선시가 동일한 지식재산을 사용할 수 있게 한다.

③ 라이선스 계약은 사용 범위, 사용 기간, 지불 방식(로열티, 일시불 등), 그리고 지식재산의 유지 및 보호에 관한 조건 등을 명확히 규정한다. 이는 양측이 계약 조건을 명확히 이해하고 준수하도록 하며, 계약 이행 과정에서 발생할 수 있는 분쟁을 예방하는 역할을 한다. 예를 들어, 라이선시는 정해진 기간 동안만 지식재산을 사용할 수 있으며, 이에 대한 대가를 로열티나 일시불로 지불해야 한다.

④ 라이선스 계약에는 분쟁 해결 조항도 포함되어 있어, 계약 이행 과정에서 발생할 수 있는 문제를 해결할 수 있는 법적 절차를 명시한다. 이는 중재, 조정, 법정 소송 등의 형태로 나타날 수 있으며, 양측이 합의한 방법으로 분쟁을 해결한다. 이러한 조항은 계약 이행의 안정성을 높이고, 분쟁 발생 시 신속하고 효율적인 해결을 도모한다.

⑤ 라이선스 계약은 국제적인 법적 성격을 가질 수도 있다. 국제간의 라이선스 계약에서는 각 국가의 법률 차이를 고려해야 하며, 이에 대한 명확한 합의가 필요하다. 이는 특히 특허, 상표, 저작권 등 지식재산권의 국제적 보호와 관련된 경우에 중요하다. 국제 라이선스 계약에서는 관할 법원, 적용 법률, 분쟁 해결 절차 등을 명확히 규정하여 법적 불확실성을 최소화한다.

(3) 라이선스 관련 계약의 종류

라이선스 계약은 그 내용에 따라 다양한 형태가 있는데, 예를 들면 다음과 같다.

① Technical Assistance Agreement : 기술의 지원에 관한 계약

② License Agreement : 실시·사용권의 허여(허락) 계약

③ Patent License Agreement : 특허의 실시권 허여 계약

④ Technical Information Agreement : 기술정보의 이전에 관한 계약

⑤ Know-how Agreement : 노하우 거래에 관한 제반약속을 규정하는 계약

⑥ Patent License and Know-how Supply Agreement : 특허실시권 허여 및 노하우 제공에 관한 계약

⑦ Option Agreement : 최소한의 기술을 개시받은 후 일정한 검토기간 후 계약체결 여부를 결정하도록 규정하는 계약

⑧ Exchange of Technical Information Agreement : 기술정보의 상호 교환에 관한 계약

⑨ Cross License Agreement : 실시권의 상호 간 허여에 관한 계약

2. 라이선스 계약의 절차

라이선스 계약을 라이선싱 아웃(라이선서) 입장에서 정리하면 다음과 같다.

(1) 1단계 : 기술 마케팅의 준비 및 실시

① 라이선싱 필요성 및 사업화·활용 전략 검토

라이선싱에 의한 지식재산 활용과 사업화에 관한 제반 상황판단 및 필요조건의 구비 여부를 확인하고 필요한 전략과 수단을 선택한다. 해외 라이선싱의 경우 대상 지식재산의 선정 시 자사의 해외 시장진출 전략 등 사업 전략에 부응하는 기술, 수출대상 현지국에서 제3자의 지식재산권과 권리침해관계에 저촉되지 않는 기술, 설비, 부품, 원료 등의 안정적 수출을 가져다 줄 수 있는 기술, 노후설비의 이전을 동반하는 기술, 부메랑 효과가 작은 기술, 국내에서는 수명주기상 쇠퇴기에 있는 기술이 중점적으로 고려될 수 있다.

② 라이선싱 대상의 선정

라이선싱을 기업의 전략으로 추진하기 위해서는 우선 보유 지식재산 중 외부에 판매할 수 있는 지식재산권을 적절한 기준에 따라 선정해야 한다. 기본적으로는 보유 지식재산을 타 기업에 이전하는 것이 자사의 경영 전략에 부합하는지의 여부를 고려해야 할 것이다.

③ 지식재산 마케팅의 시행

라이선싱을 위한 마케팅 자료의 준비와 시행에 있어서, 지식재산의 객관화, 즉 도면화, 자료화, 매뉴얼화 등으로 유형화하는 작업이 필요하다. 지식재산 마케팅 수단으로서 테크노마트 참가, 전시회 활용 등 오프라인 마케팅과 온라인 마케팅을 공히 활용하며, 최소 비용으로 최대 효과가 기대되는 방안을 검토한다.

(2) 2단계 : 라이선싱 조건의 협상 및 계약체결

① 잠재적 라이선시의 발굴 및 선정

잠재적 라이선시의 발굴을 직접 수행할 수도 있고, 기술 마케팅 지원기관 또는 대행기관을 통해 수행할 수도 있다. 전문성을 필요로 하는 기술거래의 특성상 전문 중개알선기관의 개입이 필요한 경우가 많고, 전문기관이 보유하고 있는 네트워크의 활용으로 당해 라이선싱의 성사가능성이 높아질 수 있다. 라이선싱의 성공 여부는 라이선시의 계약기술 실시, 사용을 통해 판명되므로 유능한 라이선시의 발굴 및 선정은 매우 중요하다. 여기에서 라이선시의 실시, 사용의 능력, 협력적 관계의 지속을 위한 신뢰성 확보가능성, 사업영역 및 전략에서의 상충가능성 등을 고려하여 라이선시를 심사, 선정해야 한다.

② 라이선싱 조건의 협상

잠재적 라이선시에게 제시할 거래 조건을 개발, 선정한다. 기술대가 등 기술제공 제반 조건에 대하여 잠재적 라이선시와 협상을 수행한다. 기술료의 결정은 기존에 시장에서 적용되고 있는 산출 방식과 요율을 이용하는 시장접근법과 계약기간 동안의 순이익을 기술의 기여도에 따라 배분하는 순이익 배분 방식을 적용할 수 있다. 최근에는 이 과정에서 기술가치평가 개념이 도입되어 기술별로 얼마의 가치를 가지는지 여부를 시장의 상황을 고려하여 산정한 후 조건을 협상하기도 한다. 라이선서는 자신이 조사, 분석 및 설정한 기술료의 유형과 적용요율을 라이선시에게 제시하게 되는데, 협상 과정에서 조정될 것을 감안하여 라이선서 입장에서 제시조건을 설정한다.

③ 라이선싱 계약의 체결

협상 결과를 계약서로 작성하고 내용을 확정한다. 계약서는 기술제공 내용과 조건을 법적 구속력을 갖는 문서로 보존하고, 계약이행과 해석의 기준이 되며, 분쟁 해결의 기초 근거가 된다는 점에서 매우 중요하다. 계약서 작성 시 조항별 체크리스트를 활용하는 것이 바람직하다. 기술제공 계약서의 초안 검토 시 초안내용을 체크리스트와 대조하여 조화를 이룰 수 없는 조항은 수정의 대상으로 삼는다. 라이선서 측이 먼저 계약서 초안을 작성하는 경우라면 초안 작성의 전후에 체크리스트와 대조하여 누락 또는 불합치가 없도록 한다.

(3) 3단계 : 라이선싱 계약의 실행 및 사후관리

① 라이선싱 계약의 신고와 승인

필요할 경우 기술수출 신고 등 국내 외부기관에 필요한 절차를 수행한다. 또한, 필요시 라이선시 측의 필요절차를 거친다.

② 라이선싱 계약의 실행

계약서의 내용에 따라 약속된 지식재산을 제공한다. 라이선서가 기술자료를 작성, 송부할 경우 기술자료에 대한 비밀유지 의무를 라이선시에게 주지시켜야 한다. 제공되는 기술자료의 리스트를 첨부할 필요가 있으며, 기술자료의 수령 여부 및 내용물에 대한 확인을 요구할 필요가 있다. 기타 라이선시와 합의한 바에 따라 기술자 파견 등 기술이전에 필요한 각종 조치를 수행한다.

③ 라이선싱 사후관리 및 계약 완료

기술대가 수령 등 기술제공 계약에 따른 사후관리를 수행한다. 기술제공 관계를 종료한다.

3. 라이선싱 기술료의 유형에 따른 분류

라이선싱 기술료의 유형에는 정액 기술료, 마일스톤 기술료, 경상 기술료 등이 있다. 각 유형은 라이선싱 계약의 성격과 목적에 따라 다르게 적용될 수 있으며, 하나의 계약이 반드시 하나의 기술료의 유형으로 결정될 필요는 없고 둘 이상의 기술료 유형이 함께 포함되어 계약될 수도 있다. 기술료의 유형에 대해서는 다음과 같이 정의 및 예시를 들 수 있다.

(1) 정액 기술료(lump sum royalty)

정액 기술료는 라이선스 계약 시에 한번에 지불되는 고정 금액을 의미한다. 이는 라이선스 제공자가 특정 기술이나 지식재산을 사용하게 할 때, 계약 체결 시점에 정해진 금액을 일시불로 받는 방식이다. 이러한 정액 기술료는 계약의 체결 시점 이후의 특정 시점에 분납으로 금액을 나누어 받는 방식을 포함하는 개념으로 사용된다.

> **예** 한 소프트웨어 회사가 특정 알고리즘에 대한 사용권을 라이선싱하기 위해 50만 달러의 정액 기술료를 청구할 수 있다. 이 금액은 계약 체결 시에 한번에 지불되며, 이후 추가적인 로열티 지불 없이 해당 소프트웨어를 계속 사용할 수 있다.

(2) 마일스톤 기술료(milestone payments)

마일스톤 기술료는 조건 달성부 기술료라고도 하며, 라이선스 수취자가 특정 개발 단계나 성과 등 특정 조건을 달성할 때마다 지불하게 되는 금액을 의미한다. 이는 기술 개발 과정에서 발생하는 중요한 이벤트나 단계에 따라 분할되어 지급되는 방식이다.

> **예** 제약 회사가 새로운 약물 개발을 위해 라이선스를 받는 경우, 임상 시험의 각 단계별로 마일스톤 기술료를 지불할 수 있다. 예를 들어, 임상 1상 시험 성공 시 100만 달러, 임상 2상 시험 성공 시 200만 달러, 최종 승인 시 500만 달러를 지급하는 방식이다.

(3) 경상 기술료(running royalty)

경상 기술료는 라이선스 수취자가 라이선스받은 기술이나 지식재산을 활용하여 생성한 제품이나 서비스의 판매에 따라 지속적으로 지불하는 로열티를 의미한다. 이는 통상적으로 총 매출액의 일정 비율로 계산되지만, 순 매출액 또는 이익액의 일정 비율로 계산되는 경우도 있다.

> **예** 전자제품 제조업체가 특정 기술을 사용하여 제품을 생산하는 경우, 판매된 제품의 매출액의 5%를 경상 기술료로 라이선스 제공자에게 지급할 수 있다. 이 방식은 제품이 판매될 때마다 지속적으로 로열티가 발생한다.

(4) 기타 기술료

기타 기술료로서 기술이전 후 미실시에 따른 페널티로 지급하는 미실시 기술료, 판매가 일어나지 않더라도 최저 금액을 지불하기로 하는 최저 기술료 등의 규정이 추가될 수 있으며, 이는 사인 간의 계약이므로 계약 조건에 따라 얼마든지 다양하게 부여될 수 있다.

03 라이선싱 협상 시 고려할 점

1. 라이선스 기간

라이선스의 기간을 얼마로 할 것인지가 문제가 된다. 긴 기간의 라이선스는 일반적으로 선급금(initial payment 또는 up-front payment)을 적게 하고, 경상 실시료(running royalty)를 높게 설정하는 방식이다. 기간을 길게 설정하면 일반적으로 라이선시가 스타트업이나 작은 기업인 경우 양자에 모두 유리한 결과가 될 수 있다. 또한 라이선서의 해당 제품이나 서비스가 시장에서 새로운 것으로 향후 시장에서 매출이나 이익이 크게 증대될 것으로 기대되는 경우에 유리하며, 라이선시의 입장에서도 사업 성공의 불투명성을 해소하는 길이 될 수 있으므로 바람직하다. 그러나 라이선시가 해당 사업을 포기하거나 재무적인 어려움을 겪게 되는 경우, 라이선서의 입장에서는 위험 부담이 있다.

반면, 짧은 기간을 설정하는 라이선스는 초기의 선급금이 많고, 경상 로열티는 상대적으로 적거나 아예 초기에 일시금(lump sum)으로 지급함으로써 일정 기간 실시권을 허여하는 것이다. 이는 이미 과거에 해당 지식재산권을 침해하는 행위를 한 라이선시에게 손해액을 배상하는 경우에 많으며, 라이선시의 재정적인 면이 불투명하거나 해당 제품이나 서비스의 성공 확률이 낮다고 보는 경우, 경상실시료에 대한 감사에 부담이 있는 경우 등에 사용될 수 있다.

2. 독점적 · 비독점적 라이선스

비독점적인 라이선스(non-exclusive license)를 허여하면 양 당사자들은 위험을 줄일 수 있다는 장점이 있다. 라이선서는 해당 제품의 사업이 성공할 것인지 여부에 대한 리스크를 줄이고, 라이선시는 실시료율을 최소화할 수 있어 부담이 적은 방법이 된다. 또한 라이선서는 해당 제품에 대한 통제를 할 수 있고, 낮은 실시료는 제품의 가격을 최소화할 수 있는 기반이 되어 가격경쟁력을 가질 수 있다. 아울러 라이선서는 비독점적인 라이선스를 여러 사람에게 허여함으로써 실시료 수입을 극대화하고, 라이선시들이 개량한 기술이 라이선서에게 이익이 된다.

반면, 독점적인 라이선스(exclusive license)에 있어서, 라이선서는 해당 기술에 대한 독점적인 라이선스를 주는 것이 바람직한지 면밀히 살펴보아야 한다. 독점적 라이선스를 허여하게 되면 그 범위 내에서는 권리자도 해당 권리를 실시할 수 없으며, 중첩되는 라이선스를 제3자에게 허여할 수 없기 때문이다. 만일 라이선시에게 독점적인 라이선스를 주고 경상실시료를 받기로 했는데 라이선시가 이를 실시하지 않거나 불충분하게 실시하게 되면 실시료 수입은 극히 저조할 수 있다. 따라서 라이선시가 시장에서의 시장 점유율이 높고, 제조 및 판매능력이 충분한지 등에 대한 면밀한 조사가 필요하다.

3. 개량기술에 관한 사항

라이선스의 양 당사자는 개량기술을 어떻게 처리할지에 대한 합의가 필요하다. 통상 그랜트백(grant back) 조항으로 일컬어지는데, 라이선서의 입장에서는 라이선시가 개량한 기술에 대해 일정한 권리를 갖도록 하는 것이 유리하고, 라이선시도 라이선서의 개량된 기술에 대해 권리를 확보하는 것이 필요하다. 따라서 양 당사자는 개량기술에 대하여 서로에게 일정한 조건하에 자유롭게 실시할 수 있도록 하거나, 이를 공유로 하거나, 별도의 라이선스를 체결할 의무나 라이선스 협상의 우선권을 주는 등의 조항을 두게 된다.

특허권 침해해결을 위한 일시불 방식의 라이선싱과 같은 단기계약에서는 라이선스 이후의 기술개량에 대한 처리방법은 거의 언급되지 않는다. 성공적이고 장기적인 라이선싱 거래에서 라이선스된 기술의 개량이 라이선서나 라이선시에 의해 이루어질 수 있다. 개량기술의 사용과 처리는 라이선싱 전략의 중요한 부분이다.

라이선서의 관점에서 보면, 라이선시가 개발한 개량기술에 대한 권리를 보유하는 것이 유리한 경우가 많다. 이 경우 다른 라이선시에게 개량기술을 재라이선스할 권리를 포함한다. 이는 핵심적인 라이선스 기술이 표준일 경우 특히 중요한데, 이는 개량기술이 표준에 통합될 수 없는 경우에는 거의 쓸모가 없기 때문이다. 만약 개량기술에 대한 권리를 라이선서가 갖도록 되어 있지 않을 경우 라이선시는 별도의 보상을 받지 않고 그러한 권리를 라이선서에게 부여하기를 꺼리는 경우가 많다.

라이선시가 라이선스된 기술의 추가 개발을 지속적으로 추진하고 개량기술을 사용할 수 있게 하는 일은 라이선서에게도 관심이 있는 일이다. 특히 당해 기술이 표준화된 기술일 경우 더욱 그렇다. 당해 기술이 표준화된 기술이 아닐지라도 라이선시가 라이선서와 직접적으로 경쟁하고 있는 상황이 아닌 한 라이선시에게 개량기술을 사용하도록 하는 것은 라이선스 제품의 판매 증가와 라이선싱 수입 증가를 가져다줄 수 있다. 경우에 따라서는 추가 로열티 지급이 이루어질 수도 있다. 한편으로 라이선서가 자신의 위치를 유지하고 시장에 대한 지배력을 유지하기 위해 추가적인 로열티 부과 없이 개량기술을 라이선스할 수도 있다.

4. 양도 및 재실시권에 관한 사항

일반적으로 한국의 법제에서 실시권자는 권리자(특허권자 등)의 동의 없이는 자신의 실시권을 양도하거나 재실시권을 설정할 수 없다. 그러나 중국 등의 국가에서는 계약에서 별도의 정함이 없으면 실시권자는 자유롭게 자신의 실시권을 양도하거나 이에 기초하여 재실시권을 허락할 수 있으므로, 각국의 법제를 면밀하게 파악하여 적절한 조항을 포함시키는 것이 바람직하다. 라이선서의 입장에서는 이것이 명확치 않으면 주의적으로라도 양도나 재실시권을 설정할 권한이 없거나, 그러한 경우에는 라이선서의 동의가 필요하다는 조항을 삽입하는 것이 바람직하다. 만일 재실시권 허락의 권리를 라이선시에게 부여하는 경우에는 재실시권은 라이선서와 라이선시의 기존의 계약 조건을 초과할 수 없으며, 일정한 조건의 제한을 명확히 하는 것이 필요하다.

5. 실시 지역 및 실시 수량

일반적으로 라이선서는 라이선시의 실시 능력에 따라 지역을 제한할 수 있다. 실시 수량은 최대 수량을 정할 수도 있고, 최소 수량을 정할 수도 있다. 최소 수량을 정하는 것은 라이선서의 입장에서 최소한의 실시료를 확보하는 기능을 하므로 최저 실시료를 정하는 것과 마찬가지이다. 라이선시의 입장에서는 장래의 사업 확대를 고려하여 실시 지역이나 수량을 정하여야 하며, 별도의 조항으로 실시 지역이나 최대 수량 등의 조건을 다시 협상할 수 있는 단서 조항을 두는 것도 바람직하다.

비슷한 방식으로 제품이 판매되는 국가를 제한할 수 있다. 가장 일반적인 예는 해외와 국내 시장을 구분하는 것이다. 즉, 라이선서가 국내 시장에서는 사업을 그대로 영위하면서 여러 해외 시장에 대해서는 당해 시장에서 활동하고 경험 있는 다른 회사들에 기술이나 제품을 라이선스하는 것이다. 해외 시장의 경우 진입장벽이 높은 경우가 많고, 해외 파트너를 활용하는 것이 시장에 진입하기 위한 가장 효과적인 방법일 때가 많다. 게다가 일부 해외 시장에서 지식재산을 보호하는 것에 문제가 있을 수 있다. 이러한 경우 현지 회사와 협력을 함으로써 특허출원의 거부, 라이선스를 받지 않은 상태의 저작물의 사용, 유사하거나 동일한 상표의 출원, 기타 유사한 문제 등을 피할 수 있다.

6. 실시 또는 사용 분야 및 실시 형태

계약으로서 실시할 수 있는 분야를 한정하는 경우도 많다. 하나의 기술이 여러 제품에 적용될 수 있는 경우 라이선서의 입장에서는 각각의 제품군으로 나누어 여러 라이선시와 계약할 수 있으므로, 수익을 최대화할 수 있다. 실시의 형태 역시 제한할 수 있어 생산, 사용, 양도, 대여, 수입 등을 각각 제한할 수 있다. 다만, 생산이나 수입으로 제한하는 경우에는 판매를 포함하는 양도의 권한은 준 것으로 해석된다.

7. 기술지원

대부분의 장기적인 라이선싱 거래는 라이선서 측의 실질적인 기술지원을 필요로 한다. 기술이 라이선스될 때 관련 기술문서, 세부 마무리 작업, 기타 기술자원이 이전되어야 하며, 제품생산 준비 시 라이선시를 지원하기 위해 기술인력이 투입되어야 한다.

상표가 라이선스될 경우 라이선서는 계약기간 동안 라이선스 제품의 품질관리를 위한 지원 업무를 제공해야 한다. 이 경우 선불금과 로열티율은 부수적으로 제공될 기술지원의 유형과 범위를 반영하여 결정되어야 한다.

8. 재라이선싱

라이선시가 제3자에게 라이선싱 대상 기술을 재라이선싱(sublicensing)할 경우 라이선서는 다음과 같은 점을 유의해야 한다. 먼저, 라이선서가 다른 사람에게 기술을 적극적으로 라이선스하고자 할 경우 라이선시의 재라이선싱은 혼란을 야기하고 라이선싱 활동에 대한 통제력을 상실하게 될 수 있다. 또한, 재라이선싱이 허용될 경우 관련 조건은 계약서에 명확히 명시되어야 한다. 특히 재라이선싱 로열티의 배분과 재라이선싱의 관리책임이 분명히 기술되어야 한다.

이러한 재라이선싱은 최근 활발히 진행되고 있는 연구소 혹은 대학의 기술을 매입한 스타트업에서도 많이 일어나는 일이다. 일반적으로 라이선서가 자신의 기술을 적극적으로 판매하고자 할 경우에는 재라이선싱 권리를 부여하는 일은 가능한 한 피해야 한다. 그러나 재라이선싱은 기술을 충분히 활용하기 위한 자원을 이용할 수 없을 때 전략적으로 사용될 수 있다. 이 경우에 라이선서는 라이선시에게 독점적 라이선스를 부여할 수 있으며, 라이선시는 다시 다른 회사에 재라이선스 한다. 이러한 주 라이선시(master licensee)는 부자재(시연 장비, 마케팅 자료 등)를 개발하고 모든 기술마케팅 활동에 책임을 지게 된다. 만일 추가 개발이 요구된다면 주 라이선시는 엔지니어링 서비스를 제공할 수도 있다.

이 밖에 중요하게 고려하여야 할 조건으로는 보증 및 면책 규정이나, 소송의 경우 이에 대한 방어에 관한 조항, 비밀유지 규정 등이 있으며, 외국의 라이선서나 라이선시와의 계약이라면 준거법과 재판관할에 관한 규정도 중요하다.

9. 특허의 유효성에 관한 문제

라이선싱에서는 통상적으로 거래 대상이 되는 기술의 완전성을 라이선서가 담보하지 않음을 계약에 포함시키는데, 이는 통상적으로 물건의 하자담보책임이 판매자에 있는 것과는 다소 상이한 IP의 특수성에서 비롯된 계약 구조이다.

통상적으로 특허 분쟁이 발생할 경우 특허권의 침해자 측에서는 최우선적으로 특허권의 무효가능성을 검토하게 된다. 따라서 라이선시는 라이선싱을 진행함에 앞서서 논의의 대상이 되는 IP의 유효성(무효가능성)을 면밀히 검토할 필요가 있으며, 이를 라이선싱 계약의 가격에 반영할 필요가 있다.

MEMO

INTELLECTUAL I

PROPERTY P

ABILITY A

TEST T

www.ipat.or.kr

지식재산 가치평가

제 2 장 지식재산 가치평가

학습 개관

지식재산을 활용하는 과정에서 기업 간 라이선싱, 매각, M&A 등 경제적 거래가 이루어질 때 해당 지식재산의 가치를 평가해야 한다. 이러한 평가는 목적에 따라 접근 방법이 달라지며, 주요 변수를 결정하는 방식도 변화한다. 일반적으로 소득접근법, 비용접근법, 시장접근법이 사용되며, 특히 로열티공제법은 소득과 시장접근법을 결합한 방법으로 지식재산 금융을 위한 평가에 널리 활용된다. 마지막으로, 지식재산 거래의 가치평가 결과는 기업의 재무상태표에 적절히 반영되어야 한다.

학습 포인트

지식재산 가치평가의 개념과 목적, 용도를 이해한다.
지식재산 가치평가의 주요 접근법의 내용과 특성, 차이점을 이해한다.
지식재산 회계처리와 관련된 내용을 알아본다.

NCS 및 NCS 학습모듈

	하위 목차명	지식재산 평가 개요, 지식재산 평가 방법, 지식재산의 회계처리
NCS 및 NCS 학습모듈	대분류	05. 법률·경찰·소방·교도·국방
	중분류	01. 법률
	소분류	02. 지식재산관리
	세분류	02. 지식재산평가거래
	능력단위 (능력단위요소)	01. 지식재산 기술성 평가 02. 지식재산 권리성 평가 03. 지식재산 시장성 평가 04. 지식재산 사업성 평가 05. 지식재산 평가결과 도출 12. 지식재산 거래 사후 관리
	주요 지식·기술·태도	• 지식재산의 경제적 가치 및 우수성을 객관적인 기준으로 평가 • 지식재산의 양도, 실시권 허락, 기술 지도 등으로 홍보, 알선, 중개하는 능력

지식재산 평가 개요

01 **지식재산 가치평가의 명문화**

4차 산업혁명 확산에 따라 기술·노하우 등 무형자산의 중요성이 증대하고 있으며, 이에 발맞춰 기업의 혁신성장과 첨단기술의 개발을 지원하기 위한 지식재산의 이전·거래의 활성화가 갈수록 중요해지고 있다. 그러나 최근까지도 지식재산의 이전 및 거래 활성화의 전제조건인 '정확하고 신뢰도 있는 가치평가'의 정착 미흡으로 지식재산의 이전 및 거래가 정체되는 상황이 계속되어 왔다.

지식재산 가치평가의 개념을 이해하기 위해서는 기술과 지식재산의 차이를 검토할 필요가 있다. 여기에서는 국내 관련 법령에서 규정하고 있는 해당 정의를 살펴보기로 한다. 「지식재산 기본법」에서는 지식재산 평가와 관련하여, 정부는 지식재산에 대한 객관적인 가치평가를 촉진하기 위하여 지식재산 가치의 평가기법 및 평가체계를 확립해야 하고, 지식재산의 가치평가기법 및 평가체계가 지식재산 관련 거래·금융 등에 활용될 수 있도록 지원해야 함을 규정(제27조 제1항)하고 있다. 그럼에도 그동안 법에서는 지식재산 가치평가에 대하여 별도 정의 규정은 두고 있지 않았다.

이에 따라 정부는 지식재산 가치평가 제도의 정착 및 고도화를 위해 관계부처 합동으로 「발명진흥법」을 개정[202]하여 지식재산 가치평가의 법적 근거를 명확히 하였으며, 평가의 공정성, 객관성 및 신뢰성을 보장하기 위하여 평가 기준에 관한 구체적인 사항을 고시하였다.[203] 나아가 「발명진흥법」 제28조에 따라 특허청이 지정한 발명의 평가기관의 내실 있는 평가활동을 위해 기관별 평가실적 및 역량에 대한 점검 및 관리를 강화하고, 전문성 있는 민간자격 운영을 지원하기 위한 자격제도 운영 가이드라인을 마련하였다.

관련 조문

발명진흥법

제2조(정의) 이 법에서 사용하는 용어의 뜻은 다음과 같다.

11. "발명 등의 평가"란 다음 각 목의 어느 하나에 해당하는 것에 대한 현재 또는 장래의 경제적 가치를 가액·등급 또는 점수 등으로 표시하는 것을 말한다.

　가. 국내 또는 해외에 출원 중이거나 등록된 발명 및 상표법 제2조제1항제1호에 따른 상표(이하 "상표"라한다)

　나. 부정경쟁방지 및 영업비밀보호에 관한 법률 제2조제2호에 따른 영업비밀(이하 "영업비밀"이라 한다)

　다. 반도체집적회로의 배치설계에 관한 법률 제2조제2호에 따른 배치설계(이하 "배치설계"라 한다)

제31조의2(발명 등의 평가 기준) ① 발명 등의 평가의 공정성, 객관성 및 신뢰성을 보장하기 위한 발명 등의 평가 기준(이하 "평가기준"이라 한다)은 대통령령으로 정한다.

② 평가기관은 발명 등의 평가 시 평가기준을 준수하여야 한다.

---

202) 시행 2023. 7. 4., 법률 제19164호, 2023. 1. 3., 일부개정
203) 발명 등의 평가 기준 제정고시(특허청고시 제2023-10호)

「발명진흥법」 개정 전에는 "지식재산(IP) 가치평가"에서 '지식재산', 'IP'라는 용어를 실무적으로 '지식재산권(IPR)'의 의미로 사용하여, '지식재산권(IPR)'이 가지고 있는 경제적 가치를 일반적으로 인정된 가치평가 원칙과 방법론에 따라 평가하였다. 그런데 가치평가는 개별적으로 식별이 가능하고 사업주체와 분리되어 거래될 수 있는 독립된 거래객체를 대상으로 이루어질 수 있는 것으로서, 그 대상은 지식재산권뿐만 아니라 공공연히 알려지지 아니하였으나 독립된 경제적 가치를 가지는 '영업비밀'(부정경쟁방지 및 영업비밀보호에 관한 법률 제2조 제2호)과 신지식재산권의 일종인 '배치설계'(반도체집적회로의 배치설계에 관한 법률 제2조 제2호), 나아가 국내외 출원 중인 발명에까지 확장될 수 있는 것이다.

따라서 개정된 「발명진흥법」은 평가의 대상이 되는 "발명 등"에 대해 특허권, 실용신안권, 상표권, 국내외 출원 중인 발명, 영업비밀, 반도체직접회로의 배치설계 등을 포함하는 것으로 명확히 정의하게 되었으며, 과거 폭넓게 사용되어 오던 "지식재산 가치평가"의 개념을 이제 "발명 등의 평가"라는 용어로 대체하였다고 볼 수 있다.

다만, 본 장에서는 지식재산권(IPR)을 대상으로 하는 발명 등의 평가, 즉 특허권, 실용신안권 등에 대한 가치평가만을 다루기로 한다.

02 지식재산 가치평가의 정의와 기술가치평가와의 비교

IP가치평가와 기술가치평가는 서로 전혀 다른 가치평가 원칙과 방법론을 적용하는 것은 아니기 때문에 상당 부분 유사하다고 볼 수 있다. 다만, 차이점이 있다면 평가대상 측면에서 IP가치평가는 IP를 평가대상으로 하고, 기술가치평가는 기술을 평가대상으로 한다는 점이다. 이러한 차이점을 중심으로 IP가치평가와 기술가치평가를 비교하면 다음과 같다.

1. IP의 포함 여부

기술가치평가의 평가대상은 '기술'로서, 기술·노하우(또는 영업비밀)와 IP를 모두 포함하여 평가하는 경우도 있고, IP 없이 기술·노하우만 평가하는 경우도 있다. 일반적으로 기술·노하우는 개별적으로 식별하여 사업주체와 분리하는 것이 곤란하다. 반면, IP가치평가의 평가대상은 법령 등에 의하여 보호되는 IP로서, IP는 기술·노하우와 달리 개별적으로 식별이 가능하고 사업주체와 분리하여 매각하는 것이 상대적으로 용이하다. IP가치평가에서는 IP 없이 기술·노하우만 평가하지는 않는다.

2. 권리성 분석의 역할

기술·노하우와 IP 모두를 평가대상으로 하는 기술가치평가에서는 IP에 권리하자가 있어서 권리안정성이 불인정되더라도, 권리성 측면에서 부정적 평가요인으로 가치산정에 일부 반영할 뿐이며, 기술·노하우(또는 영업비밀)만으로 창출가능한 미래 현금흐름이 인정되면 가치산정을 하고 있다. 그러나 IP가치평가에서는 평가대상이 '권리' 자체이므로 IP에 중대한 권리 하자가 있다면 가치산정이 무의미할 수 있기 때문에 전문가 합의에 의하여 평가 종료를 고려하는 것이 타당하다. 따라서 IP가치평가에서는 권리성 분석의 역할이 기술가치평가의 그것에 비하여 훨씬 중요하다고 볼 수 있다.

3. IP기여도

IP가치평가에서는 평가대상이 IP이므로 미래 현금흐름의 순현재가치에서 IP가 공헌한 상대적 비중(IP기여도)을 고려해야 한다. 한편 기술가치평가 역시 기술기여도 도출 과정에서는 기술사업을 통해 창출된 미래 현금흐름의 순현재가치에 기여한 유무형자산 중 'IP자산'이 공헌한 상대적 비중을 고려한다.

03 지식재산 가치평가의 목적과 원칙

1. 주요 목적과 용도

기술가치평가와 지식재산 가치평가가 비록 엄격하게 구분할 수 없는 개념이라고 하더라도, 지식재산권이 사업 주체와 분리되어 거래될 수 있는 독립된 재산권으로 볼 수 있는 다음과 같은 경우 지식재산의 가치평가는 기술가치평가와 구분된다고 할 수 있다. 지식재산 가치평가의 주요 목적 또는 용도는 다음과 같다.

• 금융기관에 대한 지식재산권 담보
• IP 비즈니스를 위한 지식재산권의 매매 또는 라이선스
• IPR 침해소송에 있어서의 손해배상액의 산정
• 현물출자 시 출자대상인 IPR의 금액을 산정
• 기타 IPR을 독립된 재산권으로 활용하는 경우
• 회사 내부에서 직무발명 보상 금액을 결정하는 경우
• 투자기관(VC, AC)에서 회사의 가치를 평가할 때 무형자산의 가치를 반영하는 경우

이러한 지식재산 가치평가는 사업 주체와 분리 가능한 재산권으로서 지식재산이 보유한 독자적 활용 가치를 평가하는 것을 목적으로 한다. 지식재산 가치평가는 IPR로 보호받는 기술에 대한 평가이므로 대상 지식재산의 권리범위를 확정하여 권리범위 내의 기술을 대상 기술로서 인식해야 하며, 권리로 보호되지 않는 기술적 노하우는 IPR과 구분해야 한다. 또한, 지식재산 가치평가에 있어서는 대상 지식재산의 권리로서의 권리안정성과 권리범위의 광협에 대한 분석이 상세히 이루어져야 한다.

2. 기술가치평가의 준용

지식재산 가치평가는 개념적으로는 사업 주체와 IPR의 분리를 가정하고 있으나, 실무적으로는 가치를 평가하기 위해서 기술사업화를 통해 발생하는 매출액 또는 현금흐름을 전제할 수밖에 없으며, 대상 지식재산이 최소한 독립적 사업단위를 구성하여 운영할 정도의 사업적 타당성이 존재해야 한다. 따라서 기술가치평가의 기본 원칙, 평가방법 등은 실무상 지식재산 가치평가에서도 준용되며, 다만 대상 지식재산권의 특수성을 고려하여 가치평가가 수행되어야 한다.

지식재산 가치평가는 지식재산이 가지고 있는 권리적인 속성인 권리의 존속기간, 권리의 범위와 시장에서의 경쟁을 배제할 수 있는 가치에 대한 평가를 의미한다. 기존의 기술가치평가 모형은 기본적으로 기술과 지식재산권(IPR)을 별도로 구분하지 않으며, 기술 내에 특허권, 실용신안권 등의 지식재산적 특성이 포함되는 것으로 보고 기술의 가치를 평가한다. 평가의 필요에 따라 기술보다는 지식재산에 초점을 맞추어 평가하는 경우가 발생하며, 이러한 경우 기존의 기술가치평가모형은 한계가 있다. 이는 기술 가치평가모형이 지식재산의 특성을 제대로 반영하기에는 한계가 있기 때문이다.

3. 주요 원칙 및 가정

지식재산 등의 평가는 대립되는 이해관계자, 평가목적, 국제적 호환성 등을 고려하여 가치평가자가 따라야 할 여러 가지 원칙 및 가정이 존재한다.

① 우선, 시장가치 원칙으로서, 시장가치란 적절한 마케팅 기간이 주어진 후 이해관계가 없는 자발적 판매자와 구매자 간에 평가일 현재 자산이나 부채가 교환되어야 할 추정금액을 지칭하는 것으로서, 이때 구매자와 판매자는 해당 상품에 대해 관련 지식이 있고, 사려 깊으며, 강제 없이 자유의지로 행동하는 사람을 말한다.

② 둘째, 평가조건의 설정 및 사용 원칙의 적용으로서, 채택 가능성이 높은 조건을 설정하여 가장 효율적이고 효과적인 사용(highest and best use) 원칙을 적용해야 한다.

③ 셋째, 목적과 용도의 명시로서, 평가관점이나 고려되는 평가요인에 따라 평가결과가 달라질 수 있으므로 평가의 목적과 용도를 명시해야 한다. 이러한 목적과 용도는 최종 평가보고서상의 분석내용과 평가금액이 유효하게 적용되는 범위를 결정한다.

④ 넷째, 평가의 범위, 가정 및 한계로서, 평가과정에서 사용된 가정과 제한적인 조건 등을 제시해야 하며, 또한 상황의 변화에 따라 평가결과가 변동될 수 있음을 명시해야 한다.

이러한 평가의 범위, 가정 및 한계는 평가의 목적이나 용도와 밀접한 관계가 있다고 할 수 있다. 한편, IP가치평가에서는 대상의 식별 및 범위가 매우 중요하다. 평가대상의 식별이란, 가치평가 대상 IP의 속성, 구성, 용도 및 적용제품 등의 자산적 속성, 지식재산, 사용권 등의 권리관계, 기타 속성 등을 확인하여 평가를 수행해야 한다는 것이다. 평가자는 실태조사를 통해 대상 IP기술을 확인해야 하는 것이 원칙이나, 객관적이고 신뢰할 수 있는 자료를 충분히 확보할 수 있는 경우에는 실태조사를 생략할 수 있다.

4. 주요 평가요인

평가기관은 발명 등의 평가를 수행함에 있어서 객관성, 전문성 및 신뢰성을 확보해야 하며, 대상 발명 등의 기술성, 권리성, 시장성, 사업성 및 기타 평가요인을 분석하고 이를 가액, 등급 또는 점수 산정에 반영해야 한다.

(1) 기술성 분석

기술성 분석이란 대상 발명 등의 기술적 유용성 및 경쟁력 수준을 분석하는 것을 말한다. 기술성 분석에는 대상 발명 등의 완성도·구현 가능성, 활용성·확장성, 비교우위·경쟁성 등에 대한 분석이 포함되어야 한다.

(2) 권리성 분석

권리성 분석이란 대상 발명 등이 권리로서 적절히 보호되고 있는지에 대하여 분석하는 것을 말한다. 권리성 분석에는 선행기술과의 대비를 통한 권리의 안정성, 권리의 보호강도, 권리의 제품·서비스에 적용 여부·적용 수준 등에 대한 분석이 포함되어야 한다.

(3) 시장성 분석

시장성 분석이란 대상 발명 등이 적용되는 시장환경 및 시장경쟁 분석을 통하여 적용제품이나 서비스의 시장경쟁력을 분석하는 것을 말한다. 시장성 분석에는 대상 발명 등이 적용되는 제품이나 서비스 등이 속한 시장 및 업계 동향, 시장규모와 성장성, 시장 점유율 확보 가능성 등에 대한 분석이 포함되어야 한다.

(4) 사업성 분석

사업성 분석이란 대상 발명 등을 활용한 사업의 경제성을 분석하는 것을 말한다. 사업성 분석에는 대상 발명 등이 적용되는 제품이나 서비스의 경쟁력 분석을 통해 해당 제품이나 서비스의 수익 창출가능성 및 성장성 등에 대한 분석이 포함되어야 한다. 또한 사업화 주체가 정해진 경우에는 사업화 주체의 제품·서비스 개발 역량, 인적 역량, 마케팅 역량 등 사업화 역량에 대한 분석이 포함되어야 한다.

5. 가치평가의 형식

통상적으로 지식재산의 가치평가는 가치평가 전문가를 통하여 가치를 금액으로 결정받곤 하였다. 그러나 최근 다양한 AI를 동원한 시스템들이 개발되면서, 금액이 아닌 등급으로 가치를 평가해 주는 시스템들도 등장하고 있다. 이 두 가지 형식의 보고서를 필요에 따라 적절하게 사용할 필요가 있다.

제2절 지식재산 평가 방법

발명 등의 평가 방법은 일반적으로 시장접근법(market approach), 소득(수익)접근법(income approach), 비용(원가)접근법(cost approach) 등 세 가지로 구분된다.

① 시장접근법은 평가대상 지식재산과 동일 또는 유사한 지식재산이 활성 시장에서 거래된 가격에 근거하여 상대적인 가치를 산정하는 방법이다. 시장접근법을 적용할 경우 비교대상 지식재산과 어느 정도 유사성이 있는지 판단하여 유의한 차이를 적절히 반영해야 한다.

② 소득(수익)접근법은 평가대상 지식재산의 경제적 수명기간 동안 지식재산의 사업화로 인해 발생될 경제적 이익을 추정한 후 할인율을 적용하여 현재가치로 환산하는 방법이다.

③ 비용(원가)접근법은 대체의 경제 원리에 기초를 두고 동일한 경제적 효익을 가지고 있는 지식재산을 개발하거나 구입하는 원가를 추정하여 가치를 산정하는 방법으로서, 이 접근법을 적용할 경우 기술개발비용, 재생산원가, 대체원가 등 상세한 원가 정보가 필요하다.

이러한 기본적인 평가접근법을 근간으로 단독 또는 로열티공제법(RFR : Relief From Royalty)과 같이 혼합된 형태를 적용할 수 있다. 로열티공제법은 기술에 대한 권리를 소유하지 않음으로 부담하게 되는 적정한 로열티를 추정하여 평가대상 IP의 가치를 추정하는 방법이다. 즉, 기업이 평가대상 IP를 보유하지 못하여 제3자로부터 라이선스하는 경우를 가정하고, 평가대상 IP의 경제적 수명기간에 라이선스 비용으로 지급해야 하는 로열티의 현재가치를 기술가치로 추정하는 방법이다. 따라서 로열티공제법은 기회비용 관점에서 평가대상 IP의 가치를 추정하는 접근법으로, 이를 적용하기 위해서는 평가대상 IP가 경제적 이익을 창출하거나 할 수 있다는 충분한 근거가 제시되어야 한다.

🔔 **지식재산 가치평가의 방법**

시장접근법	소득(수익)접근법	비용(원가)접근법
• 거래사례비교법 • 경매(auctions)	• 기술요소(tech. factor)법 • 다기간 초과이익(multi-period excess earning)법 • 증분수익(incremental income)법 • 잔여가치(residual value)법 • 실물옵션(real options)법	• 역사적 비용 • 재생산 비용 • 대체 비용
• 로열티공제(relief from royalty)법		

어떤 방법을 적용하는가는 평가의 목적, 대상, 상황 등에 따라 달라질 수 있으나, 기본적인 평가접근법은 서로 다른 경제적 관점에 기반(economic basis)을 두고 가치평가에 접근하는 것이다. 경제적 기반이 서로 달라 때로는 상이한 가치 결과를 초래할 수 있으므로 가치평가의 제반 상황을 감안하여 신중한 결정이 필요하다. 여기에서는 실무적으로 지식재산 평가에서 많이 적용되고 있는 로열티공제법과 소득(수익)접근법을 주로 다루고자 한다.

01 로열티공제법

1. 의의

로열티공제법은 IP의 경제적 수명기간에 추정된 로열티 수익의 흐름을 현재가치로 환원하여 가치금액으로 산출하기 때문에 수익접근법으로 분류되기도 하고, 기술시장에서의 로열티율의 시장데이터를 이용하는 점에서 시장접근법으로 분류되기도 한다. 로열티공제법을 사용하는 경우 대상 IP기술과 비교하여 동일하거나 유사한 기술거래 로열티를 초기값으로 하고, 대상 IP기술과 비교기술 간 속성을 비교·분석한 후 그 차이를 반영하여 기본 로열티를 조정하여 산정한다.

업종별 로열티 통계를 사용할 경우 로열티 결정에 영향을 미치는 요인에 대한 분석결과를 반영하여 최종 로열티를 산출할 수 있다. 로열티 평가요인은 평가대상 IP의 권리적 속성, 기술적 속성, 시장적 속성과 연관된 다양한 항목으로 분석될 수 있다. 로열티공제법에 의한 평가 절차는 먼저 평가대상 IP에 대한 기술성, 시장성 분석을 통해 기술적·상업적 우위가 있는지, 유사 기술의 상업적 성공사례가 있는지 여부를 확인하여 평가대상 IP가 경제적 가치가 있는지 분석한다. 이후 평가대상과 유사기술 거래사례를 조사·분석한 후 평가대상 IP의 로열티를 결정한다. 다음으로 수익접근법과 마찬가지로 평가대상 IP의 경제적 수명과 IP가 창출할 매출액을 추정하게 된다. 결정된 평가대상 IP의 로열티는 추정 매출액에 곱해져(따라서 평가대상 IP의 적정 로열티율은 매출액을 기준으로 결정되어야 함) 로열티 수입이 추정되고, 세금을 제외한 세후 로열티 수입을 현재가치화하여 연도별로 합하면 로열티공제법에 의한 IP가치가 산출된다.

2. 절차와 유의점

비교 가능할 만한 투자 위험과 수익성을 가지는 유사기술의 라이선스 사례를 조사분석하여 대상기술과의 차이를 반영하여 가치를 산정한다. 투입 변수는 시장규모 및 예상매출액, 평가대상 IP의 경제적 수명, 로열티율, 현금흐름, 할인율 등이다.

📄 **로열티공제법의 가치평가 순서**

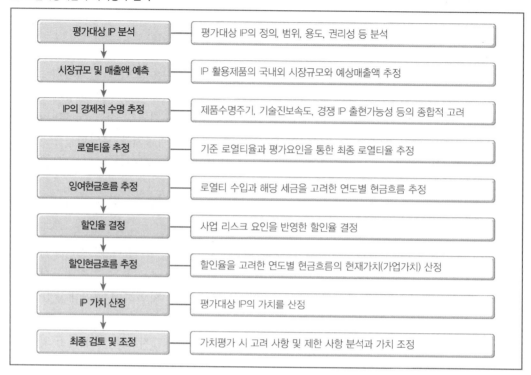

평가대상 IP 분석	평가대상 IP의 정의, 범위, 용도, 권리성 등 분석
시장규모 및 매출액 예측	IP 활용제품의 국내외 시장규모와 예상매출액 추정
IP의 경제적 수명 추정	제품수명주기, 기술진보속도, 경쟁 IP 출현가능성 등의 종합적 고려
로열티율 추정	기준 로열티율과 평가요인을 통한 최종 로열티율 추정
잉여현금흐름 추정	로열티 수입과 해당 세금을 고려한 연도별 현금흐름 추정
할인율 결정	사업 리스크 요인을 반영한 할인율 결정
할인현금흐름 추정	할인율을 고려한 연도별 현금흐름의 현재가치(가업가치) 산정
IP 가치 산정	평가대상 IP의 가치를 산정
최종 검토 및 조정	가치평가 시 고려 사항 및 제한 사항 분석과 가치 조정

(1) 시장규모 및 매출액 예측

① 시장규모 추정

평가대상 IP를 활용한 제품의 국내외 시장규모를 활용예상기간을 기준으로 추정하는 것이다. 즉, 당해 IP를 활용한 제품의 전체 시장규모를 파악하는 개념이다. 이때 시장규모를 추정하는 기준으로는 관련 제품의 내수, 수출액을 파악하여 활용하거나 생산, 수입액을 활용하는 방식이 있다. 또한 제품의 수요처를 기준으로 추정하는 방식과 부품, 원료의 시장규모를 기준으로 하는 방식도 있으나, IP에 따라 적절한 기준을 세우는 것이 관건이다. 이와 같이 시장규모 추정을 출발점으로 하여, 해당 IP의 매출 및 매출원가, 순이익을 추정하는 추정손익 계산으로 예상되는 기대수익의 현재가치를 계산하고, 뒤에서 설명하게 될 IP기여도에 의한 IP 요소의 가치, 기술이전 가능 금액을 산정하는 절차를 수립할 수 있다.

② 매출예측

해당 IP에 의해 생산되는 제품에 대해 장래 구체적으로 어느 정도의 수입(매출 등)이 예상되는지를 추정한다. 대상제품의 미래 수요예측이 선행되어야 하기 때문에 매출계획을 잡기는 쉽지 않다. 또한 신제품의 경우에는 관련 데이터가 없기 때문에 미래의 매출계획을 작성하기는 더욱 어렵다. 따라서 매출계획은 통상적으로 관련업계에 종사하는 자에 의해 상식적으로 납득이 가능한 수준에서 계획되어야 한다.
구체적으로 매출계획의 작성은 다음의 방법으로 구성한다. 우선 매출예상액은 업계의 평균 매출규모를 기본으로 하되 기술적 영향과 시장적 영향에 따라 매출계획이 변하는 것으로 설정한다. 이때 사업지배계수가 높을수록 최대시장규모에 접근하는 것으로 구성하고, 사업지배계수가 높지 않은 경우에는 업계 평균 매출액에 접근하는 것으로 설정한다.

(2) IP의 경제적 수명

IP의 경제적 수명은 제품수명주기, 기술진보속도, 경쟁기술 출현가능성 등을 종합적으로 고려하여 합리적으로 추정해야 한다. 정량적 추정방식으로서 특허인용관계를 활용한 기술순환주기(TCT) 등을 산출하여 참고자료로 활용하기도 한다. 이 방식은 미국 특허를 기준으로 한 수명 산출 방식인데 그동안 국내에서 적극적으로 통용되어 왔다. 그러나 최근에는 보다 더 현실적인 국내특허들의 수명을 계산하기 위하여 IPC별 연차료 납부 기한에 대한 통계데이터를 활용하는 방안에 대하여 특허청의 주도하에 분석 중에 있다.

(3) 로열티율 추정

IP가치평가에 최종 적용되는 로열티율은 기준 로열티율에 개별 IP의 기술적, 권리적 시장적, 사업적 특성을 포함한 조정계수를 반영하고 매출 추정에서 사용된 전체 제품에서 평가대상 IP가 차지하는 비중까지 고려하여 추정된다. 로열티공제법에서 로열티 산출과 적용의 우선순위는 다음과 같다.

① 첫째, 거래시장에서 평가대상 IP와 동일한 IP나 유사한 IP의 거래사례 로열티 정보가 다수 탐색된 경우 로열티 산출에 직접 적용할 수 있다.

② 둘째, 비교대상 IP의 로열티 사례가 없거나 매우 적은 경우 직접 산출보다는 업종별 거래사례 로열티 통계에서 적정범위를 산출할 수 있다.

③ 셋째, 업종별 거래사례가 부족한 경우, 이상값의 영향이 크고 평가대상 IP와 속성 등이 다를 수 있기 때문에 업종별 거래사례 로열티 통계 대신 상관행법 로열티 통계를 적용하여 적정범위를 산출할 수 있다.

다만, 현재 사용되는 로열티 통계 모형의 경우 일부 사례들에 대한 통계이므로 일부의 왜곡된 통계 결과가 큰 비중으로 반영되었을 가능성이 높다. 따라서 새로운 로열티 통계 수집 방법에 대한 여러 관계 기관들의 논의가 진행되고 있는 상황이다.

(4) 잉여현금흐름의 추정

권리성, 기술성, 시장성, 사업성 분석에 따라 산출된 로열티 수익과 세금 비용의 예측을 기준으로 각 사업연도별 추정 현금흐름, 즉 현금유입과 현금유출의 차액을 연도별로 추정한다. 여기서 대상기간은 그 사업의 경제적 수명기간이며, 특허권의 경우 그 권리 잔존기간 이내에서 결정한다.

⑸ 할인율의 결정

할인율의 결정은 이미 사업화된 IP인지, NET, NEP, 원천특허 등과 같은 신기술인지에 따라 달라지게 된다. 할인율은 특정의 IP를 이용한 사업의 리스크 요인을 반영하기 때문에 이미 사업을 하고 있는 IP의 리스크는 적지만, 아직 사업성이 검증되지 않은 IP의 경우 리스크가 매우 크기 때문에 할인율의 적용이 달라져야 하는 것이다.

현재 수행되고 있는 사업에 적용되고 있는 IP인 경우, 현재가치의 산출에 사용되는 할인율은 이론적으로는 화폐사용에 따른 시간적 희생에 대한 보상율(일반적으로 정기예금 이자율이나 국공채 금리의 무위험이자율)과 투자에 따른 회수불능의 위험에 대한 보상율(은행예치 등 무위험 투자기회에 비해 기대하는 초과 이익률)의 합계가 된다. 일반적으로 상장기업에 있어서 자기자본에 대한 할인율은 다음 식으로 산출한다.

> 할인율 = 무위험이자율 + (시장수익률 − 무위험이자율) × 위험척도

여기서 위험척도는 일반적으로 β로 표현되는 계수가 사용되며, 비상장기업도 대용 β계수의 산정으로 자기자본에 대한 할인율을 구할 수 있다.

한편, 타인자본에 대한 할인율은 해당자본의 조달금리 그 자체라고 할 수 있지만, 실제적으로는 지급이자의 비용인정에 따른 감세효과가 있으므로 이를 고려하여 '이자율×(1 − 법인세율)'을 할인율로 하여야 한다. 또한 타인자본이 여러 종류가 사용되고 있거나, 자기자본과 타인자본이 함께 사용되고 있는 경우에는 각각의 할인율에 그 구성비를 곱하여 합산함으로써 전체적인 할인율(가중평균 자본비용)을 산출한다.

⑹ 할인현금흐름

현금흐름과 할인율이 구해지면, n차년도(연도말 기준)의 현금흐름에 대한 현재가치를 구할 수 있으며, 다음과 같은 식으로 나타낼 수 있다.

$$V = \frac{CF_1}{(1+r)^1} + \frac{CF_2}{(1+r)^2} \cdots \frac{CF_n}{(1+r)^n} = \sum_{t=1}^{n} \frac{CF_t}{(1+r)^t}$$

여기서, V : IP로 인한 사업가치
CF_t : 연도별 잉여현금흐름 금액
r : 할인율
n : IP의 경제적 수명

가치평가금액 산출과정에서 적용되는 할인율은 투자자의 자본투자에 대한 대가를 의미한다. 자본을 투하한 투자자는 다른 투자기회를 포기하고 특정투자에 수반되는 리스크를 부담하게 되는 것이다.

3. 적용의 한계

로열티공제법은 비교 가능한 동일 유사사례를 찾기가 용이하지 않다는 한계점이 있으며, 결과를 수용하는 관점에서 유사하지 않은 사례를 적용하였다는 이견이 발생할 수 있다. 기존의 로열티공제법은 특히 어느 정도 자리를 잡은 기업들의 매출 추정에 초점을 맞춘 평가 방법이기 때문에, 최근에 다수 등장하고 있는 기술기반 스타트업의 특허 평가에는 많은 한계점이 노출되고 있다. 따라서 이를 개선하기 위한 여러 모형들도 현재 개발되고 있는 중이다.

02 소득(수익)접근법

1. 의의

소득접근법(income approach)은 기업의 가치가 모든 자산의 수익획득 능력에 의존하고 있다는 가정하에 평가를 수행한다. 특허권이나 노하우 등의 IP도 기업 또는 사업의 가치, 즉 수익성을 높이기 위해 필요한 방편이며 그 자체만으로 가치를 지니기는 어렵다. 소득접근법은 IP를 활용한 사업을 통해 미래에 예상되는 기대수익을 예측하고 이를 현재가치화하는 방법이다. 이 방법은 기업의 이윤추구의 원리에 입각하여 IP의 가치를 평가하기 때문에 가장 현실적이라는 장점이 있다.

소득접근법은 미래의 수익에 대한 현재가치를 기초로 하므로 여러 가지 불확실한 요인과 리스크를 고려하여, 미래의 수익을 현재가치로 환산할 때는 할인율로 조정해야 한다. 이렇게 미래의 현금흐름에 할인율을 적용한 것이 할인현금흐름이다. IP가치평가에 있어 장래의 현금흐름을 적절한 할인율로 나누어 현재가치를 산출하는 방법으로 할인현금흐름(DCF : Discounted Cash Flow)법이 기본적으로 적용된다.

2. 절차와 유의점

소득접근법을 활용함에 있어 중요한 기본요소는 경제적 편익의 가치는 어느 정도가 되는가, 경제적 편익이 지속되는 기간은 어느 정도인가, 경제적 편익이 증가 또는 감소될 것인가, 경제적 편익을 실현함에 있어 수반되는 위험은 무엇인가 등의 여부를 들 수 있다. 다시 말해서 소득접근법에 의한 IP 가치는 기업의 영업활동으로부터 기대되는 미래 초과소득의 현재가치로 평가된 무형가치 중에서 IP의 기여분에 상당하는 가치로 평가한다.

국내에서 DCF 기반의 소득접근법의 실무적 평가방법으로는 IP요소법(IP factor method)으로 불리는 방법이 주로 사용되고 있다. 이 방법에 따른 IP가치평가는 평가대상 IP가 적용되는 비즈니스 전체의 가치, 즉 사업가치를 추정하고 이 사업가치에 IP기여도를 곱하여 가치를 평가한다.

이 방법에서는 우선 일반적인 할인현금흐름(DCF)을 구하는 방식에 따라 IP가 적용된 사업을 통해 미래 현금흐름 창출기간, 즉 사업의 수명기간 동안의 연도별 현금흐름의 현재가치 합계(즉, 사업가치)를 산출한 후, 여기에 IP가 기여한 비율, 즉 IP기여도를 고려하여 해당 IP의 가치를 산출한다. 이를 식으로 표시하면 다음과 같다.

IP요소법에 따른 IP 가치 산출식

$$\text{IP 가치} = \sum_{t=1}^{T} \frac{FCF_t}{(1+r)^t} \times IF \times \text{이용률}^{204)}$$

여기에서, T: 현금흐름 추정기간

FCF_t: IP 활용에 따른 t년도의 잉여현금흐름

r: 할인율

IF: IP기여도

위 식에서 볼 수 있는 바와 같이 IP요소법을 통해 IP가치평가를 수행하기 위해서는 IP 수명을 고려한 현금흐름 추정기간(T), 현금흐름 추정기간 동안의 연도별 잉여현금흐름(FCF), 할인율(r), IP기여도(IF), 이용률 등 다섯 개 주요 변수를 추정할 필요가 있다. IP요소법을 적용한 IP 가치의 평가 단계는 다음과 같다.

🖼 소득(수익)접근법의 가치평가 수행 순서

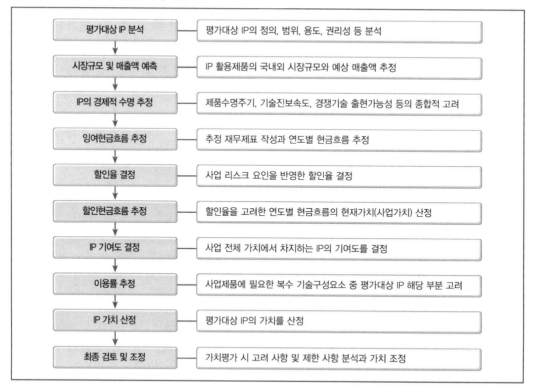

---

204) 이용률은 평가 IP로 인해 발생되는 사업제품과 관련된 복수의 기술구성요소 중 평가 IP에 의해 보호되는 비중을 의미하므로 매출액 추정 단계에서 이용률을 곱하여 가치산정을 할 수 있다. 이때, 잉여현금흐름 분석 시 사용되는 재무 정보에서도 이용률을 고려해야 한다. 혹은 이용률을 마지막 단계에서만 고려하는 것으로 평가를 진행할 수 있다.

(1) 시장규모 및 매출액 추정, IP의 경제적 수명 추정, 할인율의 결정, 할인현금흐름 추정 단계
   는 로열티공제법의 해당 내용과 동일하다.

(2) 잉여현금흐름의 추정

로열티공제법과 동일하되, 소득접근법의 경우, 추정 손익계산서로부터 현금흐름을 추정하
는 경우 감가상각비나 지급이자, 배당 등은 손익계산서상 비용에 해당하지만 실제 현금유
출이 발생하지 않는다는 점에 유의해야 한다. 따라서 지급이자 공제 전의 순이익에 감가상
각비를 더해 기업이 실제로 생성해 내는 현금총액을 계산한다.

(3) IP 기여율 결정 및 IP 가치의 배분

할인현금흐름을 통해 얻어진 현재가치, 즉 할인현금흐름의 경제적 수명기간 동안의 합계
는 해당 IP를 가지고 사업을 영위했을 때, 그 사업의 수행에 관여한 사업가와 투자자 및
채권자와, 특허권자 등의 IP 제공자가 나누어야 할 총액이므로 순현가의 산출로 평가액이
바로 산출되지 않고, 다시 분배의 문제가 남게 된다. 이론적으로 가장 타당한 방법은 그 IP
를 사용하는 투자안과 사용하지 않는 투자안에 대해 각각 순현재가치를 구해 그 차액을 산
정하는 방법이다. 이렇게 구해진 차액은 그 IP의 사용에 따른 초과이익 전체의 현재가치가
되므로 그 IP에 지불할 수 있는 대가의 최대치가 되지만, 사업가가 IP를 사용하는 것은 통
상이익상의 초과이익을 얻겠다는 것이 출발점이므로, 다시 이를 적절히 배분한 것이 그 IP
의 적절한 가치라고 할 수 있을 것이다.

일반적으로 IP 가치의 배분은 무형자산 중에서 IP가 기여한 부분을 말하는 지식재산 기여
도를 고려해야 하는데, 이는 개별자산의 상대적 기여도에 대한 체계적인 판단과 일정한 기
준에 따라 산정된다. IP로 인한 사업의 가치에서 IP가 기여한 부분을 추출하는 방법으로는
초과이익 배분방식, 순이익 배분방식, 결정수익 환원방식이 주로 사용된다.

(4) 이용률

이용률은 평가 IP로 인해 발생되는 사업제품과 관련된 복수 기술구성요소 중 평가 IP에 의
해 보호되는 비중을 의미한다. 해당 제품을 구성하는 세부기술을 모두 나열하고 각 세부기
술이 제품에 차지하는 비중을 분석한 후, 이 중에서 평가 IP가 해당되는 세부기술을 체크
하여 이용률을 산출한다. 이때, 비중은 원가, 소비자의 구매 요인, 전문가의 정성적 평가 등
이 될 수 있다.[205]

---

[205] 미국 특허소송에서 총시장가치포함의 법리(Entire Market Value Rule)를 적용하여 대상 IP로 보호되는 기술이 소비자 구매 요인의 기
초가 되거나 제품의 실질적인 가치를 창출하는 것으로 판단되는 경우, 이용률을 100%로 반영할 수 있다(Jaimeson Fedell, A Step in
the Right Direction : Patent Damages and the Elimination of the Entire Market Value Rule, 98 Minn. L. Rev. 1143, 1150 (2014)).

3. 적용의 한계

소득접근법은 제반요소가 객관적으로 결정될 수 있다면 이론적으로는 가장 타당한 방법이다. 그러나 가치산출과정에서 많은 가정과 변수가 개입되므로 산정 결과의 변동성이 크다는 한계를 가지고 있다.

소득접근법의 이론적인 문제점을 정리하면 다음과 같다. 첫째, 개발 및 상업화 그리고 후속 연구개발 등 연속적인 투자와 그로 인해 구분되는 단계별 수익 및 이익 등을 평가에 포함시키지 못한다는 점이다. 둘째, 상호 연관된 프로젝트의 보완성에 대한 반영을 하기 어렵다. 셋째, 다양한 상황에서 경영의 유연성을 반영하지 못하며 전략적 옵션 또한 고려하기 어렵다.

최근에는, 소득접근법이 실제 적용에 있어서도 여러 가지 문제가 있는 것으로 논의되고 있다. 상품이나 투입비용의 확률적 속성을 반영하지 못하고 할인율 추정에 있어서 한계점을 가지고 있으며, 재무제표 추정에 있어서도 어려움이 따른다는 지적이 있다.

그럼에도 불구하고 소득접근법은 모든 가치평가의 기초를 이루고 있다는 점에서 중요하게 다루어지고 있으며, 다른 가치평가의 방식은 소득접근법에 대한 일부 적용을 변형시키는 방식으로 이해될 수 있다.

03 비용접근법과 시장접근법

1. 비용접근법

비용(원가)접근법(cost approach)은 기본적으로 기술 또는 지식재산을 개발하는 데 소요된 제반 개발비용을 기초로 하여 경과기간의 가치증감분을 차감하여 산정하는 방법이다. 비용(원가)접근법은 평가대상 기술 또는 지식재산을 개발하기까지 소요된 물적·인적 자원의 연도별 비용을 고려한 후 이를 현재가치화하는 방법이기 때문에 측정이 비교적 용이하다는 장점이 있다. 그러나 평가대상 지식재산의 수익성에 근거를 두고 있지 않기 때문에 향후 기대수익에 대한 고려가 이루어지지 못하고, 미래의 수익창출능력을 고려하지 못한다는 단점이 있다. 따라서 이 방법은 실무적 타당성이 부족하여 주로 소득(수익)접근법이나 시장접근법에 대한 보완자료로 사용한다. 즉, 지식재산권자가 소유권을 포기하고 기술을 판매할 경우에는 개발자가 투입한 총기술개발비용에서 시장 참여에 의한 기회비용을 일정 부분을 더하는 방식으로 활용된다.

또한, 기술권리를 확보한 상태에서 사용권리만을 제공할 경우에는 기술료를 산정(권리적 보상)하여 보상하는 경우에 사용된다. 특히 이 방법에서는 새로운 자산을 구입·개발하는 비용과 그 자산의 내용연수 기간 중에 얻을 수 있는 편익의 경제적 가치가 일치한다고 가정하고 있다. 즉, 비용(원가)접근법에서는 실현된 경제적 편익의 가치나 편익이 발생하는 기간을 직접 검토하지 않는다.

2. 시장접근법

시장접근법(market approach)은 해당 지식재산과 유사한 지식재산이 거래된 가격을 조사하여 평가대상 지식재산의 가치를 산정하는 방법이다. 유형자산 중에 부동산과 같은 자산이나 금융자산은 대개 이 방법에 의해 가치평가가 이루어져 거래가 된다. 이 방법은 시장기능을 이용하여 결정되는 지식재산의 시장 가격을 통해 대상 지식재산의 가치를 간접적으로 파악하는 방법으로서, 충분한 거래정보를 가진 거래당사자 간에 정상적으로 형성되는 매매 가격(시장가치)으로 평가한다. 그러나 매매 사례가 없거나 비교가능성이 없는 경우에는 이를 적용할 수 없다.

이 방법의 대표적인 사례로는 아파트 등의 매매 및 전세 가격의 형성이다. 아파트 등의 부동산은 주변 지역의 부동산의 거래 시세에 따라 가격이 형성되는 것이다. 또 상장회사의 주식시세에 의한 비교도 여기에 해당된다. 해당 기술이나 해당 기업과 유사한 특성의 주식 거래시세가 참고자료가 될 수 있다. 따라서 시장접근법이 사용되기 위해서는 비교 가능한 자산에 대한 활발한 거래시장, 이른바 활성시장(active market)이 존재해야 한다는 전제조건이 충족되어야 한다. 또한, 비교 가능한 자산은 과거 거래실적이 있어야 하고 거래정보가 접근 가능해야 하며, 거래 당사자의 자유의사에 의해 거래되는 시장특성을 가져야 한다.

따라서 시장접근법으로 지식재산 가치평가를 수행하기 위해서는 ① 비교 가능한 지식재산에 대한 활발한 거래 시장이 존재해야 하고, ② 비교 가능한 지식재산에 대한 과거 거래실적이 있어야 하며, ③ 지식재산 거래정보가 접근 가능해야 하며, ④ 거래 당사자가 자유의사에 의해 이루어진 거래라는 특성을 가져야 한다. 또한 지식재산의 비교가 가능하기 위해서는 ① 업종이 동일하거나 유사해야 하며, ② 수익성, 시장 점유율, 신기술의 영향, 시장 신규 참여에 대한 장벽, 법적 보호범위, 경제적 잔존기간 등에서도 유사한 조건이 요구된다. 이러한 시장접근법은 평가대상 기술자산과 유사한 자산의 거래정보가 많은 경우 최적의 평가방법이라고 할 수 있으며, 라이선스 조건이나 로열티 결정에 자주 이용되고 있다. 이 밖에도 바이오 분야의 경우 기술 분야의 특수성으로 인하여, rNPV 방법, 실물옵션법 등이 논의되고 있으며, 새로운 모형으로 기업의 부도 확률을 가치금액에 곱하는 등 다양한 방법들이 추가적으로 연구, 시도되고 있다.

제3절　지식재산의 회계처리

01　지식재산의 회계처리의 개념

한국회계기준원 회계기준위원회는 국제회계기준위원회가 제정한 국제회계기준을 채택하여 기업회계기준의 일부로 구성하기로 한 정책에 따라 기업회계기준서를 개정하였다. 이 기준서의 목적은 다른 기준서에서 특별히 다루고 있지 않은 무형자산의 회계처리에 관한 사항을 정하는 데 있다. 이 기준서는 특정 조건을 충족하는 경우에만 무형자산을 인식하도록 요구하며, 무형자산의 장부금액을 측정하는 방법과 무형자산에 관한 공시 사항을 정하고 있다.

이러한 회계기준에 따라 기업에서는 특허권 등 지식재산의 가치를 평가하여 이 지식재산이 경제적 효익을 제공할 것으로 추정되는 기간에 체계적으로 상각하여 회계처리를 해야 하는데, 그 기간은 20년을 초과해서는 안 된다. 지식재산의 상각은 비용으로 인정되어 당기순이익을 줄이고 납세금액을 줄어들게 만든다.

또한 지식재산권의 라이선스에 의해 지불한 대가에 관해서는 라이선시 기업은 비용으로 손실처리를 하고 지식재산권의 라이선스에 의해 수취하는 대가는 지식재산권의 라이선스가 사업목적의 범위에 있으면, 영업매출에 더해진다.

지식재산의 양도와 관련된 회계처리는 특허권과 노하우, 그리고 소프트웨어를 양도한 경우에 해당되는 것으로서, 취득 시에 자산계상하고 있는 경우에는 자산의 양도로 되기 때문에 취득 시의 금액보다 높은 금액으로 양도할 수 있으면 양도이익을 계상하는 것으로 하고, 취득 시 금액보다 적은 금액으로 양도할 때에는 양도손실로 계상한다.

이와 같이 지식재산을 회계처리할 경우 해당 금액은 공정가치(fair value)로 평가한다. 국제회계기준서에 따르면 공정가치는 "측정일 시점에 시장 참여자 간의 정상거래에서 자산의 매도로 수취하거나 부채의 이전으로 지급해야 할 금액(유출 가격)"으로 정의된다. 한편, 한국이 채택한 국제회계기준에서는 "합리적인 판단력과 거래의사가 있는 독립된 당사자 사이의 거래에서 자산이 교환되거나 부채가 결제될 수 있는 금액"으로 정의하고 있다.

02　지식재산의 회계처리를 위한 기본요건

지식재산은 유형자산과 달리 미래의 경제적 효익에 대한 불확실성이 높기 때문에 무조건 자산으로 인식할 수 없다. 지식재산을 무형자산으로 인식하기 위해서는 무형자산에 대한 엄격한 정의가 필요하다. 기업회계기준서에서는 자산에서 발생하는 미래 경제적 효익이 기업에 유입될 가능성이 높고, 자산의 원가를 신뢰성 있게 측정할 수 있는 경우에만 무형자산을 인식한다. 미래 경제적 효익의 유입가능성은 개별 취득하는 무형자산과 사업결합으로 취득하는 무형자산에 대하여 항상 충족되는 것으로 본다.

1. 자산의 식별가능성(identifiability)

지식재산의 식별가능성은 대체로 자산의 분리가능성 여부에 의해 판단할 수 있으며, 자산이 분리 가능하다는 것은 그 자산과 함께 동일한 수익창출 활동에 사용되는 다른 자산의 미래 경제적 효익을 희생하지 않고 그 자산을 임대, 매각, 교환 또는 분배할 수 있는 것을 말한다. 그리고 자산이 분리 가능하지 않더라도 다른 방법으로 지식재산을 식별할 수 있는 경우가 있다. 예를 들면, 제조설비를 제조공정에 대한 특허권과 함께 일괄 취득한 경우에는 그 특허권은 분리 가능하지는 않지만 식별 가능하다. 또한, 어떤 자산이 다른 자산과 결합해야만 미래 경제적 효익을 창출하는 경우에도 그 자산으로부터 유입되는 미래 경제적 효익을 확인할 수 있다면 그 자산은 식별 가능한 것이다.

무형자산의 정의에서는 영업권과 구별하기 위하여 무형자산이 식별 가능할 것을 요구한다. 사업결합으로 인식하는 영업권은 사업결합에서 획득하였지만 개별적으로 식별하여 별도로 인식하는 것이 불가능한 그 밖의 자산에서 발생하는 미래 경제적 효익을 나타내는 자산이다. 그 미래 경제적 효익은 취득한 식별 가능한 자산 사이의 시너지 효과나 개별적으로 재무제표상 인식 기준을 충족하지는 않는 자산으로부터 발생할 수 있다. 자산은 다음 중 하나에 해당하는 경우에 식별 가능하다.

① 자산이 분리 가능하다. 즉, 기업의 의도와는 무관하게 기업에서 분리하거나 분할할 수 있고, 개별적으로 또는 관련된 계약, 식별 가능한 자산이나 부채와 함께 매각, 이전, 라이선스, 임대, 교환할 수 있다.

② 자산이 계약상 권리 또는 기타 법적 권리로부터 발생한다. 이 경우 그러한 권리가 이전 가능한지 여부 또는 기업이나 기타 권리와 의무에서 분리 가능한지 여부는 고려하지 아니한다.

2. 자원에 대한 통제

자원에 대한 통제란 그 지식재산으로부터 미래의 경제적 효익을 확보할 수 있고, 재산의 소유자가 제3자에게 접근을 제한할 수 있으며 통제가 가능한 경우를 말한다. 즉, 미래의 경제적 효익을 배타적으로 얻을 수 있어야 지식재산을 무형자산으로 인식할 수 있다. 특허권을 권리로서 행사하기 위해서는 해당 특허권이 법적으로 보호받을 수 있어야 하며, 권리로서 완전하게 성립하고 있어야 한다.

특허권이 재산권으로서의 가치를 지니기 위해서는 담보, 양도 등의 일반적 재산권의 성격을 가질 수 있어야 하는데, 특허나 상표권 등과 같은 산업재산권은 현행법상 공시방법을 갖추어 이를 물권화하고 있으며, 또한 특허권의 담보방법에 대하여 질권을 규정하고 있다. 기초가 되는 자원에서 유입되는 미래 경제적 효익을 확보할 수 있고 그 효익에 대한 제3자의 접근을 제한할 수 있다면 기업이 자산을 통제하고 있는 것이다. 무형자산의 미래 경제적 효익에 대한 통제능력은 일반적으로 법원에서 강제할 수 있는 법적 권리에서 나오며, 법적 권리가 없는 경우에는 통제를 제시하기 어렵다. 그러나 다른 방법으로도 미래 경제적 효익을 통제할 수 있기 때문에 권리의 법적 집행가능성이 통제의 필요조건은 아니다. 시장에 대한 지식과 기술적 지식에서도 미래 경제적 효익이 발생할 수 있다. 이러한 지식이 저작권, 계약상의 제약이나 법에 의한 종업원의 기밀유지 의무 등과 같은 법적 권리에 의하여 보호된다면 기업은 그러한 지식에서 얻을 수 있는 미래 경제적 효익을 통제하고 있는 것이다.

3. 미래의 경제적 효익

미래의 경제적 효익이란 직접 또는 간접적으로 기업실체에 미래의 현금유입을 가져오거나 현금유출의 감소를 가져오는 것을 말한다. 그리고 자산으로 인식되기 위해서는 경제적 효익을 객관적으로 측정할 수 있어야 한다. 무형자산의 미래 경제적 효익은 제품의 매출이나 용역수익, 원가절감, 또는 자산의 사용에 따른 기타 효익의 형태로 발생한다. 예를 들면, 제조 과정에서 지식재산을 사용하면 미래 수익을 증가시키기보다는 미래 제조원가를 감소시킬 수 있다.

03 지식재산의 취득방법

1. 개별 취득

일반적으로 지식재산을 개별 취득하기 위해 지급하는 가격은 그 자산이 갖는 기대 미래 경제적 효익이 기업에 유입될 확률에 대한 기대를 반영할 것이다. 즉, 기업은 유입의 시기와 금액이 불확실하더라도 미래 경제적 효익의 유입이 있을 것으로 기대한다.

개별 취득하는 무형자산의 원가는 일반적으로 신뢰성 있게 측정할 수 있다. 특히 현금이나 기타 화폐성 자산으로 구입대가를 지급하는 경우에는 좀 더 신뢰성 있게 원가를 측정할 수 있다. 개별 취득하는 무형자산의 원가는 다음 항목으로 구성된다.

① 구입 가격
② 자산을 의도한 목적에 사용할 수 있도록 준비하는 데 직접 관련되는 원가

2. 사업결합으로 인한 취득

사업결합으로 취득하는 지식재산의 취득원가는 취득일 공정가치로 한다. 지식재산의 공정가치는 취득일에 그 자산이 갖는 미래 경제적 효익이 기업에 유입될 확률에 대한 시장 참여자의 기대를 반영할 것이다. 즉, 기업은 유입의 시기와 금액이 불확실하더라도 미래 경제적 효익의 유입이 있을 것으로 기대한다. 사업결합으로 취득하는 자산이 분리 가능하거

나 계약상 또는 기타 법적 권리에서 발생한다면, 그 자산의 공정가치를 신뢰성 있게 측정하기에 충분한 정보가 존재한다.

사업결합 전에 그 자산을 피취득자가 인식하였는지 여부에 관계없이, 취득자는 취득일에 피취득자의 무형자산을 영업권과 분리하여 인식한다. 이것은 피취득자가 진행하고 있는 연구·개발 프로젝트가 지식재산의 정의를 충족한다면 취득자가 영업권과 분리하여 별도의 자산으로 인식하는 것을 의미한다. 피취득자가 진행하고 있는 연구·개발 프로젝트는 다음의 조건을 모두 충족할 경우 무형자산의 정의를 충족한다.

① 자산의 정의를 충족한다.

② 식별 가능하다. 즉, 분리 가능하거나 계약상 또는 기타 법적 권리에서 발생한다.

3. 자산교환에 의한 취득

하나 이상의 무형자산을 하나 이상의 비화폐성자산 또는 화폐성자산과 비화폐성 자산이 결합된 대가와 교환하여 취득하는 경우가 있다. 다음에 제시하는 논의는 하나의 비화폐성 자산과 다른 비화폐성자산의 교환에 대하여 언급하지만, 앞서 설명한 모든 교환에도 적용한다. 그러한 무형자산의 원가는 다음 중 하나에 해당하는 경우를 제외하고는 공정가치로 측정한다.

① 교환거래에 상업적 실질이 결여된 경우

② 취득한 자산과 제공한 자산의 공정가치를 둘 다 신뢰성 있게 측정할 수 없는 경우

교환거래에서 제공한 자산을 즉시 재무상태표에서 제거할 수 없더라도 취득한 자산은 위의 방법으로 측정한다. 취득한 자산을 공정가치로 측정하지 않는 경우에는 원가는 제공한 자산의 장부금액으로 측정한다.

4. 내부적으로 창출한 무형자산

내부적으로 창출한 무형자산이 인식 기준을 충족하는지를 평가하는 것은 다음과 같은 이유 때문에 용이하지 않다.

① 기대 미래 경제적 효익을 창출할 식별 가능한 자산이 있는지와 시점을 파악하기 어렵다.

② 자산의 원가를 신뢰성 있게 결정하는 것이 어렵다. 어떤 경우에는 무형자산을 내부적으로 창출하기 위한 원가를 내부적으로 창출한 영업권을 유지 또는 향상시키는 원가나 일상적인 경영관리 활동에서 발생하는 원가와 구별할 수 없다.

내부적으로 창출한 무형자산이 인식 기준을 충족하는지를 평가하기 위하여 무형자산의 창출 과정을 연구 단계와 개발 단계로 구분한다. '연구'와 '개발'은 정의되어 있지만, '연구 단계'와 '개발 단계'라는 용어는 이 기준서의 목적상 더 넓은 의미를 갖는다. 무형자산을 창출

하기 위한 내부 프로젝트를 연구 단계와 개발 단계로 구분할 수 없는 경우에는 그 프로젝트에서 발생한 지출은 모두 연구 단계에서 발생한 것으로 본다.

04 회계처리와 지식재산 평가

지식재산에 대하여 무형자산 회계정책에 따라 인식 후의 측정을 위해 원가모형이나 재평가모형을 선택하여 공정가치평가를 수행할 수 있다. 재평가모형을 적용하여 지식재산을 회계처리하는 경우에는, 같은 분류의 기타 모든 자산도 그에 대한 활성시장이 없는 경우를 제외하고는 동일한 방법을 적용하여 회계처리한다.

무형자산은 영업상 유사한 성격과 용도로 분류한다. 자산을 선택적으로 재평가하거나 재무제표에서 서로 다른 기준일의 원가와 가치가 혼재된 금액을 보고하는 것을 방지하기 위하여 같은 분류 내의 무형자산 항목들은 동시에 재평가한다.

1. 원가모형

최초 인식 후에 무형자산은 원가에서 상각 누계액과 손상차손 누계액을 차감한 금액을 장부금액으로 한다.

2. 재평가모형

최초 인식 후에 지식재산은 재평가일의 공정가치에서 이후의 상각 누계액과 손상차손 누계액을 차감한 재평가금액을 장부금액으로 한다. 이 기준서의 재평가 목적상 공정가치는 활성시장을 기초로 하여 측정한다. 보고기간 말에 자산의 장부금액이 공정가치와 중요하게 차이가 나지 않도록 주기적으로 재평가를 실시한다.

재평가모형은 자산을 원가로 최초에 인식한 후에 적용한다. 그러나 일부 과정이 종료될 때까지 인식 기준을 충족하지 않아서 무형자산의 원가의 일부만 자산으로 인식한 경우에는 그 자산 전체에 대하여 재평가모형을 적용할 수 있다. 또한, 정부보조를 통하여 취득하고 명목상 금액으로 인식한 무형자산에도 재평가모형을 적용할 수 있다.

지식재산에 대하여 활성시장이 존재하는 것이 흔하지는 않다. 예를 들면, 어떤 국가에서는 자유롭게 양도가 가능한 택시 라이선스, 어업권이나 생산할당량에 대하여 활성시장이 존재할 수 있다. 그러나 브랜드, 신문 제호, 음악과 영화 출판권, 특허권이나 상표는 성격상 독특하기 때문에 활성시장이 존재할 수 없다. 또한, 무형자산이 매매되더라도 계약은 개별 매수자와 매도자 간에 협상이 되고 상대적으로 거래는 자주 일어나지 않는다. 이러한 이유로 어떤 자산에 대하여 지급한 가격이 다른 자산의 공정가치에 대한 충분한 증거를 제공하지 않을 수도 있다. 게다가 가격에 대한 정보가 공개적으로 이용 가능하지 않을 수 있다.

재평가의 빈도는 재평가되는 지식재산의 공정가치의 변동성에 따라 달라진다. 재평가된 자산의 공정가치가 장부금액과 중요하게 차이가 나는 경우에는 추가적인 재평가가 필요하다. 유의적이고 급격한 공정가치의 변동 때문에 매년 재평가가 필요한 무형자산이 있는 반면에 공정가치의 변동이 경미하여 빈번한 재평가가 필요하지 않은 무형자산도 있다.

① 재평가한 무형자산과 같은 분류 내의 지식재산을 그 자산에 대한 활성시장이 없어서 재평가할 수 없는 경우에는 원가에서 상각누계액과 손상차손 누계액을 차감한 금액으로 표시한다.

② 재평가한 무형자산의 공정가치를 더 이상 활성시장을 기초로 하여 측정할 수 없는 경우에는 자산의 장부금액은 활성시장을 기초로 한 최종 재평가일의 재평가금액에서 이후의 상각누계액과 손상차손 누계액을 차감한 금액으로 한다.

③ 자산의 공정가치를 이후의 측정일에 활성시장을 기초로 하여 측정할 수 있는 경우에는 그날부터 재평가모형을 적용한다.

④ 무형자산의 장부금액이 재평가로 인해 증가된 경우에 그 증가액은 기타포괄손익으로 인식하고 재평가잉여금의 과목으로 자본에 가산한다. 그러나 그 증가액 중 그 자산에 대하여 이전에 당기손익으로 인식한 재평가감소에 해당하는 금액이 있다면 그 금액을 한도로 당기손익으로 인식한다.

⑤ 무형자산의 장부금액이 재평가로 인하여 감소된 경우에 그 감소액은 당기손익으로 인식한다. 그러나 감소액 중 그 자산에 대한 재평가잉여금 잔액이 있다면 그 금액을 한도로 재평가잉여금의 과목으로 기타포괄손익에 인식된다. 기타포괄손익으로 인식된 감소액은 재평가잉여금의 과목으로 자본에 누적되어 있는 금액을 줄인다.

05 지식재산의 상각

지식재산을 상각하는 경우는 그 자산이 한정적인 내용연수를 갖는 무형자산인 경우이며, 내용연수가 비한정인 무형자산은 상각하지 않는다. 내용연수가 비한정적인 경우는 회수가능액과 장부금액을 비교하여 내용연수가 비한정인 무형자산의 손상검사(impairment test)를 수행해야 한다. 상각하지 않는 지식재산에 대해 사건과 상황이 그 자산의 내용연수가 비한정이라는 평가를 계속하여 정당화하는지를 매 회계기간에 검토한다. 사건과 상황이 그러한 평가를 정당화하지 않는 경우에 비한정 내용연수를 유한 내용연수로 변경하는 것은 회계추정의 변경으로 회계처리한다. 비한정 내용연수를 유한 내용연수로 재평가하는 것은 그 자산의 손상을 시사하는 하나의 징후가 된다. 따라서 회수가능액과 장부금액을 비교하여 그 자산에 대한 손상검사를 하고, 회수가능액을 초과하는 장부금액을 손상차손으로 인식한다.

1. 상각기간과 상각방법

내용연수가 유한한 무형자산의 상각대상금액은 내용연수 동안 체계적인 방법으로 배분해야 한다. 상각은 자산이 사용 가능한 때부터 시작한다. 즉, 자산이 경영자가 의도하는 방식으로 운영할 수 있는 위치와 상태에 이르렀을 때부터 시작한다. 상각은 자산이 매각예정으로 분류되는 날과 자산이 재무상태표에서 제거되는 날 중 이른 날에 중지한다. 무형자산의 상각방법은 자산의 경제적 효익이 소비되는 형태를 반영한 방법이어야 한다. 다만, 소비되는 형태를 신뢰성 있게 결정할 수 없는 경우에는 정액법을 사용한다. 각 회계기간의 상각액은 이 기준서나 다른 한국채택국제회계기준서에서 다른 자산의 장부금액에 포함하도록 허용하거나 요구하는 경우를 제외하고는 당기손익으로 인식한다.

무형자산의 상각대상금액을 내용연수 동안 체계적으로 배분하기 위해 다양한 방법을 사용할 수 있다. 이러한 상각방법에는 정액법, 체감잔액법과 생산량비례법이 있다. 상각방법은 자산이 갖는 기대 미래 경제적 효익의 예상되는 소비 형태를 반영하여 선택하고, 미래 경제적 효익의 예상되는 소비형태가 변동하지 않는다면 매 회계기간에 일관성 있게 적용한다. 무형자산의 상각액은 일반적으로 당기손익으로 인식한다. 그러나 자산이 갖는 미래 경제적 효익이 다른 자산의 생산에 소모되는 경우, 그 자산의 상각액은 다른 자산의 원가를 구성하여 장부금액에 포함한다. 예를 들면, 제조 과정에서 사용된 무형자산의 상각은 재고자산의 장부금액에 포함한다.

2. 잔존가치

내용연수가 유한한 지식재산의 잔존가치는 다음 중 하나에 해당하는 경우를 제외하고는 영(0)으로 본다.

① 내용연수 종료 시점에 제3자가 자산을 구입하기로 한 약정이 있다.

② 무형자산의 활성시장이 있고 다음을 모두 충족한다.

　•잔존가치를 그 활성시장에 기초하여 결정할 수 있다.

　•그러한 활성시장이 내용연수 종료 시점에 존재할 가능성이 높다.

내용연수가 유한한 자산의 상각대상금액은 잔존가치를 차감하여 결정한다. 영(0)이 아닌 잔존가치는 경제적 내용연수 종료 시점 이전에 그 자산을 처분할 것이라는 기대를 나타낸다. 지식재산의 잔존가치는 처분으로 회수 가능한 금액을 근거로 하여 추정하는데, 그 자산이 사용될 조건과 유사한 조건에서 운용되었고 내용연수가 종료된 유사한 자산에 대해 추정일 현재 일반적으로 형성된 매각 가격을 사용한다. 잔존가치는 적어도 매 회계연도 말에는 검토한다. 잔존가치의 변동은 회계추정의 변경으로 처리한다.

지식재산의 잔존가치는 해당 자산의 장부금액과 같거나 큰 금액으로 증가할 수도 있다. 이 경우에는 자산의 잔존가치가 이후에 장부금액보다 작은 금액으로 감소될 때까지는 지식재산의 상각액은 영(0)이 된다.

3. 상각기간과 상각방법의 검토

내용연수가 유한한 지식재산의 상각기간과 상각방법은 적어도 매 회계연도 말에 검토한다. 자산의 예상 내용연수가 과거의 추정치와 다르다면 상각기간을 이에 따라 변경한다. 자산이 갖는 미래 경제적 효익의 예상 소비 형태가 변동된다면, 변동된 소비 형태를 반영하기 위해 상각방법을 변경한다. 그러한 변경은 회계추정의 변경으로 회계처리한다. 지식재산의 내용연수 동안, 내용연수의 추정이 적절하지 않다는 것이 명백해지는 경우가 있다. 예를 들면, 손상차손의 인식이 상각기간을 변경할 필요가 있다는 것을 나타낼 수 있다. 시간이 경과함에 따라, 지식재산에서 유입될 것으로 기대되는 미래 경제적 효익의 형태는 변경될 수 있다. 예를 들면, 체감잔액법이 정액법보다 더 적절하다는 것이 명백해지는 경우가 있다. 또 다른 예로는 라이선스에 의한 권리의 사용이 해당 사업계획의 다른 요소에 대한 활동이 수행될 때까지 연기되는 경우에 그 자산에서 유입되는 미래 경제적 효익은 그 이후의 회계기간이 되어서야 나타날 수 있다.

지식재산 금융

지식재산 금융

**학습
개관**

기술기반 기업에서 지식재산, 특히 특허기술은 핵심 자산으로, 이를 통한 투자와 금융 활용이
기업의 생존과 발전에 중요한 역할을 한다. 전통적인 부동산 담보 평가 방식에서 벗어나, 기술
및 지식재산 중심의 평가가 중요해지고 있다. 따라서 혁신기업이 지식재산 금융을 활성화하여
자금을 원활히 조달할 수 있도록 지원이 필요하며, 연구개발로 확보한 지식재산을 통해 시장에
서 경쟁하기 위해 기업은 이러한 금융의 특성을 이해해야 한다.

**학습
포인트**

지식재산 금융의 개념과 필요성, 관련 법률을 이해한다.
지식재산 금융의 주요 유형과 내용을 알아본다.
지식재산을 기반으로 한 대출과 투자의 특징과 차이점을 이해한다.

NCS 및 NCS 학습모듈	하위 목차명	지식재산 금융의 개요, 주요 지식재산 금융 현황	
NCS 및 NCS 학습모듈		대분류	05. 법률·경찰·소방·교도·국방
		중분류	01. 법률
		소분류	02. 지식재산관리
		세분류	01. 지식재산관리
		능력단위 (능력단위요소)	03. 지식재산 서비스 수행
		주요 지식·기술·태도	지식재산 정보 조사 분석, 거래/금융 대행, 번역, 경영 컨설팅, 업무시스템 구축 등을 제공하고 지원하는 능력

제1절 지식재산 금융의 개요

01 지식재산 금융의 개념

1. 지식재산 금융과 기술금융

지식재산은 상상력과 아이디어 등 인간의 창조 활동을 통해 만들어 낸 무형자산 중 재산적 가치를 보유한 것을 의미하며, 지식재산권은 이러한 지식재산을 법적으로 보호하는 권리 이다. 지식재산(IP) 금융이란 지식재산의 창출, 사업화, 활용 과정에서 지식재산을 기반으로 투자, 융자, 보증 등의 자금을 공급하는 금융 활동을 의미한다. 이와 달리 기술금융은 기술의 개발에서 사업화에 이르는 전 과정에 소요되는 자금의 접근성 제고를 위하여 기술 및 기업에 기초하여 금융의 기능을 제공하는 활동이다. 따라서 지식재산 금융은 기술금융의 진화된 기업금융의 한 형태라고 할 수 있다.

2. 지식재산 금융의 기능 및 유형

지식재산 금융은 지식재산 가치평가를 통해 기술을 개발하고 사업화하는 기업에 금융 접근성을 제고하기 위한 활동으로서, 지식재산을 기초로 자금수요자와 자금공급자 간 자금 중개 기능을 수행하거나 유동화, 위험 관리 등 금융 기능을 제공한다. 지식재산 금융은 다음 표와 같이 지식재산 담보대출, 지식재산 보증, 지식재산 투자로 구분된다.

🔔 현행 지식재산 금융의 일반적인 유형

유형	분류	제공하는 기능
지식재산(IP) 담보대출	산업은행, 기업은행, 농협은행, 신한은행, 우리은행, 하나은행, 국민은행, 부산은행 등	지식재산 담보대출
지식재산(IP) 보증	신용보증기금, 기술보증기금, 서울신용보증재단	지식재산 평가보증
지식재산(IP) 투자	벤처캐피털 등 투자전문 금융회사	기업 금융 자본

이러한 지식재산 금융은 지식재산 자체를 수익창출 수단으로 하는 '창의자본형'과 지식재산을 매개로 금융서비스를 제공하는 '창의기업형'으로 구분할 수 있다.

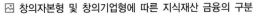
□ 창의자본형 및 창의기업형에 따른 지식재산 금융의 구분

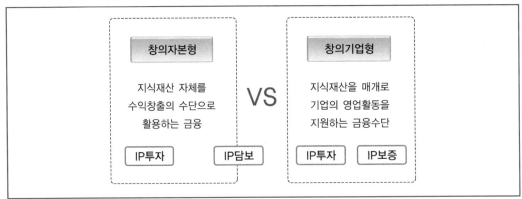

IP투자는 IP 자체에 대한 투자(창의자본형)와 IP를 보유한 기업(창의기업형)에 대한 투자 모두가 가능하며, IP보증은 지식재산 보유기업의 신용을 고려한 창의기업형 금융으로 이루어지고 있다.

IP담보는 원칙적으로 지식재산 자체를 기초로 금융(창의자본형)이 이루어져야 하나, 일부 금융권은 기업의 재무건전성을 함께 고려하고 있다. IP담보는 현재 점진적으로 창의자본형으로 움직이고 있으며, 대부분의 시중은행이 정식담보로 IP를 취급하면서 순전한 창의자본형 금융형태로 자리를 잡아가고 있다.

3. 지식재산 금융의 필요성

1997년부터 2001년까지 정부 사업을 통해, 우수기술이 있으나 담보가 부족한 벤처·중소기업에 대해 지식재산권을 담보로 사업화 자금을 대출해 주는 기술담보시범사업이 추진된 바 있다. 해당 사업은 지식재산권 가치평가액의 80%를 대출해 주고 정부는 대출금의 회수 불가 시, 은행 손실비용의 90%를 보전해 주는 사업으로, 사업 기간 동안 총 272건에 566억 원을 대출하고, 86건에 170억 원의 손실보전금을 집행했으나 높은 정부 재정 부담률과 저조한 회수율로 인해 사업이 종료된 바 있다.

그 이후 국내 지식재산 금융은 특허청이 2006년에 특허기술가치평가 연계 보증과 중소 벤처기업에 범정부 차원에서 전문투자하는 모태펀드 특허계정에 550억 원을 출자하면서 특허기술 사업화 등 정책적 투자대상에 주로 투자하는 IP투자펀드를 조성하였다.

지식재산 보증의 경우, 1996년부터 시행하던 발명의 평가지원 사업을 기술보증기금과 연계하여 국내 기업에 보증서를 발행하는 IP보증 서비스를 시행하였고, 이후 2013년 신용보증기금과 협약을 통해 특허기술가치평가 연계보증을 시행하였다. 이를 통해 기술보증기금과 신용보증기금이 특허권에 대한 가치평가를 통해 보증서를 발급하고 은행이 보증서에 기반한 대출을 시행하게 되었다.

혁신형 중소기업이 보유한 지식재산권이 사업화되어 고용이 창출되게 하기 위해서는 지식재산권의 가치를 극대화시킬 수 있는 IP 금융의 역할이 매우 중요하다. 기술개발 이후 사업화 단계에서 금융 공급이 부족할 경우 제품의 생산·판매로 이어지지 않아 고용창출도 발생하지 않는다. 또한, 과거 안전성에 투자하는 금융에서 가능성에 투자하는 금융으로 변화하는 추세에 따라 기존의 부동산 담보나 재무자료 중심의 평가에서 기업 성장의 핵심 자산인 기술 또는 지식재산 중심의 평가를 기반으로 한 금융 공급의 중요성이 커지고 있다. 따라서 아이디어와 지식을 보유한 혁신기업을 지원할 수 있도록 지식재산권 등의 무형자산에 기반한 지식재산 금융 활성화가 필요하다.

02 지식재산 금융 관련 법률

1. 지식재산 범위 관련 법률

「지식재산 기본법」과 「기술의 이전 및 사업화 촉진에 관한 법률」에 정의된 '지식재산' 또는 '기술'을 살펴보면, 권리화되지 않은 정보·지식 등까지 포함한 포괄적인 개념으로 정의하고 있으며, 동산·채권 등의 담보에 관한 법률에는 '권리화된 지식재산'을 대상으로 개념을 접근하고 있다.

향후 「지식재산 기본법」이 지식재산 관련 상위법으로 운용되기 위해서는 '지식재산'의 범위에 대하여 '권리화가 가능하거나 권리화된 지식재산'이라는 포괄적 개념으로 접근해야 할 것이다.

🔔 **관련 법규상 지식재산의 정의와 범위**

법규	규정 내용
기술의 이전 및 사업화 촉진에 관한 법률	제2조(정의) 이 법에서 사용하는 용어의 뜻은 다음과 같다. 1. "기술"이란 다음 각 목의 어느 하나에 해당하는 것을 말한다. 　가. 특허법 등 관련 법률에 따라 등록 또는 출원된 특허, 실용신안, 디자인, 반도체 집적회로의 배치설계 및 소프트웨어 등 지식재산 　나. 가목의 기술이 집적된 자본재 　다. 가목 또는 나목의 기술에 관한 정보 　라. 그 밖에 가목부터 다목까지에 준하는 것으로서 대통령령으로 정하는 것
지식재산 기본법	제3조(정의) 이 법에서 사용하는 용어의 뜻은 다음과 같다. 1. "지식재산"이란 인간의 창조적 활동 또는 경험 등에 의하여 창출되거나 발견된 지식·정보·기술, 사상이나 감정의 표현, 영업이나 물건의 표시, 생물의 품종이나 유전자원(遺傳資源), 그 밖에 무형적인 것으로서 재산적 가치가 실현될 수 있는 것을 말한다. 2. "신지식재산"이란 경제·사회 또는 문화의 변화나 과학기술의 발전에 따라 새로운 분야에서 출현하는 지식재산을 말한다. 3. "지식재산권"이란 법령 또는 조약 등에 따라 인정되거나 보호되는 지식재산에 관한 권리를 말한다.

동산·채권 등의 담보에 관한 법률	제2조(정의) 이 법에서 사용하는 용어의 뜻은 다음과 같다. 4. "지식재산권담보권"은 담보약정에 따라 특허권, 실용신안권, 디자인권, 상표권, 저작권, 반도체집적회로의 배치설계권 등 지식재산권(법률에 따라 질권(質權)을 설정할 수 있는 경우로 한정한다. 이하 같다.)을 목적으로 그 지식재산권을 규율하는 개별 법률에 따라 등록한 담보권을 말한다.

2. 지식재산 금융 지원 관련 법률

「지식재산 기본법」에서는 다음 표와 같이 지식재산의 활용 촉진을 위한 규정을 포함하고 있다. 구체적으로는 지식재산을 활용한 창업 활성화, 지식재산의 수요자와 공급자 간의 연계 활성화, 지식재산의 발굴, 수집, 융합, 추가 개발, 권리화 등 지식재산의 가치 증대 및 그에 필요한 자본 조성 등을 위한 내용과 함께 IP 금융과 관련하여 지식재산의 유동화 촉진을 위한 제도 정비, 지식재산에 대한 투자, 융자, 신탁, 보증, 보험 등의 활성화 등을 위한 내용을 제시하고 있다.

🔔 관련 법규상 지식재산의 담보 관련 내용

법규	규정 내용
지식재산 기본법	제25조(지식재산의 활용 촉진) ① 정부는 지식재산의 이전(移轉), 거래, 사업화 등 지식재산의 활용을 촉진하기 위하여 다음 각 호의 사항을 포함하는 시책을 마련하여 추진하여야 한다. 1. 지식재산을 활용한 창업 활성화 방안 2. 지식재산의 수요자와 공급자 간의 연계 활성화 방안 3. 지식재산의 발굴, 수집, 융합, 추가 개발, 권리화 등 지식재산의 가치 증대 및 그에 필요한 자본 조성 방안 4. 지식재산의 유동화(流動化) 촉진을 위한 제도 정비 방안 5. 지식재산에 대한 투자, 융자, 신탁, 보증, 보험 등의 활성화 방안 6. 그 밖에 지식재산 활용 촉진을 위하여 필요한 사항 ② 정부는 국가, 지방자치단체 또는 공공연구기관이 보유·관리하는 지식재산의 활용을 촉진하기 위하여 노력하여야 한다.
동산·채권 등의 담보에 관한 법률	제58조(지식재산권담보권 등록) ① 지식재산권자가 약정에 따라 동일한 채권을 담보하기 위하여 2개 이상의 지식재산권을 담보로 제공하는 경우에는 특허원부, 저작권등록부 등 그 지식재산권을 등록하는 공적(公的) 장부(이하 "등록부"라 한다.)에 이 법에 따른 담보권을 등록할 수 있다. ② 제1항의 경우에 담보의 목적이 되는 지식재산권은 그 등록부를 관장하는 기관이 동일하여야 하고, 지식재산권의 종류와 대상을 정하거나 그 밖에 이와 유사한 방법으로 특정할 수 있어야 한다.

특히 부동산 담보능력이 부족한 중소기업이 동산 및 채권 등을 담보로 자금 조달을 할 수 있도록 지원하기 위해 「동산·채권 등의 담보에 관한 법률」을 2010년 6월에 제정(2012. 6. 11. 시행)하였다. 동법의 시행으로 금융기관은 기계·기구, 원재료·반제품·완제품 등의 재고자산, 농축수산물, 매출채권 등의 동산을 담보로 한 여신 취급이 가능하게 되었다. 뿐만 아니라 투자자산, 지식재산권 등 모든 자산을 대상으로 담보권 설정이 가능하게 되어 IP 금융 활성화의 법적 틀이 마련되었다.

제2절 주요 지식재산 금융 현황

지식재산(IP) 금융은 기업의 R&D −창업−사업화−성장−성숙의 사이클에 있어서 단계별로 IP보증, IP담보대출, IP투자 등 각 유형별 금융기관을 통해 중소·벤처기업에 제공되고 있다.

01 지식재산(IP) 담보대출

1. 지식재산 담보대출의 구조 및 취급 현황

2014년도에 본격적으로 도입된 기술신용대출은 해당 기업의 재무정보 등의 신용평가를 기반으로 하고, 이에 기술력 평가를 추가로 고려하여 신용도 판단 예측의 정확성을 높임으로써 실시하는 기술금융의 방식이다.

이 기술신용대출은 기술력 있는 중소기업이 대출을 신청하면 기술신용평가기관(TCB)에 해당 중소기업과 재무정보 평가를 의뢰한 후 그 결과를 토대로 대출 여부를 결정하는 방식으로, 기술신용대출 평가액은 2016년 92조 9천억 원에서 2023년 7월 기준 228조 8천억 원을 기록하는 등 꾸준한 증가세를 이어가고 있다. 기술신용대출 평가액은 기존 중소기업대출의 연장 및 대환, 증액을 제외한 순공급금액이다.

다만, 이 기술신용대출은 말 그대로 '신용'에 기반한 대출로서, 기업이 보유한 '자산'으로서의 지식재산권을 담보로 자금을 융자받는 담보대출과는 의미가 다르다.

기술신용평가(TCB) 기반 신용대출 흐름도[206]

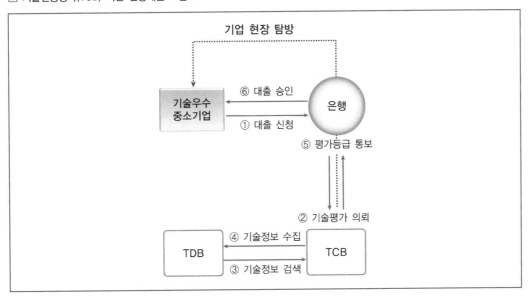

---

206) 금융소비자정보포털(금융감독원)

☒ 지식재산 가치평가 기반 IP담보대출 흐름도

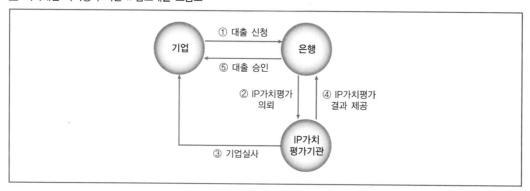

지식재산 담보대출은 사업화 이후 어느 정도 매출이 발생하는 기업들이 보유하고 있는 지식재산권을 담보로 은행 등 금융기관을 통해 자금을 융자받는 방식이다. 중소기업이 은행에 IP담보대출을 신청하면, 은행은 기업이 담보로 제공할 지식재산권에 대해 IP가치평가기관에 평가를 의뢰하고, 평가기관은 기업실사 등의 평가를 수행한 후, 가치평가 결과보고서를 은행에 제공한다. 은행은 이 가치평가 결과를 토대로 기업에 대출을 실시한다. 현재 국책은행, 민간은행 등 대부분의 은행들이 IP담보대출을 출시하여 운영하고 있다.

지식재산 담보대출을 실시하기 위해서는 은행과 신청기업 간에 근질권설정계약을 체결하고, 이를 해당 담보 지식재산권의 특허청 등록원부에 설정등록해야 한다. 특허등록령 제40조에 따라, 질권의 설정등록 시에는 유질계약을 등록원인으로 등록하고, 채무기업(등록의무자)의 처분승낙서를 첨부하며, 특약사항으로는 처분승낙서 내용 및 공동담보(해당되는 경우) 목록을 포함한다.

☒ 근질권설정등록이 되어 있는 특허등록원부(예시)

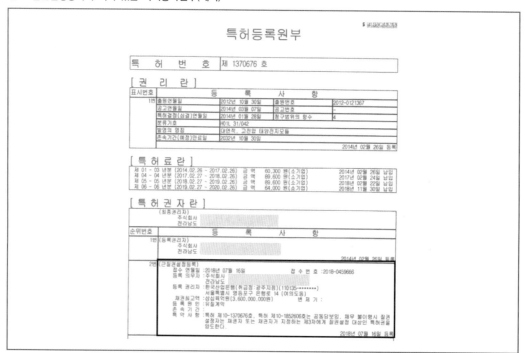

2. IP담보대출의 채권보전을 위한 회수지원 체계

기술력이 높지만 고정자산이 부족한 기술 중심의 혁신기업은 무형자산을 통한 자금조달이 절실하나 부동산 중심의 금융현실에서는 자금조달이 어려운데, 지식재산 담보대출의 도입으로 인해 혁신적인 중소기업들에 도움이 될 수 있게 되었다.

다만, 금융권은 기업의 대출의 상환이 어려운 경우 담보의 처분을 통해 변제를 해야 하나, IP담보대출의 경우 채무불이행이 발생했을 경우 담보IP를 처분하기 위해서는 높은 전문성이 필요하고, 실제 국내에는 IP의 거래시장이 활성화되지 않아 처분 가능성도 낮은 편이어서 금융권에서는 IP를 담보로 취급하기를 어려워한다. 이를 위해 부실이 발생한 IP담보대출의 담보IP의 매입을 지원할 회수지원기구를 정부와 금융기관이 공동으로 마련하였다. 과거 지식재산 담보대출의 회수지원을 위해 조성된 회수지원펀드는 은행은 기업의 IP를 담보로 대출을 실시하고, 모태펀드와 은행의 공동출자로 조성한 펀드에서 채무불이행이 발생할 경우 매입시점에 담보IP를 재평가하여 매입하는 구조이다.

▣ 회수지원펀드 구조

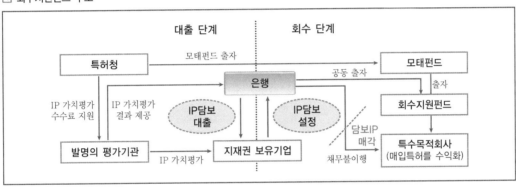

이러한 회수지원펀드는 수익성을 추구하는 펀드의 특성상 수익성이 낮은 부실채권의 담보 IP에 대해 실질적인 회수로 이어지기 어려웠고, 채무불이행 발생 이후 평가를 통해 회수지원 여부를 결정하는 사후 방식인 점으로 인해 실질적인 IP담보대출의 안전판으로 작용되기 어려운 한계점이 있었다. 이로 인해 출자금이 회수지원펀드로 사용되지 못한 채 IP사업화 등의 주목적 용도로 전용되었다. 그러나 정부와 금융기관이 공동으로 마련한 회수지원기구에서는 IP담보대출의 취급시점부터 회수지원 여부를 결정하였다. 이러한 점을 활용하여 금융권에서는 IP담보대출의 적극적인 취급이 가능하였고, 실제 지식재산을 담보로 대출을 실행한 신규 대출액 취급 규모는 2017년 1,655억 원 규모에서 2022년 9,156억 원으로 증가하였다. 지식재산 담보대출 취급은행은 기존의 국책·시중은행(7개)·부산은행에서 대구·경남은행과 같은 주요 지방은행까지 확산되었다. 또한 지식재산 담보대출 기업에 대한(1,390개사) 조사결과, 신용등급이 높지 않은 기업(BB+등급 이하)에 대한 대출이 77.7%에 달해 우수지식재산을 보유한 저(低)신용기업 위주로 자금이 조달되고 있는 것으로 나타났다. 지식재산 담보대출 금리는 2~3% 내외가 다수로, 평균 4~5%대인 신용대출 금리보다 낮고, 대출금액도 신용대출 대비 상향(3억 원 이상 상향된 경우가 52.1%)되어, 기업 부담을 덜어주고 사업 운영자금을 추가 확보하는 데도 도움을 준 것으로 조사되었다.

02 지식재산(IP) 보증

지식재산 보증은 주로 물적 담보가 부족한 초기기업을 대상으로 보증기관이 지식재산 평가를 근거로 신청기업에 대한 보증서를 발급하고, 은행이 이 보증서를 기반으로 자금을 대출하는 방식이다. 이는 채무불이행 발생 시 해당 기금에서 리스크를 부담하는 관주도의 금융이라 볼 수 있다. 현재 국내에서 지식재산 평가를 기반으로 하는 보증상품은 신용보증기금, 기술보증기금 및 서울신용보증재단을 중심으로 운영되고 있다. 각 기관별 지식재산 보증상품의 운용은 기관별로 상이하나, 주로 기업의 지식재산의 창출 – 거래 – 사업화 – 활용촉진 단계별로 상품을 설계하여 운영되고 있으며, 지식재산의 개발 및 사업화에 소요되는 운전자금 및 시설자금을 대상자금으로 하고 있다.

최근에는 지식재산(IP) 보증 이외에 임치기술이나 노하우, 소프트웨어에 대해서도 기술보증기금이나 신용보증기금 등 다양한 기관에서 보증을 해 주고 있는 상황이다.

🔔 **신용보증기금의 지식재산 단계별 보증프로그램**

구분	창출 단계	거래 단계	사업화 단계	활용촉진 단계	
지원 보증	개발자금 보증	이전자금 보증	사업화자금 보증	지식재산 가치평가 보증	지식재산 우대보증
자금 용도	R&D, 시제품 제작	IP인수, 기술료 지급	생산, 마케팅	매출 확대 (운전자금)	사업 확장, IP 재창출

지식재산 보증은 주로 발명의 평가기관을 통한 지식재산 가치평가 결과를 일정부분 활용하여 보증 여부를 결정하며, 주로 해당 보증기관과 협약이 되어 있는 은행을 통해 보증부 대출을 받는다. 이와 별개로 온라인 IP평가시스템을 활용한 보증상품도 운영 중에 있다. 신용보증기금 및 서울신용보증재단의 지식재산(IP) 우대보증 상품은 한국발명진흥회 특허평가분석시스템(smart.kipa.org)을 연계하여 B등급 이상의 특허를 보유한 기업에 대해 보증을 해주는 상품이며, 기술보증기금의 IP패스트보증 상품은 기술보증기금 특허평가시스템(kpas.kibo.or.kr)을 활용하여 마찬가지로 B등급 이상의 특허에 대한 보증상품이다.

지식재산 보증 규모는 큰폭의 변화없이 점진적으로 상승하는 추세를 기록하고 있다. 2017년 4,930억 원 규모에서, 2022년에는 8,781억 원의 보증 규모를 보이고 있다. 특히 보증기관이 운영하는 지식재산 보증의 경우, 일반보증 또는 지식재산 담보대출을 이용하기 어려운 창업 초기 기업 등이 활용하고 있으며, 보증비율 우대(90~100%) 및 보증료 감면(0.2~0.5%p) 등의 추가 혜택도 주어졌다.

MEMO

제1판 | 국가공인자격

NCS 과정 연계
지식재산능력시험

초판인쇄	2025년 1월 24일
초판발행	2025년 1월 31일
편 저 자	한국발명진흥회
발 행 인	박 용
발 행 처	(주)박문각출판
등 록	2015. 4. 29. 제2019-000137호
주 소	06654 서울특별시 서초구 효령로 283 서경빌딩
교재주문	(02)6466-7202

저자와의
협의하에
인지생략

정가 39,000원
ISBN 979-11-7262-551-1 / ISBN 979-11-7262-550-4(세트)